Enrico ~~HENRI~~ FERRI

PROFESSEUR DE DROIT PÉNAL A L'UNIVERSITÉ DE PISE

LA

SOCIOLOGIE CRIMINELLE

TRADUCTION DE L'AUTEUR

SUR LA TROISIÈME ÉDITION ITALIENNE

COMPLÈTEMENT REFONDUE
ET MISE AU COURANT DES PROGRÈS DE LA SCIENCE DU DROIT PÉNAL
ET DE LA PROCÉDURE CRIMINELLE

PARIS

LIBRAIRIE NOUVELLE DE DROIT ET DE JURISPRUDENCE

ARTHUR ROUSSEAU, ÉDITEUR

14, RUE SOUFFLOT ET RUE TOULLIER, 13

1893

LA SOCIOLOGIE CRIMINELLE

Enrico

~~HENRI~~ FERRI

PROFESSEUR DE DROIT PÉNAL A L'UNIVERSITÉ DE PISE

LA

SOCIOLOGIE CRIMINELLE

TRADUCTION DE L'AUTEUR

SUR LA TROISIÈME ÉDITION ITALIENNE

COMPLÈTEMENT REFONDUE
ET MISE AU COURANT DES PROGRÈS DE LA SCIENCE DU DROIT PÉNAL
ET DE LA PROCÉDURE CRIMINELLE

PARIS

LIBRAIRIE NOUVELLE DE DROIT ET DE JURISPRUDENCE

ARTHUR ROUSSEAU, ÉDITEUR

14, RUE SOUFFLOT ET RUE TOULLIER, 13

1893

C.

PRÉFACE

Le nom de *Sociologie criminelle*, que j'ai donné à la science des délits et des peines, renouvelée par la méthode expérimentale, suivant les données de l'anthropologie et de la statistique criminelle, a été déjà accepté et reproduit par tant d'autres écrivains, qu'il n'a plus besoin d'aucune explication.

Ce livre n'est, et ne veut être, qu'une introduction élémentaire à l'étude biologique et sociologique de la criminalité, mise au courant des principales conclusions théoriques et pratiques, auxquelles cette étude a abouti, et des critiques, qu'on en fait le plus souvent. De là le nombre parfois excessif des citations et la bibliographie volumineuse.

De sorte que ce livre peut servir de trait d'union entre l'*Homme criminel* de M. Lombroso, qui a été le point de départ de la nouvelle science et la *Criminologie* de M. Garofalo, qui en a marqué les points d'arrivée d'ordre purement juridique.

Cette traduction française, que j'ai faite avec la révision de M. Tarde, auquel j'en exprime toute ma reconnaissance amicale, vient après tant d'autres publications sur le même sujet, qu'elle paraîtra n'en contenir bien souvent que la répétition. Je prie cependant le lecteur de remarquer que la première édition de ce livre (150 pages) parut en 1881 et la deuxième (560 pages) en 1884.

Mais, quoique en retard, cette édition française sera peut-être opportune, surtout après le IIIme congrès d'anthropologie criminelle tenu à Bruxelles en août 1892.

À ce congrès les anthropologistes et sociologistes italiens n'ont pas pris part, parce qu'aucun travail n'avait été fait par « la commission de sept anthropologistes chargée par le IIme congrès (Paris, 1889) de faire une série d'observations comparatives, *à présenter au IIIme congrès,* entre 100 criminels vivants et 100 honnêtes gens, dont on connait parfaitement les antécedents et ceux de leur famille *(Actes,* Lyon 1891, p. 406) ». De sorte que le congrès de Bruxelles, se trouvant dépourvu du fondement des faits, qui seul aurait pu donner lieu à des discussions positives sur l'homme criminel, bien plus que sur l'anthropologie criminelle a discuté sur la psychopathologie criminelle (obsessions, suggestions, inversions, alcoolisme, etc.), ou sur les applications pratiques (asyles spéciaux pour criminels aliénés, système Bertillon d'identification anthropométrique, etc.), qui sont désormais hors de discussion, ou qui ne rentrent pas précisément dans le cadre spécifique de la biologie et de la sociologie criminelle.

Une note, bien sympathique, a cependant prédominé dans les brillants débats du congrès de Bruxelles, jusqu'à sa séance de clôture, c'est-à-dire « la conciliation » entre biologistes et sociologistes, entre médecins et juristes.

Or cette traduction française sera peut-être opportune, justement, pour démontrer que cette « conciliation » a toujours existé dans les travaux de l'école positiviste italienne. Et si les travaux de M. Lombroso ont donné plus d'éclat, vif et génial, aux recherches purement anthropologiques et plus originales sur l'homme criminel, il n'est pas moins vrai que, à commencer par M. Lombroso lui-même, l'école italienne a toujours réuni les recherches biologiques et sociologiques, en soutenant toujours la nécessité d'étudier scientifiquement la génèse et l'évolution naturelle du crime, en tant que phénomène biologique et social.

De sorte que j'espère que la nouvelle édition de ce livre aidera quelque peu à persuader le public, que aussi bien que la science des délits et des peines, en dehors des détails secondaires et transitoires, ne pourra se ranimer qu'avec la méthode expérimentale de l'école positiviste; de même la société, en dehors des troubles exceptionnels et transitoires, ne pourra dorénavant réaliser une défense utile, préventive et répressive, contre le crime qu'en abandonnant le doctrinarisme des théories pénales traditionnelles.

Quant à la fortune des nouvelles idées et des réformes pratiques proposées dans ce livre, je n'ai qu'à rappeler, sans fausse modestie et sans aucune vanité, que dix années après sa première édition j'enseigne maintenant ces idées, à l'Université de Pise, dans la chaire rendue célèbre par les plus grands maîtres de l'école classique italienne, Carmignani et Carrara.

Pise, septembre 1892.

ENRICO FERRI.

INTRODUCTION

––––––––––––

L'école positiviste de droit criminel

〜〜〜〜〜〜

Depuis environ douze années, de l'Italie s'est répandu un courant d'idées nouvelles sur les crimes et les criminels, dans lequel seulement la myopie de ses adversaires, ou la vanité de ses partisans, pourrait voir l'effet exclusif d'efforts personnels.

Une nouvelle direction scientifique n'est qu'un phénomène naturel, comme tous les autres, déterminé dans son origine et dans ses progrès par des conditions de temps et de lieux, qu'il faut avant tout indiquer, car c'est dans leur désignation que la conscience scientifique du sociologue s'explique et se fortifie.

La philosophie expérimentale de la seconde moitié de notre siècle, surtout avec l'étude biologique et psychologique de l'homme, et avec l'étude naturelle des sociétés, avait déjà développé un milieu intellectuel, bien favorable pour des recherches positives sur les manifestations criminelles de la vie individuelle et sociale.

A ces conditions générales s'ajouta le contraste évident et quotidien entre la perfection méthaphysique du droit criminel et l'accroissement progressif de la criminalité: et le contraste aussi entre les théories juridiques sur le crime et les observations de la psychopathologie sur beaucoup de criminels.

Rien de plus naturel, dès lors, que la naissance d'une nouvelle école, ayant pour but d'étudier, suivant la méthode expérimentale, la pathologie sociale dans ses symptômes criminels, pour mettre d'accord les théories des délits et des peines avec la réalité des faits quotidiens. Telle est l'école positiviste de droit criminel, dont la thèse fondamentale n'est que l'étude de la genèse naturelle du crime dans le criminel et dans le milieu physique et social, où il vit, pour adapter aux différentes causes les remèdes les plus efficaces.

Il ne s'agit donc pas de faire seulement de l'anthropologie, ou de la psychologie, ou de la statistique criminelle, ni d'opposer seulement des théories juridiques abstraites à d'autres théories plus abstraites encore: mais il s'agit de mettre l'observation de l'individu et de la société dans leur vie criminelle, comme fondement de toute théorie sur la fonction sociale de défense contre les malfaiteurs : il s'agit en un mot de faire de la sociologie criminelle.

Car, selon moi, la sociologie générale ne fait que donner les inductions plus communes et universelles de la vie des sociétés : et sur ce canevas l'observation spécialisée de chaque ordre de faits sociaux, trace des sociologies particulières. On peut faire de la sorte de la sociologie politique, économique, juridique, lorsqu'on étudie les lois particulières de l'activité normale ou sociale des hommes, suivant les lois plus générales de la vie individuelle et collective. Et on peut faire donc, aussi, de la sociologie criminelle, en étudiant, dans ce but et avec cette méthode, l'activité humaine anormale ou anti-sociale : c'est-à-dire, les crimes et les criminels.

I.

Ni les Romains, si grands maîtres dans le droit civil, ni les praticiens du Moyen-Age n'avaient su donner un système philosophique au droit criminel. Ce fut Beccaria, qui, en suivant bien plus l'inspiration du sentiment que la rigueur scientifique, donna un grand essor à la doctrine des délits et des peines, en résumant les idées et les sentiments de son époque (1). Des différents germes renfermés dans sa généreuse initiative, un surtout s'est développé, qui est devenu, avec tant de gloire méritée, l'école classique de droit criminel.

Cette école avait et a un but pratique: *la diminution de toutes les peines* et l'abolition de quelques unes, par une noble réaction humanitaire contre l'em-

---

(1) M. Desjardins, *Les cahiers des États Généraux en 1789 et la législation criminelle*, Paris 1883 — a bien décrit, dans l'introduction, l'état de l'opinion publique de ce temps-là. Et il y parle aussi des accusations, de « bouleversement moral et social » qu'on faisait alors aux partisans des nouvelles doctrines criminelles. Maintenant c'est de ces mêmes partisans qu'on répète les mêmes accusations contre les positivistes, car le révolutionnaire d'hier n'est bien souvent que le conservateur d'aujourd'hui.

pirisme féroce du moyen âge. Elle avait et elle a aussi une méthode à soi : *l'étude à priori du crime, comme entité juridique abstraite.*

Quelqu'autre courant théorique s'est développé depuis Beccaria ; par exemple l'école correctionaliste, à laquelle dernièrement Roeder avait donnée tant d'éclat. Mais quoiqu'il se soit répandu en Allemagne, moins en Italie et en France et plus en Espagne (1), sa vie n'a pas été longue, comme école indépendante, car il a reçu trop facilement les démentis immédiats et obstinés des faits, et il ne faisait du reste qu'opposer des syllogismes sentimentaux sur l'amendement des coupables aux syllogismes des théories juridiques traditionnelles, de la justice absolue ou relative, de l'intimidation, de l'utilité, etc.

Certes, dans presque toutes les écoles criminelles, survit comme organe rudimentaire le principe que la peine doit amender le criminel ; mais ce principe n'est qu'en seconde ligne, comme but indirect de la peine, et d'autre part les observations d'anthropologie, de psychologie, de statistique criminelle lui ont donné le coup de grâce, ayant établi le fait qu'avec n'importe quel système pénitentiaire, aux engins les plus sévères ou les plus doucereux, il y a toujours des types de criminels, très-nombreux, chez lesquels la correction n'est qu'impossible ou très-instable, à cause de leur dégénération organique et psychique. Sans oublier, aussi, que le crime ayant ses racines naturelles non seulement dans l'organisme individuel, mais en grande partie aussi dans le milieu physique et social, qui l'environne, la correction seule de l'individu ne suffit pas pour empêcher les rechutes, si l'on ne corrige aussi, autant que possible, le milieu social. L'utilité et le devoir de l'amendement subsistent, même pour l'école positiviste, lorsqu'il est possible, pour certaines catégories de criminels ; mais comme principe fondamental d'une théorie scientifique il est déjà mort.

L'école classique est restée donc seule jusqu'ici, avec des nuances d'opinions particulières, mais une comme méthode et comme ensemble de principes et de conséquences. Et tandis que dans les législations pénales les plus modernes elle a atteint son but, avec une grande et trop souvent exagérée diminution des peines ; dans la vie théorique elle a donné, en Italie, en Allemagne, en France une couronne de chefs d'œuvre, parmi lesquels je ne citerai que le *Programme de droit criminel* de Carrara. Comme son auteur le disait dans une des dernières éditions, c'est du principe *a priori* que « le délit est une entité juridique, une infraction et non pas une action » qu'il a déduit, avec la seule puissance d'une logique admirable, tout l'encadrement symétrique des conséquences

---

(1) V. Gixer, *Las doctrinas fundamentales reinantes sobre el delito y la pena*, trad. de l'ouvrage de Roeder, Madrid 1877. — Rodriguez y Porrero, *Teoria correcional*, in *Rev. gen. de legisl.* Madrid 1887, p. 480 et 575.

juridiques et abstraites, dans lequel, bongré malgré, les juges s'efforcent de faire rentrer la personne vivante et réelle de chaque criminel.

Mais désormais l'école classique, issue du merveilleux petit livre de Beccaria, a achevé son cycle historique: elle est épuisée, et ses partisans contemporains ne font que rééditer leurs traités, ou bien, les plus jeunes, sont condamnés à une discussion byzantine de formules scolastiques et à un exercice infécond de rumination scientifique.

Et cependant, en dehors des universités et des académies, la criminalité poursuit son mouvement expansif, et les peines, jusqu'ici appliquées, ne savent ni défendre ni dédommager les honnêtes gens, tandis qu'elles achèvent la corruption et la dégénération des malfaiteurs. Et pendant que les traités et les codes (qui ne sont trop souvent que des traités sous forme d'articles) s'égarent dans le brouillard de leurs abstractions juridiques, aux tribunaux et aux cours d'assises on sent de jour en jour plus vivement la nécessité de ces études biologiques et sociologiques sur les crimes et les criminels, qui, logiquement appliquées, peuvent elles seules donner quelque lumière à l'administration de la justice pénale.

À l'école classique de droit criminel fait pendant l'école classique pénitentiaire ; qui paraît moins près de son épuisement, par cela seul que ses applications, étant bien plus coûteuses, avec les étranges ruches humaines du système cellulaire, ont été jusqu'ici plus rares et moins convaincantes, surtout dans les grands États de l'Europe.

Peu d'années après la propagande généreuse de Beccaria en Italie, en Angleterre « le vertueux John Howard » par la seule description éloquente de la pourriture matérielle et morale, qu'il avait vue dans les prisons d'Europe, déterminait un mouvement parallèle, qui répondait aussi au sentiment général. Transporté et développé en Amérique, d'où il revenait en Europe, ce mouvement engendra l'école pénitentiaire, qui s'est désormais cristallisée, quant au régime disciplinaire dans la formule trinitaire de l'isolement — du travail — de l'instruction, et quant à l'architecture dans le système, que Bentham, en le présentant au Parlement anglais, et puis à l'Assemblée française, appelait « panoptique » par sa disposition à rayons, qui du centre permet la surveillance de toute la ruche criminelle.

L'esprit de réforme se faisait jour partout, à la fin du siècle passé: car c'est à la même époque que Pinel en France, Tuke en Angleterre, Chiarugi en Italie, inauguraient la grande réforme du traitement des fous. Aux chaînes et aux autres moyens de violence, qui étaient en partie l'effet des idées philosophiques, par lesquels on regardait alors la folie comme une sorte de faute individuelle, de même que le délit, on substitua la douceur et la liberté relative, auxquelles dans ces derniers temps on ajouta l'hygiène du travail (1). Et pour cette autre forme de pathologie sociale, qui est la folie, prit naissance alors l'école moderne de psychiatrie, vivifiée par la méthode expérimentale.

Mais, en revenant aux délits et aux peines, les deux écoles classiques ont en commun le point de départ, la direction et le point d'arrivée.

L'une et l'autre naquirent comme mouvement de réaction contre l'empirisme féroce et brutal du moyen-âge, et toutes les deux, poussées par l'élan du sentiment général, atteignirent les dernières exagérations.

Les disciples de Beccaria, par l'étude du crime en soi-même, comme entité juridique, arrachée du monde réel, qui en nourrit les racines les plus profondes, sont arrivés à une dangereuse sensiblerie pour les malfaiteurs, née de la déplorable confusion entre les causes qui *expliquent* les crimes, comme phénomène psychologique et social, et celles qui le justifient ou l'*excusent*. De sorte que les criminels les plus dangereux sont les moins sévèrement punis, car pour eux est toujours évidente quelque forte impulsion à commettre le crime; tandis que pour les délinquants occasionels et moins dangereux l'évidence moindre des impulsions ôte le bénéfice bien plus opportun des atténuations.

Les continuateurs de Howard, par l'étude de la prison et de la cellule en soi même, isolée du monde, d'où vient et où doit revenir le condamné, et où restent ses victimes, n'eurent d'autre but que l'amélioration de la vie de prison.

Les uns, ne songeant qu'au crime déjà commis et à sa répression, en oublièrent tous les moyens bien plus efficaces de prévention, qui furent abandonnés à la routine myope et tardigrade de l'administration, et déclarés étrangers à la science des délits. C'est comme si la médecine déclarait étrangères à sa fonction scientifique et pratique les règles et les mesures hygiéniques. Les autres, ne songeant qu'aux pénitenciers et à leurs locataires forcés, d'une part détournèrent l'attention publique des autres formes de misère matérielle et morale, qui frappent des phalanges de malheureux bien plus nombreux et plus dignes de sympathie, car ils restent honnêtes malgré leurs souffrances; et d'autre part ils demandèrent et ils obtinrent pour les criminels de telles exagérations de confort et de douceur, que nous n'hésitons pas à dire que cela suffit, si ce n'est déjà trop !...

Il est temps, selon nous, que la société, égarée par les généreuses exagérations des deux écoles classiques, recherche et retrouve la bonne route, sur la-

(1) FOVILLE, *Introduction* à *Le corps et l'esprit* de H. TUKE, Paris 1886, XIX. — ALVISI, *L'antico ospedale dei pazzi*, Bologna 1881. — LEIDESDORF, *Traité des maladies mentales* (Historique), Turin 1878, p. 20, trad. de l'allem.

quelle on puisse équilibrer la philanthropie pour les criminels avec la philanthropie bien plus juste, quoique plus difficile en qualité et en quantité, pour les honnêtes gens.

Tel est le mouvement scientifique, qui s'est déterminé d'abord par l'initiative de Lombroso, pour les observations anthropologiques (1) et aussi d'une autre personne, qu'il est inutile de nommer, pour les études de droit et de sociologie. Dans un livre déjà ancien (2) elle déclarait son intention précise « d'appliquer la méthode expérimentale à la science du droit criminel », et développait en suite le côté sociologique des études sur les délits et les peines. En même temps c'était M. Garofalo, qui précisait et développait le côté plus strictement juridique de la nouvelle école positiviste (3).

C'est une loi de psychologie humaine, que toute innovation soulève la défiance et l'opposition. Et ce sentiment de conservation est, non seulement légitime, mais il est aussi nécessaire, pourvu qu'il n'arrive pas à l'exagération de vouloir empêcher toute initiative de progrès, qui à son tour est légitime et nécessaire : la vie, en effet, n'est que la résultante de ces deux tendances naturelles. Chaque progrès avéré est un obstacle aux progrès à venir, disait Spencer : et en effet l'école classique, qui avait été un si grand progrès sur le moyen-âge, n'a fait que combler d'anathèmes la nouvelle école, qu'on accusait de n'être que du « nihilisme scientifique ».

Mais les idées font leur cours et lorsqu'elles sont viables, c'est-à-dire correspondantes à la réalité des faits, elles ont peu à craindre des anathèmes, qui ne sont que l'effet des habitudes mentales et de la force d'inertie. L'initiative de ces trois personnes, qui avait déjà eu des devanciers isolés, de temps à autre, grandissait chaque jour et devenait, malgré des désaccords partiels sur telle ou telle conclusion particulière, une école scientifique, une dans sa méthode, son but pratique, ses conclusions générales. Et cela, parce que les aspirations de cette école étaient déjà, plus ou moins claires, dans la conscience générale, et les positivistes n'ont fait que les affirmer plus nettement et méthodiquement.

L'insuffisance des peines communes à retenir le flot de la criminalité ; l'augmentation obstinée de la récidive ; les conséquences souvent absurdes, toujours

(1) Lombroso, *L'uomo delinquente*, 1 édit., Milan 1876 (1 vol. de p. 254) qui est dévenu les 2 volumes de 600 pages, avec Atlas, de la iv édition italienne, Turin 1889.

(2) *La teoria dell'imputabilità e la negazione del libero arbitrio*, Florence 1878, dont à parlé avec beaucoup de bienveillance M. Espinas dans la *Revue philosophique*, févr. 1879.

(3) Garofalo, *Criterio positivo della penalità*, Napoli 1880.

dangereuses, de certaines théories sur la folie raisonnante et sur la force irrésistible greffées sur les théories mystiques de la résponsabilité morale de l'individu ; l'exagération de certaines formalités de procedure ; l'union inorganique
de certaines institutions nées dans d'autres milieux avec nos vieux systèmes
de procédure et de détention : tout cela et autre chose encore demandait et demande, dans la conscience générale, des remèdes scientifiques et législatifs, qui
suppriment des abus évidents tout en faveur des criminels et au préjudice des
hommes honnêtes.

Voilà l'origine de l'école positiviste de droit criminel.

Pour laquelle, cependant, il faut d'abord écarter l'opinion, que Lombroso
même avait énoncée (1) et que beaucoup 'de ses critiques trouvent à propos
de supposer encore : c'est-à-dire qu'elle ne soit qu'une alliance entre le droit
pénal et l'anthropologie criminelle. Non : l'école positiviste est bien plus que
cela : elle est l'application de la méthode éxpérimentale à l'étude des délits et des
peines et, comme telle, en même temps qu'elle porte dans l'enceinte close du
technicisme juridique le souffle vivifiant des nouvelles inductions, non seulement
de l'anthropologie, mais de la psychologie, de la statistique, de la sociologie,
elle représente aussi une nouvelle phase dans l'évolution de la science criminelle (2).

La méthode expérimentale en Italie est déjà antique ; car elle commença, grâce
à Galilée, avec la Renaissance. Seulement, son application, qui n'a pas fait
grand bruit dans les sciences physiques et naturelles, soulève des défiances et
des oppositions lorsqu'on essaie de l'étendre aux sciences morales et sociales.
Mais il est evident, que si cette méthode a été si féconde dans les sciences physiques, elle doit l'être aussi dans les sciences morales : comme, du reste, on
en a fait l'expérience, dans la seconde moitié de notre siècle. Car, tandis
qu'avec la méthode *a priori*, la philosophie ne suivait dans ses systèmes,
comme dit Spencer, qu'un procès de suicides continuels ; avec la méthode expérimentale au contraire, les inductions faites restent inébranlables comme les faits,
dont elles sont la synthèse, et ; au lieu d'être anéanties par les systèmes successifs, elles se complètent et se renforcent.

Mais c'est par un autre loi psychologique, que les hommes se soucient des
sciences, d'autant plus qu'elles sont, ou paraissent être, en rapport plus direct
avec leurs sentiments et leurs intérêts personnels.

(1) Lombroso, *Ueber den Ursprung, das Wesen der neue anthrop. Cri-
minalistischen Schule* in *Zeitschrift f. die ges. Strafrechtswiss* de Liszt,
1881, 1, 1.

(2) Voir, en ce sens, Lombroso, Ferri, Garofalo, Fioretti, *Polemica in difesa
della scuola criminale positiva*, Bologna 1886.

Lorsque Galilée prônait l'application de la méthode expérimentale aux sciences physiques, le public ne s'en inquiéta point, excepté ceux qui y voyaient un danger pour leurs croyances ou leurs intérêts de caste. En tant que cette méthode resta dans les sciences plus lointaines de la vie quotidienne, comme l'astronomie, la physique, la chimie, la géologie, la botanique, ect., les oppositions ne furent pas très-vives.

Ce fut l'initiative de Claude Bernard, pour l'application de cette méthode à la physiologie humaine, qui souleva des protestations plus bruyantes, car l'opinion publique voyait s'avancer le bouleversement des vieilles idées.

Et la bataille fut encore plus acharnée quand Auguste Comte en France, Spencer en Angleterre, Ardigò en Italie, Wundt en Allemagne, commencèrent l'application de la méthode expérimentale à l'étude morale et sociale de l'homme. Les sentiments habituels, les croyances religieuses, se sentant menacés, n'eurent que des anathèmes pour les rénovateurs iconoclastes des idées traditionnelles. Mais, puisque science et religion suivent deux carrières opposées, et puisent leurs sources à différents besoins de l'esprit humain, la psychologie est déjà une science positive et le monde y s'en accommode parfaitement.

La défiance et les oppositions ne touchèrent le maximum que lorsqu'on essaya d'appliquer la méthode expérimentale aux sciences sociales et surtout à celles qui touchent plus directement à la vie quotidienne, et qui sont l'une à l'autre comme la physiologie est à la pathologie : c'est-à-dire l'économie politique et le droit pénal. Les intérêts personnels, qu'on croyait menacés, les idées traditionnelles, qui sont à ces intérêts des individus et des classes sociales comme le revers au droit d'une surface, se soulevèrent et continuent encore à voir de mauvais œil ces innovations scientifiques. Il est inutile de dire que celles-ci auront cependant des conséquences pratiques tout à fait opposées à celles, que le bon public s'imagine, dans sa répulsion pour toutes les nouveautés radicales « misonéisme », qui s'accorde assez bien avec son goût, au contraire, pour les nouveautés superficielles.

Mais quelle raison y aurait-il pour nier aux sciences sociales l'application d'une méthode, qui dans toutes les sciences a donné des résultats si éloquents?

Et à chaque pas on rencontre des exemples de cette irrésistible extension de la méthode expérimentale à toutes les formes du savoir humain.

Même en dehors de la science, nous voyons la direction moderne de l'art, par laquelle, toujours au nom de la méthode d'observation, aux types conventionnels de l'académie et du romantisme, on substitue l'étude du vrai et du vif. Et c'est là une évolution progressive, qui, sauf les exagérations pathologiques, accorde très-heureusement la vie de l'art avec le rythme général de la pensée moderne.

Et, dans l'ordre scientifique, nous avons deux exemples frappants, qui viennent plaider notre cause avec l'autorité indéniable de l'expérience.

On sait que jusqu'au commencement de notre siècle, et même plus tard, la médecine avait suivi des systèmes métaphysiques. On faisait exclusivement de la nosologie; on étudiait, on décrivait, on traitait les maladies comme entités abstraites et d'une manière abstraite. Le médecin mettait en ligne secondaire la personne du malade et ne se préoccupait que de la maladie: la fièvre, la phlogose, la pleurésie, etc. Et il les combattait en elles-mêmes, ne songeant pas au tempérament, au précédents héréditaires ou personnels, au milieu où avait vécu le malade, etc.: la fièvre c'était la fièvre et il fallait la traiter comme cela.

Mais ensuite la médecine a pris une direction opposée, en appliquant la méthode d'observation: elle a commencé a étudier avant tout la personne vivante du malade, avec tous les procédés de l'expérience scientifique, la thermométrie, l'analyse chimique, le microscope, l'auscultation, etc. Au lieu de traiter *les maladies* on commença à traiter *les malades :* c'est-à-dire qu'au lieu de traiter la maladie dans un malade, on traite un malade pour sa maladie. Et la même maladie peut être combattue avec des moyens même opposés, selon les conditions du milieu et de l'individu.

La psychiatrie a suivi la même évolution: d'abord on traitait les formes abstraites de la folie: la manie, la mélancolie, la démence, etc. Mais, malgré les oppositions et même les railleries, on a compris en suite qu'il faut traiter *les fous* et non pas *la folie,* justement avec toutes les ressources expérimentales de la psychiatrie moderne.

Eh bien: qui ne voit l'étroite analogie entre ce fécond et bienfaisant mouvement de la médecine moderne, et celui que nous proposons pour la science criminelle?

Celle-ci jusqu'à présent n'a été que l'étude des délits, comme entités abstraites.

Le criminaliste classique étudie le vol, le meurtre, etc., en soi-même, comme « entité juridique », avec la seule logique abstraite et avec les idées et les sentiments d'homme normal et honnête, qu'il projète dans la conscience des criminels. Il établit de la sorte que le remède du délit est la peine et, avec un calcul dont il n'a jamais su donner les raisons positives, et que plusieurs criminalistes classiques ont même déclaré impossible, il établit pour chaque délit une peine préfixée, comme aux anciennes formes nosologiques étaient préfixés les médicaments. L'homme, qui commet le crime, reste pour le criminaliste classique en ligne tout à fait secondaire, comme le malade pour les médecins d'il y a cent ans: il n'est pour le juriste qu'un terme d'application de ses formules abstraites et juridiques. Seules certaines conditions, personnelles, trop évidentes pour être oubliées, mais taxativement fixées, entrent dans les raisonnements du juriste: ce sont le défaut de discernement (chez les mineurs et les sourds-muets) le défaut de conscience (par l'aliénation mentale, sommeil ou sonnambulisme), l'ivresse et l'emportement des passions. En dehors de celles-ci, les précédents héréditaires et personnels de l'individu, l'éducation reçue, les conditions physiologiques, intellectuelles, économiques, le milieu physique et social où il vit: tout cela, qui est cependant inséparable de chaque action individuelle, n'entre pas dans les raisonnements du juriste et partant du législateur, tandis qu'il s'impose au juge, qui a devant soi un homme vivant et parlant.

Le criminaliste classique étudie *les délits* mais non *les délinquants*, comme le médecin d'autrefois.

Or, je ne dis pas que toutes ces études sur le délit, comme fait juridique, soient inutiles; comme je ne pense pas que la médecine moderne n'ait tiré aucun avantage de l'ancienne nosologie. Mais je dis cependant que l'étude abstraite du délit, arraché de la personne du délinquant et de son milieu social, ne suffit plus aux exigences de la vie moderne, laquelle demande à la science la connaissance positive non seulement du délit mais aussi, et avant tout, du délinquant.

En effet si l'on demande au criminaliste la raison, par laquelle chaque année en Italie trois ou quatre mille personnes commettent des meurtres, tandis qu'en France, avec une population plus nombreuse, il n'y en a que de sept à huit cents, en Allemagne de cinq à sept cents, en Angleterre de deux à trois cents, et viceversa en Espagne, avec moins que la moitié d'habitants de ces pays, il y en a deux à trois mille; et si on lui demande pourquoi, par exemple, il n'arrive jamais que les meurtres soient quatre ou cinq cent mille par année ou viceversa, ou qu'on n'en commette aucun; le criminaliste classique, comme tel, ne saurait donner, et il n'a jamais donné, une réponse. La science criminelle ne s'est jusqu'à présent posée cette question, ou bien elle y a donné une réponse indirecte, qui a atrophié toute étude sur les causes naturelles du crime. Elle a dit que les crimes, dans leur nombre et qualité, ne dépendent que du *fiat* du libre arbitre humain.

Le criminaliste sait très-bien le *nomen juris* qu'il faut donner à telle ou telle action anti-juridique, et si tel ou tel délit est arrivé à sa perfection juridique, ou bien s'il n'est resté qu'au degré de la tentative; et si tel délit est qualifié ou excusé etc. Et je ne conteste pas l'utilité de ces notions; mais je dis que cependant le problème social de la criminalité demande d'autres réponses.

Et si l'on nous disait, que vraiment le droit criminel a donné cette réponse, car il a établi pour le délit le remède de la peine, nous n'aurions qu'à observer comme ce remède justement est celui qui a fait banqueroute, dans tous les systèmes législatifs et pénitentiaires. Et il ne pouvait en être autrement, car la peine n'est que la conséquence d'un syllogisme abstrait et non une induction positive de l'observation des faits.

Le criminaliste, et avec lui le législateur, jusqu'ici, s'est fermé dans sa conscience d'homme honnête et normal et avec une méthode automorphique a jugé et réglé le monde des criminels, comme si ceux-ci étaient des hommes normaux comme lui. Et il a conclu alors qu'il convient et qu'il suffit de donner une sanction légale qui puisse « ré-affirmer le droit nié par le délit » dans la conscience du public et du délinquant même.

Le raisonnement était logique: mais ne répondait pas à la réalité des faits, car ceux-ci, observés dans les prisons, dans les asiles des aliénés, dans la société même, affirment au contraire que les délinquants, en général, sont des hommes anormaux, non seulement dans leur constitution physiologique, mais surtout dans leur constitution psychologique. Il sont, en majeure partie, des hommes pour lesquels le vol n'est qu'une industrie, qui a ses désavantages (la prison) comme le travail honnête a ses accidents, ou bien le meurtre n'est qu'une action indifférente lorsqu'il n'est pas l'exercice d'un droit.

Et tandis que le criminaliste et le législateur croient, en jugeant d'après leurs sentiments, que la prison doit être physiquement et moralement douloureuse, les délinquants, en grande partie, répondent, par les documents psychologiques les plus différents, que pour eux en bien des cas le banc des accusés n'est que « la planche à pain ». Et quant à la prison, d'abord elle vient assez rarement, car (comme me disaient plusieurs criminels d'habitude) très-souvent ils « font le coup » sans être découverts, et la statistique judiciaire nous confirme que 60 0/0 des crimes et délits dénoncés restent impunis, car pour 40 0/0 les auteurs restent inconnus ou les indices insuffisants et pour 20 0/0 on absout les inculpés sans exclure l'existence du délit: et en second lieu la prison même n'est que « le rendez-vous des compagnons et des frères », comme disent les chansons de prisonniers publiées par Lombroso et les déclarations de tous les observateurs du monde criminel, aumôniers, agents de police, médecins, psychologistes.

Certes, tous les délinquants n'ont pas le même degré de dégénération physique et morale, et tous ceux, chez qui on le constate, ne l'ont pas hérité en naissant: il y a différentes catégories anthropologiques de criminels, que nous verrons après; mais cependant cela n'est qu'un argument de plus pour montrer la nécessité de transformer le droit criminel abstrait en sociologie criminelle positive.

Un autre exemple, dans les sciences sociales mêmes, par lequel est confirmée l'opportunité de la nouvelle direction donnée à la science criminelle, est celui de l'économie politique.

Adam Smith est pour l'économie politique ce que César Beccaria est pour
le droit criminel. Ils sont les initiateurs de deux écoles classiques, qui, en réaction contre l'empirisme du moyen âge, toutes les deux hissèrent le drapeau
de l'individualisme sous la forme du libre échange contre les exagérations du
mercantilisme et du protectionnisme, et revendiquèrent les droits de la personne
humaine contre la toutepuissance de l'Etat. Elles ont atteint leurs buts, avec
des bienfaits indéniables pour les sociétés modernes, si même elles ne sont pas
allées au delà.

Smith, ou plus exactement l'école classique d'économie, suit la méthode *a
priori*, en étudiant les phénomènes économiques comme entités abstraites : la
consommation, la production, la distribution, etc., et donne des lois universelles
et absolues. Mais depuis plusieurs années, d'abord en Allemagne, a pris naissance un courant d'idées hétérodoxes, qu'on appelle l'école réaliste, ou historique, ou positiviste de l'économie politique.

Or, il est évident que cette réforme de la science économique, par laquelle
on étudie les faits de l'activité normale de l'homme dans leur milieu physique
et social, en donnant des lois historiques et relatives, est tout à fait analogue
à celui de la nouvelle école criminelle, qui veut étudier, avec la même méthode et dans le même but, les faits de l'activité anormale ou antisociale de
l'homme. Et cela ne fait donc que rallier les innovations de l'école positiviste
de droit criminel à la direction générale de la pensée scientifique moderne, en
confirmant, comme je disais tout à l'heure, que cette école n'est ni l'effet ni
le mérite exclusif de telle ou telle initiative personnelle ; mais elle n'est au contraire que l'effet de l'application, désormais inévitable, de la méthode expérimentale à l'étude des délits et des peines et, comme telle, elle représente l'é-
volution d'une partie des recherches, que la mission historique de l'école classique ne lui avait pas permis de développer.

Le filon scientifique, ouvert à l'exploitation par Beccaria, étant donc épuisé,
il s'agit d'en exploiter d'autres plus fécondes et pratiques. Et comme l'école
classique a atteint et même surpassé son but pratique de *la diminution des
peines,* l'école positiviste se propose maintenant d'obtenir *la diminution des
délits ;* et comme celle-là a entrepris ou perfectionnée *l'étude abstraite du
délit comme rapport juridique entre la loi et l'action individuelle,* celle-
ci se propose *l'étude positive du délit comme action humaine, par l'observation de l'homme qui le commet et du milieu dans lequel il agit.*

D'une part, comme on sait par la médecine, que pour trouver les remèdes
il faut auparavant observer les causes d'une maladie ; de même la sociologie
criminelle n'est d'abord qu'une étude de pathologie sociale, dans ses symptômes
délictueux, pour établir des remèdes, qui puissent, si non éliminer tout phénomène antisocial, du moins les rendre moins fréquents et moins dangereux.

Et d'autre part, puisque l'école classique a poussé jusqu'à l'exagération les droits individuels de l'homme criminel vis-à-vis de la société, l'école positiviste se propose d'établir un équilibre entre l'élément social et l'élément individuel ; ce qui, du reste, est le but aussi de l'école positiviste en économie politique, contre les exagérations d'un individualisme effréné.

C'est-à-dire que, dans l'ordre théorique, nous acceptons ce qu'on a fait jusqu'ici par l'école classique dans l'étude abstrait du délit, en nous réservant le droit d'écarter le doctrinarisme trop en opposition avec les réalités de la vie sociale. Et nous, obéissant à la loi d'évolution, nous reconnaissons très-volontiers, que si l'école classique n'était pas arrivée à sa perfection et partant à son épuisement, l'école positiviste n'aurait pas été possible : mais nous affirmons en même temps, avec Leibnitz, que si le présent est le fils du passé, il est aussi le père de l'avenir.

II.

Cette origine et ce but de l'école positiviste de droit criminel ne justifient pas, tant s'en faut, les accusations, que cependant on nous a faites et qu'on nous répète de tous côtés, suivant l'usage de ceux qui jugent les idées nouvelles sans les connaître exactement.

Les théoriciens d'une part nous ont accusés d'être « les nihilistes du droit pénal », par cela seul que nous avons affirmé que cette science n'a pas jusqu'ici des bases positives et que par conséquent, comme de l'astrologie est germée l'astronomie, de l'alchimie la chimie, de la démonologie la psychiatrie, etc., de même nous souhaitions, que du droit criminel moderne avait à germer une science plus positive et socialement plus utile, telle que la sociologie criminelle. Au lieu d'être du nihilisme notre œuvre n'était, au contraire, qu'un reverdissement du grand arbre de la science criminelle, par les études expérimentales, grâce auxquelles il sera dédommagé de la perte des branches et du feuillage, que la métaphysique avait desséchés.

Et dès à présent l'école classique nous est redevable d'une espèce de galvanisation, car elle s'est éveillée du sommeil de ces derniers temps et, soit par la polémique, soit par la correction de plusieurs de ses théories, elle s'est partiellement rajeunie.

Les hommes pratiques d'autre part nous ont accusés de troubler « le règne de la justice, et de saper les bases de la société » en ouvrant les prisons aux voleurs et aux assassins. Tandis que s'il y a moyen de s'orienter dans le labyrinthe des faits humains, cela n'est possible qu'avec l'étude de leurs conditions naturelles ; et s'il y a quelqu'un, à qui s'adresse la sévérité de nos conclusions, ce sont justement les malfaiteurs les plus dangereux, contre lesquels nous demandons une défense sociale plus efficace, comme on verra dans les chapitres suivants.

Du reste, après les premières oppositions plus acharnées et moins éclairées, à présent nos adversaires théoriques et pratiques ne répètent plus ces accusations, et plutôt on nous oppose une autre tactique, aussi facile qu'inféconde. C'est-à-dire, qu'en dehors des plus illustres et intransigeants défenseurs et représentants de l'école classique, à l'instar de Carrara, qui est mort en 1888 sans avoir fait la moindre concession aux idées nouvelles, car il sentait bien que la première brique levée de son édifice de syllogismes, aurait fait écrouler tout l'échafaudage merveilleux de. son système; en dehors de ceux-ci, il y a toute une génération de criminalistes éclectiques, qui souhaitent, « une alliance du droit pénal avec les sciences anthropologiques ».

Ils oublient cependant que la nouvelle école représente toute une innovation de méthode scientifique et qu'il n'y a pas à cet égard de parti moyen; ou l'on fait des syllogismes sur le délit comme entité abstraite, avec l'inséparable responsabilité morale de l'individu, ou bien on l'étudie comme phénomène naturel et social. Une fois admise cette dernière méthode, tout le reste vient irrésistiblement par soi-même.

En effet, pour ces éclectiques tout se réduit à ranger l'anthropologie, la psychologie, la statistique criminelle parmi les sciences auxiliaires du droit pénal, en continuant à confondre celui-ci avec le doctrinarisme traditionnel, qui est ouvertement démenti par les conclusions de ces mêmes sciences, qu'on dit auxiliaires.

De sorte que, en droit pénal, comme en toute autre science, comme dans la vie même, l'éclectisme reste stérile, car il n'est que de l'hybridisme. Certe l'éclectisme, à part les avantages pour « faire carrière » dans le monde académique, n'est en soi-même que le résultat définitif de l'histoire et de la science, comme de la politique; car c'est une loi psychologique que l'humanité, entre deux courants extrêmes, s'arrête dans la résultante moyenne. Mais alors il s'agit d'un éclectisme spontané, qui se détermine à *posteriori*, comme le pendule qui s'arrête au centre de suspension après les oscillations extrêmes. Et cet éclectisme naturel n'est possible qu'après le développement complet des deux forces extrêmes.

Or, dans le cas de l'école classique et de l'école positiviste, le moment de cet éclectisme n'est pas encore venu, car on ne peut établir la résultante lorsqu'une seule des deux écoles a atteint son développement complet. Et d'autre part, lorsque l'école positiviste se sera elle aussi développée complètement..... alors il n'y aura plus besoin d'éclectiques, car le courant moyen se formera tout seul dans la conscience publique et dans la législation; comme il n'est pas nécessaire d'avoir des mécaniciens pour faire arrêter le pendule au centre de suspension. Qu'il y ait donc un éclectisme naturel, c'est inévitable; mais il ne doit pas y avoir des éclectiques, car ceux-ci ne savent que faire de l'éclectisme anticipé, c'est-à-dire artificiel, ou, tout au plus, puisque *natura non facit saltus*, ils ne sont que l'indice précurseur du triomphe définitif de la nouvelle école.

En effet, la vitalité expansive de l'école positiviste est telle, qu'il est même difficile d'en résumer les documents, qui nous arrivent chaque jour de tout côté.

La nouvelle école passe maintenant par le troisième période de l'évolution de toute innovation. D'abord inaperçue, son aurore se confondait avec la lueur crépusculaire des théories classiques; peu après les esprits légers la raillaient, comme choquant leurs habitudes mentales, et les pontifes de l'école traditionnelle ne l'honoraient même pas d'une critique, dans leur silence olympique. Passé ce période, qui est la pierre de touche pour la viabilité d'une innovation, l'école positiviste s'est imposée par sa croissante production scientifique et par sa correspondance aux besoins réels de la vie sociale, à l'attention du public et de la science officielle.

C'est dans ce troisième période, qui est celui de la lutte pour l'existence entre la tradition et l'innovation, et qui précède immédiatement le triomphe de celle-ci, lorsqu'elle est basée sur le vrai, que les publications des positivistes s'entremêlent avec les résumés, les conférences et les brochures de propagande d'un côté, et de l'autre avec les critiques de la nouvelle école et les défenses des idées traditionnelles. Parmi ces critiques cependant il y a celles, qui restent toujours sur le terrain des syllogismes abstraits et juridiques, et alors il n'y a pas moyen de s'entendre, car positivistes et métaphysiciens parlent deux langues différentes, et leur polémique, guidée chez les uns par le sens du réel, et chez les autres par l'habitude des postulats à priori (libre arbitre, justice absolue et éternelle, etc.), ne peut aboutir à aucun résultat utile. Et il y a, au contraire, les critiques de ceux qui, tout en suivant la méthode expérimentale et la direction générale de la nouvelle école, n'en admettent pas telle ou telle induction particulière, et celles-ci, surtout lorsqu'elles se basent sur d'autres observations de faits positifs, ne sont qu'un ciment très-utile, duquel la nouvelle école sort plus vigoureuse que jamais, en corrigeant des erreurs partielles et en complétant quelque point de vue, d'abord trop unilatéral.

Et cette lutte pour l'existence entre la tradition et l'innovation, se répand, comme les vibrations acoustiques, de loin en loin, en passant du champ restreint des chaires et des volumes scientifiques au terrain brûlant de la presse, et des parlements aux applications judiciaires et administratives.

Pour résumer ici les principales manifestations de cette vitalité expansive de la nouvelle école, je rappellerai d'abord que les publications plus caractéristiques de ses partisans, qui augmentent chaque jour, et que je citerai ensuite, sont traduites en plusieurs langues et comptent un nombre d'éditions, inconnu aux traités contemporains du droit criminel, quoique la matière en soit la même et que les crimes et les criminels aient toujours attiré l'attention publique. De plus l'école positiviste de sociologie criminelle a déjà des organes spéciaux périodiques, qui sont un recueil inépuisable de monographies et de notices (1). Et en dehors des revues spéciales de psychiatrie, médecine légale, philosophie scientifique, il y a même plusieurs revues de droit, qui partagent les vues générales de la sociologie criminelle (2).

À l'Université, quoique les chaires de droit pénal soient avec plus d'acharnement fermées dans les concours officiels aux partisans des nouvelles idées, les professeurs de médecine-légale et de psychiatrie, comme Lombroso et ses collègues (Morselli, Marro, Virgilio, Tamassia, Bonomo, Filippi, Severi, Bianchi) en grand nombre partagent nos idées, et plusieurs d'entre eux font des cours libres d'anthropologie criminelle (Riccardi à Modène, Sergi à Rome, Zuccarelli à Naples), et même parmi les professeurs de droit pénal, Berenini à Parme et Ferri à Rome, répandent de la chaire les nouvelles idées. Et malgré quelques désaccords partiels, elles sont à l'étranger admises aussi par des professeurs de droit criminel, tels que Garraud à Lyon, Liszt à Marburg, Pinero à Buenos-Aires, Lucas à Coimbra, etc., sans parler des professeurs de médecine légale, parmi lesquels j'aime rappeler mon illustre ami le prof. Lacassagne et son école lyonnaise.

Et en Italie aux leçons universitaires, Lombroso, Riccardi, Ferri ajoutent aussi des visites aux pénitenciers, avec leurs étudiants, pour étudier l'homme criminel sur le vivant, et les persuader que si quelquefois des adversaires de l'école positiviste, surtout les criminels classiques, déclarent de n'avoir pas trouvé les caractères criminels chez les détenus, c'est le plus souvent parce qu'ils ne savent pas les chercher, par défaut d'expérience technique; car il est certain que les délinquants ne sont pas des hommes à deux têtes, visibles à tout le mond. Et c'est de ces visites que tôt ou tard germera cette « clinique criminelle » conjointe à un patronage des libérés, non anémique et arcadique comme le patro-

---

(1) *Archivio di psichiatria, scienze penali ed antropologia criminale*, Turin, depuis 1880. — *Archives de l'anthropologie criminelle et des sciences pénales*, Lyon, depuis 1886. — *Revista de antropologia criminal y sciencias medico-legales*, Madrid, depuis 1888.

(2) En Italie: d'abord la *Rivista carceraria*, (Rome, depuis 1871, qui a même précédée la nouvelle école) et la *Rivista di giurisprudenza*, (Trani), la *Temi Veneta*, (Venise), *Il Gravina*, (Catanzaro), etc.

À l'étranger: la *Zeitschrift* pour le droit pénal de Liszt, le *Centralblatt* pour les sciences juridiques de Kirchenheim, le *Messager juridique* de Moscou, etc.

nage actuel, que Tarde proposa et que le *Congrès d'anthropologie criminelle* à Rome approuva (1).

À côté de l'Université, même les Académies commencent à s'entr'ouvrir au nouvel courant d'air oxygéné, comme on le voit dans les thèses mises au concours. En 1883 commença la *Rivista carceraria* avec un concours international sur ce thème : « Exposer les progrès faits dans ce siècle par les études d'anthropologie criminelle, en confirmant ou en combattant les faits et les chiffres portés à l'appui avec d'autres faits et d'autres statistiques ». C'est pour ce concours que Marro eut l'occasion d'écrire son excellent ouvrage sur « les caractères des criminels » avec ses observations sur plus de 500 condamnés et 100 normaux; et que Baer écrivit son travail sur « Le criminel », publié par la même *Rivista carceraria*, mais qui n'est cependant qu'une étude critique sur les données, déjà connues, de l'anthropologie criminelle.

Et, pour nous restreindre à 1888, l'Académie des sciences morales et politiques (de Paris) a mis au concours le thème des « principes de la pénalité, selon les doctrines philosophiques *les plus modernes* », et l'Académie des sciences et lettres (de Modène) le thème « de la récidive selon les différentes *écoles criminelles* ». Et plus spécialement la *Société medico-psychologique de Paris* a mis aux concours la « recherche s'il existe des caractères anatomiques, physiologiques ou psychologiques propres aux criminels »; et la faculté de droit à Heidelberg, en octobre 1888, a ouvert un concours national pour le thème « rapports et applications aux lois pénales des théories de la nouvelle école italienne », qui en est donc le baptême académique.

Quant aux publications, qui ont pour objet exclusif l'école positiviste, en dehors de celles qui par incident en discutent les idées pour ou contre, il est impossible de les rappeler toutes, même en se bornant aux principales. Car il y en a désormais une bibliothèque, soit de celles qui en résument les idées générales, pour en faire propagande ou seulement pour les faire connaître (2), soit de celles qui les combattent, en totalité ou en partie, au nom des théories abstraites et classiques (3), ou bien dans une direction et avec une méthode positiviste, communes à la nouvelle école, mais en désaccord partiel avec certaines de ses conclusions (4).

Déjà en 1881 Ochorowicz, dans un projet de congrès international de psychologie, proposait une section spéciale pour la psychologie criminelle (5); et

---

(1) *Actes du Congrès intern. d'anthrop. crim.*, Rome 1886, pag. 40 e 392. V. aussi TARDE, *La criminalité comparée*, Paris 1886, p. 22. V. aussi C. ARENAL, *Clinique criminelle* in *Bull. Soc. Pris. Paris*, 1886, p. 857.

(2-3-4) Voir la bibliographie à la fin du volume.

(5) *Revue philosophique*, nov. 1881.

quelques années plus tard la nouvelle école s'affirma avec un grand succès avec le premier Congrès international et Exposition d'anthropologie criminelle à Rome, en novembre 1885 (1); comme une deuxième fois elle s'affirmera, en août 1889, au Congrès et à l'Exposition d'anthropologie criminelle à Paris (2). Sans oublier les partielles mais éloquentes affirmations que les théories de la sociologie criminelle eurent aux congrès scientifiques de Paris. en 1878 (3), et ensuite à Anvers (4), Nancy (5), Toulouse (6), Sienne (7), Cologne (8) et Lisbone (9).

Et en dehors des recherches d'anthropologie criminelle, entreprises par les sociétés d'anthropologie générale, comme l'enquête dans les prisons de Louvain (10) et les études sur les crânes et cerveaux de criminels par les sociétés de Lyon, Paris, etc., on a fondé à Buenos-Aires et à Petersbourg des sociétés spéciales d'anthropologie criminelle (11). Auxquelles s'ajoutera le Musée d'anthropologie crimi-

(1) Voir la bibliographie à la fin du volume.

(2) *Statuts et règlements du II Congrès intern. d'anthr. crim. à Paris*, dans les *Archives d'anthr. crim.*, Lyon, déc. 1888.

(3) *Crânes et cerveaux de criminels*, discussion par BENEDIKT, BROCA, BORDIER, DALLY, TOPINARD, *Comptes rendus du Congr. anthrop. de Paris*, 1880, p. 141.

(4) BENEDIKT, *Rapports entre la folie et la criminalité*. Disc. au Congrès de phréniatrie, Anvers 1885. — HEGER, *La quest. de la criminalité au Congrès de Anvers*, Bruxelles 1885.

(5) DE MORTILLET, *Anthrop. crim.: la peine de mort au point de vue social*. Rapp. à l'Assoc. franç. pour l'avanc. des sc., Nancy 1886.

(6) DE MORTILLET, *La pénalité au p. de vue anthr. et sociol.* Rapp. etc. Toulouse 1887.

(7) *Actes du V Congrès phréniatrique à Sienne, 1886.* Discuss. sur la folie morale et la criminalité congénitale.

(8) BINZWANGER, *Les doctrines de physiol. et clinique psychiatrique en rapport avec les doctrines pénales*, Köln 1888. *(Archiv. di psich., IX, 637)*.

(9) Thèses proposées au Congrès juridique de Lisbonne. — Réforme du Code pénal sur la responsabilité, les agents du délit, etc., en rapport avec la psychol., l'anthr. crim., et la pathol. mentale. — Réforme des systèmes pénitentiaires selon les catégories des criminels. *(Revista de antr. crim.*, Madrid 1889, p. 49).

(10) *Bulletin de la Soc. d'Anthr. de Bruxelles*, II, 202 et III, 35, 49. — WARNOTS et RAMLOT, *Sur quelques résultats de l'enquête de la prison de Louvain*, III, 276, 321.

(11) *Société d'anthropologie juridique de Buenos-Aires (Arch. di psich. IX, 335). Et Société russe d'anthrop. (Bull. Soc. gén. Prisons, 1888).* Pour l'école positiviste en Russie voir les notices de la *Zeitschrift* de Lizst (1884, n. 2), l'*Archivio di psichiatria*, 1884, p. 328 et la *Cronique russe* de LIKHATCHEFF in *Archives d'anthrop. crim.*, mai 1889.

nelle, que la Direction générale des prisons d'Italie, a prédisposé en chargeant les professeurs d'anatomie et les médecins des prisons de faire les autopsies sur les cadavres des détenus, en recueillant les pièces plus plus intéressantes.

Une autre manifestation, toute récente et pratique de la vitalité des nouvelles idées, a été la fondation par Liszt, Prins et Van Hamel d'une *Union internationale de droit pénal*, qui a déjà beaucoup d'associés et qui se propose de solliciter l'application législative des réformes pénales, dont l'esprit est indiqué par ces premiers articles de ses statuts: « La mission du droit pénal c'est la lutte contre la criminalité envisagée comme phénomène social. — La science pénale et la législation pénale doivent donc tenir compte des résultats des études anthropologiques et sociologiques (1) ». Ce qui est la réfutation évidente de la méthode classique, d'étudier le délit comme entité juridique à l'aide seulement des syllogismes abstraits, et ce qui explique par conséquent le refus de quelque professeur italien de droit pénal de s'associer à cette *Union*.

Du reste ne manquent même pas les applications pratiques judiciaires, plus ou moins directes, des nouvelles idées.

Sans parler des magistrats (et il suffit pour cela de rappeler le nom de mon illustre ami, Mr. Tarde, juge d'instruction) qui approuvent et appliquent plus ou moins ouvertement les nouvelles idées, même dans leurs sentences (2); et sans parler aussi des représentants du Ministère Public, qui en Italie et en France partagent nos idées (3); il suffit de rappeler le grand nombre des expertises médico-légales et psychiatriques, chez lesquels désormais l'anthropologie criminelle a plein droit de naturalisation.

Il ne faut même pas oublier le profit, que les avocats criminalistes savent tirer des prémisses positives de l'anthropologie criminelle avec les conséquences doctrinaires des lois pénales actuelles, qui, en diminuant la responsabilité en proportion des conditions anormales qui poussent au crime, aboutissent si souvent à l'absolution des criminels les plus dangereux ; tandis que les théories de la sociologie criminelle, appliquées dans leur totalité, aboutissent à une répression, c'est-à-dire à une défense sociale autant plus rigoureuse que les conditions physiques et psychiques du criminel sont plus anormales (4).

(1) *Archiv. d'anthr. crim.*, Lyon, janv. 1889, p. 124.

(2) Voir par ex. la sentence rapportée par Drago, *Los hombres de presa*, Buenos-Aires 1888, IIᵉ édit.

(3) Voir les discours cités dans la *Polémique en défense de l'école posit.*, Bologne 1886, p. 173 et suiv.

(4) *Applications et conséquences des doctrines positivistes dans les procès criminels du jour.* Rapp. par Ferri, Porto, Puglise dans les *Actes du*

Deux applications judiciaires de l'étude positive des criminels nous sont offertes aussi d'une part dans les journaux judiciaires, qui ont pour but de donner des documents psychologiques, ou bien d'aider à la découverte des criminels, et d'autre part dans le système Bertillon, pour le signalement anthropométrique des repris de justice, lequel ajoute très-ingénieusement à leurs portraits des relevés anthropologiques, qui en empêchent l'encombrement, et facilitent les constatations de l'identité personnelle (1).

Enfin les Parlements aussi, malgré leur retard naturel et inévitable de plusieurs années par rapport à la science, car ils ne connaissent les idées scientifiques que lorsqu'elles ont commencé à conquérir la conscience publique, les Parlements aussi ont assisté et assistent à des affirmations et à des applications même des idées de la sociologie criminelle. La loi française sur les récidivistes, dont je m'occuperai ensuite, en est en quelque sorte une application indirecte. Et le nouveau code pénal italien, malgré les déclarations de ses compilateurs de vouloir suivre seulement la tradition classique, n'a pu éviter une certaine influence des nouvelles idées. Car, comme l'observaient Garofalo, au tribunal de Naples (1889), et le sénateur Manfredi à la Cour de Cassation de Florence (1889), l'institution, quoique incomplète, des asiles spéciaux pour les aliénés criminels, l'abolition, du moins verbale, de l'irresponsabilité par « force irrésistible », l'institution de colonies agricoles pénitentiaires, la déclaration que l'objet de la loi pénale n'est pas le délit mais l'homme qui le commet, et l'exclusion ouverte du libre arbitre comme base de la responsabilité pénale (pour s'en tenir seulement, avec une transaction éclectique, à la « volonté »), ce sont autant de concessions faites à l'école positiviste.

Et en dehors des applications législatives, les conclusions de la sociologie criminelle, trouvent dans plusieurs Parlements des défenseurs convaincus, comme De Renzis, Moleschott, Ferri à Rome; Roussel, de Mortillet à Paris; Silvela a Madrid; Senna, D'Azevedo à Lisbonne.

C'est-à-dire que dans les publications scientifiques et dans les congrès, chez les sociétés de savants et chez les associations privées, dans la pratique judiciaire et dans les discussions parlementaires, dans les institutions administra-

_____

Congrès d'anthr. crim., Rome 1886, p. 29, 334 et suiv. — ABADIXE, *Le barreau français et la criminologie positive. (Archives d'anthr. crim.*, Lyon, mars 1888).

(1) BERTILLON, *Une application pratique de l'anthropométrie, Annales de démographie* 1881, et plus récemment *Archives d'anthr. crim.*, mars 1888. — M. Anfosso a proposé « un nouvel anthropomètre pour le signalement des criminels », qui pourrait être un perfectionnement du système Bertillon. (*Archivio di psichiatria*, 1888, IX, 363.

tives et dans les réformes législatives, l'école positiviste de droit criminel s'est toujours de plus en plus répandue, en se fortifiant au ciment de la réalité et en s'imposant à l'attention publique : car elle, dans toute la vigueur de sa vitalité scientifique et pratique, a porté et porte toujours de l'air oxygéné et de la lumière vivifiante dans les écoles et dans les institutions, jusqu'ici isolées du monde réel et stérilisées par leurs abstractions doctrinaires.

L'école positiviste peut donc attendre, sans impatience et sans peur, que la conscience commune soit acquise par évolution spontanée aux nouvelles doctrines, et qu'elle lui donne la sanction de son consentement et des lois positives, comme elle l'a donnée à l'école classique, qui, il y a un siècle, n'était pas moins novatrice et contrariée que l'école positiviste.

III.

Il s'agit donc d'appliquer la méthode expérimentale à l'étude des délits et des peines, et non pas seulement de faire de l'anthropologie criminelle, en faisant par conséquent du droit criminel une science positive, telle que la sociologie criminelle.

Qui aurait pensé que les observations de Laplace sur les nébuleuses, que les voyages dans les pays sauvages, que les premières études de Camper, White, Bluménbach sur les mensurations du crâne et du squelette humaine, que les observations de Darwin sur les variations obtenues avec l'élevage de bestiaux, que les recherches de Haeckel sur l'embryologie, auraient un jour intéressé le droit pénal ? La division du travail scientifique cache très-souvent les liaisons possibles entre les branches si lointaines du savoir humain ; et cependant c'est de ces observations astronomiques, géologiques, biologiques que germa l'idée d'une loi universelle d'évolution, par laquelle toutes les sciences physiques et sociales sont transformées, et desquelles on n'aurait aucune raison pour exclure la science criminelle.

Certes, on comprend que même par seul effet de la loi d'inertie, les criminalistes classiques s'opposent à cette nouvelle direction, qui les oblige à connaître et étudier les conclusions de l'anthropologie, de la psychologie, de la statistique criminelle, au lieu d'édifier des traités symétriques, par le seul effort de la fantaisie logique. Mais les conditions historiques de la pensée moderne démontrent que ce mouvement est inévitable, en raison aussi de la nature spéciale du droit criminel.

Les droits civil, commercial, administratif, s'occupent des rapports sociaux, abstraction faite des particularités individuelles, qui n'en affectent pas directement et évidemment la valeur ; le contract d'achat et vente, l'institution de la banque-

route, l'exaction de l'impôt, ont leurs normes juridiques en dehors des conditions personnelles de leurs sujets actifs ou passifs, sauf certains cas évidents
de contrainte, d'âge mineur, etc.

Le droit pénal au contraire a pour objet immédiat et continu la personne
du criminel, tel qu'il vit et agit dans le milieu social ; le droit pénal ne peut
donc pas se restreindre, comme le droit civil, à l'examen juridique d'un rapport
abstrait entre l'action humaine et la loi, en s'occupant tout au plus des conditions plus évidentes et exceptionnelles, comme la folie, l'ivresse, l'âge mineur,
etc. Il doit s'occuper de toutes les autres conditions anthropologiques et sociologiques, moins évidentes mais non moins influentes, sans lesquelles la causalité naturelle du délit n'est pas concevable, et la défense sociale ne peut cor-
respondre à l'offense individuelle.

Or, en résumant les plus graves et les plus évidentes oppositions des résultats
positifs de l'étude de l'homme criminel, comme organisme physio-psychique, qui
vit dans un certain milieu physique et social, avec les théories fondamentales
de la science métaphysique des délits et des peines, on peut les réduire aux
suivantes.

Le droit criminel classique se base sur ces trois postulats :

1° Que le délinquant est pourvu d'idées et de sentiments, comme tous
les hommes.

2° Que l'effet principal des peines est d'empêcher l'augmentation des
crimes.

3° Que l'homme possède le libre arbitre et par cela seul est moralement responsable de ses actions.

Il suffit au contraire de sortir du cercle scholastique du droit classique, pour
entendre les sciences positives, biologiques et sociologiques affirmer :

1° Que l'homme criminel, par ses anomalies organiques et psychiques, héréditaires et acquises, est une variété spéciale du genre humain.

2° Que les crimes jaillissent, augmentent, diminuent et disparaissent par
toutes autres causes, que les peines écrites dans les codes et appliquées par les
juges.

3° Que le libre arbitre n'est qu'une illusion subjective, démentie par la
physio-psychologie positive.

De prime abord on pourrait penser que ces conclusions, si elles sont vraies,
sont la nécrologie du droit pénal. Et cela pourrait être, si les innovations
scientifiques étaient l'effet du caprice ou du libre arbitre, et non pas la conséquence naturelle des conditions d'existence de l'humanité, à telle ou telle époque.
Or, jusqu'à ce que ces conditions d'existence soient changées de fond en comble,
ce qui n'est pas jusqu'ici, la base même du ministère répressif doit persister,

malgré toute innovation dans les moyens de le justifier, de l'étudier et de le régler en accord avec les nouvelles conclusions positives (1).

Cet ouvrage a pour but justement de montrer comment le droit pénal, soit comme fonction exercée par la société à sa défense, soit comme ensemble d'inductions scientifiques relatives à cette fonction, a toujours sa raison d'être ; quoique il soit nécessaire d'en renouveler les principes, le but et les applications pratiques, selon les faits et les idées de la sociologie criminelle.

(1) Que dans un ordre social, tout à fait différent du présent, le délit ait à disparaître et avec lui toute fonction sociale de défense; voilà un problème que j'ai étudié ailleurs. (V. *Socialismo e criminalità*, Turin 1883).

LA SOCIOLOGIE CRIMINELLE

CHAPITRE PREMIER

—

Les données de l'anthropologie criminelle (1).

C'est de ces données, qu'a pris son nom primitif l'école positiviste, qui est encore dans l'opinion publique tout simplément « l'école anthropologique criminelle ». Mais si ce nom ne répond plus désormais au developpement pris par cette école, qui exploite et recherche aussi les données de la psychologie, de la statistique et de la sociologie; il est vrai aussi que l'impulsion la plus caractéristique du nouveau courant scientifique lui est venue par les études anthropologiques. Et cela justement, lorsque Lombroso, en donnant un organisme scientifique aux observations éparpillées et fragmentaires sur les criminels, et en les vivifiant avec un ensemble de recherches originales, et suivant une idée directrice, inaugura la science nouvelle de l'anthropologie criminelle.

(1) Voir, à la fin du volume, la bibliographie de *crâniologie et anthropométrie criminelle, études sur le cerveau, anatomie pathologique, physionomie, biologie, psychologie et psychopathologie criminelles.*

Naturellement, pour l'anthropologie criminelle aussi, comme du reste pour l'anthropologie générale, on peut retrouver des origines très-lointaines, car, comme disait Pascal, l'homme a toujours été à lui-même l'objet le plus merveilleux d'étude. Et surtout pour les observations physionomiques on peut remonter jusqu'à Platon, par ses comparaisons de la physionomie et du caractère humain avec les animaux, ou bien à Aristote, qui observait plutôt le rapport physio-psychologique de l'expression physionomique avec les passions humaines. Et on peut, à travers les aberrations médiévales de la chiromantie, métoscopie, podomantie, etc., arriver aux études physionomiques du siècle XVII par le jésuite Niquetius, par Cortes, Cardanus, De La Chambre, Dalla Porta, etc., qui sont les prédécesseurs, d'une part, de la phrénologie et de la physiognomonie de Gall, Spurzheim, Lavater, et d'autre part des modernes études scientifiques sur les émotions et leurs expressions physionomiques et mimiques, par Camper, Bell, Engel, Burgess, Duchenne, Gratiolet, Piderit, Mantegazza, Schahaffausen, Schack, Heiment et surtout par Darwin.

Pour l'observation spéciale des criminels, en dehors des affirmations partielles des anciens physionomistes et phrénologistes, en France Lauvergne (1841) et en Allemagne Attomyr (1842) avaient justement appliqué les théories de Gall à l'examen des forçats et leurs ouvrages, malgré certaines exagérations de phrénologie, sont toujours un recueil important d'observations anthropologiques (1). En Italie De Rolandis (1835) avait publié la nécroscopie d'un criminel, et Sampson en Amérique (1846) avait indiqué les rapports de la criminalité avec l'organisation cérébrale (2) et en Al-

---

(1) LAUVERGNE, *Les forçats sous le rapport psychologique, moral et intellectuel*, Paris 1841. — ATTOMYR, *Theorie der Verbrechen auf Grundsätze der Phrenologie basirt*, Leipzig 1842.

(2) SAMPSON, *Rationale of crime being a treatise on criminal Jurisprudence, considered in relation to cerebral organisation*, New York, 1846.

lemagne Camper (1854) avait publié une étude sur la physionomie des assassins, et Ave Lallemant (1858-62) un grand ouvrage, surtout de psychologie, sur les criminels.

Mais la science contemporaine de l'anthropologie criminelle ne commence, plus directement, qu'avec les observations des médecins pénitentiaires et d'autres savants anglais, comme Winslow (1854), Mayhew (1860), Thomson (1870), Wilson (1870), Nicolson (1872), Maudsley (1873) et avec l'ouvrage très-remarquable de Despine (1868), qui donna même l'occasion aux études de Thomson et qui, malgré le manque de synthèse et d'unité organique, est encore, dans le champ psychologique, avec l'ouvrage d'Ave Lallemant, l'essai le plus important, qui ait précédé l'œuvre de Lombroso.

Ce n'est cependant qu'à la première édition de *L'homme criminel* (1876) que l'anthropologie criminelle s'affirma comme science autonome, séparée du tronc, très-récent lui-même, de l'anthropologie générale, qui est née il y a un siècle grâce aux travaux de Daubenton, Blumenbach, Soemmering, Camper, White, Prichard (1).

L'œuvre de Lombroso naquit avec deux péchés d'origine: l'erreur d'avoir donné, surtout dans les apparences, une importance excessive aux données crâniologiques et anthropométriques plutôt que psychologiques; et, en second lieu, d'avoir confondu, dans les deux premières éditions, tous les criminels dans un type uniforme. Ces défauts ont été éliminés dans les dernières éditions, lorsque Lombroso acceptait l'observation, que j'ai faite tout d'abord, sur les différentes catégories anthropologiques de criminels; sans que cela empêche certains critiques de l'anthropologie criminelle de répéter avec une étonnante monotonie les objections, déjà surannées, sur l'impossibilité « de distinguer

---

(1) Topinard, *L'anthropologie*, iv édit. Paris 1884 et *Éléments d'anthropologie générale*, Paris 1885.

le criminel de l'homme honnête *par la forme du crâne* »
ou bien « de mesurer la responsabilité humaine selon les
caractères crâniologiques! » (1).

Péchés d'origine, cependant, qui n'obscurcissent nullement ces deux faits éclatants : qu'après la publication de
l'*Homme criminel*, en Italie et partout ailleurs, on a publié
dans peu d'années une bibliothèque d'études anthropologiques criminelles, et qu'il s'est formé une nouvelle école,
avec unité de méthode et avec une fécondité scientifique,
inconnue désormais à l'école classique de droit criminel.

I.

Qu'est-ce donc que cette anthropologie criminelle et quelles sont ses données fondamentales, qui puissent dès à
présent conduire aux conclusions générales de la sociologie
criminelle?

Si l'anthropologie générale est, suivant la définition de
M. De Quatrefages, l'histoire naturelle de l'homme, comme
la zoologie est l'histoire naturelle des animaux, l'anthropologie criminelle n'est que l'étude d'une variété humaines : c'est à dire qu'elle est *l'histoire naturelle de l'homme
criminel*.

L'anthropologie criminelle étudie l'homme criminel dans
sa constitution organique et psychique et dans sa vie de
relation avec le milieu physique et social, comme l'anthropologie a fait pour l'homme en général et pour les différentes races humaines. De sorte que, comme j'ai déjà dit,
tandis que les criminalistes classiques étudient les crimes
dans leur forme abstraite, avec la supposition que l'agent
du crime, en dehors de certains cas évidents et taxatifs,

---

(1) Le II vol. de la IV édition de *L'homme criminel* (1889) s'occupe précisement du criminel *épileptique et aliéné* (alcooliste, hystérique, mattoïde),
par *impulsion passionnée* et d'*occasion*, tandis que le I vol. ne s'occupe
que du *criminel né* et *fou moral*.

est un homme comme tous les autres, en conditions normales d'intelligence et de sentiment; les criminalistes anthropologues, au contraire, avant tout étudient l'homme criminel avec les observations directes dans les cabinets d'anatomie et de physiologie, dans les prisons et les asiles d'aliénés, au point de vue organique et physique, en le comparant avec les caractères de l'homme normal et de l'homme aliéné et dégénéré.

Mais, avant de rappeler ici les données générales de l'anthropologie criminelle, il faut surtout insister sur une remarque, que j'ai faite depuis la première édition de cet ouvrage, mais que nos adversaires ont trop souvent oubliée.

Il faut, en effet, bien distinguer la valeur technique des données anthropologiques sur l'homme criminel et leur fonction scientifique dans la sociologie criminelle.

Pour l'anthropologue-criminaliste, qui fait l'histoire naturelle du criminel, chaque caractère a une valeur anatomique ou physiologique ou psychologique par soi-même, en dehors des conclusions sociologiques, qu'on en peut tirer. La recherche technique de ces caractères bio-psychiques est l'œuvre caractéristique de cette nouvelle science de l'anthropologie criminelle.

Or ces données, qui pour l'anthropologue ne sont que le point d'arrivée, pour le sociologue criminaliste au contraire ne sont que le point de départ, pour ses conclusions juridiques et sociales. L'anthropologie criminelle est à la sociologie criminelle, par sa fonction scientifique, ce que les sciences biologiques, de description et d'expérimentation, sont à la clinique.

C'est-à-dire, d'une part, que le sociologue criminaliste n'a pas le devoir scientifique de faire, lui, personnellement, les recherches d'anthropologie criminelle; comme le clinicien n'a pas le devoir d'être un physiologue ou un anatomiste. Certes l'observation directe des criminels est une étude très-utile, même pour le sociologue-criminaliste: mais

celui-ci n'a que le devoir de mettre à la base de ses inductions juridiques et sociales, les données positives de l'anthropologie criminelle pour le côté biologique du crime, et
celles de la statistique pour les influences du milieu physique et social, au lieu de faire seulement des syllogismes
juridiques abstraits.

Et d'autre part, il est évident que plusieurs questions,
qui intéressent directement l'anthropologie criminelle, par
exemple, au sujet de tel ou tel caractère biologique, ou de
son interprétation évolutive, n'ont pas une liaison et une valeur immédiate pour la sociologie criminelle, qui ne prend
que les données fondamentales et plus certaines de l'anthropologie criminelle. De sorte qu'on pose trop souvent très-
mal la question, lorsqu'on demande « quel rapport peut
exister entre l'indice céphalique, ou le diamètre mandibu-
laire d'un assassin et sa responsabilité pour le crime commis ». La fonction scientifique des données anthropologiques est bien différente: et la seule question légitime que
la sociologie puisse faire à l'anthropologie est celle-ci: —
le criminel est-il, et dans quels cas, un homme normal ou
anormal? et s'il est, ou lorsqu'il est, anormal, d'où vient son
anormalité? et celle-ci est-elle innée ou acquise, corrigible
ou incorrigible? —

Et voilà tout: ce qui suffit cependant au criminaliste
pour tirer des conclusions positives sur les mesures de défense sociale contre le crime, comme il en tire d'autres des
données de la statistique criminelle.

Quant aux données principales jusqu'ici établies par l'anthropologie criminelle, tout en renvoyant le lecteur pour
les détails aux ouvrages spéciaux, nous rappellerons que
cette science nouvelle étudie le criminel dans sa constitution organique et dans sa constitution psychique, car elles
sont les deux côtés inséparables de la vie humaine.

On a commencé, naturellement, par l'étude organique (anatomique et physiologique) du criminel, car il faut étudier l'organe avant la fonction, le physique avant le moral. Cela cependant a été cause d'une foule de malentendus et de critiques unilatérales, qui ne sont pas encore terminées, car, en visant seulement aux données les plus voyantes, on accuse l'anthropologie criminelle de réduire le crime à l'effet exclusif des formes du crâne ou des circonvolutions cerébrales. Tandis que les observations purement morphologiques ne sont que les opérations d'approche pour l'étude histologique et physiologique du cerveau et du corps en général.

Quant à la crâniologie, surtout pour les deux types opposés et caractéristiques de criminels, qui sont les assassins et les voleurs, on a relevé une infériorité incontestable des formes de la tête, en comparaison des hommes normaux, avec une fréquence plus grande d'anomalies ataviques et pathologiques. De même l'examen des cerveaux des criminels, en même temps qu'il révéle chez eux une infériorité morphologique et histologique, montre aussi une fréquence exceptionelle de conditions pathologiques, qui bien souvent ne se manifestent pas sur le vivant. De sorte que M. Dally, qui était un de ceux qui avaient vu le plus clair dans ces problèmes, depuis plus de vingt ans, disait que « tous les criminels (exécutés) dont on avait fait l'autopsie présentaient des lésions cérébrales (1) ».

Et les observations sur la physionomie des criminels, dont on peut douter seulement lorsqu'on n'a jamais étudié les criminels, sur le vivant, avec des notions suffisantes, et les autres investigations externes et internes par leur corps, ont révélé des caractères singuliers; depuis la fréquence plus

_____

(1) DALLY, Discussion à la Soc. méd. psych. de Paris in Ann. méd. psych. 1881, I. 93, 266, 280, 483.

grande du tatouage jusqu'aux profondes anormalités congénitales de la squelette et des organes, et aux nombreuses conditions pathologiques acquises.

Enfin les recherches sur l'échange physiologique et surtout sur la sensibilité générale, spécifique et de la douleur, sur la réaction biologique aux agents extérieurs, fixées avec les appareils sphygmographiques, ont révélé chez les criminels des conditions anormales, qui aboutissent toutes à une insensibilité physique, fondamentale, plus ou moins absolue, mais incontestablement différente de celle qui est commune aux hommes normaux des mêmes classes sociales.

Conditions organiques, il faut le dire tout de suite, qui seules peuvent nous expliquer le fait indéniable de la transmission héréditaire des tendances au crime, comme des prédispositions à la folie, au suicide, et à d'autres formes de dégénérescence.

L'étude psychologique du criminel, est la seconde partie de l'anthropologie criminelle et de beaucoup la plus importante et la plus directement influente sur la sociologie criminelle; ce qui n'empêche pas la grande majorité de nos critiques, de s'acharner contre les caractères organiques des criminels, en oubliant les caractères psychologiques, qui même dans l'ouvrage de Lombroso occupent la plus grande partie (1).

La psychologie criminelle, nous donne, d'une part ces caractères, que je dirai surtout descriptifs, comme l'argot, l'écriture, les hiéroglyphes, la littérature, l'art des cri-

---

(1) Un exemple très-récent de cet engouement pour les critiques unilatérales et partant inconcluantes, est le livre de COLAJANNI, *Socialismo e sociologia criminale*, Catania 1889. Le volume I qui s'occupe de l'anthropologie criminelle, sur 400 pages de critique syllogistique (qui ne lui empêche pas cependant d'accepter nos plus fondamentales conclusions sur la classification anthropologique des criminels et sur le crime comme phénomène d'atavisme psychique!), n'a que 6 pages (227-232) pour la critique des caractères psychologiques!!

minels, et d'autre part nous révèle des caractères qui, en
liaison avec les anormalités organiques, expliquent la genèse individuelle du crime. Et ces caractères se groupent
en deux anormalités psychiques fondamentales, qui sont l'insensibilité morale et l'imprévoyance.

L'insensibilité morale, bien plus congénitale qu'acquise,
est totale ou partielle, et se révèle chez les criminels contre
les personnes aussi bien que chez les autres, avec une série
de symptômes, que j'ai exposés ailleurs et qui se réduisent
par différents degrés à ces conditions du sens moral chez
un grand nombre de criminels: manque de répugnance à
l'idée et à l'action du délit, avant de le commettre — absence de remords, après l'avoir commis.

En dehors de ces conditions du sens moral, qui n'est
pas un sentiment spécial, mais exprime toute la constitution
morale de l'individu, comme le tempérament en exprime
la constitution physiologique, les autres sentiments égoistes
et même altruistes, ne manquent pas chez la plupart des
criminels: ce qui cause beaucoup d'illusions chez les observateurs superficiels de la vie criminelle. Seulement ces sentiments ou bien ils sont hypertrophiques, comme la haine, la
cupidité, la vanité, etc., et partant ils excitent aux crimes, ou
bien cessent d'être des forces répulsives du délit, comme
la religion, l'amour, l'honneur, la loyauté, etc., car il n'ont
pas de base dans un sens moral normal.

A cette infériorité fondamentale du sentiment fait pendant
une infériorité de l'intelligence, qui de même n'exclut pas
certaines formes de ruse, mais qui aboutit à une imprévoyance des conséquences de leurs crimes, bien plus profonde et plus grave que chez les hommes normaux des
classes sociales, à qui chaque criminel appartient.

De sorte que la psychologie du criminel se résume dans
un défaut de résistance aux penchants et aux tentations criminelles, par cette impulsivité sans équilibre, qui est caractéristique chez les sauvages et les enfants.

Mais puisque l'examen détaillé de ces données physiologiques et psychologiques de l'anthropologie criminelle ne peut se faire ici, avant d'établir la conclusion fondamentale que cette science offre à la sociologie criminelle, il n'est pas inopportun de dire un mot en réponse aux objections fondamentales, et non pas de détail, qu'on fait le plus souvent à ces données anthropologiques.

Je m'occupe ici, naturellement, des objections faites ou répétées (après le IIe édition de cet ouvrage), par ceux-mêmes qui approuvent l'application de la méthode expérimentale à l'étude des délits et des peines. Quant aux objections faites par ceux qui nous opposent toujours les principes traditionnels et *à priori*, une discussion scientifique ne pourrait aboutir à aucun résultat pratique, et ne pourrait que répéter les réponses que nous avons en maintes publications données aux partisans de l'école classique de droit criminel (1).

II.

Les critiques, d'ordre général, qui, d'un point de vue scientifique, ont été faites aux données de l'anthropologie criminelle, peuvent se réduire aux points suivants :

1. Méthode employée pour l'étude des criminels.

2. Présuppositions scientifiques de l'anthropologie criminelle.

3. Variations historiques et anthropologiques du crime.

4. Contraddictions qualitatives et quantitatives.

5. Présence des caractères attribués aux criminels, chez les honnêtes gens aussi et chez les fous non criminels et les dégénérés en général.

---

(1) Voir: *Polemica in difesa della scuola positiva*, Bologne 1886. — *Uno spiritista del diritto penale in Arch. di psichiatria*, Turin 1887 — *Préface* à l'édition espagnole de cet ouvrage, Madrid 1887.

6. Inéxistence du type criminel anthropologique.

7. Origine et nature de la criminalité.

1. — Le petit nombre des criminels étudiés, et leur comparaison avec les hommes normaux, omise ou inéxacte : voilà les deux critiques principales faites à la méthode de l'anthropologie criminelle.

Quant au petit nombre des criminels examinés, d'abord cette objection n'est plus vraie en fait, comme elle l'était il y a dix ans, et Lombroso, dans la préface à la dernière édition italienne, a très à propos fait la somme des individus, examinés jusqu'ici par les anthropologues criminalistes, et il est arrivé au chiffre total de 17 mille criminels, 10 mille fous et fous criminels et 25 mille normaux, dont on a relevé telle ou telle condition biologique. Et ce chiffre serait même plus grand, pour les criminels, si on comptait ceux qui ont été étudiés au point de vue seulement psychologique ou médico-légal.

Il est vrai, cependant, que l'emploi de la méthode sériale, très-fréquent dans les dernières études, car elle est plus concluante que celle des moyennes, sans qu'elle doive toutefois les exclure complétement, a pour effet de partager les séries totales, mêmes très-nombreuses, dans des séries partielles et plus restreintes : et alors cette critique peut se renouveler.

Mais, alors, même sans observer que, regretter le nombre restreint de ces longues et difficiles recherches, est bien plus facile que de les exécuter, avec tant d'obstacles mêmes bureaucratiques; il y a une loi biologique qu'il faut rappeler à côté de la loi des grands nombres, qu'on nous oppose si souvent. La loi, suivant laquelle les éléments biologiques plus importants varient entre des limites plus restreintes : la longueur des jambes peut varier par dizaines de centimètres d'un homme à l'autre, tandis que, par exemple, la largeur ou la hauteur du front ne varie que de quelques millimètres.

La nécessité des relevés très nombreux est donc en proportion de la variabilité des éléments observés; de sorte que si certains éléments étaient invariables il suffirait d'en examiner un seul, pour étendre la conclusion à tous. Ainsi Quételet se convainquit qu'il n'était pas nécessaire de répéter les recherches anthropométriques sur un grand nombre d'individus, pour avoir la loi générale des caractères qui sont le moins variables et Broca fixa « à 20 le nombre des sujets d'une série type » en anthropologie générale (1).

Et d'autre part la loi même, dite des grands nombres, ne signifie pas que les observations peu nombreuses soient dépourvues de toute valeur; elle signifie seulement que la valeur des observations croît suivant un certain rapport progressif avec le nombre des observations mêmes. Et pour cela Lotze, dans sa *Logique* (§ 287) ne reconnaît pas à cette « loi des grands nombres » la valeur d'une vraie loi naturelle, car elle ne contient en soi-même la détermination d'aucune conséquence nécessaire et précise, de la prémisse, qui en est l'objet.

Il faut donc combiner la loi des grands nombres avec celle de la variabilité différente des éléments biologiques, et reconnaître, que si pour conclure avec un degré suffisant de précision, par exemple sur la taille des détenus, il faudra avoir des milliers d'observations (et on les a désormais), pour un caractère craniologique ou cérébral fondamental un nombre bien plus restreint peut suffire.

Et il faut se rappeler, encore, que les observations biologiques directes et personnelles, quoique moins nombreuses, sont bien plus concluantes et sûres, que les grands chiffres, qui grossissent certaines enquêtes statistiques, pour lesquelles la qualité ne répond pas à la quantité.

On doit donner la même réponse pour le manque de comparaison entre les criminels et les hommes normaux;

---

(1) BROCA, *Instructions anthrop. génér.* Paris 1879, p. 188-189.

car presque toutes les études d'anthropologie criminelle
des dernières années l'ont toujours faite. Et, entre paren-
thèses, cette comparaison n'a fait que confirmer les conclusions générales, que les premiers observateurs avaient ti-
rées de l'étude isolée des criminels.

Plus importante est la seconde critique faite à cette
comparaison : c'est à dire qu'on compare souvent les criminels avec des honnêtes gens de classe sociale différente,
de sorte qu'on donne comme différences typiques celles
qui dérivent seulement des différentes conditions d'exis-
tences. On doit au contraire, dit-on, comparer les criminels avec les ouvriers et les paysans, auxquelles ils appartiennent en plus grand nombre, car on sait, par ex., que
certaines professions déterminent des variations biologiques permanentes et transmissibles héréditairement, et surtout on sait que la misère est une cause puissante de dégénérescence des individus et des générations.

Du principe même, sur lequel se base cette critique,
nous nous occuperons en examinant la 6e et 7e objection ;
ici, quant à la méthode, nous répondrons seulement, que
si, pour certaines études de tel ou tel anthropologue, cette
critique peut être exacte, en partie, sans être cependant
si absolue qu'on le prétend, elle ne l'est pas pour la grande
majorité des relevés, qui ont été justement faits sur des
séries de criminels et de normaux, très-homogènes aussi
par leurs conditions sociales, comme on peut voir dans les
monographies spéciales et plus récentes de Lombroso, Ottolenghi, Tarnowski, etc.

Une critique analogue a été faite, par Marro (1) à mes
études d'anthropologie criminelle, pour lesquelles j'ai comparé 700 criminels avec 300 fous et 700 soldats, des mêmes
conditions sociales. On m'a dit, en effet, que cette comparaison n'est pas exacte, car les soldats sont des individus

---

(1) MARRO, *I caratteri dei delinquenti*, Torino 1887, p. 63.

choisis et qui ne peuvent présenter, comme les honnêtes
gens du peuple, certains caractères pathologiques et dégé-
nératifs, qui sont exclus par la visite militaire.

L'observation a du vrai et je l'ai faite moi-même, en
excluant par exemple la comparaison des conditions pathologiques et en rappelant les différences d'âge et de taille
entre les trois séries examinées, pour l'interprétation des
autres caractères anthropologiques.

Mais si, par cette critique, on visait à exclure toute valeur possible à cette comparaison, comme l'ont prétendu
d'autres critiques qui ont répété, et exagéré, l'observation
de Marro, je repondrai au contraire, qu'en dehors des précautions inductives qu'elle impose et que j'ai employées,
la critique en soi-même n'a pas de valeur absolue.

En effet l'élimination directe des caractères pathologiques et l'élimination indirecte de plusieurs marques de dégénérescence chez les soldats, en augmente la valeur comparative avec les criminels; car nous avons par là le type
biologique vraiment normal des honnêtes gens.

Certes, la question réduite à ces termes, on pourrait nous
repondre qu'alors les anormalités relevées chez les criminels ne prouvent rien d'autre, qu'ils ne sont pas des hommes sains et normaux, mais qu'ils sont tout simplement
des dégénérés ou des malades, comme tant d'autres.

Et alors, non seulement je pourrais observer qu'à la
sociologie criminelle cette conclusion suffirait absolument
même dans ces termes, car elle serait toujours un démenti à l'hypothèse fondamentale et automorphique de la
science criminelle classique, qui suppose que les criminels
sont, physiquement et psychiquement, des hommes comme
tous les autres, avec un degré moyen et normal d'intelligence et de libre arbitre.

Mais, même sur le terrain de l'anthropologie criminelle,
nous examinerons tout à l'heure cette question finale, en

parlant, de l'origine et de la nature biologique de la criminalité.

La méthode employée par l'anthropologie criminelle est donc scientifiquement bien légitime, malgré les inexactitudes partielles dans telle ou telle monographie, et la question préalable opposée à ses conclusions fondamentales n'a pas raison d'être.

2. — L'anthropologie criminelle ne peut naturellement que s'en tenir aux données générales des sciences biologiques et physiques, qui la précèdent. Il ne serait donc pas nécessaire pour nous de justifier sa base scientifique, non seulement pour cette raison, mais par cela aussi qu'elle a des éléments propres, qui resteraient positifs même si cette base venait à se modifier, car celle-ci ne lui sert que pour l'explication de ces éléments mêmes.

Et je m'occupe ici des objections faites aux présuppositions scientifiques de l'anthropologie criminelle par cela seul, que ces objections, tant de fois soulevées par les spiritualistes, ont été récemment répétées par un observateur, qui se dit positiviste et qui, sauf des désaccords partiels, suit la direction générale de la sociologie criminelle.

Colaianni, dans son ouvrage cité, emploie presque cent pages (ı, 74-162) pour contester la base scientifique de l'anthropologie criminelle. Il affirme, par exemple, que le rapport de cause à effet est certain pour les conditions physiques et les phénomènes « psychologiques »; mais qu'il est « très-incertain » pour les conditions et les phénomènes « éthiques ».

C'est-à-dire qu'on oppose à l'anthropologie criminelle un spiritualisme de nouveau genre, pour lequel la moralité n'appartiendrait pas à l'ordre psychique et serait indépendante des conditions physiques !

Et les faits cliniques et même d'observation vulgaire qui prouvent l'influence, par exemple, de l'alcool ou des conditions de l'atmosphère ou des aliments, ou des conditions pathologiques de l'organisme non seulement sur l'intelligence mais sur la moralité des individus, n'y seraient donc pour rien !

Mais Colaianni arrive jusqu'à l'affirmation que « c'est la fonction qui crée l'organe », le psychique qui crée le physique; ce qui est bien différent de ce que tout le monde sait, que l'exercice d'un organe en développe et en modifie la structure et partant la fonction et viceversa; et que si le physique détermine le moral, le moral aussi (c'est-à-dire la fonction du système nerveux) peut influer sur les organes (1). Mais de cela à l'affirmation en sens absolu que c'est « la fonction qui crée l'organe » on arrive à supposer qu'il existe, par soi-même, une fonction sans et avant l'existence de l'organe correspondant ! Et tout cela, on le voit bien, par l'arrière-pensée que le crime ne doit être que l'effet unique et exclusif du milieu social, et, avant tout, des conditions économiques, sans aucune influence propre des conditions biologiques congénitales !

De même Colajanni, en exagérant jusqu'à l'exclusivisme le rapport des cellules nerveuses cérébrales avec les phénomènes psychiques, nie « toute espèce de rapport entre le volume du cerveau, l'intelligence et la moralité de l'individu »; sans penser, même en dehors des faits innombrables qu'on pourrait citer, que, à qualité égale de cellules nerveuses, leur quantité devra toujours avoir une influence.

Mais sans multiplier ces exemples d'une critique vraiment étrange de la part d'un positiviste, et qui exagère même ce courant de néo-vitalisme qu'on essaie de porter

(1) Voir, en ce sens, Max Tuke, *Le corps et l'esprit, Action du moral et de l'imagination sur le physique.* Trad. Parant, Paris 1886.

dans la biologie, nous n'avons qu'une dernière réponse à faire aux objections de ce genre.

D'abord, ces critiques, en dehors de l'animisme dont elles s'inspirent, ont le défaut habituel de l'unilatéralité, par lequel on suppose toujours que l'anthropologie criminelle affirme que le crime est l'effet exclusif uniquement d'un facteur biologique, par exemple le volume du cerveau ou la capacité du crâne. Tandis que pour elle le crime est toujours, disons-le bien clairement, la résultante des nombreux et presqu'innombrables facteurs biologiques, en coopération avec les facteurs physiques et sociaux, presqu'innombrables eux aussi. De sorte que si, dans tel ou tel cas, le rapport entre les conditions psychiques et *un* des facteurs biologiques n'est pas évident ou n'existe pas, cela ne donne pas le droit d'exclure ce rapport dans tous les cas; mais doit seulement porter à la conclusion que dans ce cas spécial l'influence de ce facteur biologique a été contrebalancée par celle d'autres facteurs biologiques moins évidents, ou des facteurs physiques et sociaux.

Et, en second lieu, il me suffira de rappeler que Colaianni, parmi toutes les théories sur la nature biologique de la criminalité, dans le même volume, où il a fait ces affirmations animistes, finit pour conclure que le délit est « un phénomène d'atavisme psychique ! » Or, il est un peu difficile de concevoir « un atavisme psychique » sans le corrélatif « atavisme organique », car autrement la transmission héréditaire des tendances psychiques resterait un miracle. Et si l'on disait qu'on admet l'atavisme organique pour les cellules nerveuses « qui sont l'élément spécifique actif », je demanderais les raisons pour lesquelles on voudrait exclure, dans la fédération indissoluble des éléments biologiques, toutes les autres conditions organiques, qui ne soient pas la structure hystologique des cellules cérébrales, qui sont à leur tour si directement liées à la structure et aux fonctions de tout l'organisme humain. .

Mais il est évident que ce n'est pas avec des critiques de cette valeur scientifique qu'on pourra anéantir les données de l'anthropologie criminelle.

En faveur de celles-ci, enfin, il y a une *ultima ratio* contre toutes ces syllogismes, et c'est le fait; on a beau faire des exercices de logique abstraite sur les données de l'anthropologie criminelle. Le moyen unique de les réfuter c'est de leur opposer des faits et non pas des syllogismes. Et pour moi le fait indéniable, que par les seuls symptômes organiques je puis, surtout dans les cas les plus marqués, distinguer l'assassin-né de tous les autres délinquants, ce fait me suffit pour conclure, que quoiqu'il en soit des objections théoriques (et elles ne sont pas trop formidables), la base même de l'anthropologie criminelle est absolument inébranlable.

3. — À propos des variations historiques du crime on nous dit : Comment pouvez-vous établir les caractères de l'homme criminel, si vous n'établissez pas auparavant ce que c'est que le crime, en dehors des lois pénales? Et si l'évolution sociale et légale des actes humains a si énormement varié d'une phase à l'autre de l'évolution humaine, de sorte que les crimes d'aujourd'hui ont été hier des actions licites et même vertueuses, est-ce alors que les caractères anthropologiques des criminels varient aussi d'époque à époque, de lieu à lieu?

Au fond de cette objection il y a toujours l'idée unilatérale, d'après laquelle le crime ne serait pour les anthropologues criminalistes que l'effet unique des conditions biologiques.

Puisqu'au contraire il n'est pour nous que la résultante des conditions anthropologiques, physiques et sociales, et pourvu que ces conditions aient une influence plus ou moins prédominante sur les différentes classes de crimes, contre les personnes ou contre les propriétés, et même sur les différentes variétés d'une même classe (meurtre par cupidité, par vengeance, par impulsion passionnée, à l'occasion de jeux, etc.), il est évident, d'abord, que pour les crimes plus influencés par la milieu social, et partant plus variables, les anormalités anthropologiques sont moins importantes et profondes et plus variables elles aussi.

En second lieu les conclusions principales de l'anthropologie criminelle se rapportent à ces formes fondamentales de criminalité qui varient le moins d'époque en époque. Si nous considérons par exemple le meurtre, le vol, le viol, etc., nous verrons que du droit romain à nous, c'est-à-dire pendant environ vingt siècles, les règles fondamentales de la moralité sociale et de la légalité, à leur égard sont toujours les mêmes, sauf des variations de détail, et surtout dans la forme des punitions. En effet Lombroso a relevé sur 12 crânes de criminels du moyen-âge, comme sur les bustes des empereurs romains les plus féroces, les mêmes caractères crâniologiques qu'on trouve chez les criminels contemporains.

Mais, même en considérant les plus différentes phases de l'évolution humaine, si pour le sauvage polynésien le parricide est un acte, non pas criminel, mais au contraire permis et même vertueux, il serait inexact de le mettre en comparaison avec le parricide des pays civilisés, par la seule analogie matérielle de l'action commise. Ce qui fait le criminel, au point de vue anthropologique et sociologique, est son anti-socialité: de sorte que dans un milieu où le parricide ou l'infanticide est une action honnête, ce sera l'homme normal, qui dans ce milieu accomplira cette action, tandis que l'homme anti-social y commettra des actions, permises dans les pays civilisés, mais contraires aux conditions d'existence d'un milieu primitif et partant défendues. Le milieu social donne la forme au crime; mais celui-ci a sa source dans une constitution biologique anti-sociale (organique et psychique).

Du reste cette partie de l'objection a peu d'importance pour nous, qui n'avons pas la prétention métaphysique de donner des lois d'anthropologie ou de sociologie absolues et éternelles, bonnes pour tous les siècles et tous les lieux; nous nous bornons à faire de la sociologie criminelle pour notre siècle et pour le prochain, dans nos pays d'une civilisation à peu-près égale, avec les éléments positifs que l'anthropologie, la psychologie, la statistique criminelle de ce siècle peuvent nous donner.

À l'autre partie de l'objection, sur la détermination des limites naturelles et non seulement légales entre le crime et l'action normale, Garofalo a cru devoir répondre avec sa théorie et définition du « délit naturel ».

Je crois d'abord qu'on est toujours à temps de donner des définitions : car celles-ci ne devraient être que la synthèse des analyses, qu'une science nouvelle comme l'anthropologie, et la sociologie criminelle, n'ont pas encore accomplies. C'est toujours un reste des habitudes métaphysiques que de s'empresser à donner, avant tout, des définitions.

Et l'anthropologie criminelle n'a pas besoin de définir « le délit naturel » car elle étudie les criminels, c'est-à-dire les individus anti-sociaux, dans leurs instincts, tendances et actions. De sorte que bien des auteurs de crimes, punis par la loi, ne sont pas l'objet direct de l'anthropologie criminelle, qui peut étudier « les pseudo-criminels » seulement pour confirmer négativement ses études sur les vrais criminels. L'homicide par excès de défense légitime, le duel, l'infanticide par cause d'honneur, le vol par faim, la diffamation de bonne foi par amour de justice, etc., n'entrent pas dans le cadre de l'anthropologie criminelle; tandis que celle-ci confirme ses observations même sur des individus qui ne commettent pas des violations ouvertes du code pénal, mais qui sont toutefois des vrais anti-sociaux, car ils savent assouvir leurs instincts criminels par des actions quelquefois plus honteuses ou féroces que certains crimes ou délits. Et cette observation doit être rappelée à ceux qui nous opposent que les caractères criminels se trouvent aussi chez des honnêtes gens, car il y a la criminalité légale et apparente, mais il y a aussi la criminalité sociale et latente des soi-disant « honnêtes gens ».

De cette observation on ne doit pas se hâter de conclure syllogistiquement qu'il faudra donc emprisonner tous ceux qui ont ces anormalités biologiques, avant même qu'ils commettent un crime. Répétons encore une fois que celui-ci n'est pas l'effet exclusif du facteur biologique. De sorte que, tant que l'anomalie biologique ne suffit pas par soi-même à déterminer au crime, contre-balancée par un milieu favorable, la société pourra s'occuper de ces conditions biologiques pour des mesures pédagogiques ou hygiéniques à prendre, mais non pas avec des sanctions légales, répressives : car on ne peut exercer la défense lorsqu'il n'y a pas encore d'attaque.

Après tout, l'anthropologie criminelle a étudié jusqu'ici en effet les auteurs des actions, telles que le meurtre, le vol, le viol, le faux, les blessures, etc., qui sont des crimes en dehors de tout code pénal, chez tous les peuples civilisés.

Mais puisque on a donné une définition du délit naturel, je dirai que celle donnée par Garofalo est vraiment originale et féconde, mais n'est pas complète (1). Par ces deux raisons principales, que j'ai exposées, en 1885, dès la première édition de l'excellent ouvrage de Garofalo, qu'en appelant délit naturel seulement « la violation des sentiments de pitié et de probité, dans leur mesure moyenne chez les peuples civilisés avec des actions nuisibles à la communauté » d'abord on exclut, d'une façon tout-à-fait arbitraire, des violations d'autres sentiments tels que la pudeur, le patriotisme, la religion, l'honneur, etc., qui peuvent être aussi

(1) GAROFALO, *Criminologie*, Paris 1888, chap. I.

immorales et aussi nuisibles à la société que certaines violations du sentiment de pitié ou de probité. Sans compter,
que cette « mesure moyenne » n'existe pas, car en réalité
chez le même peuple civilisé nous avons chez les différentes
couches sociales un développement très différent de ces
sentiments.

En second lieu, le critérium des sentiments, pour juger
des actions, n'est que secondaire et indirect, car les sentiments mêmes sont l'effet d'un autre critérium, qui est
vraiment fondamental: c'est-à-dire les conditions d'existence de chaque société à chaque époque de sa vie.

C'est pour cela, que dès la I^e et la IIe édition de cet
ouvrage, sans donner une définition préalable du délit naturel, j'avais (pag. 69 et 79) fait allusion à ces conditions
d'existence, et à la page 87 j'avais indiqué le criminel comme
« l'auteur d'une attaque aux conditions naturelles d'existence
de l'individu et de la société ». Et dès 1878, dans ma première publication sur le libre arbitre, j'avais insisté, beaucoup insisté même, sur le critérium des « motifs sociaux et
anti-sociaux » comme élément de responsabilité individuelle.

Toutefois, puisque la définition de Garofalo a, elle aussi,
un fondement indéniable de vérité, j'accepte la définition,
que du délit naturel a donnée tout récemment Colaianni,
en ralliant les trois éléments mis en lumière par Garofalo
et par moi, et qui est presqu'identique à celle déjà donnée
par Berenini (1) De sorte qu'on pourrait dire que « sont
des actions punissables (délits) celles déterminées par des
motifs individuels et anti-sociaux, qui troublent les conditions d'existence et offensent la moralité moyenne d'un
peuple dans un moment donné (2) ».

<hr/>

(1) BERENINI, *Offese e difese*, Parma 1886, introd. pag. 39.
(2) COLAIANNI, Ouvr. cité, 1889, I, 64. — On voit, par là, que je ne suis
pas d'accord avec ceux qui, même en approuvant la méthode positive ap-

Je ferais une seule réserve sur « les actions *punissables* »: d'abord parce qu'il y a une foule d'actions anti-sociales et immorales qui ne sont pas punissables, et nous y reviendrons en parlant du délit civil et pénal. Et en second lieu parce qu'à toute action anti-sociale ce n'est pas toujours la *peine* qu'il faut opposer, comme je dirai en parlant de la répression et de la prévention sociale.

En conclusion: l'anthropologie criminelle, soit en étudiant les auteurs des crimes fondamentaux, qui sont tels chez tous les peuples civilisés depuis des dixaines et des dixaines de siècles, soit en regardant les éléments naturels des actions anti-sociales, a son champ à soi, bien délimité, qui suit les phases de l'évolution sociale, mais qui en relève aussi les caractères permanents.

4. — Les désaccords qualitatifs et quantitatifs des données anthropologiques entr'elles, ou des différents observateurs pour la même donnée; voilà une objection, à laquelle on a fait l'honneur immérité de la répéter avec une abondance rhapsodique de détails, aussi facile qu'inféconde.

Ne pouvant pas m'occuper ici des résultats particuliers de l'anthropologie criminelle, il me suffira de faire quelque considération générale.

D'abord, aucune science naturelle et surtout biologique, par la complexité énorme des phénomènes étudiés, ne peut

---

pliquée à l'étude du crime, ne volent en ceci, encore, comme l'école classique, que « la violation volontaire d'un droit ». (TARDE, Bibliographie du livre de BEAUSSIRE, *Les principes du droit* en *Archives d'anthr. crim.*, 1883, 387-389) ou bien « l'action que le pouvoir constitué défend avec la menace d'une peine ». (VACCARO, *Genesi e funzione delle leggi penali*, Roma 1889, p. 175).

L'une et l'autre ne sont encore que la définition traditionnelle du délit légal, qui est exacte au point de vue de la jurisprudence pratique, mais qui comprend plus et moins que le délit au point de vue sociologique.

La critique que BEAUSSIRE (Ouvr. cité, p. 124) a faite à la définition de Garofalo me parait un peu superficielle et à la hâte.

éviter ces désaccords dans la détermination de tel ou tel caractère. L'anatomie même ne pourrait préciser le nombre, par exemple, des os dans telle ou telle série de cadavres, car les variétés sont presque innombrables.

Ce manque de concordance entre les chiffres proportionnels qui indiquent la fréquence des différents caractères biologiques chez les criminels, dans une même série ou du même caractère dans plusieurs séries, n'est pas un défaut exclusif à l'anthropologie criminelle.

On comprend que les critiques, qui ne font que des syllogismes, exigent que tous les détails soient symétriques et coordonnés : car telles sont les qualités de tout système *à priori*. Mais on ne comprend pas, au contraire, que la réalité des faits, si complexe et multiforme, se prête à un casier de chiffres concordants.

En second lieu ces désaccords de conclusions partielles ne sont pas par soi-même la preuve de discordances réelles. Il y a en effet deux défauts, qu'il faut signaler dans plusieurs observations d'anthropologie criminelle.

D'abord on oublie souvent cette connexité des caractères biologiques, qui les fait dépendants les uns des autres. Par exemple un des désaccords, sur lesquels on a le plus insisté, est celui relatif à la capacité du crâne chez les criminels, qui serait inférieure à la normale suivant plusieurs anthropologues criminalistes et qui, au contraire, suivant quelques autres serait égale ou supérieure.

Or, puisque la capacité du crâne est en liaison avec l'âge et la taille, il est évident que les séries de crânes, dont on ne connait pas ces deux éléments, et surtout la taille (comme dans celle des assassins étudiés par Bordier, Ten Kate, Pavlovski, Corre, Ardouin, Manouvrier) peuvent donner des résultats contradictoires en apparence, mais en réalité déterminés par une différence en plus ou moins de la taille, de l'âge, etc. De même j'ai insisté ailleurs sur la connexion entre l'indice céphalique, comme forme générale du crâne, et, à conditions d'ailleurs égales, la largeur du front, de la mandibule, etc. De sorte que la valeur probante de ces séries à éléments ou à résultats isolés n'est pas si légitime qu'on le croit, même en omettant que souvent on oppose une série par exemple de trente ou quarante crânes à des relevés sur des centaines de crânes ou d'individus.

Mais le défaut encore plus grave, d'où proviennent beaucoup de désaccords qui ne répondent pas à la réalité, est celui par lequel on ne remarque pas la valeur et la qualité anthropologique des séries examinées.

Puisque chez les criminels-nés les anomalies biologiques sont bien plus nombreuses et graves que chez les criminels d'occasion, il est évident que lorsqu'une série de délinquants ne donne pas telle ou telle proportion d'anomalies, cela peut dépendre le plus souvent de la part plus ou moins grande que dans cette série occupe l'une ou l'autre des deux catégories fondamentales de criminels. Avant de distinguer les criminels étudiés selon le crime, par lequel ils ont été condamnés, il est nécessaire de distinguer, avec leurs caractères psychologiques, de récidive, circonstances du crime, etc., la catégorie anthropologique, à laquelle ils appartiennent.

Et je crois qu'un jugement définitif et sûr à propos des données de l'anthropologie criminelle ne pourra s'établir qu'après avoir appliqué à l'étude des séries de criminels le critérium de leur classification anthropologique, qui est la conclusion fondamentale de l'anthropologie criminelle. De sorte qu'il est même surprenant, qu'avec ce défaut de classification, les séries de criminels jusqu'ici étudiées aient donnés des résultats, qui en somme, malgré les désaccords partiels, aboutissent à une constante infériorité biologique des criminels vis à vis des honnêtes gens ; infériorité, dont on pourra discuter l'interprétation, mais dont ne peuvent contester la réalité ceux mêmes qui ont étudié les criminels

sans aucune disposition favorable à l'anthropologie criminelle.

Et à cet accord final, on doit aussi adjoindre l'accord
qui très-souvent s'est fait même entre des données partielles, d'abord très contraddictoires. Ainsi, pour la capacité
du crâne, la méthode sériale a accordé les résultats opposés en démontrant que chez les criminels il y a une fréquence anormale de têtes trop petites et trop grandes.

Quant aux critiques qui se plaisent à exagérer ces contradictions, non seulement quantitatives mais aussi qualitatives, de l'anthropologie criminelle, je n'ai qu'à répéter
que leurs objections dérivent toujours de l'oubli des principaux facteurs, qui, avec les conditions organiques, déterminent le crime.

Et même pour les conditions d'ordre purement biologique, il y a des exemples frappants de cette unilatéralité
de critique. Je ne citerai que l'argument de la contraddiction sexuelle, qu'après Tarde on a tant de fois répété.

Tarde, en s'opposant, non pas à la réalité des caractères
de l'homme criminel, mais à l'interprétation que leur avait
donnée d'abord Lombroso, observait, avec plus d'humour
que de vérité, que la femme, en ressemblant par ses caractères anthropologiques au sauvage même encore plus
qu'au criminel, n'est qu'un démenti vivant à l'anthropologie criminelle, car elle est quatre fois moins criminelle
que l'homme et quatre fois plus portée au bien (1).

L'argument était d'un certain effet et plusieurs se sont
empressés à le rééditer; mais tout récemment Sergi lui a
donné une réponse aussi piquante que scientifique. D'abord
il conteste d'une part plusieurs des caractères anthropologiques que Tarde attribue aux femmes vis à vis des hommes civilisés, par exemple le prognathisme plus grand, etc.,
et d'autre part il nie que certains de ces caractères soient

(1) Tarde, *La criminalité comparée*, Paris 1886, pag. 48.

communs parmi les sauvages. Mais cela ne peut pas être discuté ici.

La reponse décisive est que Tarde, en faisant cette objection, n'oubliait rien moins que *le sexe*, comme condition fondamentale qui rend impossible une comparaison si simple entre les hommes et les femmes. Et les caractères qui donnent réellement à celles-ci un type anthropologique à soi, ne sont que des caractères sexuels secondaires, comme dirait Darwin, qui sont communs autant aux femmes civilisées qu'aux femmes sauvages, et que Tarde prend au contraire pour des caractères ataviques ! De sorte que, dit Sergi, à propos de la chevelure abondante et de la barbe manquante qui feraient ressembler aux sauvages la femme bien plus que le criminel, on devrait dire que « nos femmes pour être moins sauvages ou ataviques devraient avoir aussi les testicules ! (1) ».

Et je pourrais rappeler encore une fois, qu'en dehors même du sexe comme condition fondamentale qui trouble la signification des caractères anthropologiques, la criminalité quatre fois moindre de la femme, ne contredit en rien l'anthropologie criminelle. Car si le vice est l'effet des facteurs biologiques, et physiques, et sociaux, il n'y a rien d'étonnant ou de contradictoire à ce que la femme, en vivant dans un milieu si différent, ait aussi une conduite différente. Sans oublier encore que dans la prostitution il faut faire une grande part aux anormalités biologiques, combinées avec les conditions physiques et sociales; car même pour cette espèce de criminalité sexuelle, il faut distinguer les prostituées-nées et celles d'occasion.

On a fait une objection analogue en affirmant que « l'évolution physique n'est pas parallèle à l'évolution morale », car les caractères organiques de l'homme préhistorique ne

(1) Sergi, *Le degenerazioni umane*, Milano 1883, pag. 134.

sont pas différents de ceux de l'homme civilisé, malgré
leur énorme différence intellectuelle et morale.

Il serait inopportun de rappeler ici, au contraire, les
preuves des différences mêmes organiques entre l'homme
primitif et actuel; mais j'observerai seulement que si les
caractères organiques de la race sont très lents à varier,
le sont aussi, malgré les apparences, les caractères psychologiques, surtout ceux du caractère moral. Il est notoire
que la description du caractère moral des anciens Galli
par Jules César, et des Allemands par Tacite, correspond
très-bien aux français et aux allemands d'aujourd'hui. Il
ne faut donc pas confondre les immenses variations de
l'ordre intellectuel, avec celles bien moindres de l'ordre
moral; car même ici se vérifie la loi que les éléments biologiques plus importants offrent les variations les plus restreintes, mais ces petites variations ont plus de conséquences
que celles bien plus grandes et voyantes des éléments moins
importants; ce qui sert très-bien à corriger l'idée exagérée
de Buckle sur l'évolution humaine par rapport aux progrès intellectuels et moraux.

En second lieu il faut se rappeler que les caractères organiques ne peuvent pas varier de beaucoup, car il s'agit,
pour le crâne et le cerveau, de quelques millimètres ou
centimètres, ce qui n'empêche pas qu'une petite variation,
même morphologique, du cerveau, n'ait une grande influence sur la vie psychique de l'individu.

Et enfin, comme réponse de fait à cette étrange conclusion, tirée d'une des habituelles rhapsodies de faits exceptionnels, qui ne peuvent anéantir la loi générale de l'évolution physique et psychique, confirmée par des milliers
d'autres faits, je ne citerai qu'un fait, relevé par moi-même.

On sait que dans l'évolution zoologique et humaine il
y a une espèce de balancement entre le crâne et la face.
Chez les mammifères la tête se partage par deux tiers à
la face et un tiers au crâne: tandis qu'à l'extrémité oppo-

sée, chez les races et les individus psychologiquement supérieurs la tête se partage à peu près par moitié entre le crâne et la face (par exemple, en mesure linéaire, des sourcils au sommet du crâne et au menton).

Quant à l'explication de ce fait selon les lois de l'évolution, je crois l'avoir donné ailleurs, malgré les doutes de Spencer; mais le fait est évident, comme règle générale.

Eh bien, chez les 700 criminels que j'ai étudiés, j'ai relevé une longueur de la face en comparaison du crâne plus grande que chez les soldats, et j'ai donné aussi deux portraits « d'homicides à longue face » dans l'*Atlas* de mon ouvrage cité.

Voilà donc un fait qui, seul, suffit à détruire des critiques syllogistiques et unilatérales, comme celle que je viens de citer, à propos des prétendues contraddictions de l'anthropologie criminelle.

Il y a donc, et c'est inévitable dans toute science biologique, des désaccords partiels dans les données de l'anthropologie criminelle. Mais non seulement ils peuvent très-souvent être réduits et même éliminés par les observations que j'ai faites tout à l'heure, mais ils n'excluent pas, en tout cas, la vérité d'une conclusion finale très-importante. C'est-à-dire que chez les criminels on trouve, plus ou moins selon leur catégorie anthropologique, une anormalité et infériorité des conditions organiques et psychiques, qui pourra être différemment précisée et interprétée, nous le verrons tout à l'heure, mais qui reste la base expérimentale, dans l'ordre biologique, de la sociologie criminelle.

5. — Une objection qu'on fait très-fréquemment, même en dehors de la science, aux données de l'anthropologie criminelle, c'est que les mêmes anormalités organiques, relevées chez les criminels, on les observe aussi chez les honnêtes gens d'une part et de l'autre chez les fous non criminels et chez les dégénérés en général.

La réponse ne peut pas être simple, car le fait est vrai et seulement il s'agit de lui donner sa valeur exacte.

D'abord, à un point de vue général, il faut rappeler que toute science positive commence par une phase qualitative, moins précise, et seulement après celle-ci elle atteint sa perfection quantitative. Or l'anthropologie criminelle est encore à ses débuts et n'a pas encore atteint cette précision, qui pour d'autres sciences morales et sociales a déjà commencé. Ainsi la psychologie expérimentale a les recherches psychophysiques de Fechner, Weber, Delbœuf, etc. et les mesures de la durée des actes psychiques, par les travaux de Helmotz, Duboys Reymond, Jaager, Baxt, Exner, Donders, Richet, Marey, Charcot, Buccola, etc., et les observations de Mosso, Mays, Gley, Frank, Seppilli, etc., sur la circulation du sang en rapport aux faits psychiques. De même on a les applications toujours croissantes de la statistique aux sciences sociales et de la mathématique à l'économie politique par Whewell, Cournot, Walras, Jevons, etc.

Mais à cette objection on peut donner des réponses bien plus directes et précises:

D'abord chez les honnêtes gens on trouve seulement quelqu'un des caractères, qui chez les criminels sont très-fréquemment accumulés; sans compter que le plus souvent ceux qui ne connaissent pas les données de l'anthropologie, prennent pour des anomalies chez les honnêtes gens certains traits plus voyants, mais qui n'ont aucune valeur biologique, par exemple les yeux éraillés, le nez ou la bouche déformée, etc.

Chez les honnêtes gens aussi les quelques anomalies isolées, le plus souvent, sont contrebalancées par l'expression de la physionomie, ou par d'autres caractères de supériorité anthropologique.

Lorsqu'il n'y a pas ces corrections à faire, il faut songer que, suivant les lois d'hérédité, un individu peut hériter d'un de ses parents les formes extérieures anormales et de l'autre de ses parents le système nerveux normal et partant des fonctions psychiques régulières (1). Ce seraient là les seules et réelles exceptions, du reste très-rares, à la conclusion anthropologique sur les caractères des criminels.

Il ne faut pas non plus donner à l'anthropologie criminelle les prétentions de la vieille phrénologie : nous ne disons pas qu'il y ait la bosse du vol ou du meurtre. Ce sont des anomalies organiques, qui indiquent des anomalies psychiques ; mais qui, à elle seule, ne produisent pas inévitablement le crime, car celui-ci n'est pas l'effet simple et unique des anomalies biologiques, mais il est la résultante de celles-ci dans un certain milieu physique et social. De sorte que ces anomalies, observées chez des honnêtes gens, peuvent, dans des circonstances favorables, ne pas arriver à se traduire dans un crime, en s'arrêtant par ex. à l'excentricité, à la folie, au suicide, à la prostitution, à la lâcheté, etc.

Car il faut se rappeler qu'un homme peut être honnête vis à vis du code pénal, n'avoir jamais commis de vols, de viols, d'assassinats et cependant n'être pas normal du tout. Parmi les classes sociales plus élevées les tendances criminelles peuvent être contrebalancées par le milieu (richesse, pouvoir, influence plus grande de l'opinion publique, etc.). En effet à la figure du criminel d'occasion, qui est poussé au crime bien plus par le milieu physique et social que par ses conditions biologiques, fait pendant la figure de celui qui, né criminel, ne le devient pas à cause du milieu favorable qui l'entoure. Combien y en a-t-il qui n'ont jamais volé parce qu'ils étaient riches et heureux et qui nés pauvres auraient peuplé les prisons ! Ou bien les instincts criminels sont assouvis, sans heurter contre le code

---

(1) RIBOT, *L'hérédité psychologique*, II° édit., Paris 1882, pag. 181, 182, 203, 396. — SPENCER, *Essais*, Paris 1887, I, 263 et suiv. — LUCAS, *Traité phil. et phys. de l'hérédité naturelle*, Paris 1847-50, I 194, 219, etc.

pénal; au lieu de tuer avec le poignard on pousse la victime à des entreprises ruineuses; au lieu de voler sur le chemin public on triche à la bourse ou au jeu; au lieu de violer on séduira, pour abandonner après la malheureuse, etc. À côté de la criminalité légale et apparente il y a la criminalité sociale ou latente, et il est difficile de dire laquelle est la plus nombreuse.

Mais il faut surtout songer que l'homme qui a ces anomalies et qui est resté honnête jusqu'ici, peut devenir criminel demain. La statistique nous dit qu'un grand nombre d'individus ne commet son premier crime qu'à un âge quelquefois avancé. Alors ces anomalies ce sont des symptômes (et de même pour la folie, le suicide, etc.), auxquels on ne donnait pas d'attention auparavant, mais qui cependant étaient là pour indiquer les conditions congénitales, qui se sont traduites en activité criminelle à un moment donné.

Enfin il ne faut pas oublier que lorsqu'on dit que ces anomalies se trouvent chez des honnêtes gens, nous ne sommes pas toujours sûrs qu'il s'agit vraiment de gens honnêtes, même selon le code pénal. Et tous les crimes qu'on ne découvre pas? Et ceux qui sont découverts mais dont restent inconnus les auteurs? En comptant les crimes et délits, dont restent inconnus les auteurs ou les indices insuffisantes, ou dont les accusés et prévenus sont absous par insuffisance des preuves, on va au delà de 50 0/0 des crimes et délits dénoncés! Et tous les libérés des prisons? Voilà donc des vrais criminels (auteurs inconnus et libérés) qui cependant passent pour d'honnêtes gens et chez lesquels donc les anomalies observées, au lieu d'être une exception, sont une confirmation aux données de l'anthropologie criminelle (1).

(1) Par des calculs statistiques, que j'ai cités ailleurs, et par l'expérience que j'ai faite sur 700 soldats, on peut dire que sur 100 individus, au dessus de 15 ans, on a à peu près 5 criminels inconnus. Il faut donc accepter avec

Quant à la seconde partie de l'objection, c'est-à-dire que, d'autre part, ces anomalies on les trouve aussi chez les fous non criminels et chez les dégénérés en général, d'abord elle confirme indirectement que les criminels sont des anormaux, comme les fous et les dégénérés. Et que la criminalité ne soit qu'une forme de folie ou de dégénérescence, ou au contraire qu'elle soit une forme spécifique d'infériorité biologique, c'est ce que nous verrons tout à l'heure.

6. — L'existence d'un type criminel anthropologique; voilà une des conclusions les plus combattues de l'anthropologie criminelle.

Topinard conteste même l'exactitude du mot « type » dans ce cas (1); mais nous n'avons qu'à lui répondre avec ce qu'il a écrit lui-même, car pour nous comme pour tous le type n'est justement « qu'un ensemble de caractères distinctifs », une sorte de moyenne, que Gratiolet appelait « une impression synthétique » et Isidore G. Saint-Hilaire « une sorte de point fixe et de centre commun, autour duquel les différences présentées sont comme autant de déviations en sens divers »; car, comme disait Broca, « le type est bien un ensemble de traits, mais par rapport au groupe qu'il caractérise, c'est aussi l'ensemble *de ses traits les plus accusés et se répétant le plus souvent* (2).

De sorte que, en anthropologie criminelle comme en anthropologie générale, comme en zoologie et botanique, tous les individus n'ont pas tous leur type au complet; mais ils ont un type plus ou moins pur et accentué, comme par exemple parmi les Juifs vis à vis des Aryens, ou parmi les Allemands vis à vis des Italiens, etc.

beaucoup de réserve les chiffres proportionnels des anomalies biologiques, qu'on attribue aux normaux, lorsque ceux-ci sont observés aux hôpitaux, aux hospices, etc., où il y a de 5 à 10 0/0 de criminels inconnus.

(1) Topinard, *L'anthropologie criminelle* in *Revue d'anthr.*, 15 nov. 1887.

(2) Topinard, *Éléments d'anthr. générale*, Paris 1885, p. 191.

De même, dans un pénitencier, en nous bornant aux homicides, car je les connais mieux par suite de mes observations personnelles, parmi la masse des détenus nous pouvons tout de suite distinguer vingt, quarante, soixante types très-accentués, pour lesquels je m'engage à dire qu'ils doivent être condamnés pour crimes de sang. Et, pour moi qui l'ai expérimenté, ce fait vaut plus que cent syllogismes des critiques, qui n'ont jamais étudié sur le vivant les criminels. Et de même on peut distinguer avec une probabilité très-grande le type caractéristique du voleur, qui répugne au sang et qui est par là le type opposé à celui de l'assassin ou de « l'escarpe » qui tue pour voler.

Il faut cependant remarquer que le type criminel anthropologique, s'il est vraiment « un ensemble de caractères physiques et distinctifs », résulte aussi, d'une manière plus vive et perçante, des traits physionomiques. Les anomalies du crâne ont aussi leur valeur diagnostique ; mais plutôt comme complément de la physionomie, dans laquelle, selon mes expériences, les traits tout à fait caractéristiques ce sont encore les yeux et la mandibule, avec l'expression générale de la face (1). Les anomalies crâniennes peuvent faire distinguer un dégénéré des hommes normaux ; mais parmi les mêmes dégénérés, qui ne sont pas tous des criminels, la physionomie peut faire distinguer le type criminel.

Naturellement ces types évidents sont en minorité, dans une masse de criminels. 1° Parce que le type est un en-

(1) À propos de la mandibule, plus grande chez les criminels, Topinard, (*Rev. d'anthr.*, 1887, p. 675) objecte que ce n'est qu'un caractère ethnique « car il y a en Italie deux types normaux, l'un à mandibule petite et arrondie et l'autre à mandibule forte, lourde ».

Cela est absolument inexact ; car j'ai démontré dans mon *Omicidio* que la mandibule est plus grande chez les criminels même en comparaison des soldats *des mêmes provinces d'origine*, et par rapport aussi à leur taille et surtout à leur indice céphalique, car il est évident que la mandibule est, en général, plus ou moins carrée et large selon que la tête est plus ou moins brachycéphale.

semble de caractères, et le délit n'étant pas un phénomène uniquement biologique, chez la plupart des criminels médiocres ces caractères extérieurs ne s'accumulent pas, soit par une influence prévalente du milieu physique et social soit même par l'influence des conditions biologiques autres que morphologiques, par exemple les anomalies cérébrales etc. 2º Parce que le type criminel n'a pas la même fréquence dans toutes les catégories de criminels; plus commun parmi les criminels-nés, il est plus rare parmi les criminels d'occasion, qui sont un produit du milieu physique et social beaucoup plus que de leurs conditions biologiques.

Et voilà pourquoi les exceptions qu'on a opposées à l'existence du type criminel n'ont pas de fondement.

On a dit d'abord, que les chiffres proportionnels de la fréquence de chaque caractère, et même du type en général, sont toujours si peu élevés, ne surpassant que très-rarement 50 0/0, qu'on ne peut affirmer l'existence de ce type, comme « on ne dirait pas type brachycéphale si 60 0/0 étaient dolicocéphales ».

Il n'y a ici qu'un équivoque, car le tant pour cent est rélatif à toute la masse des criminels observés, parmi lesquels il y a, toujours, plus ou moins nombreux, les criminels d'occasion. J'affirme, au contraire, et j'en ai donné des preuves dans mon *Homicide,* que si l'on observe par ex. 100 assassins d'un côté, et 100 voleurs simples de l'autre, on retrouve le type du meurtrier dans la première série non plus suivant la proportion de 40 0/0, mais suivant celle de 70 et de 80 0/0; tandis que dans la deuxième série le type du meurtrier ne s'observe plus du tout, ou que dans des proportions tout à fait exceptionnelles.

Mais, on a dit aussi: « alors comment expliquer ce fait, qui semble bien établi, que *la plupart* des criminels commencent par le vol et finissent par l'assassinat ? Faut-il admettre que le voleur change de masque en se faisant assassin ? (1) ».

Voilà ce que signifie faire des syllogismes, dans son cabinet de travail, au lieu d'étudier directement les criminels!

Il n'est pas établi du tout que la plupart des criminels commencent par le vol et finissent par l'assassinat ; la carrière du crime, que Farinacius a fait si bien jouer dans sa défense de Beatrice Cenci, et qui est encore une opinion commune, n'est vraie que pour une catégorie restreinte de criminels.

La psychologie criminelle nous démontre en effet que les voleurs se distinguent en deux classes opposées : ceux qui ne répugnent pas au sang et ceux au contraire qui n'arrivent jamais à commettre d'assassinats, si ce n'est dans un cas extrême de défense personnelle. Or, l'affirmation est donc exacte pour la *minorité* des voleurs et des criminels en général, et pour cette minorité il faut alors observer que le type du meurtrier s'observe justement aussi bien chez les assassins non voleurs, que chez les voleurs-assassins. Ceux-ci peuvent donc commencer par le vol seulement, mais ils ne sont en réalité que des assassins. Et lorsque, dans une prison, je retrouve un de ces individus qui me dit avoir été condamné pour vol, ou bien pour attentat à la pudeur, etc. s'il a le type de meurtrier je pense toujours qu'il doit avoir commis aussi quelque crime de sang : et bien de fois à mes demandes successives, je les ai entendus ajouter qu'ils avaient été condamnés aussi pour blessures, ou même pour meurtre.

Mais ce n'est seulement la preuve du type criminel qu'on a contesté : c'est aussi, en tout cas, son origine et sa signification.

---

(1) Dubuisson, *Théorie de la responsabilité* in *Archives de l'anthr. crim.* 1888, p. 37. — Joly, *Le crime*, Paris 1888, p. 279.

Tarde, et bien d'autres après lui, pensent que le type criminel n'est qu'un « type professionnel » à qui seulement le genre de vie et le milieu donnent les caractères, qui le distinguent des honnêtes gens. Il y a un type du criminel comme il y en a de l'artiste, du marin, du chasseur, du soldat, du juriste, etc. (1).

Topinard, dans ce même sens, distinguait les « types mésologiques », formés par les conditions géographiques et mésologiques en général (montagnards, marins, habitants des marais, etc.) des « types spéciaux » moulés par leurs occupations habituelles. Ils sont tous des types secondaires et acquis de « collectivités accidentelles » bien différents des types naturels de famille, de race, d'espèce, etc. Ceux-ci se transmettent par hérédité : tandis que « les types collectifs ne dépassent pas la génération qui les a vus naître; ils se répètent (dans des conditions égales) et ne se continuent pas » (2).

Cette idée d'un type professionnel ou social, qui est si vraie dans beaucoup de cas et même pour certains criminels, est cependant tout à fait imaginaire pour ces types de criminels-nés, qu'il faut avoir vus du moins une fois, pour en avoir une idée positive.

Féré a combattu cette idée avec des syllogismes, en disant, que les criminels ne peuvent pas être des types sociaux, puisque la criminalité est quelque chose d'anti-social (3). Mais il y a aussi bien des objections de fait à opposer.

Parmi les caractères du type criminel il y en a d'acquis (tatouage, argot, cicatrices, expression hypocrite, etc.), mais il y en a aussi de congénitaux, comme les anomalies du

(1) Tarde, *La criminalité comparée*, Paris 1886, p. 51-53.

(2) Topinard, *L'anthr. crim.* in *Revue d'anthr.*, nov. 1887, p. 661.

(3) Féré, *Dégénérescence et criminalité*, Paris 1888, p. 79.

crâne, du squelette, de la physionomie, etc. (1). On peut
donc comprendre que l'habitude d'une vie criminelle puisse
donner à l'individu des caractères secondaires et acquis,
même anatomiques, en relation avec l'usage plus ou moins
accentué de tel ou tel organe. Mais que la profession criminelle puisse donner à un homme, par exemple, le front
fuyant ou la scaphocéphalie, la mandibule énorme, ou la
microcéphalie, ou bien une expression féroce à la physionomie, qui est tout à fait contraire à l'intérêt individuel
d'avoir dans ces cas une face humble ou insignifiante; voilà
ce qui serait inexplicable.

Et la même observation vaut pour les types des professions honnêtes: que la vie du marin lui puisse donner la
couleur, la peau, l'allure, la poitrine même, qui le distinguent, c'est bien. Mais quel rapport y aurait-il entre la vie
de mer et l'oxycéphalie?

Et, après tout, comme l'a très-bien observé Garofalo, lorsqu'un individu commet par ex. un assassinat, à douze ou
quatorze ans, et présente le type du meurtrier, ce qui arrive très-souvent, comment peut-on dire que c'est l'habitude
du crime qui lui a donné ce type?

Mais, enfin, M. Tarde lui-même fait des concessions, qui
détruisent toute réalité d'un type professionnel comme absolument opposé au type criminel anthropologique. Il dit
en effet: « Il ne faut pas qu'on se méprenne sur la portée

_____

(1) Garofalo pense que pour la détermination du type criminel il faut regarder presque exclusivement aux caractères psychiques.

Je suis d'accord avec lui, surtout lorsqu'il s'agit de préciser la catégorie
anthropologique de tel ou tel criminel, ou bien de proposer les mesures de
défense sociale contre lui. Mais les caractères physiques ont aussi leur grande
importance et on ne peut les mettre de côté. De même pour l'étude et la
classification des fous, c'est aux caractères psychopathologiques qu'il faut
regarder surtout, mais les traits physiques doivent être évalués avec les
caractères sociologiques pour avoir un diagnostic complet.

Voir le rapport de GAROFALO pour le Congrès d'anthr. crim. à Paris in
Archives d'anthr. crim., mai 1889.

de ma pensée... Je ne me borne pas à dire qu'il y a des habitudes musculaires ou nerveuses identiques, nées (par imitation) de la routine d'un même métier, et capitalisées, pour ainsi parler, en traits physiques acquis, surajoutés aux traits physiques innés. Je suis persuadé, en outre, que *certains caractères anatomiques apportés en naissant*, d'ordre exclusivement vital et nullement social, dans leurs causes, font partie aussi du signalement moyen propre à chaque grande profession, sinon à chaque grande classe sociale » (1).

C'est à dire, et c'est bien vrai, qu'il y a celui qui s'est fait marin parce qu'il a des caractères organiques congénitaux, qui le prédisposent à cette profession, comme il y a celui qui est prédisposé à se faire chirurgien, artiste..., ou bien criminel.

Certes il y a le peintre qui aurait pu mieux faire l'épicier, et le professeur qui aurait mieux réussi dans l'agriculture: et ils pourront, grâce à l'habitude, acquérir les caractères plus ou moins superficiels de leur profession. Mais de même il y a le criminel d'occasion, qui dans un autre milieu physique et social aurait été un homme comme tant d'autres, à honnêteté moyenne, et s'il devient criminel d'habitude, il peut acquérir certains traits professionnels.

Mais cela confirme, donc, que comme il y a le peintre-né et l'homme vertueux-né et le dévot-né, (qui a été bien décrit par Delaunay), de même il y a le criminel-né, avec son type, que, je le répète il est bon de discuter par syllogimes, mais qu'il est mieux d'observer directement, pour rendre hommage à la méthode expérimentale.

---

(1) TARDE, *Criminalité comparée*, Paris 1886, p. 51 et *Criminologie* in *Revue d'anthr.*, sept. 1888. — De même TOPINARD (ibidem, nov. 1887, pag. 687), conclut que dans la catégorie complexe des criminels entrent des aliénés, des épileptiques, *des prédisposés par quelque vice d'organisation ou de développement*, des délinquants accidentels, etc. Qui est précisément, ce que nous disons depuis si longtemps.

Après cela, l'affirmation de Topinard, que les caractères professionnels ou mésologiques ne se transmettent pas héréditairement, je crois qu'elle ne répond pas aux faits. En tout cas, pour les criminels la transmission héréditaire des penchants et du type a été positivement constatée, et ce serait là un autre argument contre la négation du type criminel anthropologique.

Quant aux prétendues conséquences sociales et légales de l'existence de ce type criminel, soit parce qu'on devrait, suivant quelque critique, emprisonner tous ceux qui présentent ce type même avant qu'ils ne commettent un crime; soit parce qu'admettre l'atavisme c'est à dire la fatalité du crime ou d'une constitution organique conduisant au crime, serait « saper à la base la branche nouvelle de la science appliquée, qui se crée sous le nom de criminologie » (Topinard); voilà des questions très-unilatérales vis à vis de notre idée que le crime est un phénomène à la fois biologique et sociale. Du reste je m'en suis déjà occupé et je m'en occuperai encore dans la suite de cet ouvrage.

7. — Sur l'origine et la nature de la criminalité, même en dehors de l'idée anti-scientifique et traditionnelle, suivant laquelle elle ne serait que le *fiat* du libre arbitre individuel, on a donné plusieurs hypothèses et théories.

Avant d'en donner quelque notice critique, je dirai cependant, comme pour la définition du délit naturel, qu'elles me paraissent souvent des hypothèses anticipées, fruit survivant de l'habitude métaphysique de chercher avant tout l'essence, la substance, le nouméne, au lieu de s'en tenir à la seule féconde observation des faits. Etudions auparavant, le plus méthodiquement possible, les caractères physiques et psychiques des criminels et les conditions de leur milieu; car si une théorie sur la nature de la criminalité peut même intéresser l'anthropologie criminelle, elle n'a que très-peu de valeur pour la sociologie criminelle.

Que le crime, comme phénomène naturel, ait l'une ou l'autre origine, cela importe peu au sociologue criminaliste: ce qui lui importe c'est de connaître les causes et les conditions positives, biologiques, physiques et sociales, du crime et d'en déterminer avec cela les remèdes sociaux et légaux, qui établissent l'équilibre, trop oublié désormais par les théories classiques, entre les droits de l'homme criminel et ceux de la société attaquée par lui (1).

Les hypothèses sur la nature de la criminalité peuvent être réduites aux suivantes:

Le délit est un phénomène de:

NORMALITÉ BIOLOGIQUE (Albrecht).

atavisme { organique et psychique (Lombroso).
psychique (Colajanni).

ANORMALITÉ BIOLOGIQUE, par

pathologie de { névrose (Dally, Maudsley, Minzloff, Virgilio).
neurasthénie (Benedikt).
épilepsie (Lombroso)

dégénérescence (Morel, Sergi, Féré, Zuccarelli).

défaut de nutrition du système nerveux central (Marro).

anomalie morale (Despine, Garofalo).

ORIGINE SOCIALE, par

influence économique (Turati, Battaglia).

défaut d'adaptation politique-sociale (Vaccaro).

influences sociales complexes (Lacassagne, Tarde, Topinard).

ORIGINE BIOLOGIQUE-PHYSIQUE-SOCIALE (Ferri).

(1) Telle est la conclusion aussi de DRAGO, *Los ombres de presa*, II édit. Buenos-Aires, 1888, pag. 88.

Suivant la conclusion soutenue par Albrecht au premier Congrès d'anthropologie criminelle, les criminels, en reproduisant les penchants, les habitudes et souvent même les caractères organiques du monde animal, représenteraient la vie normale de la nature, qui est partout assassinat et pillage, tandis que la conduite de l'homme honnête serait l'exception, et partant l'anormalité biologique.

J'ai pu cependant très-facilement repondre au savant anatomiste, que si son idée répondait au point de vue de l'anatomie comparée et de la vie naturelle, elle n'avait aucun fondement au point de vue humain et de la vie sociale, le seul possible pour l'anthropologie et la sociologie criminelle. En effet, puisque dans l'humanité les criminels de toute espèce ne sont heureusement que la minorité vis à vis des honnêtes gens, ils représentent par conséquent l'exception c'est à dire l'anormalité aussi bien biologique que sociale (1). Et je pourrais ajouter, que pas même au point de vue de la vie animale l'idée de l'Albrecht n'est exacte : car il n'est pas exact de dire que chez les animaux les tueries, les vols, les pillages soient la conduite normale. L'action antinaturelle, qui chez les animaux représente par exemple le meurtre chez les hommes, ce n'est pas la mort d'un animal par un autre animal quelconque ; mais le meurtre n'est anti-naturel que lorsque tueur et tué appartiennent à la même espèce. Qu'un carnivore tue un herbivore, c'est un fait naturel, comme celui de l'homme qui tue un animal pour s'en nourrir : tuer pour vivre c'est la loi d'airain de la nature, entre les vivants des différentes espèces. On ne peut donc pas affirmer que même chez les animaux les tueries et les vols anti-naturels soient la règle : il sont là aussi l'exception, comme chez les hommes le sont les actions anti-sociales.

---

(1) *Actes du I congrés d'anthr. crim.* Rome 1886, p. 110 et suiv.

Pour les autres hypothèses, il faut d'atord remarquer, pour celles d'ordre biologique, qu'elles n'excluent pas dans la pensée de leurs auteurs l'influence d'autres conditions biologiques ni surtout des conditions externes. Tandis que, pour ceux qui considèrent le crime comme un phénomène d'origine sociale, les conditions biologiques n'ont aucune influence, ou tout au plus ne l'ont qu'indirecte.

L'hypothèse plus caractéristique et partant plus combattue est celle de l'*atavisme*, donnée par Lombroso dans les deux premières éditions de l'*Homme criminel*, Avec elle il donnait valeur et précision scientifique à des expressions fugitives de la même pensée, qu'on retrouve chez Despine, Sue et Lubbock, qui disait justement : « En réalité notre population criminelle est composée de sauvages, dont les délits en grande partie ne sont que des efforts insensés et desespérés pour agir en sauvages, au milieu et aux dépens d'une société civilisée » (1). Le livre de Lombroso mettait en relief les caractères organiques et psychiques, qui vraiment reproduisent chez les criminels les traits de nos ancêtres et il y ajoutait après, suivant la loi d'évolution ontogénétique et phylogénétique, l'analogie de ces caractères, surtout psychologiques, avec ceux de nos enfants.

Les caractères ataviques existent réellement chez beaucoup de criminels : mais l'atavisme, comme hypothèse unique, (et cela vaut pour toutes les hypothèses purement biologiques), n'explique pas toutes les catégories de criminels, et dans une même catégorie pas tout les cas individuels. Il est certain par exemple que chez les criminels d'occasion, ces anomalies ataviques sont bien plus rares que chez les criminels-nés, et même parmi ceux-ci il y en a qui n'en présentent guère.

---

(1) Lubbock, *Les temps préhistoriques*, chap. dern. — Despine, *Psychologie naturelle*, iii, 300. — Sue, *Les mystères de Paris*, ch. i.

En effet, Lombroso lui-même achevait sa IIIe édition en disant: « L'arrêt de developpement sert à concilier l'atavisme avec l'état morbide ». Ce qui n'empêche pas les critiques de répéter que pour Lombroso l'atavisme est toujours l'explication unique de la criminalité, comme ils répètent qu'il n'étudie que le crâne des criminels.

Dans les dernières éditions, aux analyses plus complètes répond une synthèse plus complexe, et Lombroso unit, dans l'explication du crime, non seulement la criminalité innée avec la folie morale (ce qui est déjà admis par la grande majorité des psychiatres italiens) mais aussi avec l'épilepsie. Sa dernière pensée serait donc que tous les criminels sortent du fond de l'épilepsie ou de la nature épileptoïde, en commençant par le criminel évidemment épileptique et en arrivant au criminel fou moral — au criminel né — au criminel d'occasion et à celui par passion. Et il n'exclut ni l'arrêt de developpement ni la dégénérescence.

A cette explication on a fait plusieurs objections, dont voici les deux plus importantes: I. que tous les criminels ne sont pas épileptiques (ce que vraiment ne dit pas non plus Lombroso) et que tous n'ont pas une constitution épileptoïde. II. que l'épilepsie et la pathologie en générale excluent l'atavisme. Mais on peut répondre que la criminalité, suivant cette idée, ne serait pas une forme, mais plutôt une transformation de l'épilepsie, et que même chez les épileptiques, comme dans plusieurs autres formes psychopathologiques, l'idiotie par exemple, on observe au contraire très-souvent des caractères et des habitudes tout à fait ataviques.

L'explication de la criminalité par l'épilepsie a certainement une base de vérité, comme on le voit par les nombreux symptômes probants que Lombroso a rassemblés, et pour les crimes qui sembleraient les plus inexplicables. Mais elle n'est pas complète, comme le démontre le fait très fréquent que beaucoup d'épileptiques ne commettent pas de délits, quoiqu'ils vivent souvent dans un milieu analogue à celui qui fait pousser la plante vénéneuse du crime.

La conclusion, à laquelle arrive Colajanni après un volume de critiques syllogistiques contre l'anthropologie criminelle, c'est à dire : « l'atavisme psychique » n'a pas besoin de longues réfutations. D'abord elle est en contradiction diamétrale avec sa négation de toutes les caractères organiques et psychiques des criminels. Mais surtout on ne saurait penser à un atavisme psychique sans admettre en même temps un atavisme organique : qui ne peut être limité, comme semble penser Colajanni, aux cellules nerveuses centrales, car celles-ci ne vivent pas dans le vide, mais sont en liaison indissoluble avec tous les autres éléments organiques (1).

La condition pathologique, qui expliquerait l'origine de la criminalité, est différemment spécifiée par différentes hypothèses. La plus ancienne, dans la psychopathologie expérimentale, est celle qui fait du crime une branche du même tronc, auquel appartient la folie. Crime et folie ne seraient que deux formes d'une même condition pathologique, et entre l'une et l'autre il y aurait aussi, selon l'expression de Maudsley, « une zone intermédiaire ». Benedikt au contraire spécifie cette condition pathologique dans une neurasthénie physique, morale et esthétique, innée ou acquise, qui produirait le criminel de profession, auquel s'ajoint le criminel par maladie ou par intoxication, et le criminel dégénéré.

De ces hypothèses, celle de Benedikt me paraît très-indéterminée, car lorsqu'on a dit « néurasthénie » nous n'en savons pas plus qu'avant : sans remarquer même que les

---

(1) TARDE, *L'atarisme moral* in *Arch. d'anthrop. crim.*, Lyon, mai 1889 repousse aussi cette hypothèse de Colajanni, qui se rattache aux « atavismes psychiques » de Mantegazza et de Fauvelle.

symptômes, que Beard a donnés de la neurasthénie ne repondent, tant s'en faut, à ceux des criminels-nés ou de profession. L'hypothèse de Benedikt n'explique très-précisément que la catégorie des vagabonds, par neurasthénie physique, dont on avait depuis longtemps observé la faiblesse organique et l'impossibilité de se soumettre à un travail suivi et regulier.

L'analogie entre le crime et la folie est aussi vraie dans beaucoup de cas, comme du reste est vraie l'analogie entre toutes les formes les plus graves de dégénérération humaine. Mais elle n'embrasse pas tous les types de criminels d'occasion et ne donne pas la raison pour laquelle il y a un si grand nombre de fous qui ne commettent pas de crimes, même dans des milieux identiques à ceux qui déterminent d'autres individus à tuer, à voler, etc. Et, en fait, entre le fou commun et le fou criminel il y a une grande différence de type anthropologique et de caractères psychologiques : je l'ai observé en comparant la population des asiles d'aliénés avec celle du manicôme criminel, de Montelupo (Toscane).

Dans ces dernières années s'est très repandue dans le champ biologique l'idée de la dégénéréscence, qui après l'énonciation géniale de Morel, en 1857, était restée comme un germe oublié. Mais dans cette explication du délit, s'il y a beaucoup de vrai, il y a aussi beaucoup du vague : car on n'a pas encore donné de la dégénéréscence une idée biologique précise, en la définissant tout au plus « une déviation du type primitif ou normal » qui se transforme et s'aggrave de génération en génération, jusqu'à l'éxtintion par suicide ou par stérilité (1). Et alors cette explication, qui comprend le délit comme la hernie, le chancre comme le génie, ne nous apprend pas beaucoup sur la na-

---

(1) *Dégénéréscence* in *Dictionn. encyclop. des sciences médicales* et *Dictionn. des sciences anthropologiques.*

ture spécifique du crime. Et s'il y a des criminels, chez
lesquels la dégénéréscence physique et psychique est le caractère prédominant, il y en a aussi qui n'en présentent
guère les symptômes.

De même l'hypothèse de Marro d' « une nutrition défec-
tueuse du système nerveux central » a certainement du vrai,
mais reste toujours indéterminée: car cette nutrition défec-
tueuse, dans le même milieu, peut avoir pour conséquence
une simple faiblesse organique et psychique, ou bien le suicide ou la folie, sans être liée au crime, ni comme action
ni comme tendance de l'individu.

Enfin l'idée de Garofalo, qui était aussi celle de Despine,
que le crime n'entre pas dans la pathologie, et se réduit
à une anomalie morale, ne me parait non plus en accord
avec toute la réalité. En effet, même en laissant de côté
l'impossibilité de tracer une limite positive entre la pathologie et l'anomalie, qui diffèrent seulement en degrés, et
même en laissant de côté que si les caractères phsychiques
des criminels sont certainement les plus importants, on ne
doit cependant pas négliger les caractères organiques, qui
achèvent la diagnose du crime, on doit observer que surtout chez les criminels-nés, à coté des anomalies morales
on trouve très-souvent aussi des conditions psycho-pathologiques. Et l'on doit, surtout, se rappeler que la criminalité se transforme par l'hérédité en d'autres formes pathologiques, telles que folie, suicide, etc., et viceversa.

Ce fait est à lui seul la critique fondamentale de cette
idée et la réponse à l'objection, que, le criminel reproduisant les caractères du sauvage, il faudrait alors voir dans
celui-ci un type pathologique de l'humanité, au lieu du représentant normal d'une phase primitive de l'évolution, car
on ne pourrait dire que les mêmes caractères soient ou
non pathologiques selon les degrés de longitude. En effet,
aucun criminel ne présente un ensemble de caractères, bio-

psychiques, exclusivement ataviques, mais presque toujours ceux-ci s'accouplent avec des anomalies pathologiques.

Et je ne crois non plus tout à fait exacte la séparation absolue que Garofalo essaie d'établir entre le criminel-né et le fou commun, lorsqu'il dit, avec Esquirol et tant d'autres, que le crime pour le fou est but à soi-même, tandis que chez le criminel il n'est que le moyen pour atteindre un but égoistique. Il y a au contraire des fous qui tuent ou qui volent, ou bien dans un but légitime quoique imaginaire, par ex., la défense légitime chez les persécutés, ou bien dans un but antisocial, vengeance, haine, cupidité, etc., précisément comme le criminel-né. Les fous, chez les quels le crime est but à soi-même, ne sont qu'une petite minorité, dans les cas des soidisant monomanies homicides, cléptomanies, etc.

Et il n'est non plus exact de dire que le processus psychique, qui détermine le crime chez le fou, «n'est pas en accord avec la cause extérieure» tandis que chez le criminel-né il est «en accord avec les impressions du monde extérieur *(Criminologie*, 97) ». Il y a en effet des fous qui agissent, comme j'ai dit, par haine, cupidité, vengeance en accord avec les occasions extérieures ou les offenses reçues; tandis qu'il y a des criminels-nés, qui ne sont pas fous, et qui cependant tuent par ex. « le premier qui passe » sans un motif proportionné, par seule férocité congénitale, ou bien tuent et volent dans un but altruiste, comme a fait ce brigand qui tua un pauvre paysan qui passait, seulement pour en donner le manteau au voyageur qu'il avait fait prisonnier et qui avait froid; ou bien comme cette voleuse qui proposait à une dame du patronage d'aller dévaliser un magasin pour lui fournir le trousseau pour un enfant abandonné.

Comme je l'ai demontré, par une série de plusieurs dizaines de symptômes psychologiques et psycho-pathologiques sur les meurtriers, il n'y a pas une ligne de séparation entre le fou et le criminel, mais ils ont des caractères communs comme ils en ont de distinctifs et même d'opposés.

C'est-à-dire que chacune de ces hypothèses biologiques est vraie en partie, pour telle ou telle catégorie de criminels et pour tel ou tel criminel d'une même catégorie; mais aucune d'entr'elles ne donne une explication suffisante et complète.

D'abord parce qu'aucune de ces hypothèses n'explique la genèse naturelle du crime dans toutes les catégories anthropologiques de criminels: et, en second lieu, même lorsqu'elle s'accorde avec les caractères de tel ou tel type criminel, elle ne nous donne pas la raison précise et fondamentale, pour laquelle la même condition d'anormalité biologique (folie, ou neurasthénie, ou épilepsie, ou dégénéréscence, etc.), arrive à déterminer chez tel individu le crime, tandis que chez tel autre, dans les mêmes conditions de milieu physique et social, elle ne détermine que le suicide ou bien la folie, ou bien une simple infériorité bio-psychique.

Si l'on disait que cela dépend de la différence des conditions extérieures, qui ne sont jamais les mêmes pour deux individus, cela ne suffirait pas. Car il y a très-souvent des différences si petites dans ces conditions extérieures, qu'elles ne sont pas une raison *proportionnée* de l'énorme différence entre celui qui, par exemple, reduit à la misère, se tue au lieu de tuer, et celui qui tue au lieu de se tuer. Pourquoi de deux idiots d'une même famille, traités à la même manière, l'un répond-il aux railleries avec l'indifférence ou la douleur concentrée et l'autre avec l'assassinat? Et pourquoi de deux dégénérés ou fous, à qui leur fiancée refuse sa main, l'un, arrivé en présence de la fille aimée, la tue-t-il et l'autre préfère-t-il se tuer? Et pourquoi de plusieurs dégénérés, ayant vécu dans la même misère physique et morale, l'un ne devient-il qu'un vagabond et l'autre n'arrive-t-il qu'au vol simple, avec une répugnance invincible à l'assassinat, et l'autre au contraire commence-t-il par tuer la victime, avant de la voler?

C'est que le facteur biologique du crime est quelque chose de spécifique, qu'on n'a pas encore déterminé, mais sans lequel toutes les autres conditions et biologiques et physiques et sociales ne suffisent pas à expliquer toutes les formes du crime et le crime lui-même.

Et je confirme cette idée par mes observations sur le type criminel, qui distingue les criminels non seulement des gens honnêtes et normaux, mais aussi, avec la même évidence, des fous communs, des dégénérés, des épileptiques, etc. Parmi 700 soldats je n'en ai trouvé qu'un avec le type accentué de l'homicide; chez les fous des asiles communs je n'en ai trouvé que très-peu; chez les fous-criminels j'en ai trouvé la même proportion que chez les criminels des prisons.

La criminalité (congénitale et occasionnelle aussi, mais à différent degré) est donc une forme spécifique d'anomalie biologique, qui la distingue de toute autre et sans laquelle ni le milieu physique, ni le milieu social ne suffisent à expliquer le crime. Et, non pas pour indiquer la nature de cette anomalie spécifique, mais seulement pour lui donner un nom, je l'appellerai la « névrose criminelle » comme on l'a déjà fait, en la distinguant de tout autre forme de pathologie, d'atavisme, de dégénérescence (1). Névrose crimi-

(1) Cette observation repond aussi à une des rares objections positives qu'on nous a faites. Colajanni a réunis quelques chiffres sur la distribution géographique en Italie des crimes et de quelques formes de dégénérescence (folie, épilépsie, alcoolisme, pellagre, réformes des conscrits). Et il en a conclu qu'en Italie la santé physique et la bonne constitution organique seraient les conditions les plus efficaces pour produire la criminalité et vice-versa la dégénérescence serait la meilleure condition pour l'augmentation de la moralité (ı. 317).

Je laisse de coté toutes les réserves et les critiques de fait que j'aurais à faire sur l'insuffisance des chiffres présentés, dont Colajanni ne donne pas

nelle, qu'on pourrait dire aussi, avec M. Virgilio, une forme de tératologie psychique, et qui s'accompagne presque toujours, dans des proportions différentes chez tel ou tel criminel, des anomalies de l'atavisme, de l'arrêt de developpement, de la neurasthénie, de l'épilépsie, de la dégénérescence, mais qui est, elle vraiment, le facteur spécifique, par lequel tel individu avec tels caractères bio-psychiques, dans tel milieu physique et social, commet tel crime.

Ma conclusion est donc, que le crime est un phénomène d'origine complexe, à la fois biologique (dans le sens précis que j'ai dit) et physique et sociale.

Certes, la prédominance différente de tel ou tel facteur détermine des variétés bio-sociologiques de criminels, selon la classification que nous verrons tout à l'heure ; mais sans doute tout crime de tout criminel est toujours le produit

ceux qui ne seraient pas d'accord avec cette fréquence inverse des crimes et des formes de dégénérescence.

J'observe seulement, que, même en acceptant comme exacte cette conclusion, elle ne détruirait pas du tont, comme le croit Colajanni, le rapport de causalité entre dégénérescence et criminalité. Puisque la criminalité est une forme spéciale de dégénérescence, il n'y aurait rien d'étonnant à ce que les provinces (et j'ajouterais aussi les classes sociales) qui donnent une proportion plus grande des formes *communes* de dégénérescence, présentent une proportion plus petite de cette forme spéciale, qui est la névrose criminelle. Le budjet de la nature, disait Gœthe, est limité : ce qu'elle donne d'une part ne peut pas le donner aussi de l'autre. Et Maudsley ajoute que la criminalité est une sorte d'emonctoire, par lequel les autres conditions pathologiques se déchargent. Si la dégénérescence se manifeste avec le suicide ou la folie, ou la scrofule, elle a moins de chances de se manifester aussi avec le crime et viceversa.

Du reste la conclusion de Colajanni, prise telle quelle, détruirait aussi tout rapport entre criminalité et misère : car si la dégénérescence n'est, dans la théorie socialiste, qu'un effet elle-même de la misère, il en résulterait que les provinces où il y a le plus de dégénérescence, c'est à dire de misère, auraient moins de criminalité !

Mais, comme je n'aime pas ces vengeances syllogistiques, je me borne à indiquer mon explication d'un fait général, qui mérite d'être etudié.

de l'action simultanée des conditions biologiques, physiques et sociales.

C'est sur cette conclusion que dès la première édition de cet ouvrage j'ai le plus insisté; et c'est elle, cependant, que nos critiques ont toujours oubliée, pour se donner le plaisir facile, mais inconcluant, de combattre les idées de l'école criminelle positiviste avec des objections unilatérales, les uns en supposant que pour nous le crime n'est que l'effet *exclusif* du facteur biologique, les autres qu'il n'est que le produit unique du milieu physique, et d'autres encore en nous accusant d'avoir affirmé que la cause unique et absolue du crime n'est que la société même! (1).

Et c'est par cette conclusion, que nous pouvons examiner maintenant les autres hypothèses qu'on a donné, au point de vue exclusivement social.

Lorsqu'on n'a pas étudié sur le vivant les criminels, il est très facile de penser que le crime est un phénomène exclusivement social, car les influences et les rapports du milieu sont bien plus faciles à saisir que les conditions, souvent très cachées, de l'anormalité bio-psychique.

L'origine sociale du crime, suivant les socialistes, se réduit toute aux conditions économiques, desquelles ils affirment que nécessairement dépend toute autre condition morale et intellectuelle, des individus comme des sociétés. M'étant occupé de cette idée dans un ouvrage spécial (*Socialisme et criminalité*) je me bornerai ici à déclarer, que

---

(1) Voir, par exemple, ma polémique: *Variations thermométriques et criminalité* in *Archives d'anthr. crim.*, Lyon, janvier 1887. Je regrette de devoir déclarer que même les observations critiques faites récemment par MAUDSLEY, *Sur le crime et les criminels* in *Journal of mental science*, juillet 1888, n'ont, dans leur partie contraire à l'anthropologie criminelle, d'autre base que cette supposition d'une criminalité envisagée comme produit *exclusif* des conditions biologiques. Et Maudsley suppose aussi que, de ces conditions biologiques des criminels, on veut tirer des raisons d'excuse et d'irrésponsabilité, tandis que c'est précisément le contraire, comme nous le verrons au III chap.

selon moi certes le facteur économique a une grande influence, plus ou moins directe, surtout pour certains délits occasionels, contre les propriétés et même contre les personnes. Mais le facteur économique, non seulement à lui seul, n'agirait pas sans les conditions biologiques (car de tous ceux qui souffrent la misère, dans le même milieu, une petite minorité seulement se donne au crime), mais il n'est pas même, lui, une cause première et absolue. Les conditions économiques de chaque peuple, et partout des individus, ne sont à leur tour qu'un effet du milieu physique et des énergies de race. En tout cas, comme chaque effet devient cause et viceversa, la conclusion est que les conditions économiques ne sont qu'un des facteurs, qui, avec les conditions biologiques, physiques et sociales, concourent, avec plus ou moins de force, à la détermination naturelle du crime, selon les circonstances personnelles et réelles de chaque criminel.

Plus récemment on a affirmé, que le crime est un produit social dans ce sens, qu'il est l'effet d'un manque d'adaptation chez son auteur relativement à la constitution légale de chaque société. Puisque dans tout milieu social, on l'a dit, il y a toujours des classes dominantes et des classes dominées, et puisque les lois pénales, dont la violation constitue à elle seule le crime, ne sont que la defense des intérêts des classes dominantes, le criminel n'est qu'un individu qui n'ayant su s'adapter à ces lois, se révolte, ou bien condamné à une vie inférieure il dégénère.

Cette idée, qui n'est pas neuve dans son sens relatif, d'une connexion intime entre les lois pénales et les conditions politiques de chaque société, et qui dans ces limites est parfaitement vraie, cesse de l'être lorsqu'on lui donne cette extension absolue.

En effet, cette hypothèse n'explique pas, encore une fois, pourquoi le manque d'adaptation et la dégénérescence consécutive chez le plus grand nombre des individus ne dé-

termine pas le crime, mais au contraire une simple infériorité biologique et morale, ou bien la folie, le suicide,
etc. Et après, cette hypothèse n'a aucun fondement de fait,
en dehors des délits politiques ou sociaux, lorsqu'il s'agit
par exemple de meurtres ou de vols non pas des dominés
contre les dominants, mais des dominés entr'eux. Et enfin
on oublie avec cela le progrès indéniable des sentiments
de solidarité humaine, même entre dominants et dominés,
et les lois et les institutions sociales qui sanctionnent ces
sentiments.

Même l'opinion plus acceptée, que le crime n'est que
le produit du milieu social, envisagé dans sa complexité
générale, me paraît unilatérale et insuffisante. « Le milieu
social est le bouillon de culture de la criminalité: le microbe c'est le criminel, un élément qui n'a d'importance
que le jour où il trouve le bouillon qui le fait fermenter...
J'ai constaté l'existence des deux facteurs reconnus de tous
(personnel et social), mais, je tiens à le redire, je crois que
le facteur externe, ou milieu social, tend à prendre de plus
en plus une véritable prépondérance (1) ». Telle est l'opinion dernière de Lacassagne, qui auparavant avait démontré
l'analogie de « l'homme criminel avec l'homme primitif »
(Lyon 1882); et Tarde conclut: « telle organisation sociale,
telle délictuosité (2) ».

Cette idée est attrayante aussi parce qu'on dit qu'elle
évite le fatalisme de l'école anthropologique: si, en effet,
on affirme que le délit n'est que le produit de l'atavisme,
de la dégénération héréditaire, etc., la société n'a rien ou

---

(1) Lacassagne, *Actes du I Congrès d'anthr. crim.*, Rome 1886, p. 166
et 176.

(2) Tarde, *La criminalité comparée*, Paris 1886, pag. 23. — Moins unila-
téralement Acollas *(Les droits du peuple*, Paris 1880, pag. 245) avait dit:
« Le coupable n'est qu'un fou ou un ignorant; et j'ajoute : un homme, qui
souvent, par le crime de la société, subit des influences presque irrésistibles ». Le même, *Les délits et les peines*, Paris 1887, pag. 13.

bien peu à faire pour en atténuer l'intensité. S'il est, au contraire, un produit social, on a la possibilité de réduire cette plaie en améliorant les conditions sociales.

Je laisse de coté que pas même cette objection n'est exacte, car nous ne disons pas que le crime soit l'effet exclusif du facteur biologique et, en tant qu'il dépend des conditions sociales, nous aussi nous affirmons la nécessité et l'influence des réformes sociales. Il suffirait pour le démontrer de Vister ma théorie sur la prévention sociale des crimes *(substitutifs pénaux)*, dont je parlerai plus loin.

Je me borne à rappeler que, dans la comparaison même de Lacassagne, on a la confirmation de nos idées, car il est évident que, comme le microbe sans le bouillon de culture ne peut se developper, le bouillon aussi, s'il n'y a pas de microbes, ne peut pas les créer par génération spontanée.

En effet lorsqu'on nous dit que si le facteur biologique (par exemple chez un criminel né) ne suffit pas à déterminer le crime sans l'impulsion des conditions sociales, cela prouve que c'est à celles-ci qu'appartient toute puissance de causalité, nous pouvons renverser le syllogisme et dire: si les conditions sociales, à elles seules, ne suffisent pas à faire de tout misérable ou ignorant un assassin ou un voleur, cela prouve que la causalité du crime appartient aussi au facteur biologique. Il est certain que sans l'atmosphère le mammifère ne peut vivre; mais il est certain aussi qu'il ne le peut si, dans cette atmosphère, il n'a pas de poumons.

C'est à dire, qu'on doit toujours revenir à mon idée, que le crime est un phénomène d'origine complexe à la fois biologique et physique et sociale, par degrés et modalités différentes, mais toujours avec le concours simultané de ces trois ordres de conditions naturelles, dont il n'est que le résultat nécessaire.

Nous avons donc achevé l'examen des principales objections, qui du point de vue positif, ont été opposées aux données de l'anthropologie criminelle. Et nous en pouvons conclure que celles-ci ont tout le droit, malgré certaines inexactitudes inévitables, et certains désaccords tout à fait partiels, d'être prises comme une des bases positives de la sociologie criminelle.

L'unilatéralité: voilà le défaut organique de toutes les objections générales faites à l'anthropologie criminelle.

L'inséparabilité de la base biologique des faits sociologiques: voilà la conclusion de nos observations. Comme il serait absurde que le biologiste voulût exclure des phénomènes de la vie la base physique et chimique; de même on ne pourrait faire de la sociologie, et partant de la sociologie criminelle, avec l'exclusion du côté biologique, inséparable de tout phénomène social.

Nous pouvons donc aborder maintenant la donnée fondamentale de la biologie criminelle, qui est le point de départ pour la sociologie criminelle: c'est à dire la classification anthropologique des criminels.

III.

Tandis que Lombroso, dans la I et la II édition de son ouvrage, avait attribué l'ensemble des caractères organiques et psychiques à tous les criminels, en faisant de « l'homme criminel » un type général comme « l'homme moyen » de Quetelet, il était au contraire évident d'après l'observation, que les anomalies ou ataviques ou pathologiques ne sont pas toutes présentées par tous les criminels.

Cette idée d'une distinction anthropologique des délinquants, quoique indiquée par quelqu'auteur même avant l'ouvrage de Lombroso, n'eut cependant une affirmation précise et fondamentale que par une critique, que j'ai faite, en 1878, à la première édition de l'*Homme criminel* et par une étude sur le droit pénal et l'anthropologie criminelle, que j'ai publiée en 1880 (1).

Gall, en parlant du remords chez les criminels, distinguait ceux qui sont entraînés par une passion de ceux qui agissent par des instincts innés (2).

Toulmouche, en 1835, décrivait trois catégories de prisonniers: I. les condamnés pour vol et délits pareils, auxquels ils sont poussés par la misère, l'ignorance, les mauvais conseils — II. les condamnés pour crimes contre les personnes, commis par l'emportement d'une passion violente (exaltation, colère, etc.) — III. les hommes « originairement vicieux », dominés par une sorte d'instinct pour la fraude, le vol, etc.: hommes « qui résisteront toujours à tout régime moralisateur (3) ».

Et peu avant lui, Diey avait donné une classification analogue: I. des individus, que la mauvaise compagnie, les circonstances, le besoin, les malheurs imprévus poussèrent au délit, — II. des individus, auxquels une mauvaise éducatio, donna, dès l'enfance et par les parents même, l'habitude du vol et de la paresse, « classe nombreuse, qui offre bien peu de conversions », — III. des individus profondément dépravés, qui sont endurcis dans le crime et en font une profession, sans autre pensée que de commettre de nouveaux crimes, « absolument incorrigibles ».

Frégier, en 1840, en suivant les mémoires de Vidocq, forçat d'abord et agent de police après, décrivait surtout les voleurs, en les classifiant en trois catégories de voleurs de profession — voleurs d'occasion, par faiblesse de caractère — et voleurs par nécessité — distingués les uns

---

(1) *Rivista europea*, 1878, pag. 390 et *Arch. di psich. e antrop. crim.*, 1880, I, 444.

(2) Gall, *Sur les fonctions du cerveau*, Paris 1825, I, 235.

(3) Toulmouche, *Travail historique, statistique, médical, hygiénique et moral sur la maison centrale de Rennes* in *Ann. d'hyg. publ.*, 1835, XIV, 54.

et les autres selon leur répugnance, ou non, à tuer et blesser
pour commettre le vol (1). Classification, presque exclusivement descriptive, que M. Du Camp a ensuite répétée,
d'une façon plus complète, avec la distinction, selon l'argot
même des criminels, de la « basse pègre » (voleurs qui ne
sont ni sanguinaires ni violents) et de la « haute pègre » en
allant des voleurs par adresse (faiseurs, chineurs, voleurs
à l'américaine, ou au bonjour, au poivrier, à l'étalage, etc.),
jusqu'à l' « escarpe », qui est « le type de la tendance froide
et systématique à l'assassinat », en tuant d'abord et en vo-
lant après (2). Description, qu'on trouve aussi dans les ouvrages d'Avé Lallemant, Bolis, etc., et qui par les progrès
mêmes de l'art de voler a été quelque peu changée dans
les descriptions plus récentes de la vie criminelle des grandes villes (3).

Lauvergne, en ce qui concerne les condamnés pour meurtre ou viol, distingue aussi plusieurs catégories, selon que
le crime a été commis par emportement, ou par volonté
ferme, ou par instincts brutaux et innés (4).

La classification donnée par Ferrus se rapporte au degré
de developpement intellectuel: I. des criminels, « décidé-
ment incorrigibles, doués en général de ressources intellectuelles supérieures à la moyenne, mais que conduisent
au mal les tendances de leur organisation, les entraîne-
ments de leur nature », — II. des criminels « dont la portée

---

(1) Vidocq, *Mémoires*, Paris 1828 et *Réflexions par les moyens propres
à diminuer les crimes et les récidives*, Paris 1844. — Fréciur, *Les classes
dangereuses de la population*, Bruxelles 1840, p. 147 et suiv.

(2) M. Du Camp, *Paris, ses organes, ses fonctions, sa vie*, III, chap. XII,
§ 2 et suiv.

(3) Avé Lallemant, *Das deutsche Gaunerthum*, Leipzig 1862, III. — Bolis,
La police et les classes dangereuses Bologne 1879, ch. XVI. — Moreau,
Souvenirs de la petite et de la grande Roquette, Paris 1884. — Et *le monde
des prisons*, Paris 1887. — Arboux, *Les prisons de Paris*, Paris 1881 0. Z.,
Les bas-fonds de Berlin, 1888. V. bibliogr. de psych. crim. à la fin du
volume.

(4) Lauvergne, *Les forçats*, Paris 1841, ch. IV et VII.

intellectuelle moins élevée correspond à la moyenne, chez lesquels le sens moral n'est que faiblement développé; que l'instinct de la sensualité, l'amour de l'orgie, une première enfance abandonnée à elle-même, l'habitude du vagabondage, l'ascendant de fréquentations funestes, une dépravation graduelle de la pensée, une excessive faiblesse de cœur, poussent dans le chemin du vice, non par un penchant inné et violent à mal faire, mais pour satisfaire un besoin impérieux de dissipation, de débauche et d'inertie », — III. des criminels, « qu'une organisation incomplète rend impropres à toute occupation réclamant des efforts réfléchis et de la suite dans la volonté ». Trois classes, qui se composent: «I. de condamnés *pervers, énergiques* et *intelligents*, qui pèchent sciemment, soit par organisation, soit par système, — II. de condamnés *vicieux, bornés, abrutis* ou *passifs*, qui pèchent par lâcheté, par paresse et par défaut de résistance aux incitations mauvaises, — III. de condamnés *ineptes* ou *incapables*, à intelligence obtuse, qui n'ont jamais parfaitement apprécié la portée de leurs actes » (1).

Despine, en 1868, au point de vue non plus pénitentiaire, mais psychologique, distinguait seulement, comme du reste l'avaient fait Mittermaier et beaucoup d'autres criminalistes classiques, les criminels « à sang froid » de ceux « par emportement des passions », et les criminels par folie ou anomalie morale « non pathologique » de ceux par une vraie « folie pathologique » ou aliénation mentale (2).

Plus spécialement Thomson et Maudsley ont parlé d'une classe, distincte parmi la masse des criminels « comme les brebis à tête noire parmi celles à tête blanche » et avec les caractères, qui en font justement « une variété dégénérée

(1) PERRUS, *Des prisonniers etc.*, Paris 1850, pag. 182-185.
(2) DESPINE, *Psychologie naturelle*, Paris 1868, I, pag. XII, XV — II, pag. 1, 169, 279. etc.

ou morbide de l'espèce humaine »; mais ils se bornèrent à l'énonciation simple du fait (1).

Nicholson ensuite, en classifiant les criminels selon leur aptitude à supporter la discipline pénitentiaire, se bornait à la distinction des criminels accidentels, ou d'occasion, et des criminels vrais ou habituels, qui est vraiment la distintion fondamentale et sur laquelle avaient justement insisté les observateurs de la vie pénitentiaire, tels que Valentini, Bittinger, Sollohub, Hastings, Du Cane, Guillaume, Virgilio, Morselli, Michaux, Petit (2).

Pour achever cette revue des distinctions des criminels, qui précédèrent l'œuvre de Lombroso, il faut ajouter la classification de Hurel, qui diffère très peu de celle de Ferrus : I. des condamnés non vicieux, chez lesquels la perversité n'est pas à l'état chronique, criminels par émotions violentes et instantanées, — II. des condamnés profondément mauvais, toujours rebelles aux lois, réfléxifs, — III. de la masse des inertes, paresseux, abrutis, incapables de concevoir de grands-crimes, subissant l'influence de leurs compagnons et dangereux à cause de leur faiblesse même (3).

---

(1) THOMSON, *The psychologie of criminals*, extr. p. 5. — MAUDSLEY, *Crime et folie*, Paris 1874, introd.

(2) NICHOLSON, *The morbide psychol. of criminals* in *Jorn. of ment. sc.*, juill. 1873, p. 222 et juill. 1874, p. 167. — VALENTINI, *Das Verbrecherthum* in *Preussische Staaten*, Leipzig 1869. — BITTINGER, *How far is the society responsible for crime?* in *Riv. carc.*, I, 156. — SOLLOHUB, *La question pénitentiaire en Russie*, ibidem, III, 77. — HASTINGS, *Discours*, ibidem, III, 558. — DU CANE, *Judicial statistics*, ibidem, V, 155, et *The punishement and prevention of crime*, London 1885, pag. 2, 97, 193. — GUILLAUME, *Comptes rendus du Congrès pénitentiaire de Stockholm*, Paris 1879, I, 469. — VIRGILIO, *Sulla natura morbosa del delitto*, in *Riv. carc.*, IV, 335. — MORSELLI, *Suicidio nei delinquenti* in *Riv. di frén.*, 1875, p. 247. — MICHAUX, *Etude sur la question des peines*, Paris 1875, p. 177. — PETIT, *Rapport* in *Bull. Soc. Prisons*, Paris 1878, II, 168.

(3) HUREL, *Coup d'œil psychologique sur la population de la maison de Gaillon* in *Annales méd. psych.*, 1875, I, 161 et 374.

De ces précédents nous pouvons tirer trois conclusions, qui sont trois enseignements.

D'abord l'idée constante, chez les hommes qui ont la pratique de la vie criminelle, directeurs de prisons, médecins, etc., de l'incorrigibilité d'une partie des détenus, réfractaires à l'action de tout régime, soit-il rigoureux ou doucereux. Idée de l'incorrigibilité, sur laquelle on a beaucoup insisté au congrès pénitentiaire de Stockholm (1878) et qui, combattue par les moralistes et juristes doctrinaires, a eu par les observations anthropologiques la confirmation et l'explication, les plus évidentes.

En second lieu, l'établissement de ces anciennes classifications sur des critériums de discipline pénitentiaire ou de simples variétés déscriptives au lieu des caractères génétiques qui puissent éclairer la détermination bio-sociale du délit chez les criminels, plutôt que leur conduite après le crime. Ce sont justement ces critériums génétiques qui importent à la sociologie criminelle, car elle recherche les causes pour trouver les remèdes : tandis que les autres caractères ont une portée exclusivement et seulement pénitentiaire ou de police.

Enfin, la constance de cette distinction fondamentale entre les deux classes des criminels d'habitude et des criminels d'occasion.

Si, en effet, le caractère individuel, comme l'a observé Sergi, résulte d'une sorte de stratification, par laquelle aux couches primitives de la moralité sauvage s'ajoutent de génération en génération, d'époque en époque, les couches plus récentes d'une moralité plus civilisée (1), on comprend qu'il y ait des individus, chez lesquels l'atavisme ou l'arrêt de développement, ou la dégénération, ou la pathologie, effacent ou empêchent la formation des couches plus ré-

_____

(1) Sergi, *La stratification du caractère* in *Riv. di filosofia scientifica*, avril 1883.

centes, et laissent libre l'influence des couches primitives,
qui déterminent justement chez de tels individus une conduite de sauvages. Tandis que les individus, chez qui la
stratification a été normale, ou à peu près, ont une conduite correspondante, qui ne devient antisociale que par
une sorte d'éruption des couches primitives (emportement
des passions), ou par une excitation très-forte des circonstances extérieures (misère, ignorance, etc.).

Cette distinction fondamentale a été même pressentie par
les jurisconsultes romains et mediévaux, avec la théorie
de la « *consuetudo delinquendi* » par laquelle, comme disait Farinacius « *delictorum frequentia delinquentis incor-
reggibilitatem denotat* » et on avait une augmentation de
peine, qui pouvait même arriver jusqu'à la mort après la
troisième récidive. Et quelques lois modernes, dans les pays
où les théories classiques de droit pénal n'étant pas beaucoup développées et dominantes, ne s'opposent pas si absolument aux applications pratiques qui contredisent a leur
doctrinarisme, ont déjà adapté leurs dispositions à cette
distinction fondamentale : par exemple l'anglais « *Habitual
criminals Act,* 1869 », et, en partie, la loi française sur les
récidivistes, dont je parlerai dans un autre chapitre.

Plusieurs même des criminalistes classiques ont indiquée
cette distinction fondamentale, mais sans en tirer ces conséquences pour la défense sociale contre le crime que nous
verrons plus loin, et que leurs prémisses syllogistiques ne
permettaient pas et que seule la sociologie criminelle pouvait développer (1).

---

(1) Rossi, *Traité de droit pénal,* liv. 111, ch. 4 et 8. — Carrara, *Programma,* § 1067. — Ortolan, *Eléments de droit pénal,* § 1187. — Brusi,
Rapport au Congrès de Stockholm, i, 463. — Wahlberg, *Das Mass und
der mittlere Mensch in Strafrecht,* Wien 1878. Cet éminent criminaliste
de l'université de Wien, est celui, parmi les classiques, qui a tiré les conséquences les plus pratiques : car pour les criminels d'habitude il ne soutient pas seulement une différente discipline pénitentiaire, mais aussi une
mésure différente de responsabilité pénale.

Par l'étude des ouvrages d'antropologie criminelle, mais surtout par mes observations directes et suivies sur un grand nombre de criminels, fous et normaux, au point de vue soit physiologique, soit psychologique, je me suis convaincu, depuis longtemps, que les données de l'anthropologie criminelle ne s'étendent pas, dans leur ensemble complet et caractéristique, à tous ceux qui commettent des crimes. Mais qu'ils se bornent à un certain nombre d'entr'eux; à ceux qu'on pourrait appeler les *criminels nés, incorrigibles, habituels;* en dehors desquels il y a la classe des criminels d'*occasion*, qui ne présentent pas, ou présentent dans des proportions moindres ces caractères anatomiques, pathologiques et psychologiques, qui donnent la figure typique, appelée par Lombroso «l'homme criminel».

Avant de préciser d'avantage ces deux classes fondamentales de criminels, dans leurs caractères génétiques et descriptifs, il faut en donner une démonstration positive, qu'on peut avoir avec deux ordres de preuves: I. les résultats des recherches anthropologiques sur les criminels, — II. la statistique de la récidive et des formes de criminalité, que les anthropologistes ont jusqu'ici le plus étudiées.

Quant aux anomalies organiques, ne pouvant en faire ici une exposition détaillée, je me borne à reproduire de mon étude sur l'homicide un résultat sommaire, et pour une catégorie seule de ces anomalies, que l'observation méthodique sur chaque classe de criminels continuera et précisera de plus en plus, comme l'a déjà fait Lombroso (ıv éd., 1889, p. 273).

INDIVIDUS sur lesquels j'ai observé	CONDAMNÉS		SOLDATS (711)
	aux travaux forcés (316) $^0/_{10}$	à l'emprisonnement (313) $^0/_{10}$	$^0/_{10}$
Aucune anomalie crânique .	11,9	8,2	37,2
Une ou deux anomalies . .	47,2	56,6	51,8
Trois ou quatre anomalies .	33,9	32,6	11,0
Cinq ou six anomalies . .	6,7	2,3	0
Sept ou plus	0,3	0,3	0

C'est à dire que des individus à crâne normal il y en a
le triple parmi les soldats en comparaison des criminels;
qu'avec un nombre remarquable d'anomalies accumulées
(trois ou quatre) il y en a au contraire le triple parmi les
criminels en comparaison des soldats, et qu'avec un nombre
extraordinaire d'anomalies (cinq ou plus), il n'y en avait
pas un parmi les soldats (1).

Ce qui prouve à l'évidence, non seulement la plus grande
fréquence des anomalies crâniennes (et cela est vrai aussi
pour les anomalies physionomiques, physiologiques et psychologiques) parmi les criminels; mais ce qui prouve aussi
que parmi ceux-ci la masse de 50 à 60 0/0 n'a que très-
peu de ces anomalies, tandis qu' 1/3 à peu près en présente
un cumul éxtraordinaire et 1/10 est, à cet égard, normal.

Des données statistiques pour cette distinction fondamentale de la masse des criminels, se présentent tout d'abord;
celles de la récidive, car ce phénomène, s'il est en partie,
comme celui du premier délit, l'effet aussi des facteurs sociaux, a cependant une cause biologique évidente, puisque
avec les mêmes systèmes pénitentiaires il y a des libérés
qui récidivent et d'autres qui ne récidivent pas.

La statistique de la récidive est malheureusement très
difficile à faire, à cause des différences, soit de législation
de pays à pays, soit aussi des méthodes de relèvement,
qui, jusqu'à l'application plus générale de l'identification
anthropométrique, ne peuvent que très rarement empêcher
les changements de nom justement par les criminels de
profession. De sorte qu'on a toujours droit de répéter les
mots d'un homme très compétent dans cette matière: que
non seulement « le congrés pénitentiaire de Londres (1872)
n'a pu décider plusieurs problèmes par défaut de documents, surtout sur la récidive », mais que même à présent

---

(1) Quant à l'objection de méthode qu'on a fait à cette comparaison, voir
pag. 37.

« nous voyons à cet égard, d'un pays à l'autre, des différences, dont la portée réelle nous échappe (1) ».

J'ai cependant publié un essai de statistique internationale de la récidive (*Arch. di psich.*, 1, 444), duquel j'ai tiré cette conclusion générale: que même dans les statistiques pénitentiaires, qui donnent très-souvent des chiffres de récidive plus élevés que les statistiques judiciaires, car elles sont plus personnelles, et partant moins incertaines, on ne dépasse jamais une certaine proportion de récidives, quoique celle-ci varie non seulement d'Etat à Etat, mais aussi de province à province, de prison à prison. Préciser cette proportion ce serait impossible: mais je peux dire, après tous les matériaux que j'ai rassemblés et comparés dans cet essai, que la récidive en Europe est généralment de 50 a 60 0/0 et certainement supérieure, plutôt qu'inférieure, à cette limite. De mon expérience, par exemple, tandis que la statistique italienne donne 14 0/0 de récidivistes parmi les condamnés aux travaux forcés, sur 346 j'en ai trouvé 37 0/0 qui m'ont avoué être récidivistes et pour les condamnés à l'emprisonnement au lieu de 33 0/0 des statistiques pénitentiaires, j'en ai trouvé sur 363 60 0/0. Différence, qui peut en partie dériver des conditions accidentelles des prisons, que j'ai visitées, mais qui prouve en tout cas l'insuffisance des chiffres officiels sur la récidive.

Après ce fait général, qui prouve, comme disaient Lombroso et Espinas, que « la récidive forme la règle au lieu de l'exception dans la vie criminelle » (2), nous pouvons maintenant relever les proportions spéciales de la récidive pour chaque crime, pour en avoir l'indice des formes de

(1) YVERNÈS, *Comptes rendus du Congrès de Stockholm*, 1879, 1, 464. — *De la récidive en Europe*, Paris 1874. — *La récidive* in *Journ. de la Soc. de stat.*, Paris, mars 1883. — Voir aussi STERLICH, *Statistique de la récidive*, Rapp. au Congrès intern. di stat., Budapest 1876. — *Enquête sur la récidive en Europe* in *Bull. de la Soc. gén. des prisons*, Paris 1878.

(2) ESPINAS, *La philosophie expérimentale en Italie*, Paris 1880, p. 162.

criminalité, qui sont les exploits les plus fréquents des criminels d'habitude.

Pour l'Italie j'ai trouvé que les proportions les plus élevées de la récidive sont données par les condamnés pour vols qualifiés et simples, faux, viols, assassinats, association de malfaiteurs, et, en matière correctionnelle, pour vagabondage et mendicité.

Tandis qu'on a les proportions les moins élevées parmi les condamnés pour coups et blessures, meurtres et infanticides.

Pour la France, puisque ses statistiques judiciaires se prêtent merveilleusement aux études les plus détaillées; j'ai relevé les proportions des récidivistes, parmi les condamnés des cours d'assises et des tribunaux correctionnels, selon la moyenne de 1877 à 1881, avec les chiffres suivants, qui n'ont pas varié sensiblement pendant les années plus récentes. (Voir Tableau à page 91).

Pour les crimes contre les personnes on trouve que la récidive est supérieure à la moyenne chez les auteurs des attentats les plus graves à la vie et à la pudeur, qui sont l'expression évidente des penchants les plus anti-sociaux (parricide, assassinat, viol, blessures envers un ascendant); de sorte que le meurtre et les blessures suivis de mort, tout en ayant une récidive très fréquente, révèlent cependant, même par ce symptôme de chiffres moins élevés, une nature moins anormale et plus occasionnelle, qui a son expression caractéristique dans l'infanticide et la suppression ou exposition d'enfant. Quant à la récidive très haute de certains crimes (violences à des fonctionnaires et rébellion), qui sont jugés par les cours d'assises en nombre très petit, mais qui confirment, un peu moins cependant, cette récidive élevée même aux tribunaux, ce sont là des formes qui d'une part peuvent être commises aussi par tous les criminels (voleurs, assassins, etc.), et qui d'autre part sont déterminées aussi par le facteur social de l'organisation de police, et souvent même par une condition psychopathologique de certains individus.

FRANCE — CONDAMNÉS RÉCIDIVISTES — 1877-81

COURS D'ASSISES

Crimes-personnes	0/0
Violences envers des fonctionnaires, etc.	86
Bigamie	59
Blessures envers un ascendant	56
Rebellion	56
Enlèvement de mineurs	45
Viol et attentat à la pudeur sur des adul.	44
Assassinat	42
Parricide	42
Meurtre	39
Viol et attent. à la pudeur sur des enfants	38
Obst. à la circ. chemins de fer	37
Blessures graves et suivies de mort	37
Moyenne générale	38
Avortement	30
Faux témoignage	27
Séquestration et arr. illégale	19
Empoisonnement	17
Infanticide	4
Suppr. ou suppos. d'enfant	3

Crimes-propriétés	0/0
Vol dans les églises	74
Autres vols qualifiés	72
Vol avec violence hors de la voie publ.	68
Id. sur chemin publ.	65
Vol sans violences id.	62
Incendie d'édifices non habités	60
Moyenne générale	58
Baraterie	50
Vol domestique	44
Fausse monnaie	44
Faux en écrit. privés	42
Incendie d'édif. habités	41
Faux en écrit commerc.	38
Faux en écrit. authent.	37
Banqueroute fraud.	35
Abus de confiance	32
Extorsion	31
Soustraction de deniers publ.	28
Id. de valeurs par un employé	
Id. de la poste	0
Contrebande par un douanier	0

TRIBUNAUX CORRECTIONNELS

Délits	0/0
Infraction au ban de surveillance	100
Expulsion de réfugiés étrangers	93
Interdiction de séjour	89
Ivresse	78
Vagabondage	71
Mendicité	66
Escroquerie	48
Outrage à fonctionn. publ.	47
Destruction de clôtures	45
Vol	45
Abus de confiance	44
Moyenne générale	42*
Rebellion	40
Menaces écrites ou verb.	40
Armes prohibées	37
Délits politiques, électoraux, de presse	36
Outrage public à la pudeur	32
Coups et blessures volontaires	31
Exercice illég. de médec. et chir.	27
Chasse	24
Att. aux moeurs en excès, la débauche	24
Banqueroute simple	21
Tromp. sur la nat. etc. des objets vendus	17
Diffamation et injures	14
Délits ruraux	12

(*) La moyenne des statistiques officielles est différente, car pour les tribunaux elle n'y a été relevée sur le total des condamnés pour *délits et contraventions*; tandis que celle-ci se rapporte au total des condamnés seulement pour *délits*.

Ce qu'il y a ici de remarquable c'est la récidive assez rare d'une forme très grave de meurtre, telle que l'empoisonnement. Mais cela n'est que l'effet de la psychologie particulière de ces criminels, comme je l'ai expliqué ailleurs.

Pour les crimes contre les propriétés la récidive plus fréquente est donnée par les voleurs, excepté pour les vols et abus de confiance commis par les domestiques, qui révèlent ainsi leur nature plus occasionnelle et confirment cet accord de la statistique avec la psychologie criminelle, qu'on observe aussi pour les faussaires en écriture de commerce et les banqueroutiers, qui sont en partie déterminés au crime par l'impulsion des crises individuelles et générales. Et le manque de récidive chez les employés des postes condamnés pour soustractions de valeurs et chez les douaniers contrebandiers n'est qu'une confirmation ultérieure de cette détermination des uns et des autres par les occasions externes plutôt que par des tendances personnelles au crime.

Pour les délits, en dehors de ceux pour lesquels la récidive est une condition légale, (infraction au ban de surveillance) on a en France comme en Italie la récidive très élevée des vagabonds et des mendiants, ce qui est un effet du milieu social, mais aussi de la neurasthénie de ces individus. Les autres récidives supérieures à la moyenne sont données par ces délits, qui sont une sorte de criminalité accessoire, simultanée à la criminalité habituelle des voleurs, meurtriers, etc., comme l'ivresse, les outrages aux fonctionnaires publics, l'interdiction de séjour, etc.

Quant aux vols et à la rebellion on trouve ici une récidive moins fréquente que pour les cours d'assises, car dans la masse de ces délits, dans leurs formes non qualifiées, il y a justement un nombre plus grand de délits occasionnels, comme on le voit aussi pour les banqueroutes simples, diffamations, injures, délits ruraux, etc., qui révèlent par des chiffres très bas leur nature plus occasionnelle.

La statistique de la récidive générale et spécifique nous confirme donc indirectement le fait que la masse des criminels n'est pas anthropologiquement uniforme et que les caractères et les anomalies bio-psychiques appartiennent plus spécialement à la catégorie de ces criminels nés et d'habitude, qui sont, après tout, ceux qui réellement ont été étudiés jusqu'ici par les anthropologues criminalistes.

Et alors quelle est la proportion numérique de cette catégorie dans l'ensemble des criminels ?

À défaut de recherches directes, on peut induire cette proportion d'une façon indirecte, de deux ordres de faits. D'abord l'étude des ouvrages d'anthropologie criminelle nous donne comme chiffre d'approximation, que les caractères biologiques réunis dans un nombre suffisant sur chaque individu pour lui donner le type criminel, se rencontrent dans une masse de criminels, qui est de 40 a 50 0/0 du total.

Et cette conclusion peut être confirmée par d'autres données de la statistique criminelle.

Tandis que la statistique de la récidive nous indique un nombre très restreint de crimes et délits commis par les criminels-nés et habituels, la science et la législation criminelle nous en donne une classification bien plus nombreuse.

Ellero a compté dans le code pénal de l'empire Allemand 203 crimes et délits, et moi, je trouve que le code pénal italien de 1859 en dénombre environ 180, le nouveau code environ 200, et le code pénal français environ 150. De sorte que les formes de criminalité habituelle ne seraient qu'un dixième de toute la classification légale des crimes et délits.

Il est facile en effet de penser qu'*en général* les criminels-nés et habituels ne commettent pas de crimes et délits politiques et de presse, ni contre la liberté des cultes, ni corruption de fonctionnaires publics; ni abus de titres, ni abus d'autorités; ni calomnie, faux serments, fausses expertises; ni adultères, incestes, enlèvement de mineurs;

ni infanticides, avortements, suppositions d'enfant; ni ré-
vélation de secrets professionnels; ni banqueroutes, ni dommages aux propriétés immobilières; ni violations de domicile, ni arrestations illégales, ni duels, ni diffamations,
ni injures, etc. Je dis, cependant, *en général*, car comme
il y a des criminels d'occasion qui commettent des délits
propres à la criminalité habituelle (meurtres, vols, viols,
etc.), de même il y a des criminels-nés qui commettent
quelquefois de ces crimes, qui n'entrent pas dans leurs
habitudes.

À ce point de vue de la classification des crimes, il faut
maintenant ajouter quelque donnée statistique, que je
prends aussi de mon étude, que j'ai déjà citée.

Criminalité habituelle (meurtre qualifié et simple, vols, associations de malfaiteurs, viol, incendie, vagabondage, excroquerie, faux).	ITALIE			FRANCE			BELGIQUE		
	Assises o/o	Tribunaux o/o	Total o/o	Assises o/o	Tribunaux o/o	Total o/o	Assises o/o	Tribunaux o/o	Total o/o
Rapport des condamnés pour ces crimes et délits avec le total des condamnés . .	84	32	38	90	34	35	86	30	30

C'est-à-dire que dans le total des condamnés la criminalité habituelle serait, en Italie, exprimée par environ
40 0/0, et un peu moins en France et en Belgique. Ce qui
dépend, pour la Belgique, de l'exclusion du vagabondage;
mais qui est l'effet réel surtout d'une fréquence plus grande
en Italie de certains crimes, tels que meurtres, vols avec
violence sur chemin public, associations de malfaiteurs.

Après cela, on voit qu'en Italie, comme en France et en
Belgique, ces formes de criminalité habituelle sont en plus
grande proportion relative (sauf les vols et le vagabondage) de compétence des Cours d'assises, ce qui démontre
leur gravité.

Le nombre absolu, cependant, est plus élevé chez les tribunaux, car comme dans l'échelle zoologique la fécondité la plus grande appartient aux formes inférieures et les plus petites, de même dans l'échelle criminelle les délits les moins graves sont les plus nombreux, tels que les vols simples, excroqueries, vagabondage, etc. De sorte que sur 38 0/0 du total en Italie, 32 appartiennent aux Tribunaux, et 6 aux Assises; et sur 35 0/0 en France, 33 aux Tribunaux et 2 aux Assises; et sur 30 0/0 en Belgique, 29 aux Tribunaux et 1 aux Assises. Ce qui dépend, aussi, en partie, des différences législatives sur la compétence réciproque de ces organes judiciaires.

En regardant maintenant les chiffres du total, on trouve que les vols sont les formes les plus nombreuses en Italie (20 0/0), comme en France (24 0/0), et en Belgique (23 0/0), et en Prussie (37 0/0 avec les abus de confiance) (1).

Après les vols, on a plus fréquent en Italie le vagabondage (5 0/0), les meurtres (4 0/0), les excroqueries (3 0/0), les faux (0,9 0/0), les viols (0,4 0/0), les associations de malfaiteurs (0,4 0/0), et les incendies (0,2 0/0).

En France et en Belgique on a la même fréquence relative pour le vagabondage et les escroqueries; mais les meurtres, incendies, associations de malfaiteurs y sont moins fréquentes, tandis que les viols sont plus nombreux en France (0,5 0/0), et en Belgique (1 0/0).

Telles sont donc les formes les plus fréquentes de la criminalité habituelle dans la masse des condamnés : auxquelles il est utile d'opposer maintenant les formes les plus fréquentes de criminalité occasionnelle. Pour l'Italie les statistiques judiciaires, qui seules permettent ces recherches détaillées, sont celles de 1863, 1869, 1870 et 1871-72; pour la France on peut exploiter chaque volume de la série admirable de ses statistiques criminelles.

---

(1) SIEKE, *Verbrechen und Verbrecher in Preussen*, Berlin 1884, p. 92.

CRIMES ET DÉLITS PLUS FRÉQUENTS en dehors de la criminalité habituelle	MOYENNE ANNUELLE DES CONDAMNÉS					
	Italie — 1863-73			France 1877-81		
	Assises %	Tribunaux %	Total %	Assises %	Tribunaux %	Total %
Coups et blessures volontaires	10	25	24	3	15	15
Armes prohibées	—	8	7	—	0,3	0,3
Rebellion, outrages, violences contre les fonctionn. publ.	3	5	4	0,2	10	10
Dommages à propriétés immobil.	—	2	2	—	(1)1,6	1,5
Diffamations, injures	—	1,8	1,6	—	1,6	1,5
Menaces écrites ou verbales	—	1,4	1,2	—	0,2	0,2
Jeux prohibés	—	1	0,8	—	(2)0,1	0,1
Crimes et délits politiques	(3)1,7	—	0,2	—	(4)0,2	0,2
Id. de presse	0,4	0,4	0,4	—	0,6	0,6
Soustraction, corrupt., abus de fonctionn. publ.	—	0,3	0,3	—	—	—
Évasion de détenus	0,1	0,2	0,2	—	0,6	0,6
Faux témoignage	0,7	0,2	0,2	0,09	0,6	0,6
Violation de domicile	—	0,17	0,15	—	0,10	0,9
Calomnie	0,1	0,1	0,1	—	0,08	0,08
Exposition, supposition, suppression d'enfant	—	0,12	0,1	0,2	0,1	0,1
Banqueroute	0,1	0,1	0,1	1,3	0,5	0,6
Contre la religion et les ministres du culte	—	0,1	0,1	—	0,07	0,07
Duel	—	0,04	0,03	—	—	—
Avortement	—	—	—	0,9	—	0,01
Délits de chasse	—	—	—	—	13	12,7
Ivresse	—	—	—	—	1,5	1,5
Outrage public à la pudeur	—	—	—	—	1,8	1,7
Adultère	—	—	—	—	0,5	0,5
Attentat aux mœurs avec excit. à la débauche	—	—	—	—	0,2	0,2
Homicides involontaires	—	—	—	—	0,2	0,2
Blessures involontaires	—	—	—	—	0,6	0,6
Incendies involontaires	—	—	—	—	0,2	0,2
Exercice illégale de médecine et chirurgie	—	—	—	—	0,2	0,2
Fraudes au préjudice des restaurateurs	—	—	—	—	1,4	1,4
Délits ruraux	—	—	—	—	0,6	0,6
Moyenne annuelle des condamnés (chiffres absolus)	6,273	13,584	19,857	3,300	163,997	167,297

(1) Dévastation de récoltes, destruction de clôtures. — (2) Maison de jeu non autorisé, loterie clandestine. — (3) Chiffre exceptionnel par 528 condamnés en 1863, tandis que la moyenne des autres années serait de 9 condamnés. — (4) Délits électoraux.

On voit que la fréquence de ces crimes et délits occasionnels varie beaucoup de l'Italie à la France, quoique les coups et blessures, rébellions, dommages, diffamations et injures, soient les plus nombreux dans l'un et l'autre pays.

Et les proportions de chaque délit avec le total sont aussi très différentes, non seulement à cause d'une législation différente en Italie et en France, pour les délits de chasse, ivresse, fraudes aux restaurateurs, etc., mais aussi à cause des différentes conditions des individus et de la société dans les deux pays. Ainsi les coups et blessures qui comprennent en Italie 23 0/0 du total des condamnés, n'atteignent en France qu'à 14 0/0, tandis que les rebellions, etc. de 4 0/0 en Italie arrivent à 9 0/0 en France. Et les crimes et délits séxuels (comme nous l'avons vu pour les viols) tels que avortement, adultère, outrage à la pudeur, excitation à la débauche, qui en Italie donnent des chiffres proportionnels minimes et négligeables, en France sont plus fréquents. Tandis que les armes prohibées, les menaces, faux témoignages, évasions de détenus, violations de domicile, calomnies, ont en Italie une fréquence plus grande qu'en France, le contraire a lieu pour les banqueroutes et les crimes et délits politiques et de presse, par suite d'une différence évidente des conditions morales, économiques et sociales des deux pays, qui se révèlent dans ces chiffres, si arides en apparence.

Nous avons donné avec cela les preuves anthropologiques et statistiques de cette distinction fondamentale des criminels d'habitude et d'occasion, qui avait été indiquée par maints observateurs, mais qui était restée jusqu'ici une simple affirmation sans conséquences.

Cette distinction même, non seulement doit être la base de toute théorie sociologique sur la criminalité, mais elle doit être aussi le point de départ pour d'autres distinctions

plus précises et complètes, que j'ai établies dès mes premières études sur les criminels, et qui furent après repro-
duites, avec plus ou moins d'accord, par tous les sociologues criminalistes.

D'abord, parmi les criminels d'habitude il y a une séparation évidente à faire, de ceux qui présentent une forme
évidente et clinique d'aliénation mentale, qui détermine
leur activité anti-sociale.

En second lieu, parmi les criminels d'habitude qui ne
sont pas aliénés, pour peu qu'on ait observé la population
des prisons avec des notions et une expérience suffisantes,
on voit se distinguer une classe d'individus anormaux, soit
physiquement, soit moralement, poussés au crime par des
penchants innés, qui se manifestent dès l'enfance et avec
les symptômes de la plus profonde insensibilité morale.
A côté de ceux-ci, on remarque une autre classe d'individus, qui ont été eux aussi criminels dès l'enfance et per-
sistent à l'être, mais qui sont surtout le produit du milieu
physique et social, qui les a poussés et repoussés dans la
vie criminelle, par l'abandon avant et après le premier
délit, déterminé très-souvent par les excitations mêmes des
parents, surtout dans les grandes villes.

Et d'autre part, parmi les criminels d'occasion, une catégorie spéciale s'en détache, par une sorte d'exagération
des caractères, surtout psychologiques, du type même. Chez
tous les criminels d'occasion le crime est déterminé plus
par les impulsions du milieu que par les tendances actives
de l'individu; mais tandis que chez la plupart de ces individus l'occasion déterminante n'est qu'une circonstance
commune, chez quelques uns au contraire, co n'est qu'un
entraînement exceptionnel de la passion, une sorte d'orage
psychologique, qui les pousse au crime.

Voilà donc, que toute la masse des criminels peut être
classifiée dans cinq catégories, que j'ai appelées depuis 1880
(*Arch. di psich.*, 1, 476): des criminels fous, criminels-nés

criminels par habitude acquise, criminels d'occasion, criminels de passion.

Comme je l'ai déjà observé, l'anthropologie criminelle ne sera définitivement établie que lorsqu'elle procédera par des monographies biologiques, psychologiques et statistiques, sur chacune de ces catégories, pour en donner, en qualité et quantité, les caractères anthropologiques, avec plus de précision qu'on n'en a maintenant, lorsque les observateurs donnent ces caractères mêmes pour toute une masse de criminels, en les distinguant plutôt suivant la forme du crime que suivant leur type bio-social. Dans l'ouvrage de Lombroso, par exemple, ou dans celui de Marro (et en partie même dans mon ouvrage sur l'homicide) les caractères sont donnés pour un total, ou bien pour des catégories légales de criminels (assassins, voleurs, faussaires, etc.), qui comprennent soit des criminels-nés, soit des criminels d'occasion, soit d'habitude, soit même fous, et de cela viennent les désaccords partiels selon la prédominance de l'un ou de l'autre type dans la masse des individus observés. Cela aussi contribue à rendre moins évidentes les conclusions de l'anthropologie criminelle.

Malgré cela nous pouvons résumer des études faites jusqu'ici et surtout, en suivant mon expérience personnelle dans l'observation des criminels, nous pouvons indiquer ici les lignes générales qui caractérisent les cinq classes de criminels, en nous souhaitant que des observations successives et plus méthodiques viennent de plus en plus préciser ce tableau symptômatologique.

D'abord il est évident que dans une classification, qui n'est pas exclusivement biologique, et qui doit être la base anthropologique de la sociologie criminelle, les criminels aliénés ont tout droit d'être compris.

N'est pas concluante en effet l'objection usuelle, que plus récemment m'a répétée M. Joly (Le crime, p. 62), par la-

quelle on affirme contradictoire l'expression de criminel
fou, car l'aliéné n'étant pas moralement responsable, ne
peut pas être un criminel. Nous verrons, au contraire, au
III chapitre, que selon nous, la responsabilité sociale, la
seule qui existe pour tous les criminels, existe aussi pour
les criminels aliénés.

Et d'autre part il n'est pas exact non plus de dire, avec
M. Bianchi, que les criminels aliénés appartiennent à la
psychiatrie et non à l'anthropologie criminelle, car si la
psychiatrie s'occupe des aliénés criminels au point de vue
psychopathologique, cela n'empêche pas l'anthropologie et
la sociologie criminelle de s'en occuper pour faire l'histoire
naturelle de l'homme criminel et pour proposer les mesures
à prendre, au point de vue social.

Quant aux criminels aliénés il faut tout d'abord en séparer la catégorie de ces aliénés, qu'après les études de
Lombroso et des psychiatres italiens on ne peut plus distinguer des vrais criminels-nés. Ce sont les individus atteints de cette forme d'aliénation, qui a eu tant de noms,
depuis « l'imbécilité morale » de Pritchard jusqu'à la « folie
raisonnante » de Verga (1). Folie morale, illustrée par les
travaux de Mendel, de Legrand du Saulle, Maudsley, Krafft
Ebing, Savage, Hugues, Holländer, Tamburini, Bonvecchiato (2), et qui, avec l'absence ou atrophie du sens moral

(1) LOMBROSO, *Folie morale et criminel-né* in *Arch. di psich.*, 1884, et
L'homme criminel, p. 542 et suiv. Voir aussi *Atti del V Congresso freniatrico*, Milano 1887, où l'identité du fou moral avec le criminel-né a été
acceptée par la grande majorité des psychiatres italiens.

(2) MENDEL, *Moralische Wahnsinn*, Wien 1876. — LEGRAND DU SAULLE, dans
la *Gazette des hôpitaux*, mai 1878. — MAUDSLEY, *La pathologie de l'esprit*,
Paris 1883, ch. VII. — KRAFFT EBING, *Criminal psychologie*, Stuttgart 1882,
p. 107 et *Lehrbuch der gerichtlichen Psychopathologie*, Stuttgart 1881, pag.
241. — SAVAGE, *Moral affective Insanity* in *Journ. of ment. Sc.*, juill. 1881.
— HUGUES, *Moral affective Insanity*, St. Louis 1881. — HOLLÄNDER, *Zur Lehre
von der Moral insanity* in *Iahrb. f. Psych.*, Wien 1872, IV, 1. — TAMBU-
RINI, *Studio di psicopatologia criminale* in *Riv. sperim. fren.*, 1882 et

ou social et l'intégrité *apparente* de l'intelligence, n'est justement que la condition psychologique fondamentale du criminel-né.

En dehors des fous moraux, qui sont même très-rares, car, comme l'ont observé Krafft Ebing et Lombroso, on les trouve bien plus dans les prisons que dans les asiles d'aliénés, il y a toute la série malheureuse des individus atteints d'une forme commune et clinique d'aliénation mentale, qui tous peuvent commettre des crimes.

Tous ces criminels aliénés ne peuvent pas être résumés dans un type commun : et telle est justement la conclusion de Lombroso, dans le deuxième volume de la IVe édition, après avoir donné la description analytique des principales formes d'aliénation mentale. En effet, non seulement les caractères organiques, et surtout psychologiques des criminels aliénés, sont quelquefois identiques et quelquefois opposés à ceux des criminels-nés ou d'occasion; mais ces caractères mêmes changent beaucoup de l'une à l'autre forme d'aliénation mentale, malgré l'identité du crime commis.

À propos des criminels aliénés il faut observer encore que cette catégorie comprend aussi tous ces types intermédiaires entre la folie complète et la raison, qui restent dans ce que Maudsley a appelé la « zone mitoyenne ». Les variétés plus fréquentes dans la criminalité de ces demi-fous ou « mattoïdes » ce sont d'abord les auteurs de certains attentats contre les hommes politiques et qui ne sont le plus souvent que des persécutés, des querelleurs, des graphomanes etc., comme Passanante, Guiteau, Maclean (1).

1888, et *Contribution à l'étude de l'identité de la délinquence congénitale et de la folie morale*, in *Actes du congrès anthr. crim.*, Rome 1887, pag. 431. — Bonfecchiato, *Senso morale e follia morale*, Padova 1883.

V. la bibliographie de psychopathologie criminelle à la fin du volume.

(1) Cullerre, *Les frontières de la folie*, Paris 1888. — Parant, *La raison dans la folie*, Paris 1888.

Il y a aussi dans cette catégorie, ceux qui commettent des crimes très-affreux, sans motif, et qui cependant, selon la psychologie naïve de l'école classique, donneraient le maximum de l'intégrité morale.

Il y a aussi les nécrophiles, comme le sergent Bertrand, Verzeni, Menesclou et très-probablement l'inconnu « Jack the ripper » de London, qui sont atteints par une forme de psychopathie sexuelle. Et il y a encore tous les atteints de folie héréditaire, et surtout les épileptiques et les épileptoïdes, qui se rattachent aussi au criminel-né, selon l'hypothèse très-probable de Lombroso sur l'identité fondamentale de la criminalité congénitale, de la folie morale et de l'épilepsie. De mon expérience, je peux dire que tous les meurtres étranges et inexplicables avec la psychologie commune des criminels, je les ai toujours vus accompagnés des symptômes de l'épilepsie psychique ou larvée (1).

Les criminels-nés, ou instinctifs, sont ceux qui présentent plus fréquemment les caractères organiques et psychologiques, mis en lumière par l'anthropologie criminelle. Ce sont des hommes ou sauvages et brutaux, ou bien rusés et oisifs, qui ne font aucune distinction entre le meurtre, le vol, le crime en général, et toute autre industrie honnête ; « ils sont criminels comme les autres sont bons travailleurs » dit Frégier, et pour lesquels, comme disait Romagnosi, la peine expérimentée a beaucoup moins de force que la peine menacée, et n'en a même pas, car ils regardent la prison comme un risque naturel de leur métier, comme la chute du toit pour les maçons et le grisou pour les mineurs. « En prison, ils ne souffrent pas. Ils sont comme un peintre dans son atelier ; ils rêvent un nouveau chef-

---

(1) Krafft-Ebing, *Les psychopathies sexuelles*, Turin 1889. — Sovar, *La folie héréditaire*, Paris 1886. — Lombroso, *L'homme criminel*, p. 583 et suiv. — Baker, *Some Remarks on the relation of epilepsy and crime* in *Journ. of ment. Sc.*, juill. 1888. — Tonnini, *Les épilepsies*, Turin 1886.

d'œuvre. Ils sont de bonne composition avec leurs gardiens et savent même se rendre utiles (1) ».

Ce sont les criminels-nés qui, avec les criminels d'habitude, dans les deux types caractéristiques et opposés du meurtrier et du voleur, forment la masse des récidivistes, « cheveaux de retour » comme les appellent les directeurs des prisons, qui vont de la police au juge, à la prison, et de la prison à la police, au juge, avec une routine, qui n'a cependant pas encore entamé la foi des législateurs dans les peines comme remède de la criminalité (2).

Certes l'idée du criminel-né choque ouvertement l'opinion traditionnelle que chacun doit sa conduite à son libre arbitre, ou tout au plus au manque d'éducation plutôt qu'à sa constitution originaire physio-psychique. Mais d'une part l'opinion publique même, lorsqu'elle n'est pas préoccupée des prétendues conséquences de l'irresponsabilité, reconnaît dans bien des cas évidents et quotidiens, que certains criminels, sans être fous, ne sont pas cependant comme les hommes normaux et les *reporters* les appellent « tigres humaines, brutes, etc. ». Et d'autre part, dans la science, les preuves de ces tendances héréditaires au crime, même en dehors des formes cliniques d'aliénation mentale, sont si nombreuses désormais, qu'il est inutile d'y insister davantage.

La troisième classe est celle des criminels, qu'après mes études dans les pénitentiers, j'ai appelés par habitude acquise. Il s'agit d'individus, qui n'ayant pas ou mieux n'ayant pas si accentués les caractères anthropologiques du criminel-né, commettent leur premier délit, le plus souvent dans leur jeunesse et même dans leur enfance, presque

(1) Moreau, *Souvenirs de la petite et grande Roquette*, Paris 1884, ii, 440.
(2) Wayland, *The incorrigible* in *Journ. of ment. sc.*, 1883. — Sichart, *Criminels incorrigibles*, Rapp. dans le *Bull. de la Comm. pénit. intern.*, avril 1889.

exclusivement contre la propriété, et bien plus par faiblesse
morale avec l'impulsion des circonstances et du milieu méphitique, que par tendances innées et énergiques. Alors,
ou bien, comme l'observe M. Joly, ils sont poussés par l'impunité de leurs premières fautes, ou bien, ce qui est le
plus décisif, la prison en commun les étiole et les cor-
rompt moralement et physiquement, la cellule les abrutit,
l'alcoolisme les rend stupides et impulsifs, et ils retombent
toujours dans le délit et en acquièrent l'habitude chronique.
Et la société, en les abandonnant, avant et après leur sortie
de la prison, à la misère, à l'oisiveté, aux tentations, ne
les aide point dans la lutte pour la réacquisition des conditions d'existence honnête, quand même elle ne les ren-
fonce pas dans le délit par certaines mesures vexatoires de
police, qui les empêchent de trouver ou de continuer le
travail honnête (1).

C'est pour cette classe de criminels, qui commencent par
être des criminels d'occasion, et finissent, à cause d'une
dégénérescence croissante, par rassembler aux criminels-
nés; c'est pour eux que Thomas Morus disait : « Que faites-
vous sinon des voleurs pour avoir le plaisir de les pen-
dre ? » Et c'est cette classe criminelle que les mesures de
prévention sociale peuvent vraiment réduire au minimum,
car en effaçant les causes on efface les effets.

En dehors de leurs caractères organiques et psychologiques, innés et acquis, il y a deux symptômes bio-sociologiques, qui, selon moi, sont communs, quoique par des
raisons différentes, aux criminels-nés et aux habituels: c'est-
à-dire la précocité et la récidive. Tandis que le crime d'occasion et de passion n'éclate le plus souvent que dans l'âge
majeur et ne donne pas, ou presque pas, de récidive.

(1) FLICHE, *Comment on devient criminel*, Paris 1886.

Quant à la précocité, voici quelques chiffres, selon la statistique pénitentiaire internationale :

Détenus âgés de moins de 20 ans	Hommes 0/0	Femmes 0/0
Italie (1871-1876)	8,8	6,8
France (1872-1875)	10,0	7,6
Prusse (1871-1877) (jusqu'à 19 ans) . .	2,8	2,6
Autriche (1872-1875)	9,6	10,6
Hongrie (1872-1876)	4,2	9,0
Angleterre (1872-1877) (jusqu'à 24 ans .	27,4	14,5
Écosse (1872-1877)	20,0	7,8
Irlande (1872-1877)	9,0	3,2
Belgique (1874-1875)	20,8	—
Hollande (1872-1877)	22,8	3,7
Suède (1873-1877)	19,7	17,0
Suisse (1874)	6,6	7,0
Danemarque (1874-1875)	9,9	9,6
Würtemberg (1873-1876) (jusqu'à 18 ans) .	6,7	

En ajoutant quelques chiffres plus récents, on a qu'en France la moyenne annuelle de 1876-1880 donnait :

de 4374 accusés 1 % mineurs de 16 ans

17 » de 16 à 21 ans

tandis qu'en 1886 on en avait 0,60 et 14 %.

Et de 146.217 hommes prévenus pour délits

4 % étaient mineurs de 16 ans

14 » de 16 à 21 ans

et de 25.135 femmes

4 % étaient mineures de 16 ans

11 » de 16 à 21 ans

tandis qu'en 1886 on avait 3 et 14 % des hommes, 2,5 et 14 % des femmes.

En Prusse des accusés de crimes et délits en 1860-70 :

4 % étaient mineurs de 18 ans

et dans l'Allemagne en 1886 des condamnés :

3 % avaient de 12 à 15 ans

6 » de 15 à 18 ans

16 » de 18 à 21 ans.

En Italie des 5189 condamnés par les Cours d'assises en 1887 :

3 % avaient de 14 à 18 ans
12 » de 18 à 21.

Et des 65.624 jugés par les Tribunaux correctionnels:

1,2 % avaient moins de 14 ans
5 » de 14 à 18 ans
13 » de 18 à 21 ans.

Et il y a en Italie une augmentation continue des criminels précoces, car les mineurs de 21 ans qui de 1880 à 1887 sont restés le 15 % des condamnés par les Cours d'assises, sont augmentés au contraire de 17 à 20 % des jugés par les Tribunaux.

À ces données quantitatives on peut aussi ajouter les données qualitatives, pour voir justement que la précocité est plus fréquente et presque exclusive dans ces crimes et délits naturels, qui sont les exploits ordinaires des criminels-nés et d'habitude.

En France les jeunes détenus en 1882, avaient été condamnés dans ces proportions:

	Hommes	Femmes
pour assassinat, empoisonnement .	0,09 %	0,5 %
» meurtre, coups et blessures .	1,6 »	1,5 »
» incendie	1,8 »	2,0 »
» attentats à la pudeur . .	3,5 »	11,8 »
» vols qualifiés, faux, fausse monn.	5,2 »	2,4 »
» vols simples, excroqueries .	60,8 »	49,7 »
» mendicité et vagabondage .	23,0 »	20,5 »
» autres crimes et délits . .	2,7 »	0,8 »
» désobéissance à l'autorité pater.	1,0 ».	10,5 »

Ces proportions, qui montrent une plus grande fréquence chez les femmes de la criminalité précoce contre les personnes, et chez les hommes contre la propriété, se répètent à peu-près pour la Suisse, où les jeunes détenus en 1870-1874 avaient été condamnés

Pour crimes et délits contre les personnes 12,1 0/0
    crimes et délits contre la morale   5,7 »
    incendie .   .   .   .   .   4,3 »
    vols .   .   .   .   . 65,5 »
    excroquerie .   .   .   .   5,4 »
    faux .   .   .   .   1,9 »
    vagabondage (1) .   .   .   4,6 »

Les statistiques judiciaires de France et d'Italie donnent ces proportions :

COURS D'ASSISE	ITALIE — 1366 Condamnés $0_{|0}$			FRANCE 1886 Accusés $0_{|0}$	
	mineurs de 14 ans	14-18 ans	18 21 ans	mineurs de 16 ans	16-21 ans
Meurtre	14	25	24	3,7	3,7
Assassinat (et vol avec meurtre) . .	14	11	10	3,7	6
Parricide	—	0,5	0,8	7,5	0,9
Infanticide	—	1	0,4	—	6
Emprisonnement	—	—	—	—	0,1
Blessures volontaires (et suivies de mort)	—	19	24	—	3,8
Avortement	—	—	—	—	1,1
Viol et attentat à la pudeur sur des adult. }	—	10	7		1,2
Idem sur des enfants }				3,7	11
Rebellion et violences à des fonct. publ.	—	0,5	0,6	—	0,3
Incendie	—	—	0,2	3,7	3,1
Fausse monnaie	14	—	1	3,7	2,5
Faux en écrit. publ. et privées . .	—	0,5	0,2	—	2,1
Extorsion, vol sur chemin publ. et avec viol.	14	9	7	—	3,6
Vols qualifiés et simples . . .	14	19	16	41	51
Blessures involontaires . . .	28	0,5	0,2	—	—
TOTAL DES CONDAMNÉS ET ACCUSÉS	7	179	475	27	641

(1) V. *La justice en France de 1826 à 1880*, Paris 1882, p. 138. — Vours, *Rapport sur les jeunes détenus* in *Enquête parlem. sur les établ. pénit.*, VIII, 9. — Roussel, *Rapport sur la protection et l'éducation des enfants abandonnés*, Paris 1883, III, 5. — Chatalinat, *Bericht ueber die Statistik der ungendlichen Sträflinge* in *Riv. Carc.*, VII, 578.

Et puisque les statistiques italiennes ne permettent pas ces recherches pour les Tribunaux correctionnels, des statistiques françaises il résulte ce qui suit :

TRIBUNAUX CORRECTIONNELS (délits)	FRANCE — 1885 Prévenus 0/0			
	Hommes		Femmes	
	mineurs de 16 ans	16-21 ans	mineurs de 16 ans	16-21 ans
Rebellion	0,2	2,2	0,1	1,1
Outrages à des fonct. publ. . .	0,8	5,0	0,7	4,1
Vagabondage	4,4	11,2	3,2	5,5
Mendicité	4,8	4,0	12,5	3,6
Blessures volontaires . . .	5,1	18,5	3,6	11,0
Id. involontaires . .	0,8	0,7	0,1	0,1
Outrage public à la pudeur .	1,6	1,8	3,1	3,3
Diffamations et injures . .	0,1	0,2	1,1	1,6
Vols	57,5	30,4	63,0	54,3
Fraudes aux restaurateurs . .	0,1	2,1	0,1	0,6
Escroqueries	0,5	1,2	2,4	3,3
Abus des confiance . . .	0,9	1,3	0,7	1,2
Dévastation de plantes et récoltes	0,5	0,3	0,3	0,5
Délits de chasse	15,1	14,2	1,1	0,2
TOTAL des prévenus .	4,937	24,811	659	2,821

C'est-à-dire démonstration statistique d'une précocité plus fréquente dans les formes de criminalité à tendances innées (assassinat et meurtre, viol, incendie, vols qualifiés) ou acquises par l'habitude (vols simples, mendicité, vagabondage).

Et ce caractère de la précocité se complète par celui de la récidivité, que nous avons vue justement plus fréquente dans ces mêmes formes de criminalité naturelle, et que nous pouvons maintenant relever au point de vue de son obstination dans ces criminels-nés et d'habitude.

« Le grand nombre de récidivistes, qu'on juge chaque année, prouve que les voleurs pratiquent leur industrie comme une profession régulière ; le voleur qui goûta la prison est sûr d'y retourner (1) ». — « Il y a très-peu de cas, dans lesquels un homme, ou une femme, devenu voleur, cesse de l'être. Quelles qu'en soient les raisons, le voleur en fait se corrige rarement, j'allais dire jamais (2). — « Lorsqu'on arrive à faire d'un vieux voleur un travailleur honnête, on pourra aussi changer un vieux renard en un chien domestique (3) ».

À ces témoignages des hommes pratiques, et qu'on pourrait aisément multiplier, il faut cependant ajouter notre distinction entre les criminels incorrigibles, qui sont tels dès leur naissance, et les individus faits incorrigibles par la complicité du milieu pénitentiaire et social : ceux-là très-peu réductibles dans leurs proportions, ceux-ci en grande partie évitables avec ces « substitutifs pénaux » dont je parlerai plus loin.

Et la statistique nous confirme que, sur le total des récidivistes, on a (4) :

RÉCIDIVISTES º/₀	Angleterre (détenus) 1871	Suède (vol) 1871	France (accusés et prévenus) 1833-1874	Italie accusés et prévenus) 1870
Une fois . .	38	54	45	60
Deux fois . .	18	28	20	30
Trois fois . .	44	18	35	10

En Prusse pour 1878-1882 on a (5) :

Récidivistes 1 fois 17 0/0   4 fois 13 0/0

»   2 »   16 »   5 »   10 »

»   3 »   16 »   6 » et plus 28 »

(1) *The London Police* in *The Quarterly Review*, 1871.

(2) Wakefield, directeur des prisons de Newgate, cité par Girardin, *Droit de punir*, Paris 1871.

(3) Thomson, *The psychology of criminals* in *Journ. of ment. Sc.*, 1870.

(4) Yvernès, *La récidive en Europe*, Paris 1874.

(5) Starke, *Verbrechen und Verbrecher in Prusse*, Berlin 1884, p. 229.

Au Congrès pénitentiaire de Stockholm on releva pour l'Ecosse (1):

Récidivistes	1 fois	16 0/0		10-20 fois	5 0/0
»	2-3 »	13 »		20-50 »	4 »
»	4-5 »	6 » plus que 50 »			1 »
»	6-10 »	6 Total des récidivistes 49 »			

Au Congrès des sciences sociales à Liverpool en 1876, l'aumônier Nugent témoigna que plus de 4107 femmes étaient récidivistes pour 4 fois et plus, et que beaucoup d'entr'elles étaient déclarées incorrigibles, ayant été condamnées 20, 40, 50 fois, et il y en avait une condamnée 130 fois (2)!

La statistique judiciaire d'Italie pour 1887 donne :

RÉCIDIVISTES	ITALIE — Condamnés récidivistes 0/0		
	Justice de paix (Préture)	Tribunaux	Assises
1 fois	57	42	50
2-5 fois . . .	34	40	40
Plus que 5 fois . .	9	18	10
TOTAL EFFECTIF	27,068	16,240	1,870

Enfin de mes études sur 346 forcés et 353 détenus correctionnels, j'ai relevé :

(1) *Comptes rendus du Congr. Pénit. de Stockholm*, 1870, ii, 142.
(2) Nuotsr, *Rapport.* in *Riv. carcer.*, vii, 42.

		Forcés	Détenus
Récidivistes 1 fois		83,2	26,0
» 2 »		12,5	16,5
» 3 »		3,1	14,6
» 4 »		—	10,8
» 5 »		6,8	6,6
» 6 »		—	5,2
» 7 »		1,6	7,1
» 8 »		—	2,8
» 9 »		—	2,8
» 10 »		—	2,3
» 11 »		—	0,9
» 12 »		—	0,5
» 13 »		—	0,9
» 14 »		—	1,4
» 15 »		—	0,9
» 20 »		—	0,5
Totaux Effectifs		128	212

Récidivité chronique, qui naturellement est moindre pour les condamnés à des longues peines, mais qui est un symptôme évident de pathologie individuelle et sociale chez les deux classes des criminels-nés et d'habitude.

Lombroso, dans le II volume de l'*Homme Criminel,* (Turin 1889, p. 383 et suiv.) nie que la précocité et la récidive soient deux caractères qui distinguent les criminels-nés et habituels des criminels d'occasion. Mais ses objections ne dérivent que d'un équivoque; car il pense que les criminels-nés et habituels commettent presque exclusivement des crimes graves, et les criminels d'occasion des délits. Et comme les chiffres, que j'ai donnés, démontrent que la précocité et la récidive sont même plus fréquentes pour les délits que pour les crimes, il croit qu'elles contredisent, au lieu de confirmer mon observation.

La gravité matérielle du fait ne peut pas, tant s'en faut,
séparer les catégories de criminels: car le meurtre comme
le vol, les coups et blessures comme le faux, etc., peuvent
être commis, quoique en différentes conditions psychologiques et sociales, aussi bien par les criminels-nés et habituels, que par ceux d'occasion et même de passion.

Les chiffres que j'ai donnés démontrent au contraire que
la précocité et la récidive sont plus fréquentes dans les
formes de criminalité, qui, en dehors de leur gravité, sont
les exploits ordinaires des criminels-nés et habituels (assassinats, meurtres, vols, viols, etc.) tandis qu'elles sont
beaucoup plus rares et ne s'observent même pas dans les
crimes et délits qui, le plus souvent, sont commis par les
criminels d'occasion, comme les infanticides et ces délits,
dont j'ai déjà parlé.

Restent les deux classes des criminels d'occasion et de
passion.

Les criminels par emportement de passion ne sont qu'une
variété des criminels d'occasion, mais ils présentent des
caractères si spécifiques qu'on peut les distinguer très-nettement. En effet Lombroso, dès la II\ :superscript désordre, en complétant les observations de Despine et Bittinger (1), les avait
séparés des autres criminels et il en a donné un tableau
symptômathologique, que je n'ai qu'à résumer.

D'abord ces criminels, qui donnent le type si accusé de
la « force irrésistible » sont très-rares et commettent presque toujours des crimes contre les personnes. En effet de
71 criminels de passion, étudiés par Lombroso, 69 étaient
des homicides et 6 avaient été condamnés aussi pour vol,
3 pour incendie, et 1 pour viol.

(1) Despine, *Psychologie naturelle*, Paris 1868, I, 278; II, 215 et suiv. —
Bittinger, *Crimes of passion*, London 1872.

Leur fréquence peut être établie environ au 5 0/0 des crimes contre les personnes.

Ce sont des individus d'une conduite précédente honnête, de tempérament sanguin ou nerveux, d'une sensibilité exagérée, au contraire des criminels-nés et habituels, et ils ont souvent un tempérament névrotique, ou bien épileptoïde, dont le crime peut être justement un effet deguisé.

Ils commettent le crime très-souvent dans leur jeunesse, et les femmes assez fréquemment, par l'emportement d'une passion qui éclate, comme la colère, l'amour ou l'honneur blessés. Ils sont très émus avant, pendant et après le crime, qu'ils n'exécutent pas avec guet-apens, mais au contraire ouvertement et souvent même avec des moyens mal choisis, les premiers venus à leur portée. Quelquefois cependant il y a des criminels passionnés qui préméditent le crime et l'exécutent avec guet-apens, soit à cause de leur tempérament froid et moins impulsif, soit à cause des préjugés ou du sentiment commun, lorsqu'il s'agit de délits endémiques, par exemple « la vendetta d'onore ».

Et voilà pourquoi le critérium de la préméditation, pour la psychologie criminelle, n'a pas une valeur absolue pour distinguer le criminel-né du criminel passionné; car elle dépend surtout du tempérament individuel et se vérifie dans les crimes commis par les criminels de l'une et de l'autre catégorie anthropologique.

Parmi les autres symptômes du criminel passionné il y a aussi le motif proportionné qui pousse à un crime, qui est but à soi-même, et n'est jamais le moyen pour atteindre un autre but criminel.

Ces individus avouent tout de suite leur crime avec un repentir sincère et souvent si vif qu'ils se tuent ou essaient de se tuer immédiatement après le crime. Condamnés, et ils le sont assez rarement surtout par les jurés, ils sont toujours repentis et en prison ils se corrigent, ou plutôt ils ne se corrompent pas, en donnant de la sorte l'occasion aux observateurs superficiels d'affirmer comme général et possible dans tous les cas cet amendement des détenus, qui n'est au contraire qu'une illusion pour les criminels-nés et d'habitude bien plus nombreux.

C'est aussi chez ces individus qu'on observe très-rarement, où qu'on n'observe même pas, les anomalies organiques, qui donnent le type criminel, et même les caractères psychologiques sont de beaucoup atténués dans les endroits où certains crimes de passion sont endémiques et rentrent presque dans les habitudes de la vie, comme les meurtres par vengeance d'honneur en Corse et Sardaigne, où les meurtres politiques en Russie ou en Irlande.

La dernière classe est celle des criminels d'occasion, qui sans avoir une tendance innée et active au délit, y tombent plutôt par les tentations des conditions personnelles et du milieu physique et social, et n'y tombent ou n'y retombent pas, si ces tentations disparaissent.

Par conséquent ils commettent ces crimes et délits, qui n'appartiennent pas à la criminalité naturelle, ou bien des crimes et délits contre les personnes et les propriétés, mais dans des conditions individuelles et sociales tout-à-fait différentes de celles dans lesquelles ils sont commis par les criminels-nés et d'habitude.

Certes, même pour le criminel d'occasion, une partie des causes, qui le déterminent au crime, appartiennent à l'ordre anthropologique, car sans des dispositions individuelles les impulsions extérieures ne suffiraient pas. En effet, par exemple, pendant une disette, ou un hiver rigoureux, tous ceux qui en ressentent les privations ne commettent pas des vols, mais il y en a qui préfèrent une misère honnête quoique injuste, et il y en a qui tout au plus seront poussés à la mendicité; et parmi ceux qui cèdent à l'idée de commettre un crime, il y en a qui s'arrêtent au vol simple et d'autres qui vont jusqu'au vol avec violence.

Mais la différence réelle entre le criminel-né et le criminel d'occasion est, que pour le premier l'impulsion extérieure a moins d'énergie déterminante que la tendance interne, parce que celle-ci a pour ainsi dire une force centrifuge, qui pousse l'individu à commettre le crime; tandis que pour le criminel d'occasion il s'agit plutôt d'une faiblesse de résistance aux impulsions extérieures, auxquelles donc revient la plus grande partie de la détermination du crime.

L'accident extérieur, qui provoque le crime chez le criminel-né, est plutôt un terme d'application d'un instinct, d'une tendance qui existe auparavant, et il est bien plus qu'une occasion, un prétexte. Chez le criminel d'occasion au contraire c'est cet accident qui fait vraiment germer, certes sur un terrain prédisposé, des tendances criminelles, qui cependant n'étaient pas encore développées.

Voilà pourquoi Lombroso (IV édition, II, 388) appelle « criminaloïdes » les criminels d'occasion, pour indiquer justement qu'ils ont une certaine constitution anormale, mais dans un degré moindre que les criminels-nés, comme on a le métal et le métalloïde, l'épileptique et l'épileptoïde.

Et voilà aussi pourquoi ne subsistent pas les critiques que Lombroso a faites à la description, que j'ai donnée des criminels d'occasion. Il dit en effet (II, 383), comme le disait Benedikt au Congrès de Rome, que tous les criminels sont des criminels-nés, de sorte que le vrai criminel d'occasion, c'est-à-dire l'homme *normal*, poussé au crime par l'accident, n'existe pas. Mais moi, d'accord avec Garofalo, je n'ai jamais donné une pareille idée du criminel d'occasion, car j'ai toujours dit au contraire, comme du reste le reconnait peu après Lombroso lui-même (p. 422), qu'entre le criminel-né et d'occasion il n'y a que différence de degré et de modalité, comme du reste pour toutes les catégories de criminels.

Et pour entrer dans quelques détails de psychologie criminelle, on peut dire que des deux conditions qui déter-

minent psychologiquement le crime, insensibilité morale
et imprévoyance, de celle-ci dérive surtout le crime d'occasion, et de celle-là le crime inné et habituel. Chez le criminel-né c'est surtout le manque ou l'atrophie de sens
moral qui n'empêche pas le crime, tandis que chez le criminel d'occasion, le sens moral est à peu près normal,
mais c'est l'imprévoyance des conséquences de son action
qui le fait céder aux impulsions extérieures.

A tout homme, pour pur et honnête qu'il soit, se présente, dans certaines occasions, la pensée fugitive d'une action déshonnête ou criminelle. Mais chez l'homme honnête,
justement par ce qu'il est physiquement et moralement
normal, cette image du crime, qui soulève en même temps
l'idée de ses conséquences douloureuses, glisse sur l'acier
de la conscience normale et n'est qu'un éclair sans ton-
nerre. Chez l'homme moins normal et moins prévoyant
cette image s'arrête, résiste à la faible répulsion d'un sens
moral pas trop fort, et finit par prévaloir, car, comme dit
Victor Hugo, « vis à vis du devoir, douter c'est déjà être
vaincus (1) ».

Le criminel passionné est un homme qui a une force
suffisante pour résister aux tentations ordinaires et peu
énergiques, auxquelles cède le criminel d'occasion, mais
qui ne résiste pas aux tempêtes psychologiques, qui quelquefois sont vraiment irrésistibles.

---

(1) Pour en donner un exemple, je rappellerai que Morel a raconté de
soi-même, qu'un jour en passant sur un pont de Paris, et en voyant un
ouvrier qui regardait l'eau, il sentit dans le cerveau l'éclair d'une idée homicide et il s'enfuit, pour ne pas céder à la tentation de le jeter dans la
rivière.

On connaît aussi le cas de la nourrice de Humboldt, qui un jour fut prise
par la tentation de tuer son nourrisson et courut le confier à sa mère, pour
éviter un malheur.

De même Bierre de Boismont raconte d'un homme de lettre qu'à la vue
d'un tableau à l'exposition, il eut l'idée de le crever et s'enfuit pour se soustraire à l'auto-suggestion criminelle.

Les formes de la criminalité d'occasion, déterminée par ces tentations ordinaires, ont aussi pour leurs conditions déterminantes l'âge, le sexe féminin, la misère, les influences cosmiques et du milieu moral, l'alcoolisme, les circonstances personnelles et l'imitation, dont Tarde a si bien montré l'influence continuelle sur l'activité humaine (1).

À ce propos est très-juste la distinction que Lombroso fait des criminels d'occasion en deux variétés: des *pseudocriminels*, c'est-à-dire des hommes normaux qui commettent des délits involontaires, ou des délits sans perversité et sans dommage social, quoique ils soient punis par la loi; et des *criminaloïdes*, qui commettent des délits communs, mais différents des vrais criminels par les raisons susdites.

Une dernière observation qu'il faut faire, à propos de cette classification anthropologique des criminels, et qui repond à plusieurs objections répétées par nos critiques syllogistiques, c'est que la différence entre les cinq catégories n'est que de degré, pour leurs caractères soit organiques soit psychologiques et pour l'influence du milieu physique et social.

Dans toute classification naturelle les différences des groupes et des variétés ne sont toujours que relatives, ce qui n'ôte rien à leur importance théorique et pratique; il en est de même de cette classification anthropologique-criminelle.

De là il suit que, comme dans l'histoire naturelle on passe par degrés et nuances du monde inorganique à l'organique, car la vie commence dans le règne minéral avec les lois de la cristallisation, de même dans l'anthro-

---

(1) TARDE, *La psychologie en économie politique* in *Revue philos.*, 1881. — *Des traits communs de la nature et de l'histoire*, ibidem, 1882. — *L'archéologie et la statistique*, ibidem, 1883.

pologie criminelle on passe par degrés et nuances du criminel fou au criminel né, avec le trait d'union des fous
moraux et des épileptiques; du criminel né on passe au
criminel d'occasion avec le trait d'union du criminel d'habitude, qui commence par être un criminel d'occasion et
finit par acquérir et transmettre héréditairement les caractères du criminel né; et enfin du criminel d'occasion
on passe au criminel par passion, qui n'en est qu'une
variété et qui, d'autre part, avec son tempérament névrotique ou épileptoïde, se rapproche souvent du criminel
aliéné.

De sorte que, dans la vie quotidienne, comme dans la
science, on trouve très-souvent des types intermédiaires,
car les types complets et purs sont toujours les plus rares.
Et tandis que législateurs et juges, selon leur psychologie
naïve, demandent et établissent des divisions tranchées entre
le criminel aliéné et non aliéné, les experts psychiatres
ou anthropologues, ne peuvent au contraire bien de fois
que classer l'accusé entre le criminel fou et le criminel-né,
ou bien entre le criminel d'occasion et l'homme normal, etc.

Mais il est évident que lorsque même un criminel ne
peut pas être classé d'une manière précise dans telle ou
telle catégorie, et reste entre l'une et l'autre, cela est toujours une classification bien déterminée, surtout au point
de vue sociologique. Et n'a par conséquent aucune valeur
l'objection de ceux qui, raisonnant sur une image abstraite
et nébuleuse du criminel en général, et le jugeant d'après
le seul nom du délit commis, sans en connaître les caractères personnels et les circonstances de milieu, affirment
que l'anthropologie criminelle ne sait pas classer tous les
prévenus et accusés.

Au contraire, dans ma pratique d'avocat et d'observateur,
je n'ai jamais eu de difficulté à classer tous les individus
prévenus ou condamnés pour crimes et délits, en me servant des symptômes organiques et surtout psychologiques.

De sorte que, comme l'a dit aussi récemment Garofalo (1), tandis que la science criminelle classique ne connaît que deux termes : le délit et la peine, la sociologie criminelle au contraire en connaît trois : le crime, le criminel et le moyen adapté à la défense sociale. Et l'on peut conclure que jusqu'ici la science, la législation et, quoique un peu moins mais sans méthode scientifique, la justice pratique, jugeaient et punissaient le crime dans le criminel, mais dorénavant on devra juger le criminel dans le crime.

Après ces lignes générales sur les catégories anthropologiques des criminels, il faudrait en établir les respectives proportions numériques. Mais comme il n'y a pas de séparation absolue entr'elles, et puisque la fréquence des différents types criminels change avec les crimes ou délits, naturels ou non, contre les personnes ou contre les propriétés, ainsi on ne peut pas donner une réponse précise pour le monde criminel en général.

Néanmoins, d'une manière approximative, nous pouvons dire d'abord que les classes des criminels fous et par passion sont les moins nombreuses, et représentent à peu près du 5 au 10 0/0 du total.

D'autre part nous avons vu que les criminels nés et habituels sont environ le 40 ou 50 0/0 ; de sorte que les criminels d'occasion seraient à peu près, eux aussi, entre le 40 et le 50 0/0 du total.

Chiffres qui varient naturellement selon les différents groupes de crimes et de criminels observés, et qui ne pourront être plus sûrement fixés qu'après une série de ces monographies d'anthropologie criminelle, dont j'ai parlé à propos des objections faites à la méthode de cette science nouvelle.

_____

(1) Garofalo, *Rapport au Congrès anthrop. crim. de Paris*, in *Archives d'anthr. crim.* mai 1889.

Maintenant, pour achever ce premier chapitre, il nous reste à établir un fait, qui a une grande valeur scientifique et pratique. C'est-à-dire qu'après cette classification anthropologique des criminels, que j'ai donnée depuis près de dix années, tous ceux, qui se sont occupés de la criminalité au point de vue biologique et social, ont reconnu la nécessité d'une classification moins simple que celle des criminels d'habitude et d'occasion, avec une complexité plus ou moins grande selon le critérium classificatif adopté.

En effet, en dehors de Royce, Guyau, Siciliani, Tallack, Carrau, Garofalo, Fouillée, Espinas, Reinach, Ten Kate et Pavlovski, Soury, Œttingen, Desportes, Du Cane, Zuccarelli, Acollas, Beaussire, Joly, Binzwanger, Krohne, etc. (1), qui ont seulement répété la distinction des criminels d'habitude et d'occasion, et en dehors de la plus grande partie des positivistes italiens, qui ont accepté ma classification, nous en avons d'autres proposées par d'autres observateurs.

(1) Royce, *Déterioration and Race Education*, Boston 1878, p. 29 et suiv. — Guyau, *La morale anglaise contemporaine*, Paris 1879, p. 332. — Siciliani, *Socialismo, darvinismo e sociologia moderna*, Bologne 1879, p. 222. — Tallack, *La récidive d'habitude en Angleterre*, in *Bull. soc. gén. Pris.*, Paris, déc. 1879. — Carrau, *Études sur la théorie de l'évolution*, Paris 1879, p. 192. — Garofalo, *Criterio positivo della penalità*, Napoli 1880, p. 72. — Fouillée, *La science sociale contemporaine*, Paris 1880, p. 287. — Espinas, *La philosophie expérimentale en Italie*, Paris 1880, p. 160. — Reinach, *Les récidivistes*, Paris 1881. — Ten Kate et Pavlovski, *Sur quelques crânes de criminels*, in *Rev. d'anthr.*, 1881, i. — Soury, *Le crime et les criminels* in *Nouv. Revue*, fèvr. 1882. — Œttingen, *Ueber die Methodische Ehrebung kriminalstatistischer Daten*, in *Zeitschr. f. d. ges. Strafrect*, 1881, p. 427. — Desportes, *Rapport sur la récidive*, in *Bull. Soc. pris.*, Paris 1884, p. 123. — Du Cane, *Punishement and Prevention of crime*, London 1885, p. 4. — Zuccarelli, *I delinquenti*, Napoli 1886. — Acollas, *Les délits et les peines*, Paris 1887, p. 10. — Beaussire, *Les principes du droit*, Paris 1888, p. 148. — Joly, *Le crime*, Paris 1888, p. 52, 73. — Binzwanger, *Verbrechen und Wahnsinn* au *Congrés des natur. Allem.*, Cologne 1888. — Krohne, *Lehrbuch der Gefängniskunde*, Stuttgart 1889, ii Th., § 1.

Minzloff donne quatre catégories : les criminels complétement ou partiellement sauvages, par atavisme — fous et malades — descendants de fous, malades et criminels — individus sans moyens de subsistance, qui agissent sous l'impulsion d'influences psychiques, qu'ils ne peuvent combattre à cause de l'éducation reçue. Et pour les condamnés il adjoint la distinction des guérissables — non guérissables — convalescents (1).

Le Bon établit ces deux classes fondamentales : criminels par tendances héréditaires, et criminels à cause de lésions survenues. Et il distingue la première classe en quatre variétés : criminels nés, par transmission héréditaire des tendances criminelles — criminels impulsifs — criminels par faiblesse de caractère, bons dans un milieu favorable, mauvais dans un milieu vicieux, plus nombreux que les autres — criminels intelligents et énergiques, mais dépourvus de sens moral. La deuxième classe a des manifestations différentes selon la variété des désordres physiques et mentaux survenus, comme paralysie générale, alcoolisme, lésions des centres nerveux, des organes de sens, etc. (2).

Lacassagne distingue les criminels de sentiment ou d'instinct, incorrigibles, avec deux variétés des criminels par tendances héréditaires et des criminels par habitude du vice — les criminels d'actes, qui sont d'occasion, ou par passion — et les criminels de pensée, qui sont les criminels aliénés (3).

Arboux classifie aussi les criminels d'instinct, sans remords — d'habitude — d'occasion.

(2) MINZLOFF, Études sur la criminalité in Philos. positive, sept. 1880.
(1) LE BON, La question des criminels in Revue philos., 1881, p. 525.
(3) LACASSAGNE, Marche de la criminalité in Revue scientifique, 28 mai, 1881.

Classification, qui est répétée aussi par Starke, au point de vue de la récidive, et par Moreau, Garraud et Virgilio (1).

Puglia distingue les criminels aliénés — nés — d'occasion — par impulsion irrésistible (2).

Tamassia, en résumant quelques. publications de l'école positiviste, concluait que les classifications des criminels se rapportent à ces trois données : criminels habituels — aliénés — d'occasion. Et cette classification fut répétée aussi par Porto e Lucas (3).

Liszt, au point de vue de l'influence des peines, distingue : criminels incorrigibles — corrigibles — d'occasion. Ce qui a été répété par Medem, au point de vue de la mesure des peines (4).

Föhring, en visant surtout à l'influence du patronage, classifie : les criminels absolument pervers et incorrigibles — ceux qui ne donnent pas des chances de rechute (crimes politiques, involontaires, par passion) — les natures passives, sans énergie — et les criminels par légereté ou par nécessité momentanée (5).

---

(1) ARBOUX, *Les prisons de Paris*, 1881. — STARKE, *Verbrechen in Preuss,* Berlin 1884, p. 219. — MOREAU, *Souvenirs de la petite et grande Roquette,* 1884, II, 439, 441. — Et, pour les voleurs, *Le monde des prisons*, 1887, p. 1. — GARRAUD, *Droit pénal et sociologie criminelle* in *Arch. d'anthr. crim.*, 1886, p. 17. — VIRGILIO, *Passananle e la natura morbosa del delitto,* Roma 1888. p. 41, 45.

(2) PUGLIA, *La psicofisiologia e l'avvenire della scienza criminale. Arch. di psich.* II, 69.

(3) TAMASSIA, *Gli ultimi studi sulla criminalità* in *Riv. sperim. fren,* 1881. p. 198. — PORTO. *L'école criminelle positive et le projet du code pénal,* Padoue 1884, p. 8. — LUCAS, *A locura perante a lei penal,* lisboa 1887.

(4) LISZT, *Der Zweckgedanke im Strafrecht* in *Zeits. f. d. ges. Stras.*, 1883, p. 36. — MEDEM, *Das Problem der Strafzumessung* in *Gerichtssaal,* 1888, 3-4.

(5) FÖHRING, *Istituzioni di patronato dei liberati dal carcere* in *Atti del Congr. di Benef. pubbl.,* Milano 1882. p. 432.

Poletti, à propos d'une loi de résistance au crime, établit deux classes de criminels à nature criminelle et à nature non criminelle; appartiennent comme variétés à la première les criminels-nés et à la seconde les criminels par passion (1).

Badik, au point de vue des anomalies crâniques et cérébrales, distingue deux classés: des criminels à crâne symétrique, avec deux variétés: à crâne petit, sans altérations cérébrales visibles, et à crâne moyen avec altérations cérébrales pathologiques — et des criminels à crâne asymétrique, avec deux variétés selon qu'ils présentent ou non des altérations cérébrales. De ces quatre variétés il decrit aussi l'état mental en concluant qu'à la première variété appartiennent les imbéciles, à la seconde les criminels d'occasion, à la troisième les criminels nés et fous moraux, à la quatrième les épileptiques (2).

À un point de vue tout-à-fait opposé et purement psychologique, Krauss décrit ces « types plus marqués de criminels »: les violents, dont les variétés sont des monstres, des colériques, des passionnés — les pervers, avec les variétés des démoniaques, des intrigants, des coquins — les faibles, avec les variétés des gredins, des hypocrites, des mendiants (3).

Benedikt classifie toute l'humanité dans les trois types de l'*homo nobilis* — *mediocris aut typicus* et de celui qui comprend les trois variétés de l'homme *criminel*, de l'homme *vicieux*, et de l'homme *canaille*.

L'homme criminel présente quatre catégories: *criminels d'accident*, par passion, apathie, misère, défaut d'éducation, etc., — *criminels de profession*, individus diathésiques,

(1) Poletti, *Il sentimento della scienza nel diritto penale*, Udine 1882, p. 52.
(2) Badik, *Eintheilung der Verbrecher in vier typen* in *Arch. f. path. und Phys.*, août 1884.
(3) Krauss, *Die Psychologie des Verbrechens*, Tubingen 1884, p. 227 et suiv.

incorrigibles, par névrasténie physique, morale, esthétique, innée on acquise dans l'enfance — *criminels par maladie* ou *intoxication* temporaire ou permanente — *criminels dégénérés* (1).

Ce qui revient à ma classification des criminels d'occasion ou d'accident, avec la variété des criminels par passion; criminels d'habitude on de profession; fous ou malades; nés ou dégénérés.

Bianchi, avec un critérium surtout névropathologique, distingue les criminels fous — nés — névropathiques, et ceux qui ne présentent aucun ou presque aucun signe de dégénéréscence (2).

Marro donne beaucoup d'importance à la forme légale du crime commis pour classifier les criminels et il combine ce critérium avec celui de la fréquence des anomalies, en distinguant: les criminels, pour lesquels les causes extérieures agissent, soit comme prédisposantes, soit comme déterminantes (délits accidentels de coups et blessures, rixes, rebellions, vols simples, etc.), — criminels, pour lesquels l'influence des causes intérieures et extérieures se balance (escroqueries, vols domestiques, complicité secondaire dans des crimes graves) — criminels chez lesquels les causes intérieures ont la plus grande influence, avec fréquence de caractères: ataviques (assassins, voleurs sur chemin public avec violence, voleurs avec effraction) — atypiques (condamnés pour incendie, viol) — pathologiques (voleurs simples, rebelles, brutaux, etc.) (3).

Prins distingue les criminels d'occasion et d'habitude, mais, inexactement, dit que sur les premiers a plus d'influence le facteur individuel et sur les seconds le facteur social. Et des criminels d'habitude il distingue deux variétés: la première, qui correspond à nos criminels par

(1) BENEDIKT, in *Actes du Congrés d'anthr. crim. à Rome*, 1887, p. 141.
(2) BIANCHI, *Actes du Congrés anthr. crim. Rome*, p. 137.
(3) MARRO, *I caratteri dei delinquenti*, Turin 1887, p. 434.

habitude acquise, comprend ceux qui ne sont pas essentiellement mauvais, mais qui sont perdus par l'abandon et l'inertie; la seconde comprend ceux à instincts vicieux irrésistibles et correspond aux criminels nés. Et il y adjoint aussi les criminels aliénés (1).

De Bella propose cette classification: criminels par dégénéréscence innée — par dégénérescence acquise — par psychonévrose — par habitude — par semi-dégénérescence innée — par occasion (2).

Topinard, sans donner une vraie classification, dit que dans la masse des criminels il y a des aliénés ou prédisposés à l'aliénation — des épileptiques ou prédisposés à l'épilepsie — des alcooliques — des macro et microcéphales — des prédisposés par quelque vice d'organisation ou de développement — des prédisposés par tradition ou tendance de famille — et enfin des criminels accidentels (3).

Joly reproduit, avec une légère modification, la classification donnée par Ferrus, et dont j'ai déjà parlé: des criminels inertes — passionnés — vicieux — calculateurs. Classification suivie aussi par D'Haussonville et Motet (4).

Maudsley, qui dans la *Pathologie de l'esprit* (p. 110) avait distingué les criminels d'accident — d'habitude et par tendance congénitale, y a tout recemment adjoint la classe des criminels aliénés; de sorte que la classification est identique à la mierne, avec la seule différence que des criminels d'accident il ne distingue pas la variété des passionnés (5).

(1) Prins, *Criminalité et répression*, Bruxelles 1886, p. 20 et 165.

(2) De Bella, *Prolegomeni di filosofia elementare*, Torino 1887, p. 159.

(3) Topinard, *L'anthropologie criminelle* in *Revue d'anthr.*, nov. 1887, p. 687.

(4) Joly, *Le crime*, Paris 1883, p. 52. — D'Haussonville, *Rapport* dans l'*Enquête parlem. sur les établ. pénit.*, VI, 141. — Motet, *Déposition dans la même Enquête*, I, 195.

(5) Maudsley, *Remarks on crime and criminals* in *Jorn. of ment. Sc.*, juill. 1888.

Corre aussi donne une classification, qui correspond à la mienne, en distinguant les faux-criminels (aliénés) — le criminels d'accident — d'état ou profession, dans lesquels il dit de comprendre les criminels nés et habituels. Et il adjoint les criminels latents, c'est-à-dire les faux honnêtes gens (1).

Garofalo insiste sur la distinction fondamentale des criminels nés ou instinctifs, et d'occasion ou fortuits, mais, en donnant son système de pénalité, il distingue aussi plusieurs classes de criminels, qui correspondent elles aussi à celles que j'ai classifiées (2). En effet il distingue une classe des grands criminels instinctifs (p. 382) — des criminels fous (p. 386, 402) — des criminels par influence des préjugés politiques, religieux, sociaux, ou bien du point d'honneur ou de la defense personnelle (p. 392), qui sont donc des criminels passionnés — des criminels qui manquent du sentiment de la probité (voleurs, excrocs, incendiaires, etc.), qui peuvent être ou criminels d'habitude (p. 402), ou fortuits (p. 405).

Et plus récemment encore il a suivi ouvertement ma classification, en parlant des criminels dégénérés plus monstrueux — impulsifs — accidentels — aliénés — habituels (3).

Sergi donne aussi beaucoup d'importance à la forme légale des crimes commis, et distingue les criminels en trois catégories : des assassins — des violents (contre la pudeur) et des voleurs, qui répondent vraiment aux trois types de la criminalité naturelle, mais qui ne tiennent pas cependant aux conditions naturelles qui les déterminent (4).

(1) CORRE, *Les criminels*, Paris 1889, p. 329.

(2) GAROFALO, *Criminologie*, Paris 1888, p. 89-90.

(3) GAROFALO, *Rapport au Congrés anthr. crim. à Paris* in *Arch. anthr. crim.*, mai 1889.

(4) SERGI, *Le degenerazioni umane*, Milano 1889, p. 105.

Foïnitzky distingue les criminels d'occasion — d'habitude et ceux « dont les actions sont exclusivement déterminées par les influences extérieures (cosmiques et sociales) » et qui selon sa théorie que « la peine est le moyen employé par l'Etat pour combattre les causes *individuelles* du crime » doivent rester impunis (1). Mais cette troisième catégorie n'est pas exacte, car, comme je l'ai déjà observé, dans tout crime et criminel il y a toujours le concours des conditions individuelles et des conditions extérieures, dont il n'est que le résultante.

Colajanni, accepte ma classification des criminels, en y ajoutant cependant une catégorie des criminels politiques, qui n'a pas de raison d'être; car le délinquant politique n'est pas un type spécial, mais il est, ou bien un homme normal *(pseudo-criminel)*, ou bien il appartient à l'une des autres catégories de criminels, qui tout en étant aliénés, ou criminels nés ou d'occasion, sont poussés par certaines circonstances personnelles et réelles à commettre un crime de forme politique au lieu d'un délit commun. Pour nous, le délinquant politique ou n'est pas un criminel, ou bien appartient à l'une des cinq catégories de la classification générale (2).

Enfin Lombroso a lui aussi suivi ma classification, car après avoir étudié le criminel né, fou moral et épileptique dans le i volume de l'*Homme criminel*, il a donné, dans le ii volume (Turin 1889), la description anthropologique du criminel par passion — du criminel-aliéné (avec les variétés distinctes du criminel alcooliste, hystérique, mattoïde) — et du criminel d'occasion (avec les variétés des

(1) Foïnitzky, *La science de la peine et la théorie de l'emprisonnement*, S. Petersbourg 1889.

(2) Colajanni, *Sociologia criminale*, Catania 1889, p. 362. — Laschi et Lombroso, *Du délit politique* in *Actes du Congrès anthr. crim.*, Rome 1887, p. 37, 379 et *Il delitto politico*, Torino 1890.

pseudo-criminels, criminaloïdes, criminels d'habitude, latents, épileptoïdes).

De cette revue comparative nous pouvons tirer quelques
conclusions finales.

D'abord, on reconnait généralement la nécessité d'abandonner le vieux type unique et algébrique du criminel pour
donner une classification, qui réponde mieux à la réalité
des faits. Classification, qui, commencée d'abord au point
de vue pénitentiaire, a été par moi portée ensuite dans la
sociologie criminelle, où elle s'impose désormais comme critérium fondamental des mesures juridiques à prendre contre
les criminels, et de leur responsabilité, comme nous verrons au troisième chapitre.

En second lieu, les classifications qu'on a donné jusqu'ici
des criminels n'ont pas entr'elles de différences substantielles et irréductibles. En effet nous voyons que toutes
les classifications proposées se rapportent à la distinction
de quatre types (criminels nés — aliénés — d'occasion —
par passion) qui à son tour se rapporte à la distinction simple et primitive des criminels d'occasion et instinctifs. La
catégorie seule des criminels par habitude acquise ne serait pas admise par tous les observateurs, mais elle est
trop correspondante à l'expérience quotidienne pour avoir
besoin de preuves ultérieures. Et d'autre part j'oppose très-
volontiers un fin de non recevoir à tous ceux qui proposent des classifications plus ou moins symétriques, sans
avoir étudié directement les criminels; car la méthode expérimentale ne permet pas de faire des synthèses qui aient
pour base la seule imagination, ou des souvenirs vagues
de procès criminels, ou des combinations syllogistiques des
synthèses d'autrui.

Mais en effet, en dehors des différences de nomenclature,
il est évident que les désaccords partiels dans cette classification anthropologique des criminels dépendent aussi des

différents points de vue, auxquels se placent les observateurs. Par exemple, les classifications de Lacassagne, Joly, Krauss, Badik, Marro se rapportent à un critérium purement descriptif des caractères organiques ou psychologiques des criminels. Les classifications de Liszt, Medem, Minzloff, n'ont trait au contraire qu'au point de vue curatif et défensif de l'influence pénale, et celles de Föhring et Starke à des points de vue tout à fait spéciaux, comme le patronage des libérés, ou leur récidivité.

Mon point de vue au contraire a été général et génétique, car ma classification tient aux causes naturelles de la criminalité (individuelles, physiques et sociales) et partant elle répond mieux aux nécessités théoriques et pratiques de la sociologie criminelle. Si la thérapeutique sociale, comme celle de l'individu, demande à la connaissance positive des causes l'indication des remèdes, il est clair qu'une classification fondée sur les causes intimes de la criminalité est la plus propre à l'indication des remèdes sociaux de ce phénomène pathologique, qui est le but substantiel de la sociologie criminelle. Car, comme dans la biologie on est passé de l'anatomie purement descriptive à l'anatomie et à la physiologie génétiques, de même dans la sociologie on doit passer des descriptions purement juridiques du crime à la connaissance génétique des criminels, qui commettent ces crimes.

Voilà pourquoi toutes les principales classifications des criminels, comme on a vu, peuvent être réduites à la mienne, grâce au critérium plus complet et plus fécond qui l'a déterminée. Et l'on a de la sorte une preuve évidente que cette classification représente réellement le fond commun et permanent de toutes les principales catégories anthropologiques de criminels, soit par rapport à leur causalité naturelle et à leurs caractères spécifiques, soit par rapport aux différentes formes de défense sociale qui en dérivent et qu'il faut adapter aux causes naturelles de la criminalité et aux types principaux de criminels (1).

Mais, quelle que soit la classification acceptée, il reste toujours, comme donnée fondamentale de l'anthropologie criminelle, la variété des types de criminels, qui s'impose désormais à tous ceux qui s'occupent, au point de vue théorique ou pratique, de la criminalité.

(1) Tout récemment ma classification a été suivie aussi par HAVELOCK ELLIS, *The Criminal*, London, 1890, avec figures, qui donne un résumé complet des données de l'anthropologie criminelle avec des documents nouveaux très-intéressants.

CHAPITRE DEUXIÈME

—

Les données de la statistique criminelle (1).

Pour les faits moraux et sociaux, au contraire des physiques et biologiques, tandis que l'expérimentation est très-
difficile et souvent même impossible, l'observation est le
moyen plus utile aux recherches scientifiques. La statistique
est justement un des instruments les plus efficaces pour
cette observation.

Il est donc naturel que la sociologie criminelle, après
l'étude du coté individuel dans la genèse naturelle du
crime, pour en examiner le coté social, ait recours à la
statistique criminelle, qui, suivant l'expression de Krohne,
« est la première condition du succès dans la lutte contre
les armées de la criminalité, en remplissant la même tâche
que la service d'exploration dans la guerre »,

En effet c'est de la statistique, que plus directement jaillit
l'idée moderne des liaisons intimes du délit avec les conditions de la vie sociale, dans une partie de sa détermination et surtout dans les formes particulières.

La statistique criminelle est à la sociologie criminelle ce
que l'hystologie est à la biologie: car elle indique, dans
les conditions des éléments individuels de l'organisme collectif, les facteurs du crime, comme phénomène social. Et

(1) Voir la bibliographie à la fin du volume.
Et pour l'histoire de ces recherches: Oettingen, *Geschichtliche Entwic-
klung der Moralstatistik* dans sa *Moralstatistik*, III édit. Erlangen 1882,
p. 20). — Fuld, *Die Entwickelung der Moralstatistik*, Berlin 1884.

cela, non seulement pour les inductions scientifiques, mais aussi pour les applications pratiques et législatives; car, comme disait Lord Brougham au congrès statistique de Londres en 1860 « la statistique criminelle est pour le législateur ce que la carte et la boussole pour le navigateur (1) ».

I.

De même que pour les données de l'anthropologie criminelle, il est nécessaire, pour les données de la statistique criminelle, de faire quelques observations préliminaires, avant d'en indiquer les traits et les conclusions générales.

Sur la méthode, pour relever et juger les donnés de la statistique criminelle, M. Oettingen a exposé quelques idées, qui méritent d'être discutées, de tant plus que le même argument a été avant et après lui développé à un point de vue plus strictement téchnique, qu'ici nous intéresse moins (2).

(1) Romagnosi, *Observations statist. sur le compte-rendu de la just. crim. en France pour 1827* dans les *Annali univ. di statistica*, 1829. — Bentham, *Principes de législation*, i, chap. 9-10. — Abegg, *Bedeutung der Criminalstatistik für die Wissensch. Anwend und Gesetzgeb. im Gebiete des Strafrechts* dans la *Zeitph. des König. Preuss Stat. Bureaus*, 1866, p. 155. — Fuld, *Einsluss der Kriminalstatistik auf Strafgesetzgebung*, dans l'*Arch. f. Strafrecht*, 1885, p. 220. — Mischler, *Die Kriminolstatistik als Erkenntnissquelle* dans l'*Handb. des Gefängnisewesens* de Jagemann et Holtzendorff, Hamburg 1888, i, 56.

(2) Hildebrand, *Die Organisation des Statistik der Rechtspflege* dans les *Jahrb. f. Nationalökon. und Stat.*, 1865, p. 32. — Messedaglia, *Les statistiche criminali dell'impero austriaco*, Venise 1867, p. 6. — Idem, *La statistica della criminalità* dans l'*Arch. di Statist.*, Rome 1879. — Ferri, *Il riordinamento della statistica giudiziaria in Italia* dans l'*Arch. di psichiatria*, 1882. — Aschrott, *Erhebung und Verwertung statistischer Daten auf dem Gebiete der Strafrechtspflege* dans la *Zeitsch. f. die ges. Strafrc.* 1885. p. 337. — *Atti della Commissione di statistica giudiziaria*, Rome 1883 et suiv. — Bodio, *Relazione sul movimento della delinquenza in Italia dal 1873 al 1884*, Rome 1886. — Beltrani Scalia, *La delinquenza e la*

L'illustre auteur de la *Moralstatistik*, auquel je dois ma reconnaissance pour les citations fréquentes qu'il a fait de mes travaux statistiques, commence par indiquer « comme faits à tâtons les reliefs de statistique criminelle essayés jusqu'ici... ». La tendance à tirer des statistiques criminelles les conclusions sur la moralité populaire, et particulièrement sur la corruption d'une nation, est plus générale qu'on ne croit; mais elle n'est pas scientifiquement exacte, car les chiffres nus de la criminalité ne sont pas, tant s'en faut, la mesure directe de l'immoralité du peuple, quoique ils soient un symptome de l'état pathologique d'une société. Il est évident aussi que pour faire une comparaison des rapports moraux et sociaux on ne peut pas employer les chiffres, comme ils nous sont présentés. « La législation pénale est différente dans les différents Etats et dans chaque pays elle varie de période à période. Et cela doit se dire surtout pour la France, dont les statistiques criminelles, qui embrassent plus d'un demi-siècle, ont été récemment illustrées d'une façon si lumineuse par M. Ferri. Mais Ferri aussi commet l'erreur de tirer des conclusions trop rapides et de trouver dans les chiffres (malgré son attention aux différents périodes législatifs) une preuve de l'augmentation ou de la diminution dans la tendance criminelle du peuple.

statist. giudiz. in Italia, Rome 1889. — Würzburger, *Die Vergleichbarkeit leriminalstatistischer Daten* dans les *Jahrb. f. die Nationalekon*, 1887. — Idem, *La statistique criminelle de l'empire Allemand* dans le *Bulletin de l'Inst. Intern. de statist.*, Rome 1888. — Idem, *Noch einiges über die Erhebung und Verurtheilung kriminalstatistischer Daten* dans la *Zeitsch. f. die ges. Strafrw.*, 1888. — Chcissos, *Comment se fait la statistique* dans la *Revue scient.*, 10 févr. 1888. — Yvernès, *Des éléments essentiels dans la statist. criminelle et des moyens de les rendre comparables* dans le *Bull. Inst. Intern. de Statist.*, Rome 1888. — Starke, *Même argument*, ibidem. 1889. — Ivernès, Starke, Mouat, Beltrani Scalia, *Sur la compilation d'une statistique pénitentiaire internationale*, Rapport au Congrès Pénit. Intern. de St. Petersbourg, 1890.

« En outre, le nombre des délits dénoncés et jugés n'est pas décisif. Car le chiffre augmenté des crimes et délits jugés, selon la force repressive de la justice et de la police, peut même être un indice bon et favorable. M. Ferri lui-même reconnaît que les fluctuations annuelles de la criminalité, et spécialement les augmentations en France depuis 1832, 1848, 1872 sont déterminées, en partie essentielle, par la rigueur accrue des lois et de la police. Mais après cela on devrait protester, plus énergiquement qu'il ne fait, contre ces conclusions, par lesquelles dans certaines courbes et échelles de criminalités on aurait le miroir de l'opposition réelle aux lois, du « penchant au crime », comme dans les études de Guerry. C'est vrai que M. Ferri distingue entre criminalité réelle, apparente et légale; mais à cette dernière, qu'on a dans les chiffres des affaires jugées, on donne toujours trop d'importance, comme preuve de la moralité populaire et d'une certaine « saturation criminelle », qui suit une loi déterminée lorsque les facteurs sociaux ont prédisposé l'esprit du peuple.

« Je ne crois justifiée ni la conclusion éthique ni celle naturalistique. Du moins sous ce rapport les chiffres absolus ne sont pas décisifs. Il est donc nécessaire de faire bien d'autres expériences pour arriver à des résultats vraiment certains, comme du reste Ferri lui-même nous en a donné l'exemple. L'extension et l'intensité du délit, celle-là résultante de la série des affaires jugées, celle-ci de son rapport avec la population, n'ont pas une importance décisive pour déterminer le niveau éthique et social dans l'activité antijuridique de l'esprit populaire. En dehors des causes extérieures, qui peuvent déterminer l'augmentation ou la diminution des délits (comme la guerre et la paix, le prix des denrées, les disettes, les épidémies etc.), le chiffre absolu des crimes et délits réellement punis n'est pas un symptôme aussi mauvais; comme par exemple la somme des méfaits qui ne sont pas expiés devant la justice. De sorte que le chiffre relativement plus haut de la criminalité peut être même un symptôme relativement favorable ».

Après avoir énumérés les moments essentiels à relever dans la statistique criminelle, Oettingen se résume dans quelques conclusions pour l'usage scientifique du matériel statistique, au point de vue soit du droit pénal, soit de l'éthique sociale.

« I. — Il faut d'abord ne pas déduire des chiffres absolus la condition de la moralité publique, ni comparer dans le temps ou dans l'espace des quantités non comparables. Pour déterminer le mouvement de la criminalité il faut tenir compte du mouvement législatif et du nombre des agents de sûreté publique.

» II. — Il faut éviter les conclusions précipitées des chiffres relativement petits, recueillis dans un camp limité d'observations purement physiologiques et il faut éviter de donner comme loi naturelle et nécessaire de la criminalité une régularité artificiellement obtenue selon l'anthropologie et la physique sociale. Au contraire tout s'adresse à juger selon l'éthique sociale les conditions et les symptômes de la criminalité, et à découvrir dans la série des causes et des motifs, à côté de la faute individuelle (juridique) du criminel, la faute collective (morale) de la société.

» III. — On doit considérer comme symptômes particulièrement graves de la « tendance au crime », outre les crimes contre les personnes, surtout l'augmentation des criminels jeunes, femmes et habituels (récidivistes) et la participation croissante des classes de culture supérieure à la criminalité.

» IV. — En déterminant le système des causes on doit tenir compte des facteurs naturels (climat, saisons, prix des denrées, épidémies), des influences sociales (densité de la population et surtout de celle plus facile au délit, suivant l'âge; conditions économiques, misère, richesse, luxe; guerre et paix; villes et campagnes; écoles, presse, églises, mœurs pervertis comme l'alcoolisme, relâchement des rapports sexuels indiqué par la prostitution, par la tendance aux divorces, par les naissances illégitimes) et enfin des moments individuels (âge et sexe, origine et naissance, instruction et profession, santé et maladie, etc.).

» V. — Pour juger de la force répressive et préventive des lois et du système pénitentiaire, il faut considérer particulièrement le nombre des jugements (proportions des absous) et des peines (peine de mort, bagne, prison, etc.), et des récidives, pour distinguer la criminalité d'occasion de celle d'habitude, et adapter en conséquence la legislation, la force répressive judiciaire et administrative et les mesures de prévention, comme maisons de travail, de détention et de correction (1) ».

J'aurais beaucoup à dire. Je ne remarquerai pas, que même pour la statistique, comme il y a l'excès de la précipitation, il y a aussi l'excès de la prudence, stériles tous les deux. Je ne répéterai non plus ce que j'ai dit sur la méthode dans l'anthropologie criminelle, et j'observe seulement qu'autre est la fonction des observations biologiques et autre celle des observations statistiques, que cependant Oettingen a mis ensemble; car à côté de la statistique des chiffres impersonnels, a une grande importance le recueil d'observations personnelles, répétées sur beaucoup d'individus avec identité de méthode, puisque, comme dit Cheisson, à différence des statistiques volumineuses « la monographie s'acharne après un fait type et le dessèque jusque dans sa moëlle ». Je ne dirai non plus que presque toutes les conseils statistiques donnés par l'Oettingen, je les avais auparavant déjà appliqués dans mes *Études sur la criminalité en France,* et dans mon *Délit par rapport à la température.*

(1) Oettingen, *Die Moralstatistik iu itrer bedentung für eine socialethik,* III édit., Erlangen 1882, § 32.

Je ferai seulement les remarques qui ont une importance générale pour l'usage de la statistique à profit de la sociologie criminelle.

En commençant par la foi très-limitée que l'Oettingen et tant d'autres disent d'accorder aux données de la statistique criminelle, d'abord il ne faut pas oublier qu'en définitive eux-mêmes y font recours, car il n'y a pas de choix possible. Après cela, si de l'imperfection de ces données on veut tenir compte pour établir le degré de leur probabilité et non d'une certitude absolue et d'une précision photographique, nous sommes parfaitement d'accord. Mais si avec cela on voulait ôter toute importance aux observations statistiques, je fais mes reserves.

Certes, la statistique comme toute chose, se prête à l'abus. Et à la statistique on doit opposer mêmes des précautions excessives, même un grand scepticisme lorsqu'elle nous donne un fait miraculeux, qui choque avec les lois de la psychologie et de la sociologie, et n'a pas d'explication. Mais lorsque les données statistiques montrent un fait, même imprévu, mais que le staticien met en rapport naturel avec quelque loi, déjà connue et certaine, alors il y a une présomption de vérité et les syllogismes habituels ont peu de valeur contre les faits positifs.

Telle est, par exemple, la réponse qu'on peut donner à ceux qui, avec une contraddiction évidente et une excessive unilatéralité statistique, soutiennent que l'alcoolisme n'est pas un facteur de criminalité, puisque les Etats et les provinces qui plus consomment d'alcool n'ont pas les proportions plus grandes de crimes et délits contre les personnes, etc. (1).

---

(1) TAMMEO, *I delitti* dans la *Riv. Carceraria*, 1881-82. — FOURNIER DE FLAIX, *L'alcool et l'alcoolisme* in *Revue scientifique*, 15 août 1886. — COLAJANNI, *L'alcoolismo*, Catania 1887. Ce dernier ne cite ni Tammeo, ni Fournier qui ont soutenu, avant lui, la même thèse; comme il ne cite pas non plus

En effet cette conclusion statistique vraiment précipitée,
non seulement est illogique, puisque personne n'a soutenu
que l'alcoolisme soit le facteur unique et exclusif de la criminalité; mais elle est aussi en opposition trop écrasante
avec le fait clinique indéniable et quotidien, que l'abus de
l'alcool dans une inéxorable dégénérescence physique et
morale. Et alors on aurait ce miracle, qu'une cause certainement pathologique pour l'individu, ne serait plus telle
pour la masse de ces mêmes individus. Il est évident au
contraire que la vraie conclusion de ces données de statistique internationale, est que l'alcoolisme n'étant pas le facteur unique de la criminalité, peut être dans les différents
pays neutralisé par d'autres facteurs prédominants, comme
la race, le climat, le milieu social etc.

Non seulement; mais si le sociologue criminaliste avait
la prétention pour telle année dans tel pays de connaître
avec une précision absolue l'état de la criminalité, pas un
délit de plus, pas un de moins, l'objection statistique aurait
de la valeur. Mais elle ne reste que comme un avertissement, et dans ce sens nous l'acceptons, lorsque le sociologue même se borne à montrer les variations *remarquables,* que d'année en année se déterminent dans un même
pays, et qui par conséquent ont le même degré de probabilité, relevées comm'elles sont avec les mêmes instruments
statistiques.

Et pour le sociologue criminaliste cela suffit très-bien.
Car, en effet, je crois qu'à l'Oettingen même on peut faire
une objection très-grave à propos des jugements « éthiques
et sociaux » qu'il fait, soit avec des précautions, avec les
données de la statistique criminelle. C'est-à-dire que tandis
que cet auteur et tant d'autres disent de faire de la sta-

Tammeo, qui eut le premier l'idée de cette comparaison régionale entre la
criminalité et les autres formes de dégénérescence, dont j'ai parlé a page
74, note.

listique *morale,* je crois qu'on ne puisse et doive faire que
de la statistique *criminelle,* tout simplement.

L'Oettingen a raison contre ceux, comme Legoyt, Hausner, Levi, qui avec les chiffres nus de la criminalité croi-
yent de pouvoir faire une échelle de la *moralité comparée*
des différentes nations. Mais lui-même, à son tour, tombe
dans un défaut analogue lorsqu'il parle, comme nous avons
vu, de la signification éthique-sociale des données de la
statistique criminelle. Voilà pourquoi non seulement je n'ai
jamais fait des inductions éthiques-sociales de statistique
criminelle comparée, mais pas non plus pour un même pays
je n'ai jamais parlé « de penchant au crime dans la vie
du peuple ». La statistique criminelle nous dit seulement
que dans telle année il y a eu plus ou moins de délits
qu'en d'autres années; voilà tout.

Or, cette donnée si simple, d'une part ne peut justifier
aucun jugement éthique-sociale, pas même s'il avait une
précision absolue, car la moralité d'un peuple a trop d'autres éléments, qui n'entrent pas dans les chiffres de la statistique criminelle. En effet, tout en admettant avec Mayr,
que la statistique criminelle ne soit qu'une partie de la
statistique morale, mais la loyauté, l'honnêteté des rapports
civils et commerciaux, les relations de famille, l'éducation
morale et civile, la bienveillance entre citoyens, qu'ont elles
à faire avec la criminalité? Et cependant ce sont là des
éléments essentiels de la vie morale d'un peuple. C'est que,
selon le remarque d'Ortolan et de Messedaglia, la statistique
criminelle n'indique que le côté négatif de la moralité sociale, et dans un seul de ses éléments, et n'en peut donner
par conséquent aucune mesure positive et quantitative.

Mais, d'autre part, je crois que cette donnée si simple
de la statistique criminelle suffit bien à la tâche de la sociologie criminelle, qui doit viser aux causes plus générales
et évidentes du mouvement périodique de la criminalité
apparente ou dénoncée et légale, ou jugée, que j'ai dé-

montrée en rapport d'approximation suffisante avec la criminalité réelle.

Tel est le côté sociologique de la statistique criminelle: auquel j'adjoint le côté biologique, lorsqu'on relève la différente participation proportionnelle des différents âges, sexes, professions etc. dans la vie criminelle.

Or, tandis que ce côté individuel ou biologique de la statistique criminelle a été beaucoup développé, le côté sociologique au contraire est resté presqu'abandonné par les statisticiens, quoique à lui principalement puissent le sociologue et le législateur demander les indications de la pathologie et de la clinique sociale. En effet lorsque nous connaissons la participation différente des âges, sexes, professions, états civils etc. à la criminalité, nous nous trouvons vis à vis à des phénomènes profondement enracinés, non seulement dans les conditions sociales, mais surtout dans les conditions organiques et psychiques de l'homme, et partant les chiffres proportionnels en sont moins variables dans chaque pays et plus facilement comparables de pays à pays. De sorte que, lorsque même les législateurs soient convaincus de toute l'importance de ces données, ils ne pourront les modifier que très-lentement et très-indirectement.

Lorsqu'au contraire nous avons constaté l'influence d'une loi civile ou commerciale, d'un institut de police, de bienfaisance, d'agriculture etc. sur l'activité criminelle, nous avons des effets purement sociaux et récents, sur lesquelles l'œuvre du législateur pourra être bien plus directe et efficace. C'est alors, en effet, que le législateur pourra guérir de certaines illusions traditionnelles sur les remèdes de la criminalité, et avec un meilleur arrangement sociale pourra réaliser une défense bien plus utile contre la criminalité. Les forces naturelles ne peuvent être vaincues qu'avec d'autres forces naturelles, opposées ou divergentes.

Abandonnée l'illusion stérile que le crime ne soit que le *fiat* du libre arbitre individuel, et qu'il sussiste, en conséquence, pour l'empêcher de faire des lois pénales plus ou moins exceptionnelles, la sociologie criminelle a pour but justement de connaître la direction et l'intensité des forces naturelles, qui déterminent le crime, pour leur opposer d'autres forces naturelles, protectrices du droit et fécondes d'activités juridique et honnête. Voilà pourquoi les données de statistique criminelle que nous étudierons dans ce chapitre, plus qu'au côté individuel bien connu se rapporteront au côté social de la criminalité, qui a été justement mis au jour par la nouvelle science de la sociologie criminelle.

Un seul mot je dois ajouter sur le contrôle que l'histoire devrait faire à la statistique, en service de la sociologie criminelle, suivant l'idée de quelques critiques de l'école positiviste.

Que l'histoire puisse quelquefois aider la statistique, cela peut bien se vérifier, quoique n'en soit pas exacte la raison donnée par quelqu'un, que la statistique représente le moment statique et l'histoire le moment dynamique, des faits sociaux. Coéxistence et succession sont au contraire communes, quoique en degré différent, à l'histoire comme à la statistique.

Mais que l'histoire puisse contrôler les données de la statistique criminelle, voilà ce qui est encore moins exacte. D'abord l'histoire, comme on la fait encore généralement, n'est qu'une régistration superficielle et stérile des événements plus extérieurs de la vie sociale et en ignore complètement les conditions physiques, psychologiques et sociologiques. Et puis l'histoire, même faite, suivant une méthode scientifique, ne peut donner par elle-même que des éléments qualitatifs, tandis que la statistique les donne exclusivement quantitatifs; et il est alors difficile de voir comment ceux-là puissent contrôler ceux-ci.

Ainsi, par exemple, on dit que l'histoire, en montrant la *vendetta* chez tous les peuples à différentes époques, exclut avec ça qu'elle soit propre de telle ou telle race, et partant elle élimine la race des facteurs de la criminalité. Mais cette *vendetta* a-t-elle ou a-t-elle eu *le même degré* chez tous les peuples ? Voilà l'élément quantitatif que l'histoire ne saurait nons donner et voilà comme un degré plus accentué de *vendetta* puisse être un caractère de race et partant un facteur de criminalité.

On dit aussi que la criminalité varie beaucoup d'un an à l'autre, tout en restant identiques les conditions physiques de pays, de sorte que le climat n'entre pas parmi les facteurs de la criminalité. Mais cette *identité* de conditions physiques est-elle vraie ? Voilà encore l'élément quantitatif, qui échappe au soi-disant contrôle de l'histoire, tandis que j'ai montré statistiquement comment les variations annuelles de la température (et on pourrait faire autant pour la pression atmosphérique, l'humidité, les vents, l'électricité etc.) entrent pour beaucoup dans les variations annuelles de la criminalité.

II.

Après avoir établi la méthode d'interprétation des données de la statistique criminelle, nous avons à examiner une autre question générale, avant d'arriver à l'observation positive de ces données mêmes, dans leurs traits les plus sommaires.

Une des questions soulevées dès les commencements de la statistique criminelle, qui révélait une augmentation continue de la criminalité dans les pays civilisés de l'Europe, ce fut le rapport de la civilisation avec le crime, de même qu'avec la folie et le suicide.

Et à cette question on a donné bien de réponses plus ou moins optimistes, depuis le parallélisme de la civilisa-

LES DONNÉES DE LA STATISTIQUE CRIMINELLE

tion croissante avec l'augmentation du crime, jusqu'à l'atténuation seulement relative de la criminalité, par la sustitution de la fraude à la violence, et même jusqu'à la disparition absolue de toute criminalité par une méthamorphose essentielle de la société (1).

Lorsque on évite tout équivoque, causé par les différentes significations du mot « civilisation », en indiquant par ceci le mouvement évolutif de la société humaine, sans aucune préoccupation téléologique, on peut répondre que la civilisation a sa criminalité caractéristique, de même que la barbarie. Chaque phase de l'évolution humaine, soit dans l'individu, soit dans la société, a sa criminalité correspondante, qui était violente et sanguinaire dans la société féodale comme elle est de vol et de fraude dans la société bourgeoise, et comme elle aura d'autres formes dans la société avenir.

Et s'il est indéniable que les conditions économiques déterminent en grande partie les formes et le développement de la criminalité, tout aussi que la constitution politique et l'histoire générale de chaque peuple (2); il est certain aussi que la criminalité est déterminée encore par d'autres conditions générales, telles que la race et le milieu physique, desquelles dépendent en partie les mêmes conditions économiques.

(1) Romagnosi, *Osservazioni statistiche sul resoconto della giust. crim. in Francia* in *Annali univ. di stat.*, 1829, xix, 1. — Lombroso, *L'uomo delinquente*, ii ediz., 1878. — Messedaglia, *La statistica della criminalità*, Roma 1879. — Oettingen, *Moralstatistik*, iiie édit., § 48. — Idem, *Bildung und Sittlichkeit* in *Balth. Monatschr.*, xxx, 4. — Tarde, *La criminalité comparée*, Paris 1886, ch. ii et iv. — Turati, *Il delitto e la questione sociale*, Milano 1883. — Ferri, *Socialismo e criminalità*, Torino 1883. — Mittelstedt, *Kulturgeschichte und Kriminalstatistik* in *Zeitsch. ges. Strafr.*, 1884, p. 391. — Colajanni, *Il socialismo*, Catania, 1884. — Garofalo, *La criminologie*, Paris, 1888, p. 171. — Joly, *La France criminelle*, Paris, 1889, ch. i.

(2) Loria, *La teoria economica della costituzione politica*, Turin, 1886. — Rogers, *The economic interpretation of History*, New-York, 1889.

En tout cas, la civilisation, selon le remarque de M. Tarde, a dans son évolution progressive comme une force de résorption du crime, car elle, après l'avoir engendrée, dévore sa propre criminalité, comme certaines machines leur fumée, et en détermine successivement d'autres formes et d'autres éclosions.

Et on peut affirmer en outre une atténuation continue du virus criminel dans les phases successives de l'évolution humaine, par ce dépouillement continu que l'humanité vient en faisant des plus anciens germes de son origine animale et sauvage. Et si la civilisation augmente les occasions et les instruments du crime, elle en accroît aussi les digues et les défenses par un renforcement définitif du sens moral, malgré les apparences partielles et transitoires.

Mais, puisque ce problème général appartient à la sociologie historique plutôt qu'à la compétence bornée de la statistique criminelle, il faut nous occuper de préférence d'un autre problème, plus précisément statistique: c'est-à-dire de l'interprétation sociologique qu'on puisse donner aux chiffres statistiques, témoignants un accroissement continu de la criminalité.

Que cet redoublement numérique doit être attribué à l'augmentation des occasions et des excitations extérieures plus qu'à l'accroissement des penchants et des puissances criminantes, voilà une idée déjà ancienne chez quelques observateurs de la statistique criminelle.

M. Lucas, par exemple, dès 1828, à l'occasion d'un discours de Peel à la Chambre des Communes, expliquait l'accroissement des vols avec le redoublement des propriétés mobiles. « Ce n'est pas, disait-il, que la propriété soit plus exposée au vol: c'est qu'il y a plus de propriétés à voler ». Et puisque la civilisation accroit la liberté individuelle, il est naturel que l'abus en augmente avec l'usage croissant.

De sorte « qu'il faut juger de l'abus en proportion de l'u-
sage (1) ».

La même idée a été soutenue entr'autres en Allemagne
par Ave Lallemant et Jellinek, en Italie par Messedaglia,
en ajoutant l'influence de l'accroissement de population,
comme sujet actif et passif de criminalité (2). Et je l'ai appliquée dans mes « études sur la criminalité en France de
1826 à 1878 » (Rome 1881) en comparant l'accroissement
numérique de la criminalité non seulement avec les variations législatives, qui ont créé successivement des délits
nouveaux, mais aussi avec le nombre croissant de la population et des agents de police, et avec l'augmentation des
richesses et des objets en commerce.

Mais cette idée, qui dans ces limites de rélativité n'est
que très-exacte, a été poussée à l'absolu par M. Poletti,
en cherchant « une loi empirique de la criminalité ». Il insiste d'abord sur l'idée que les données statistiques après
la criminalité statique, indiquée par les nombres absolus,
doivent nous donner aussi la criminalité dynamique par
leur comparaison avec la somme de l'activité sociale non
criminelle. Et il en essaie une application matémathique,
que je ne crois pas très-heureuse.

« Suivant les rélevements de M. Ferri, aux extrémités de
la période 1826-1878, la criminalité en France se serait accrue dans la proportion de 100 à 254; augmentation qu'il
attribue, justement, aux facteurs sociaux plus qu'aux facteurs physiques et anthropologiques du crime. Mais en regardant d'autres faits, qu'appartiennent à l'activité productrice et conservatrice, nous trouvons, suivant les chiffres

(1) Lucas in *Bull. de M. Fergusson sept.*, 1828, p. 108.

(2) Ave Lallemant, *Das Deutsche Jannerthum*, II, 34. — Jellinek, *Die so-
cial-ethische Bedentung von Recht, Unrecht und Strafe*, Wien, 1878, p. 79.
— Messedaglia, *Le statist. crim. dell'imp. Austriaco*, Venezia, 1867, p. 13
et *Statist. della criminalità*, Roma, 1879.

mêmes de M. Ferri, que dans la même période les importations en France augmentèrent dans la proportion de 100
à 700 et à peu près les exportations. Et le budget de l'État
s'est accru dans la proportion de 100 à 300, ce qui signifie
que l'activité destructive du crime s'est accrue dans des
proportions mineures que celles de l'activité conservatrice
et productrice; de sorte que dans la criminalité française
de 1826 à 1878 il n'y a pas eu accroissement, mais au contraire une diminution positive ».

De même pour l'Italie, quoique on n'ait pas pour elle
des séries si longues et suivies de chiffres statistiques, mais
toujours avec la conclusion d'une « lente et progressive diminution de la criminalité (1) ».

Cette interprétation optimiste venait trop à propos pour
certains criminalistes de l'école classique, très-embarassés
par l'éloquente réquisitoire que les données de la statistique criminelle prononcent contre l'inutilité des moyens
répressifs jusqu'ici proposés dans la lutte contre le crime,
pour qu'ils ne la recevaient pas aux grands applaudisse-
ments.

Mais, en dehors même des inductions de l'école positiviste, qui sont bien indépendantes dans leur fondement de
tel ou tel résultat statistique, j'ai déjà fait quelques critiques à cette idée de M. Poletti, acceptée entr'autres pas
M. Garofalo (Ouvr. cit. p. 171).

Je dis donc, qu'au delà de ce noyau de vérité, qui était
dans l'idée primitive, le développement essayé par M. Poletti n'est pas exacte: 1° parce que l'expression mathématique de cette idée est impossible; 2° parce que, en conséquence, les applications pratiques en sont exagérées et
arbitraires.

---

(1) POLETTI, *Del sentimento nella scienza del diritto penale*, Udine, 1882,
p. 79-80.

L'expression mathématique d'une comparaison entre l'activité anormale anti-sociale criminelle, et l'activité normale juridique ou économique est impossible, car si nous pouvons préciser en quelque sorte l'un des termes de l'équation, avec le nombre des crimes et délits dénoncés et jugés, de l'autre terme au contraire il est impossible avoir un chiffre, même approximatif. Et il faut ajouter, avec M. Brissaud, que nous ne pouvons pas calculer la criminalité inconnue, qui, pour l'instruction plus diffuse et les communications personnelles et réelles plus faciles, varie dans une mesure différente de l'autre coéfficient, qui est à son tour indéterminé et variable, de l'activité et de l'adresse de la police judiciaire (1).

Et d'autre part est tout-à-fait arbitraire et inexacte la comparaison entre les chiffres de la criminalité et ceux de certaines formes de l'activité économique. En effet quel rapport y a-t-il entre l'accroissement du 154 0/0 dans les délits et du 600 0/0 dans les importations commerciales ? Tout au plus, dit M. Tarde, on pourrait voir un rapport entre le nombre des vols et celui des contracts d'achat et vente ou de location.

Par conséquent, les applications de cette comparaison de choses non comparables, faites par M. Poletti, sont tout-à-fait arbitraires et exagérées. Arbitraires, car la proportion n'a pas la même valeur, tant s'en faut, lorsqu'il s'agit de crimes, ou de commerce, ou d'impôts, ou de consommations alimentaires. Il faut rappeler encore une fois la loi sociologique, sur laquelle les éléments les plus importants varient le moins, mais leurs variations ont plus de valeur. Par conséquent, je crois qu'au point de vue social l'accroissement du 10 0/0 dans les crimes et délits, surtout si on parle des plus graves, a bien plus d'importance que

(1) BRISSAUD, *La statistique pénale et les criminalistes italiens* dans la *Rev. gén. de droit*, janv. 1884, p. 47.

l'accroissement du 30 0/0 dans l'exportation du blé ou dans le revenu des impôts. Chaque crime, en effet, non seulement, comme dit M. Tarde, est toujours un mal qui n'est pas compensé par la manifestation d'un bien plus ou moins comparable, car il rayonne autour de soi-même une tendance imitative très-dangereuse; mais il a aussi, avec lui, un ensemble de maux positifs et réels, tels que la mort de citoyens honnêtes, la perte de santé et de travail, le dommage matériel et moral pour les victimes, leur famille et tous les citoyens.

Et tout cela, sans toucher au point de vue moral de la question, car alors le contraste serait plus frappant encore, puisque un accroissement de l'activité normale n'a pas une valeur morale comparable à l'accroissement de l'activité criminelle.

Et ces applications, je disais, sont aussi exagérées, lorsqu'on pense, avec M. Tarde, qu'en France, par exemple, malgré le développement énorme des affaires, le nombre des procès commerciaux est diminué depuis 1861, et celui des procès civils ne s'est pas accru, malgré la multiplication des contrats et des rapports économiques et le morcellement des propriétés. Ou bien, ajoutait M. Tarde, en France de 1847 à 1867 le nombre des lettres non consignées aux destinataires diminua de 1/5, tandis que le total des lettres mises à la poste augmenta de 125 à 342 millions (1).

« Pourquoi ne pas ajouter, conclue M. Tarde, que, par suite des communications plus fréquentes, des entrainements plus dangereux de la vie urbaine en progrès, l'augmentation énorme du chiffre des adultères constatés n'a rien de surprenant et révèle un vrai raffermissement de la vertu femminine ? »

(1) TARDE, *Sur quelques criminalistes italiens de la nouvelle école*, in *Rev. Phil.*, 1883, p. 668.

Et, en passant du point de vue objectif au point de vue subjectif, j'observe que les prévenus qui en 1826-32 étaient 152 pour 100 mille habitants en France, en 1876-80 ils étaient 174; c'est-à-dire que l'accroissement de la criminalité n'est pas seulement absolu, mais il est aussi proportionnel à la population.

M. Tarde concluait sa critique pénétrante en disant: « Je comprendrais mieux un point de vue précisément contraire à celui de M. Poletti. Comment! L'accroissement de l'activité laborieuse et de la richesse rendrait naturel celui des crimes et des délits! Mais que devient donc ce pouvoir moralisateur du travail, certe vertu moralisatrice de la richesse, dont on a tant parlé? L'instruction a fait de grands progrès. Que devient l'action bienfaisante tant préconisée des lumières sur les mœurs? Quoi! Ces trois grands remèdes préventifs du mal social, le travail, l'aisance générale, l'instruction, triplés ou quadruplés, ont agi à la fois, et au lieu de tarir, le fleuve de la criminalité a debordé! Des deux choses l'une: ou il faut reconnaître qu'on s'est trompé en attribuant à ces causes une influence bonifiante ou il faut avouer que, pour leur avoir résisté, et avec tant d'avantage, les penchants criminels ont dû grandir beaucoup plus vite encore qu'elles ne se déployaient. Dans les deux cas, il est clair que la société a réellement empiré, comme les chiffres de la statistique criminelle l'indiquent; mais, dans le second, beaucoup plus qu'ils ne l'indiquent. Heureusement il y a une troisième alternative que nous mettons: c'est que quelques autres causes, faites ou non à extirper, mais dont on ne se préoccupe pas assez, agissent de plus en plus, quoique la nature humaine ne soit pas devenue plus mauvaise » (Ouvr. c. p. 77).

Tel est justement le côté plus pratique et positif du problème, que j'ai eu à développer dès mes premières études de sociologie criminelle.

Acceptée, en effet, l'idée fondamentale et indéniable, en dehors de ses exagérations mathématiques et optimistes, que le mouvement de la criminalité doit être jugé relativement à l'accroissement de la population et de son activité croissante, l'école positiviste a ouvert toute une voie nouvelle d'observations fécondes avec la classification et l'étude des facteurs naturels du crime.

Dans mes « études sur la criminalité en France » (1881), j'ai classifié en trois ordres naturels toute la série des causes, qui déterminent la criminalité, et qui auparavant avaient été indiquées d'une façon fragmentaire et incomplète (1).

En considérant que les actions humaines, honnêtes ou déshonnêtes, sociales ou anti-sociales, sont toujours le produit de son organisme physio-psychique et de l'athmosphère physique et sociale, qui l'enveloppe, j'ai distingué les facteurs *anthropologiques* ou individuels du crime, les facteurs *physiques* et les facteurs *sociaux*.

Les facteurs anthropologiques, inhérents à la personne du criminel, sont la première condition du crime; et se distinguent en trois sous-classes, selon que la personne du criminel est envisagée au point de vue organique, psychique ou social.

(1) Bentham, *Principes de législation*, I, ch. 9-10, énumère les circonstances suivantes « dont on doit tenir compte dans la législation »: tempérament — salut — force — imperfections physiques — culture — facultés intellectuelles — fermeté d'esprit — penchants — notions de l'honneur, de la réligion — sentiments de sympathie et d'antipathie — folie — conditions économiques — sexe — âge — classe sociale — éducation — profession — climat — race — gouvernement — profession religieuse.

Lombroso, dans la IIe édit. de l'*Homme criminel*, qui comprend toutes les parties de son ouvrage classique, n'a fait qu'une énumération saltuaire des météores — race — civilisation — disette — hérédité — âge — sexe — état civil — profession — éducation — anomalies organiques — sensations — imitation.

Morselli, à propos du *suicide*, a donné une classification plus complète de ses facteurs: influences cosmiques ou naturelles — influences etniques et démographiques — influences sociales — influences biopsychiques.

La constitution organique du criminel constitue la première sous-classe de facteurs anthropologiques et comprend toutes les anomalies du crâne, du cerveau, des viscères, de la sensibilité, de l'activité reflèxe et tous les caractères somatiques en général, comme physionomie, tatouage, etc.

La constitution psychique du criminel comprend les anomalies de l'intelligence et du sentiment, surtout du sens moral et les spécialités de la littérature et de l'argot criminel.

Les caractères personnels du criminel comprennent ses conditions purement biologiques, comme la race, l'âge, le sexe, et les conditions bio-sociales, comme l'état civil, la profession, le domicile, la classe sociale, l'instruction, l'éducation, qui ont été jusqu'ici l'objet presque exclusif de la statistique criminelle.

Les facteurs physiques du crime sont le climat, la nature du sol, la périodicité diurne et nocturne, les saisons, la température annuelle, les conditions météoriques, la production agricole.

Les facteurs sociaux comprennent la densité de la population ; l'opinion publique, les mœurs, la réligion ; les conditions de la famille ; le régime éducatif ; la production industrielle ; l'alcoolisme ; les conditions économiques et politiques ; l'administration publique, la justice, la police ; et en général l'organisation législative, civile et pénale. C'est-à-dire une foule de causes latentes, qui s'entrelacent et se combinent dans toutes les parties de l'organisme social et qui échappent presque toujours à l'attention des téoriciens et des praticiens, des criminalistes et des législateurs.

Cette classification des facteurs naturels du crime, qui a été du reste acceptée par presque tous les anthropologues et les sociologues criminalistes, me semble plus exacte et complète de quelqu'autre qui a été proposée.

M. Sergi, par exemple, distingue seulement les causes *biologiques* et les causes *sociales* de la criminalité; tandis que mon illustre ami, le prof. Lacassagne, a proposé, après moi, une classification, qui est en substance identique à la mienne, en distinguant les facteurs *physico-chimiques* (ou physiques), *biologiques* (ou anthropologiques) et *sociales* de la criminalité (1).

Une autre classification a été donnée par M. Bovio, et on a même prétendu qu'avec elle il avait été un précurseur de l'école positiviste, car il a dit que le crime est l'effet « de la *nature*, de la *société* et de *l'histoire*, outre la *volonté individuelle* (2) ».

Je reconnais très-volontiers à M. Bovio le mérite d'avoir insisté sur l'idée, qui était déjà de Filangieri, De Candolle, Spencer, que la justice pénale a un développement inverse à celui de la justice civile, et plus celle-ci est facile et certaine, moins celle-là est nécessaire. Et c'est, justement, selon le remarque de Summer Maine, un des caractères des législations des peuples primitifs, d'avoir beaucoup plus développée la justice pénale que la justice civile, tandis que le progrès de la civilisation en détermine la marche contraire. Et je reconnais aussi à M. Bovio le mérite d'une critique syllogistique aux téories traditionnelles sur le crime, comme effet de la seule volonté individuelle.

Mais après cela, il n'a jamais entrevu la nouvelle direction donnée au problème de la criminalité par l'école positiviste, car il concluait que le droit pénal, tout en étant une contraddiction par soi-même, puisque la proportion absolue entre le délit et la peine n'est pas possible (comme disaient avant lui Gioberti, Conforti, Tissot, Ellero), aurait néanmoins continué dans cette contraddiction invincible. La nouvelle·école au contraire, a donné au problème de la proportion entre les délits et les peines, une solution

---

(1) SERGI, *Natura ed origine della delinquenza*, Napoli, 1885. — LACASSAGNE, *Marche de la criminalité en France*, in *Rev. scient.*, 28 mai 1881.
(2) BOVIO, *Saggio critico sul diritto penale*, Napoli, 1873.

MOUVEMENT GÉNÉRAL DE LA CRIMINALITÉ DANS QUELQUES ÉTATS D'EUROPE

	ITALIE	FRANCE	BELGIQUE	ANGLETERRE et GALLES	IRLANDE	AUTRICHE	PRUSSE

tout-à-fait différente soit par la méthode de ses recherches, soit par l'ordre des inductions positives.

Et après tout, cette triple complicité de la nature, de la société et de l'histoire dans la production du crime est à son tour syllogistique bien plus que positive. Qu'est-ce en effet l'histoire, comme facteur de criminalité? L'histoire, par soi-même, n'existe et n'opère que comme condition biologique de tendances héréditaires individuelles, ou comme condition sociale de mœurs, traditions, arrangement politique, économique, etc. L'histoire donc ne peut agir que comme nature (facteurs anthropologiques et physiques) ou comme société (facteurs sociaux), et elle n'est par conséquent qu'une superfétation de simmétrie syllogistique.

Et ce « facteur personnel » qui selon M. Bovio coexiste avec cette triple complicité, qu'est-ce si non l'ensemble des facteurs anthropologiques, ou bien ce résidu du libre arbitre métaphysique, qui chassé de la porte rentre par la fenêtre? Et alors, ou il rentre dans notre classification des facteurs naturels du crime, ou bien il arrête encore le problème de la responsabilité dans le vieux cercle de la liberté morale, plus ou moins limitée, qui, comme nous verrons au chapitre suivant, n'est plus un fondement possible de la fonction sociale de défense contre les criminels.

Et, à ce propos, je crois précisement que toutes les objections opposées aux facteurs anthropologiques et physiques du crime, et toutes les exagérations sur l'influence des facteurs sociaux, lorsqu'elles ne représentent pas la facilité plus grande de parler, sans recherches expérimentales, du milieu sociale bien plus visible des anomalies physio-psychiques, elles représentent alors, ou le parti-pris du point de vue socialiste, ou enfin ce spiritualisme larvé, qui ne sait se résigner à la négation du libre arbitre et à l'influence de l'hérédité physio-psychique. Nous en avons vu des exemples dans les objections animistes et vitalistes faites aux présuppositions scientifiques de l'anthropologie crimi-

nelle (p. 39 et suiv.), lorsqu'on soutient que c'est la fonction qui fait l'organe et le crime qui fait le criminel !

A ma classification des facteurs naturels du crime, monsieur Aramburu a fait une autre objection, qui est de pure
méthaphysique, en disant que j'ai confondu « l'accessoire
avec le principal, les causes occasionnelles avec celles vraiment déterminantes (1) ».

Mais celle-ci n'est qu'une vieille distinction philosophique,
qui n'a pas de valeur absolu. Toutes les conditions nécessaires à la détermination d'un phénomène sont ses causes
naturelles; le cœur est principal et les veines sont des accessoires, mais l'un et les autres sont nécessaires à la vie
du mammifère.

Plus récemment M. Tarde a fait deux autres objections
à ma classification.

Les facteurs physiques, dit-il, ne doivent pas faire une
catégorie à part, car « ils n'agissent jamais qu'en s'identifiant soit avec les facteurs anthropologiques, soit avec les
facteurs sociaux. Le climat et la saison ne contribuent point
par eux-mêmes à grossir ou à diminuer le contingent du
délit; leur action se borne à entrer dans le nombre des
causes très-complèxes et très-multiples, presque insonda-
bles à l'œil du naturaliste et de l'historien, qui modifient
les conditions organiques, ou les conditions sociales, dont
le concours est nécessaire à la production du crime ». Et
après: « plus un organisme est élevé, plus il échappe à la
servitude des excitations physico-chimiques, et, bien qu'il
y puise toute l'énergie qu'il emmagasine, plus il se les ap-
proprie, plus il en dispose et les dirige *librement* vers ses
fins propres ». « Éliminons donc les facteurs physiques,

---

(1) Aramburù, *La nueva ciencia penal*, Madrid, 1887, p. 115. — Voir ma
réponse dans la préface à l'édition espagnole *Nuevos horizontes del derecho penal*, Madrid, 1887.

en les répartissant entre les facteurs biologiques et sociaux (1) ».

En reservant au chapitre suivant la question de cette prétendue direction *libre,* que tout organisme supérieur pourrait donner aux énergies physico-chimiques d'où résulte son existence; je réponds qu'alors même les facteurs sociaux n'agissent que s'en identifiant avec les conditions biologiques du criminel. Car misère, mœurs, traditions, etc. sont impuissantes par elles-mêmes, aussi bien que le climat et les saisons, si leur influence ne passe pas à travers un organisme, qui réagit au milieu ambient avec son activité honnête ou criminelle.

Ni, selon moi, a plus de valeur l'autre objection de monsieur Tarde contre l'influence du climat, parce que tandis que dans notre hémisphère la saison chaude accroit les crimes contre les personnes, dans les pays créoles au contraire, selon les observations de M. Corre, ceux-ci augmentent dans la saison fraîche. En effet, l'influence est affirmée par ce fait même, quoique les manifestations de cette influence puissent varier suivant les conditions différentes, que M. Corre même a mis en lumière. Dans nos pays en effet, la saison chaude, en étant tempérée, agit comme agent stimulant, tandis que dans les pays intertropicaux la chaleur excessive énerve et « c'est avec les fraîcheurs du premier sémestre que les impulsivités se traduisent avec le plus d'éclat par le crime, chez les natures prédisposées (2) ».

De sorte que ces objections de M. Tarde, portées à leurs conséquences logiques, arriveraient à l'élimination non seulement des facteurs physiques mais aussi de ceux sociaux; ce qui signifie, que dans tout crime il faut toujours voir le concours des trois ordres de facteurs naturels, anthro-

(1) TARDE, *Le Congrès d'anthropologie criminelle,* in *Rev. Scientif.,* 30 nov. 1889.

(2) CORRE, *Le crime en pays créoles,* Paris, 1889, p. 117.

pologiques, physiques et sociaux; ce qu'à un autre point
de vue j'ai déjà démontré à pag. 64 et suiv.

Ici, à propos de cette classification des facteurs naturels
du crime, il faut faire deux observations finales sur les effets pratiques, qu'on puissent obtenir dans la lutte pour
le droit et contre le délit.

D'abord « par cette liaison inattendue, trouvée entre les
différentes forces de la nature, qu'on croyait jusqu'ici indépendantes », il faut insister sur cette induction positive
qu'on ne peut avoir la raison suffisante ni d'un délit isolé,
ni de toute la criminalité d'un peuple, si l'on ne tient
compte de tous et de chacun des différents facteurs naturels, que nous pouvons isoler par nécessité d'étude, mais
qui agissent toujours dans un raiseau indissoluble.

Aucun crime, quel que soit son auteur, dans n'importe
quelles circonstances, ne peut être expliqué que comme
fiat du libre arbitre individuel, ou comme effet naturel de
causes naturelles. La première de ces explications n'ayant
aucune valeur scientifique, il est impossible d'expliquer
scientifiquement un crime (comme du reste, toute autre
action humaine et même animale) s'il n'est pas considéré
comme le produit de telle ou telle constitution organique
et psychique personnelle, qui agit dans tel ou tel milieu
physique et social.

Il n'est donc pas exact, tant s'en faut, d'affirmer que
l'école criminelle positiviste réduit le crime à un phénomène purement et exclusivement anthropologique; car au
contraire, cette école a toujours soutenu, dès ses débuts,
que le crime est l'effet des conditions anthropologiques,
physiques et sociales, qui le déterminent avec une action
simultanée et inséparable. Et si ses recherches sur ces conditions biologiques ont été plus abondantes et plus apparentes, par leur nouveauté, cela ne contredit en rien cette
conclusion fondamentale de la sociologie criminelle.

Cela posé, il reste à voir quelle est la valeur relative de ces trois ordres de conditions dans la détermination naturelle du crime.

Cette question, selon moi, d'une part est généralement mal posée et d'autre part ne peut pas avoir une réponse absolue et monosyllabique.

Elle est généralement mal posée; car ceux qui pensent, par exemple, que le crime n'est qu'un phénomène purement et exclusivement social, sans que les anomalies organiques et psychiques du criminel concourent à sa détermination, méconnaissent plus ou moins ouvertement la liaison universelle des forces naturelles, et oublient que dans n'importe quel phénomène on ne peut limiter, d'une façon absolue, le réseau de ses causes, proches et lointaines, directes et indirectes.

En posant d'une façon absolue cette question, ce serait comme demander si la vie d'un mammifère est l'effet des poumons ou du cœur, ou de l'estomac, ou bien des végétaux, ou de l'atmosphère. Tandis que l'un et l'autre de ces ordres de conditions personnelles et externes sont nécessaires à la vie de cet animal.

En effet, si le crime était le produit exclusif du milieu social, comment expliquerait-on ce fait quotidien, que dans le même milieu social et dans des circonstances égales de misère, d'abandon, de manque d'éducation, sur 100 individus, par exemple, 60 ne commettent pas de crimes, et des 40 qui restent, 5 préfèrent le suicide au crime; 5, au contraire, deviennent fous; 5 n'arrivent qu'à se faire mendiants ou vagabonds non dangereux, et les 25 autres commettent-ils des crimes? Et parmi ceux-ci, tandis que plusieurs se limitent, par exemple, au vol sans violence, pourquoi d'autres commettent-ils des vols avec violence et même, de prime abord, avant que la victime se révolte, ou menace, ou appelle au secours, commettent un assassinat avec le seul but du vol?

Les différences secondaires des conditions sociales, qui peuvent se vérifier même parmi les membres d'une même famille, qui pourrit dans un des bas-fonds de nos villes, ou bien sont entourés par les tentations de l'argent, du pouvoir, etc., ne suffisent pas, évidemment, à elles seules, à expliquer les différences énormes des actions résultantes, qui vont de la conduite honnête malgré tout au suicide et à l'assassinat.

Il faut donc poser la question dans un sens tout-à-fait relatif et demander lequel des trois ordres de causes naturelles du crime a plus ou moins d'influence dans la détermination de chaque crime, dans tel ou tel moment de la vie individuelle et sociale.

On ne peut pas donner une réponse tranchante et générale à cette question, car l'influence relative des conditions anthropologiques, physiques et sociales varie pour chaque action délictueuse, selon ses caractères psychologiques et sociaux.

Si nous considérons, par exemple, les trois grandes classes de crimes contre les personnes, contre la propriété et contre la pudeur, il est évident que chaque ordre de conditions déterminantes, et surtout les conditions biologiques et les conditions sociales, ont une influence tout-à-fait différente dans la détermination des meurtres, des vols ou des viols. Et cela se peut répéter pour toutes les catégories de crimes.

L'influence indéniable des conditions sociales, et surtout économiques, dans la détermination à commettre des vols, est bien moindre dans la cause des meurtres et des viols.

Et même, dans chaque catégorie de crimes, l'influence des conditions déterminantes varie de beaucoup selon les formes spéciales de criminalité.

Certains meurtres d'occasion sont évidemment l'effet des conditions sociales (jeu, alcoolisme, opinion publique, etc.), dans une mesure bien plus grande que certains meurtres, qui ne sont, en majorité, que l'effet de la férocité, de l'in-

sensibilité morale des individus, ou bien de leurs conditions psycho-pathologiques, auxquelles correspondent des
conditions organiques anormales.

Et, de même, certains attentats à la pudeur, incestes,
etc., sont en grande partie l'effet du milieu social, qui en
condamnant plusieurs personnes à vivre dans des bouges
sans air et sans lumière, avec une promiscuité brutale de
sexes entre parents et enfants, efface ou empêche en elles
tout sentiment normal de pudeur. Tandis que certains viols,
etc., dérivent en majeure partie des conditions biologiques
du criminel, soit dans des formes évidentes de psychopathie sexuelle, soit dans un degré moins évident, mais non
moins existant, d'anomalie biologique.

Et pour les vols aussi, tandis que les vols simples occasionnels sont, en grande partie, l'effet des conditions sociales et économiques, cette influence devient mineure en
comparaison des impulsions données par la constitution personnelle (organique et psychique) par exemple dans les vols
avec violence, et surtout dans les assassinats avec le but du
vol, que les « escarpes » de la « haute pègre » commettent
si froidement.

La même observation peut être faite pour les conditions
du milieu physique. En effet, si l'augmentation constante
des crimes-propriétés pendant l'hiver (et, comme j'ai démontré pour la première fois avec les statistiques criminelles françaises, pendant les années de température plus
rigoureuse) n'est qu'un effet *indirect,* par des raisons sociales et économiques de la température; d'autre part l'augmentation des crimes de sang et contre la pudeur pendant
les mois et les années de température plus haute, n'est
qu'un effet direct de la température même pour les individus, qui sont dans des conditions biologiques de résistance moindre contre ces influences.

Cependant, à ces conclusions que je soutiens depuis bien
d'années, on a fait une dernière objection.

On a dit que, même en admettant que pour certains crimes et criminels l'influence plus grande doit être reconnue
aux conditions physio-psychiques de l'individu, qui peuvent
aller de l'anomalie anthropologique peu évidente à l'état
pathologique le plus accentué, cela n'exclue pas que le
crime soit la conséquence des conditions sociales. En effet,
dit-on, les anomalies de l'individu ne sont à leur tour
qu'un effet du milieu social délétère, qui condamne ceux
qu'il entoure à une dégénérescence organique et psychique.

Cette objection est vraie, si on la prend dans un sens
relatif; mais n'a pas de fondement si on lui donne une
valeur absolue.

D'abord il faut songer que la définition entre cause et
effet n'est que bien relative, car chaque effet est à son tour
une cause et viceversa; de sorte que si la misère (matérielle et morale) est une cause de dégénérescence, la dégénérescence à son tour, comme l'anomalie biologique, est
une cause de misère. Et dans ce sens, la question serait
tout à fait méthaphysique, comme les fameuses discussions
byzantines, — s'il y a eu, à l'origine, l'œuf avant la poule
ou la poule avant l'œuf.

En effet, lorsqu'à propos de la géographie criminelle,
on a dit que la quantité et la qualité de la délinquence
dans telle ou telle province, au lieu d'être l'effet de conditions biologiques (race, etc.), et physiques (climat, sol,
etc.), n'étaient que l'effet des seules conditions sociales et
surtout économiques (agricoles, industrielles, etc.), j'ai pu
donner une réponse bien facile. Car, même en dehors des
vérifications statistiques, si les conditions sociales de telle
ou telle province, qui ont certainement leur influence, sont
réellement dans une liaison absolue et exclusive avec la
criminalité, on pourrait toujours demander: et ces conditions sociales de chaque province ne sont elles-mêmes l'effet
des caractères etniques d'énergie, d'intelligence, etc. de ses

habitants et des conditions plus ou moins favorables du climat et du sol?

Mais, avec plus de précision, on peut observer aussi que, même en dehors des conditions profondément pathologiques et plus visibles, qui rentrent cependant dans les facteurs biologiques du crime, il y a un nombre très grand de cas dans lesquels on ne peut pas dire, en fait, que les anomalies biopsychiques du criminel soient l'effet d'un milieu physiquement et moralement méphitique.

Dans chaque famille à plusieurs enfants, comme il y a, malgré le même milieu et les mêmes conditions favorables et avec des méthodes convenables d'instruction et d'éducation, des individus intellectuellement différents dès le berceau, soit par la quantité, soit par la qualité du talent, de même ces individus sont différents, dès le berceau, par leur constitution physiologique et morale. Et le phénomène, quoiqu'il ne soit évident que dans les cas moins nombreux des caractères plus accentués dans la normalité, ou dans l'anormalité, ne cesse pas d'être vrai aussi dans les cas plus nombreux des caractères médiocres.

Je ferai observer, à ce propos, que les conditions physiques et sociales ont une influence plus ou moins grande, selon que la constitution physio-psychique de l'individu est plus ou moins saine et forte.

De sorte que la conclusion pratique de ces observations générales sur la genèse naturelle du crime est celle-ci: que chaque crime est la résultante des conditions individuelles, physiques et sociales, et que, puisque ces conditions ont une influence plus ou moins prépondérante pour les différentes formes de criminalité, le moyen le plus sûr et le plus fécond qu'ait la société dans sa fonction de défense contre le crime est double, et doit être employé et développé simultanément. D'une part, l'amélioration des conditions sociales comme prévention naturelle du crime (so-

stitutivi penali), et, d'autre part, les mesures d'élimination perpétuelle ou temporaire, selon que l'influence des conditions biologiques dans la détermination du crime est presque absolue, ou est plus ou moins grande et plus ou moins curable.

En effet, lorsque nous observons le mouvement périodique de la criminalité, avec ses rytmes d'accroissement et de diminution, on ne peut même pas supposer que ces constantes variations accumulées dépendent d'une variation proportionnée des facteurs anthropologiques et physiques. Car, tandis que les chiffres de la criminalité sont loin de présenter cette fixité, qui a été beaucoup exagérée par Quetelet, les chiffres proportionnels au contraire sur le concours des âges, sexes, professions, etc. à la criminalité, présentent en réalité des différences minimes, d'année en année. Et pour les facteurs physiques, si avec quelqu'un on peut expliquer les variations brusques, dans telle ou telle époque, il est évident cependant qui ne le climat, ni la nature du sol, ni les conditions athmosphériques, ni les saisons, ni la température annuelle puissent avoir éprouvé dans le dernier demi-siècle telles modifications, constantes et accumulées, qui soient comparables à ces vraies ondées de criminalité, que nous verrons tout à l'heure dans presque tous les Etats de l'Europe.

C'est donc aux facteurs sociaux que nous devons en plus grande partie attribuer le mouvement périodique de la criminalité. Car, même les variations qui peuvent se vérifier dans quelques facteurs anthropologiques, comme la participation des âges et des sexes au crime, et l'explosion plus ou moins accentuée des tendances anti-sociales et pathologiques, dependent elles-mêmes, par contrecoup, des facteurs sociaux, tels que la protection de l'enfance abandonnée, la participation de la femme à la vie externe, commerciale et industrielle, les mesures de sûreté préventive et répressive, etc. Et, en second lieu, puisque les facteurs

sociaux prédominent sur la criminalité d'occasion et par
habitude acquise, et celles-ci sont le contingent plus nombreux de toute la criminalité, il est évident encore que
c'est aux facteurs sociaux qu'il faut attribuer en plus grande
partie le mouvement périodique du crime. Et cela est si
vrai, que, comme nous verrons toute à l'heure, les crimes
les plus graves, surtout contre les personnes, justement
parce qu'ils représentent en majorité la criminalité congénitale, suivent un mouvement bien plus ferme et fixe, que
ces petits mais bien plus nombreux délits contre les propriétés, l'ordre public, les personnes, qui sont plus occasionnels, et, microbes du monde criminel, sont l'effet plus
direct du milieu social.

C'est donc un autre mérite de l'école positiviste, que d'a-
voir insisté sur ce côté sociologique du problème de la criminalité, en indiquant aux législateurs, quel peut être, en
dehors des remèdes aussi faciles qu'illusoires des peines,
le vrai remède social et profond, en tant que possible, de
la criminalité.

III.

Après ces observations préliminaires, il est temps d'examiner de plus près les données générales du mouvement
de la criminalité en Europe, telles qu'on peut les recueillir
dans les séries de statistiques officielles, en les résumant
dans le tableau suivant et sa représentation graphique.

N'ayant aucune intention de faire de la statistique comparée, mais de relever tout simplement le mouvement périodique de la criminalité, ces données, très-difficiles à
comparer d'un pays à l'autre, mais homogènes dans les
séries de chaque pays, suffisent pour nous indiquer quelques faits assez importants.

Le phénomène général le plus évident, dans les pays étudiés, est *la fixité relative de la criminalité la plus grave avec*

l'augmentation continue de la délinquance la moins grave, surtout dans les pays à longues séries statistiques, comme la France, l'Angleterre, la Belgique. Cela provient en grande partie de l'accumulation progressive des infractions aux lois spéciales, qui se sont sans cesse surajoutées au fond primitif du code pénal; mais cela est aussi le symptôme d'une transformation vraie dans l'activité criminelle de ce siècle, par laquelle, la criminalité bourgeoise contre les propriétés s'étant graduellement substituée à la criminalité mediévale contre les personnes, on a une extension majeure avec une intensité moins grande.

Un autre caractère commun aux pays observés, c'est que dans la haute criminalité, tandis que les crimes les plus graves contre les propriétés marquent une diminution assez forte (France, ligne II du tableau graphique — Angleterre, XIII — Belgique, XXIII — Allemagne, VII — Irlande, XVI), au contraire *les crimes contre les personnes ont une marche plus ferme,* ou bien d'équilibre entre les extrêmes, comme la France (ligne XIII) et en Belgique (ligne XXIV), ou bien d'augmentation comme en Angleterre (ligne XIV), et plus encore en Allemagne (ligne VI). Mais ce phénomène, qui pour les crimes-personnes répond réellement aux conditions de l'activité criminelle en concours avec l'accroissement de la population; pour les crimes-propriétés au contraire, outre la transformation de la criminalité violente en criminalité d'adresse et de fraude, due à l'accroissement des propriétés mobilières, il n'est cependant en grande partie, que l'effet apparent d'un déplacement artificiel d'activité judiciaire, par la correctionalisation.

En passant maintenant à un examen sommaire des données principales pour chaque pays et en commençant par l'Italie, nous avons les moyennes proportionnelles et triennales suivantes :

ITALIE.

	1875-77	1886-88
Crimes et délits dénoncés : *(Affaires dé-* *terminées par le M. P.)* . . . . . de 100 à		103.5 - en 14 ans.

	1873-75	1886-88	
Personnes condamnées (pour délits et contravventions) par les Préteurs . de 100 à		129	⎫
Personnes condamnées par les Tribunaux- de 100 à		83	⎬ en 16 ans.
Personnes condamnées par les Cours d'assise . . . . de 100 à		72	⎭

	1871-73	1888-90
Détenus condamnés . . . . de 100 à		106 - en 20 ans.

Pour marquer la physionomie du mouvement de la criminalité italienne, la donnée initiale et caractéristique est dans le chiffre et la ligne des crimes et délits dénoncés (ligne VIII). En effet les lignes des personnes condamnées, quoiqu'elles représentent un fait juridiquement plus sûr, ont une signification statistique moins précise et moins sincère; non seulement parce que le nombre des individus jugés et condamnés (criminalité légale) ne représente pas tous les crimes et délits commis (criminalité réelle) ou découverts (criminalité apparente) dans l'année; mais surtout parce qu'il est sujet à plusieurs influences perturbatrices, qui peuvent en modifier la correspondance avec la criminalité réelle. Celle-ci au contraire est toujours plus directement liée, dans les périodes annuelles et dans les chiffres effectifs, à l'état de la criminalité apparente ou dénoncée.

Le chiffre plus ou moins grand d'affaires envoyées aux archives par le Ministère public et celui des affaires laissées sans poursuites parce que les auteurs sont restés inconnus, ou la preuve était insuffisante et la corréctionalisation plus ou moins arbitraire, sont des circonstances plus ou moins artificielles qui ôtent la correspondance statistique entre la donnée initiale des crimes et délits dénoncés et la donnée finale des individus condamnés. Et si le nombre annuel des crimes et délits dénoncés peut être, lui aussi, influencé par une facilité plus ou moin grande des populations à se plaindre des violations de leurs droits; il est vrai cependant que cette facilité peut varier beaucoup d'un pays à l'autre, mais dans le même pays d'une année à l'autre elle est bien moins variable que l'activité et la compétence judiciaires (1).

Cela est évident, pour l'Italie, dans la ligne des condamnés par les Cours d'Assises (x) comparée avec le chiffre des condamnés par les Préteurs; l'une de diminution continue, l'autre d'accroissement constant. Tandis que la ligne des condamnés par les Tribunaux (ix) suit plus fidélement la ligne des crimes et délits dénoncés (viii); laquelle à son tour est confirmée par la ligne qui représente la donnée opposée et définitive des détenus condamnés (xi), sauf les deux perturbations, artificielles aussi, des amnisties de 1876 et 1878.

Or l'examen du tableau graphique et des moyennes proportionnelles nous donne ces deux conslusions générales:

I. *Le mouvement de la criminalité en Italie, dans les dernières quinze années, a une disposition symétrique d'oscillations assez régulières autour d'un maximum, qui s'est réalisé en 1880.*

En effet la ligne des crimes et délits dénoncés (viii) confirmée par celle des condamnés par les Tribunaux (ix) et des détenus (xi), nous montre le maximum de 1880 précedé par une oscillation d'accroissement (1876-79) et suivi par une de diminution (1881-85), qui depuis 1886 est remplacée par une nouvelle oscillation périodique d'accroissement.

Cette disposition d'ondes quinquennales et symétriques dans la criminalité italienne, n'indique pas, selon moi, une

---

(1) Voir FRAZI, *Studi sulla criminalità in Francia dal 1826 al 1878.* Roma, 1881.

loi de rythme constant ; mais même en la prenant comme donnée empirique, et probablement transitoire, elle est assez intéressante. Et je crois aussi qu'on peut l'expliquer surtout par les conditions annuelles des facteurs physiques et sociaux plus variables et partant d'une action plus évidente.

En effet, dans la criminalité de tous les pays on observe une alternative, que quelqu'exception n'infirme pas, dans le mouvement périodique des crimes et délits contre les propriétés et de ceux contre les personnes, de sorte que les années d'augmentation pour les uns, marquent d'ordinaire une diminution pour les autres et viceversa : car les facteurs principaux de l'accroissement annuel des vols (disette et température rigoureuse) diminuent justement les coups et blessures, les meurtres et les attentats à la pudeur et viceversa (1). D'autre part les délits contre la propriété, très-nombreux, concourent plus que les autres à déterminer le total de la criminalité annuelle: de sorte que le maximum de 1880 en Italie (et du reste en France aussi et en Belgique, en Autriche) est dû surtout à la grande rigueur de l'hiver 1879-1880 coïncidant aussi, en Italie, avec une crise agricole indiquée par le prix très-haut du froment. Tandis qu'en 1881-85 on a eu des hivers très-doux avec des récoltes plus abondantes, et depuis 1886 une température plus rigoureuse et une crise économique plus aiguë (2).

II. *La tendance générale de ces oscillations périodiques dans la criminalité italienne est cependant, comme dans les autres pays d'Europe, bien plus à l'accroissement qu'à la diminution :* comme le démontrent aussi les moyennes pro-

---

(1) Ferri, *Das Verbrechen in seiner Abhängigkeit von dem jährlichen Temperaturwechsel*, Berlin, 1882. — Idem, *Variations thermométriques et criminalité* in *Archives anthr. crim.*, janv. 1887.

(2) Voir les preuves statistiques dans Rossi, *Influence de la température et de l'alimentation sur la criminalité en Italie* in *Actes du I congrès intern. d'anthr. crim.*, Rome 1886, p. 295.

portionnelles et triennales des crimes et délits dénoncés et des détenus condamnés.

Le tableau graphique nous montre en effet, surtout par les séries plus longues, que dans le mouvement de la criminalité de chaque pays il faut distinguer les oscillations particulières, plus ou moins prolongées, d'accroissement ou de diminution, de sa direction générale et permanente. Celle-ci est déterminée par les conditions fondamentales, physiques et sociales, de chaque peuple, outre la partie purement artificielle des infractions crées par des lois nouvelles. Les oscillations particulières sont déterminées au contraire par les variations annuelles dans tel ou tel facteur des délits les plus nombreux, c'est-à-dire l'abondance ou disette des récoltes, les variations annuelles de température, les crises industrielles et politiques, etc.

L'oubli de cette distinction statistique décisive, avec les préoccupations des écoles scientifiques et même des partis politiques, amène de curieux désaccords et de vives discussions sur les résultats de la statistique criminelle. Car d'un coté les partisans de l'école classique voient bien que l'augmentation obstinée des crimes et délits est la preuve aussi de cette « banqueroute des systèmes pénaux théoriques et pratiques jusqu'ici appliqués », qui fut avouée par M. Holtzendorff. Et d'autre côté on nie ou l'on affirme l'augmentation des crimes dans le but de soutenir ou de combattre tel ou tel ministère; car, surtout dans les parlements, est toujours vif et profond ce préjugé politique, que je dirais de l'*artificialisme social,* et par lequel on croit que la vie des sociétés, dans ses lignes fondamentales, morales ou économiques, soit déterminée bien plus par l'action de tel ou tel gouvernement que par celle de ses facteurs naturels, qui sont en grande partie supérieurs et étrangers à l'action gouvernementale et politique.

C'est pour cela, par exemple, qu'en Italie on a beaucoup discuté, ces dernières années, dans les publications scientifiques, dans les séances de la « Commission centrale de statistique judiciaire » et même dans le Parlement, sur le point de savoir si la criminalité était en augmentation ou en diminution.

Beltrani-Scalia (1) et Lombroso (2), presque à la même époque appelèrent l'attention publique sur l'accroissement de la criminalité italienne, et ils furent suivis par plusieurs partisans de l'école positiviste, tels que Ferri, Garofalo, Pavia, Pugliese, Guidi, Bournet, Barzilai, Rossi (3), qui mirent en évidence, que la tendance générale de la criminalité en Italie était à l'augmentation, et que les diminutions observées après 1880 n'étaient que des oscillations transitoires; et les faits sont venus bientôt leur donner raison, depuis 1886.

D'autre part les rapports officiels sur les statistiques criminelles et la majorité des membres de la Commission centrale de statistique judiciaire, en examinant une enquête proposée par moi-même sur la criminalité italienne depuis 1873, (car auparavant il n'y a de statistiques criminelles italiennes que pour 1853 et 1869-70), affirmaient que la criminalité tendait à diminuer. Mais leur conclusion n'était l'effet que du point de vue tout à fait partiel, auquel ils se plaçaient pour cause de nécessité polémique. En effet il comparaient les dernières années, de 1881 à 1885, avec le 1880 et alors il est naturel qu'après un maximum on ait des diminutions relatives. Et c'était seulement cette comparaison habile qui donnait une apparence de vérité positive à leurs affirmations optimistes, car lorsque la fièvre est à 40 degrés la diminution même d'un demi degré a une grande importance; et ils regardaient surtout la soidisante « haute criminalité », jugée par les Cours d'assise, qui est vraiment en diminution, mais par un effet purement artificiel d'une

(1) Beltrani-Scalia, *La riforma penitenziaria in Italia*. Rome 1879.
(2) Lombroso, *L'incremento del delitto in Italia*. II edit. Turin 1880.
(3) Voir la bibliographie statistique à la fin du volume.

croissante correctionalisation. Tandis que j'ai toujours soutenu, et M. Oettingen a approuvé, qu'il ne faut pas séparer les crimes et délits jugés par les Assises de ceux jugés par les Tribunaux, car il n'y a entr'eux qu'une différence de degré, comme il est évident pour les vols, les coups et blessures, les faux, etc.

Et il est curieux de rappeler, que des illusions pareilles on les a toujours eues dans tous les pays, justement par les raisons et les préjugés que j'ai indiqués ci-dessus. En France, par exemple, nous voyons très-souvent que les gardes des sceaux, dans leurs rapports sur les volumes de l'admirable et précieuse série des statistiques criminelles depuis 1826, de temps en temps relèvent ces oscillations de diminution et s'efforcent de les présenter comme indices d'une tendance constante et générale, que les chiffres des années suivantes ont toujours démentie. Il suffit en effet de regarder, dans le tableau graphique, les plus longues séries, telles que les délits en France (ligne I), Angleterre (XII) et Belgique (XXI) et les crimes et délits en Prusse (IV) pour voir comme les oscillations de diminution, même poursuivies pendant plusieurs années, n'ont pas empêché la reprise de l'ascension, avec de vraies ondes de criminalité qui se poursuivent et qui s'élèvent sans cesse.

Et en France, après 1840, on a soutenu la même discussion, avec les mêmes artifices polémiques qu'en Italie dans ces dernières années, pour décider si la criminalité était en augmentation ou en décroissement. MM. Dufau, Bérenger, Berryat de St. Prix, Legoyt affirmaient qu'elle avait diminué depuis 1826, contre l'opinion, qui était la vraie, de MM. De Metz, Dupin, Chassan, Mesnard et Fayet, qui les cite dans un de ses essais de statistique criminelle, à tort oubliés maintenant et si riches au contraire d'observations fines et profondes (1).

(1) Fayet, *Sur le progrès de la criminalité en France*, in *Journ. des économistes*, janv. 1846.

MOUVEMENT GÉNÉRAL DE LA CRIMINALITÉ DANS QUELQUES ÉTATS D'EUROPE.

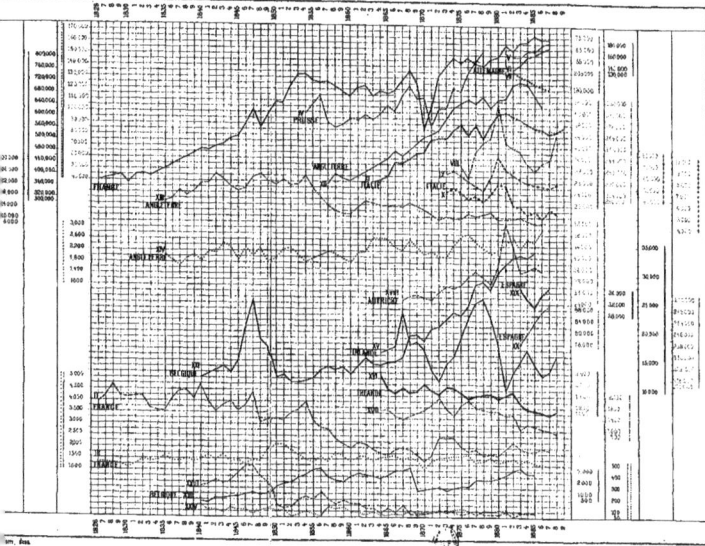

FRANCE — (1826-1887)
I. Délits jugés
II. Crimes jugés contre les propriétés
III. Crimes jugés contre les personnes

PRUSSE — (1854-1878)
IV. Affaires instruites pour crimes et délits

ALLEMAGNE — (1882-1887)
V. Personnes jugées pour crimes et délits contre l'ordre public
VI. Personnes jugées pour crimes et délits contre les personnes
VII. Personnes jugées pour crimes et délits contre les propriétés

ITALIE — (1873-1885)
VIII. Crimes et délits dénoncés (affaires déterminées par le Min. Publ.)
IX. Personnes condamnées pour délits
X. Personnes condamnées pour crimes
XI. Total des délinquants condamnés

ANGLETERRE — (1836-1886)
XII. Personnes jugées « sommairement » pour délits
XIII. Personnes jugées « criminellement » pour offenses contre les propriétés
XIV. Personnes jugées « criminellement » pour offenses contre les personnes

IRLANDE — (1864-1885)
XV. Personnes jugées « sommairement » pour délits
XVI. Personnes jugées « criminellement » pour offenses contre les propriétés
XVII. Personnes jugées « criminellement » pour offenses contre les personnes

AUTRICHE — (1867-1886)
XVIII. Personnes condamnées pour crimes et délits

ESPAGNE — (1883-1887)
XIX. Personnes jugées pour « délits »
XX. Personnes jugées pour « contraventions »

BELGIQUE — (1840-1885)
XXI. Personnes jugées pour délits
XXII. Personnes jugées pour crimes correctionnalisés
XXIII. Personnes jugées pour crimes contre les propriétés
XXIV. Personnes jugées pour crimes contre les personnes

Mais, comme pour la France alors, pour l'Italie de nos jours les statistiques suivantes ont bientôt démontré que le pessimisme, dont on nous accusait au nom de l'optimisme officiel, et même de l'amour propre national, n'était que l'observation fidèle d'une réalité douloureuse, qui se vérifie dans tous les pays par cette influence de la civilisation sur le crime, dont j'ai parlé plus haut.

Naturellement, pour chaque pays il faudrait, après ces reliefs généraux, observer le mouvement périodique de chaque catégorie principale de crimes et délits dans chaque département; car tous les crimes, ni dans toutes les régions, ne suivent pas la même marche annuelle. Mais cette étude ne pouvant pas rentrer dans le cadre de cet ouvrage, il est opportun de passer aux données générales pour les autres pays d'Europe.

FRANCE.

	1824-28	1885-87	
Affaires jugées pour contravventions de police	de 100	à 391	
Id., pour délits	» 100	à 397	
Id., pour crimes contre les personnes .	» 100	à 98	en 61 années.
Id., pour crimes contre les propriétés .	» 100	à 41	

BELGIQUE.

	1850-52	1883-85	
Personnes jugées par les Tribun. Corr. pour crimes correctionalisés, contre les personnes	de 100	à 109	en 36 années.
Id., contre les propriétés . .	» 100	à 162	

	1840-42	1883-85	
Personnes jugées par les Tribuun. Corr. pour délits . . .	de 100	à 260	
Id. par les Assises pour crimes contre les personnes	» 100	à 65	en 46 années.
Id. id., pour crimes contre les propriétés	» 100	à 21	

ANGLETERRE.

	1857-59	1884-86

Personnes jugées « sommairement »
pour délits . . . . . . de 100 à 176 en 30 années.

	1835-37	1884-86

Personnes jugées « criminellement »
  pour crimes contre les per-
    sonnes . . . . . . de 100 à 143 ⎫
Id., pour crimes contre les pro-   ⎬ en 55
  priétés et la circulation   ⎪ années.
  monétaire . . . . . » 100 à 55 ⎭

IRLANDE.

	1864-66	1886-88

Personnes jugées « sommairement »
  pour délits . . . . . de 100 à 95 ⎫
Personnes jugées « criminelle-   ⎪
  ment » pour crimes contre   ⎬ en 25
  les personnes . . . . » 100 à 57 ⎪ années.
Id., pour crimes contre les pro-   ⎪
  priétés et la circul. monét. » 100 à 52 ⎭

PRUSSE.

	1854-56	1876-78

Instructions pour contravventions et
  vols de bois . . . . . de 100 à 132 ⎫ en 25
Id. pour crimes et délits . . » 100 à 134 ⎭ années.

ALLEMAGNE.

	1882-84	1835-87

Personnes jugées pour crimes et dé-
  lits contre l'ordre public . de 100 à 110 ⎫
Id. contre les personnes . . » 100 à 116 ⎬ en 6
Id. contre les propriétés . . » 100 à 95 ⎭ années.

AUTRICHE.

	1867-69	1884-86

Personnes condamnées pour crimes . . . . de 100 à 122 ⎫ en 20
Id. pour délits . . . . . . » 100 à 495 ⎭ années.

ESPAGNE.

	1883-84	1886-87	
Personnes jugées pour crimes et délits	de 100 à 103		en 5
Id. pour contravventions . . » 100 à 113			années.

Le fait général plus constant, montré par ces données, est toujours l'accroissement très-remarquable de la délinquance moins grave avec la fixité ou la diminution legère de la criminalité contre les personnes, et avec la grande diminution de la criminalité contre les propriétés. On voit cela dans la France, l'Angleterre, la Belgique, sauf une augmentation, soit des crimes, soit des délits, en Autriche.

Il faut cependant dans ce fait général faire la partie à l'apparence et à la réalité.

D'un côté, la diminution des crimes plus graves contre les propriétés est due tout simplement à la correctionalisation, facultative en France et Italie, légale en Belgique (lois 1838 et 1848) et en Angleterre (loi 1856), par laquelle on préfère à la chance du jury les peines moins graves, mais plus certaines des Tribunaux. En effet les crimes contre les personnes, qui peuvent être correctionalisés avec moins de facilité, ne marquent pas une diminution si grande; et nous voyons justement, qu'en Belgique l'augmentation des crimes correctionalisés est due bien plus aux crimes contre les propriétés (62 %/o en 36 ans) qu'à ceux contre les personnes (9 %/o).

D'autre part, l'accroissement de la délinquance moins grave est en partie l'effet des lois spéciales, qui ont successivement créé de nouvelles infractions, délits ou contravventions. Je rappelerai, pour la France, la loi 1832 pour l'infraction au ban de surveillance, celle de 1844 sur les délits de chasse, celle de 1857 sur la tromperie dans la vente des marchandises, de 1845 sur les délits rélatifs aux chemins de fer, de 1849 sur l'expulsion des étrangers réfugés, de 1873 sur l'ivresse, de 1874 sur la conscription des chevaux, etc. Des effets statistiques de ces lois et de l'influence du nombre croissant des agents de police je me suis occupé dans mes « Etudes sur la criminalité de France» (Rome 1881); et je n'ajouterai ici qu'une seule observation. Et c'est, que s'il est vrai, comme dit M. Joly (1), que d'autres lois, depuis 1826, ont effacé quelques délits, ou bien elles en ont diminué la fréquence avec des dispositions moins rigoureuses; il est vrai cependant que les infractions nouvelles, créés dans ce demi-siècle, donnent des chiffres bien plus grands que ceux des infractions effacées ou rendues moins faciles. De sorte que dans l'accroissement du 297 % dans les délits jugés en France de 1826 à 1887, on ne peut pas exclure la partie qui revient à la création légale des nouvelles infractions.

Il est indéniable cependant, que pour certains délits plus fréquents on a un accroissement réél et très-remarquable, en dehors de toute perturbation législative et statistique.

La même observation peut être faite pour l'Angleterre: là aussi l'augmentation de 76 % en 30 ans dans les délits jugés « sommairement » est dû en partie aux infractions nouvelles, créés par les lois spéciales, et surtout par l'*Education Act* de 1873, dont les infractions étaient plus de 40.000 en 1878 et plus de 65.000 en 1886 (2).

À propos de cette délinquance de l'Angleterre (dans laquelle outre les vrais délits entrent aussi des infractions analogues aux « contravventions de police » des législations italienne, française, belge, autrichienne) il faut justement observer que cette augmentation de 76 % en 30 ans est due plus aux contravventions qu'aux délits. Et cela donnerait une différence remarquable entre le mouvement de la délinquance en Angleterre et en France.

(1) JOLY, *La France criminelle*, Paris 1890, p. 13.

(2) LEVI, *A Survey of indictable and summary Iurisdiction offences* in *Journ. of Stat. Soc.* Sept. 1880, pag. 424.

Si nous analysons le chiffre des infractions « jugées sommairement » en Angleterre, on trouve que les contravventions à la loi sur l'ivresse entrent pour la plus grande partie dans cet accroissement (de 82.196 en 1861, à 183.221 en 1885 et 165.139 en 1886). Tandis que les délits contre les personnes *(assaults)* et contre les propriétés *(stealing, larceny, malicious offences)* n'ont pas marqué une augmentation aussi grande.

En effet, si nous comparons le mouvement des coups et blessures et des vols en France et en Angleterre, nous avons :

ANGLETERRE.

	1861-63	1879-81
Personnes jugées « sommairement » :		
pour *assaults* . . . . de	100 à	102
pour *stealing, larceny, malicious offences* . . . . »	100 à	110

FRANCE.

Affaires jugées par les Tribunaux :		
pour *coups et blessures volontaires* de	100 à	134
pour *vols simples* . . . . . . »	100 à	116

De sorte qu'en Angleterre, non seulement le total de la délinquance, mais plus spécialement les délits plus communs contre les personnes et les propriétés, marquent une augmentation moins grande à celle qui s'est vérifiée, pour la même période, en France. Et cela, tout en rappelant l'accroissement plus grand des crimes-personnes en Angleterre (contemporain toutefois au redoublement de la population anglaise en 55 ans) pourrait démontrer, selon moi, l'influence utile des institutions anglaises contre certains facteurs sociaux de délinquance (protection de l'enfance abandonnée, des pauvres, etc.), malgré le grand développement d'activité économique, qui certes n'est pas inférieure à celle de la France. C'est-à-dire que ce fait confirme mes conclusions sur les facteurs sociaux du crime, et contredit à la théorie optimiste de Poletti.

Et nous en avons un autre symptôme justement en cela, que tandis que les autres Etats de l'Europe voient toujours croissant le nombre des mineurs condamnés, en Angleterre au contraire il y a diminution; de 9640 mineurs de 16 ans condamnés en 1865 avec 24 millions d'habitants, la Grande Bretagne en a eu 5433 en 1883 avec une population de 29 millions (1).

Mais la partie réelle dans l'accroissement général de la criminalité en Europe est déterminée par d'autres causes, en dehors des influences artificielles des variations législatives. Et entr'elles, la cause plus générale et constante, dans tous les milieux physiques et sociaux, est *l'accroissement annuel de la population,* qui, en augmentant la densité des habitants dans chaque territoire, accroît les rapports matériels et juridiques et partant la matière objective et subjective de la criminalité.

Avec les chiffres de la statistique italienne sur l'*Etat civil en 1883,* reproduits aussi par M. Levasseur (2), nous avons, pour les périodes correspondantes au mouvement de la criminalité, les augmentations proportionnelles suivantes dans la population des différents pays, sauf l'Irlande, qui à cause de l'émigration, est au contraire en decroissement:

Italie	- de 1883 (22.104.789 ('))	à 1889 (30.947.303) accroissement de	40 0/0
»	- de 1873 (27.165 553)	à 1888 (30.565.188)	»	13 »
France	- de 1826 (31.859.937)	à 1887 (38 218.903)	»	20 »
Belgique	- de 1840 (4.072.619)	à 1885 (5.583.278)	»	41 »
Prusse	- de 1852 (21.046 934)	à 1878 (26 614.428)	»	26 »
Allemagne	- de 1882 (45.717.000)	à 1887 (47.540.000)	»	4 »
Angleterre	- de 1831 (13.896.797)	à 1886 (27.870.586)	»	101 »
»	- de 1861 (20.066 224)	à 1886 (27.870.586)	»	39 »

(1) *Bullelin de la Soc. des prisons.* Paris févr. 1888.

(2) Levasseur, *Statistique de la superficie et de la population des contrées de la Terre* in *Bull. Inst. Intern. de Stat.* Rome 1886, ii, 3.

(') Sans la Vénise et Rome.

Irlande	— de 1861 (5.798.967)	à 1883 (4.777.545) décroissement de 17 »
Autriche	— de 1869 (20.217.531)	à 1876 (23.070.688) accroissement de 14 »
Espagne	— en 1884 (17.193.689).	

À propos de cet accroissement de la population il faut cependant observer, d'abord qu'il agit comme facteur de criminalité, en tant qu'il n'est pas neutralisé, tout ou en partie, par d'autres influences, surtout sociales, qui préviennent ou atténuent le crime. En second lieu, il n'est pas exact de comparer tout simplement les chiffres proportionnels d'accroissement de la population à ceux de la criminalité, comme par exemple a fait M. Bodio, en disant qu'en Italie de 1878 à 1883 « puisque la population était augmentée du 7,5 %, la criminalité aurait pu s'accroître pour la même période dans la proportion du 7,5 % sans qu'on pouvait la dire réellement augmentée » (1). En effet, comme l'a remarqué M. Rossi (2), puisqu'en Italie et dans presque tout les Etats d'Europe l'accroissement de la population est du au surcroît des naissances sur les morts (car l'émigration est plus nombreuse que l'immigration), il est évident que lorsqu'on examine des périodes courtes, la population augmente avec un contingent qui, pour les premières dix ou douze années de la vie, n'augmente pas la criminalité, du moins comme sujet actif. Les morts au contraire diminuent toutes les âges de la vie, mais en plus grand nombre ceux, dans lesquels l'homme peut commettre et commet réellement des crimes et délits.

Mais, ne pouvant pas entrer ici dans les détails, je dois me borner à rélever quelques faits caractéristiques, mis en lumière par le tableau graphique de la criminalité en Europe. Par exemple, nous voyons l'influence analogue de la grande disette de 1846-47 sur les délits contre la propriété

(1) Bodio. in *Actes de la Comm. de Stat. judic.* Romo 1886, p. 32.
(2) Rossi, *Le recenti statistiche giudiziarie italiane* in *Arch. psich.* 1889, X, 493.

en France comme en Belgique; les oscillations rapides de la criminalité en Irlande, qu'en indiquent l'instabilité des conditions politiques et sociales; enfin l'analogie dans le mouvement de la criminalité en France et en Prusse. Nous voyons en effet pendant le période 1860-70 une diminution constante de criminalité, à laquelle suit (après la perturbation même statistique de l'année terrible 1870-71), une période d'accroissement grave et continue, de criminalité, par contre-coup des conditions sociales et économiques, comme l'indique surtout l'augmentation du vagabondage et des vols après 1875.

Tous ces faits généraux démontrent à l'évidence la liaison directe et profonde de la criminalité avec l'ensemble de ses différents facteurs. De sorte que, en laissant de côté les recherches plus détaillées sur quelques facteurs sociaux du crime, susceptibles d'expression statistique, comme l'augmentation des agents de police, l'abondance ou disette de céréales et de vin, l'accroissement de l'acoolisme, les conditions de la famille, l'augmentation des propriétés mobiliaires, la facilité ou difficulté de la justice civile, les crises commerciales et industrielles, le niveau des salaires, les variations annuelles des conditions générales de l'existence, etc., malgré les développements de l'instruction, et des institutions de prévoyance et de bienfaisance (1); il nous faut maintenant tirer de ces données de la statistique les plus importantes conclusions de sociologie criminelle.

IV.

Il est donc demontré que la criminalité augmente dans son ensemble, avec des oscillations annuelles plus ou moins graves, qui s'accumulent dans une série de vraies ondées

---

(1) Toutes ces recherches sont exposées dans mes *Études sur la criminalité en France de 1826 à 1878*. Rome 1881.

criminelles. Et il est donc évident, que le niveau de la criminalité est déterminé, chaque année, par les différents conditions du milieu physique et social combinées avec les tendances héréditaires et les impulsions occasionnelles des individus, suivant une loi, que, par analogie avec les donnée de la chimie, j'ai appelée de *saturation criminelle*.

De même que dans un tel volume d'eau, à une température donnée, on a la solution d'une quantité fixe de substance chimique, pas un atome de plus, pas un de moins; de même dans un tel milieu social, dans des conditions individuelles et physiques déterminées, on a l'exécution d'un nombre déterminé de crimes, pas un de plus, pas un de moins.

Notre ignorance de beaucoup de lois physiques et psychiques et des innombrables conditions de fait, nous empêchera de prévoir, d'une façon précise, ce niveau de la criminalité. Mais il n'est pas moins l'effet nécessaire et inévitable de tel ou tel milieu physique et social. En effet les statistiques démontrent que les variations de ce milieu sont toujours accompagnées par des oscillations, connexes et proportionnées, de la criminalité. En France par exemple (et l'observation peut être répétée dans tout pays qui ait une longue série de statistiques criminelles) les chiffres des crimes-personnes varient peu en 62 ans, comme en Angleterre et Belgique, car leur milieu spécial est à son tour moins variable, ne pouvant pas les dispositions héréditaires et les passions humaines varier profondément et fréquemment, si non par effet d'extraordinaires perturbations météoriques ou sociales. J'ai demontré en effet, que les changements plus graves dans les crimes-personnes en France se sont vérifiés, soit pendant les revolutions politiques, soit dans les années de chaleur plus haute, ou bien de consommation extraordinaire de viande, céréales et vin, ce qu'explique la hausse exceptionnelle de 1849 à 1852 qu'on voit dans la ligne III du tableau graphique. Au contraire pour

les délits mineurs contre les personnes, comme plus occasionnels, j'ai demontré que, par exemple, les coups et blessures volontaires, suivent surtout, dans leurs oscillations
annuelles, l'abondance ou non de la récolte du vin, de
même que dans leurs oscillations mensuelles il marquent
une hausse caractéristique dans les époques de la vendeange,
malgré la constante diminution des autres délits et crimes
contre les personnes, de juin à décembre (1).

D'autre part, les crimes et plus encore les délits, contre
les propriétés, marquent des profondes oscillations à cause
de la variabilité de leur milieu spécial, qui est presque
toujours en état d'équilibre instable, comme dans les époques de disette et de crise commerciale, financière, industrielle, etc., tout en ressentant l'influence aussi du milieu
physique, car j'ai demontré que les crimes et délits contre
les propriétés marquent des hausses extraordinaires dans
les années d'hiver plus rigoureux, et des diminutions dans
les années d'hiver plus doux (2).

Et cette correspondance entre les facteurs physiques et
sociaux plus généraux, puissants et variables de la criminalité, et les manifestations plus caractéristiques de celle-
ci, comme vols, blessures et attentats à la pudeur, est si
constante et directe, que lorsque j'étudiais la criminalité

(1) *Socialismo e criminalità*. Torino 1883, chap. 2.
(2) *Das Verbrecten in seiner Abhängigkeit von dem jährlicten Temperaturwechsel*, in *Zeitschr. für die ges. Strafrechtswiff*, Berlin 1882. —
Variations thermométriques et criminalité, in *Archives d'anthr. crim.*
Lyon 1887.

Pour l'influence des récoltes et des prix des céréales sur les crimes-pro-
priété est rémarquable (avant le tableau de MAYR, ouvr. cité) un diagramme
de MAYHEW et BINNY, *The criminal prisons of London*, London 1863, pag.
451, qui met en rapport le prix annuel du froment et la proportion des délinquants avec la population de 1834 à 1849.

Une étude analogue, pour les catégories principales des crimes, de 1870
à 1880 en Allemagne est celle de FULD, *Der Einfluss der Lebensmittelpreise
auf die Bewegung der Strafbaren Handlungen*, Mainz 1881. Et pour
l'Italie de 1875 à 1883, ROSSI in *Arch. psich.*, 1885, p. 501.

de France dans son mouvement annuel, en voyant quelqu'oscillation extraordinaire dans les crimes ou délits, je prévoyais que dans les chroniques de l'année correspondante j'aurais trouvé la notice d'une crise agricole, ou politique, et dans les statistiques météorologiques un hiver ou un été exceptionnel. De sorte qu'avec la seule ligne d'un diagramme de statistique criminelle j'arrivai à reconstruire, dans ses traits les plus saillants, la condition historique de tout un pays. Et l'expérimentation psychologique me confirmait ainsi la vérité de cette loi de saturation criminelle.

Non seulement, mais on peut ajouter que, de même dans la chimie, outre la saturation normale on a, par augmentation de la température du milieu liquide, une exceptionnelle sur-saturation; ainsi dans la sociologie criminelle, outre la saturation ordinaire, on observe quelquefois une vraie sur-saturation criminelle, par les conditions exceptionnelles du milieu social.

En effet, il faut observer d'abord que la criminalité principale et typique a une sorte de criminalité *reflexe;* puisque l'accroissement des crimes plus graves ou plus fréquents entraîne avec soi une augmentation de rébellions et outrages aux fonctionnaires publiques, de faux-témoignages, injures, infractions au ban de surveillance, évasions, etc. Et certains crimes ou délits ont aussi leurs délits *complémentaires,* qui après en avoir été la conséquence, en deviennent la cause; ainsi avec les vols augmentent le récelement et l'achat de choses volées; avec les meurtres et blessures le port abusif d'armes; avec les adultères et les injures, le duel, etc. Et *viceversa.*

Mais, après cela, on a des vraies sur-saturations criminelles, exceptionnelles et partant transitoires. L'Irlande et la Russe nous en offrent des exemples évidents avec leurs crimes politiques et sociaux; de même l'Amérique, pendant les agitations électorales. Ainsi en France avant et après le 2 décembre 1851 nous trouvons que le récel de délinquants, tandis que dans toutes les périodes quadriennales de 1826 à 1887 ne surpasse pas le chiffre de 50, en 1850-53 arrive à 239. De même pendant la disette de 1847 le crime de pillage des céréales arrive en France au chiffre de 42 dans une seule année, tandis que dans tout un démi-siècle il donne à peine le total de 75. Il est notoire aussi que les années de cherté des subsistances, ou d'hiver plus rigoureux, un grand nombre de vols et de petits délits sont commis seulement pour avoir un logement dans la prison. Et à ce propos j'ai observé, en France, que d'autres délits contre la propriété diminuent au contraire pendant les disettes, par un motif psychologique analogue, avec une espèce de paradoxe statistique. Ainsi par exemple j'ai trouvé que, de même que l'oïdium et le phylloxéra valent mieux que les rigueurs pénales pour diminuer le nombre des coups et blessures, ainsi la disette réussit mieux que les meilleures serrures et les chiens lâchés dans la cour des prisons, à empêcher les évasions de détenus, car ceux-ci sont retenus alors par l'avantage d'être nourris par l'Etat.

Par une raison analogue en 1847, année de disette, tandis que tous les crimes et délits contre les propriétés eurent un accroissement si extraordinaire, les seules crimes de vol et abus de confiance commis par les domestiques marquérent une diminution caractéristique, parce que, mieux que par les peines, ils furent empêches par la préoccupation de n'être pas chassés par leurs maîtres, en pleine crise economique (1). Et M. Chaussinand en confirmant mon ob-

(1) En voilà les chiffres;

FRANCE (Cours d'Assise)	1844	1845	1846	1847
Crimes contre les propriétés	3767	3396	3581	4235
Abus de confiance par les domestiques	136	128	168	104
Vols par les domestiques	1001	874	924	896

servation ajoute, que pendant les crises économiques (disettes, cherté des grains), décroît aussi le nombre des contumaces « parce que les voleurs, les vagabonds, préfèrent se laisser arrêter pour éviter la misère qui frappe au dehors des prisons (1) ».

De cette loi de saturation criminelle dérivent deux conclusions fondamentales pour la sociologie criminelle.

La première est, qu'il n'est pas exact d'affirmer cette régularité mécanique des crimes, qui depuis Quetelet a été beaucoup exagérée. On a répété trop à la lettre sa fameuse expression, qu' « il y a un impôt payé annuellement avec plus de précision que tout autre, le budget du crime »; et qu'on peut calculer d'avance combien de personnes seront meurtriers, empoisonneurs, faussaires, etc., car « les crimes se reproduisent chaque année dans le même nombre, avec les mêmes peines, dans les mêmes proportions (2) ». Et on répète toujours avec les statisticiens que « d'un an à l'autre les crimes contre les personnes varient au plus de 1/25 et ceux contre les propriétés de 1/50 », ou bien qu'il y « a une loi des limites du crime, qui ne dépassent pas les variations de 1/10 (3) ».

Cette opinion, née chez Quetelet et d'autres staticiens par suite d'une observation bornée aux crimes plus graves et à une série très-courte d'années, a été déjà réfutée en partie par Maury même et Rhenisch, et plus ouvertement par Aberdare, Mayr, Messedaglia, Minzloff (4).

(1) Chaussinand, *Étude sur la statistique criminelle en France*, Lyon 1881, p. 18.

(2) Quetelet, *Du système social, etc.*, Paris 1848, Liv. i. Sec. 2, ch. 2. — Idem, *Physique sociale*, Bruxelles 1869, Liv. iv, § 8. — Buckle, *Histoire de la civilisation en Angleterre*, Paris 1865, i, 23. — Wagner, *Die Gesetzmässigkeit in dem scheinb. willk. Handl.* Hamburg 1864, p. 44.

(3) Maury, *Du mouvement moral de la Société* in *Rev. des deux mondes*, Sept. 1860. — Poletti, *Teoria della tutela penale*, 1878, ch. 6.

(4) Rhenisch, cité par Block, *Traité de stat.*, ii edit. Paris 1886, p. 119. — Aberdare, *Crimes et délits en Angleterre*, in *Rir. carc.* 1876. — Mayr,

En effet, si le niveau de la criminalité est déterminé nécessairement par le milieu physique et social, comment pourrait-il rester fixe, malgré les variations continuelles et quelquefois très grandes de ce milieu même ? Ce qui sera fixe, ce sera la proportion entre un milieu donné et le nombre des crimes ; et c'est là justement la loi de saturation criminelle. Mais le chiffre de la criminalité ne sera jamais égal à soi-même d'année en année ; on aura une régularité dynamique, mais non une régularité statique.

De sorte que le déterminisme de la sociologie criminelle ne consiste pas à affirmer le fatalisme ou la prédestination des actions humaines, les crimes compris ; mais tout simplement leur dépendance nécessaire de leurs causes naturelles, et avec cela la possibilité de modifier les effets en modifiant l'action de ces causes mêmes. Ce, qui du reste avait été reconnu aussi par Quetelet lui-même, lorsqu'il disait : « Si nous changeons l'ordre social nous verrons immédiatement changer les faits, qui s'étaient réproduits avec tant de constance. Ce sera alors aux statisticiens à reconnaitre si les changements ont été utiles ou nuisibles. Ces études démontrent, donc, la mission importante du législateur et la partie de responsabilité, qu'il doit avoir dans tous les phénomènes de l'ordre social ».

La deuxième conséquence de la loi de saturation criminelle, et qui a une grande importance théorique et pratique, est la démonstration positive, que les peines regardées jusqu'ici, en dehors de quelques déclarations platoniques, comme les meilleurs remèdes contre le délits, n'ont point la puissance, qu'on leur attribue. Car les crimes et délits augmentent et diminuent par un ensemble d'autres causes, qui ne sont pas, tant s'en faut, les peines facilement écrites

Statist. e vita sociale, Turin 1886, ii ediz., p. 554. — MESSEDAGLIA, _La statist. della criminalità_, Rome 1879. — MINZLOFF. _Études sur la criminalité_ in _Philos. posit._, sept., déc. 1830.

par les législateurs et appliquées par les juges et les administrateurs.

L'histoire nous en donne des exemples lumineux.

L'empire Romain, lorsque la société était tombée dans une corruption si profonde, et qui reproduit tant des symptômes de notre époque, en vain édicta des lois pour frapper « *gladio ultore et exquisitis poenis* » les coupables de célibat, adultère, inceste, « *Venus prodigiosa* ». Dion Cassius *(Hist. rom.,* LXXVI, 16) raconte, que dans la seule Rome, après la loi de Septime Sévère, on fit trois mille procès pour adultère. Mais les lois sévères contre ces crimes continuèrent jusqu'à Justinien, ce qui démontre que les crimes n'avaient pas été empechés et, comme dit Gibbon *(Hist. de la décad. de Rome,* chap. 44), la loi Scatinia contre la « venus nefanda » était tombée en désuétude « par le temps et la multitude des coupables ». Et cependant, nous voyons de nos jours, par exemple en France, qu'il y a des personnes qui voudraient s'opposer au célibat avec le seul remède d'une peine édictée exprès !

Depuis le moyen-age la douceur croissante des mœurs a fait diminuer ces crimes de sang, jadis si nombreux qu'il fallaient alors plusieurs espèces de « trèves » et de « paix », malgré les pénalités féroces des siècles passés. Et Du Boys appelle naïf Cettes, parce que celui-ci, après avoir donné un tableau des épouvantables supplices de son temps en Allemagne (siècle xv), s'étonnait que tous ces tourments et ces peines n'eussent pas empêché l'augmentation des crimes (1).

Rome impériale eut l'illusion d'étouffer le christianisme avec les peines et les tourments, qui semblaient au con-

---

(1) Du Boys, *Histoire du droit criminel*, Paris 1858, II, p. 613.

En Italie, au siècle XVI, outre toutes les formes horribles de la peine de mort, communes à tous les pays d'Europe, on avait même la vivisection des condamnés à mort. ANDREOZZI, *Le leggi penali degli antichi cinesi,* Firenze 1878.

traire en accroître la flamme. De même l'Europe catholique eut l'illusion d'éteindre le protestantisme avec les persécutions pénales, en atteignant comme toujours le but contraire. Et si la réforme religieuse ne répandit pas ses racines en Italie, France et Espagne, cela doit s'expliquer par des raisons de psychologie ethnique, en dehors des bûchers et des carnages, car elle ne s'y enracina pas non plus lorsque les croyances religieuses furent libres. Ce qui n'empêche pas tous les gouvernements de tous le pays de croire toujours, que pour empêcher la diffusion de certaines doctrines politiques ou sociales, il n'y a rien de mieux à faire qu'édicter des lois pénales exceptionnelles, sans voir que, comme pour la vapeur, de même pour les idées ou les préjugés, la compression augmente la force d'expansion.

L'instruction populaire a fait disparaître ces prétendus crimes de magie et de sortilège, qui cependant avaient resisté aux peines les plus atroces de l'ancien et du moyen age.

Le blasphème, malgré la coupe du nez, de la langue et des lèvres, menacée par les lois pénales et continuée en France de Louis XI jusqu'à Louis XV, fut très fréquent pendant le moyen age, car il était une forme pathologique ou anormale (comme les sortilèges, les extases, la claustrophilie) du sentiment religieux qui eut alors un épanouissement extraordinaire. Et l'habitude du blasphème a diminué, justement lorsqu'on cessait de la punir, avec l'évolution psychologique et sociale de nos temps. Ou bien elle continue encore, par exemple en Toscane, où le code pénal Toscan (art. 136) qui fut en vigueur jusqu'au 31 décembre 1889, la punissait avec la prison de un a cinq ans! Et l'illusion sur l'efficacité des peines est si enracinée, qu'en 1875 on proposa au Sénat de mettre cette pénalité dans le nouveau code pénal italien. Et, par exemple, à Murcie, en Espagne, on a récemment rétabli les procés contre les blasphémateurs.

Mittermayer remarquait que si en Angleterre et en Écosse on a un nombre bien moindre de faux témoignages, parjures, rébellions, qu'en Irlande et dans le continent, cela doit être déterminé en grande partie par le caractère national (1) qui est un des éléments héréditaires de la vie normale, et partant de la vie anormale ou délictueuse de chaque peuple.

Même en dehors des statistiques nous pouvons donc nous persuader que les crimes et les peines vivent dans deux sphères presqu'excentriques; mais lorsque la statistique vient confirmer l'enseignement de l'histoire, il n'y a plus de doute possible sur la très-petite (je ne dis pas nulle) puissance répulsive des peines contre les crimes.

À la statistique nous pouvons demander en effet une preuve éloquente, en relevant le mouvement de la répression en France, pendant 60 ans, comme j'ai déjà fait dans mes *Études* déjà citées.

Lorsqu'on parle de répression des crimes, il faut avant tout distinguer celle qui résulte du caractère général de la législation pénale, plus ou moins sévère, de celle qui se réalise dans l'application de la loi même par les juges. Or, quant à la législation, ce n'est certainement pas au relâchement de la pénalité qu'on peut en France attribuer l'accroissement de la criminalité. Car les réformes législatives survenues, spécialement en 1832 et 1863, avec les révisions générales du code pénal, adoucirent partiellement les peines, mais dans le but et avec l'effet réel, suivant les mêmes rapports officiels sur les statistiques criminelles, d'affermir la répression judiciaire, en facilitant l'application de peines moins exagérées. C'est une loi psychologique en effet que la répugnance des jurés comme des juges pour les peines excessives et leur préférence plu-

---

(1) Mittermayer, *Traité de la procédure criminelle en Angleterre, etc.* Paris 1868, p. 53.

tôt pour l'absolution. Et du reste on sait que s'il y a en Europe un code pénal qui ne soit pas trop doux, c'est justement le français, le plus ancien maintenant des codes pénaux en vigueur et qui se ressent beaucoup du rigorisme militaire de son époque. Et il faut ajouter que pour certains crimes, par exemple pour les viols et attentats à la pudeur, qui cependant augmentent toujours en France, on a accrû les peines avec plusieurs lois successives. De même pour le chantage, qui s'est fait toujours plus fréquent, comme remarque aussi M. Joly, malgré les peines sévères de la loi de 1863 (1).

La question donc se réduit à la répression judiciaire, dont il faut voir le mouvement dans le dernier demi-siècle, car c'est à elle que revient évidemment le plus d'influence sur la criminalité. Les lois en effet n'ont aucune action réelle si elles ne sont pas appliquées plus ou moins rigoureusement; car dans les couches sociales, qui contribuent de plus à la criminalité, les lois ne sont connues que par leur application pratique, qui est aussi la seule fonction vraiment défensive, avec la prévention spéciale contre la répétition du crime par le condamné.

De sorte que pour le sociologue criminaliste ont bien peu de valeur les raisonnements des juristes et des législateurs, fondés uniquement sur l'illusion psychologique que les classes dangereuses se préoccupent de la rédaction d'un code pénal, comme le pourraient les classes plus instruites et moins nombreuses. Les classes dangereuses bien plus qu'aux articles du code, prennent garde aux sentences du juge, et plus encore à l'exécution administrative de ces sentences mêmes. À ce propos je ne crois pas exacte la prévision de Garofalo sur l'effet dangereux que l'abolition législative de la peine de mort en Italie fera sur l'imagination du peuple: car celui-ci savait bien que désormais,

(1) JOLY, Le crime, Paris 1888, p. 122.

quoique écrite dans plusieurs articles du vieux code et dans environ soixante sentences par an, la peine de mort cependant n'était plus exécutée, ce qui est l'essentiel, depuis une quinzaine d'années.

Les éléments d'où résulte la plus ou moins grande sévérité de répression judiciaire sont de deux sortes:

I. La proportion des acquittés sur le total des individus jugés.

II. La proportion différente des peines plus graves sur le total des individus condamnés.

Vraiment, la proportion des acquittés ne devrait pas indiquer une différente sévérité de *répression*, car condamner ou absoudre devrait signifier seulement certitude ou non de culpabilité, suffisance ou non des preuves. Mais, en fait, l'augmentation proportionnelle des condamnations représente aussi une plus grande sévérité des juges, et surtout des jurés, qui la manifestent justement soit en se contentant de preuves moins scrupuleuses, soit en admettant plus facilement les circonstances aggravantes. Ce qui est confirmé aussi par les acquittements très-rares dans les jugements en fait de contumace.

De ces deux éléments le premier est certainement le plus important, car c'est une loi psychologique que l'homme, pour la peine, comme pour toute douleur, est plus retenu par la certitude que par la gravité du châtiment. Et c'est un mérite des criminalistes de l'école classique que l'insistance avec laquelle ils ont soutenu qu'une peine douce mais certaine est plus efficace qu'une atroce, mais qui laisse un plus grand espoir d'impunité. Il est vrai cependant qu'ils ont ensuite exagéré cette théorie, en se préoccupant trop d'obtenir des adoucissements et des raccourcissements même excessifs des peines, sans mettre la même constance pour en obtenir la certitude par les réformes de la procédure et de la police judiciaire.

FRANCE	Proportion des acquittés pour 100 individus jugés		
	Cours d'Assises (en contradictoire)	Tribunaux (délits)	TOTAL
I — 1826-30	39	31	32
II — 1831-35	42	28	30
III — 1836-40	35	22	23
IV — 1841-45	32	18	19
V — 1846-50	36	16	17
VI — 1851-55	28	12	13
VII — 1856-60	24	10	7
VIII — 1861-65	24	9	6
IX — 1866-69	23	17	8
X — 1872-76	20	6	6
XI — 1877-81	23	5	6
XII — 1882-86	27	6	6

La diminution dans la proportion des acquittés est évidente et continue, soit aux Assises, soit aux Tribunaux, sauf pour la dernière période. Ce qui peut exprimer aussi un soin plus grand des magistrats dans l'instruction des procès: mais qui marque toujours une tendance incontestable à une sévérité judiciaire croissante et qui cependant n'a pas empêché l'accroissement de la criminalité.

De cette décroissante indulgence des juges nous pouvons relever les raisons, en dehors des variables dispositions des juges mêmes, suivant leur choix ou leurs conditions psychologiques, d'abord dans les renversements politiques, qui, selon la remarque de Quetelet, ont toujours l'effet d'affaiblir momentanément la répression pour la rendre plus sévère tout de suite (comm'on voit aux périodes v et x, après 1848-52 et 1870-71) et en second lieu dans les changements législatifs.

Nous voyons en effet une remarquable diminution d'acquittements à la III période, par effet de la loi de 1832, qui en adoucissant les peines et en introduisant pour la première fois les « circonstances atténuantes » (qui sont un signalement inconscient, et partant susceptible d'abus, des diffé-

rentes catégories de criminels) facilitait les condamnations.
En effet, d'un côté on éliminait la répugnance des juges aux
peines excessives, tandis que de l'autre coté, vis-à-vis d'une
lois qui adoucissait la pénalité, était spontanée chez les juges
mêmes la tendance psychologique à en compenser l'indulgence pour les délits en général par une plus grande sévérité à l'égard des criminels en particulier. Et ce fait semble
se reproduire plus faible à la VIII période, par un effet
analogue de la révision du code au 13 mai 1863 et de la
loi 20 mai 1863 sur l'instruction immédiate des délits fla-
grants.

Et après cela on pourrait comparer les variations les plus
remarquables pour les Assises avec les différentes lois sur
le jury, qui, soit par le nombre des voix nécessaires pour
condamner, soit par le différent choix des jurés, doivent influer pour une plus ou moins grande facilité d'acquittements,
comme le remarquèrent aussi le garde des sceaux dans le
Rapport de 1848, Quetelet et Bérenger (1).

Ainsi, par exemple, aux Assises nous voyons que la haute
proportion de la I période, due en partie à la révolution
de 1830, mais surtout à la loi du 2 mai 1827, qui substituait
les listes générales des jurés aux listes restreintes, touche
aux maximum dans la II période. C'est que la loi 4 mars
1831 exigea 8 voix, au lieu de 7, pour condamner; en effet,
à la III période le nombre des acquittements diminue car la
loi 9 septembre 1835, rétablit le nombre de 7 voix. Et à
la V période la proportion des acquittements augmente,
soit à cause de la révolution de 1848, soit à cause du décret 6 mars 1848 qui exigeait de nouveau 8 voix et qui a
été abrogé, il est vrai, par le décret du 18 octobre 1848, mais
suivi par le décret du 7 août même année, qui en donnant
aux listes des jurés la base de l'électorat politique, déter-

---

(1) QUETELET, *Physique sociale*, II edit., Liv. 4, sec. 3, § 8. — BÉRENGER,
De la répression pénale, Paris 1862, I, 258.

minait une participation moins grande au jury des classes
sociales les plus intéressées et les plus portées au rigorisme
pénal. De même, à la grande diminution pendant la vi période contribua certainement, outre la fermeté inspirée et
imposée par le gouvernement impérial, la loi 4 juin 1853
qui rétablit les listes restreintes ; ce qui se vérifia aussi à la x
période, après l'établissement d'un gouvernement fort et la
loi 21 novembre 1871, qui restreint de nouveau les listes des
jurés, auparavant élargies par une loi de 1871 (1).

Pour l'Italie à ces relevés statistiques s'oppose le manque
de longues séries annuelles, mais on y trouve tout de même
confirmé que le mouvement de criminalité n'est pas sensiblement influencé par la différente proportion annuelle
des acquittements.

En effet le chiffre des individus acquittés sur 100 jugés
par les Tribunaux correctionnels a été :

en 1873 — 24 0/0		en 1881 — 25 0/0	
» 1874 — 25 »		» 1882 — 23 »	
» 1875 — 23 »		» 1883 — 22 »	
» 1876 — 26 »		» 1884 — 23 »	
» 1877 — 26 »		» 1885 — 24 »	
» 1878 — 33 »		» 1886 — 24 »	
» 1879 — 22 »		» 1887 — 24 »	
» 1880 — 22 »		» 1888 — 23 »	

(1) Ces observations, que j'ai publiées en 1881, dans mes *Études sur la
criminalité de la France de 1826 à 1878 (Annali di statistica*, vol. 21),
sont répétées presqu'à la lettre par le Rapport officiel sur *La Justice en
France de 1826 à 1880*, Paris 1881, pag. xxxvii.

M. TARDE dans un chapitre de la *Criminalité comparée* (1886) donne un
essai psychologique sur le «*degré requis de conviction judiciaire*» pour
condamner, variable des jurés aux juges et de tribunal à tribunal. Et il
s'étonne «de n'avoir vu traiter nulle part cette question, pas même par les
criminalistes italiens ». Je me permets de rappeler ces observations sur les
proportions annuelles des acquittements et leurs raisons psychologiques et
sociales, que j'avais publiées en 1881 et dans la II édition de cette ouvrage
(1884).

C'est-à-dire que la proportion des absolutions est plutôt diminuée qu'augmentée et cependant la criminalité s'est accrue. Ce qu'on peut répéter pour les Assises, dont les chiffres des acquittements sont :

en 1875 — 25 0/0   en 1879 — 25 0/0
» 1876 — 26 »   » 1880 — 26 »
» 1877 — 23 »   » 1881 — 26 »
» 1878 — 24 »   » 1882 — 26 »

et, puisque les statistiques officielles excluent dès 1883 les individus jugés après la contumace ou le renvoi de cassation :

en 1883 — 30 0/0   en 1886 — 30 0/0
» 1884 — 30 »   » 1887 — 30 »
» 1885 — 31 »   » 1888 — 28 »

De plus, en distinguant les proportions des acquittés selon les catégories des crimes, on voit qu'en Italie, comme du reste en France, les condamnations sont plus fréquentes pour les crimes aussi les plus nombreux, qui intéressent directement la sûreté personnelle des jurés (crimes contre les propriétés, les personnes, la pudeur), et moins fréquentes pour les crimes de caractère politique ou contre les droits publics.

La même recherche nous donne pour l'Angleterre, après la loi 1856, les chiffres suivants :

ANGLETERRE	PROPORTIONS DES ACQUITTÉS POUR 100 JUGÉS	
	Criminal proceeding	Summary proceeding
1858-62	25	34
1863-67	24	31
1868-72	26	24
1873-77	25	21
1878-82	24	21
1883-87	22	20

D'où résulte encore une fois, que l'accroissement de la
criminalité en Angleterre, quoique moins grand qu'en
France, n'est pas non plus attribuable à un affaiblissement
de répression judiciaire dans la proportion des acquittés.
En effet, celle-ci est allée toujours diminuant, surtout dans
les procès sommaires, qui marquent justement l'augmentation plus grande de la criminalité.

En passant maintenant à l'autre élément de la repression judiciaire, c'est-à-dire à la proportion des condamnés
aux peines plus graves sur le total de condamnés, il faut
tenir compte pour les Cours d'assises en France des condamnés à mort, aux travaux forcés et à la réclusion, car
les autres sont condamnés à des peines correctionnelles
(prison et amende), ou bien sont des enfants envoyés à
une maison de correction; et pour les Tribunaux il faut
relever la proportion des condamnés à la prison, qui est
la peine plus grave, puisque les autres sont condamnés à
l'amende, ou bien sont des enfants renvoyés aux parents,
ou à un établissement de correction.

FRANCE	Condamnés par les Cours d'Assise (en contradictoire)		Condamnés par les Tribunaux à l'emprisonnement %
	à mort %	aux travaux forcés ou à la réclusion %	
I — 1826-30	2,5	58	61
II — 1831-35	1,5	42	65
III — 1836-40	0,7	37	65
IV — 1841-45	1,0	40	61
V — 1846-50	1,0	39	62
VI — 1851-55	1,1	48	61
VII — 1856-60	1,0	49	61
VIII — 1861-65	0,6	48	61
IX — 1866-69	0,5	47	68
X — 1872-76	0,7	49	66
XI — 1877-81	0,7	50	66
XII — 1882-86	1,0	49	65

Ces chiffres, s'ils ne montrent pas, comme il était à prévoir, une augmentation de sévérité aussi grande que dans les proportions des acquittés, nous prouvent cependant que même pour la griéveté des peines la repression n'est pas non plus diminuée. Nous voyons au contraire que pour les Cours d'Assises, en excluant la i période antérieure à la révision de 1832, si d'un côté les condamnations capitales marquent une certaine diminution (surtout par les lois 1832, 1848, etc., qui réduirent le cas de peine de mort), tout en restant fermes depuis 1861, de l'autre côté les condamnations aux travaux forcés et à la réclusion marquent un accroissement continu depuis le ii période et surtout depuis 1851.

De même pour les Tribunaux, sauf quelques oscillations comme à la ix période, on a un affermissement soutenu de la répression.

Et que cette proportion augmentée des peines plus graves soit réellement l'expression d'une sévérité plus grande chez les juges, cela ne pourrait être contesté que par une augmentation contemporaine des crimes et délits les plus graves. Au contraire, nous voyons en France une diminution générale des crimes contre les personnes (sauf les attentats sur des enfants) et surtout contre les propriétés.

Et on en a une confirmation éloquente dans le mouvement homologue des absolutions et des condamnations les plus graves. Nous voyons, en effet, que les condamnations les plus graves augmentent justement quand les acquittements diminuent (iv, vi, vii, x périodes pour les Assises et ii, v, viii périodes pour les Tribunaux); tandis que dans les années de plus fréquentes absolutions on a aussi une diminution des peines les plus graves (v, viii périodes pour les Assises). C'est-à-dire que les deux ordres de chiffres indiquent réellement la plus ou moins grande sévérité des jurés et des juges.

Et cet affermissement de la repression s'est vérifié, malgré l'augmentation continue des circonstances atténuantes, qui aux Assises de 50 0/0 en 1883 furent accordées jusqu'à 73 0/0 en 1886 et devant les Tribunaux, de 54 0/0 en 1851, à 65 0/0 en 1886. Il est vrai cependant que le nombre des affaires jugées par contumace aux Assises a toujours diminué de la moyenne annuelle de 647 en 1826-80 à celle de 266 en 1882-86.

Pour l'Italie nous avons les chiffres suivants:

ITALIE	Préteurs — Condamnés à l'emprisonnement — 0/0	Tribunaux — Condamnés à l'emprisonnement — 0/0	Cours d'Assises Condamnés			
			à mort — 0/0	à peine criminelle à vie — 0/0	tempéraire — 0/0	à des peines moindres — 0/0
1874	21	79	1,2	5,6	65	28
75	22	80	1,3	6,5	63	29
76	23	81	1,3	6,1	66	27
77	24	82	1,5	7,2	66	25
78	25	85	1,0	7,6	67	25
79	25	—	1,2	6,3	67	25
1880	26	—	1,3	5,5	68	25
81	24	81	1,7	6,1	65	27
82	23	81	1,5	6,0	66	27
83	23	81	1,7	5,4	64	29
84	23	81	1,3	5,3	64	30
1885	23	81	1,6	5,4	63	30
86	21	81	1,6	5,7	62	30
87	21	83	1,1	5,8	63	30
88	21	82	1,2	4,7	65	29

C'est-à-dire, encore une fois, qu'il n'y a pas eu d'affaiblissement de la répression, sauf, dans les dernières années, pour les condamnés par les préteurs et à des peines perpétuelles.

La conclusion est donc toujours la même: que la répression judiciaire, en France, en Angleterre, en Italie, s'est de plus en plus affermie, et cependant la criminalité s'est de plus en plus augmentée.

Et dans ce fait, qui donne un démenti à l'opinion commune, pour laquelle le remède souverain pour les crimes serait une plus grande rigueur des peines, nous avons aussi le droit de voir la preuve positive, que les systèmes pénaux, législatifs et administratifs, adoptés jusqu'ici, ont manqué leur but, qui ne peut être que la défense de la société contre les criminels.

Il faudra donc, dorénavant, demander à l'étude des faits une meilleure direction du droit pénal, comme fonction sociale, afin que, par l'observation des lois psychologiques et sociologiques, il tende, non à une réaction violente et toujours tardive contre le crime déjà développé, mais à l'élimination ou à la déviation de ses facteurs naturels.

Cette conclusion fondamentale de la statistique criminelle a cependant trop d'importance, pour qu'il ne faille pas la raffermir en ajoutant aux données statistiques les lois générales de la biologie et de la sociologie. D'autant plus, qu'elle a soulevé, depuis la IIe édition de cet ouvrage, plusieurs objections.

D'abord, en comparant l'ensemble et la nature différente des facteurs anthropologiques, physiques et sociaux du crime, il est facile de voir que les peines ne peuvent avoir qu'une influence très-limitée contre ce phénomène pathologique. En effet la peine, dans son moment caractéristique de la menace législative, comme motif psychologique, ne pourra évidemment neutraliser l'action constante et héréditaire du climat, des mœurs, de l'augmentation de population, de la production agricole, des crises économiques et politiques, que la statistique nous révèle toutefois comme les facteurs les plus puissants de l'accroissement ou de la diminution de criminalité.

C'est une loi naturelle que les forces pour se combattre et se neutraliser doivent être homogènes, car la chûte d'un corps ne peut être empêchée, déviée ou accélérée que par

une force homogène de gravité. De même la peine, comme
motif psychologique, ne pourra s'opposer qu'aux facteurs
psychologiques du crime et même aux seuls facteurs occasionnels et pas trop violents; car il est évident qu'avant
son application, elle ne pourra éliminer les facteurs organiques, héréditaires, qui sont relevés par l'anthropologie
criminelle.

La peine, qui toute seule devrait être un remède si simple
et si puissant contre tous les facteurs du crime, n'est alors
qu'une panacée, d'une force réelle bien au dessous de sa re-
nommée.

Il faut en effet se rappeler un fait commun, mais qui est
trop souvent oublié par les législateurs et les criminalistes.
C'est-à-dire que la société n'est pas un tout homogène;
mais elle est au contraire un organisme, qui, comme tout
organisme animal, se compose de tissus à structure et sensibilité différentes. Toute société en effet, avec le progrès et
la distinction toujours croissante des besoins et des occupations, résulte de l'union de classes sociales, bien différentes
dans leurs caractères organiques et psychiques. La constitution physiologique, les habitudes, les sentiments, les idées,
les tendances d'une couche sociale, ne sont pas les mêmes,
tant s'en faut, que ceux des autres couches. Ici encore, on a
la loi d'évolution, comme dirait Spencer, par un passage continu de l'homogène à l'hétérogène, du simple au complexe,
c'est-à-dire, comme dirait Ardigò, une formation naturelle
par distinctions successives. Chez les tribus sauvages cette
distinction des couches sociales n'existe pas, ou bien elle est
beaucoup moins marquée, que dans les sociétés barbares
et surtout dans les sociétés civilisées.

Tout maître d'école, qui a quelque disposition à l'observation psychologique, distingue toujours ses élèves en trois
catégories. Il y a celle des élèves diligents et de bonne volonté, qui travaillent de leur propre initiative, sans besoin de
rigueurs disciplinaires; celle des ignorants et des paresseux

(névrasténiques et dégénérés), desquels ni la douceur, ni la sévérité ne peuvent obtenir rien de bon; et celle enfin de ceux, qui ne sont ni tout à fait diligents ni tout à fait paresseux, et pour lesquels peut être vraiment utile une discipline, inspirée par les lois psychologiques.

Il en est de même pour les réunions de soldats ou de prisonniers, pour toutes les associations d'hommes et pour la société entière. Ces organismes partiels, dus aux rapports constants d'une vie plus ou moins en commun, reproduisent en cela la société entière, comme un fragment de cristal reproduit les caractères du cristal entier (1).

De même, au point de vue de la sociologie criminelle, nous pouvons distinguer les couches sociales en trois catégories analogues; celle plus élevée, qui ne commet pas de crimes, organiquement honnête, retenue par la seule sanction du sens moral, des sentiments religieux, de l'opinion publique, avec la transmission héréditaire des habitudes morales. Cette catégorie, pour laquelle le code pénal ne serait pas nécessaire, est malheureusement très-peu nombreuse et elle l'est encore moins si, à côté de la criminalité légale et apparente, nous songeons aussi à cette criminalité sociale et latente, par laquelle beaucoup d'hommes, honnêtes

(1) Il y a cependant quelque différence entre les manifestations de l'activité d'un groupe d'hommes ou de toute une société. Entre la *psychologie*, qui étudie l'individu, et la *sociologie* qui étudie la société, je crois qu'il y a place pour une *psychologie collective*, qui étudie les groupes plus ou moins fixes. Les phénomènes de ces groupes sont analogues, mais non pas identiques à ceux de l'ordre sociologique, proprement dit, suivant la plus ou moins grande fixité de la réunion. La *psychologie collective* a son champ d'observation dans toutes les réunions, plus ou moins occasionnelles: la voie publique, les marchés, les bourses, les ateliers, les théâtres, les *meetings*, les assemblées, les collèges, les écoles, les casernes, le prisons, etc.

Et on pourrait faire beaucoup d'applications pratiques des données de la *psychologie collective*, comme j'en donnerai un exemple, dans le iv chapitre, à propos du jury et de sa psychologie.

vis à vis du code pénal, ne le sont pas vis à vis de la moralité (1).

Une autre catégorie, la plus basse, se compose d'individus réfractaires à tout sentiment d'honnêteté, parce que, sans aucune éducation, retenus toujours par leur misère matérielle et morale dans les formes primitives d'une lutte brutale pour l'existence, ils héritent de leurs parents et ils transmettent à leurs descendants une organisation anormale, qui à la dégénérescence et à la pathologie unit le retour atavistique à l'humanité sauvage. C'est là la pépinière des criminels-nés, pour lesquels les peines, en tant que menaces de la loi, sont inutiles, car elles ne trouvent pas un sens moral qui distingue la peine légale du risque qui accompagne aussi toute industrie honnête.

Il y a enfin l'autre catégorie d'individus, qui ne sont pas nés pour le crime, mais qui ne sont pas non plus fortement honnêtes; oscillants entre le vice et la vertu, avec un sens moral, une éducation et une instruction imparfaites, et pour lesquels les peines, dans les limites d'un motif psychologiques, peuvent être vraiment utiles. C'est justement cette catégorie qui donne le contingent nombreux des criminels d'occasion, pour lesquels les peines sont efficaces si elles sont guidées, dans leur exécution, par les données de la psychologie scientifique, et surtout si elles sont aidées par la prévention sociale qui diminue les occasions de commettre des crimes ou des délits.

De sorte que je suis, encore une fois, d'accord avec M. Garofalo, qui à propos de ces idées insiste sur la nécessité de distinguer les différentes catégories de criminels avant de conclure relativement à l'efficacité des peines.

(1) C'est par l'oubli de ces différentes couches sociales que M. De Girardin (Le droit de punir, Paris, 1871) avait été porté à l'idée, que pour maintenir l'ordre social, on pouvait abolir les peines, en y substituant la sanction de l'opinion publique. Il oubliait que si celle-ci peut suffir pour les honnêtes gens, pour les malfaiteurs au contraire il faut quelque chose de plus homogène à leurs sentiments et à leurs tendances naturelles.

Et cependant cette conclusion relative à l'efficacité très-limitée des peines, qui est imposée par l'observation des faits et qui, comme disait Bentham, est confirmée par l'application même de chaque peine, qu'on exécute précisément, parce qu'elle n'a pu empêcher le crime, est bien opposée à l'opinion commune du public, et même des juristes et des législateurs.

A la naissance ou à l'accroissement d'un phénomène délictueux, législateurs, juristes et public, ne songent à autre chose qu'aux remèdes aussi faciles qu'illusoires du Code pénal ou d'une nouvelle loi répressive. Ce qui, au point de vue d'une utilité très-problématique, a le désavantage certain de faire oublier les autres remèdes, bien plus féconds, quoique plus difficiles, d'ordre préventif et social. Et cette tendance est si commune, que même, beaucoup de ceux qui ont imprimé ou accepté le mouvement positiviste de la nouvelle école, quoique peu de temps après ils m'aient donné raison, de prime abord déclaraient ou bien que « la constance avec laquelle on exécute les crimes provient du manque d'une *répression* opportune (1) » et que « une des causes principales de l'accroissement de la criminalité en Italie est la douceur des peines (2) »; ou bien ils oubliaient de se poser la question, qui est la première en fait de sociologie criminelle, si et jusqu'à quel point les peines ont réellement une énergie défensive (3). C'est précisément ce qui arrive aux pédagogistes, qui discutent beaucoup sur les différentes méthodes et moyens d'éducation, sans se demander d'avance si et jusqu'à quel point l'éducation a réellement le pouvoir de modifier le tempérament et le caractère, que l'hérédité impose à tout individu.

(1) QUETELET, *Anthropométrie*, liv. v, § 5.
(2) LOMBROSO, *Incremento del delitto in Italia*, Torino, 1879, p. 28.
(3) BELTRANI SCALIA, *La riforma penitenziaria in Italia*, Roma, 1879. — CURCIO, *Criterio positivo della penalità*, Napoli, 1880.

Ces conclusions nous éloignent du rigorisme pénal et elles suffisent avec cela à combattre l'objection qu'on fait communément à ceux qui, comme nous, pensent que la justice répressive doit viser, non à la punition du passé et de la faute, mais à la prévention du crime. Mais elles nous éloignent aussi de la douceur exagérée des peines, à laquelle maintenant on attribue, par réaction, une vertu chimérique. Car, tandis que les rigoristes et ceux que je dirais les « laxativistes », ne songent, en somme, malgré quelques déclarations platoniques, qu'aux peines comme remèdes des délits ; au contraire nous croyons que les peines sont des instruments très-secondaires pour la défense sociale, et que les remèdes doivent être adaptés aux facteurs même du délit. Et puisque de ceux-ci les plus modifiables sont les facteurs sociaux, ainsi nous disons avec Prins « qu'à des maux sociaux il faut des remèdes sociaux ».

Elle n'est donc pas exacte la remarque de M. Tarde, que ma conviction relative à l'efficacité minime des peines n'est que l'effet de mes idées sur la nature anthropologique et physique du crime, et que « à l'inverse, l'importance prépondérante qu'il a accordée aux causes sociales le défend logiquement d'accepter cette conclusion (1) ». En effet, la peine, comme motif psychologique, en tant que menace légale et comme motif physique, en tant que ségrégation du condamné, appartiendrait bien plus, par la seule logique abstraite, à la théorie biologique et physique du crime. Tandis que c'est justement par ce que je reconnais aussi l'influence du milieu social, que la logique expérimentale me démontre que la peine n'est pas le remède efficace du délit, si auparavant on n'applique pas des forces, qui puissent neutraliser ou du moins atténuer l'action des facteurs sociaux de la criminalité.

____

(1) TARDE, *La philosophie pénale*, Lyon, 1890, p. 468.

Et si cette conclusion n'est pas une nouveauté, suivant le reproche de quelqu'un de nos critiques, comme s'il n'était pas un des caractères de la vérité, de se représenter obstinément, malgré l'oubli ou les courants contraires; il faut cependant remarquer que maintenant elle se représente avec un ensemble d'observations et d'applications positives nouvelles, qui lui donnent une énergie inconnue aux déductions purement syllogistiques.

L'école classique s'est préoccupée seulement de la mitigation des peines vis à vis des exagérations mediévales; et elle n'a pu donc, car chaque époque a sa mission, s'occuper aussi de la prévention des crimes, bien plus utile et efficace. Quelques penseurs isolés opposèrent vraiment quelques pages hardies et profondes sur les moyens préventifs aux nombreux volumes sur les peines, mais leur voix n'eut pas d'effet chez les criminalistes et les législateurs, car la science n'avait pas encore entrepris l'observation positive et méthodique des facteurs naturels du crime.

Je me bornerai à quelques exemples seulement, pour démontrer que parmi les hommes pratiques, comme parmi les fonctionnaires publics et les législateurs, est toujours dominante l'illusion que les peines sont la vraie panacée du crime.

Les hommes pratiques déclarent que « la loi prohibitive pénale doit être considérée comme la première, la plus grande, la loi première des lois préventives (1) ». Les préfets, en se préoccupant de l'accroissement de la criminalité, proposent, dans leurs circulaires, comme remède souverain la répression plus vigilante et plus sévère. Un conseiller de la Cour de Cassation de France dit: « qu'en bonne police sociale il n'y a pour l'ordre ou pour la sûreté une garantie meilleure que l'intimidation (2) ». Le garde des

(1) Mosso, *Le code pénal en Italie*, dans la *Rivista Europea*, 16 janvier, 1881.

(2) Ayme, *La question pénitentiaire* dans la *Revue des deux mondes*.

sceaux, dans son rapport sur la statistique pénale française pour 1876, en parlant de l'augmentation continue des attentats à la pudeur, conclut que « quoi qu'il en soit, une répression ferme et énergique peut seule réagir contre une déplorable extension des crimes contre les mœurs (1) »; et plus récemment une autre garde des sceaux achevait son rapport sur la statistique rétrospective de 1826 à 1880, en disant que « l'accroissement de la criminalité ne peut être combattu que par une répression incessamment énergique (2) ». Et à cette conclusion s'associait M. Tarde, en disant que « si les crimes ne sont comme on le dit, que les accidents de chemins de fer d'une société lancée à toute vapeur, on ne doit pas oublier, qu'un train plus rapide exige un frein plus ferme ..... et il est certain, qu'un tel état de choses exige une augmentation ou un changement de répression et de pénalité (3) ».

Non: notre conclusion n'est pas une nouveauté; mais, disait Stuart-Mill, il y a deux façons pour soutenir les innovations utiles: découvrir ce qu'on ne connaissait pas auparavant, ou bien représenter avec des preuves nouvelles les vérités, qu'on avait oubliées.

Et cette illusion sur l'influence des peines est si répandue, qu'il est bon d'en rechercher les raisons historiques et psychologiques, car, suivant H. Spencer, « pour juger de la valeur d'une idée, il est utile d'en examiner la généalogie » (*Essais*, III, 41).

Laissons de côté le fond de la vengeance primitive, qui de la période des luttes privées est passée d'abord dans l'esprit et les formalités des premières lois pénales et continue toujours, comme résidu plus ou moins inconscient et atténué dans la société moderne. Laissons de côté aussi l'effet héréditaire des traditions du rigorisme mediéval, qui ré-

(1) DUFAURE, *Rapport*, Paris, 1878, p. XLI.
(2) HUMBERT, *Rapport*, Paris, 1882, p. CXXXI.
(3) TARDE, *La statistique criminelle*, Paris, 1886.

reillent à l'idée de tout crime une sympathie instinctive
pour la sévérité des peines.

Mais une des raisons principales de cette tendance c'est
une erreur de perspective psychologique, par laquelle on
oublie les différences profondes d'idées, d'habitudes, de
sentiments dans les couches sociales, dont j'ai parlé tout
à l'heure. C'est par cet oubli que les classes honnêtes et
instruites confondent l'idée qu'elles ont de la loi pénale et
l'impression qu'elles en ressentent, avec l'idée et l'impression qu'en ont au contraire les classes sociales où se re-
crutent en plus grande partie les criminels. Cela a été bien
remarqué par Beccaria, Carmignani, Holtzendorff, parmi
les criminalistes classiques, et par Lombroso, et tous ceux
de la nouvelle école qui ont étudié l'argot et la littérature
des criminels, leur miroir psychologique (1). Et on oublie
encore, que pour les classes supérieures, outre leur répugnance physique et morale au crime, qui est la plus puissante force répulsive, il y a la crainte de l'opinion publique,
ce qui est presqu'inconnu aux classes, qui sont arrêtées à
une forme inférieure d'évolution humaine.

Pour les classes élevées un exemple peut suffire: c'est
le fait remarqué par M. Spencer, que les dettes de jeu et
les contrats de bourse sont payés scrupuleusement, quoique
il n'y ait pour eux ni sanction pénale, ni écritures au-

---

(1) Beccaria, *Delitti e pene*, § 21. — Carmignani, *Teoria delle leggi di pubblica sicurezza*, iii, partie i, ch. 5 et part. ii, ch. 1. — Holtzendorff, *Mord
und Todesstrafe*, Berlin, 1875, ch. 2. — Lombroso, *L'homme criminel*, iii
partie, chap. ix et xi et *Palimsesti del carcere*, Turin, 1891. — Venezian,
Gergo veneto in Arch. di psich. ii, 2. — Mayor, *Nota sul gergo francese*,
ibid, iv, 4.

Les criminels d'habitude appellent « maison heureuse » ou bien « la terre »
la prison. Et les chansons des prisonniers disent:

« O douce prison, ma vie et mon bonheur! Que l'on casse la tête à qui
te décriera. Là seulement vous trouverez les frères et les amis ». Et un
chant des forçats français avait pour refrain: « Adieu! nous bravons vos
fers et vos lois! »

thentiques (1). Et l'on peut ajouter que l'arrestation pour dettes n'avait jamais accru les accomplissements des contrats et son abolition ne les a pas diminués.

Pour les classes inférieures, il suffit d'avoir visité une seule fois des prisons. Là, à la demande pourquoi la peine n'a pas empêché de commettre le délit, le condamné répond le plus souvent, n'y avoir pas pensé, ou bien il répond, comme cela est arrivé à moi-même, que « si à travailler on avait peur de se faire du mal, on ne travaillerait plus ». Tels doivent être en effet les sentiments dominants parmi les couches sociales plus profondes, auxquelles les sentiments et les idéalités de l'honnêteté, qui pour nous sont désormais traditionnels et organiques, arrivent bien en retard, comme M. Stanley remarquait que de nos jours seulement arrivent au centre de l'Afrique les fusils à pierre, qu'on employait en Europe dans les siècles passés.

Un autre équivoque, qui accroît la confiance dans les peines, c'est qu'on égale les effets des lois exceptionnelles et sommaires avec les effets des codes ordinaires, à procédure lente et incertaine, qui en use toute énergie par les chances de l'impunité et par l'éloignement de la réaction légale à l'action illégale.

Lombroso et Tarde m'ont en effet opposé des exemples historiques, de repressions énergiques et même féroces, par lesquelles on put déraciner quelque crime épidémique. Mais ces exemples ne sont pas concluants, car non seulement j'ai pu opposer, qu'à peine cessées ces repressions extraordinaires, par exemple après la mort du pape Sixte V, les crimes, le brigandage, etc. se renouvelèrent obstinément; mais surtout je réponds, que ces répressions exceptionnelles appartiennent au *jus belli,* et partant ne peuvent pas former la marche ordinaire et constante du ministère pénal. Celui-ci n'a pas l'effet des repressions extraordinaires,

---

(1) Spencer, *Introduction à la science sociale,* Paris, 1878, p. 15.

la force opérative et terrifiante, donnée par l'instantanéité trop peu scrupuleuse, qui frappe coupables et innocents; et partant on ne peut égaler, ni même comparer, l'influence de procédés tout-à-fait différents.

Et il faut ajouter qu'on équivoque aussi sur les moments de la pénalité et qu'on en confond les effets possibles, tandis qu'il est nécessaire de distinguer la peine écrite dans le code de celle prononcée par le juge, et surtout de celle exécutée par l'administration, En effet, il est naturel que la peine épouvante, plus ou moins, le criminel qui a été déjà arrêté et qui va être condamné; mais cela ne prouve nullement l'efficacité, qu'aurait du avoir la menace de la loi pour le préserver du délit. Même pour la peine de mort sont très fréquents les exemples de condamnés qui, par leur insensibilité congénitale, s'y soumirent cyniquement. Mais pour ceux aussi qui, *à l'imminence de l'exécution*, furent accablés par la terreur, ce fait peut prouver, tout au plus, qu'ils ont une constitution psychique qui cède complétement à l'impression du moment, sans énergie de résistance; c'est à dire que, *lorsque la peine est lointaine et incertaine,* ils n'en sont pas effrayés, mais ils cèdent toujours à l'impression du moment, et partant à l'impulsion criminelle.

Et pour les autres peines, on sait que l'exécution administrative, quand même elle ne serait pas en contradiction avec la loi, comme il en est encore ainsi pour l'Italie, est toujours moins terrible que les honnêtes gens ne se l'imaginent en lisant les codes ou les sentences. Et les criminels, naturellement, jugent les peines d'après leur expérience, c'est à dire suivant l'application pratique, et non suivant la menace plus ou moins naïve du législateur.

Si au sentiment de la vengeance, aux traditions historiques, à l'oubli des différences bio-psychiques entre les couches sociales, à la confusion entre lois exceptionnelles et pénalité ordinaire, et entre les différents moments de

la peine, on ajoute pour le public la force des habitudes
mentales, et pour les criminalistes la tendance naturelle à
fixer leur attention exclusivement sur les deux termes algé-
briques de leurs syllogismes juridiques, le crime et la peine;
et si on ajoute aussi la commodité plus grande de l'opinion commune qu'il suffit d'écrire une loi pénale pour
remédier aux maladies sociales, nous en avons assez pour
nous expliquer comment cette confiance exagérée et illusoire dans les peines persiste toujours et se représente à
toute discussion théorique et pratique, malgré l'inexorable
démenti, que les faits et l'observation psychologique leur
infligent tous les jours.

Certes l'activité humaine, comme du reste celle des animaux, se développe toute entre les deux pôles du plaisir
et de la douleur, par l'attraction de celui-là et la répulsion de celle-ci. Et la peine, une des formes sociales de
la douleur, est toujours un motif direct de la conduite humaine, comme elle en est aussi un guide indirect, en tant
que sanction du droit, qui affermit inconsciemment le sentiment du respect à la loi. Mais cette vérité psychologique,
tout en démontrant la naturalité de la peine, et partant
l'absurdité de son abolition comme absolument inefficace,
ne contredit cependant pas notre conclusion sur le degré
minime de cette efficacité de la peine, comme contre-impulsion au délit (1).

(1) Chez les animaux mêmes la peine, tout en servant à la correction
d'habitudes acquises par l'individu, est impuissante contre les instincts héréditaires, quoique les animaux, par leur idéation inférieure ne soient pas
si attirés que l'homme par l'espoir de l'impunité. C'est ce que j'ai démontré
dans l'*Introduction* à mon ouvrage sur l'homicide, publiée dans l'*Archivio
di psichiatria*, III, 288.

On peut donner la même réponse à l'objection, que les châtiments sont
efficaces même pour les fous. Car ni les châtiments peuvent, par exemple,
empêcher le délire ou l'hallucination, et d'autre part les fous en général, en
dehors de leurs idées délirantes, suivent en grande partie les lois de la psychologie commune, et ressentent par conséquent l'influence des châtiments
immédiats et certains, sans être retenus par l'idée de châtiments éloignés
et incertains.

Il suffit en effet de distinguer la peine, sanction naturelle, de la peine, sanction sociale, pour voir comment la puissance, vraiment grande, de la peine naturelle, s'évapore pour la plus grande partie dans la peine sociale, qui n'en est, dans tous les systèmes, qu'une caricature malheureuse.

La réaction muette mais inexorable de la nature contre toute action qui en enfreint les lois, et les conséquences douloureuses dont inévitablement en est frappé l'auteur, constituent vraiment un ministère répressif très-efficace, duquel tout homme, surtout dans les premières années de sa vie, reçoit des enseignement quotidiens et inoubliables. Telle est « la discipline des conséquences naturelles » qui est vraiment une bonne méthode d'éducation, déjà indiquée par Rousseau et developpée par Spencer et Bain (1).

Mais alors, dans cette forme naturelle et spontanée, la peine puise toute son énergie dans le caractère inévitable des conséquences. Et c'est justement une des rares observations de psychologie pratique faites et répétées par les criminalistes classiques, à propos surtout de la peine de mort, que dans la peine la certitude vaut plus que la gravité. Et j'ajoute, qu'une incertitude même petite enlève bien plus de force répulsive à la douleur redoutée, qu'une incertitude même grande, n'enlève d'attraction à un plaisir espéré.

Voilà donc une première et puissante cause d'efficacité minime pour les peines légales, lorsqu'on songe aux chances nombreuses de s'y soustraire. D'abord la chance de n'être pas découvert, qui est le ressort plus puissant de tout crime médité; et la chance, en cas de découverte, que les preuves

(1) Spencer, *De l'éducation*, Paris, 1879, p. 180 et suiv. — Bain, *La science de l'éducation*, Paris, 1879, p. 86. — Guyau, *Hérédité et éducation*, Paris, 1890, fait à cette doctrine pédagogique des objections, qui seraient fondées seulement si elle devait être la règle unique et absolue de l'éducation humaine; ce qui n'est pas.

ne soient pas suffisantes, que les juges soient indulgents ou se trompent, que le jugement s'arrête dans les labyrinthes de la procédure, que la grâce vienne à effacer ou bien à atténuer la sentence. Voilà autant de forces psychologiques, qui, en s'opposant à la crainte naturelle des conséquences nuisibles, brisent l'énergie répulsive de la peine légale, tandis qu'elles sont inconnues à la peine naturelle.

Et il y a une autre condition psychologique, qui, tout en rongeant aussi la force de la peine naturelle, anéantit presque toute vigueur dans la peine sociale, et c'est l'imprévoyance. Nous voyons en effet, que même les conséquences naturelles les plus certaines sont défiées, et restent presqu'impuissantes à préserver des actions anti-naturelles et dangereuses l'homme imprévoyant. Or, dans la peine légale, même en dehors de l'impulsion passionnée, on sait que les criminels, même occasionnels, ont en commun avec les sauvages et les enfants une imprévoyance spéciale, qui est déjà grande dans les classes inférieures et moins instruites, mais qui est, pour les criminels, un vrai caractère d'imperfection psychologique.

Or, tandis qu'une force minime suffit à produire des effets très-grands et constants, lorsqu'elle agit suivant l'inclination des lois naturelles et du milieu; tout procédé, au contraire, qui s'oppose aux tendances naturelles de l'homme ou s'en éloigne, rencontre toujours une résistance, qui à la fin reste victorieuse.

La vie quotidienne nous en offre des exemples très-nombreux. L'étudiant d'université, au jeu, hasarde sur une carte les derniers restes de ses appointements mensuels, en se préparant une iliade de privations. — Les femmes à bassin anormal deviennent mères malgré le danger immense de l'opération obstétrique, et souvent même après en avoir fait une première expérience. — Les mineurs et les ouvriers des industries dangereuses défient l'exemple terrible de leurs compagnons, morts ou frappés des ma-

ladies chroniques. — Les hommes fréquentent les prostituées, et souvent sans aucune précaution hygiénique, malgré
la facilité de la syphilis. — M. Despine raconte, que pendant le choléra de 1866, à Bilbao, plusieurs individus se
procurèrent la diarrhée pour obtenir les secours des sociétés de bienfaisance, malgré la mort qui s'ensuivit pour
quelques uns. — M. Fayet dans un essai de statistique professionnelle des accusés en France, pendant vingt ans, remarquait que la criminalité spécifique et proportionnelle-
ment plus grande était donnée par les notaires et huissiers,
qui cependant, plus que tous autres, connaissent les punitions edictées par la loi. Et dans cette statistique des exécutions capitales à Ferrara, pendant neuf siècles, dont j'ai
déjà parlé, j'ai rélevé le fait éloquent qu'il y a une série
de notaires exécutés pour faux, et souvent à très peu de
distance entr'eux, dans la même ville. Ce qui démontre la
vérité de l'observation de Montesquieu et Beccaria, contre
la force *intimidatrice* de la peine de mort, car les hommes
s'habituent à la voir comme à toute autre chose; ce qui est
confirmé par le fait remarqué par l'aumônier Roberts et
le magistrat Bérenger, que plusieurs condamnés à mort,
avaient déjà assisté à des exécutions capitales, et par l'autre
fait, remarqué par Despine et Angelucci, que dans la même
ville, on commettent souvent des assassinats le jour même,
et quelquefois dans le même lieu, des exécutions capitales (1).

L'homme est toujours égal à soi-même; et ce ne sera pas
un code pénal plus ou moins sévère, qui pourra en changer

---

(1) Despine, *Psychologie naturelle*, III, 262, 370. — Fayet, *Statistique des
accusés* in *Journ. des économistes*, 1847. — Frégier, *Classes dangereuses*,
Bruxelles, 1840, p. 32. — Livi, *La pena di morte*, in *Riv. di freniatria*,
1876, p. 478. — Angelucci, *Gli omicidi di fronte all'esecuzione capitale*,
ibidem, 1878, p. 694.
Notaires faussaires exécutés à Ferrara: octobre 1835 et novembre 1836,
— novembre 1076, décembre 1080, juillet 1083, — mai 1091, août 1095, juin
1098, — septembre 1189, février 1190.

les tendances naturelles et invincibles, telles que l'attraction du plaisir et l'espoir obstiné de l'impunité.

Observons aussi que « l'efficacité durable de toute mesure, dans l'ordre politique, économique ou administratif, est toujours en raison inverse de sa violence et soudaineté (1) ». Or, la peine contraste même avec cette loi sociologique, car elle n'est, dans son essence, que la réaction primitive de la violence contre la violence. Il est vrai que, après Beccaria, l'école classique s'est attachée à rendre toujours *moins violente* la réaction sociale contre les actions délictueuses ; mais cela ne suffit pas. Il faut que dorénavant, pour s'adapter aux lois psychologiques et sociologiques, l'évolution du ministère défensif tende à rendre toujours *moins directe* cette réaction sociale. Si la lutte pour l'existence persiste toujours comme loi suprême des êtres vivants, il n'est pas nécessaire cependant qu'elle se développe toujours dans les formes violentes de l'humanité primitive ; au contraire un des effets du progrès social, c'est de rendre toujours *moins violente* et *moins directe* la lutte pour l'existence.

De même la lutte continuelle entre la société et les criminels, au lieu d'une force physique sociale directement opposée à la force physique individuelle, devra plutôt devenir une dynamique indirecte de forces psychiques. On peut dire du droit pénal dans la société, la même chose que de l'éducation dans la famille, de la pédagogie dans l'école. Pénalité, éducation, pédagogie étaient dominées autrefois par l'idée de dompter les passions humaines avec la violence ; le bâton était souverain. En suite on a compris que cela produisait les effets opposés, car on provoquait la violence ou l'hypocrisie, et alors on songea à adoucir les châtiments. Mais aujourd'hui on voit dans la pédagogie l'utilité de se confier uniquement au libre jeu des tendances et des lois

(1) St. MILL, *Fragments inédits sur le socialisme*, dans la *Revue philosophique*, mars 1879.

bio-psychologiques. De même la fonction défensive de la société, comme disait Romagnosi, plus qu'une dynamique physique répressive, doit être une dynamique morale préventive, suivant les lois naturelles de la biologie, de la psychologie, de la sociologie.

La violence c'est toujours un mauvais remède à la violence; au moyen-âge, lorsque la pénalité était brutale, les crimes étaient féroces comme elle, et la société par une émulation démoralisante avec l'atrocité des criminels, se tourmentait dans un cercle vicieux; maintenant, dans les classes sociales inférieures l'homme grossier, qui plus souvent a recours à la violence, est à son tour très-fréquemment une victime de la violence; de sorte, que chez les criminels, les cicatrices sont même un caractère professionnel.

En résumé, notre doctrine sur l'efficacité des peines ne consiste pas, comme par commodité de polémique on m'a objecté, dans sa négation absolue; mais bien et surtout dans l'opposition au préjugé traditionnel, que les peines soient le meilleur et le plus utile des remèdes contre la criminalité.

Nous disons en effet: la peine, par soi-même, en tant que moyen répressif, a une efficacité plutôt négative que positive. Non seulement parcequ'elle n'a pas la même influence sur toutes les catégories anthropologiques de criminels; mais aussi par ce que son utilité consiste, au lieu du pouvoir supposé en elle, de changer un individu anti-social dans un être social, dans l'évitement des dommages très-graves qui seraient causés par l'impunité. C'est-à-dire: la démoralisation de la conscience populaire, vis à vis des crimes et délits; l'impulsion adjointe à l'imprévoyance déjà si profonde des criminels; enfin le manque de l'impossibilité matérielle à renouveler les crimes pendant l'expiation de la peine.

Précisément comme pour l'éducation, dont on exagère communément la puissance modificatrice, tandis que l'éducation, tout en ayant une action prolongée sur l'individu dès les premières âges, et par conséquent plus forte que la peine, exerce son utilité réelle bien plus dans l'étouffement des tendances anti-sociales, qui sont en germe chez tout individu, que dans la prétendue création de tendances et d'énergies sociales chez les individus, qui n'en ont pas hérité en naissant.

De sorte que, si les conséquences de l'impunité et de l'inéducation sont très-graves et nuisibles, cela cependant ne prouve pas, *ab inverso*, que la punition et l'éducation aient réellement, tant s'en faut, l'influence positive si puissante, qu'on leur attribue communément.

Et c'est justement pour cette efficacité négative, mais réelle des peines, surtout dans leur moment d'exécution administrative, que, tout en louant l'œuvre de mitigation dans l'exécution *disciplinaire* des peines, accomplie par l'école classique, nous croyons au contraire complétement erronée et dangereuse leur mitigation dans la *durée*. Que la peine en effet ne doive pas être un tourment gratuit et inhumain, nous l'admettons, malgré notre opposition aux exagérations de l'école classique, qui ont rendu les prisons et surtout celles pour les condamnations graves, plus commodes et plus confortables que les maisons pour les pauvres honnêtes, en bouleversant ainsi toute idée de justice sociale (1). Et pour cela aussi, le système cellulaire, qui est maintenant à la mode chez les juristes et les pénitentiairistes classiques, n'a pas nos sympathies, justement parcequ'il est inhumain, stupide et inutilement coûteux.

Mais que la peine doive être aussi une ségrégation toujours plus courte du condamné, c'est une absurdité psychologique et un danger social, qui cependant a inspiré

---

(1) FRRI, *Lavoro e cella dei condannati*, Rome, 1886.

le nouveau code pénal italien. Car, même en laissant de côté les effets bien connus de corruption et de récidive causés par les peines de courte durée, il est évident qu'on enlève ainsi à la peine la partie la plus sûre de son efficacité négative contre le crime, en tant qu'empêchement à la répétition des attentats délictueux pendant son application (1).

V.

Puisque les peines, au lieu d'être cette panacée facile du crime que l'on suppose par l'opinion publique, conforme à celle des criminalistes classiques et des législateurs, ont au contraire une puissance défensive très limitée, il est naturel alors, que le criminaliste sociologue demande d'autres moyens de défense sociale à l'observation positive des crimes et de leur genèse naturelle.

L'expérience quotidienne dans la famille, l'école, les associations, ainsi que l'histoire de la vie des sociétés, nous apprennent, que pour rendre moins dangereuse l'explosion des passions, il est bien plus utile de les prendre de côté et à leur source, que de s'y opposer de front.

— Le mari avisé, pour s'assurer la fidélité de sa femme, a confiance dans toute autre chose que dans les articles du code pénal contre l'adultère. — Bentham raconte qu'en Angleterre, en réunissant le transport des voyageurs avec le service de la poste, on a complétement empêché les retards des courriers buveurs, pour lesquels les amendes

---

(1) Avec ces observations je réponds à la prétendue contradiction entre ma théorie, comme professeur, et mes discours, comme député, que mon ami Tarde m'a attribuée (*La philosophie pénale*, Lyon, 1890, p. 467).

Député, j'ai combattu le projet du code pénal italien dans la *brièveté* des peines détentives, car l'utilité de celles-ci est presque exclusivement dans la ségrégation prolongée du condamné. Mais cela ne contredit en rien aux théories, que dans la lutte contre le crime, les peines ont une influence et une utilité bien moindre que les remèdes de prévention sociale.

très-sévères avaient été inutiles. — Les directeurs d'ateliers obtiennent la diligence et le travail plus productif bien plus qu'avec les amendes, en assurant aux ouvriers une participation aux profits réalisés. — Dans les universités allemandes on a en grande partie neutralisé la jalousie et l'intolérance académiques en donnant aux professeurs des honoraires proportionnés au nombre des étudiants : de sorte que les facultés ont intérêt d'appeler et aider les meilleurs professeurs, pour attirer un plus grand nombre d'étudiants. — De même l'activité et l'étude des professeurs, des magistrats, des employés seraient augmentées si l'on proportionnait leurs appointements non seulements au criterium automatique de l'ancienneté, mais aussi au progrès demontré par les publications, les sentences non réformées, les résolutions non révoquées, etc. — On règle mieux la motilité destructrice des enfants en les distrayant par des jeux opportuns qu'en essayant de la réprimer, avec danger pour l'hygiène physique et morale. — De même le travail dans les asiles d'aliénés et les prisons est un moyen d'ordre et de discipline bien plus utile que les chaînes et les châtiments. — C'est-à-dire, qu'on obtient plus des hommes en flattant leur amour propre ou leurs intérêts, qu'avec les menaces et la contrainte.

Pour l'ordre social aussi, s'il est inévitable qu'aux impulsions délictueuses on oppose les contre-impulsions pénales, il est cependant plus utile d'empêcher ou d'atténuer les impulsions mêmes, par une dynamique indirecte et plus efficace.

— Dans l'ordre économique on a remarqué que lorsque le produit principal fait défaut, on a recours aux produits succédanés pour satisfaire aux besoins naturels. De même dans le champ criminel, convaincus par l'expérience que les peines manquent presqu'entièrement leur but défensif, il faut avoir recours à d'autres moyens, qui puissent mieux les substituer dans l'accomplissement de la défense sociale.

Ce sont ces moyens de défense indirecte que j'ai appelés *substitutifs pénaux*; avec cette différence cependant que, tandis que les succédanés alimentaires ne sont ordinairement que des produits secondaires et d'un usage transitoire, les substitutifs pénaux, au contraire, doivent devenir les instruments principaux de cette fonction de défense sociale, pour laquelle les peines ne seront que des moyens secondaires, quoique permanents. Car il ne faut pas oublier, à ce propos, la loi de saturation criminelle, qui rend inévitable dans tout milieu social un *minimum* de criminalité, dû aux facteurs naturels inséparables de l'imperfection individuelle et sociale; de sorte que, pour ce *minimum*, les peines seront toujours, sous une forme ou sous l'autre, le dernier remède, quoique peu avantageux, contre les manifestations de l'activité criminelle.

Ces substitutifs pénaux, une fois entrés par les enseignements de la sociologie criminelle, dans la conscience et les habitudes des législateurs, seront les antidotes par excellence des facteurs sociaux du crime. Et ils seront aussi plus pratiques et possibles que cette universelle métamorphose sociale, immédiate et monolithique, prônée par les réformateurs généreux, mais impatients, qui dédaignent ces substitutifs comme des palliatifs, parce que l'élan du sentiment humanitaire leur fait oublier que les organismes sociaux, comme les animaux, ne peuvent se transformer que partiellement et graduellement.

L'idée de ces substitutifs pénaux se résume en cela: que le législateur, en observant les origines, les conditions, les effets de l'activité individuelle et collective, parvienne à en connaître les lois psychologiques et sociologiques, par lesquelles il pourra maîtriser une grande partie des facteurs du crime et surtout des facteurs sociaux, pour influer indirectement mais plus sûrement sur le mouvement de la criminalité. C'est-à-dire que dans les dispositions législatives, politiques, économiques, administratives, pénales, depuis les institutions les plus monumentales jusqu'aux détails les plus petits, on donne à l'organisme social un arrangement, par lequel l'activité humaine, au lieu d'être aussi continuellement qu'inutilement menacée de répression, soit guidée indirectement sur les voies non criminelles avec le libre épanouissement des énergies et la satisfaction des besoins individuels, à la condition de les heurter le moins possible et de leur enlever les occasions et les tentations délictueuses.

C'est justement cette idée fondamentale des substitutifs pénaux, qui démontre la nécessité pour le sociologue et pour le législateur de cette préparation biologique et psychologique, sur laquelle insistait à raison M. Spencer dans son *Introduction à la science sociale* (chap. xiv et xv). Et c'est cette idée fondamentale des substitutifs pénaux, bien plus que leur énumération, plus ou moins discutable et complète dans ses détails, qu'il faut retenir lorsqu'on en veut juger la portée théorique et pratique, en tant que partie d'une doctrine de sociologie criminelle.

Pour l'efficacité de tel ou tel substitutif pénal, je peux bien admettre, plus ou moins, les critiques partielles qu'on en a faites (1). Mais, en dehors de ceux qui affirment seulement « ne pas croire » à l'utilité des substitutifs pénaux (2), et de ceux qni s'arrêtent à la question microcéphalique, de savoir si cette théorie appartient à la science criminelle ou bien à l'art de la police, la majorité des sociologues criminalistes l'a désormais acceptée. Surtout, lorsqu'on prend cette théorie non pas dans le sens absolu d'une panacée universelle de la criminalité, mais telle que je l'ai donnée, dès le commencement, comme une méthode et un

---

(1) GAROFALO, *Criminologie*, ii partie, chap. 4. — TARDE, *La philosophie pénale*, Lyon, 1890, p. 77 et suiv. — DALLE MOLE, *Wagnerismo penale*, Vicenza, 1887. — MARRO, *I caratteri dei delinquenti*, Turin, 1887, chap. 28. — DE MATTOS, *La pazzia*, Turin, 1890, p. 186.

(2) VIDAL, *Principes fondamentaux de la pénalité*, Paris, 1890, p. 469.

ensemble de mesures parallèles à la répression pénale, au lieu de confier uniquement à celle-ci la défense sociale contre la criminalité.

Voyons quelques exemples.

I. ORDRE ÉCONOMIQUE. — Le *libre échange* (en dehors des nécessités transitoires de protection à telle ou telle industrie manifacturière ou agricole) en prévenant les disettes et la cherté anormale des denrées alimentaires, empêche beaucoup de crimes et de délits, surtout contre les propriétés. — La *liberté de l'émigration* est une soupape de sûreté, surtout pour les pays dans lesquels ce phénomène naturel, en atteignant des proportions très-fortes, éloigne un grand nombre d'individus facilement poussés au crime par la misère ou par leur énergie moins équilibrée. Ainsi l'Irlande a vu décroître le nombre de ses récidivistes, non pas en vertu de ses systèmes pénitentiaires, mais par l'émigration, qui arriva jusqu'au 46 %, des libérés de prison. En Italie aussi, la criminalité depuis 1880 a eu une période de diminution, déterminée par d'autre causes, comme les hivers doux et les récoltes abondantes, mais aussi par l'augmentation énorme de l'émigration (1). — La contrebande, qui résista pendant des siècles aux peines les plus féroces, comme

---

(1) La *Statistica dell'emigrazione* (Rome 1890) donne pour l'Italie les chiffres suivants:

Émigration *temporaire* (c'est-à-dire individuelle, avec retour périodique, après quelque mois de travail passé à l'étranger, en Europe):

89.015 en 1876	80.164 en 1885
81.967 en 1880	112.876 en 1890

Émigration *permanente* (c'est-à-dire en masse, en Amérique, à cause de la misère, sans retour préfixé):

19.756 en 1876	77.029 en 1885
37.934 en 1880	102.912 en 1890

Et la confirmation en est donnée par la criminalité des immigrants dans les pays, comme la France et l'Amérique, qui n'ont presque pas d'émigration.

FRANZ, *Discours parlementaire sur la loi pour l'émigration*, Rome, 1888. — JOLY, *La France criminelle*, Paris, 1890, chap. III. — RICHMOND MAYO SMITH, *Emigration and immigration on the Uniteds States*, London, 1890, ch. 8.

la section de la main et même la mort, et qui résiste toujours à la prison et aux fusillades des douaniers, est supprimée par la *diminution des tarifs douaniers*, comme le
démontrait pour la France M. Villermé. De sorte que la
réalité quotidienne donne raison à Smith, qui appelait « loi
contraire à toute justice celle qui punit la contrebande,
après en avoir créé la tentation et qui augmente la peine
avec l'accroissement de la tentation » contre Bentham, qui
au contraire, en partant du postulat abstrait, que la peine
doit se faire craindre plus que le délit ne se fait desirer,
demandait la répression sévère de la contrebande (1). —
Le *système des impôts* qui frappe les richesses et les ressources manifestes au lieu des objets de première nécessité, et qui progressivement proportionné aux revenus du
contribuable, décimera ces fraudes systématiques, que les
peines ne savent pas empêcher et préviendra aussi le fiscalisme empirique et exagéré, qui est cause de rebellions,
d'outrages, etc. En effet Frégier décrit les industries criminelles provoquées* par les *octrois* et qui disparaîtront
avec l'abolition de ces impôts absurdes et injustes. Et tandis
que M. Allard démontrait que la diminution des impôts
sur les objets nécessaires aurait des effets bienfaisants, non
seulement dans les rapports économiques mais aussi sur les
fraudes commerciales, le *Rapport* sur la statistique criminelle française pour 1872 invoquait toujours, et tout simplement, une répression plus sévère contre l'augmentation
des fraudes commerciales. À quoi M. Mercier répondait, que
si l'on n'enlève pas la cause, c'est-à-dire la disproportion des
impôts, il est impossible d'en empêcher l'effet (2). — *L'af-
franchissement de tout impôt pour le minimum nécessaire à*

---

(1) VILLERMÉ fils, *Des douanes et de la contrebande*, Paris, 1851. — SMITH,
Richesse des nations, liv. v, ch. 2. — BENTHAM, *Théorie des peines*, liv. I, ch. 5.
(2) FRÉGIER, *Des classes dangereuses*, Bruxelles, 1840, p. 139. — ALLARD,
dans le *Journ. des économistes*, 15 sept. 1848, p. 188. — MERCIER, *La justice criminelle et les impôts indirects*, ibidem, oct. 1884.

l'existence en empêchant les expropriations forcées, et partant la diminution de la petite propriété, c'est-à-dire l'augmentation des déclassés et des misérables, diminuira beaucoup de crimes : comme nous voyons en Irlande pour les conditions de la propriété foncière. De sorte qu'on demande en Italie aussi, qu'on déclare insaisissable la petite propriété, comme elle l'est en Amérique en vertu des *Homesteads exemption laws*. — Les *travaux publics*, pendant les disettes et les hivers rigoureux, empêchent l'augmentation des crimes contre les propriétés, les personnes et l'ordre public. En effet, en France pendant la disette de 1853-54-55 on n'a pas eu l'accroissement énorme de vol, qu'on avait eu pendant la disette de 1847, grâce justement aux grands travaux ordonnés pendant l'hiver par le Gouvernement.

Les *impôts*, et surtout *les autres restrictions indirectes à la fabrication et à la vente de l'alcool* sont bien plus efficaces que les pénitenciers plus ou moins monumentaux. La question de l'alcoolisme aigu et chronique (vin ou liqueurs) est devenue de plus en plus grave, par son influence sur la santé physique et morale des populations. En France la consommation individuelle du vin, calculée à 62 litres par an en 1829, dépassait déjà les 100 litres en 1869, et à Paris de 120 litres en 1819-30 arrivait à 227 en 1881. Et l'alcool, en France, de la consommation individuelle de litres 0,93 par an en 1829, arrivait à 3,24 en 1872 et à 3,90 en 1885, avec des proportions même plus graves dans quelques villes. De sorte que la fabrication totale des alcools en France (dont 95 % sont consommés sous forme de boisson) de 479.680 hectolitres en 1843 arrivait à 1.309.565 en 1879, et à 2.004.000 en 1887 (1). — Et nous avons vu simultanément l'accroissement des cri-

---

(1). Caudrilier, *Des boissons alcooliques en Belgique et leur action sur l'appauvrissement du pays*, Bruxelles, 1884. — Block, *Statistique de la France*, II, 405. — Lunier, *Comptes rendus du congrès contre l'alcoolisme*, Paris, 1879, p. 135. — Yvernes, *Des rapports entre l'accroissement de la*

mes et délits en France, où les suicides aussi, de 1542 en 1829 arrivèrent à 8202 en 1887.

En outre, j'ai démontré avec un tableau graphique spécial (*Archivio di psichiatria*, I, 1) qu'en France, malgré quelqu'inévitable exception annuelle, on a un accord évident de hausses et de baisses entre le nombre des meurtres et surtout des coups et blessures volontaires et la récolte plus ou moins abondante de vin, surtout dans les années de variations extraordinaires, soit de récoltes manquées (1853-54-55-59-67-73-78-79-80) suivies d'une diminution remarquable de criminalité, (coups et blessures), soit de récoltes abondantes (1850-56-57-58-62-63-65-68-74-75), suivies de l'augmentation des délits (1).

consommation de l'alcool et le développement de la criminalité et de la folie. *Mémoire pour le Congrès intern. de l'alcoolisme*, Paris, 1889. — CLAUDE (des Vosges), *Rapport au Sénat sur la consommation de l'alcool en France*, Paris, 1887, 2 vol. avec *Atlas*, très riche de données statistiques et législatives.

(1) Voilà les chiffres, empruntés pour le vin à BLOCK, *Statistique de la France*, (II, 74) et à la statistique officielle des *Récoltes de la France*; pour l'alcool à LUNIER, *La consommation des boissons alcooliques* (*Journ. Soc. Stat.*, Paris, 1878, 34):

France — Années	Alcool sujet à impôts de cons. — 100 000 hectolitres	Vin recolté — Par millions de hectolitres	Affaires pour MEURTRES et COUPS et BLESSUR. GRAVES jugées aux Assises (contrad. et contum.)	Affaires pour COUPS et BLESSUR. VOLONTAIRES jugées par les Tribun correct.	France — Années	Alcool	Vin	Meurtres et coups et blessures graves	Coups et blessures volontaires
1849	—	35,5	598	13,176	1865	873	63,9	237	17,462
1850	585	44,7	583	14,153	1866	961	63,8	246	17,560
1851	622	39,4	527	13,684	1867	939	39,1	235	16,189
1852	648	28,4	432	13,701	1868	971	52,0	263	17,839
1853	644	22,6	374	12,028	1869	1,008	72,7	295	18,467
1854	601	10,7	231	9,599	1870	832	53,5	261	17,765
1855	714	15,1	236	9,402	1871	1,018	56,9	392	19,687
1856	768	21,2	240	10,565	1872	755	50,1	315	14,128
1857	825	35,4	221	11,917	1873	934	35,7	263	15,829
1858	812	46,8	267	14,246	1874	970	78,1	258	17,061
1859	828	29,8	288	14,063	1875	1,010	88,2	276	18,419
1860	851	39,5	231	12,787	1876	1,004	44,7	282	18,908
1861	882	29,7	218	13,109	1877	—	55,9	228	18,749
1862	857	37,1	277	14,473	1878	—	49,2	293	18,666
1863	870	51,3	220	15,166	1879	—	25,9	275	18,431
1864	870	50,6	248	16,695	1880	—	29,6	298	17,747

Et j'ai démontré aussi, pour la première fois, qu'au mois des vendanges il y a un accroissement des crimes et délits occasionnels contre les personnes, par cette liaison entre le vin et la délinquance, déjà remarquée entr'autres par M. Pierquin (1) et répétée par tous les reporters des journaux, le lendemain des dimanches et des fêtes.

Mais, en dehors même de leur mouvement annuel, les rapports entre alcoolisme et criminalité sont désormais établis à l'évidence, avec une confirmation quotidienne de ce que disait Morel « que par l'alcoolisme il se produit une classe de malheureux démoralisée et abrutie, qui est caractérisée par la dépravation précoce des instincts et par l'abandon aux actions les plus immorales et dangereuses ». De sorte qu'il est inutile de rappeler ici les données de la psychopathologie et de la médecine légale et aussi bien celles des statistiques pénitentiaires pour les chiffres des alcoolistes parmi les détenus et des querelles dans les cabarets parmi les causes apparentes des crimes jugés (2).

(1) Pierquin, *De la folie des animaux*, Paris, 1839, II, 369. — Luniga, ouvr. cité, donne 6 cartes de la distribution géographique en France de la consommation de l'alcool, et du vin et du suicide, des morts accidentelles, de la folie et des procès pour ivresse; mais il ne donne pas la comparaison très importante avec la distribution des crimes et délits, qui est donnée (mais seulement pour le total des individus jugés aux Assises et aux Tribunaux) dans la carte XVI de l'*Atlas* de M. Claude (des Vosges).

(2) Morel, *Traité des dégénérescences de l'espèce humaine*, Paris 1857, pag. 390. — Baer, *Der Alkoholismus*, Berlin 1878. — *Alcoolisme* dans le *Dictionnaire encycl. des sciences médicales*, 615 et 705 et suiv. — Brzoza, *Il vino e la salute* dans le volume *Il vino*, Torino 1880. — Lombroso, *Il vino nel delitto*, ibidem, et *Arch. di psich.*, I, 2; II, 3. — Idem, *A proposito dell'ultima discussione sul sale e sull'alcool*, dans l'*Arch. di psich.*, II, I. — Fazio, *L'ubriachezza in Italia*, Napoli 1875. — Dans les *Comptes rendus du Congrès pénitentiaire de Stockholm*, un mémoire de la *Société de tempérance des États-Unis*, II, 107, et rapports *Sur l'état des prisons et du régime pénitentiaire*, ibidem, II, 130, 152, 157, 406, 408, 412, 428, 452, 616. — *Comptes rendus du Congrès international contre l'alcoolisme*, Paris 1879, p. 170 et suiv. — Bournet, *De la criminalité en France et en Italie*, Paris 1884, p. 129 et suiv. — Lentz, *De l'alcoolisme au point de vue*

Il est vrai cependant qu'on a récemment nié, par des argumentations statistiques, le rapport de cause à effet entre alcoolisme et criminalité. M. Tammeo commença en faisant observer qu'en Europe les pays, et en Italie les provinces signalées par une consommation plus grande d'alcool ont des proportions moindres dans les crimes de sang. Il donnait cependant à sa remarque une valeur relative et limitée, car il niait seulement que « l'abus des *liqueurs* fût la cause *la plus active* de la criminalité ». Après lui, M. Fournier de Flaix, en soutenant la même thèse avec les mêmes arguments statistiques, et tout en admettant que « l'alcool est un fléau particulier pour l'individu qui en abuse », concluait toutefois que « l'alcoolisme n'est pas un fléau qui menace la race européenne », et répétait que les nations à plus grande consommation d'alcool donnent une fréquence moindre de crimes, surtout contre les per-

clinique et médico-légal, Bruxelles 1884. — Peeters, L'alcol, physiologie, médecine légale, Bruxelles 1885. — Claude (des Vosges), Rapport au Sénat sur la consommation de l'alcool en France avec Atlas, 3 vol., Paris 1887. — Vétault, Étude medico-légale sur l'alcoolisme, Paris 1887. — Baron, L'alcoolisme en France, — causes et remèdes dans le Journ. des écon., déc. 1887. — Broch, Les excitants modernes in Bull. de l'Institut intern. de Statist., Rome 1887, ii, 1, p. 326. — Mirambet, L'alcoolisme et la criminalité, Paris 1888. — Yvernès, Les debits de boissons et la consommation de l'alcool dans le Journ. Soc. Stat. de Paris, 1889, p. 349. — Bell, Medical Jurisprudence of Inebriety, New-York 1888. — Combemale, La descendance des alcooliques, Paris 1888. — Lombroso, L'uomo delinquente, vol. ii, Torino 1889. — Lunier, Hérédité et alcoolisme, Paris, 1889. — Motet, L'alcoolisme, Paris 1889. — Gallavardin, Alcoolisme et criminalité, Paris 1889. — Kovalevsky, Ivrognerie, Karkoff 1889. — Pantano, Relaz. parlam. sulla legge per revisione delle tasse sugli spiriti, Roma 1889. — Stoesser, Fischer, Baer, De Lilienthal, Sliosberg, Canonico, Heinge, Motet, Fould, Rapports sur l'ivresse dans la législation pénale, au Congrès penitent. intern., St Petersbourg 1889. — Comptes-rendus du Congrès intern. de l'alcoolisme à Paris en 1889, Paris 1890, et Archives Anthrop. crim., nov. 1889. — Rossi, Di alcune cause di morte in Italia, dans l'Anomalo, Napoli sept. 1890. — Mitchell, The drink Question, its social and medical aspects, London 1890. — Dubois, La question de l'alcool dans la Revue scient., 31 janv. 1891.

sonnes. Enfin M. Colajanni, sans citer ni M. Tammeo, ni M. Fournier de Flaix, développait la même thèse avec les données statistiques abondamment exposées par M. Kummer et concluait dans un sens encore plus absolu : que « entre alcoolisme, criminalité et suicide manquent la constance, la régularité et l'universalité de relation, de coïncidence et de succession ; de sorte qu'on ne peut pas établir entre ces phénomènes, suivant les lois de la statistique, le rapport de cause à effet (1) ».

Tout en laissant de côté les graves erreurs de fait dans la brochure de M. Colajanni (2), j'observe seulement que cette thèse n'est qu'une grossière méprise de logique statistique.

Commençons par dire que lorsqu'on admet, car on ne peut malheureusement la nier, l'influence physio et psychopathologique de l'alcool, sous forme non seulement de liqueur mais aussi de vin (pour lequel il n'est pas exact de dire, que les pays et les provinces du midi ne sont pas alcoolistes), on ne saurait expliquer comment l'alcool, physiquement et moralement nuisible aux individus, serait au contraire inoffensif pour les peuples, qui ne sont qu'un ensemble d'individus !

Et quant aux argumentations statistiques il est facile de répondre : 1° que dans aucun relèvement statistique on ne trouve jamais un accord symmétrique et continué de chiffres, car dans les faits sociaux, l'interférence des causes individuelles, physiques et sociales est inévitable ; 2° que la conclusion négative de ces désaccords partiels et natu-

---

(1) Tammeo, *I delitti* dans la *Rivista carceraria*, 1882. — Fournier de Flaix, *L'alcool et l'alcoolisme* dans la *Revue scientif.*, 14 août 1886. — Kummer, *Zur alcoholfrage*, Bern 1884. — Colajanni, *L'alcoolismo*, Catania 1887.

(2) Rossi, *L'alcoolismo in Europa e gli errori di Colajanni* dans l'*Archivio di psich.*, 1887, VIII, 6.

rels (car surtout en biologie et en sociologie, il est vrai que chaque règle a ses exceptions, dues à l'action des causes interposées) serait légitime seulement, si l'on soutenait que l'alcoolisme est la cause *unique* et *exclusive* de la criminalité. Mais puisque cela n'a été jamais affirmé par personne, toutes les argumentations statistiques de Fournier et Colajanni s'appuient sur un malentendu. Et elles ne détruisent pas, malheureusement, la connexion de causalité entre l'alcoolisme (aigü et chronique, de vin et de liqueurs), et la criminalité (surtout occasionnelle dans l'alcoolisme aigü, comme les coups et blessures et les meurtres — et habituelle dans l'alcoolisme chronique, comme les délits contre les propriétés, les personnes, la pudeur, les agents de la force publique, etc.). Et cela malgré les chiffres relativement bas, mais évidemment inférieurs à la réalité dans les relèvements généraux, en dehors des enquêtes spéciales et scientifiques, sur l'alcoolisme comme cause directe et évidente des crimes et des suicides.

Qu'avant ou après cela l'alcoolisme soit lui-même un effet des malheureuses conditions sociales des classes populaires, je l'avais dit aussi dès la première édition de cet ouvrage (1881), tout en ajoutant à l'unilatéralité monosyllabique des causes économiques le concours aussi des conditions bio-psychiques et du milieu physique, qui détermine pour la plus grande partie la distribution géographique de l'alcoolisme par liqueurs (chronique et plus grave, dans les pays et les provinces du nord), et de l'alcoolisme par vin (aigü et moins profond, dans les pays et les provinces du midi).

Il était donc naturel qu'on invoquât depuis longtemps des mesures indirectes contre l'alcoolisme, telles que l'augmentation des impôts sur les boissons alcooliques et la diminution de ceux sur les boissons hygiéniques (café, thé, bière); la limitation rigoureuse dans le nombre des débits; l'accroissement de responsabilité civile pour les débitants, comme en Amérique; l'expulsion des sociétés ouvrières des associés ivrognes; la diffusion des amusements hygiéniques à bon marché; la surveillance contre l'adultération des vins et liqueurs; les sociétés de tempérance moins arcadiques et isolées; la diffusion suggestive des renseignements sur les effets nuisibles de l'alcool; l'abolition de certaines fêtes plus démoralisantes qu'hygiéniques; l'abolition de l'usage de payer les ouvriers à la veille du dimanche; l'institution d'asiles volontaires pour les alcoolistes comme en Amérique, Angleterre et Suisse (*Inebriate's Home — Drunkard's Asylum*) (1).

L'Amérique du Nord, l'Angleterre, la Suède et Norvège, la France, la Belgique, la Hollande, la Suisse ont appliqué des remèdes contre l'alcoolisme (en arrivant jusqu'au monopole gouvernemental pour la fabrication de l'alcool en Suisse); mais avec une préférence trop fiscale et presqu'exclusive, sous le drapeau de l'hygiène, pour les impôts de fabrication, circulation et consommation (2). Pourtant ces impôts à eux-seuls ne suffisent pas du tout et peuvent même nuire à la santé physique et morale du peuple, en

---

(1) Despine, *Psychologie naturelle*, Paris 1868, ii, 539. — Foville, *Moyens pratiques pour combattre l'ivrognerie* dans les *Annales d'hyg. publ.*, janvier et avril 1872. — Lutaud, *Les progrès de l'alcoolisme aux Etats-Unis*, ibidem, avril 1882. — Caudrelier, *Les remèdes à l'alcoolisme en Belgique*, Bruxelles 1887. — Wtroboff, *L'ivrognerie en Russie* dans *La philosophie positive*, 1876. — Korsakoff, *Lois et mesures prophilactiques de l'alcool*, in *Archivio di psich.*, 1889, p. 600.

(2) En Europe (Bodio, *Bull. Inst. Intern. Stat.*, Rome 1887, ii. 1) les impôts seulement gouvernementals sur les alcools donnent les moyennes suivantes pour 1880-84 et ils sont augmentés encore dans les dernières années.

Millions de francs par an:

Russie d'Europe et Finlandie	574	Belgique	29
Grande Bretagne et Irlande	474	Italie	19
France	258	Suède	19
Allemagne	65	Suisse	7
Hollande	48	Norvège	5
Autriche-Hongrie	40	Danemarque	4

excitant les fraudes et les adultérations de l'alcool par la hausse des prix.

Et ne suffisent pas non plus, tant s'en faut, les lois pénales contre l'ivresse, auxquelles naturellement on a recours dans tous les pays, qui n'ont jusqu'ici appliqué aucun système de mesures directes et indirectes, mais coordonnées, contre l'alcoolisme, en dehors de l'impôt et de la peine. Et nous voyons qu'en France, par exemple, malgré la loi répressive proposée par mon illustre ami, le sénateur Roussel (janvier 1873) et malgré les impôts vraiment énormes, redoublés en 1872 et 1880, l'alcoolisme continue sa hausse terrible et malfaisante. Et il en est ainsi, plus ou moins, dans tous les pays, toujours malgré les impôts et les peines (1).

La marche irrégulière des salaires et la vigueur trompeuse donnée de prime abord par les boissons alcooliques, avec la misère des classes ouvrières et le travail excessif, avec la réparation alimentaire insuffisante, et l'action des

(1) Pour la répression pénale de l'ivresse on a: en France la loi du 23 janvier 1873, — en Italie les art. 488 et 489 du nouveau code pénal, — en Angleterre la loi 10 août 1872, — en Hollande la loi 28 juin 1881, — dans le Luxembourg la loi 2 mars 1885, — en Autriche la loi 19 juillet 1877, — en Suède deux lois de 1855 et les ordonnances de 1871 et 1887, — en Belgique la loi 16 août 1887, — en Allemagne le § 361-65 du code pénal, — en Hongrie les §§ 84 et 85 du code des contravventions, — au Canton Ticino l'art. 427 du code pénal.

V. METMAN, *Étude sur les législations européennes relatives aux délits de boissons alcooliques*, Paris 1876. — STOURM, *L'impôt sur l'alcool dans les principaux pays*, Paris 1886. — STRIXONER, *La legislazione sull'alcool in Svizzera* dans le *Giornale degli economisti*, 1888, 4.

Dans l'application de ces lois *pénales* contre l'ivresse il arrive toujours, car les mœurs sont plus puissantes que les lois de répression *directe*, qu'on ralentit de plus en plus leur application. Le *Rapport sur la justice criminelle en France pour 1887*, en relevant la diminution des procès pour ivresse publique (de la moyenne annuelle de 81.416 en 1873-75 à celle de 67.155 en 1881-85 et à 59.098 en 1887), concluait que cela ne représente pas une diminution de l'ivresse même, mais seulement une réduction du nombre des poursuites (Paris 1889, p. xxxviii).

habitudes, de la transmission héréditaire et du manque de mesures préventives efficaces, sont des influences trop puissantes pour que les travailleurs se préservent de ce fléau et nulle loi fiscale ou répressive, c'est-à-dire toujours et seulement de coaction directe, ne pourra jamais paralyser des tendances naturelles, qu'on peut tout au plus atténuer avec des mesures indirectes. D'autre part, si l'on pense que l'ivresse habituelle, si répandue au moyen-âge parmi les nobles et les bourgeois, comme le démontrent les lois de ces temps-là, est devenue toujours moins fréquente dans ces classes (par l'introduction aussi et la diffusion rapide du café, depuis Louis XIV); il est à espérer que l'amélioration des conditions économiques, intellectuelles et morales des classes populaires pourra, avec le temps, atténuer cette plaie terrible de l'alcoolisme, qu'on ne peut guérir tout d'un coup.

En continuant les exemples de substitutifs pénaux, nous voyons que *la substitution de la monnaie métallique au papier monnayé* décime les faux monnayeurs, qui défient cependant les travaux forcés à perpétuité, car il est plus facile pour les citoyens de reconnaître une monnaie fausse qu'un billet imité (1). — Le *commerce de la monnaie et des métaux précieux* influa bien plus que les peines sur le mouvement des crimes d'usure, comme il arriva en Espagne après ses conquêtes américaines, tandis que les peines médiévales n'empêchèrent jamais la reproduction de l'usure sous une forme ou l'autre. De sorte que, aujourd'hui même, bien plus que les lois spéciales de répression, rétablies par l'illusion habituelle en Allemagne et en Autriche, seront efficaces contre l'usure *les institutions de crédit populaire et agraire*, qui sont réellement à la portée de tout le monde. — D'autre part, avec *la diminution des*

(1) Les coupables de fausse monnaie qui sont 0,09 °/₀ de tous les condamnés en France, et le 0,04 °/₀ en Belgique, sont au contraire le 0,4 °/₀ (dix fois plus) en Italie, par une plus grande diffusion de billets de banque.

intérêts de la rente publique on influe sur le courant des capitaux vers le commerce, l'industrie et l'agriculture, en prévenant ainsi leur anémie et les banqueroutes, les faux, les fraudes, etc., qui en sont la conséquence. — Les *appointements proportionnés* aux besoins des fonctionnaires publics et aux conditions économiques générales, empêcheront les corruptions et les concussions, dues en partie à leur misère déguisée. — L'*horaire limité* pour ces fonctions délicates, desquelles dépend la sûreté des citoyens, p. ex. dans les gares des chemins de fer, préviendra les désastres bien plus que la prison, inutilement donnée aux coupables d'homicide involontaire. — Les *routes fréquentes*, les *chemins de fer*, les *tramways*, éteignent les associations de malfaiteurs à la campagne, comme les *maisons et les rues larges et aérées*, l'*éclairage abondant*, la *suppression des vieux quartiers* dans les villes, empêchent les vols avec violence, le recel, les crimes contre la pudeur. — La surveillance sur *la construction des ateliers* et la limitation d'horaire pour *le travail des enfants*, avec leur direction confiée à des femmes mariées et âgées, peuvent être un frein aux attentats à la pudeur, que les travaux forcés n'empêchent pas. — Les *maisons pour les ouvriers à bon marché* et en général les mesures de police sanitaire pour les habitations rurales et urbaines, en empêchant l'encombrement des familles pauvres, sont également efficaces pour l'hygiène physique ainsi que pour prévenir un grand nombre de délits contre les mœurs (1). — Les *associations coopératives, de*

---

(1) Brouardel, *Commentaires aux nouveaux éléments de médecine légale*, de Hofmann, Paris 1881, p. 720, écrit: « Bien souvent c'est sur leurs propres enfants que ces accusés ont commis des attentats à la pudeur. Dans les milieux ouvriers, la famille vit souvent dans une seule chambre et se répartit pour coucher dans deux lits, quelquefois même il n'y en a qu'un. Le père est alcoolique, la fille, l'aînée le plus souvent est mal surveillée, et dans un jour d'ivresse un premier attentat est commis, puis se renouvelle consenti par la fille, jusqu'au jour où sous l'empire d'une indignation réelle ou feinte, la fille, pour se délivrer des obsessions du père, quelquefois pour

secours mutuel, les *caisses de prévoyance et pour la vieillesse*, les *caisses pour les invalides du travail*; la *responsabilité civile* des entrepreneurs et des capitalistes pour les accidents du travail, comme conséquence directe de l'entreprise, ainsi qu'ils sont responsables des accidents aux machines; les *banques populaires et d'épargne*, les *comités de bienfaisance* sous forme de travail, etc., empêchent bien plus que le code pénal un grand nombre de délits occasionnels contre les propriétés et les personnes. — Aussi j'ai soutenu au Parlement italien que la *réforme des œuvres pies*, qui en Italie ont un patrimoine de deux milliards, aurait pu devenir un grand préventif de criminalité (1). — De même les mesures pour diminuer la *mendicité et le vagabondage* et surtout les colonies agricoles,

---

recouvrer son indépendance, dénonce les actes de son père ». — Du Mesnil, *L'habitation du pauvre à Paris*, (Annales d'hyg. publ., janv. 1883) raconte, que dans 5 arrondissements de Paris, tandis que le nombre des logements populaires *(garnis)* augmentait de 2.621 en 1876 à 3.465 en 1882 (32 %), le nombre au contraire des locataires allait de 42.821 à 82.380 (95 %). Et Bax, *Les logements des ouvriers en Allemagne*, (ibidem, août 1882) dit, que dans une misérable chambre s'entassent six et même huit locataires ensemble avec les propriétaires et « on dit que dans la Prusse Rhénane non seulement le propriétaire permet des rapports adultères de sa femme avec les locataires, mais on en fixe dans le contrat, plus ou moins couvertement, une rétribution spéciale ».

Ces conditions, qui rappellent la promiscuité sexuelle de certains sauvages (Letourneau, *La sociologie*, Paris 1880, p. 53-58) sont la tâche infâme de notre civilisation dans les quartiers misérables des villes les plus riches. Et aux bouges urbains font pendant les cabanes rurales, vrais centres d'infection physique et morale.

Voir l'*Enquête sur les conditions sanitaires et hygiéniques des communes*, Rome 1886. — Bertani et Panizza, *Enquête sur les conditions sanitaires des paysans*, Rome 1890. — Bordier, *La vie des sociétés*, Paris 1887, p. 121. — Jourdan G., *Législation sur les logements insalubres*, IVᵉ édit., Paris 1890. — Schoenberg, *Manuel d'économie politique*, trad. ital. 1890. — Zakowiev, *L'habitation à bon marché*, (litouchka) en Russie, Revue scient., 10 janv. 1891.

(1) Masotti, *Genesi ed evoluzione della beneficenza*, Ravenna 1890. — Grilli, *L'assistenza pubblica nella storia e nella legislazioni*, Torino 1891.

comme en Hollande, Belgique, Allemagne et Autriche, seraient le vrai substitutif pénal des délits très fréquents
commis par les gens sans aveu (1). De sorte qu'on peut
conclure, qu'une prévoyante *législation sociale,* qui ne s'arrête pas à des réformes purement superficielles et de
forme, pourrait vraiment constituer un code de substitutifs pénaux, que l'on pourrait opposer à l'ensemble des
impulsions criminelles, engendrées par les conditions misérables des classes sociales plus nombreuses.

II. Ordre politique. — Pour empêcher les crimes politiques, tels que les assassinats politiques, les rébellions,
les conspirations, la guerre civile, tandis que la répression
et la prévention empirique de police sont impuissantes, il
n'y a que *l'accord entre l'état politique et les aspirations
nationales.* L'Italie en a été un exemple éloquent, car pendant la domination des étrangers, ni l'échafaud, ni les
bagnes ne purent empêcher les attentats politiques, qui ont
disparu avec l'indépendance nationale. De même en Irlande
et en Russie. L'Allemagne qui croyait suffoquer le socialisme avec les lois pénales exceptionnelles, en a expérimenté l'impuissance. — Pour les soi-disants délits de presse
(qui sont des délits communs commis avec la presse, ou ne
sont pas des délits) il n'y a que la *liberté des opinions* qui
puisse rendre moins fréquentes les attaques et les provo-
cations de caractères politiques. — Le respect des lois,
bien plus qu'avec les gendarmes et les prisons, se répand
parmi les citoyens avec l'exemple donné par les classes di-
rigeantes et les autorités d'un respect continuel des droits
individuels et sociaux. — Une *réforme électorale* adaptée à
l'état du pays est le seul remède des délits électoraux. —
De même, outre les réformes économiques déjà indiquées,

(1) *Congrès international à Anvers en 1890,* (III section, Mendicité et
vagabondage). — Benedikt, *Le vagabondage et son traitement, Annales
d'hyg. publ.,* 1890, XXIV. — Robin, *Hospitalité et travail,* Paris 1889.

les *réformes politiques et parlementaires* sont bien plus utiles que le code pénal pour empêcher un grand nombre de délits de caractère social et politique, pourvu qu'on rende plus réel l'accord entre le pays et sa représentation légale et qu'on ôte à celle-ci les occasions et les formes qui en favorisent les abus, en soustrayant les questions techniques à l'influence délétère de la politique et en donnant au peuple une autorité plus directe sur la chose publique, avec le *referendum*, etc. (1). — Enfin cette foule de crimes, isolés ou épidémiques, qui sont déterminés par les besoins non satisfaits et le caractère méconnu des parties de chaque pays, différentes de climat, de race, de traditions, de langue, de mœurs, d'intérêts, serait en grande partie éliminée en abandonnant la manie métaphysique de la *symétrie politique* et de la *centralisation bureaucratique*, et en adaptant au contraire les lois à la physionomie particulière des diverses régions. L'*unité* nationale n'a rien à faire avec l'*uniformité* législative et administrative, qui en est au contraire l'exagération pathologique. Il est inévitable en effet que les lois, ne représentant maintenant qu'une moyenne de transaction entre les plus différentes nécessités morales, politiques, économiques des diverses régions, soient toujours insuffisantes aux besoins sociaux. Trop restreintes et tardives pour une partie, trop larges et précoces pour l'autre partie du pays, comme le vestiaire moyen des conscrits trop long pour les petits, trop court pour les grands. La fédération administrative avec l'unité politique (*e pluribus unum*) donnerait un ensemble de substitutifs pénaux, en restituant à chaque partie de l'organisme social cette liberté de mouvement et de développement, qui est une loi universelle de la biologie et de la sociologie (car organisme n'est que fédération), tout-à-fait méconnue par cette uni-

---

(1) Lombroso et Laschi, *Il delitto politico*, Torino 1890, p. 467 et suiv., ont proposé un vrai code de substitutifs pénaux pour la prophylaxie économique et politique du délit politique.

formité artificielle et nuisible, à la fin, à l'unité même, avec laquelle elle n'est liée que par les préjugés de la métaphysique sociale (1).

III. ORDRE SCIENTIFIQUE. — Le progrès scientifique, qui apporte de nouveaux moyens de criminalité, comme les armes à feu, la presse, la photographie, la lithographie, de nouveaux poisons, la dynamite, l'électricité, l'hypnotisme, etc.; lui-même, tôt ou tard, en donne l'antidote, plus efficace que la répression pénale. — La *presse*, la *photographie anthropométrique des détenus*, le *télégraphe*, les *chemins de fer* sont des auxiliaires puissants contre les criminels. — Les *médecins nécroscopes* et les progrès de la *toxicologie* ont décimé les empoisonnements; et l'expérience a déjà prouvé que l'invention de l'*appareil de Marsh* a rendu très-rares les empoisonnements par l'arsénic, auparavant si fréquents. — Dans ces derniers temps on a proposé une sorte d'appareil de Marsh contre les faux en écritures, car en exposant les documents aux *vapeurs de iodium*, on révèle les caractères effacés ou altérés (2). — La *médecine exercée par les femmes* ôtera un grand nombre d'occasions aux délits contre

(1) CARRARA aussi, le chef de l'école classique, était contraire à l'uniformité de la loi pénale pour l'Italie, qui cependant a été un des motifs politiques les plus efficaces pour l'approbation du nouveau code pénal. Et moi même au Parlement je ne l'ai pas combattue, car les phases de l'évolution sociale ne peuvent pas être supprimées, et parceque c'est de l'exagération même de l'unité qu'on aura la réaction pour le fédéralisme.

L'école positiviste est d'accord sur ce point. V. GAROFALO, *Criminologie*, II édit., Torino 1891, p. 201. — LOMBROSO et ROSSI, *Il regionalismo in Italia*, dans les *Appunti al nuovo cod. penale*, Torino 1889, II édit., p. 62. — LOMBROSO et LASCHI, *Il delitto politico*, Torino 1890, p. 591 et suiv.

En France soutiennent, entr'autres, le même ordre d'idées: DONNAY, *La politique expérimentale*, Paris 1885. — BORDIER, *La vie des sociétés*, Paris 1887, chap. 17.

En Espagne PI Y MARGALL, *Les nationalités*, Paris 1879.

(2) BRUYLANTS, *Altérations frauduleuses des écritures*, *Revue scient.*, 17 janv. 1891.

les mœurs et la famille. — La *diffusion libre* de toutes les idées en empêche les dangers possibles, bien plus que les procès plus ou moins scandaleux. — La piraterie, non vaincue par les peines médiévales, disparaît devant la *vapeur appliquée à la navigation.* — La diffusion des *idées de Malthus* est un préventif aussi pour les avortements et les infanticides (1). — Les *méthodes de comptabilité,* claires et simples, empêchent beaucoup de fraudes, de soustractions, favorisées au contraire par les méthodes compliquées. — Les *chèques* personnels, en rendant inutile le transport fréquent de l'argent, préviennent les vols bien mieux que les peines. — Les *certificats d'authenticité* délivrés par un employé, chargé de voir signer le vrai débiteur, peuvent empêcher les falsifications des lettres de change, suivant la pratique de certaines banques. — De même quelque banque a introduit la *photographie instantanée* de tous ceux qui se présentent

(1) Je comprends que cette idée peut être différemment jugée en France, où l'opinion publique se préoccupe trop du problème de la « dépopulation ». Je crois avec M. Varigny, *(La théorie du nombre, Revue des deux mondes,* 15 décembre 1890) que le nombre n'est pas l'élément unique, ni même prépondérant, dans la vie des peuples. Outre les caractères physiques (race), la valeur intellectuelle et morale, et la productivité du sol dont parle M. Varigny, il faut tenir compte, selon moi, de la loi indéniable en vertu de laquelle la lutte pour l'existence, entre les individus comme entre les peuples, devient toujours moins violente et directe. La guerre, qui est quotidienne dans l'humanité sauvage, devient toujours plus rare et difficile. Car il y a la *conscience sociale et internationale* de l'humanité civile qui varie, qui s'impose et qu'il faut ajouter comme élément positif pour juger de l'avenir des peuples. On continue toujours à parler des dangers de la guerre (dans laquelle le nombre a une grande valeur, mais n'est pas non plus l'élément exclusif) comme si la conscience sociale contemporaine était la même qu'au moyen-âge. À plusieurs égards au contraire, la population moins dense de la France est une des causes de sa richesse et partant de sa force. L'Allemagne a une population plus nombreuse mais plus pauvre. Et je ne crois pas que la vraie force des nations, celle qui décidera de l'avenir, consiste à couvrir de cuirasses et d'armes le peuple, après l'avoir réduit à l'anémie avec les dépenses militaires, qui depuis 1880 marquent une vraie manie épidémique dans l'Europe continentale.

V. Dumont, *Dépopulation et civilisation,* Paris 1890.

aux guichets pour retirer des sommes fortes. — De même, contre les voleurs, sont très utiles les coffres-forts, les serrures de sûreté, les sonneries d'alarme, etc. — Pour prévenir les assassinats en chemin de fer, on a trouvé que les *signaux d'alarme* et les systèmes de *fermeture interne* dans les vagons, sont bien plus efficaces que tous les codes pénaux.

IV. ORDRE LÉGISLATIF ET ADMINISTRATIF. — Une *législation testamentaire* opportune élimine les meurtres par cupidité d'héritage, comme il est arrivé en France, avec les « poudres de succession » au siècle passé. — Une loi pour la *facilité du consentement paternel* au mariage des fils, suivant l'observation de Herschel (*Théorie des probabilités*) pour les pays qui exigent le consentement de deux parents; et pour la *recherche de la paternité,* avec l'obligation de dédommager des promesses de mariage non accomplies et de pourvoir à l'avenir des fils procréés hors du mariage, sont d'excellents antidotes contre le concubinage, les infanticides, les avortements, les abandons d'enfants, les attentats à la pudeur, les meurtres commis par les filles séduites et abandonnées. Et à ce propos Bentham disait: que le concubinat reglé par les lois civiles serait moins nuisible que celui que les lois ne reconnaissent pas mais ne savent non plus empêcher (1). — Le bon marché et la

---

(1) BENTHAM, *Traités de législation,* IV partie, chap. 5. — TISSOT, *Introd. au droit pénal,* Paris 1874. — GIURIATI, *Le leggi dell'amore,* Torino 1881. — M. RIVET, *La recherche de la paternité,* Paris 1890, insiste avec raison sur cette réforme, quoique il eut trop recours aux arguments sentimentaux, suivant le remarque de SIGHELE, *Archivio di psich.,* 1890, XI, 570. M. DUPUIS, dans la préface au livre de M. Rivet, en contredisant en partie sa brochure sur le même argument, doute beaucoup, maintenant, de l'utilité de cette réforme. Et il y en a aussi qui pensent qu'elle augmenterait les naissances illégitimes (MASÈ DARI, *Ricerca della paternità e nascite illegittime, Archiv. di psich.,* XI, 56). Mais, outre les raisons de justice sociale, d'après laquelle chacun doit être responsable des conséquences de ses actions, il est cer-

facilité de la justice civile préviennent les crimes et délits contre l'ordre public, les personnes, les propriétés, comme j'ai dit à pag. 152. — L'ancienne institution italienne de l'*avocat des pauvres,* substituée à la dérisoire assistance judiciaire d'aujourd'hui, previendrait beaucoup de vengeances. — De même un système rigoureux et prompt de *dédommagement civil* aux victimes des délits, confié au ministère public, lorsque la partie lésée n'a pas le moyen de plaider en justice, car, comme je l'ai dit ailleurs avec l'approbation de plusieurs sociologues criminalistes, la responsabilité *civile* pour les crimes commis doit être une fonction sociale comme la responsabilité *pénale,* et non une affaire privée. — La *simplification législative* empêcherait un grand nombre de fraudes, de contravventions, etc., car malgré la présomption métaphysique et ironique que l'ignorance de la loi n'excuse personne, il est positif que la forêt de nos codes, lois, décrets, règlements, se prête à une infinité de malentendus, d'erreurs, et par contrecoup de contraventions et de délits (1). — Les lois commerciales sur la *responsabilité civile des administrateurs,* sur la *procédure des faillites* et des *sociétés anonymes,* sur les *réhabilitations,* de même que les *bourses industrielles, de renseignement* et *de surveillance* peuvent empêcher les banqueroutes frauduleuses, bien plus que les travaux forcés. — Les *jurys d'honneur* reconnus et réglés par les lois, peuvent empêcher les duels, autrement que les peines plus ou moins sérieuses (2). — Le *notariat* bien réglé s'oppose aux faux

---

tain qu'avec la recherche de la paternité, réglée de façon à en éliminer les abus, on empêcherait un grand nombre de meurtres, d'infanticides, etc., qui, en tout cas, sont un mal bien plus grand que les naissances illégitimes.

(1) Spencer, *Trop de lois — Kessais,* II, Paris 1879.

(2) Le duel qui, lorsqu'on le frappait avec la peine de mort, la torture et les édits draconiens de Charles IX, Henri IV, Louis XIII et XIV en France, imités ailleurs, était si fréquent dans les siècles passés, est presque disparu de l'Europe, et surtout de l'Angleterre, malgré la diminution des peines, sous l'influence de l'opinion publique. Et dans la France contemporaine le

en écritures et aux fraudes, ainsi que les *bureaux de l'état civil* ont fait presque disparaître les faux personnels, les

duel n'augmente pas lorsque le jury le laisse impuni et il ne diminue pas non plus lorsque la jurisprudence, dans le silence du code pénal, l'assimile aux meurtres et blessures volontaires. Et cependant il y a toujours des personnes portées à l'illusion de croire, qu'une loi répressive spéciale (proposée par le député Cluseret le 3 décembre 1889) pourrait être le remède opportun !

Et on a tant l'habitude de voir dans les peines le remède vrai des délits, que, par exemple, non seulement Schopenhauer *(Aphorismes,* Paris 1880) proposait douze coups de bâton à la chinoise, pour quiconque envoie ou accepte un défi; mais les projets de code pénal italien ont toujours augmenté les peines contre le duel; ce qui peut être opportun tout au plus pour les peines pécuniaires, pour éviter du moins les amendes humoristiques données aux duellistes. Mais le remède vrai pour le duel, comme pour tant d'autres délits, est bien loin du code pénal.

Le garde des sceaux Vigliani avait proposé, en 1874, que les conséquences d'un duel, lorsqu'il n'avait pas été auparavant soumis à un jury d'honneur, devaient être punies comme les meurtres et les blessures communes. Mais cette disposition fut abolie dans les projets successifs et dans le nouveau code. Et cependant c'était là la direction pour arriver à la solution légale du problème. En effet il suffirait de dire: *ne sont pas punis les duels, qui auront été déclarés inévitables par un jury d'honneur.* De la sorte, les duels peu sérieux deviendraient toujours plus rares, en perdant le caractère d'affaires sérieuses, et d'autre part on n'insisterait pas à menacer les duels graves et inévitables des peines qui sont toujours moins dangereuses que ces duels mêmes. Ajoutons que le duel, à son tour, avec cette reconnaissance limitative par la loi pourrait même devenir utile, chez les classes populaires de quelques provinces, comme substitutif des rixes et des *guet-apens* pour vengeance de l'honneur, etc. Brenini, *Offese e difese,* Parma 1886, développe cette thèse sur le duel (et sur l'adultère) au point de vue de l'école positiviste. Voir aussi Trissin, *Du duel,* Lyon 1890.

Le nouveau code pénal italien a augmenté les peines pour le duel et punit même celui qui, publiquement, reproche quelqu'un de n'avoir pas défié ou d'avoir refusé un défi au duel. Mais son application depuis un an a déjà confirmé, d'une part que les juges continuent à donner des peines très-atténuées aux duellistes, et d'autre part, que ceux-ci ne craignent pas plus le nouveau que l'ancien code.

C'est là un cercle vicieux, duquel on ne peut sortir qu'avec la reconnaissance légale des jurys d'honneur. À propos de ceux-ci, le rapport du ministre sur le nouveau code pénal (Rome 1887, II, 155), a rejeté ma proposition en disant que: 1° ce serait une incohérence chez le législateur d'attribuer

substitutions et suppressions d'enfants, si fréquentes au moyen-âge. — De même, le député Michelin, pour rendre plus rares les bigamies, proposait en 1886 d'ouvrir sur les régistres des actes de naissance dans chaque commune, une colonne spéciale où serait mentionnée la situation civile de tout individu, qui ayant besoin de l'acte de naissance pour se marier, ne pourrait pas cacher un mariage précédent non dissous par mort ou par divorce. — La *forme accusatoire et orale* dans la procédure pénale a empêché un grand nombre de calomnies et de fausses dénonciations. — Les *hospices des enfants trouvés, orphelins, etc.*, ou mieux encore quelque succédané moins médiéval, commes les *salles de maternité* et les *secours à domicile* pour les filles-mères, peuvent empêcher beaucoup d'infanticides et d'avortements, qui résistent aux peines les plus sévéres. — En évitant l'absurdité morale et sociale de prisons, plus confortables que les cabanes des paysans ou les mansardes des ouvriers, on empêcherait tous les délits qui, surtout pendant l'hiver, sont commis dans le but d'être logés et nourris par l'Etat. — Les *sociétés de patronage pour les libérés*, surtout celles pour les jeunes gens, pourraient être d'utiles substitutifs pénaux, quoique avec une influence infiniment moins

un caractère délictueux à un acte, et en même temps de donner à d'autres personnes la faculté de lui ôter ce caractère; — 2° que les jurys d'honneur deviendraient bientôt un artifice vulgaire pour éluder la loi.

Il est facile de répondre, que les garanties de sérieux, pour la composition des jurys d'honneur, reglées par la loi, pourraient bien en empêcher l'abus; comme si l'on disait par exemple, que de tout jury devrait faire partie le maire de la ville ou bien le président du tribunal, etc. Et en second lieu c'est du doctrinarisme le plus pur que de faire cas de « cohérence législative », là où il ne s'agit que de tenir compte des conditions de l'opinion publique (car les lois ne sont pas faites pour les habitants de la lune) et d'influer *indirectement* sur le sentiment public, au lieu de laisser la loi, par l'effet de sa « cohérence », tous les jours négligée ou éludée par la puissance supérieure des mœurs et des traditions. Plutôt que de faire une loi prohibitive, inévitablement destinée à n'être pas obéie, il vaut mieux ne pas la faire.

grande de celle qu'on leur attribue généralement, avec
beaucoup de réthorique et peu de pratique. Contre elles
il y a avant tout cette objection préjudicielle, que, de préférence aux libérés de prison, il faudrait protéger les ouvriers restés honnêtes malgré leur misère; et en second
lieu, au lieu de prodiguer le patronage à tous les libérés
sans distinction, souvent incorrigibles, il faudrait distinguer les criminels d'occasion et passionnés, les seuls susceptibles d'amendement, et il faudrait aussi éviter dans
le patronage toute formalité de police. En réalité nous
voyons que, même en Angleterre, où ces sociétés sont plus
fréquentes, leur action, comme celle de toute bienfaisance
directe, n'est que trop au dessous des nécessités auxquelles
on devrait pourvoir.

V. ORDRE RELIGIEUX. — L'histoire nous atteste qu'une
religion corrompue peut favoriser la criminalité, par ex.,
dans Rome ancienne et mediévale avec les tarifs aposto-
liques pour l'absolution de tous les crimes (1), et dans
l'Amérique et la Russie contemporaines, avec la propagande
de certaines sectes religieuses, extravagantes ou même délictueuses. Mais une religion, qui vise réellement au bien
de tous et non d'une caste, pourrait empêcher beaucoup
de crimes, comme à Florence a fait la prédication de Savo-
narola et en Irlande celle du père Mathieu. Il faut cependant renoncer à l'illusion psychologique commune d'après
laquelle le sentiment religieux serait par lui-même un préventif du crime. Il arrive au contraire que la grande majorité
des criminels sont des croyants sincères, et parmi les athées
il y a d'honnêtes gens et des coquins comme il y en a
parmi les croyants. Car la religion ne donne qu'une sanction, avec les peines ou les plaisirs de l'éternité, aux règles
du sens moral de telle ou telle époque, de tel ou tel pays.

---

(1) SAINT ANDRÉ, *Les taxes de la pénitencerie apostolique,* Paris 1879.

De sorte que, d'une part les religions ont toujours sanctifié les besoins collectifs des peuples, par exemple l'infanticide ou le cannibalisme chez les tribus sauvages, qui vivent dans les îles et dans les pays sans abondance de nourriture. Et d'autre part il est évident, que lorsque chez un individu il n'y a pas de sens moral, ou bien qu'il est atrophié, la sanction donnée par le sentiment religieux n'a pas d'influence, car elle n'a pas de fondement psychologique personnel. Et dans ce cas il peut même être une impulsion au crime, en se mettant au service de l'insensibilité morale du criminel; car, comme certains sauvages adorent aussi les dieux de la vengeance, du meurtre, du vol, etc., de même plusieurs criminels demandent à Dieu et aux saints de les aider dans leurs exploits délictueux. Ce qui détermine la conduite de l'individu dans la société, est foncièrement l'état de son sens moral ou social; les sanctions de l'opinion publique, de la religion, de la loi même, ne peuvent que fortifier le sens moral, s'il existe, mais elles ne peuvent pas le remplacer s'il manque. Malgré l'habitude de juger les hommes suivant leurs idées, il faut au contraire se convaincre que l'homme agit, non pas comme il pense, mais comme il sent (1).

La *prohibition des processions* hors des églises, en même temps qu'elle garantit le respect de toutes les opinions, empêche des désordres et des rixes. — La *suppression des couvents* supprime un grand nombre d'attentats à la pudeur et la mendicité professionnelle. — La *diminution du luxe somptueux* dans les églises prévient beaucoup de vols d'objets du culte. — L'*abolition de certains pélerinages* empêcherait un grand nombre de délits contre la pudeur, les personnes, la propriété, déterminés par les orgies qui très souvent les accompagnent, et la confusion, surtout nocturne, des sexes. — Le *mariage des prêtres* eviterait beaucoup d'in-

(1) Ferri, *Il sentimento religioso negli omicidi — Archivio di psich.*, v, 2.

fanticides, avortements, adultères, attentats à la pudeur, avec leur suite de meurtres par vengeance, etc.

VI. ORDRE FAMILIER. — Le *divorce* est un vrai substi-tutif pénal pour les bigamies, les uxoricides, les adultères, car il évident, que lorsque l'indissolubilité du mariage rend impossible tout dénouement légal d'une liaison, qui a tant de chances pour ne pas réussir ou ne pas continuer, il est inévitable qu'on ait recours aux dénoumenls extra-lé-gaux et criminels.

Par plusieurs rélevés statistiques j'ai déjà démontré cette influence préventive du divorce. Par exemple dans la Prusse la province de Cologne, où est en vigueur le droit civil français sans divorce, on a un nombre bien plus grand que dans les autres provinces prussiennes et dans le Saxe, non seulement de séparations, mais de délits contre les mœurs. Au contraire dans l'Etat de Massachussetts, tandis que le nombre total des divorces a toujours augmenté, par les facilitations successives, de la moyenne annuelle de 337 en 1865-69 à celle de 564 en 1875-78, au contraire les divorces par adultère ont diminué de 195 à 135 (1).

En France nous pouvons comparer le nombre des uxo-ricides déterminés par l'adultère et par les dissensions do-mestiques avant et après la loi 1884 sur le divorce.

FRANCE	TOTAL des accusés		CONDAMNÉS sur 100 accusés pour uxoricide déterminé			
			par adultère		par dissensions domestiques	
	1874-83	1885-87	1874-83	1885-87	1874-83	1885-87
Empoisonnement	174	34	11 %	15 %	11 %	6 %
Meurtre . . .	1782	642	2,1 »	1,7 »	7,5 »	6 »
Assassinat . . .	2451	852	3,4 »	3,0 »	7,2 »	3 »

(1) *Eleventh Annual Report of the Bureau of Statistic of Labour*, 1880. — WRIGHT, *A Report on marriage and divorce in the Uniteds States*, Wa-shington 1889.

C'est-à-dire :

1° Sauf les empoisonnements par adultère, tous les autres uxoricides déterminés par l'adultère et les dissensions domestiques sont *diminués* après le rétablissement du divorce ;

2° Cette diminution est plus grande dans les uxoricides par dissensions domestiques que dans ceux par adultère.

Il faut cependant remarquer que, malheureusement, les statistiques criminelles françaises depuis 1874 donnent les « causes apparentes » des empoisonnements, meurtres et assassinats seulement pour les accusés *qui sont condamnés.* De sorte qu'il nous manque le chiffre, qui serait bien plus caractéristique, des causes apparentes pour tous les *accusés* de ces crimes. Car il est naturel de penser que, après la loi du divorce, les jurés auront été par règle plus faciles à condamner ceux qui, dans ces circonstances, au lieu d'avoir recours au remède légal, ont tué le mari ou la femme. Surtout lorsque l'uxoricide est commis avec l'aide du complice adultère et partant avec préméditation. De sorte que les chiffres des *condamnés* en 1885-87 représentent l'influence préventive du divorce dans des proportions très-atténuées.

Et nous en avons la confirmation, en observant que les *empoisonnements* par adultère, au lieu de diminuer ont augmenté, car on sait que l'empoisonnement, forme ignorante de meurtre, est commis presque exclusivement par les populations rurales, lesquelles en même temps ont la plus grande répulsion pour le divorce. En effet en France, en 1885, sur 100.000 habitants, on eut 47 divorces dans le département de la Seine, — 19 dans les populations urbaines, — 3 dans les populations rurales (1). De sorte que celles-ci, en ayant moins recours au dénouement légal, ar-

(1) Toinquan, *Étude statistique sur le divorce, Revue scientifique,* 18 janv. 1890. — Levasseur, *La population française,* Paris 1891, ii, 92.

rivent plus facilement au dénouement criminel, sous forme d'empoisonnement: car lorsque la soupape ne fonctionne pas, la chaudière saute.

En second lieu, la diminution plus grande dans les uxoricides par dissensions domestiques s'explique non seulement parceque celles-ci sont un motif de divorce bien plus fréquent (69 %), et partant une soupape bien plus active que l'adultère (29 %), mais aussi parceque, surtout pendant les premières années d'une réforme législative, lorsque le sentiment public n'a pu encore en être profondément et diffusément modifié, il est inévitable que l'adultère, cause plus facile d'orages psychologiques, persiste à faire commettre des uxoricides avec une certaine fréquence, qui ira cependant toujours en diminuant (1).

Et nous pouvons en voir un indice dans un autre effet momentané de la loi du divorce, c'est-à-dire l'accroissement des procès pour adultère, qui de 371 en 1883, arrivèrent à 851 en 1855, — 907 en 1886, — 921 en 1887; par lequel il est évident, que les époux, en ayant recours plus fréquemment au dénonciations judiciaires de l'adultère, pour divorcer, vont perdre avec le temps l'impulsivité passionnée à l'uxoricide; tandis qu'en même temps le nombre des adultères, et partant des procès relatifs, marquera aussi une diminution (comme dans l'Etat du Massaschussetts, en Suède, etc.) après avoir atteint le *maximum* transitoire, déterminé par toute application d'une loi nouvelle.

En Italie on renouvelle maintenant (1891) l'agitation légale pour le divorce, inutilement proposé en 1881 par le

---

(1) M. Dumas (préface à Rivet, *Recherche de la paternité*, Paris 1890) conteste aussi l'utilité du divorce comme préventif de *tous* les uxoricides par adultère. Mais évidemment la question est mal posée: car aucune réforme ne peut d'abord avoir tout de suite des effets complets, surtout lorsqu'elle touche aux sentiments les plus enracinés. Et en second lieu, l'utilité d'une réforme ne peut être jamais absolue, mais elle est déjà grande si, comme je l'ai démontré pour la France, on a pu avoir une diminution des crimes, qui étaient déterminés par le manque de la réforme même.

garde des sceaux Villa, qui remarquait justement, qu'en 15 ans, de 1876 à 1880, en Italie on avait commis 700 uxoricides pour rompre une liaison devenue odieuse et insupportable.

La *préférence donnée aux mariés* pour certains emplois civils et militaires, pourrait empêcher un grand nombre d'abus, grâce au frein exercé par la préoccupation de la famille. — De même la *préséance obligatoire du mariage civil* sur les cérémonies religieuses éviterait, par exemple en Italie, beaucoup de bigamies, infanticides, meurtres et blessures par vengeance des filles abandonnées. — La *difficulté du mariage* pour certaines personnes diminuerait la classe des criminels, en empêchant, en tant que possible, la transmission héréditaire de la criminalité. — Des *règlements opportuns pour la prostitution*, qui en protégeant les prostituées d'occasion, poussées à une vie misérable par le milieu corrompu et les abus de la police, défendent en même temps la société contre les prostituées-nées, pourraient être un substitutif efficace pour un grand nombre de crimes et délits.

VII. ORDRE ÉDUCATIF. — Il est demontré que l'instruction alphabétique, tout en ayant l'utilité de rendre plus difficiles certaines fraudes grossières, de répandre la connaissance des lois, et surtout de diminuer l'imprévoyance, qui est caractéristique chez les criminels d'occasion, n'est pas, en somme, tant s'en faut, cette panacée du crime qu'on croyait lorsqu'on releva par les statistiques judiciaires le grand nombre d'illettrés parmi les condamnés. Il faut même ajouter, que les écoles peu surveillées sont fréquemment, surtout celles non laïques, des centres d'infection de délits contre la pudeur, etc. Il est donc nécessaire d'employer l'influence de l'éducation, quoique très limitée elle aussi, et je ne parle pas de cet enseignement mécanique des maximes morales, qui touche l'intelligence, sans atteindre le sentiment, mais de l'exemple donné par toutes les institutions sociales, du gouvernement à la presse, de l'école au théâtre et aux fêtes publiques. — Il serait partant utile d'abolir certaines fêtes vulgaires et sensuelles, pour y substituer des amusements hygiéniques et gymnastiques, les bains publics (bien surveillés et construits de façon à empêcher les réunions secrètes) dans les pays méridionaux, les théâtres à bon marché, etc. (1). Ainsi la *prohibition de spectacles atroces, la suppression des maisons de jeu, etc.* sont des excellents substitutifs pénaux. — La *méthode expérimentale dans la pédagogie,* qui applique les lois de la physio-psychologie en observant chaque élève dans son type physique et moral, et en lui donnant moins d'archéologie et plus de connaissances utiles à la vie par la discipline mentale des sciences naturelles, qui seules peuvent développer le sens de la réalité, atrophié par nos écoles « classiques », serait un moyen de rendre les hommes plus adaptés à la lutte pour l'existence, en diminuant le nombre des déclassés, qui sont les candidats du crime. — Et une grande partie des causes de la criminalité seraient suffoquées en germe, soit en prévenant la dégénération par l'*éducation physique de l'enfance* (2), soit en empêchant la perversion grâce à l'*éducation protectrice de l'enfance abandonnée,* à ces institutions pour les enfants pauvres si développées en Angleterre *(Poor house, Ragged schools, Écoles industrielles),* ou mieux à l'assignation des enfants aux familles rurales, pour en éviter l'agglomération (3). — Une

(1) D'ARGENSON *(Mémoires de police,* III, 312) dit qu'il y avait plus de délits et de débauche à Paris pendant les 15 jours de Pâques, avec les théâtres fermés, que pendant les 4 mois de théâtres ouverts.

(2) PAOLINI, *L'allevamento umano,* Torino 1887. — FOVILLE, *Les nouvelles institutions de bienfaisance (dispensaires pour enfants malades),* Paris 1888. — BOURNET, *Un sanatorium pour les enfants débiles ou moralement abandonnés,* Lyon 1890.

(3) La protection de l'enfance abandonnée et maltraitée est fondamentale parmi les substitutifs pénaux, car elle a une application sur des milliers

partie des impulsions aux crimes serait éliminée par des restrictions imposées aux *publications malhonnêtes,* aux journaux qui s'occupent seulement des crimes dans le seul but d'exploiter les passions les plus brutales, et qu'on permet, en vertu d'une idée métaphysique de la liberté, sauf à punir les gérants responsables lorsque le mal est déjà fait. — De même on devrait restreindre l'*entrée aux tribunaux et aux assises,* où nos dames se pressent comme les romaines de la décadence aux cirques impériaux, et où les jeunes gens

d'individus prédisposés ou poussés au crime. Elle équivaut, dans la préven- tion sanitaire, à l'usage de boire l'eau bouillie pendant les épidémies de choléra ou de typhus, en stérilisant les germes pathogènes. Et c'est à la protection intensive et extensive des enfants abandonnés, que l'Angleterre doit, pour la plus grande partie, la diminution remarquable de sa crimina- lité la plus grave. De sorte que ce problème, dont le sénateur Th. Roussel a été un des apôtres les plus admirables en France, s'impose désormais aux philanthropes et aux hommes d'État.

Roussel, *De l'éducation correctionnelle et de l'éducation préventive,* Paris 1879. — Idem, *Rapport au Sénat sur le projet de loi sur la Protection de l'enfance,* Paris 1882, 2 vol. de documents sur la protection de l'enfance à l'étranger et de rapports sur l'enquête des orphelinats en France. — Idem, *Des écoles industrielles et de la protection des enfants insoumis ou abandonnés,* Paris 1879. — *Dei fanciulli poveri ed abbandonati negli Stati Uniti d'America,* negli *Annali di statistica,* 1880, vol. 16, p. 183. — Simcox, *Histoire des enfants abandonnés,* Paris 1880. — *Atti del Congr. Intern. di Beneficenza,* Milano 1881, pag. 225 e segg. — Benelli, *Proteg- giamo i fanciulli,* Reggio-Emilia 1884. — Raseri, *Provvedimenti a favore dell'infanzia abbandonata in Italia ed in alcuni stati d'Europa,* negli Ann. di Stat., 1884, vol. 12. — Bonjean, *Congrès intern. de la protection de l'enfance à Paris en 1883,* Paris 1885. — Du Cane, *Punishment and prevention of Crime,* London 1885, chap. 8. — Lallemand, *Histoire des en- fants abandonnés,* Paris 1885. — Veratti, *I minorenni corrigendi,* Bologna 1887. — Barwick Baker, *War with crime,* London 1889. — Rylands, *Crime, its causes and remedes,* London 1889, ch. v et vi. — Tallack, *Penological and preventive principles,* London 1889, ch. vii. — Tiry, *La protection de l'enfance,* dans la *Revue de Belgique,* 15 janv. 1890. — *Congrès d Anvers en 1890 pour le patronage des libérés et de l'enfance aban- donnée,* Archiv. Anthr. crim., 15 juin 1891. — Morrisson, *The crime and its causes,* London 1891.

En France on a la loi récente du 24 juillet 1889 sur la protection des enfants maltraités ou moralement abandonnés.

et les récidivistes vont à apprendre la manière de commettre les crimes avec plus de ruse et de précautions.

Les exemples énumérés jusqu'ici et qu'on pourrait multiplier jusqu'à en faire un code préventif en opposition au code pénal, montrent à l'évidence la partie très grande des facteurs sociaux dans la génèse de la criminalité, surtout occasionnelle (1). Mais ils démontrent, encore plus, qu'en modifiant ces facteurs, le législateur peut influencer le mouvement de la criminalité, dans les limites marquées par le concours des autres facteurs anthropologiques et physiques. Avait donc raison, à cet égard, Quetelet de dire: « Puisque les crimes qui se commettent chaque année, paraissent être un résultat nécessaire de notre organisation sociale, et le nombre n'en peut pas diminuer, si les causes originaires ne sont pas préventivement modifiées, ainsi c'est aux législateurs de reconnaître ces causes et de les faire disparaître, en tant que possible; c'est à eux de fixer le budget des délits, comme celui des revenus et des dépenses de l'État (2) ».

Pourvu cependant qu'on se rappelle, que tout cela doit être fait en dehors du code pénal, car, chose étrange mais vraie, l'histoire, la statistique et l'observation directe des phénomènes criminels prouvent, que pour empêcher les délits, les lois qui ont la moindre efficacité ce sont les lois

---

(1) Cette conclusion, qui se trouvait aussi dans la première édition de cet ouvrage (1881), prouve que l'école positiviste n'a jamais nié l'action du milieu social sur le crime, ni n'a jamais réduit celui-ci à un phénomène purement biologique. Cela prouve aussi, que la thèse que j'ai soutenue, avec le consentement de la grande majorité, au congrès d'anthropologie criminelle à Paris (août 1889), que le crime est un phénomène biologique et social, n'était pas une concession à ceux (Turati, Lacassagne, Colajanni, Tarde, Joly, etc.) qui soutiennent la thèse absolue et partant unilatérale et inexacte, que le crime est un produit exclusivement social.

V. ci-dessus p. 65 et 156.

(2) Quetelet, *Physique social*, Bruxelles 1869, liv. IV, § 8.

pénales, tandis que l'influence la plus grande appartient aux lois de l'ordre économique, politique, administratif.

En conclusion, le législateur, d'après les enseignements de l'expérience scientifique, doit se convaincre, que pour empêcher le débordement de la criminalité, les réformes sociales sont bien plus utiles que le code pénal. Le législateur, qui a la tâche de maintenir la santé de l'organisme social, doit imiter le médecin, qui guidé par la science expérimentale veut maintenir la santé dans l'organisme individuel; avoir recours le moins possible et seulement dans les cas extrêmes, aux moyens violents de la chirurgie; avoir une confiance bornée dans l'efficacité problématique des médicaments; se confier au contraire continuellement aux mesures certaines de l'hygiène. Alors seulement on pourra éviter l'illusion dangereuse, toujours vive et commune, qu'exprimait le garde des sceaux M. Vacca, en disant que « autant que la prévention est moins pratiquée, la répression doit être plus sévère »; c'est-à-dire qu'à un convalescent, qui n'a pas du bouillon pour restaurer ses forces, il faudrait donner un drastique puissant!

C'est justement ici que deviennent évidentes les différences pratiques, et non seulement théoriques, entre les écoles positiviste et classique du droit pénal. Tandis que nous croyons, que pour empêcher les crimes, mieux valent les réformes sociales et les autres mesures suggérées par l'étude des facteurs naturels de la criminalité, les législateurs au contraire, en pratiquant la méthode aprioristique de l'école classique, ont discuté et discutent pendant des longues années les projets de code pénal, en laissant cependant que la criminalité s'augmente de plus en plus. C'est le cas de répéter: *Dum Romae consulitur, Saguntum expugnatur.*

Et lorsque les législateurs voient interrompre leurs discussions byzantines sur les « entités juridiques » du délit et de la peine par la recrudescence ou l'apparition grave de quelque phénomène de pathologie sociale, alors tous ahuris, les sourcils froncés, ils ne savent ordonner qu'une loi répressive spéciale, qui apaise momentanément les cris de l'opinion publique et fait passer le phénomène criminel de l'état aigü ..... à l'état chronique.

La théorie positive des substitutifs pénaux, en dehors de tel ou tel exemple pratique, vise justement à donner aux législateurs cette discipline mentale, qui leur donne la conscience qu'il faut toujours et tous les jours pourvoir à la prévention sociale, quoique difficile, avant de laisser croître le mal, pour avoir trop tard recours à la répression, aussi facile qu'illusoire. Certes, même dans la vie privée, il est ennuyeux et difficile d'obéir tous les jours aux prescriptions de l'hygiène et il est plus facile, quoique très-dangereux, de les oublier pour avoir recours, lorsque le mal apparaîtra, aux remèdes trop souvent illusoires de la médecine; mais c'est justement cette imprévoyance, privée et publique, qu'il s'agit de corriger. Et comme l'hygiène n'était possible, comme théorie et comme pratique, qu'après les observations expérimentales de la physio-pathologie sur les causes des maladies et surtout des maladies épidémiques et infectives, avec les découvertes de M. Pasteur, le créateur de la bactériologie; de même l'hygiène sociale contre les crimes, n'était possible comme théorie, et ne le sera comme pratique, qu'après la diffusion des données de la biologie et de la sociologie criminelle sur les causes naturelles, surtout des délits occasionnels, plus ou moins épidémiques.

Il faut se persuader, que pour la défense sociale contre la criminalité, de même que pour l'élévation morale des populations, le plus petit progrès dans les réformes de prévention sociale est cent fois plus utile et fécond que la publication de tout un code pénal.

Lorsque un ministre présente un projet de loi, par ex. sur les chemins de fer, les tarifs douaniers, les appointe-

ments des employés, les impôts, les associations, les institutions civiles ou commerciales, etc., presque personne
ne songe au contrecoup, que ces lois auront dans la vie
criminelle du peuple, car on croit, qu'à celle-ci on a pourvu
assez et seulement avec les réformes du code pénal. Dans
l'organisme social au contraire, comme dans les organismes
individuels, il y a une solidarité inévitable, quoique très-
souvent cachée entre les parties les plus lointaines et différentes.

C'est de ces lois de la physiologie et de la pathologie sociale
que dérive justement cette idée des substitutifs pénaux, qu'il
ne faut pas cependant séparer de la loi de saturation criminelle. Car s'il est vrai, qu'en modifiant les facteurs sociaux on peut influer sur le niveau de la criminalité, spécialement occasionnelle; il est vrai aussi, malheureusement,
que dans tout milieu social il y a tonjours un *minimum*
de criminalité inévitable, dû à l'influence des autres facteurs, biologiques et physiques. Autrement on pourrait
tomber dans l'illusion opposée, mais également fallacieuse,
de pouvoir éliminer absolument tous les crimes et délits.
Car il est facile arriver d'une part à l'empirisme du ter-
rorisme pénal, et d'autre part à la conclusion précipitée
et monosyllabique qu'il suffit d'abolir telle ou telle institution pour en éliminer les abus. Il faut au contraire voir
avant tout s'il n'y a pas un mal moindre à supporter les
institutions, tout en les réformant, avec leurs inconvénients,
au lieu de perdre aussi tout le bien qu'elles donnent.
Et il faut surtout se rappeler, que comme la société est
inséparable du droit, de même le droit est inséparable du
délit, qui en est la violation. La lutte pour l'existence peut
être combattue par l'activité honnête ou économique, et
par l'activité déshonnête ou criminelle; tout le problème
est de réduire au *minimum* les frottements et les chocs
plus ou moins criminels, sans toutefois changer « l'ordre
social » avec l'apathie ou la servilité d'un peuple épuisé et

invoquer un gendarme ou la prison pour chaque feuille qui se meut.

Ces observations générales sur les substitutifs pénaux en rapport avec la loi de saturation criminelle (qui étaient du reste aussi dans la II°. édition) suffisent pour répondre aux deux objections principales, qui m'ont été faites même par ceux qui acceptaient ma théorie.

On dit, en effet, d'une part, que quelques-uns des substitutifs pénaux que j'ai proposés, ont été déjà appliqués et cependant n'ont pas empêché les crimes; et d'autre part, qu'il serait absurde d'abolir certaines institutions, par cela seul, qu'en effaçant la prohibition, on élimine aussi la contravention.

Les substitutifs pénaux n'ont pas pour but de rendre absolument impossible tout crime ou délit, mais seulement de les réduire au *minimum,* possible dans tel ou tel milieu physique et social. Certes, des crimes de piraterie il y en a encore; mais l'application de la vapeur à la navigation n'en a pas moins été un substitutif pénal plus efficace que tous les codes pénaux. Certes, des assassinats en chemin de fer il en arrive toujours, mais, outre qu'ils sont très-rares, il n'est pas moins vrai, que la substitution des chemins de fer et des tramways aux vieilles diligences a décimé les vols sur chemin public avec ou sans assassinats. Le divorce n'élimine pas tous les uxoricides par adultère, mais certes il en diminue la fréquence; de même, après la protection de l'enfance abandonnée il n'y aura pas lieu certainement à fermer les tribunaux faute de crimes ou de délits, mais il est certain, que les sources en seraient bien diminuées.

D'autre part j'avais dit moi-même, à propos des institutions actuelles, qu'il faut regarder naturellement si plus grand est le mal qui dérive de leur transgression ou celui qui dériverait de leur suppression. Mais ce que je dis avant tout, c'est que c'est avec les réformes de ces institutions sociales qu'on peut prévenir la criminalité, bien mieux qu'en les laissant telles quelles, sauf à leur donner la garde illusoire d'un ou de plusieurs articles du code pénal.

C'est moi-même plutôt qui ferai une critique à la théorie des substitutifs pénaux, et c'est leur difficulté d'application. Il suffit en effet de songer à l'immense force d'inertie des habitudes, des traditions, des intérêts qu'il faut vaincre pour obtenir l'application, non pas de tous, mais de quelqu'un parmi les substitutifs pénaux que j'ai énumérés, et dont plusieurs ne sont pas uniques et simples, mais comprennent un ensemble de réformes coordonnées, comme par exemple la prévention de l'alcoolisme, la protection de l'enfance abandonnée, la facilité de la justice civile, etc.

Mais si les législateurs doivent tenir compte des conditions présentes du peuple et s'adapter aux opportunités de temps et de lieu; la science a le devoir d'indiquer le but, pour lointain ou difficile qu'il soit. La condition première pour qu'on puisse obtenir les réformes législatives et sociales, c'est qu'elles s'imposent auparavant à la conscience publique; et cela n'est pas possible, si la science, malgré les difficultés transitoires, ne montre, elle, résolûment, la route à frayer, sans les transactions de l'éclectisme, qui est à la science ce que l'hybridisme est à la vie.

À tout ce que j'ai dit cependant on peut faire deux autres objections de principe. Avant tout, que ce système des substitutifs pénaux n'est que la bien connue prévention des crimes. En second lieu, que le criminaliste n'a pas à s'en occuper, car la prévention n'est qu'un art de bon gouvernement tout-à-fait séparée de la science des délits et des peines.

De cette dernière affirmation je m'occuperai plus opportunément dans le chapitre suivant, à propos de la prévention et de la répression dans leurs rapports avec la théorie positive de la responsabilité.

Quant à l'autre objection, je réponds, que si après Montesquieu et Beccaria (1) on a certainement proclamé l'utilité de la prévention des crimes, ce fut cependant et seulement par des déclarations platoniques et isolées, sans aucun développement systématique, qui en s'appuyant aux observations expérimentales fût capable d'une application positive. Et cette prévention on l'a toujours tenue en seconde ligne, vis-à-vis de la répression, tandis que nous sommes arrivés à la conclusion positive que la prévention, au lieu d'être un succédané secondaire, doit dorénavant devenir la première fonction défensive de la société, puisque la répression n'influe sur la criminalité que dans des proportions infinitésimales.

Mais ce qu'il importe de plus de remarquer c'est la différence profonde qui existe entre la prévention commune et les substitutifs pénaux; c'est-à-dire entre la prévention de police et la prévention sociale. Celle-là se borne à empêcher le crime, lorsque le germe en est déjà développé et est imminent, et elle agit avec des moyens presque toujours de coaction directe, qui ayant eux-mêmes un caractère répressif sont très-souvent inefficaces, si même ils ne provoquent d'autres délits. La prévention sociale au contraire remonte aux origines lointaines du crime, en s'opposant à ses facteurs biologiques, physiques et sociaux avec des moyens tout-à-fait indirects et fondés sur le libre jeu des lois psychologiques et sociologiques.

La science et avec elle les législations se sont occupées jusqu'ici avec trop de préférence de la répression, ou tout au plus de la prévention de police (police de sûreté) au point de vue administratif. « Il y a, disait Ellero, des œuvres magistrales et des volumes in folio qui traitent non seulement de la peine, mais de la torture; il n'y en a pas

_____

(1) MONTESQUIEU, *Esprit des lois*, livr. VI, chap. 6. — BECCARIA, *Dei delitti e delle pene*, § 36.

qui s'occupent de chercher quelque moyen pour suppléer à la peine ».

Après les observations générales de Montesquieu, Filangieri, Beccaria et plus récemment de Tissot (1) sur l'influence de la forme du gouvernement, de la religion, du climat et du sol sur le système des peines, mais non sur la prévention des crimes ; les auteurs qui se sont occupés de celle-ci, avec des vues plus larges et systématiques (en laissant de côté les sociologues criminalistes qui ont plus ou moins suivi ce point de vue positiviste) se réduisent aux suivants : Bentham, Romagnosi, Barbacovi, Carmignani, Ellero et Lombroso (2), outre les anglais cités à la pag. 247, qui en étant plus positifs font moins de doctrinarisme et plus de cas des réformes préventives. Mais même ces auteurs, ou bien se sont bornés à des considérations générales et synthétiques, comme Romagnosi et Carmignani ; ou bien, tout en entrant dans le champ des faits, et même en s'élevant à l'idée de la prévention sociale, ont négligé en grande partie ces lois physio-psychologiques sur les facteurs naturels du crime, qui seules peuvent donner le moyen de régler l'activité humaine, et, après tout, ils ont aussi retenu, en conclusion, comme moyen principal de prévention les peines elles-mêmes.

Voilà pourquoi leurs enseignements et leurs propositions n'ont eu aucune suite auprès des législateurs, car ceux-ci n'avaient pas acquis la conviction, qui seule peut être donnée par la sociologie criminelle, que d'une part les peines n'ont pas, tant s'en faut, la force répulsive qu'on leur attribue communément, et que d'autre part le crime n'est pas le *fiat*

---

(1) Tissot, *Le droit pénal*, II édit., Paris 1880, II, 940 et suiv.

(2) Bentham, *Traités de législation, Principes du code pénal*, partie II, chap. 1. — Romagnosi, *Genesi del diritto penale*, part. v. — Barbacovi, *De criminibus avertendis*, 1815 — Carmignani, *Teoria delle leggi di sicurezza sociale*, livr. III, part. 3. — Ellero, *Della prevenzione dei crimini*, Bologna 1874. — Lombroso, *L'incremento del delitto in Italia*, II édit., Torino 1879.

du libre arbitre, mais bien un phénomène naturel qui ne disparaît ou ne diminue que lorsqu'on élimine ou l'on atténue ses facteurs naturels.

Les législateurs au contraire, non seulement ont négligé les enseignements isolés de ces auteurs plus clairvoyants que les autres, mais ils ont même très-souvent dans leurs lois institué des vrais substitutifs pénaux à l'envers.

En effet, même en dehors de ces règles de procédure pénale, que M. Garofalo avec raison appelait « lois protectrices du crime (1) », nous pouvons en trouver des exemples dans le nouveau code pénal italien.

Ainsi, l'extension donnée à la nécessité de la plainte privée dans les délits contre la pudeur, n'est qu'une excitation au trafic sur l'honneur des victimes par leurs parents ou bien au chantage. On a puni les abus du clergé, dans leurs formes moins fréquentes mais de caractère politique bruyant, et on ne leur a pas imposé l'obligation (si facile à prouver et partant à réprimer) de ne pas célébrer le mariage religieux avant le mariage civil. Au lieu de donner des garanties pratiques aux victimes des délits, on s'est borné à la phrase (art. 37), je ne sais si plus ironique ou immorale, que « la condamnation pénale *ne préjudicie* pas au droit de l'offensé à être dédommagé » comme s'il était possible même de penser que la peine puisse préjudicier aux droits des victimes du délit! On a dispensé les médecins-chirurgiens et sages-femmes de l'obligation de référer à l'autorité judiciaire les cas dans lesquels on a demandé leur assistance professionelle et qui peuvent présenter les caractères d'un délit « lorsque le rapport peut exposer la personne assistée à un procès pénal » (art. 439), c'est-à-dire, on a supprimé le moyen le plus sûr de découvrir les meurtres, les blessures en rixe, etc. On défend et on rend difficile le port d'armes à tous les citoyens, sans

(1) GAROFALO, *Criminologie*, III partie, chap. 3.

distinction, et le résultat est de laisser sans moyens de défense ceux qui obéissent à la loi, tandis que les malfaiteurs portent les armes sans demander le permis et sans payer la taxe voulue.

Et en dehors du code pénal, lorsqu'on augmente énormement les taxes judiciaires, qui transforment désormais en chose de luxe téméraire la défense des droits devant la justice civile, ou bien lorsqu'on commence les réformes judiciaires par l'abolition d'un grand nombre de juges de paix (*pretori*), au lieu des cours d'appel, en rendant l'œuvre de la justice toujours moins accessible aux classes populaires, alors il faut se persuader, que les législateurs qui suivent les théories classiques du droit pénal, ont plus besoin que jamais qu'on leur explique les principes élémentaires de la prévention sociale, en leur ôtant l'illusion que les moyens les plus utiles de la défense sociale soient les codes pénaux, doctrinaires et symétriques comme les pénitenciers monumentaux, cellulaires et « panoptiques », qui sont une des aberrations du dix-neuvième siècle.

Nous avons étudié ainsi les données de la statistique criminelle dans leurs rapports théoriques et pratiques avec la sociologie criminelle, en concluant que, puisque le crime est un phénomène naturel, déterminé par trois ordres de facteurs, il y a partant une loi de saturation criminelle, par laquelle le milieu physique et social avec les tendances individuelles, héréditaires ou acquises, et les impulsions occasionnelles, détermine nécessairement, en quantité et en qualité, le niveau de la criminalité, à chaque époque et dans chaque pays. C'est-à-dire, que sur la criminalité d'un peuple influent, dans l'ordre naturel, les conditions bio-psychiques des individus et du milieu physique et dans l'ordre social, avant et bien plus que le code pénal, les conditions et les lois économiques, politiques, administratives et civiles.

Le ministère punitif cependant, s'il est la moitié moins importante de la même fonction de défense sociale, qui doit être exercée en harmonie avec les autres fonctions sociales, en reste toujours le dernier et inévitable auxiliaire.

Et cela est bien conforme à la loi de l'évolution universelle, en vertu de laquelle dans la variation des organismes animaux et sociaux, les formes précédentes ne sont pas complètement éliminées, mais restent le fondement des formes successives (1). De sorte que si l'évolution future du ministère social de défense contre les crimes, devra consister dans le passage des formes primitives de coaction physique et directe aux formes supérieures de discipline psychique et indirecte de l'activité humaine, cela ne signifie pas, que ces formes primitives doivent complètement disparaître, surtout pour les crimes les plus graves, qui dans les conditions bio-psychiques de leurs auteurs rappellent justement les époques et les formes primitives de la violence individuelle et sociale.

Je résume ma pensée, en modifiant une ancienne comparaison, dont on a tant abusé. On a comparé la criminalité à un torrent impétueux, auquel on doit opposer les digues de la pénalité, pour ne pas voir submerger la société civile. Je ne nie pas que les peines soient les digues du délit, mais j'affirme qu'elles sont des digues d'une puissance et d'une utilité bien faible. Tous les pays savent, par une expérience douloureuse et périodique, que les digues ne suffisent pas à les sauver des inondations; de même la statistique nous enseigne, que les peines ont une puissance infinitésimale contre le choc de la criminalité, lorsque les germes en sont développés.

Mais comme pour nous sauver des inondations il vaut mieux, suivant les lois hydrostatiques et hydrodynamiques,

(1) ARDIGÒ, *La formazione naturale* dans ses *Œuvres philosophiques*, Padova 1884, tome II.

soigner le reboisement aux sources, le rectiligne et l'ex-
cavation dans le cours et aux embouchures des fleuves; de
même pour nous défendre des crimes il vaut mieux, suivant les lois psychologiques et sociologiques, avoir recours
aux substitutifs pénaux, bien plus efficaces que les arsenaux
répressifs.

CHAPITRE TROISIÈME

—

La théorie positive de la responsabilité pénale.

La conséquence la plus radicale, et partant la plus combattue, que les données de l'anthropologie et de la statistique criminelle ont imposée à la science des délits et des peines, a été certainement la manière nouvelle de poser et de résoudre le problème fondamental de la responsabilité.

Les résultats techniques de la biologie et de la sociologie criminelle, aussi bien que les propositions de réformes pratiques dans les systèmes de procédure et de répression, peuvent être et sont acceptés même par ceux qui ne suivent pas la méthode et les inductions de l'école positiviste. Il suffit, pour établir cet accord plus ou moins partiel sur le terrain pratique, de ne pas fermer les yeux à l'insuffisance évidente et quotidienne, d'un côté, des vieilles notions scolastiques sur la volonté et l'activité humaine criminelle et, de l'autre côté, des rouages législatifs et administratifs, plus ou moins naïfs et doctrinaires, qui représentent aujourd'hui la fonction suprême de la justice pénale.

Mais la rébellion misonéistique contre l'école positiviste s'est declarée, soit avec l'intransigence agonisante du purisme classique, soit avec les accomodements protéiformes de l'éclectisme académique, surtout à propos du principe et des critériums de la responsabilité pénale. Car ce problème dépasse néccessairement les limites techniques de la criminologie pour toucher et secouer tout cet ensemble d'habitudes mentales et sentimentales qui forme le dogme social de la responsabilité humaine, même en dehors du champ pénal, avec les idées et les règles du mérite et du démérite, des recompenses et des châtiments, de la vertu et du vice dans toutes les manifestations de la vie civile, du champ purement éthique à celui qui est pratiquement économique.

C'est ici justement qu'on voit confirmée l'observation, que j'ai faite dans l'Introduction, d'une dépendance étroite de la phase nouvelle survenue dans la science des délits et des peines à l'égard de l'évolution générale des idées philosophiques déterminée par la méthode expérimentale, dans la seconde moitié du xixᵉ siècle.

Et quoique, même dans l'étude de l'activité criminelle, aussi bien que de l'activité économique, on soit allé parfois d'un extrême à l'autre, en attribuant au milieu en général et à la société en particulier cette somme de responsabilité pour tous les phénomènes de la vie, qu'auparavant on attribuait exclusivement à l'individu; il est cependant incontestable que les données de l'anthropologie et de la sociologie criminelle ne pouvaient ne pas apporter une innovation profonde et fondamentale de sentiments et d'idées, de règles et de principes, en fait de responsabilité pénale, et il s'agit maintenant de la préciser.

I.

Le raisonnement habituel, qui sert au sens commun, à la philosophie traditionnelle et à l'école criminelle classique pour justifier la punibilité de l'homme à raison des crimes qu'il commet, se réduit à ceci: — L'homme est doué de libre arbitre, de liberté morale; il peut vouloir le bien ou le mal; et partant, s'il choisit de faire le mal, il en est imputable et doit en être puni. Et selon qu'il est ou n'est pas libre, et selon qu'il est plus ou moins libre dans ce choix du mal, ce mal lui est imputable ou non, ou lui est plus ou moins imputable.

L'école positiviste n'accepte pas ce syllogisme unanime des criminalistes, pour deux raisons principales. D'abord parce que la physio-psychologie scientifique a complétement anéanti cette croyance au libre arbitre ou à la liberté morale, qui n'est qu'une illusion de l'observation psychologique intérieure. En second lieu, parce que, même en acceptant ce critérium d'imputabilité individuelle, on trouve des difficultés insurmontables, théoriques et pratiques, pour son application, et on rend inévitable une foule d'échappatoires au grand avantage des malfaiteurs les plus dangereux et au grand danger de la société des honnêtes gens.

Libre arbitre ou liberté morale (car ces mots sont synonimes, malgré la préférence donnée par nos adversaires au mot équivoque et élastique de « liberté ») signifie en somme, que, malgré la pression continuelle et multiforme du milieu extérieur et la lutte intérieure des motifs différents, la décision en dernier ressort entre deux possibilité opposées appartient exclusivement à la volonté de l'individu.

Que tel soit le témoignage spontané de la conscience, c'est incontestable; quoique tous les jours augmente le nombre de ceux qui ont au contraire la conscience aussi nette et profonde que notre volonté n'a pas ce pouvoir sans appel(1). Mais ce qu'on conteste c'est, que ce témoignage de la conscience représente la réalité vraie et positive des faits. On démontre au contraire, avant tout, que cette conscience de notre prétendue liberté de vouloir n'est qu'une illusion psychologique, engendrée par l'inconscience des précédents im-

(1) Telle a été justement la reponse de M. Moleschott à cet eclectieien, qui, suivant sa conscience à lui, faisait des reserves pour le libre arbitre. *Actes du premier congrés intern. d'anthrop. criminelle.* Rome 1886, pag. 320.

médiats, physio-psychiques, de chaque déliberation volontaire. De sorte que, comme pour les faits extérieures, nous disons qu'ils sont casuels ou arbitraires lorsque nous n'en connaissons pas les précédents immédiats; de même, en pareil cas, nous disons que les faits intérieurs sont libres ou arbitraires. En effet, lorsque la conscience du fait extérieur ou intérieur est accompagnée par la conscience de leurs précédents, c'est-à-dire de leurs causes déterminantes, alors toute illusion disparaît et on ne les croit plus ni casuels, ni libres, ni arbitraires (1).

Et à cette demonstration négative, qui decouvre la genèse de cette illusion spontanée, et partant universelle et très-difficile à vaincre, la physio-psychologie scientifique ajoute la démonstration positive, en établissant le processus naturel de tout acte volontaire.

L'activité volontaire humaine n'est en effet que la forme dernière et plus complexe de l'activité animale en général; de sorte que de l'extrême le plus bas, d'une simple réaction d'irritabilité chez les formes animales les plus élémentaires, comme les protistes, jusqu'à l'extrême le plus haut, une action humaine delibérée et raisonnée, on passe par une série continuelle de nuances et de degrés, qui ne

---

(1) Stuart Mill, *La philosophie de Hamilton*, Paris 1869, chap. 26. — Schopenhauer, *Essai sur le libre arbitre*, Paris 1877. — Fouillée, *La liberté et le déterminisme*, II edit., Paris 1884. — Fonsegrive, *Essai sur le libre arbitre*, Paris 1877. — Richet, *Essai de psychologie générale*, Paris 1887, ch. IX. — Ardigò, *Opere filosofiche*, Padova, 1887, vol. III. — Joyau, *Essai sur la liberté morale*, Paris 1888. — Fischer, *Ueber die menschliche Willensfreiheit*, Heidelberg 1888. — Notovich, *La liberté de la volonté*, Paris 1888. — Kurt, *Willensfreiheit?* Leipzig 1890. — Belot, *Une théorie nouvelle de la liberté*, Revue phil., 1890, II, 361. — Karieiff, *Le libre arbitre au point de vue de l'évolution historique*, Voprosy filosofi etc. (Rev. phil. 1891, p. 331). — L. Ellero, *La psichiatria, la libertà morale e la responsabilità penale*, Padova 1885. — Puglia, *Responsabilità e libero volere*, (Studi critici, Napoli 1885). — Meyer, *Die Willens freiheit und das Strafrecht*, Erlangen 1890. — Von Arnoldi, *Verbrechen und Strafe*, Berlin 1890. — Klippel, *Determinismus und Strafe* in Zeitsch. gesam. Strafrechtsw. 1890, x. 4.

laissent pas place, dans le monde humain seul, à une puissance de liberté morale, qui serait une exception miraculeuse à l'ordre universel de l'activité naturelle (1). Précisément de même que, de la plus basse et à peine perceptible
lueur d'intelligence chez l'animal le plus simple, on arrive
aux plus hautes manifestations du génie humain, sans qu'il y
ait nulle l'intervention possible d'une faculté de l'intelligence, exclusivement humaine, comme disait la philosophie traditionnelle (2). Car l'activité psychique des animaux,
l'homme compris, n'étant qu'une fonction organique, elle
suit, comme sensibilité, comme volonté et comme intelligence, l'évolution de complexité croissante de l'organisme
même, depuis la masse gélatineuse du protoplasme jusqu'à
la merveilleuse organisation du corps humain, à travers les
races si différentes au physique et au moral, comme à travers les âges diverses d'un même individu (3).

Et la possibilité de cette puissance du libre arbitre est
exclue non seulement par l'évolution spécifique de l'activité animale et humaine; mais aussi par l'évolution de
cette activité chez un même individu. En effet de l'acte réflexe, dans lequel la volonté a une action minime ou même

---

(1) BINET, *La vie psychique des micro-organismes* (dans le volume *Le
félicisme dans l'amour*, Paris 1891). — SCHNEIDER, *Der thierische Wille*,
Leipzig 1880 et *Der menschliste Wille*, Berlin 1882. — SIRKOSCKI, *Développement de la volonté chez l'enfant*, Revue philos., mai 1885. — MARKO,
Les mouvements de l'enfant — premiers progrès de la volonté, Revue
scientif., juin 1890. — Et les ouvrages de psychologie de l'enfant par PAEZ,
PREYER, etc.

(2) HOUZEAU, *Étude sur les facultés mentales des animaux comparées
à celles de l'homme*, Mons 1872. — ROMANES, *Animal intelligence*, London
1882 et Paris 1890. — BÜCHNER, *La vie psychique des bêtes*, Paris 1881. —
SCHLEIDEN, *Ueber die Grundlehren der vergleichende Psychologie*, Leipzig
1883. — CL. ROYER, *L'évolution mentale dans la série organique*, Revue
scientif. 1887, u. 70.

(3) HAECKEL, *Histoire de la création naturelle*, Paris 1877 et dernière
édit. 1890. — IDEM, *Anthropogénie*, Paris 1877. — BASTIAN, *Le cerveau, organe de la pensée chez l'homme et chez les animaux*, Paris 1882.

nulle, on arrive à l'acte délibéré le plus haut et le plus complexe, qui *paraît* dépendre seulement de la volonté, tandis qu'il n'est qu'une manifestation, supérieure par le degré, mais identique par la nature, de la même activité réflexe.

Le processus psysio-psychologique de toute action individuelle peut être reduit à ce schéma: I, une phase physique, hors du centre nerveux, laquelle peut avoir son point de depart dans le monde extérieur, ou bien dans le corps même de l'individu: une vibration de l'air ou de l'ether, ou bien un mouvement dans un viscère, tel que l'estomac, le foie, etc. — II, une phase physiologique double, c'est-à-dire d'abord une vibration centripète le long du nerf, dont l'extrémité a été frappée par le mouvement physique et qui propage au centre nerveux la vibration déterminée par ce mouvement; et ensuite, un courant centrifugue le long du nerf, qui propage cette vibration du centre à la périphérie; — III, encore une phase physique, c'est-à-dire le mouvement musculaire, mécanique, l'action extérieure, qui est l'effet de ce courant nerveux centrifugue.

Un homme m'adresse un mot: mouvement physique de l'air — courant nerveux centripète de l'oreille au cerveau —courant nerveux centrifugue du cerveau au bras — mouvement du bras (1).

(1) M. Panizza (*La fisiologia del sistema nervoso e i fatti psichici*) Rome 1887, a nié: I, que les nerfs, selon la théorie universellement acceptée de Bell, soient conducteurs des impressions sensitives de la périphérie aux centres nerveux et des impulsions motrices de la volonté des centres aux muscles; II, que les objets extérieurs pour être perçus doivent faire impression sur les organes des sens.

Mais la critique de M. Panizza, quoique très ingènieuse et érudite, n'a pas eu d'effet chez les physiologistes.

Et à propos de ce processus physio-psychologique, est bien connue la théorie des idées-forces, developpée par M. Fouillée, *L'évolutionisme des idées-forces*, Paris 1890. — Mais, ou bien on entend par cela ce que déjà M. Ardigò dès 1870 (*La psicologia come scienza positiva*. — Espinas, *Phy-*

Or, ce processus évolutif fondamental peut avoir deux formes: ou bien, lorsque le courant nerveux centripète arrive au cerveau il est remarqué et alors il devient conscient en atteignant la phase psychique qui dédouble la phase physiologique des courants nerveux centripète et centrifuge, et il se révèle dans la sensation, le sentiment, l'idée et l'effort volontaire. Ou bien il n'atteinte pas cette manifestation psychique et alors il reste dans le domaine de l'inconscient, comme simple acte réflexe. Dans ce cas on dit que l'acte est involontaire et l'idée de libre arbitre n'y entre pas; mais s'il est accompagné de la phase psychique, alors le phenomène d'inhibition, qui constitue le fond même de l'attention et de la délibération (1), donne l'illusion de la liberté volitive pendant la phase psychique, surtout dans

los. expérim. en Italie, Paris 1879), appelait « l'impulsivité psyco-physiologique des idées » et alors il ne s'agit justement que d'une transformation de force, par laquelle du mouvement physique accompagné de sensation on arrive au mouvement musculaire accompagné d'une idée. Ou bien, selon la théorie de M. Fouillée, on ajoute à cette donnée positive un principe métaphysique et alors il n'y a là qu'une transaction eclectique entre le spiritualisme et la psychologie scientifique.

En effet, dans le problème du libre arbitre, M. FOUILLÉE, *(Liberté et déterminisme,* II edit., liv. 2), conclut bien que la liberté morale n'existe pas comme puissance arbitraire de la volonté, mais qu'elle existe cependant comme idée-force, qui tend à sa propre réalisation, de sorte que « l'homme n'est pas, mais devient libre ». Ce ne sont, malgré le talent philosophique de l'écrivain éminent, que des jeux de mots, des théories fantastiques, sous la surface verbale desquelles il n'y a rien de positif et de fécond.

Que l'idée de sa propre liberté morale ait, comme toute idée par ex. de sa propre intelligence, etc., une influence réelle sur la conduite humaine, en tant que motif déterminant parmi les autres, c'est indéniable. Influence, du reste, qui est exercée aussi et non pas dans un sens énervant ou malfaisant (comm'on dit très-souvent) par l'idée de sa propre « non liberté ». Mais que cette idée du libre arbitre, donnée par une illusion psychologique, ait réellement quelque chose à faire avec l'indépendance de la volonté des causes qui la déterminent, cela n'est pas admissible.

(1) LOUKIE, *I fatti e le teorie dell'inibizione, Rivista di filos. scientif.,* oct. 87 et févr. 88. — RIBOT, *Psychologie de l'attention.* Paris 1889.

les cas d'une délibération prolongée et mieux remarquée, avant que le processus physio-psychologique s'achève avec la transformation du courant nerveux centripète en courant nerveux centrifuge.

Mais cette supposition d'une volonté libre de choisir est en contraddiction avec deux lois universelles, qui la montrent absolument inadmissible.

Il est facile de voir, en effet, que le processus physio-psychologique de toute action humaine, volontaire et involontaire, c'est-à-dire consciente ou inconsciente, n'est qu'un cas de la loi universelle de transformation des forces. Et puisque cette loi n'est pas concevable si l'on n'admet que ses diverses manifestations ne créent et ne détruisent rien; ainsi l'hypothèse du libre arbitre, ou de la liberté morale (qui foncièrement est une liberté d'indifférence, ou n'est qu'une absence de contrainte, une liberté physique) c'est-à-dire l'hypothèse d'une faculté volitive qui entre l'une et l'autre de ces transformations physio-psychiques, pourrait adjoindre ou enlever quelque chose, soit en empêchant les manifestations ultérieures de l'activité individuelle, soit en en changeant l'énergie et la direction, constituerait une vraie création ou destruction de force. MM. Saint Venant, Boussinesq, Delbœuf ont essayé une conciliation du libre arbitre avec la loi de conservation de l'énergie; mais Mr Fonsegrive lui-même (*Libre arbitre,* Paris, 1887, p. 298) reconnait avec MM. Grocler et Fouillée, que la conciliation n'est pas possible, à moins qu'on n'ait le courage d'en accepter la conséquence logique, qui serait « la contingence des lois de la nature », soutenue justement par M. Bontroux (Paris, 1874).

La pensée scientifique moderne est tout au contraire pour la nécessité des lois naturelles et à la loi de conservation de la matière (LAVOISIER) et de la force (MAYER) on ajoute maintenant celle de conservation de la vie, par la-

quelle la quantité absolue de protoplasme vivant dans l'u-
nivers est invariable (1).

Une autre loi universelle, qui est la base et la condition
même de la pensée, et qui a reçu tant d'énergie et de précision par les progrès modernes des sciences, contredit absolument l'hypothèse d'une volonté libre de choisir entre
deux possibilités : la loi de causalité naturelle. Par celle-ci,
tout effet n'étant que le subséquent nécessaire, proportionné et inévitable de l'ensemble de ses causes, c'est-à-
dire de ses antécedents immédiats, devient inconcevable
une faculté, qui, vis à vis de tel ou tel ensemble de causes
(extérieures et intérieures, physiques, physiologiques et psychiques) pourrait réaliser un effet autre que celui naturellement déterminé par ces causes mêmes.

À ces démonstrations générales de l'impossibilité du libre
arbitre ou de la liberté morale et volitive, on peut ajouter
les plus positives confirmations de fait.

En effet la physiologie et la psychopathologie nous montrent la volonté humaine complètement soumise aux influences naturelles même de l'ordre physique ; en même
temps que la statistique nous revèle la dépendance des vo-
lontés individuelles à l'égard du milieu physique et social (2).

Tout homme a une personnalité physique et psychique
(tempérament et caractère) qui est foncièrement déterminée
par l'hérédité physio-psychique et qui se développe ensuite
et se modifie dans le milieu ; mais qui, tenant surtout à
la vie affective, persiste comme déterminant, plus ou moins
remarqué, mais inexorable, de la conduite individuelle,
c'est-à-dire du mode personnel de réagir contre le milieu.

---

(1) Preyer, La loi de conservation de la vie, Revue scient., 6 juin 1891.
(2) Maudsley, Physiologie de l'esprit, Paris 1879. — Herzen, Physiologie
de la volonté, Paris 1874. — Ribot, Les maladies de la volonté, Paris 1883.
— Buckle, Histoire de la civilisation en Angleterre, Paris 1865. — Wagner,
Die Gesetzmässigkeit in den scheinbar willkürlichen menschlichen Handlungen, Hamburg 1864.

Et voilà pourquoi, malgré l'influence apparente et plus remarquée des idées et des opinions sur l'activité individuelle,
réellement l'homme agit comme il sent et non comme il
pense.

Or, de même qu'il y a des hommes d'une grande intelligence et d'autres d'une intelligence moins puissante, par
suite d'une constitution originaire des centres nerveux, de
même il y a des hommes d'une grande énergie volitive et
d'autres d'une énergie réactive faible, ou intermittente, ou
instable. Et le même individu non seulement voit se développer sa volonté avec le développement du corps, comme
toute fonction organique, mais il peut avoir aussi selon les
influences externes et internes, des affaiblissements transitoires mais invincibles de la volonté, ou bien des accroisse-
ments d'énergie et de promptitude volitive. Chacun de nous
sait combien notre volonté et même nos sentiments peuvent
être modifiés par un climat chaud, le vent de siroc, un épuisement nerveux par excès de travail, une digestion profonde,
etc. L'homme le plus pacifique devient litigieux et agressif
lorsque dans les Pampas de l'Amérique méridionale souffle
le vent d'une direction spéciale. Il est notoire qu'une bonne
santé et le bien-être d'une bonne digestion font l'homme
plus bienveillant et plus généreux: c'est pour cela que la
misère est vraiment une cause puissante de dégénérescence
physique et morale. Garibaldi, dans ses Mémoires, fait
l'observation très-vraie que l'alimentation continuelle de
viande rend les hommes (et les animaux domestiques aussi)
plus courageux mais plus sanguinaires. De sorte que la volonté d'un homme peut être modifiée par des aliments spéciaux. De même que le café excite l'idéation, de même l'alcool, en petite quantité, excite la volonté, tandis qu'en
grandes proportions il porte une dégénérescence de l'intelligence et de la volonté. De même pour certains poisons,
narcotiques, etc., dont il est certain que chacun d'eux a une
action différente même sur les sentiments et sur la volonté.

Il paraît par exemple, suivant M. Tarde (*Philosophie pénale,*
p. 189) d'après le Dr Lorion, que « l'homme idiotisé par
l'opium n'est pas méchant, et que l'alcoolisé est dangereux ».
Et je crois que lorsque les émotions et les sentiments seront mieux connus par la science, on pourra influer sur
chacun d'eux par des médicaments spéciaux, de même qu'a-
vec le café on modifie l'idéation, avec le thé la fantaisie etc.

Et l'hypnotisme? Est-ce qu'il n'est pas une sorte de vivisection psychologique, par laquelle en faisant l'anatomie
des processus physio-psychologiques on démontre à l'evi-
dence la sujétion de la volonté aux conditions organiques
et psychiques de l'individu?

Alors, pourquoi cette détermination de la volonté par
les conditions extérieures et intérieures de chaque instant,
devrait-on l'admettre dans ces cas évidents et la nier ensuite dans tous les cas moins clairs et explicables? Un
manque d'évidence n'est pas, tant s'en faut, un manque
d'existence.

Dans le champ psycho-pathologique nous voyons expéri-
mentalement, que la volonté peut devenir malade et se per-
vertir et s'éteindre comme la mémoire, l'intelligence et toute
autre fonction du système nerveux central. M. Ribot, après
avoir étudié les maladies de la mémoire et de la personnalité, a resumé et coordonné de nombreuses observations
cliniques pour démontrer les maladies de la volonté; et il
en a étudié l'affaiblissement, par défaut ou par excès d'impulsivité, aussi bien que les anormalités et même l'anéan-
tissement, tous déterminés, comme toute forme de maladies
mentales, par les conditions pathologiques de l'organisme.
Et puisque aucun philosophe n'a jamais soutenu que la
mémoire ou l'intelligence soient indépendantes de leurs
causes déterminantes, quelle raison pourrait-on avoir pour
persister dans l'illusion commune qui, en attribuant cette
indépendance à la volonté, en fait une exception unique dans
tout l'ordre des forces naturelles?

Car, enfin, en laissant la vieille idée d'une volonté, ima-
ginée comme une faculté spirituelle, de laquelle devrait
jaillir le *fiat* pour chaque delibération, et en nous faisant
au contraire une idée positive de ce qu'on appelle la volonté, plus évidente encore devient l'impossibilité du libre
arbitre. La philosophie traditionnelle, avec le seul moyen
de l'observation intérieure, a répandu l'opinion que l'esprit humain se divise en diverses facultés, telles que la mémoire, l'intelligence, la volonté; chacune desquelles, entité
à soi, aurait la tâche de réaliser, de temps en temps, par
son essence même, les souvenirs, les idées, les volitions,
etc. Et alors, de la même manière nébuleuse dont on peut
réellement comprendre l'existence et l'action d'un esprit im-
materiel divisé en plusieurs facultés, on comprend aussi
qu'on dise, par exemple, lorsqu'un homme est sur le point
d'agir: il est vrai qu'une foule de motifs différents se pressent au dehors et au dedans de lui; mais c'est sa volonté qui,
après avoir senti l'attraction dans un sens et dans l'autre,
décide librement, par son propre *fiat*. De sorte qu'entre
deux séries de motifs opposés elle peut choisir soit d'agir,
soit de n'agir pas; et si elle décide d'agir elle peut choisir
aussi de faire le contraire de ce qui serait l'effet des motifs, qui dans ce moment seraient les plus forts pour cet
homme. C'est une représentation anthropomorphique, si
commune dans la philosophie traditionnelle, qui, accompagnée et aidée par l'inconscience des forces déterminantes
à l'action, peut suffire à ceux qui se contentent d'une idée
si naïve et si primitive de la volonté humaine.

Mais, si nous demandons à la psychologie positive une
idée moins fantastique des facultés psychiques, elle nous
répond avec les observations de fait, que ces soi-disant
facultés ne sont que des abstractions de notre pensée, auxquelles ne correspond aucune entité qui existe par soi-
même. La couleur rouge est une abstraction de toutes les
couleurs rouges, particulières et réelles que nous avons

vues dans tel ou tel objet et que nous résumons dans le souvenir de ce qu'elles ont de commun entr'elles, sans qu'il existe une couleur rouge, par soi-même. De même la mémoire et l'intelligence ne sont que le résumé abstrait et général des souvenirs, des idées, que nous avons réellement eus, dans notre expérience personnelle ou dans celle de nos ancêtres transmise héréditairement: et il n'existe pas une mémoire par soi-même, mais il existe des actes singuliers et réels de mémoire, comme il n'existe pas une intelligence, mais des pensées singulières et réelles. De la même façon la volonté n'est que l'abstraction synthétique de tous les actes volitifs que nous avons accomplis, mais il n'existe pas une volonté, comme entité, qui émette de temps à autre des commandements volitifs.

En outre, chaque délibération volitive au lieu d'être, elle, la cause du mouvement, comme on le croit communément, n'est au contraire que la conscience de ce mouvement même, qui s'accomplit non pas par le commandement volitif, mais uniquement par le processus de trasformation des forces physiques et physio-psychologiques. C'est-à-dire, avec M. Ribot, que « le travail psycho-physiologique de la délibération aboutit d'une part à un état de conscience, la volition, d'autre part à un ensemble de mouvements ou d'arrêts. Le « je veux » constate une situation, mais ne la constitue pas (1) ».

Et alors, si une volonté, comme entité par soi-même, n'existe pas, et si chaque volition réelle n'est que la conscience du processus pshysio-psychologique qui va s'achever, il est impossible de concevoir l'existence d'une liberté morale qui serait la qualité inséparable de la volonté humaine: car si le sujet, comme tel, n'existe pas, la prétendue qualité n'a plus de base où s'appuyer.

(1) RIBOT, *Les maladies de la volonté*, Paris 1883, p. 175.

Ce mode positif de considérer la volonté humaine nous sert aussi pour rendre encore plus évident le contre-sens de ce néo-spiritualisme larvé, dont j'ai parlé pag. 39-40, par lequel M. Colajanni en répétant ce que disent MM. Wundt, Siciliani, etc., affirme que « la fonction crée l'organe » et que partant, ajoutent MM. Tarde et Joly « le crime crée le criminel ». En effet il n'est même pas possible de concevoir une volonté, une force psychique existante avant et en dehors de tout élément organique, lorsqu'elle n'est et ne peut être que le résultat et la fonction de cet organisme même. Certes la fonction réagit sur l'organe, le psychique sur le physique, car tout effet devient une cause pour ses subséquents immédiats; mais l'ordre de succession ne peut pas être renversé. Des organes sans fonction (actuelle) il en existe; mais des fonctions sans organes on n'en a pas encore vues. Et lorsqu'on dit que « la psychogénie crée la somagénie », on oublie que la « psychogénie » même n'est pas possible sans une « somagénie » qui la produise auparavant (1). De même un délit sans délinquant qui le commette n'est pas concevable; tan-

_____

(1) M. GROTE (Causalité et conservation de l'énergie dans le domaine de l'activité psychique. — Compte rendu du Congrès intern. de psychol. physiol. Paris 1890, p. 106) a essayé de porter dans le congrès international de psychologie physiologique, à Paris, cette réviviscence du spiritualisme; mais sa voix n'a pas eu d'echo.

En Italie, M. CAPORALI, dans sa revue La nuova scienza (Juin 1890, pag. 175) qui, sous la formule d'un néo-pytagorisme, tend au même but d'un spiritualisme déguisé, en résumant ses théories dit d'une façon encore plus éloquente que « l'aritmogénie réelle fait la psychogénie et celle-ci fait la somagénie! ».

C'est-à-dire, avec des mots plus humains, que non seulement c'est le psychique qui fait le psysique, mais c'est auparavant « le nombre » qui fait le psychique!

Après quoi il ne reste qu'accoupler ce néo-spiritualisme avec la néo-métaphysique de MM. Vacherot, Hartmann, etc. et attendre ce qu'en naîtra ... si l'hybridisme pourra jamais être fécond.

dis que, dans un sens bio-psychique et non sociologique et juridique, il est possible d'avoir un criminel qui, retenu par des circonstances favorables, n'ait pas commis des crimes. Certes le crime commis réagit sur le criminel, en atrophiant ou en effaçant la répugnance à la répétition du délit : ce qui explique, en partie, la génèse du criminel d'habitude. Mais autre chose est de dire qu'un effet peut devenir à son tour cause d'effets ultérieurs et de dire que l'effet précède et détermine la cause!

En passant de l'individu isolé aux masses d'individus, la statistique nous donne d'autres confirmations de cette dépendance de l'activité volontaire humaine des conditions du milieu physique et social. Déjà la profonde et continuelle influence de la race, qui est au peuple ce que le tempérament est à l'individu, sur l'intelligence et la volonté collective, en donne une première preuve. Mais, après cela, les résultats, si inattendus par les partisans du libre arbitre, de la statistique démographique, criminelle, etc., en nous montrant les actions humaines, qu'on croyait les plus libres, tels que mariages, suicides, crimes, émigration, etc., comme tout-à-fait soumises au contraire aux influences du milieu et variables avec celles-ci, ont porté le coup de grâce à l'illusion du libre arbitre. Et il est inutile de nous occuper ici de la conclusion accommodante, à laquelle s'arrêtent en grand nombre les théoriciens de la statistique, en disant que la régularité des actions humaines signifie nécessité pour les masses, mais non pas pour les individus, qui conserveraient une liberté relative et bornée, comme l'oiseau dans la cage. Car au fond de cette explication eclectique il y a toujours la possibilité miraculeuse d'obtenir avec la somme de plusieurs individus « relativement libres » une masse « absolument déterminée » dans ses activités! Et j'ai dit ailleurs qu'après tout, même en concédant que la statistique ne suffise pas, à elle seule, pour prouver l'inexistence du libre arbitre, il est cependant indéniable qu'elle est plus que suffisante pour la confirmer (1).

En tout cas, cette liberté morale, si on l'admettait comme elle devrait être en réalité (tandis que le peuple ou bien n'y croit pas ou bien a une idée tout à fait inexacte de cette abstraction métaphysique; et les partisans mêmes du libre arbitre agissent, avec prières, menaces, suggestions, précisement comme s'il n'existait pas) cette liberté morale rendrait impossible et absurde toute science psychologique et sociologique; de même qu'admettre le libre arbitre dans les atomes materiels ce serait détruire tout science chimique et physique. De sorte que la négation du libre arbitre au lieu d'être cette source de tous malheurs qu'affirment les spiritualistes, est au contraire la condition indispensable de toute théorie et pratique sociologique; de même qu'elle est féconde en résultats bienfaisants dans la vie privée, car elle enseigne la tolérance réciproque et suggère l'hygiène morale préventive des sentiments au lieu d'attendre leur répression. Et dans la vie publique, toutes les lois juridiques n'ont en effet d'autre fondement possible que la détermination de la volonté humaine par les motifs psychiques et physiques. Elles n'en sont en effet qu'une agrégation artificielle en vue d'un but spécial et qui pourtant ne peut être efficace que lorsqu'elle ne contredit pas trop foncièrement les agrégations naturelles, et partant plus fortes, des motifs qui déterminent tout homme à agir, pourvu contre les conditions normales de l'existence sociale.

(1) De Candolle, *Histoire des sciences et des savants depuis deux siècles*, Genève, 1873, p. 437 et suiv. — Bloch, *Traité théorique et pratique de statistique*, II edit., Paris 1886. — Oettingen, *Die moral statistik*, III edit. Erlangen 1886. — Gabaglio, *Teoria generale della statistica*, II ediz. Milano 1888. — Mayr-Salvioni, *La statistica e la vita sociale*, II ediz. Torino 1886. — Sacchi, *La statistica e il libero arbitrio in rapporto alla nuova scuola penale*, Riv. italiana di filos., marzo 1888. — Proal, *Les statistiques criminelles et le libre arbitre*, Lyon médical, 1890, p. 235.

Mais, puisque j'ai traité à fond ailleurs ce problème du libre arbitre, il n'est pas nécessaire d'y insister davantage ici (1). Seulement il était nécessaire et loyal de commencer par la négation explicite de cette liberté morale, au lieu d'en éviter la discussion; car au fond de toute recherche sociologique il y a toujours ce problème, qui, passé sous silence, engendre des sous-entendus et des malentendus, surtout dans le droit criminel, si étroitement lié à la psychologie humaine.

Maintenant, tout en laissant au temps et à l'expansion naturelle des idées positivistes la tâche de restreindre de plus en plus le nombre des croyants au libre arbitre, il y a deux observations à faire, très-décisives pour la sociologie criminelle.

Avant tout, même en admettant que la négation de toute liberté morale ne soit pas définitivement démontrée, comment pourraient toutefois la science et la législation criminelle fonder tout l'échafaudage de la responsabilité humaine sur une faculté qui est si fortement contestée et discutée même par des penseurs orthodoxes, et qui reçoit tous les jours des démentis si graves par les observations des faits? Que vous, criminaliste, législateur, juge, soyez personnellement convaincu de l'existence d'un libre arbitre, plus ou moins borné et rogné, c'est votre affaire à vous. Mais comment pouvez-vous prétendre que votre droit criminel ait dignité et force de vraie science, si lui donnez un fondement si contesté de tous les côtés? Comment nier la

---

(1) Ferri, *La teoria dell'imputabilità e la negazione del libero arbitrio*, Firenze 1878 (épuisé).

Il n'est peut-être pas inutile, contre les artifices polémiques de quelques adversaires, de déclarer que de cet ouvrage, écrit à 22 ans, je ne maintiens maintenant que la première partie (inexistence du libre arbitre); mais la deuxième partie (théorie de la responsabilité) ne répond plus à mes idées scientifiques, car elle n'était alors que l'essai très-imparfait d'une théorie, qui représente ma pensée seulement telle quelle est dans ce chap. III.

nécessité de soustraire aux discussions philosophiques ce droit criminel, et la fonction sociale dont il est la règle, en l'appuyant à des éléments de fait indiscutables? Comment nier, alors, que en dehors même des conclusions et des théories particulières de l'école positiviste, celle-ci a cependant eu le mérite indéniable d'exiger et d'essayer une science des délits et des peines construite avec les seuls éléments, que toute société humaine offre à l'observation positive, quelque soit le système philosophique à la mode?

Et cette exception préjudicielle est si évidente, qu'elle s'est imposée même au législateur italien qui, tout en déclarant qu'il voulait se tenir attaché aux traditions de l'école classique, a reconnu toutefois que la formule — liberté d'élection — « enveloppe une question trop abstraite, trop discutée, trop controversée pour être mise comme pierre fondamentale de la responsabilité pénale (1) ».

Et même dans la philosophie et dans la science criminelle académiques s'est déjà repandu un courant d'idées, par lequel, si l'on n'admet pas complétement les conclusions de la psychologie positive, puisque même dans l'évolution scientifique *natura non facit saltus,* on fait cependant des concessions. Celles-ci sont évidemment un passage à l'admission complète, et seule logique, des théories nouvelles, et un indice bien sûr de leur triomphe final; mais elles sont aussi, comme tous les transactions, une source intarissable de malentendus et une diversion de forces.

D'une part, en effet, les psychologues qui restent entre l'ancien et le nouveau, comme le papyrus du Dante « qui n'est pas encore noir et le blanc y meurt », admettent l'inexistence d'un vrai « libre arbitre », mais soutiennent toujours l'existence d'une certaine « liberté » mal précisée: utile, comme toujours, à satisfaire les majorités, qui aiment

(1) *Rapport ministériel sur le projet de code pénal italien.* Rome 1887, t. 163.

à paraître radicales tout en restant entortillées aux traditions, mais non utile certainement à la science.

En effet, par cette « liberté » entend-on la seule liberté
physique d'une absence d'obstacles au développement de nos
tendances et de notre activité, pour déterminées qu'elles
soient par notre constitution personnelle et par le milieu?
Et alors nous sommes parfaitement d'accord. Mais alors
nous sommes aussi en plein déterminisme physique et moral; car nous admettons que les actions humaines, comme
tout autre phénomène naturel, sont un effet qui tout en
se développant sans entraves, n'en est pas moins nécessairement déterminé par les causes naturelles. Dans ce sens
les eaux de la rivière sont libres aussi, en tant qu'une digue
transversale ne les empêche pas d'obéir à la loi déterminante de la gravité. Et voilà pourquoi, malgré ce qu'en
disent plusieurs de nos adversaires, qui abusent des sens
très-différents du mot liberté, la négation de la liberté morale, n'exclut pas, tant s'en faut, la liberté physique de
mouvement et de développement sans obstacles de notre
personnalité dans notre milieu et n'exclut non plus aucune
des libertés (d'ordre physique) du citoyen, telles que la liberté de locomotion, la liberté civile, religieuse, scientifique, politique, etc. Cela est si vrai que jamais ces libertés
ont été si méconnues qu'aux époques, où l'on exaltait la
métaphysique liberté de la volonté humaine.

Ou bien, par cette équivoque « liberté » on veut entendre
une sorte de libre arbitre atténué, dilué et dénué des plus
évidentes oppositions aux données positives, et alors on
est en plein malentendu perpetuel et, sans avoir les avantages d'un clair et franc déterminisme, on a tous les désavantages de l'ancien libre arbitre métaphysique. De vraiment logique et concevable il n'y a, en effet, que le libre
arbitre absolu, ou bien l'absolu déterminisme. Tout chemin
de milieu est un non-sens, et quoique il satisfasse à l'instinct égoïstique de l'eclectisme, qui est une des formes de

la timidité mentale, surtout chez les peuples à civilisation ancienne qui aiment le « juste milieu » et le « quieto vivere », il ne fait néanmoins qu'engendrer des difficultés (1).

Que si, dernièrement, par cette équivoque « liberté » on veut exprimer l'énergie intérieure que tout individu a pour se developper justement à sa façon personnelle, à lui, car chacun a son tempérament physio-psychique qui le fait réagir d'une manière spéciale aux différentes influences du milieu, alors nous sommes encore une fois d'accord. Mais alors, encore, nous sommes bien loin de la vraie « liberté morale », car au contraire on reconnait avec cela le déterminisme fondamental de la constitution organique et psychique pour tout individu; déterminisme, que l'homme a en commun avec tout être vivant.

C'est ici justement qu'on découvre un des malentendus les plus fréquents parmi ceux qui, tout en niant le vieux libre arbitre, soutiennent toujours une nébuleuse liberté de l'homme et reprochent au déterminisme positif de réduire l'homme à un automate; et toute la nature, physique et morale, à un mécanicisme fataliste.

C'est un malentendu; car, au contraire, c'est seulement parce que toute action humaine est l'effet nécessaire des causes déterminantes, que tout homme a une personnalité propre, physique et morale. Par celle-ci chaque individu se distingue de tout autre vivant et, même vis-à-vis des

(1) Il suffit, comme exemple de ces transactions eclectiques, de rappeler que M. FOYAU (*Liberté morale*, Paris 1888), en reveillant la vieille idée socratique (que l'homme fait le mal seulement par ignorance, en croyant de faire le bien), dit que libre arbitre signifie seulement le pouvoir de déterminer soi-même à faire le *bien*. « Faire volontairement le mal nous parait chose impossible et ininintelligible » (p. VIII).

Et cependant il y a beaucoup de criminels nés et même fous, qui *savent* de faire mal, mais le font tout de même car ils ne *sentent* pas de répugnance au crime.

mêmes causes extérieures, il répond à leur influence à sa façon personnelle, qui est différente de celle de tous les autres individus et pour lui même est variable, suivant les conditions de temps et de lieu, d'après les variations de son organisme physio-psychique. Voilà pourquoi, d'abord, à chacun appartient l'action qu'il a réalisée, comme indice et effet nécéssaire de son organisme et de sa personnalité: ce qui constitue le premier élément de l'imputabilité, dans son sens physique, par laquelle on commence par attribuér, par « imputer » à tout homme l'action qu'il a physiquement accomplie.

Prenons des exemples.

En imaginant d'avoir deux machines à coudre de tel ou tel système, si elles sont mises en mouvement, elles répondent ou réagissent toujours avec le même travail, avec la même couture spéciale de l'étoffe. La cause extérieure motrice obtient toujours une réaction identique, dans toutes conditions de temps et de lieu.

Si nous prenons deux plantes, de la même espèce et variété, et que nous les mettions dans le même champ, à la même athmosphère, avec les mêmes engrais, nous n'aurons pas d'elles deux réactions identiques. L'une poussera droite, l'autre tordue; l'une aura une végétation luxuriante, l'autre chétive, etc. Pourquoi cela? Parce que dans l'ordre des machines inorganiques la réaction dernière, dépend des causes externes exclusivement, ou du moins en majeure partie puisque même les machines ont leur physionomie personnelle malgré une construction identique (1). Dans l'ordre des êtres organisés, des végétaux, au contraire, à l'action des causes extérieures s'ajoute celle des actions intérieures,

_____

(1) SPENCER, *Essai*, Paris 1879, III. 272. M. ZOLA, qui avec *La bête humaine*, a porté dans l'art, pour la première fois, la figure du criminel né, au lieu des communs criminels fous ou passionnés, a remarqué aussi que tout machiniste des chemins de fer cherche et connaît ce que je dirais le tempérament mécanique de sa locomotive.

physiologiques; et partant ces deux séries d'éléments, en se combinant différemment, peuvent donner et donnent des réactions diverses, les causes extérieures restant identiques.

Et si de l'ordre végétal nous passons aux animaux et que nous prenions deux chiens, de la même race, du même âge, etc., nous voyons qu'au même motif extérieur, par exemple la vue d'un homme, ils répondent de façons très-différentes, l'un en fuyant ou en aboyant, l'autre en festoyant etc. Et le même chien, en des temps divers, réagit différemment même contre une cause extérieure identique. Ici les différences dans la réaction peuvent être plus nombreuses; car, tandis que chez les machines inorganiques il y avait seulement les causes extérieures, et chez les organismes végétaux les causes extérieures et les causes intérieures physiologiques, chez les organismes animaux s'ajoutent aussi les causes intérieures psychologiques. Et il est naturel qu'en augmentant le nombre des éléments, on augmente aussi le nombre de leurs combinaisons possibles.

Et au fur et à mesure qu'on monte la série zoologique les différences possibles de la réaction aux influences extérieures augmentent de plus en plus chez les divers individus et dans les différents moments d'un même individu, parce que c'est toujours plus grand le développement des éléments physiologiques et psychologiques. De sorte que, si nous prenons deux hommes ou un homme à différents moments de sa vie, nous verrons que les réactions à une même cause extérieures sont très-variables, non pas parce que chez l'homme soit né quelque nouvel élément de liberté morale, mais seulement parce que chez lui est plus grand le développement des facteurs psychologiques de son activité.

Tout être vivant donc, et partant tout homme, a une manière spéciale et personnelle de répondre aux influences extérieures, laquelle depend nécessairement de ces mêmes

conditions extérieures combinées avec l'état physio-psychologique de l'organisme, à chaque moment de sa vie.

De sorte que pour préciser mon idée, je dirai que l'homme
est une machine, mais qu'il n'est pas fait à machine. Il est
une machine dans le sens qu'il ne donne dans ses actions
rien de plus de ce qu'il ne reçoit du milieu, soit au physique soit au moral; il n'est, comme tout être vivant, qu'une
machine de transformation des forces, soumise à la loi
universelle de causalité, par laquelle, étant donnée telle
combinaison de causes physiques, physiologiques et psychologiques, il ne peut réagir que d'une façon donnée.
Mais l'homme n'est pas fait à machine, dans le sens inorganique du mot, justement parce qu'il est un organisme
vivant, qui a une façon personnelle de réagir aux influences
extérieures, déterminée par les causes physiques et physio-
psychiques de chaque instant, mais variable d'individu à
individu, de moment à moment, suivant la combinaison
différente de ces causes mêmes.

Voilà pourquoi, malgré toute négation du libre arbitre,
l'homme ne devient pas un automate soumis à un fatalisme
aveugle. Les hommes sont si peu automates, que chacun
d'eux a une façon personnelle et différente de réagir contre
le milieu; sans que cela exclue non plus, tant s'en faut, le
déterminisme physique et moral. Au contraire, si l'homme
avait réellement le libre arbitre, toute personnalité serait
impossible, comme type constant de caractère individuel
et la folie la plus inconséquente serait l'expression de la
liberté morale la plus grande.

Mais comme les philosophes ont abandonné désormais
cette vieille idée du libre arbitre, pour se restreindre à
une certaine « liberté » relative, équivoque et nébuleuse;
de même les criminalistes contemporains, par la même
transaction du vieux avec le nouveau, se retranchent derrière une responsabilité morale aussi relative et nébuleuse.

Vraiment Romagnosi, talent positif, avait donné avec son système de l'impulsion criminelle et de la contre-impulsion pénale une négation implicite du libre arbitre, et par cela il est un des précurseurs de la criminologie positive. Mais, en dehors du chapitre ix de sa *Genèse du droit pénal*, consacré à la démonstration « du lien invariable entre l'énergie des motifs et les délibérations de la volonté », dans aucun ouvrage de Romagnosi on ne trouve l'exclusion de la liberté morale comme fondement de la responsabilité; et par conséquent il reste dans le cercle de l'école classique.

Plus récemment, plusieurs criminalistes ont déclaré, ou bien vouloir faire abstraction de toute question de libre arbitre, sans le nier et sans l'affirmer, pour établir une théorie de la responsabilité; ou bien, la plupart, admettent chez l'homme une liberté, non plus absolue, mais toujours plus ou moins limitée, quoique toujours existante, sauf certaines circonstances les plus exceptionnelles.

Les premiers substituent à « la liberté de la volonté » comme fondement de l'imputabilité la « liberté de l'intelligence ». Cette idée, qui continue celle des criminalistes allemands (Berner, Schütze, etc.) qui fondent justement la responsabilité sur les conditions de l'intelligence plus que de la volonté, est évidemment encore plus en contraddiction avec les données de la psychologie, car celle-ci n'admet pas que « l'intelligence puisse diriger l'activité humaine », dans un sens anti-déterministe, et entre celui qui tue son agresseur pour sa défense légitime, et celui qui tue en duel ou pour dévaliser la victime, il n'y a aucune différence dans la *liberté* de l'intelligence.

Pour les autres criminalistes eclectiques, la liberté *relative* de la volonté, à laquelle ils ont recours, n'est qu'une inconséquence logique et un danger social.

Certes il est facile de se contenter d'une théorie, que je comparerais au système Decauville (chemins de fer à dimensions réduites) par laquelle on dit que « l'être humain est soumis à des lois générales, mais que dans les limites de ces lois, qui sont les conditions de la vie universelle, il conserve une liberté relative, qui suffit à sauvegarder le principe de la responsabilité individuelle (1) ».

Mais pour peu qu'on songe à ce qui devrait se trouver sous la superficie verbale de cette affirmation, il y a tout de suite lieu de se demander qu'est ce que sont, et où sont « les limites des lois générales ». Si une loi est « condition de la vie universelle », comme la loi de gravité, de causalité, etc., il n'y a pas de limites possibles à son application et il ne peut y avoir que des exceptions apparentes. Il n'y a donc pas même la possibilité d'une sorte d'interstice ou d'entre-deux, dans lequel devrait se réfugier le dernier résidu d'une liberté relative.

Et en admettant pour un moment que la liberté morale de l'homme soit limitée, on rencontre tout de suite un problème insoluble: si dans l'activité humaine on passe du déterminisme à la liberté d'un coup tranchant ou bien par une nuance indéfinie. Puisque « le principe de la responsabilité » est tel, pour ces criminalistes, qu'elle existe plus ou moins étendue selon que l'activité humaine est plus ou moins libre, ou bien plus ou moins déterminée, il est urgent de séparer la partie libre, c'est-à-dire punissable, de la partie déterminée, c'est-à-dire non imputable.

Et après cela, il est clair que tous les raisonnements logiques et de fait qu'on porte contre le libre arbitre absolu détruisent aussi le libre arbitre relatif, car les objections qui valent contre un mètre de liberté, valent aussi contre un centimètre de la même liberté.

Et, encore, pourquoi les conditions extérieures et intérieures suppriment-elles la liberté morale jusqu'ici et pas jusque là? et pourquoi certaines circonstances, taxativement énumérées, sont-elles censées détruire le libre arbitre et

(1) PRINS, *Criminalité et répression*, Bruxelles 1886, p. 39.

toutes les autres, non moins puissantes, en laissent ce résidu, qu'on croit nécessaire à justifier la responsabilité pénale?

Mais outre ces difficultés logiques de l'éclectisme entre les anciennes théories et les nouvelles données scientifiques, il y a une difficulté pratique insupérable.

En effet, si d'une part le droit criminel proclame que l'homme est responsable des délits en tant qu'il est moralement libre dans leur délibération et exécution, d'autre part les données indéniables de la bio-sociologie criminelle rendent impossible au juriste et au juge la pénétration dans la conscience intime de l'individu pour en peser le degré de liberté morale.

Après les observations sur l'influence de l'hérédité physique et morale chez l'individu et de la solidarité entre tous les hommes vivants et les générations précédentes et le milieu où ils vivent; après les données sur l'alternance et le serpentement mystérieux de la folie, du suicide, de l'alcoolisme, du crime, surtout chez ces familles malheureuses, qui donnent vie à un grand nombre de malfaiteurs, quel juge pourrait avoir la prétention de calculer, même approximativement, la liberté et partant la culpabilité morale d'un criminel?

Étant donnée l'influence du climat et de la race, sur la criminalité de chaque peuple, et ainsi celle de la température, de la production agricole, de l'agglomération de la population, des conditions domestiques, économiques, etc., la conséquence inévitable serait que le juge, pour être conséquent avec sa prétention de mesurer la liberté morale du criminel, devrait calculer un nombre indéfini d'éléments et se vouer à l'entreprise irréalisable d'une évaluation des conditions physiques, physiologiques, psychologiques et sociales, qui ont déterminé chaque individu, tout en lui laissant un petit coin libre de sa conscience et de sa volonté!

En effet, pour quelle raison dans ce prétendu jugement de la liberté morale du criminel, voudrez-vous vous borner toujours aux seules circonstances classiques et traditionnelles, qui sont admises comme influentes sur la responsabilité et taxativement fixées dans les traités et les codes: âge mineur, surdimutité, folie, ivresse, sommeil? Et pourquoi pas le degré d'instruction et d'éducation reçues, les mètres cubes d'air respirés dans les bouges de nos grandes villes dans un horrible pêle-mêle de membre nus et sales, ou bien dans les habitations misérables des paysans, et la profession, l'état civil, les conditions économiques, le tempérament sanguin ou nerveux de l'accusé? Est-ce que la liberté morale dépend seulement de ces quatre ou cinq circonstances taxatives et toutes les autres doivent être confondues dans l'expression vague des circonstances atténuantes, qui n'est, elle aussi, qu'un autre compromis entre la logique et la justice ?

Et ce labyrinthe, auquel tout juge serait logiquement condamné par le système de la liberté morale relative comme condition de responsabilité pénale, est encore le moindre inconvénient. Car, enfin, on pourrait nous répondre que ces facteurs du crime, récemment étudiés seront calculés autant que possible: de sorte que la tâche du juge sera plus difficile, mais ne sera pas absurde.

Ce qui arrive au contraire dans la pratique et qui est désormais un vrai danger social des théories classiques, est une sorte d'impunité ou de sémi-impunité générale, un vrai jubilé surtout pour les criminels les plus dangereux. En effet en greffant, comme fait l'eclectisme, les données scientifiques de la bio-sociologie criminelle sur le vieux tronc des théories classiques, il arrive que nous n'avons ni les fruits que ces données produiraient par une application complète et logique (comme nous le verrons tout à l'heure), ni les effets que, logiquement malgré leurs désaccord avec la réalité des choses, porteraient toutefois les principes classiques dans leur absolutisme. La justice pénale est tout à fait désorientée, trop sévère et aveugle pour les microbes de la criminalité, c'est-à-dire le nombre épouvantable de petits délinquants condamnés à des peines aussi stupides qu'ironiques, et trop doucereuse et clémente pour l'aristocratie du crime, les grands criminels, auxquels la plupart des codes assure aussi un escompte du tant pour cent avec la théorie du cumul des crimes à juger, qui par la science criminelle classique n'est qu'une circonstance diminuante de la peine (1)!

En effet si l'on maintient le principe de la responsabilité morale et pénale plus ou moins atténuée selon la liberté morale plus ou moins limitée, on arrive inévitablement, avec les progrès continués de l'anthropologie et de la statistique criminelle, à restreindre de plus en plus le résidu de cette liberté morale du criminel et partant de sa punibilité, en démontrant de plus en plus, comme disait un classique « la suprême *incertitude* de la responsabilité humaine (2) ». Par exemple, le prof. Ziino dans un travail sur la physio-pathologie du crime (Napoli 1881), après avoir affirmé, lui medecin-naturaliste!, que le libre arbitre ne peut pas être complétement nié, reconnait cependant qu'il peut être limité par plusieurs circonstances: et il offre même un « tableau synoptique des modificateurs du libre arbitre » classifiés en « quatre familles », dont la première divisée en « deux genres » et atteignant le chiffre de « 23 espèces »! Or, même en laissant la question logique sur la possibilité d'un libre arbitre suffoqué par vingt-trois espèces de modificateurs, il est évident que tout avocat, pour peu avisé qu'il soit, pourra toujours plaider pour son client, surtout lorsque le crime est plus grave, une ou plusieurs

(1) Cette thèse et ces conclusions, je les ai soutennes et elles furent approuvées au 1ᵉʳ congrès d'anthropologie criminelle à Rome, *Actes etc.*, Rome 1886, p. 334.

(2) ROUX, *La peine de mort*, 1871.

de ces espèces de modificateurs, dont quelques unes sont bien élastiques telles que : religion — usages et coutumes — tempérament — passions — illusions, etc.

Voilà pourquoi on sent de tous côtés plaider une mitigation toujours croissante des peines et l'abolition des peines perpétuelles en généralisant l'argument de M. Holtzendorff qui voulait punir l'assassinat avec une peine temporaire, parce que, disait-il, « la valeur de la liberté personnelle s'est accrue depuis le moyen-âge (1) »; oubliant que même la liberté, la santé et la vie des victimes se sont accrues de valeur .... depuis le moyen-âge !

Voilà pourquoi, aussi, dans le champ législatif il y a eu quelqu'un qui, pour prévenir les absolutions très-fréquentes des criminels par les jurés, plus suggestionables par les nouvelles données de la physio-psychologie, a proposé de leur donner la faculté d'accorder, outre les circonstances atténuantes, celles aussi « très-atténuantes (2) ». Ce qui est la confirmation évidente de mon observation sur les conséquences dangereuses des données scientifiques illogiquement greffées sur le tronc des théories classiques, au lieu d'en accepter les conséquences logiques et bien plus utiles et morales. De même le nouveau code pénal italien a cru resoudre le problème en l'évitant et en gardant le silence sur la force irrésistible comme cause d'irresponsabilité : mais les jurés italiens continuent à absoudre par « infirmité mentale » les accusés qui présentent le type du criminel passionné déterminé par des motifs sociaux (amour, honneur, misère etc.), et qui font dans ces cas de la soi-disant force irrésistible une réalité humaine, malgré l'abus énorme qu'on

---

(1) Holtzendorff, *Mord und todesstrafe*, Berlin 1875, p. 225.

(2) Bozérian, *Projet de loi sur les circonstances très-atténuantes*, présenté au Sénat de France le 4 avril 1885, dans le *Bull. Soc. Prisons Paris*, 1885, p. 951. — Grandperret, *ibidem*, 1886, p. 508. — Huques, *La cour d'assises etc. France judiciaire*, 1887, n. 7. — Leloir, *ibidem*, 1887, p. 65 et 1888, p. 48. — Bertheau, *Reformes pratiques*, Paris 1886, p. 49.

en faisait et qu'on en fait dans les cas des motifs antisociaux (haine, cupidité, débauche, etc.), justement par ce
désorientement de la justice pénale.

En passant, du champ scientifique et législatif, à la jurisprudence quotidienne, nous voyons, comme contre-coup de
cet état de transition, que la sévérité pénale est restreinte
aux délinquants les plus nombreux et les moins dangereux
(délinquants occasionels). Contre ceux-ci en effet, en dehors
de la réaction conservatrice de la magistrature contre les
courants révolutionnaires et anarchiques de cette fin de siècle (dans les délits de vols, rébellions, émeutes, etc.), les
théories classiques sont encore applicables dans leur absolutisme, car pour ces menus délinquants il n'est pas facile d'obtenir des expertises et de relever des conditions
voyantes d'anormalités. Et alors on voit cet abus des peines
détentives, contre lesquelles, comme nous verrons au chapitre prochain, il y a maintenant un vrai plébiscite, et qui
sont de courte durée à cause des limites étroites imposées par les codes, mais qui relativement sont l'effet d'une
sévérité plus grande chez les juges. Au contraire, pour les
criminels plus dangereux, mais naturellement plus anormaux, on fait abus d'atténuations pénales et de grâces par
la conséquence fausse qu'on tire des données positives bio-
psychologiques avec des théories métaphysiques.

De sorte que la justice pénale de nos jours est doublement erronée et démoralisante : car elle est plus sévère
pour les délinquants occasionnels et plus faible pour les
criminels dangereux et dégénérés.

C'est-à-dire que tandis que l'opinion publique, toujours
misonéïque, accusait d'abord l'école positiviste d'arriver à
l'impunité de tous les malfaiteurs; en réalité c'est le droit
criminel classique qui, par son contact avec les plus évidentes données de bio-sociologie criminelle, arrive aux
inconséquences moralement et socialement les plus dangereuses.

L'école positiviste, en effet, ne conduit, d'une manière absolue, ni à une sévérité plus grande, ni à une clémence plus doucereuse pour les criminels. Elle, comme nous verrons plus tard, veut seulement que la défense de la société soit proportionnée à la puissance offensive de l'individu(1). Et partant, si elle déterminera, certes, une sévérité plus grande contre les criminels les plus dangereux et anormaux (criminels nés et fous) elle amènera au contraire une justice plus humaine et moins aveugle pour les délinquants moins redoutables (criminels d'occasion et par passion); tandis que, d'autre part, avec un système efficace de prévention sociale, tel que je l'ai tracé dans le chapitre précédent, cette même école tend à diminuer le nombre non seulement de tous les criminels en général, mais surtout des délinquants habituels.

II.

Même en dehors, donc, des dementis donnés par la physio-psychologie scientifique à la présupposition du libre arbitre ou de la liberté morale, plus ou moins relative, devient évidente l'impossibilité théorique et pratique de fonder sur cette prétendue faculté humaine la responsabilité pénale.

— Mais alors, si l'homme commet les crimes non pas par le libre choix de sa volonté, mais pour une tyrannie fatale de son organisme anormal et du milieu, comment pourra-t-on le punir, le tenir responsable de fautes qui ne sont pas à lui? Ouvrez, donc, les prisons et fermez les tribunaux, vous positivistes, qui niez le libre arbitre ou le dernier résidu de liberté relative! Ou bien, si vous ne pouvez pas en venir là, car l'absurde et le danger seraient

(1) Voir sur ce point la polémique entre MM. Cavaonari et Tomaicoli sur la *fonction sociale de la jurisprudence dans la criminalité,* dans *L'Anomalo,* Naples, mars-avril-juin, 1891.

trop forts, ce sera seulement par une contradiction logique et morale que vous pourrez parler encore de droit et de justice pénale ! —

Voilà l'objection, aussi naturelle que peu justifiable, que nous font tous ceux qui croient pouvoir résoudre de prime abord ces problèmes avec les seules impressions du sentiment et les habitudes mentales, sans savoir se soustraire à ce préjugé si répandu, dont parle M. Bain, par lequel toute nouvelle conception d'une chose ou d'un problème passe par sa négation. Et voilà cependant le problème fondamental, qui s'impose à la science nouvelle des délits et des peines.

Cette question, qui paraît insoluble ou évitable seulement par des détours syllogistiques et avocassiers, trouve toutefois sa solution claire et précise dans la seule observation des faits sociaux, qui ont toujours demandé leur genèse et leur justification, non pas aux théories métaphysique et byzantines des juristes, mais aux conditions naturelles de l'existence humaine.

Il y a cependant une observation préliminaire et méthodique à faire. Et c'est que, en donnant à ce problème, comme point de départ la négation ou exclusion de toute idée de libre arbitre ou de liberté morale, il faudra, pour être conséquents, que la solution en soit portée sur un terrain et à un point d'arrivée tout-à-fait différent de ceux, qu'on a suivis jusqu'ici. C'est-à-dire qu'une simple variation de mots aussi qu'une rectification partielle de principes ne suffiront pas, car il ne seraient qu'un compromis et un expédient, pleins de malentendus et de difficultés au premier contact avec la réalité des choses et des faits humains, vifs et palpitants. Et nous le verrons tout à l'heure, en examinant les diverses théories eclectiques sur la responsabilité pénale proposées par plusieurs écrivains après la ııe édition de cet ouvrage, qui opposait à la théorie classique une théorie positiviste, radicalement différente.

Une double série de faits est suffisante et nécessaire pour définir le problème de la responsabilité, et partant de la punibilité de l'individu par l'État. C'est-à-dire, d'un côté, en harmonie avec la méthode de l'évolution, l'origine et le développement soit de la fonction pénale soit de ses organes, comme genèse et application de leurs conditions actuelles; et de l'autre côté les conditions et les formes présentes de cette fonction défensive de la société.

Si, pour expliquer le pourquoi de la configuration terrestre actuelle, ou de sa faune vivante, le géologue ou le zoologue se bornaient à l'examen purement déscriptif des formes actuelles, ils se condamneraient évidemment à un travail infécond aujourd'hui, qui a été cependant la tâche, non inutile alors, des écoles classiques de géologie et de biologie. Ils arrivent au contraire à eclaircir un peu les ténèbres, qui enveloppent le mystère de la vie, lorsque, en suivant l'initiative glorieuse de Lyell ou de Darwin, ils lancent leurs regards aux âges préhistoriques en demandant à eux et à la succession éternelle des espèces vivantes, avec une fécondité si merveilleuse de résultats, la clef de tant de secrets naturels. De même le sociologue, qui se bornerait à observer les formes actuelles de la société civile, ou tout au plus remonterait le courant très-court de l'histoire, se condamnerait à un travail aussi stérile, tel justement qu'il a été accompli par les écoles classiques, non certes par défaut de talent chez leurs maîtres, mais par la stérilité seulement de leur méthode.

De sorte que le sociologue criminaliste ne peut plus se restreindre aux recherches d'anatomie purement descriptives et syllogistique sur les délits et les peines, tels qu'ils se présentent aujourd'hui dans la société civile, ou dans le microcosme historique, mais il doit poursuivre, dans les manifestations les plus éloignées de la vie, les germes élémentaires de cette fonction pénale, qui nous offre main-

tenant une constitution si compliquée et qu'il s'agit justement de régler suivant les lois de la vie.

Voilà pourquoi, en étudiant autrefois le meurtre selon
la méthode de l'école positiviste, j'ai cru nécessaire et utile
de rechercher les germes et l'évolution de cette action anti-
naturelle et de sa réaction défensive dans les âges préhistoriques humains et même chez les animaux, dont l'existence
physio-psychique nous offre toutes les lignes fondamentales
de l'existence humaine. Pour fixer la nature d'une fonction sociale, il faut avant tout en connaître les éléments
biologiques et sociologiques; et, pour en déterminer la direction avenir, des deux points nécessaires pour établir la
trajectoire, le présent et le passé, plus celui-ci est fixé loin
de l'observateur, plus il est facile et sûr de réléver leur
position réciproque et le cycle d'évolution.

Tout être vivant lutte pour son existence: et par suite tout
action qui en menace ou trouble les conditions naturelles
d'existence individuelle ou sociale, détermine de sa part
une réaction directement ou indirectement défensive, qui
sera directe ou indirecte (suivant le degré de developpement psychique de l'animal, et on sait que les phénomènes
psychiques ont une origine et un caractère protectifs) selon
que cette réaction peut dès-à-présent éviter les conséquences
de l'attaque, ou bien, par la répression de l'auteur, en prévenir le renouvellement.

Voilà le fait primitif, irrésoluble, élémentaire: qui constitue un des caractères fondamentaux de la matière vivante
même, et qui des formes les plus simples de sensibilité et
de mouvement chez les proto-organismes atteint les formes
les plus hautes et complexes de la défense humaine, individuelle et sociale, par une complication progressive des
éléments physio-psychiques et partant des moyens défensifs
et des sentiments et des idées qui les accompagnent, mais
en conservant toujours son plasme primitif.

La biologie et la sociologie, au lieu d'avoir entr'elles un rapport de succession, ou même un écart, sont au contraire coexistantes et parallèles, car la vie animale se manifeste, dès ses débuts, toujours dans une double série d'organismes individuels et d'organismes sociaux (1). Voilà pourquoi ce fait primordial de la réaction défensive aux attaques, prend, dès les origines de la vie animale, la forme soit individuelle soit sociale. Et c'est seulement à cause de la grande prédominance de la forme individuelle de réaction défensive, chez les animaux et l'humanité primitive, et de la forme sociale au contraire chez les races humaines civilisées, que moi-même autrefois j'avais esquissée l'évolution naturelle de la repression en disant que de fonction individuelle elle devenait une fonction sociale. Mais une étude plus approfondie nous montre au contraire la coexistence, malgré une prédominance différente, de la forme individuelle avec la forme sociale de réaction défensive, toujours et partout où il y a vie animale et humaine. Et cela du reste n'est que conforme à une loi sociologique des plus constantes; c'est-à-dire que dans toutes les manifestations de la vie sociale les formes et les types différents coexistent, tout en ayant chacun une prédominance différente dans la succession du temps. Ainsi, par exemple, ce serait une erreur de croire que les formes de rapports sexuels et familiaux humains (promiscuité, matriarcat, patriarcat, polyandrie, polygamie, monogamie), se soient succédées l'une à l'autre par une substitution complète. Au contraire toutes ces formes ont toujours existé et elles existent toutes, même aujourd'hui, même chez les peuples civilisés: seulement il y a successivement une prédominance de l'une ou de l'autre, sans que par ex. la monogamie lé-

_____

(1) Cette idée, qui s'oppose à celle de mon illustre ami M. Espinas, a été développée par M. Rabbeno, (Rapporti fra biologia e sociologia. Riv. filos. scient., mars 1883.

gale dans l'Europe occidentale contemporaine exclue la po-
ligynie ou la polyandrie extra-légales. De même pour les
formes de la propriété, collective, communale, familiale,
individuelle : de même encore pour les formes politiques
et, en général, pour les deux types fondamentaux de constitution sociale, le type militaire et le type industriel.

   Il en est de même pour les formes individuelles et les
formes sociales de réaction défensive. Chez les protistes
mêmes cette réaction, qui n'est que simple irritabilité ou
à-peu-près, existe aussi bien dans la forme individuelle
que dans la forme sociale, chez les colonies animales. Et
cela se fait de plus en plus évident au fur et à mesure
qu'on monte sur l'échelle zoologique. Ainsi, par exemple,
si une abeille voleuse essaie d'entrer dans une ruche étrangère, les abeilles qui en gardent l'entrée, la repoussent et
toutes ensemble cherchent à la mordre, en la poursuivant
au vol, et si elle arrive à entrer elle est tuée par les abeilles
de la ruche (1). Et chez les mammifères les plus intelligents on atteint même cette forme de défense sociale, qui
est exercée non plus par la collectivité directement, mais
par le chef du troupeau, certes dans un but personnel et
direct, mais aussi dans l'intérêt collectif: plusieurs espèces
de mammifères, en effet, vivent en société et alors il y a
un individu, avec une certaine domination sur les autres,
qui les guide et les défend, comme chez les éléphants, les
bisons, les chevaux, les singes (2).

---

(1) Büchner, *La vie physique des bêtes*, Paris 1881, p. 321. — Lubbock,
Les fourmis, les abeilles et le guêpes, Paris 1888. — Romanes, *L'intelligence des animaux*, Paris 1889.

(2) Balbo, *La vita degli animali*, Torino 1875, I. 29, 46. — Espinas, *Les
sociétés animales*, Paris 1878, II edit., 450.

Ces faits prouvent que n'est pas exacte l'affirmation de M. Letourneau
(*L'évolution juridique*, Paris 1891, p. 13), que « chez les fourmis et les
abeilles, leur dévouement absolu, entier à la communauté semblent bien les

Chez les hommes arrive, avec une parfaite analogie, la
même évolution de la réaction défensive. Il y a en effet des
peuplades sauvages, dont les individus vivent désagrégés
sans aucun chef, et chez lesquelles toute attaque aux conditions naturelles d'existence, ne détermine qu'une réaction
purement individuelle de l'offensé, transitoire et soustraite
à tout contrôle par la tribu, comme une affaire absolument
privée. Et alors le juge unique du point de savoir si une
action est criminelle, c'est-à-dire, nuisible et dangereuse
ou non, et l'exécuteur unique du jugement, c'est l'individu
attaqué. Il réagit dans un but défensif, pour le présent et
pour l'avenir, et partant, déterminé par les sentiments contemporains du ressentiment et de la vengeance (bien communs aux animaux aussi), il sévit presque toujours avec
excès contre l'offenseur. Cela arrive, par exemple, chez les
hordes anarchiques de l'Afrique centrale, des Fuégiens, Ca-
raïbes, Esquimaux, Indiens du Nord Amérique, etc. (1).

garantir contre toute tentation mauvaise, antisociale » : et que (p. 15) « les
animaux sont dépourvus d'instinct juridique ».

Car M. Letourneau lui-même cite peu après des faits des vengeance chez
les animaux, c'est-à-dire des faits déterminés par cet instinct qui est le germe
inséparable du sens juridique.

(1) LUBBOCK, *Les temps préhistoriques*, edit. ital. Turin 1876, p. 692). —
LETOURNEAU, *La sociologie*, Paris 1880, p. 444 et suiv. — IDEM, *L'évolution
juridique*, Paris 1891, ch. I. § 4. — SPENCER, *Justice*, London, 1891, § III.

À ce propos M. VACCARO (*Genesi e funzione delle leggi penali*, Roma 1889,
p. 40), dit qu'alors la réaction de l'individu « n'a pas caractère de défense
sociale » et pour le prouver il répète l'observation de M. Darwin, que moi-
même j'avais rappelée, de l'intérêt social à empêcher ces vengeances entre
individus de la même horde, pour éviter l'affaiblissement de celle-ci. Mais,
sans répondre ici que cette observation n'est pas exactement applicable aux
hordes anarchiques, il est indéniable cependant que la réaction de l'offensé
a un double caractère de défense sociale: I, parce qu'elle fait naître et fortifie chez les offensés le sens juridique (et comme la sensibilité psychique
est une fonction protectrice pour l'individu, suivant l'idée de Ardigò et Sergi,
de même le droit et les sentiments connexes sont une fonction protectrice
pour la société); — II, parce que la réaction de l'offensé empêche ou rend
plus difficile le renouvellement des attaques par le même offenseur.

Dans cette forme individuelle la réaction défensive peut avoir deux manifestations différentes : une réaction immédiate et instantanée au moment de l'aggression, ou bien une réaction retenue et différée à un temps plus opportun, qui est plus précisement la vengeance. Cette distinction cependant ne correspond pas, comme dit M. Puglia qui l'a faite, à deux époques préhistoriques successives, car elle est une distinction psychologique bien plus qu'historique, et partant, non seulement il n'y a pas de preuves directes ou indirectes que réellement il ait existé deux périodes, l'une à réaction défensive immédiate et l'autre à réaction différée « par la prédominance de la reflexion sur l'instinct » ; mais encore il est certain que le tempérament de l'offensé et les circonstances de l'attaque déterminent seuls l'instantanéité ou l'ajournement de la réaction défensive, chez les peuples primitifs, de même que chez les animaux supérieurs, suivant les exemples rappelés par Darwin (1). Et à cette distinction psychologique ne répond pas non plus une forme différente de réaction, individuelle pour celle immédiate et sociale pour celle différée (2); car d'une part il y a une réaction différée individuelle et d'autre part une réaction sociale immédiate, effectuée par le chef du group ou par la collectivité même, chez les animaux comme chez l'homme (3).

---

(1) Puglia, Evoluzione storica e scientifica del diritto e procedura penale, Messina 1882, p. 30. — Darwin, Séleciton sexuelle, édit. ital., p. 472.

(2) Zocco-Rosa, L'età preistorica del diritto penale a Roma, Catania 1883, p. 9.

(3) La pratique dite de la loi de Lynch en Amérique n'est qu'une forme rudimentaire de défense collective immédiate et directe, effectuée tout de suite après le crime (justice sommaire du peuple, même en Europe) ou bien après le fait judiciaire d'une défense légale censée insuffisante.

Voir pour les faits de New-Orleans (avril 1891) M. Desjardins, La loi de Lynch, Revue des Deux Mondes, mai 1891, — et les monographies de MM. Pierantoni, Nocito, Pincitore dans La scuola positiva, Naples, 15 juillet 1891.

Plus importante, à ce propos, me paraît l'observation de Spencer sur l'identité ou analogie très-intime et fondamentale, entre la réaction défensive contre un agresseur externe (défense militaire) et celle contre un agresseur interne (défense juridique ou judiciaire)(1). Cela est démontré non seulement par les faits de sociologie humaine cités par Spencer, mais aussi par ceux des sociétés animales; chez celles-ci, comme chez les tribus humaines primitives, la réaction individuelle ou collective se fait de la même façon et par les mêmes raisons, soit que l'agresseur appartienne à une tribu étrangère soit qu'il fasse partie du même groupe social. De sorte que, lorsque la réaction judiciaire devient de plus en plus sociale et permanente, elle a en commun avec la réaction militaire les organes exécuteurs. Ce qui est resté dans notre langage avec les expressions rudimentaires de « l'epée de la justice » de « l'ennemi public », etc.

Et, comme pour la defense militaire, de même pour la défense judiciaire, sur la forme individuelle, transitoire et exorbitante de réaction, prédomine bientôt et de plus en plus la forme sociale coexistante, d'abord, comme réaction collective directe, ensuite comme prérogative du chef de la tribu. Et cela pour deux raisons principales.

D'abord, parce que la collectivité même doit naturellement réagir contre les actions, qui en menacent directement l'existence sous forme de destruction immédiate ou bien d'affaiblissement vis-à-vis des autres collectivités. En effet dans le cas de meurtre ou de blessure grave, qui, avec le vol, constitue le fond de la criminalité primitive, puisque la réaction de l'offensé est impossible, c'est la famille, ce sont les parents et les amis et la tribu même qui se chargent de la vengeance défensive; pour empêcher, sui-

---

(1) SPENCER, *Sociologie*, III, 659 et *Justice*, London 1891, p. 51, 204. — C'est l'idée aussi de M. LUCAS, *Du droit de légitime défense dans la pénalité et dans la guerre*, Paris, 1873, p. 89.

vant la remarque de Darwin, qu'avec la mort des individus causée par les ennemis extérieurs, et d'autant plus par ceux de la même tribu, celle-ci ne devienne trop faible dans la lutte pour l'existence contre les autres tribus.

En second lieu, parce que la réaction individuelle, dans le but de la défense et de la vengeance, trop facilement surpasse les limites de la nécessité et devient par conséquent une cause d'affaiblissement social, avec les inévitables et continuelles contre-réactions. Voilà pourquoi, même dans les époques historiques, nous voyons se reproduire toujours la même évolution, de la « vengeance publique » substituée, comme réaction collective, à la « vengeance privée ou du sang », d'abord avec une simple intervention de la collectivité dans les contestations privées, avec les règles juridiques du talion, de la composition et de la protection à l'offenseur même, contre la réaction excessive de l'offensé. L'histoire du droit dans les anciennes civilisations mexicaines, orientales, grecques et romaines et du moyen âge en est aussi pleine que la préhistoire des populations sauvages (2). Et c'est là justement le noyau de vérité, qui est dans la théorie de Rousseau, Beccaria, Filangieri, etc., suivant laquelle l'État a le droit de punir uniquement parce que les associés lui en ont fait cession, sauf à le reprendre lorsque l'État est dans l'impossibilité de l'exercer, par exemple dans les cas de défense « légitime » individuelle. La théorie est fausse et abandonnée par tous les criminalistes, malgré l'importance plus grande que récemment on a donné par MM. Fouillée, De Greef, etc., à l'élément contractuel dans l'organisme social, seulement par l'artificialisme substitué au processus naturel, qui fait de la réaction individuelle et transitoire une fonction sociale et immanente.

---

(2) Letourneau, *L'évolution juridique*, Paris 1891. — Cherry, *Lectures on the Growth of criminal law in ancient communities*, London 1890.

Maintenant, si après les formes de la réaction défensive nous observons les organes de cette fonction vitale, on voit que, tout de suite à l'état qu'on pourrait dire ganglionnaire de la défense exercée par les individus et les familles, celle-ci se concentre chez les chefs de la tribu. Lorsque le chef, surtout à cause de son excellence dans la défense militaire, réunit en soi-même, d'abord temporairement, ensuite à vie, la personnification et la tutelle de la collectivité, la défense judiciaire aussi devient une prérogative à lui, surtout pour les actes nuisibles ou délictueux (meurtre, trahison, etc.), qui intéressent toute la tribu (1). Et cette défense judiciaire est exercée d'abord par le chef lui-même, lorsqu'il est, dans les débuts, législateur, juge et exécuteur, ce qui est justement le germe du fameux principe,

(1) À cette expression « *toute* la tribu » et à l'autre analogue de « défense de *la société* », M. VACCARO (*Genesi e funzione delle leggi penali*, Rome 1889), en suivant De Girardin, Lieppert, Gumplowicz, etc., a fait l'objection que les lois pénales ont toujours eu et ont la fonction de protéger non pas toute la collectivité, mais seulement les classes dominantes et leurs intérêts. Sans répéter ici les critiques que j'ai déjà faites à cette théorie (p. 77), il suffit de remarquer ici que, même en acceptant cette théorie, mes observations sur l'évolution de la réaction défensive restent également vraies. D'abord j'ai toujours dit moi-même que pour « défense de la société », on doit entendre la défense de l'ordre social et juridique réel, tel qu'il est à chaque époque chez chaque peuple.

Et en second lieu, ce qui importe est la vérité positive de cette observation que la réaction défensive passe, par un procès naturel, de l'individu offensé à la collectivité, dans laquelle naturellement il y a toujours des inégalités de classe, de même que chez tout organisme animal il y a des inégalités entre les systèmes (nerveux, musculaire, osseux, etc.) qui le composent. Mais dans les organismes sociaux ces inégalités de classe vont en s'atténuant d'époque en époque. Et c'est justement la lutte pour l'atténuation ou l'effacement de ces inégalités qui marque le caractère de chaque époque de l'histoire. On lutta d'abord, dans le temps historique des civilisations occidentales, pour effacer l'inégalité civile (entre esclaves et maîtres); ensuite pour supprimer l'inégalité religieuse et enfin pour effacer l'inégalité politique. Maintenant on lutte pour effacer ou atténuer l'inégalité économique, en demandant que des deux verbes auxiliaires le plus important et respecté soit le verbe *être* et non le verbe *avoir*.

abandonné désormais, que « la justice émane du roi ». Dans les phases successives, avec l'accroissement de la structure et des fonctions sociales, le chef de tribu délègue à ses ministres d'abord l'exécution de ses ordres administratifs et judiciaires et en suite la prononciation même des sentences. Et ces ministres exécuteurs, qui d'abord ont un caractère militaire et sacerdotal, de même que le chef de tribu, finissent, par la différenciation des fonctions sociales, par devenir seulement des magistrats avec un caractère exclusivement judiciaire.

Mais ce fait, commun à toutes les sociétés primitives, d'une coexistence du caractère sacerdotal et militaire chez les organes de la fonction défensive et répressive, explique justement le caractère fondamental resté à cette fonction même jusqu'à nos jours.

Lorsque la réaction défensive n'est qu'individuelle, il est évident que son motif unique n'est que l'utilité personnelle de l'offensé et la tendance à la conservation; car la douleur, indiquant une diminution de vitalité, détermine toujours une réaction chez tout être vivant. Que l'attaque aux conditions naturelles de l'existence vienne d'un objet inanimé, ou d'un animal, ou d'un homme, la réaction arrive toujours. De sorte que dans le cas d'un homme attaqué par un autre homme dans les conditions fondamentales de son existence, l'offensé réagit et se défend sans tenir compte de l'intention, ni des conditions psychologiques de l'offenseur.

La *culpabilité*, comme caractère de méchancheté morale chez l'agresseur, c'est-à-dire chez le criminel, est donc un élément tout-à-fait étranger et inconnu à la réaction défensive individuelle. Et cela, non seulement dans les phases primitives de l'humanité, mais en tout temps et lieux; car la défense légitime personnelle n'a jamais été et n'aurait pu être soumise à la condition que l'attaqué pourrait réagir

seulement lorsque son agresseur était *compos sui* et moralement coupable et responsable (1).

Et dans les débuts de la vie sociale même la réaction
collective, exercée directement par le groupe ou indirectement par le chef de tribu, n'a pas d'autre motif ni aucune
condition en déhors de la nécessité sociale de la conservation. Alors aussi la culpabilité morale de l'offenseur est
un élément étranger à la réaction défensive sociale, comme
on voit chez toutes les législations primitives, même des peuples civilisés, par exemple, dans l'ancienne Rome : le danger
et le dommage sont le seul critérium de la repression, dans
plusieurs cas d'activité antisociale ou criminelle (2).

Or, ce caractère d'une fonction purement défensive ou
conservatrice, indépendamment de la culpabilité et des con-

(1) Fioretti, *La legittima difesa* (au point de vue l'École positiviste),
Turin, 1886.

(2) Voir à ce propos Holmes, *Le droit commun anglo-américain*, trad.
ital., Milano, 1890, chap. i sur *les formes primitives de la responsabilité*.

C'est un livre très-intéressant, car il nous montre la différence profonde
et substantielle entre la conscience juridique des romains et peuples latins
et celle des anglo-saxons. Tandis qu'à nous, latins, il paraît que les principes généraux du droit ne puissent être conçus que comme ils sont dans
le droit romain ; les anglo-saxons, malgré l'influence de celui-ci même sur
eux, ont une conscience juridique très différente.

On en a un exemple presque quotidien dans la manière de concevoir et
d'appliquer la réparation des dommages causés par le délit. Là on applique
des amendes très rigoureuses dans des procès qui nous font sourire, par
ex., pour un baiser donné sans consentement, mais qui n'est cependant que
le reflet d'une conscience juridique bien plus vigoureuse.

Il est intéressant de remarquer que les théories générales de l'école positiviste représentent un rapprochement à la conscience juridique des anglo-
saxons. Ainsi par ex. la réparation des dommages du délit, que nous vou-
lons plus pratique et rigoureuse, comme une fonction sociale, au lieu de
l'abandonner à l'inconscience ou à l'impuissance du privé offensé.

De même pour la responsabilité sociale soustraite à toute condition qui
ne soit la réalité *objective* du fait et la nécessité de la conservation sociale.

De même pour la distinction des « délits naturels » qui se trouve dans le
droit anglo-saxon sous le nom de « délits communs — *mala in se* « et de »
délits statutaires — *mala prohibita* ».

ditions morales de l'aggresseur, est toujours vif, même chez
les peuples civilisés, lorsqu'il s'agit d'une réaction directe
et immédiate, telle que la défense légitime individuelle,
le repoussement collectif d'un attaque militaire, ou d'une
bande de brigands, l'empêchement d'un crime imminent
par les agents de la police, etc. Mais lorsqu'il s'agit de la
réaction défensive indirecte, ou répressive, par la société
contre un criminel, alors l'élément de la culpabilité ou responsabilité *morale* de cet individu devient prédominant
jusqu'à constituer, pour la science et la législation classiques, une condition *sine qua non* de la repression sociale
ou de la punibilité individuelle.

Pourquoi cela? — Parce que, disent les juristes classiques, dans le cas de réaction immédiate il s'agit d'une
vraie défense contre un dommage imminent, mais pas encore effectué, et alors nécessité n'a pas de loi et il faut repousser l'agression, indépendamment de toute culpabilité
de l'agresseur: mais dans le cas de réaction indirécte,
c'est-à-dire de ministère pénal, il ne s'agit plus d'une vraie
défense, car l'attaque est déjà consommée, le fait ne peut
être détruit et il s'agit donc d'une autre mission: il s'agit
de péser la culpabilité morale du criminel et de faire acte
de justice réparatrice et rétributrice, en proportionnant le
châtiment à la faute, la peine au délit. —

Et bien: c'est justement cela que l'école positiviste nie
absolument. Non seulement parce que, comme j'ai déjà démontré, cette mensuration de la culpabilité *morale* du criminel est chimérique et impossible, ou bien est une source
de contradictions logiques et de dangers pratiques; mais
aussi par ce qui découle des observations, faites tout-à-
l'heure sur la genèse et l'évolution du ministère pénal.

C'est en effet dans le caractère sacerdotal et militaire du
chef-tribu et ensuite de ses ministres délégués, que réside
le germe primordial de ce criterium de la culpabilité morale comme condition de punibilité. Car les sacerdoces, en

conquérant cette prédominance qui est un caractère sociologique de l'humanité primitive dans toutes les variétés
ethniques, attribuèrent à eux-mêmes la répression d'abord
des actes anti-religieux et ensuite des actes antisociaux ou
criminels. Et alors la réaction défensive ou répressive, qui
chez l'individu offensé avait le caractère d'une « vengeance
privée » chez la famille de l'offensé d'une « vengeance du
sang », chez la collectivité et le chef-tribu d'une « vengeance
publique », chez les sacerdoces eut le caractère de « vengeance divine », en se transformant et devenant de fonction purement défensive fonction religieuse et morale, avec
la suite naturelle de toute religion d'un formalisme très-
rigoureux et surtout d'un esprit mystique de pénitence.

Or, lorsque ce caractère religieux et moral du ministère
répressif céda, d'abord pour les crimes politiques et ensuite pour les crimes communs, à la revendication du pouvoir laïque et civil, il laissa toujours, comme résidu traditionnel (car la dissolution est graduelle aussi de même que
l'évolution) l'idée que le ministère répressif est une fonction morale et moralisatrice, de justice rétributrice. Car,
comme dit aussi M. Kraepelin, bien que la forme des règles
prohibitives eût changé, de religieuse devenue morale, la
substance en resta la même (1). De sorte que aujourd'hui
l'idée primordiale et naturelle de l'utilité sociale on peut
à peine l'entrevoir parmi les discussions des philosophes et
des juristes, même si ceux-ci n'insistent plus sur la proposition hiératique soutenue, après Kant, assez récemment par
Mamiani, Rossi, De Broglie, Guizot, etc., que le fondement
unique de la peine est la règle « morale » que — le mal
mérite le mal, — qui n'est au contraire qu'un déguise-
ment et un résidu inconscient de l'esprit de vengeance.

---

(1) Kraepelin, *La colpa e la pena*, Riv. filos. scient. 1883, p. 527.

Nous pouvons donc conclure que la peine (en indiquant par ce mot l'ensemble des moyens juridiques employés par la société dans la lutte contre le crime) a traversé jusqu'ici ces quatre phases d'évolution : la phase *naturelle*, de réaction défensive et vindicative, individuelle ou sociale, immédiate ou différée — la phase *religieuse,* de vengeance divine — la phase *éthique*, de pénitence médiévale — la phase *juridique*, de l'école classique sur le droit de punir abstrait et aprioristique. Il est facile de voir que nous sommes aujourd'hui, dans la science et plus encore dans le sentiment commun et dans les lois, qui sont moins rapidement progressifs, à la phase juridique ou plutôt *ethico-juridique* de la peine.

Il s'agit maintenant d'en initier et effectuer la phase *sociale*, dans laquelle, suivant les données de l'anthropologie et de la statistique sur la genèse du crime, la peine doit être non plus la rétribution d'une faute morale avec un châtiment proportionné, mais un ensemble de mesures sociales, préventives et répressives, qui, en répondant mieux à la nature du crime, soient une défense plus efficace et plus humaine de la société.

Certes, l'idée de l'utilité sociale dans le ministère pénal est si évidente, que tous les criminalistes classiques, même les plus orthodoxes, finissent par la reconnaître, avec des réserves plus ou moins étroites. Et on sait même, que plusieurs, parmi les plus célèbres criminalistes, ont fondé le droit de punir sur une idée d'utilité sociale, de défense directe ou indirecte ou continuée, de conservation, de nécessité politique, etc. Mais la différence fondamentale entre ces théories classiques et celle de l'école positiviste, c'est que Beccaria, Bentham, Romagnosi, Comte, Martin, Schulze, Thiercelin, Carmignani, etc., renferment toujours dans leurs systèmes, comme critérium et condition supérieure à l'utilité ou nécessité sociale, cette idée de la responsabilité ou culpabilité *morale* de l'homme, que nous au contraire nous excluons tout à fait de la fonction défensive sociale (1).

Chez les criminalistes classiques contemporains, la partie faite à l'utilité sociale dans leurs théories s'élargit de plus en plus, tout en restant secondaire et soumise au critérium éthique de la justice « absolue » et de la responsabilité morale. Ainsi, par exemple, le plus célèbre représentant de l'école classique italienne contemporaine, M. Carrara disait: « Le droit de punir dans les mains de Dieu n'a d'autre règle que la *justice;* dans les mains de l'homme n'a d'autre légitimité que le besoin de la *défense;* mais quoique la défense soit la raison unique de la délégation, le droit délégué est toujours soumis aux règles de la justice (absolue): car il ne peut pas perdre son essence primitive ». — Le caractère de transition entre le mysticisme médiéval et le positivisme moderne est ici évident: et il l'est plus ou moins, suivant la plus ou moins grande transparence de leurs formules théoriques, chez tous les criminalistes de l'école classique.

Or, si l'évolution du ministère pénal a été dans le sens d'une atténuation et restriction continuelle de l'esprit religieux et éthique, qui lui avait imposé la prédominance sacerdotale, il est évident que le pas que nous demandons à faire dans la science et dans la législation, n'est qu'un progrès naturel et nécessaire, qui vient achever le cycle évolutif du ministère pénal en le réduisant à ce caractère naturel et spontané de fonction purement sociale, qu'il avait aux débuts, et qui est le seul qui soit vraiment compris par la conscience populaire.

(1) Gœtz *(Grundriss zu Vorlesungen über deutsches Strafrecht,* München 1884, p. 19), reconnait justement que l'école positiviste est du moins plus logique que les écoles classiques utilitaires, puisqu'elle part de la négation de la culpabilité morale, que celles-ci admettaient.

Voir aussi Morrison, *Crime and its causes,* London 1891, chap 8 et *Theory of criminality* in *Journ. of mental science,* avril 1889.

À ce propos il faut remarquer, que ce retour aux formes
et aux caractères primitifs est une loi sociologique constante, aussi pour les autres manifestations de la vie sociale, économique, politique, etc. Car l'humanité primitive
demande à ses premières impressions spontanées de la nature environnante les lignes fondamentales de son existence
et de ses arrangements. En suite, avec les progrès de l'intelligence et la croissance de plus en plus complexe suivant
la loi d'évolution, on a un développement analytique des
principaux éléments renfermés dans les germes primitifs
de toute institution sociale; et une fois achevé ce développement analytique et souvent antagonistique, d'un excès
à l'autre, l'humanité même, arrivée à un haut degré d'é-
volution, réunit dans une synthèse finale tous ces éléments
divers, en revenant de la sorte à son point de départ (1).
Mais, j'ajoute moi, pourvu qu'on remarque que ce retour
n'est pas une répétition pure et simple; mais il est l'achève-
ment d'un cycle, qui ne peut ne pas porter avec soi les effets
et les conquêtes de la longue évolution précédente et il est
partant bien supérieur, dans la réalité des choses et dans
la conscience humaine, à son embryon primitif. Comme
disait Goethe, l'humanité semble revenir sur ses pas (ri-
corsi storici du Vico), mais en réalité elle suit, non pas
un cercle, mais une ligne spirale.

Par exemple, dans l'ordre économique, nous voyons s'ac-
centuer de nos jours un mouvement dans le sens collecti-
viste de la propriété (même en dehors du socialisme pur,
avec les limites sociales qu'on impose chaque jour au droit
individuel de propriété); et ce mouvement et l'arrangement
de la propriété auquel il tend, rappelle justement les formes
primitives de la propriété collective. De même nous voyons
que les femmes dans l'humanité primitive sont obligées aux
travaux les plus pénibles; ensuite leur activité est bornée

(1) Loria, La teoria economica della costituzione politica, Torino, 1886.

aux soins domestiques; maintenant elles veulent avec raison conquérir l'égalité du droit au travail économique, mais naturellement en s'élevant bien au dessus des fatigues brutales qui leurs sont imposées chez les sauvages. Dans l'ordre religieux, M. Hartmann a remarqué que le bonheur humain, que les religions primitives promettent comme possible à atteindre pendant la vie individuelle, est renvoyé ensuite à la vie ultramondaine pour être enfin replacé dans l'humanité même, mais des générations à venir. Dans l'ordre politique, suivant Spencer, la volonté de tous qui est l'élément souverain chez l'humanité primitive, cède bientôt d'époque en époque à la volonté d'un seul ou de plusieurs (suivant les aristocraties militaires, de sang, de profession, de richesse) et tend à redevenir souverain avec le triomphe de la démocratie *(referendum,* suffrage universel, etc.).

De même pour la fonction défensive ou pénale, après le développement donné autrefois aux éléments divers qui la composent, et surtout au critérium éthique de la culpabilité, nous demandons son retour au point de départ, comme fonction sociale, guidée non pas par des idées étrangères à elle, ou impossibles à réaliser, mais par les nécessités réelles de la société humaine, avec l'élévation scientifique donnée par les conclusions de la sociologie criminelle. Avec cela, aussi, d'irrévocable, depuis son évolution précédente, que cette fonction vient se dépouiller, de tout esprit de *vengeance* brutale, pour retenir seulement celui de la *défense,* imposée par la nécessité de la conservation sociale.

Certes le sentiment de la vengeance, est trop naturel chez l'homme, pour qu'il puisse s'effacer complètement dans la répression des crimes: et il restera toujours, suivant le désir de M. Tarde *(Philosophie pénale,* 497), comme force morale répulsive et préventive contre le crime; de sorte que « toute peine réellement appliquée reproduit en re-

sumé l'histoire séculaire de l'évolution du droit pénal (1) ».
Mais ce sentiment de vengeance se transformera, pour les
criminels comme il s'est transformé pour les fous, qui jusqu'à la fin du siècle passé étaient punis comme des malfaiteurs, car on attribuait à la volonté et à la culpabilité
individuelle ce « malheur répugnant » comme on le dit encore, qui est la folie. C'est-à-dire que vis-à-vis des criminels restera ce sentiment qui, comme dit Ardigò, « ravive
dans la société la conscience de la moralité » et qui, pour
les criminels plus monstrueux et dangereux, ce sera comme
cette adversion qu'on a pour les animaux vénimeux et
hideux.

C'est-à-dire, en résumé, que l'étude de cette évolution
naturelle, par laquelle du fait embryonnaire d'une réaction
de l'irritabilité et sensibilité animale on arrive à cet ensemble d'institutions, de lois, de coutumes, qui forme le
ministère pénal d'aujourd'hui, nous porte à une conclusion
générale pour le problème de la responsabilité humaine.
D'abord que la raison naturelle et le critérium fondamental
de la répression des crimes résident uniquement dans la
nécessité de la conservation, qui domine absolue tout organisme social aussi que tout organisme animal. En second
lieu (et c'est là l'innovation radicale portée par l'école positiviste) cette nécessité de conservation, chez l'individu
comme chez la société, est et doit être indépendante de
tout élément de culpabilité morale chez le criminel, c'est-
à-dire chez l'auteur d'un attaque aux conditions naturelles
de l'existence individuelle ou sociale (2).

(1) Fioretti, *Sul tentativo*, *Arch. di psich.*, 1890, xi, 481.

(2) Voir, à ce propos, ce que j'ai dit de la définition du « délit naturel »
(p. 44 et suiv.).

Dans la *Revue scientifique*, 13 déc. 1890. MM. Bloq et Onanoff ont proposé une nouvelle « définition naturelle du délit » en disant qu'« il y a délit
toutes les fois qu'un sujet, ayant des représentations exactes des choses,

Certes, dans la société comme chez l'individu, cette fonction de défense ou de conservation ne peut pas être indépendante de toute autre condition et c'est cela justement
que j'étudierai tout-à-l'heure (§ VI et VII), pour répondre
aux juristes, qui nous accusent de sacrifier l'individu à l'intérêt social en excluant la garantie et la condition de sa
culpabilité morale. Mais cependant, la conclusion à laquelle
nous a portés l'observation des faits, établit un principe,

a détourné des forces pour son profit personnel et n'y est arrivé qu'en diminuant avec le même acte les forces terrestres vives et utilisables ».

Cette définition rappelle beaucoup celle donnée déjà par Mᵐᵉ Rotta *(Le
bien et la loi morale*, Paris, 1880): « Est immoral tout acte qui diminue la
somme de vie humaine possible et la somme des biens on des jouissances
que les êtres humaines peuvent ou pourront se partager ».

En outre, cette définition me paraît inexacte, non seulement parce que « au
point de vue général » où se placent ces auteurs, il n'y a pas de destruc-
tions de forces, mais seulement une transformation; mais surtout parce
qu'il y a l'élément étranger d'une « représentation exacte des choses » chez
le sujet qui agit, ce qui excluerait les actes des fous du nombre des crimes
dont je m'occuperai tout à l'heure. Et enfin parce que cette définition ne
tient pas compte des « conditions naturelles d'existence » qui sont le vrai
critérium du délit: un tigre, qui tue et mange un chèvre, commettrait un
délit naturel suivant la définition des Blocq et Onanoff; tandis que le délit
naturel n'existe que lorsque le tueur et le tué appartiennent à la même
espèce, comme j'ai demontré ailleurs. Que le carnivore mange l'herbivore
et ceci le végétal vivant, n'est que très-naturel : et cependant il y a là
une dérivation de forces au profit personnel avec destruction de forces vives
et utilisables.

Plus récemment M. Morasso a donné une autre théorie du délit naturel
« suivant la loi de dissolution » *(Rivista di filosofia scientifica*, sept. 1891),
qui rappelle une idée de M. Maudsley, en disant que le crime est « la dissolution spéciale de ce récent produit social qui on appelle le sens moral ».

Plus exacte et féconde me paraît l'observation de M. Fiоретti *(Sul tentativo, Arch. di psich. e scienze penali*, 1890, XI, 481) qui, en suivant mes
remarques sur l'évolution de la réaction défensive, individuelle et sociale,
indique, comme caractère du délit naturel: « Une réaction individuelle qui
précède la réaction sociale ». Les délits qui ne produisent pas une réaction
individuelle originaire, comme précédent de la réaction sociale, ne sont pas
des vrais délits naturels mais des créations artificielles, c'est-à-dire des contravventions, tels que le port des armes, la contrebande, le duel, etc.

qui semble révolutionnaire tandis qu'il est reconnu inconsciemment tous les jours par le sentiment commun et qui,
en tout cas, a une grande importance scientifique et pratique. C'est avec ce principe, qui est peut-être l'idée nouvelle (quoique entrevue par quelques naturalistes), la plus
féconde de celles que j'ai avancées dans les premiers essais
de l'école positiviste, qu'on pourra renouveler tout l'édifice
juridique et social qui dérive des deux faits inséparables
de l'offense et de la défense, du délit et de la peine.

Une des conclusions les plus radicales, mais les plus certaines de la physio-phsychologie scientifique — c'est-à-dire
que l'intelligence et toute l'activité psychique et morale de
l'homme n'est que la fonction organique de son système
nerveux — ne peut pas être conçue et admise par le sens
commun, si l'on ne commence pas à indiquer les plus lointaines et faibles lueurs de cette activité psychique même
chez les animaux les plus simples, pour la suivre à travers
les anneaux de toute la série zoologique, jusqu'à l'homme
sauvage et de celui-ci à l'homme civilisé et adulte. De
même une des plus radicales et fécondes conclusions de
la sociologie criminelle, donnée par l'école positiviste —
c'est-à-dire que le droit de punir n'est qu'une fonction de
conservation vitale dans l'organisme social, indépendante
de toute condition de liberté morale chez l'individu criminel — ne pouvait, outre la substance, avoir aussi l'apparence de la vérité, par suite des habitudes mentales et
sentimentales du public et des juristes mêmes, si on ne
commençait pas à l'indiquer dans ses manifestations les
plus lointaines et embryonnaires dans le monde animal, pour
la suivre à travers l'humanité primitive et sauvage jusqu'aux
sociétés contemporaines et civilisées.

La conclusion fondamentale, cependant, à laquelle nous
ont conduit les observations sociologiques, comprend deux
parties d'un même principé. La première, déjà reconnue
plus ou moins partiellement par plusieurs criminalistes

classiques, et la seule, du reste, qui soit conçue par le sentiment commun, reconnait dans le ministère pénal *la seule nature de fonction défensive et conservative de la société*. La seconde qui constitue une innovation radicale mais positive, reconnait *l'indépendance de cette fonction sociale de toute condition de liberté morale ou de morale culpabilité chez l'individu,* qui a été au contraire toujours imposée par la science traditionnelle.

C'est avec cette deuxième partie du principe fondamental sur le droit de punir, qu'on entre, par la sociologie criminelle, dans le vif du problème de la responsabilité humaine.

III.

Il sera cependant opportun de répondre tout de suite à deux objections qui sont opposées par les criminalistes classiques, même contemporains, à la première partie de ce principe fondamental au nom d'autres principes soi-disant supérieurs (justice rétributive), quoique au point de vue humain il n'y ait rien de « supérieur » à la nécessité de l'existence individuelle et sociale et quoique il faille partant abandonner les vieilles séparations entre l'*utile* « arbitraire, vulgaire, variable » et le *juste* « absolu, noble, éternel ». Le juste n'est que l'utile, définitivement correspondant aux conditions naturelles de l'existence humaine, distinct de l'utile immédiat et transitoire et qui ne repond pas à ces mêmes conditions.

Ces deux objections sont : I, que le droit de punir ne peut être assimilé au droit de défense, car la défense se rapporte à un fait à venir et la peine à un fait déjà arrivé; — II, que cette raison de la défense ou de la conservation *sociale* est une rétrogradation relativement à la théorie de la tutelle ou de la défense *juridique* donnée par l'école classique italienne, contemporaine, car la défense sociale peut légitimer tout excès de l'État contre les droits individuels (1).

Lorsque la société, en tant que organisme vivant, repousse l'attaque imminente d'un ennemi envahisseur, on est exactement dans le cas de légitime défense *personnelle:* de même lorsqu'un agent de la force publique, au nom de la société, empêche une agression injuste.

Mais lorsque la société punit, comme dit le vieux mot, un criminel, pour un crime déjà commis, alors il est vrai qu'on n'est pas dans le cas de « défense légitime », comme disait Locke. Et cependant qui pourra nier que cette répression sociale d'un crime commis n'ait pas la nature intime d'une défense et d'une préservation des crimes futurs, surtout par le même individu, mais aussi par les autres, qui pourraient l'imiter? C'est donc plutôt question de mots; et nous pourrons même dire avec M. Frank, que l'expression de *conservation* sociale est plus exacte que celle de *défense* sociale, quoique, comme disait Romagnosi, le droit de défense ne soit qu'une transformation du droit de conservation, car se défendre signifie obéir et pourvoir à la necessité de sa propre conservation (2). Quoi qu'il en soit des mots, ce qui nous importe est, que dans son droit de punition ou de répression la société ne voit qu'une fonction de défense ou de conservation vitale.

L'évolution du droit de punir, que j'ai rappelée tout-à-l'heure, en est une preuve évidente et nous offre la réponse positive à cette première objection.

En effet les criminalistes ont inexactement comparé la défense à la répression; car celle-ci, au contraire, doit être comparée à la réaction vindicative de l'individu contre

(1) Carrara, *Programma,* § 611, 815, etc.

(2) Franck, *Phylosophie du droit pénal,* ii edit., Paris 1880, ch. 3 et 8. — Hélie, *Introd. au traité de droit pénal de Rossi,* Paris 1872. — Puglia, *Prolegomeni allo studio del diritto repressivo,* Torino 1883, p. 58. — Komaroff, *Genesi del diritto penale.* § 49.

les offenses déjà subies. La société, lorsqu'elle punit un criminel, ne fait qu'exercer cette fonction, qui dans les phases primitives et barbares est répresentée par la vengeance de l'offensé, chez les sauvages de même qu'au Moyen-Age et chez quelques peuples contemporains d'Europe (Albanais, Slaves du Sud, etc.) (1). Les criminalistes appellent justement « provvidentiel » cet instinct primitif de la vengeance : et dans les tribunaux on parle encore de « vengeance sociale », car, comme disait M. Bagehot, « l'esprit de guerre pénètre encore toute notre morale ». Et très-exactement M. Stephen disait que « le droit pénal est avec la vengeance dans un rapport très analogue à celui qui existe entre le mariage et l'instinct sexuel (2) ».

Or il est évident que dans la vengeance entre pour beaucoup aussi l'idée de la défense contre le renouvellement des offenses. « Je te ferai passer la volonté de recommencer », dit communement l'offensé qui se venge. De même la société punit moins par ce qui est arrivé que par ce qui pourrait arriver. Mon maître M. Ellero, un des classiques les plus illustres de l'école italienne contemporaine, lorsqu'il dit que « la peine vise aux criminels futurs et *non pas* à celui (je dirai à celui-là aussi) qu'elle frappe », il confirme justement l'ancien « *punitur non quia peccatum sed*

---

(1) Il est inutile d'en rappeler les preuves, après les livres de: Du Bois, *Histoire du droit crim. des peuples anciens*, Paris 1845 — et *des peuples modernes*, Paris 1855, I. — Thonissen, *Histoire du droit criminel de l'Inde, Egypte, Judée*, Bruxelles 1869. — Tissot, *Le droit pénal*, Paris 1880, I. — Holtzendorff, *Handbuch des deutschen Strafrechts*, Berlin 1871, I, §, 9 et suiv. — Del Giudice, *La vendetta nel diritto longobardo*, Arch. stor. lombardo, 1875. — Pertile, *Storia del diritto italiano*, Padova 1877, vol. v. — Kohler, *Zur Lehre von der Blutrache*, Würzburg 1885. — Vessich, *Die Blutrache bei den Sudslaven*, Stuttgard 1889. — Letourneau, *L'évolution juridique*, Paris 1891.

(2) Bagehot, *Lois scientifiques du développement des nations*, Paris 1875 p. 85. — Stephen, *General View of the criminal Law of England*, London 1863, p. 99.

ne peccatur (1) ». Et le sentiment commun n'a jamais su
se faire une autre idée du ministère pénal.

Certes la défense sociale n'est pas précisément la vengeance personnelle, car celle-ci n'est que le première phase
de toute une évolution par laquelle l'*acte* individuel et in-
intermittent devient une *fonction* collective et permanente.
De sorte que la règle même que « le mal mérite le mal »
au lieu d'être, comme la disaient Kant, Rossi, Mamiani,
Guizot, De Broglie, etc., la norme absolue d'une loi morale surhumaine, n'est elle-même qu'une distillation de l'esprit de vengeance. La « morale idéale et absolue » pourrait bien, au contraire, ordonner d'offrir la joue gauche à
qui a frappé la joue droite; c'est l'instinct de conservation,
de défense, de vengeance qui impose une réaction dont
« l'œil pour œil » fut la première limitation et dont la formule que « le mal mérite le mal » n'est que l'abstraction
résiduelle. Bien plus morale et humaine est notre théorie,
qui justifie la réaction de l'offensé contre l'offenseur par
la nécessité de défense et de conservation pour tout être
vivant.

C'est alors que la peine devient ce que Beccaria et avant
lui Hobbes, Lebnitz, Holbach et après lui Romagnosi, Schopenhauer, Stuart Mill, etc., ont dit qu'elle doit être: « un
motif sensible opposé au délit (2) »; dans le double sens
d'abord de motif psychologique repoussant le crime, en
tant que menace du législateur, et ensuite de défense directe contre la répétition des attaques par le criminel, en
tant qu'exécution judiciaire et administrative de la menace
même.

Il s'agit donc de distinguer la défense préventive de la
défense répressive et de rappeler aussi les différences qui
existent toujours entre l'organisme individuel et l'organisme

---

(1) Rumo, *Opuscoli criminali*, Bologna 1875, p. 132.
(2) Beccaria, *Des délits et des peines*, § 2.

social. En effet l'objection, qu'on nous a répétée, qu' « il
n'y a pas de défense légitime contre les aggressions futures;
il faut une agression *actuelle* (1) », n'est que l'effet de
l'oubli de cette différence. Certes, l'individu ne pourrait invoquer la défense légitime s'il tuait un homme avec le prétexte que celui-ci ou un autre l'aurait attaqué dans un avenir
plus ou moins éloigné: car, dans la vie réelle, tout individu n'est pas sujet aux agressions tous les jours et il doit
partant attendre qu'elle arrive pour se défendre contre elle.
Mais la société, organisme collectif et permanent, tous les
jours à toute heure subit dans telle ou telle de ses parties individuelles des agressions continuées et sans interruption,
sous forme de meurtres, incendies, vols, faux, viols, etc.
Pour la société donc, même à la rigueur du mot, on voit
que l'agression est toujours actuelle et il y a donc toujours lieu à un vraie défense sous forme de ministère
pénal.

— Soit, ajoutent les criminalistes classiques; mais ne
voyez-vous alors qu'en parlant de défense *sociale* vous ex-
posez l'individu à toute sorte d'excès par la société, laquelle au nom des prétendues nécessités sociales, anéantit
les droits individuels pour obtenir le fameux « ordre de
Varsovie? » Nous au contraire, nous parlons de défense *juridique* en posant ainsi le Droit, terme absolu et inébranlable, comme obstacle à tout excès de la société contre l'individu. —

Il est inutile de rappeler que cette préoccupation généreuse est l'effet de ce courant individualiste, lancé par la
Révolution française contre les excès de l'État médiéval,
qui est arrivé lui-même à l'exagération et doit dorénavant
céder à l'équilibre, que la sociologie veut justement établir

---

(1) PROAL, *Déterminisme et pénalité* in *Archives anthr. crim.*, juillet
1890, p. 379. — Et, avant lui, dans les mêmes termes, ORTOLAN, *Éléments
de droit pénal*, I, § 180.

entre l'individu et la société, termes inséparables et concordants de la vie humaine. Et il est inutile aussi de répéter avec Livingston (dans sa préface au projet de code pénal pour la Louisiane) que « l'utilité générale est si intimement liée à la justice, qu'en jurisprudence criminelle elles sont inséparables » et, je dirai, elles sont la même chose.

Je crois plus opportun de dire que la formule « nécessité de la défense *juridique* » est équivalente à celle de « nécessité de la défense *sociale* » et celle-ci est même plus exacte (1).

En effet dans l'expression « défense du droit » se cache un équivoque entre le droit *rationnel,* comme ensemble de principes élaborés par les philosophes et les juristes, et le droit *positif,* comme règle sociale établie dans les lois ou les coutûmes. Or, si par défense juridique on entend que les sociétés en punissant doivent se préoccuper de la conservation d'un ordre juridique abstrait; alors il y a vraiment une différence avec la défense sociale, qui représente au contraire l'ordre juridique concret, tel qu'il est établi dans les lois de telle ou telle société à un moment donné. Mais alors il est facile de voir que la raison du ministère pénal n'est pas là, car si la société doit suivre les principes rationnels lorsqu'elle établit les lois, une fois que celles-ci existent cependant elle ne peut viser qu'à la conservation de l'ordre qui en résulte, soit-il ou non et plus ou moins conforme aux principes scientifiques. Si l'on entend par défense juridique parler d'un droit abstrait, il y

(1) Pour démontrer l'épuisement de l'école classique il est bon de rappeler que pendant plusieurs années les plus illustres criminalistes italiens ont perdu temps et talent à discuter si la raison du droit de punir était la « *tutelle* juridique » (Carrara), ou plutôt la « *conservation* juridique » (Tolomei) ou la « *réintegration* juridique » (Buccellati), ou la « *réaffirmation* juridique » (Pessina)! Et ce byzantinisme a atteint son comble avec la fameuse proposition de Hegel que: « le délit nie le droit; mais la peine nie le délit; donc la peine réaffirme le droit, car la négation d'une négation est une réaffirmation ! ».

a toujours à se demander : mais de quel droit ? Du droit
tel que l'ont conçu les grecs, les romains, le moyen-âge
ou le xixᵉ siècle ? le droit, tel que le pensent ou le sentent les italiens, les anglais, les chinois, les albanais, les
esquimaux ou les hottentots ?

Dire donc que la société a le droit de punir pour une
nécessité de la défense juridique ne peut exprimer autre
chose que de dire que la société punit pour conserver l'ordre juridique qui existe à chaque époque dans chaque pays.
Mais alors défense *juridique* équivaut à défense *sociale,* car
société et droit sont deux termes corrélatifs et converti-
bles. Qui dit droit dit société, car il n'existe pas de droit
sans société, de même qu'il n'y a pas de société sans droit.
Le droit est, comme le dit très-bien mon maître Ardigò,
dans une phrase qu'on a beaucoup répétée après que je
l'ai mise en circulation parmi le juristes, « *le droit est
la force spécifique de l'organisme social,* comme l'affinité
est la force spécifique des substances chimiques, la vie celle
des substances organiques, l'activité psychique celle des
animaux (1) ».

Comme il n'y a pas de substance chimique sans affinité,
d'organisme sans vie, d'animal sans activité psychique, de
même il n'y a pas de société sans droit.

Si un homme était seul sur la terre, il n'aurait d'autre
limite à son activité que dans les obstacles des forces naturelles et des animaux : mais il n'y aurait aucune règle
juridique de conduite, à cause de l'hétérogénéité absolue,
soit d'ordre naturel soit d'espèce animale. Ce n'est pas parce
qu'il aurait le libre arbitre ou l'intelligence que l'homme

---

(1) Ardigò, *La morale dei positivisti* (1879) et *La sociologia* dans ses
Œuvres philosophiques, Padova 1885, vol. iii et iv, p. 18, 96, 126.

Moins exactement M. Bordier, *La vie des sociétés,* Paris 1887, p. 25, dit
que « le milieu social est régi par la sociabilité, comme le milieu chimique
par l'affinité ».

seul peut avoir des droits; mais parce que l'espèce est le
grand criterium d'affinité sociale, c'est seulement entre
homme et homme qu'est possible un rapport vraiment social et juridique. L'âme du droit est l'égalité, soit morale et
idéale, soit physique et organique. Si un homme civilisé
rencontre un sauvage des plus primitifs, il ne saurait être
entr'eux une règle de droit à cause de l'excessive différence
de race. Les races inférieures, dit M. Lubbock, n'ont pas
l'idée du *droit*, quoiqu'elles soient familiarisées avec celle
de *loi* ou de commandement du chef de tribu.

Lorsqu'il y a deux hommes, leur activité extérieure rencontre tout de suite des limites par le fait seul de leur
coexistence : le même outil ne peut être employé simultanément par tous les deux, le même aliment ne peut
servir à l'un et à l'autre. Et si à ces deux hommes il s'en
ajoute un troisième, un quatrième, etc., jusqu'à la tribu
sauvage et à l'État moderne, il y a un accroissement et
un entrelacement de rapports et partant de limites aux
activités individuelles, et l'ordre juridique devient de plus
en plus complexe. Si donc toute association d'hommes est
impossible sans qu'il y ait des limites à leurs activités,
c'est-à-dire sans qu'il y ait un ordre juridique, il est évident que la seule notion expérimentale du droit est *la limitation nécessaire des activités coexistantes.*

Stuart Mill disait en effet que « le droit est une liberté
(physique) limitée par une autre liberté » et Stein qu'il est
« en abstrait, une limite entre les personnes dans tout moment de leur vie »; ce que Dante appelait justement « *ho-
minis ad hominem realis ac personalis proportio* » et Kant
« une coation universelle, qui protège la liberté de tous ».
D'après Spencer « les droits sont des relations d'homme à
homme, en dehors desquelles n'est pas possible cette correspondance d'actions internes et externes, qui constitue la
vie » et plus récemment il disait que la justice est « la li-

berté de chacun limitée seulement par l'égale liberté des autres » (1).

À ce côté négatif du droit, comme limite imposée par la necessité de la coexistence, s'ajoute comme terme corrélatif et inséparable, le côté positif, c'est-à-dire *faculté de faire et d'exiger* tout ce qui ne dépasse pas, de notre part, ces limites mêmes et qui sert à contenir les autres, de leur part, entre ces limites mêmes (2).

Droit et devoir, donc, au lieu d'être entr'eux en rapport de précedence ou de prééminence, comme ont disputé moralistes et philosophes, sont au contraire contemporains et inséparables, comme le droit et le revers d'une même surface.

Mais le droit, outre ce côté *individuel,* négatif et positif, a aussi un côté *social,* qui est double à son tour.

En effet, en tant que limitation nécessaire d'activités coexistantes et faculté de faire et d'exiger, ce qui est dans ces limites, il est évident que le droit ne peut exister que comme produit nécessaire et force spécifique et fonction protectrice intérieure de tout organisme social. L'activité psychique chez les animaux a une origine et une fonction protectrice de leur vie, car par exemple l'idiot abandonné à soi-même meurt à cause de son incapacité absolue à se procurer et garantir les conditions nécessaires à l'existence (3). De même le droit a une origine et une fonction protectrice

(1) Spencer, *The data of ethics.* — Dans le volume *Justice,* London 1891, p. 46 et app. A, il déclare qu'il ne connaissait pas la définition de Kant, qu'on lui rappelait comme analogue à la sienne. Mais M. Spencer ne parle pas de la définition donnée par St. Mill et qui est encore plus semblable.

(2) C'est cela que Stricker (*Physiologie des rechts,* Wien 1884), appelait la physiologie du droit: c'est-à-dire le sentiment de la faculté d'agir que tout homme a par le pouvoir de la volonté sur les muscles, et l'expérience que les autres hommes ont le même pouvoir et partant la même faculté d'agir.

(3) Sergi, *Origine e significazione biologica dei fenomeni psichici,* Milano 1885.

dans la société, qui ne pourrait vivre sans cet ensemble de limites et de facultés entre les individus qui la composent. Voilà pourquoi l'expression de M. Ardigò que « le droit est la force spécifique de l'organisme social » doit être complétée par celle de M. Ihering que « le droit est la garantie des conditions d'existence de la société ». Et voilà aussi pourquoi le droit, soit comme idée, soit comme fait, n'est ni absolu, ni éternel, ni immuable : mais comme le langage, l'art, l'économie, la religion, la morale, la politique, il est un produit social qui varie avec le temps et l'espace, suivant les aptitudes psysio-phychiques et sociales de tout groupe ethnique dans tel ou tel milieu. Les positivistes n'écrivent pas le Droit avec le D majuscule, comme les juristes classiques (de même que les philosophes platoniciens écrivent Idée avec l'I majuscule); mais notre idée du droit, relatif et variable, est plus féconde, car nous affirmons avec cela que le droit, comme il est aujourd'hui meilleur que hier, de même il sera demain meilleur et plus humain qu'aujourd'hui.

Le deuxième côté social du droit réside dans la sanction légale, qui en est le contenu inséparable comme elle est aussi le seul critérium positif de distinction entre les règles de la morale et celles du droit. Ce sont les conditions historiques d'existence sociale qui déterminent les règles de conduite avec leurs sanctions (réaction sociale) pour toute action individuelle qui les enfreint. Réaction purement morale (opinion publique — religion — mœurs) lorsque ces règles ne sont pas essentielles à l'existence sociale; réaction juridique ou légale lorsque ces règles sont une condition indispensable pour la vie de l'organisme social. L'ensemble de ces réactions ou sanctions sociales et juridiques constitue précisément la justice. Et c'est de l'expérience directe, ou transmise héréditairement, de ces sanctions légales que tout individu acquiert « la conscience du droit », de même que l'expérience des sanctions de l'opinion publique et de la religion lui donnent « la conscience morale (1) ».

L'étude théorique et pratique des règles positives et négatives de l'activité humaine, individuelle et sociale, constitue la science du droit.

De quelque côté donc qu'on envisage le droit, comme limite des activités coexistantes, ou faculté d'agir et de réagir, ou bien comme force spécifique de tout organisme social et sanction collective correspondante, en tout cas il est positif que *société* et *droit* sont deux termes corrélatifs, équivalents et inséparables. De sorte que dire défense *juridique* ou défense *sociale* c'est la même chose. Seulement l'expression de défense sociale, comme fondement du droit de punir, est plus exacte car elle exclut tout équivoque entre le droit abstrait ou théorique et le droit positif ou pratique.

La science a pour but d'indiquer au pouvoir social la ligne à suivre et c'est elle justement qui est la cause des changements successifs dans le ministère pénal, lorsqu'elle reflète la conscience commune d'un désaccord entre la loi écrite et les conditions d'existence sociale : cela a fait naître l'école classique à la fin du Moyen-Age, et cela fait naître maintenant l'école positiviste.

Autrefois on punissait pour venger les offenses, et ensuite pour apaiser la divinité outragée et rétablir l'autorité du prince, méconnue par le délit ; après, on crut que la raison du droit de punir était une justice plus ou moins absolue et l'obligation de corriger le coupable ; maintenant on pense que le fondement de cette fonction pénale est la nécessité de la défense juridique ou sociale. En tous

---

(1) M. D'AGUANNO, *(Genesi ed evoluzione del diritto civile.* Torino 1890), applique très-bien la méthode de l'école positiviste à l'étude du droit civil. Mais il fait, selon moi, des objections inexactes à la théorie anglaise (ST. MILL, SPENCER, BAIN) qui fait naître la conscience juridique de l'affirmation des sanctions légales par le pouvoir social.

cas, la société a toujours exercé son ministère pénal ou défensif, ce qui prouve qu'il est une condition essentielle de l'existence humaine. Il n'est en somme qu'un effet de la loi universelle de conservation, d'où provient celle de la lutte pour l'existence matérielle et morale.

IV.

Ces deux objections fondamentales, renouvelées sans cesse par nos adversaires, n'entament donc en rien la première partie de notre conclusion générale, que le ministère pénal n'est qu'une fonction pure et simple de défense sociale.

Il s'agit maintenant d'en établir la deuxième partie, qui appartient exclusivement à l'école positiviste : c'est-à-dire que cette fonction de défense sociale doit être indépendante de toute condition de responsabilité ou de culpabilité *morale*.

Pour éliminer tout d'abord ces malentendus, qui ont trop servi à quelques uns de nos critiques métaphysiciens, il sera utile de définir avant tout la signification précise des mots.

Les deux points extrêmes sont, d'une part, un délit commis par l'individu et de l'autre une peine menacée par le législateur, appliquée par le juge et exécutée par le pouvoir administratif. Le problème est tout dans la détermination des conditions par lesquelles on puisse réunir le point de départ avec le point d'arrivée.

La première condition évidente est que le délit ait été commis par cet homme qui doit être jugé. C'est-à-dire qu'il y doit avoir avant tout l'imputabilité *physique*, par laquelle on puisse physiquement imputer, attribuer, une certaine action physique et musculaire à l'homme qui l'a réellement exécutée. C'est-à-dire que l'action doit être *à lui*. Voilà pourquoi, dans l'administration pratique de la justice pénale, le problème fondamental est toujours de prouver : I, que le crime a été commis, — II, qu'il a été commis par l'individu qui en est accusé.

Et naturellement pour que cette action soit *à lui*, il faut que l'individu l'ait exécutée par un processus physio-psychologique à lui, et non pas par la coaction matérielle de quelqu'autre individu, car alors (ce qui peut arriver surtout dans les délits qu'on dit d'omission) il ne serait qu'un instrument matériel d'autrui ; il serait « agi et non agent » comme disait Wollaston (*De la religion naturelle*). Et il n'en serait pas punissable, non pas parce qu'il n'aurait pas « librement voulu » ou pas même « voulu » le délit ; mais seulement parce qu'il n'en serait pas l'auteur et que le délit ne serait pas *à lui*, comme indice et effet de sa personnalité, réagissante contre le milieu.

Si le délit a été réellement commis par l'accusé, c'est-à-dire en étant donnée l'imputabilité ou responsabilité *physique*, suffira-t-il de ce rapport de causalité physio-psychique entre l'acte et l'agent pour que celui-ci en soit punissable, c'est-à-dire pour ce qu'il en ait aussi l'imputabilité ou la responsabilité *pénale ?*

+ Voilà toute la question.

L'école classique a toujours dit que pour réunir la responsabilité *pénale* à la responsabilité *physique* il est nécessaire, comme *conditio sine qua non*, que le lien de la responsabilité morale ou (culpabilité existe) chez l'auteur du crime. Et cette responsabilité *morale* est fondée par l'école classique sur deux conditions : volonté libre et intelligence (ou conscience) normale chez l'auteur du crime.

L'école positiviste dit au contraire, que puisque il n'y a pas de libre arbitre ou volonté libre, il n'y a non plus de responsabilité *morale ;* mais cela ne veut pas dire qu'il n'y ait pas non plus la responsabilité *pénale* ou légale. Sa théorie radicale est donc celle-ci : que pour avoir la responsabilité pénale la responsabilité physique suffit : sauf, naturellement, à établir ensuite d'autres conditions objectives et subjec-

tives pour adapter la réaction sociale à l'action individuelle, la peine au délit, la défense à l'offense, suivant la
catégorie anthropologique à laquelle appartient tel ou tel
criminel.

Entre la théorie classique et la théorie positiviste de la
responsabilité, aprés la II° édition de cet ouvrage, on a vu
jaillir ça et là des théories éclectiques plus ou moins originales et plus ou moins kaléidoscopiques, mais qui s'accordent toutes sur ces deux points : exclusion, totale ou
partielle, du libre arbitre comme fondement de responsabilité — nécessité de la responsabilité *morale* pour réunir
la responsabilité *pénale* à la responsabilité *physique*. Je
m'en occuperai tout à l'heure, au § v.

Cette théorie positiviste, que j'ai développée en 1881 (*Le
droit de punir comme fonction sociale*), rencontre encore
une autre objection, dont il faut se débarrasser. L'objection
qu'alors le ministère pénal, réduit à une défense purement mécanique, se soustrait à toute règle supérieure de
droit et « autorise la punition d'actes non mauvais, sous
la couleur de l'utilité publique, en accordant à l'autorité
la tyrannie de l'arbitraire »; de sorte qu' « on pourra frapper indifféremment l'innocent ou le coupable, pourvu que
la mort de l'un soit reconnue aussi utile que celle de
l'autre (1) ».

Objection, démentie par l'histoire et par la logique.

Par l'histoire : car, comme disait M. De Girardin (2)
« qu'est ce que l'histoire si non le sanglant martyrologe d'innombrables victimes, immolées par l'ignorance, la supers-
tition, la tyrannie, la cruauté, armées du droit de punir »
même quand les juristes et les philosophes parlaient et
parlent de justice divine et de règles supérieures du droit
éternel?

---

(1) CARRARA, *Programma*, I, 42. — FRANCK, *Phylosophie du droit pénal*,
Paris 1880, p. 18.

(2) DE GIRARDIN, *Du droit de punir*, Paris 1871, p. 33 et 174.

Par la logique : car non seulement cette objection a le défaut de prouver trop, mais lorsque la science a donné les règles, que les autres appellent de justice absolue et que nous disons de justice sociale et relative, son œuvre est achevée. Le pouvoir social suit-il ces règles, alors l'arbitraire disparaît; ou bien il ne les suit pas et alors l'abus d'un principe n'en prouve pas la fausseté, et la science ne peut que constater cet abus et le dénoncer à la conscience publique, dans le but d'une lutte pour un droit meilleur.

Pour établir donc les règles de vie sociale et juridique relatives à la conservation de l'ordre, nous avons à observer une autre série de faits : non plus dans leur succession évolutive, mais dans leur coexistence actuelle, et cependant négligés encore par les criminalistes classiques.

De l'équilibre planétaire à la cristallisation des minéraux, de la plus simple organisation de matière vivante à l'existence individuelle des mammifères, l'homme compris, des relations sociales d'un zoophyte avec sa colonie à celles d'un homme avec sa tribu ou son État, toujours et partout la vie est un rythme assidu et inexorable d'actions et de réactions correspondantes.

Et puisque l'homme est au sommet de l'echelle vitale, il est sujet d'abord aux réactions des ordres naturels inférieures, qu'il a en commun avec toute forme de matière, et ensuite aux réactions d'ordre plus élevé, qu'il a en commun avec les animaux, seulement à un plus haut degré: l'ordre social.

Et puisque l'ordre naturel se divise en physique, biologique et social, ainsi il y a trois grandes séries de réactions ou de sanctions naturelles : — la sanction physique — la sanction biologique — la sanction sociale (1).

(1) M. GUYAU (Critique de l'idée de sanction, Revue philos., mars 1883 et Esquisse d'une morale sans obligation ni sanction, Paris 1885, liv. iii), distingue, selon moi inexactement, la sanction naturelle — morale — sociale — interne — réligieuse — et d'amour ou de fraternité.

Tout homme ou animal qui, même inconsciemment, même forcément, enfreint les lois de nature, rencontre dans la nature même environnante une inévitable réaction ou sanction.

Qui, contre les lois de la gravité, s'avance trop au dehors d'une fenêtre, même avec l'intention la plus bienfaisante, par ex., pour sauver un enfant, tombe et meurt — sanction *physique*.

Qui mange trop a une indigestion et une maladie; qui abuse de son organisme rencontre des douleurs et même la dissolution physiologique et psychique — sanction *biologique*.

Il en est de même pour la sanction *sociale*. — Qui, par gaucherie, sans intention offensive, heurte un autre homme, rencontre de la part de celui-ci une réaction plus ou moins énergique: et s'il declare ne l'avoir pas fait exprès, la réaction sera atténuée, mais non annulée. Et s'il est maladroit de nature, il se formera autour de lui une opinion peu favorable et une atmosphère sociale isolante, qui lui donnera beaucoup d'humiliations, tout en laissant de côté les conséquences économiques, etc. Cela arrive de même pour qui est médisant, ignorant, orgueilleux, avare, etc.

Le commerçant qui, non par malice mais de bonne foi, subit des revers de fortune, et l'industriel qui par amour du bien essaie une nouvelle source de richesses, mais se heurte contre les lois économiques, tombent en misère et sont abandonnés.

Celui qui, toujours de bonne foi, occupe indûment la sphère d'action d'autrui, publique ou privée, est obligé à éliminer l'état antijuridique, par ex., l'occupation indue de sol public, etc.

Qui fait un acte, toujours avec une parfaite bonne foi, mais en opposition aux règles de la loi civile ou commerciale, doit subir la nullité de l'acte et ses conséquences nuisibles et peut-être désastreuses pour lui.

Qui produit un dommage à autrui, sans intention mauvaise et même sans une action propre, mais par le fait
d'un fils, d'un commis et même d'un de ses animaux, est
obligé au payement d'une somme, à titre de dédommagement.

Le joueur qui perd un patrimoine dans un moment de
délire aveugle est obligé par l'opinion publique, avec une
contrainte plus irrésistible que celle des lois civiles, au
payement des dettes dites d'honneur, contractées avec si
peu de reflexion et de « liberté morale ».

Au régiment, le pauvre paysan qui ne comprend pas l'alphabet ou la nomenclature ou les instructions, est privé
de sa liberté, assujetti aux humiliations et même à un exil
plus long de sa famille.

Le pauvre fou, qui assaille un passager, même avec
l'idée délirante de lui faire du bien, est tué ou blessé; et
s'il sort dans la rue, tranquille mais scandaleux, il est fermé
dans une cellule pour un temps plus ou moins long.

Le cocher qui, dans l'exercice de sa profession honnête,
sans aucune intention mauvaise et sans le vouloir, tue un
piéton, est condamné à la prison, qui peut être sa ruine
matérielle et morale.

Voilà des formes de sanction *sociale,* pour chacune desquelles on pourrait multiplier les exemples, et qui de la
simple sanction de l'opinion publique arrivent jusqu'à la
condamnation pénale par homicide involontaire, en passant
par la sanction économique, l'élimination d'un état antijuridique, la nullité des actes accomplis, le dédommagement, la privation de liberté et la violence par défense légitime ou par mesure administrative.

La raison positive de ces réactions, diverses dans la forme
et l'intensité suivant l'action qui les détermine, est, comme
dit M. Holmes « que, chez les hommes en vivant en société,
devient nécessaire une certaine conduite moyenne, un sacrifice de certaines particularités individuelles qui dépassent

une limite donnée. Si un homme naît colère ou maladroit et par conséquent s'il a des accidents continués, en offensant soi-même et les autres, ses défauts congénitaux trouveront indulgence devant les cours célèstes; mais ici, sur la terre, ses escapades ne sont pas moins gênantes pour ses voisins que si elles étaient déterminées par sa faute ou négligence. Ses voisins ont donc raison de lui demander qu'à ses risques et périls il se mette à leur niveau, et les cours établies par les hommes ont raison de ne tenir pas compte de ses particularités personnelles (1) ».

Or ce qu'il y a de commun, et partant d'essentiel, dans toutes ces formes très-différentes de réaction ou de sanction sociale, soient-elles dans l'ordre des mœurs et de la convenance, ou dans celui des dispositions légales, est ce fait simple mais très-important: *l'indépendance, toujours, de ces sanctions mêmes de la volonté et culpabilité morale de l'individu,* aussi bien des sanctions sociales que des sanctions physiques et biologiques.

Fait qui se reproduit aussi, en sens inverse, pour la sanction de récompense aux actions individuelles bonnes, c'est-à-dire utiles à la société. Les récompenses sociales en effet sont indépendantes aussi de la volonté et du mérite de l'individu: la *diva* qui naît avec une voix merveilleuse, le poëte à l'inspiration heureuse, l'homme aux traits sympatiques, etc., sont tous bien vus et récompensés, quoiqu'ils n'aient rien fait pour être ce qu'ils sont. Et même dans les cas d'étude ou de travail persévérant, c'est toujours par une tendance et un besoin inné, dans des conditions favorables du milieu, que l'individu fait ce qu'il fait et en a des récompenses sociales, « Vouloir est pouvoir » ...à condition qu'on puisse vouloir : car autrement tous les hommes deviendraient des génies et des héros. Et cependant c'est

---

(1) Holmes, *Le droit commun anglo-américain*, trad. ital. Milano 1890, p. 140.

bien, c'est-à-dire c'est naturel, qu'il en soit ainsi des recompenses comme des peines sociales, car s'il n'existe ni
mérite ni démérite dans le sens absolu du libre arbitre, il
y a cependant des qualités et des défauts, utiles ou nuisibles à la société, et partant récompensés ou punis indépendamment de toute liberté morale chez l'individu, heureux ou malheureux d'avoir les unes ou les autres.

Jusqu'ici, cependant, de la réaction de l'opinion publique
jusqu'à une condamnation légale nous ne sommes pas encore entrés dans le champ vrai des actions dolosives et criminelles et partant des sanctions vraiment pénales.

Le voleur avec ou sans violence, le meurtrier par vengeance ou cupidité, le banqueroutier par malice, etc., rencontrent (lorsqu'ils la rencontrent) une sanction sociale
sévère, sous forme de peine. Et c'est bien. Nous ne con-
testons pas le fait de la sanction sociale ; ce que nous con-
testons c'est que dans ces cas derniers la sanction sociale
soit soumise à la condition de la volonté libre et de la culpabilité morale de l'individu.

Par quelle raison, en effet, la société qui réagit, et même
très-sévérement, dans tous les autres cas innombrables d'actions antisociales, sans exiger en elles l'élément de la culpabilité morale, devrait-elle exiger cet élément lorsqu'il
s'agit de la réaction défensive à d'autres actions autant et
même plus antisociales ? Le résidu inconscient des traditions et des habitudes étice-réligieuses peut seul expliquer,
sans toutefois la justifier, cette idée, que la défense sociale
contre le meurtrier ou l'incendiaire est possible seulement
lorsqu'on leur suppose une liberté morale plus ou moins
atténuée et qu'on les doit absoudre seulement par ce qu'on
leur suppose un défaut de liberté morale. Avec cela la peine
devient une exception unique et inconcevable à toute la
série des autres formes de sanction sociale. De sorte que
notre théorie, qui exclut de la peine cette condition de cul-

pabilité morale qu'on n'exige dans aucune autre sanction
sociale et qui n'est pas exigée non plus dans les sanctions
physiques et biologiques, est en réalité bien plus conforme
à l'ordre naturel que la théorie traditionnelle.

Voilà pourquoi, après tout, dans un grand nombre de
cas, même les lois modernes font abstraction de cette condition d'une prétendue liberté et culpabilité morale, comme
le faisaient du reste les lois anciennes, non encore dominées par l'esprit religieux (1).

En effet, lorsque les codes pénaux condamnent à la prison
« l'homicide et les blessures *involontaires* », ils fondent
évidemment leurs sanctions sur toute autre condition que
sur l'élément de la responsabilité *morale*. De même, lorsque les codes civils obligent au dédommagement dans le
cas non pas d'un fait personnel de l'agent, mais d'un fait
accompli par d'autres personnes et même par un animal.
Vraiment quelques juristes affirment que même dans ces cas
il y a toujours l'élément de la faute, de la *culpa;* mais, tout
en laissant de côté qu'alors la *culpa* n'exprime pas l'effet
d'une volonté libre, mais seulement une négligence ou un

---

(1) Dans les législations barbares l'importance de l'intention (mauvaise
volonté) fut longtemps négligée et même aujourd'hui on flétrit comme un
défaut moral une erreur de l'intelligence. — Lubbock, *Les temps préhistoriques*, trad. ital., p. 695. — Et M. Jhering, en décrivant l'évolution de
l'idée de responsabilité dans le droit romain, dit justement que le droit primitif avait son fondement objectif dans l'acte antijuridique, et non pas subjectif, dans la *culpa* de l'agente. (*Das Schuldmoment im Römischen
Recht*, Giessen 1876).

C'est seulement par l'influence de l'esprit religieux et aussi (suivant l'observation de M. Kraepelin, *La colpa e la pena*, Riv. fil. scient. II. 574) par
l'idée d'une plus grande temibilité du coupable, qu'on a ajouté ensuite le
critérium subjectif, de la volonté libre, au critérium objectif, du dommage.
Critérium subjectif qui n'est pas entièrement exclu par la théorie positiviste, non dans le sens de libre volonté, mais des conditions phisio-psychi-
ques du criminel et non dans le sens de *condition* de la responsabilité pénale, mais seulement comme critérium d'adaptation de cette responsabilité
toujours existante comme nous verrons au S. VII.

imprévoyance, il est notoire que la tendance du droit civil est de plus en plus dans le sens d'exclure tout élément de culpabilité dans les cas de dédommagement. Dans le code civil autrichien la théorie objective a été même établie par le § 1310, sous l'influence des juristes Pfaff, Randa, Loening, etc., contre Zeiller qui soutenait au contraire la nécessité, dans tous les cas, d'une faute *(culpa)* pour contraindre au dédommagement. Et pour démontrer que la jurisprudence pratique a de plus en plus élargi cette obligation du dédommagement, même en Italie, je ne citerai qu'un arrêt récent de la Cour de Cassation (Rome, 6 mai 1891) qui a établi que « le commettant est responsable du dommage causé par son commis par le seul fait qu'il l'a nommé son représentant : de sorte qu'il ne peut se soustraire à cette responsabilité pas même avec la preuve qu'*il n'a pu empêcher le fait nuisible* ».

C'est pour cela que le sentiment commun, imbu du préjugé ethico-religieux de la responsabilité *morale*, a toujours une certaine antipathie, pour les peines infligées aux auteurs des délits involontaires, surtout lorsque les codes très inopportunément leur infligent des peines (détentives) tout à fait égales à celles des criminels les plus pervers. Et le classique Ferrao (*Direito penal portuguez,* VII, 126) exprimait très-franchement ce sentiment en écrivant que dans la répression des délits involontaires « la société lutte entre la nécessité de prévenir le mal matériel qu'elle subit et les *principes de justice* qui lui défendent de punir celui qui n'a pas eu la moindre intention de désobéir à ses lois. Si elle admet l'impunité elle laisse sans remède le mal social : si elle frappe l'agent elle châtie un citoyen qui *moralement est un innocent* ».

On voit donc que les criminalistes classiques se sont fait jusqu'ici une idée doublement incomplète du problème de la responsabilité. D'une part ils bornèrent leurs observations à l'humanité civilisée, déjà influencée par les idées ou les résidus idéaux de l'éthique religieuse. D'autre part ils les bornèrent au champ juridico-criminel.

Le problème de la responsabilité doit être examiné au contraire non seulement sous le rapport de la succession évolutive, depuis les sociétés animales jusqu'à l'humanité civilisée, mais aussi sous le rapport de la coexistence dans toutes les formes de réaction ou de sanction naturelle et surtout des sanctions sociales.

De sorte que nous pouvons résumer les inductions positives de ces données, de la manière suivante.

D'une part, la société est un organisme vivant, qui, comme tout organisme, vit par un processus naturel d'assimilation et de désassimilation. Une société humaine, plus ou moins nombreuse et complexe, ne peut exister sans ce travail ininterrompu d'assimilation naturelle (naissances), ou artificielle (immigration) et de désassimilation, aussi naturelle (mort) que artificielle (émigration, ségrégation d'individus anti-sociaux, non assimilables par maladies contagieuses, folie, crime, etc.) (1). C'est-à-dire que le droit de punir, en abandonnant dorénavant tout caractère qui ne soit pas de fonction sociale défensive, doit regarder le crime comme

_____

(1) Ici se présente la question des sélections artificielles dans la société (sélection militaire, religieuse, matrimoniale, politique, économique), qui très-souvent déterminent la survivance et la reproduction des moins forts, ou des plus serviles, en opposition avec la loi du darwinisme naturel, qui partant est réputé par quelques uns, depuis M. Wallace, sans application dans les sociétés humaines.

Je crois qu'avec cela on exagère la valeur de ces faits indéniables, dont je me suis occupé dans *Socialismo e criminalità* et pour lesquels on peut voir: BROCA, *Les sélections* (§ 6: *Les sélections sociales*) dans ses *Mémoires d'anthrop.*, Paris 1877, III, 205. — DALLEMAGNE, *Principes de sociologie* in *Bull. Soc. Anthr. Bruxelles*, 1886, IV. 269. — LAPOUGE, *Les sélections sociales* in *Revue d'anthrop.*, 1887, p. 519. — VADALÀ *Darvinismo naturale e Darvinismo sociale*, Torino 1883. — SERGI, *Le degenerazioni umane*, Milano 1889, p. 158. — BORDIER, *La vie des sociétés*, Paris 1887.

un effet d'anormalités individuelles et comme un symptôme
de pathologie sociale, qui exige nécessairement la répression des tendances antisociales, l'isolement des éléments
d'infection et l'assainissement du milieu, qui en développe
les germes.

D'autre part la vie de tout animal est la résultante de
sa vie intérieure, ou biologique, et de sa vie extérieure, ou
sociologique, qui se comp.... ent de plus en plus au fur et
à mesure qu'on arrive aux degrés les plus élevés de l'échelle
zoologique. Chez l'homme, qui en est le degré le plus haut,
cette vie de relation prend un développement énorme avec
le progrès de la civilisation. Et cette vie sociale n'est qu'une
série, indéfinie dans le temps et dans l'espace, d'actions
et de réactions correspondantes. D'où la conséquence que
toute action individuelle, pour insignifiante qu'elle soit, de
même qu'elle détermine une infinité de mouvements dans
le milieu physique, détermine aussi dans le milieu social
une réaction correspondante soit par les individus isolés,
soit par la société même, ou bien par ceux qui la représentent.

Or, quel que soit le nom donné aux diverses réactions
sociales contre les actions individuelles, il faut toujours en
exclure toute idée de rétribution d'une faute morale avec
un châtiment, et y voir seulement une fonction de conservation vitale, soit qu'il s'agisse de dédommagement civil
ou d'une amende pénale, aussi bien que de la réclusion
dans un asile ou dans une prison.

Cette fonction sociale défensive est inexactement appelée
encore « droit de punir », non seulement parce qu'elle
s'exerce aussi, et je dirais même surtout, avec des mesures
qui ne sont pas pénales; mais aussi parce que le mot peine
implique toujours un résidu d'idées mystiques d'expiation
et de châtiment. Et de même toutes les actions antisociales,
qui déterminent une réaction défensive individuelle ou collective, sont inexactement appelées crimes et délits; non

seulement parce que entr'elles les actions commises par
les fous ou sans intention mauvaise ne sont pas de vrais
crimes et délits suivant le sentiment commun, mais aussi
parce que le mot délit implique toujours l'idée d'une volonté libre qui abandonne (du latin *derelinquere*) le chemin
droit. De sorte qu'il serait mieux de suivre l'exemple donné
par Carmignani, et suivi par M. Beronini, qui ne parle pas
de délits et de peines, mais d'offenses et de défenses.

Quoi qu'il en soit des mots (car ceux-ci changent toujours de signification et chacun d'eux contient et résume
toute une évolution d'idées), si l'on exclut du ministère
pénal toute idée de responsabilité *morale*, qu'est ce qu'on
peut lui substituer, comme fondement et règle de la fonction de défense sociale?

M. Guyau, trop vite enlevé à la France et à la science,
en résumant les idées des psychologues anglais sur le problème de la responsabilité *morale* par rapport à la négation
du libre arbitre, remarque justement qu'ils ont toujours
recours à la responsabilité *sociale* (1). Et en examinant,
très-brièvement, les idées de Stuart Mill sur cette responsabilité sociale, le critique génial découvre plusieurs points
faibles dans les observations non systématisées du grand
psychologue et il conclut: « Que l'école anglaise nie l'existence de la liberté (morale) et par conséquent la possibilité d'atteindre une sanction parfaite et parfaitement légitime, soit: mais il faut poser les questions avec franchise
et les résoudre avec logique ».

C'est justement ce que j'ai essayé de faire autrefois et
que je répète ici, en organisant mieux mes idées.

Les deux pôles de toute science sociale sont l'individu
et la société: une fois donc nié que la raison de la responsabilité soit dans l'individu et ses facultés morales, il ne
reste qu'à la transporter dans la société et ses nécessités
vitales.

(1) Guyau, *La morale anglaise contemporaine*, Paris 1879, p. 346.

Tout individu existe non seulement comme individu par
soi-même (*selbstwesen* diraient les allemands), mais aussi
comme membre d'une société (*gliedwesen*). De même que
la cellule, le tissu, l'organe n'ont d'existence biologique que
comme parties d'un agrégat; ainsi l'homme, la famille, la
commune n'ont d'existence sociologique que comme parties
d'une société. Ils n'ont pas d'existence sociologique, car
sans société n'existe pas de droit, et sans droit n'est possible aucune coexistence humaine; de sorte que sont er-
ronés les deux systèmes opposés d'un absolu individualisme
aussi bien que d'un socialisme absolu; l'individu n'existe
pas sans société ni celle-ci sans celui-là.

Or, dans cet éternel débat entre individu et société, si
nous refusons à celle-ci la possibilité de justifier sa fonction
défensive avec la responsabilité *morale* de l'individu, il n'y
a que deux solutions possibles : refuser à la société cette
fonction même ou bien la justifier avec le principe de la
responsabilité *sociale*.

Que l'État, la société, en tant qu'organismes vivants, aient
droit à leur conservation, c'est-à-dire qu'ils soient soumis
à la nécessité naturelle de leur défense, comme tout être
vivant, et avec les seules différences de formes correspondantes aux différences formelles entre les organismes individuels et les organismes sociaux, il n'est pas même possible
d'en douter. À tout argument contraire, la société, et pour
elle l'État (qui en est l'expression juridique) répondraient,
comme le philosophe ancien à qui niait le mouvement, en
faisant œuvre réelle de conservation et de défense (1).

_____

(1) On a fait des objections qu'il est facile d'éliminer.

M. GABBA *(Problemi di scienza sociale,* Firenze 1881) a nié que la société
soit un organisme, car il dit que celle-ci n'est qu'une similitude métaphorique.

Mais la science qu'est-ce vraiment autre qu'une série de similitudes et de
ressemblances métaphoriques ou superficielles? Connaître un fait n'est rien
de plus que le comparer avec des autres faits. Et puisque l'homme ne peut

Voilà pourquoi n'a aucune solidité l'objection si commune qu'une fois niée la liberté morale de l'homme, disparaît en lui toute responsabilité morale (et cela est vrai) et avec celle-ci tout droit de punir dans la société (et cela n'est pas vrai).

Certes il n'y a plus le droit de châtier et de punir dans le sens mystique du mot; mais il y a toujours le droit de l'État à se défendre.

connaître que les *phénomènes*, les apparences des choses, car le *noumène* et la substance est inconnaissable, il est évident que les rassemblances et les dissemblances entre les faits ne peuvent être que superficielles et métaphoriques.

Et c'est justement cette similitude métaphorique qui a créé une science nouvelle par l'œuvre de Comte, Spencer, Lilienfeld, Bachofen, Mac Lennan, Giraud Teulon, Tylor, Lubbock, Letourneau, Jaeger, Le Bon, Schaeffle, Ardigò, Espinas, De Roberty, Fouillée, De Greef, Gumplowicz, Schiattarella, Vanni, etc.

M. VACCARO, *(Genesi e funzione delle leggi penali*, Roma 1889) a répétée une objection de Gumplowicz et de De Greef, en disant que l'école positiviste, lorsqu'elle parle de la société qui se défend comme tout être vivant, ne dit pas si par société elle entend l'humanité entière ou chaque peuple constitué à unité politique.

Il est évident que nous parlons des sociétés humaines particulières, comme groupes ethniques et juridico-politiques. Il serait curieux par ex. qu'en parlant de l'appareil régulateur ou gouvernemental de la société (correspondant au système nerveux de l'individu) on pût faire allusion à « l'humanité entière ».

Enfin, il y a eu quelque critique (dont je me suis occupé dans le *Spiritisme du droit pénal*, Arch. di psich. 1887), qui nous a accusé d'avoir oublié « la distinction *substantielle* qui existe entre la Société et l'État ». Ce n'est pas que j'aie oublié, c'est que je n'admet pas cette distinction substantielle. Pour moi au contraire, Société et État sont substantiellement la même chose, envisagée de deux cotés différents. La Société est l'organisme collectif, envisagée seulement comme association bio-psychologique d'individus. L'État est la Société même envisagée dans son organisation *juridique* et il n'est donc que la Société juridiquement organisée. Et cela a une grande importance même pratique: car de la séparation métaphysique entre l'État et la Société on dérivait justement que tous les hommes faisant partie d'une société n'avaient pas, par cela seul, les mêmes droits vis-à-vis de l'État.

Si le criminel oppose à l'État, qu'il a été entrainé nécessairement au crime et qu'on n'a donc aucune raison de
le punir : l'État pourra répondre à son tour que lui-même
est entrainé necessairement à la peine, c'est-à-dire à la défense. Il est donc parfaitement inutile que le criminel dise
avec Reid (*Essais*, IV, chap. 1) « qu'il fait le mal parce
qu'il ne peut faire autrement: et nécessité n'a pas de loi »;
car l'État aussi peut lui dire : « mais moi aussi je me dé-
fends car je ne peux faire autrement; pour moi aussi nécessité n'a pas de loi ».

Nos adversaires, qui nous opposent « la suprème injustice » de punir un criminel toujours entrainé irrésistiblement au crime, se bornent à un seul côté du problème et
ils supposent qu'il y ait un criminel *nécessité* vis à vis d'un
État *libre moralement* de punir ou de ne pas punir. Ils font
comme ceux qui croiraient gagner sur le poids en ache-
tant les marchandises à l'équateur où elles sont plus légères pour les vendre aux pôles, où elles sont plus lourdes
c'est-à-dire plus voisines du centre de la terre : ils oublie-
raient que les poids des balances aussi sont plus légers à
l'équateur et plus pesants aux pôles.

Mais le sentiment commun nous oppose encore : — Eh
bien, admettons que tout individu doive toujours subir les
conséquences sociales de ses actions nuisibles, sous forme
de dédommagement civil ou de condamnation pour délits
involontaires, ou bien de réclusion dans un asile ou dans
une prison. Mais il y a une énorme, insurmontable différence entre les autres cas et ce dernier; car dans les cas
de dédommagement civil, de délit involontaire, de réclusion
dans un asile la conscience publique ne frappe pas les condamnés avec le mépris et la haine, qu'elle réserve seulement aux criminels vrais.

L'obstacle est fort: non pas pour la vérité de nos idées,
mais pour leur expansion.

On peut répondre cependant, que même dans les cas de dommages et de délits involontaires l'opinion publique réagit contre leurs auteurs avec une diminution d'estime; et la folie on l'appelle encore « un malheur répugnant » qu'on n'avoue pas facilement pour quelqu'un de sa famille.

Mais surtout il faut se rappeler que le sentiment public est variable, sous l'influence des idées scientifiques. Certes, lorsque la physio-psychologie n'avait pas encore détruit l'illusion du libre arbitre, le sentiment public ne pouvait que mépriser et haïr le criminel, comme ayant librement choisi de faire le mal au lieu du bien. Mais après la diffusion des conclusions scientifiques de la physio-psychologie, cette habitude mentale et sentimentale commence à se modifier, à abandonner l'absolutisme raide et sévère qu'elle avait auparavant, surtout dans les cas de crimes exceptionnels non accompagnés par une forme clinique et évidente de folie. Il est donc bien sûr que le sentiment public subira pour la science, à propos des criminels communs, les mêmes variations qu'il a subis vis-à-vis des fous.

Il n'y a pas un siècle encore, les fous étaient châtiés et punis comme criminels et le sentiment public les méprisait, car on imputait à leur mauvaise volonté ce qui n'était que l'effet pathologique de leur organisme (1). Ce fut seulement après l'initiative généreuse de Chiarugi, Pinel, Valsalva, Hack

(1) Voilà ce qu'écrivait *au commencement de notre siècle*, le medecin Heinroth: « La folie est la perte de la liberté morale et ne dépend jamais d'une cause physique: elle n'est pas une maladie du corps, mais une maladie de l'esprit, *un peché*. (On sait que Kant disait que le plus compétent à juger de la folie n'était pas le medecin, mais le philosophe!). L'homme qui pendant toute sa vie a devant les yeux et dans le cœur l'image de Dieu, n'a pas à craindre de perdre jamais la raison ». Cité par M. Ribot, *L'hérédité psychologique*, Paris 1882, p. 140.

De sorte que « au moyen âge le traitement des aliénés n'était pour la plupart que des châtiments et des exorcismes; souvent ils furent soumis à la torture et même à la peine capitale ». Leidesdorf, *Maladies mentales*. trad. ital. Torino 1878, p. 10. — Maudsley, *Crime et folie*, Paris 1874, introd.

Tuke que la société s'est persuadée (mais pas encore complètement dans l'opinion commune) que la folie est une maladie comme toutes les autres.

Un siècle auparavant, qui aurait soutenu que le dément, l'halluciné n'était pas moralement responsable de ses actes aurait vivement choqué le sentiment public, qui n'admettait d'autre folie que la folie furieuse, à délire éclatant.

Ce fut seulement par une lente évolution de la psychiatrie et avec elle, par contrecoup, du sentiment public, qu'on est arrivé à l'opinion moderne que les fous ne sont pas moralement responsables. Comme l'a bien dit M. Dubuisson (1), encore au commencement de ce siècle, l'absolution à cause de folie était admise seulement dans ces exceptions très rares et très évidentes. Le champ de la criminalité (par libre volonté) était très vaste, tandis que celui de la folie (par condition pathologique) était très restreint. Le premier progrès fut imposé par Esquirol avec la théorie des monomanies. Cette théorie est abandonnée maintenant par la science, qui voit en elles seulement le symptôme plus éclatant de toute une condition psycho-pathologique, mais elle aida alors à étendre l'idée de la folie aux cas moins évidents de maladie mentale. Un deuxième progrès se fit justement avec l'exclusion de la doctrine des monomanies, en tant qu'entités nosologiques, et partant avec l'irresponsabilité des fous, quel que fût le lien apparent entre l'acte accompli et le délire spécial, qui en caractérise l'état pathologique (2). Après cela le champ psychopathologique

_____

(1) Dubuisson, *De l'évolution des opinions en matière de responsabilité*, Archives d'anthrop. crim., mars 1887.

(2) Pour démontrer l'insuffisance et l'incertitude de la théorie classique de la responsabilité morale pour séparer les fous des criminels, il y a un exemple très-éloquent.

Pour la monomanie, Mittermaier *(De alienationibus mentis,* Heidelberg 1825) avait donné la règle juridique, excellente comme symétrie logique, que si l'acte exécuté par le monomane était en rapport avec son délire partiel il en était irresponsable; mais s'il n'y avait pas de rapport, même

s'élargit de plus en plus, en comparaison de la criminalité, avec la création de la soi-disant folie morale, dans laquelle l'intelligence serait normale, ou à-peu-près, et seraient malades seulement les sentiments et surtout le sens moral ou social. Mais, comme déjà pour les monomanies, désormais

le monomane devait être puni, comme responsable moralement. Et il donnait l'exemple de celui qui avait l'idée fixe d'avoir les jambes de verre: s'il tue un homme qui le menace d'un coup de bâton sur les jambes, il n'est pas responsable, disait Mittermaier; mais s'il vole une portefeuille, cet acte n'a aucun rapport avec son délire et partant il en est moralement responsable et punissable. Et CARRARA, *Programma*, § 249, accepta complétement cette théorie.

La psychiatrie démolissait cependant la théorie des monomanies; et alors qu'aurait dû faire le droit criminel? Naturellement il aurait dû s'adapter aux nouvelles données de la psychiatrie.

Et en effet Mittermaier abandonnait la règle, naïvement logique, qu'il avait donnée.

Mais Carrara continua au contraire à la soutenir « sous le rapport pratique et juridique », même dans la dernière édition de son *Programma* publiée en 1886! Et en se rapportant au cas de folie partielle dont parle Brierre de Boismont, de celui qui avait l'idée fixe de s'être empoisonné en se lavant avec de l'eau où était tombé un son oxydé, Carrara écrit: « Si quelqu'un avait frotté du cuivre aux mains de ce malheureux et si celui-ci l'avait tué, je reponds que je l'aurait *absous:* mais je n'admets pas qu'il soit entièrement fou et partant s'il avait violé une femme je l'aurais *condamné!*» (§ 249, note 2).

Et telle est la théorie de MM. PESSINA (*Eléments de dr. pen.*, Naples 1882 p. 219), CANONICO, (*Du délit et de la peine*, Turin 1872, p. 149), CHAUVEAU et HÉLIE (*Théorie du code pénal*, 1. § 841), etc. Et le prof. BRUSA (*Doctrine du crime*, Turin 1884, p. 220), s'écrie: « Cette opinion peut ne pas plaire aux medecins, mais cependant elle est *la plus conforme*, jusqu'ici, *au sentiment du peuple !*».

Naturellement d'autres classiques, par exemple M. BERNER, (*Traité de droit pénal*, trad. ital., § 79), ont abandonné cette théorie « pratico-juridique », mais antiscientifique.

Eh bien: l'opposition des criminalistes classiques à la théorie positiviste de la responsabilité sociale de tous les auteurs d'un crime, les fous compris, qui est déterminée par les nouvelles données de la psychiatrie et de l'anthropologie criminelle, ressemble trop à celle de Carrara et des autres à une innovation analogue de la psychiatrie, pour que cet exemple du grand criminaliste, chef de l'école classique, ne soit pas très instructif.

la psychiatrie n'admet plus la forme distincte de la folie morale, depuis que M. Lombroso a démontré et les aliénistes italiens ont confirmé que la folie morale n'est que la criminalité congénitale. Et c'est avec cette géniale démonstration de M. Lombroso qu'on entre avec l'anthropologie criminelle dans la dernière phase, par laquelle on efface toute séparation absolue entre la folie et le crime, tout en relevant les caractères spéciaux qui les distinguent, comme on classifie dans la folie et dans le crime plusieurs formes spéciales. Fous et criminels rentrent avec cela dans la grande famille douloureuse des anormaux, des malades, des degénérés, des antisociaux.

Rien donc de plus spontané et de plus correspondant à cette évolution scientifique de la psychopathologie et de l'anthropologie criminelle, que la théorie de la responsabilité *sociale,* en dehors de toute responsabilité *morale,* pour tous ceux qui accomplissent des actes contraires aux conditions d'existence sociale; sauf, naturellement, à adapter les formes de cette responsabilité sociale aux conditions personnelles des criminels mêmes, suivant leur classification en criminels fous, nés, habituels, occasionnels et passionnés.

À l'égard de cette innovation dans les théories juridicocriminelles, rien de plus naturel que cette hostilité misonéistique du sentiment publique et des juristes, qui considèrent maintenant les criminels comme autrefois les fous non furieux et à délire éclatant. Et je n'ai pas l'illusion de changer tout d'un coup ce résidu traditionnel des anciennes théories, car, comme dit M. Maudsley, « l'histoire nous montre que la pratique survit longtemps après que la théorie, qui l'a inspirée, a perdu crédit chez les hommes de science ». Mais je suis cependant convaincu que tôt ou tard le sentiment public et les habitudes mentales des juristes se modifieront, en suivant l'évolution scientifique et le témoignage irrésistible des faits, surtout à cause des inconvénients et des dangers quotidiens qui dans cette époque de transition désorientent la justice pénale.

Si donc à la société ne peut pas être refusé le droit de sa défense et conservation, même en dehors de toute condition de responsabilité *morale,* insaisissable ou dangereuse, il n'y a que la responsabilité *sociale* ou *juridique,* qui puisse donner un fondement positif au ministère pénal ou défensif, soustrait à toute idée de mission éthico-réligieuse de châtiment.

Cette idée cependant, de la responsabilité sociale, qui a été jusqu'ici complètement negligée par tous les criminalistes et qui est, au contraire, souvent indiquée pas les psychologues et les aliénistes (Stuart Mill, Despine, Dally, Maudsley, Spencer, Ardigò, Lombroso, Fouillée, Le Bon, Kræpelin, Boëns, Lacassagne, Minzloff, Guyau, etc.), si on se borne à l'indiquer tout simplement, comme ont fait jusqu'ici ces écrivains, ne peut pas suffire à un système juridique, théorique et pratique et doit partant être developpée et systématisée (1).

(1) Dans mon livre sur *La théorie de l'imputabilité et la negation du libre arbitre* (1878), p. 414 et suiv., j'ai, moi aussi, indiqué l'idée de la responsabilité *sociale:* mais sans la developper, car mes idées étaient alors très-incompletes et pas encore soustraites à tout prejugé métaphysique.

Le developpement sociologique plus complet que je connaisse (quoique toujours insuffisant comme théorie criminelle) de cette idée de responsabilité sociale se trouve dans la *Morale des positivistes* de mon maître Ardigò *(Opere filosofiche,* vol. III et IV).

Avant lui cependant il est juste de rappeler M. Dally, qui dans une discussion, restée célèbre, à la Société médico-psychologique de Paris (en 1863) affirmait très-clairement l'idée de responsabilité *sociale* en concluant que «l'homme ne saurait être *moralement* responsable de ses actes, pas plus qu'il ne l'est des maladies qu'il apporte en naissant ou qu'il a contractées dans le cours de sa vie» (Dally, *Considérations sur les criminels et les aliénés criminels* in *Annales méd. psychol.,* 1863 et *Sur la prétendue irresponsabilité des alcooliques criminels* in *Bull. Soc. Anthr.,* Paris 1880, p. 264 et *Responsabilité morale et sociale* in *Annales méd. psych.,* janvier 1882.

Plus récemment l'idée de responsabilité sociale fut clairement indiquée par Boëns, *La criminalité au point de vue sociologique* in *Philosophie*

L'idée élementaire de cette responsabilité sociale se résume d'abord en ceci : que dans le champ juridico-criminel,
de même que dans le champ juridico-civil, de même aussi
que pour les rélations extralégales, tout homme en tout
cas, et toujours, détermine avec chacune de ses actions une
réaction sociale correspondante et partant il ressent toujours
les conséquences naturelles et sociales de ses actions mêmes,
c'est-à-dire qu'il en répond, il en est responsable par cela
seul que c'est lui qui les a accomplies.

Et c'est avec cette idée que, en même temps qu'on exclut
du champ juridique tout résidu d'idées éthico-réligieuses,
on a aussi le moyen de répondre à la « demande terrible »:
— pourquoi l'homme est-il responsable de ses crimes? —

La science traditionnelle, suggestionnée par l'illusion de
la conscience commune, et à son tour suggestionnant le
sentiment public, a toujours répondu : — parce que et en
tant que l'homme est libre moralement dans la déliberation
et l'exécution de ses crimes. —

Eliminant toute idée de libre arbitre ou de liberté morale, nous repondons tout simplement : — *l'homme est responsable parce qu'il vit en société.* —

En effet, que l'homme soit physiquement responsable
seulement par le fait qu'il vit en société, c'est évident: car
l'imputation d'un acte à un homme qui l'a accompli ne
peut être faite que par un autre homme, comme individu

---

positive de Wyrouboff, juillet-août 1879. — Kraepelin, *La colpa e la pena*
in *Rivista di filosofia scientifica*, 1883, n. 5. — Guyau, *Critique de l'idée
de sanction* in *Revue philos.*, mars 1883.

Et ensuite par tous les criminalistes de l'école positive.

Parmi les sociologues je rappellerai M. De Greef, *Introduction à la sociologie*, ii partie, Bruxelles 1889, ch. ix ; et parmi les juristes M. Jeanvrot,
Préface à l'*Instruction judiciaire* par Ayrault, Paris 1881. — Von Arnold,
Verbrechen und Strafe, Berlin 1890. — Vestnich, *La responsabilité pénale
suivant la science positive* (en Slave), Belgrade 1890. — Blanchemanche, *Des
principes de la responsabilité pénale*, considérations sur un avant-projet
de révision du code pénal belge, dans *Le Palais*, 1890.

ou bien comme représentant de la société. Un homme qui vit seul dans un désert n'est pas même physiquement et responsable de ses actes, car il n'y a pas un autre homme qui puisse les lui imputer.

Et même juridiquement l'homme est responsable de ses actes par le seul fait qu'il vit en société, car c'est seulement dans la société que le droit est possible. La coexistence avec les autres hommes est la seule source des droits et en même temps des devoirs : seulement celui qui ne vit pas en société n'a pas de devoirs, comme il n'a pas de droits.

Ce n'est donc pas parce qu'il aurait une liberté morale que l'homme est responsable vis-à-vis de la société de toute action qu'il accomplit et qui est l'indice de sa personnalité, c'est-à-dire de sa façon de réagir contre le milieu. C'est uniquement parce que, dans la vie de société, toute action produit des effets et des réactions soit individuelles soit sociales, qui retombent sur l'auteur de ses actions et lui seront utiles ou nuisibles suivant que les actions mêmes auront été utiles ou nuisibles à la société.

Ce que M. Holmes (p. 110) dit très-bien de la responsabilité civile, nous pouvons l'appliquer aussi à la responsabilité pénale : « Dans cette partie du droit abonde la phraséologie de la morale. On y parle beaucoup de faute, malice, fraude, intention, négligence. D'où l'opinion que les risques de la conduite d'un homme dépendent de quelque défaut moral. Mais si cette opinion a été partagée par quelques uns, une opinion tout-à-fait contraire a été soutenue par la majorité (parmi les anglo-saxons); c'est-à-dire l'opinion que toute personne doit répondre de toutes les conséquences de ses actions et que partant elle agit toujours à ses risques et dangers, quel que soit l'état de sa conscience ».

Un seul moyen aurait donc un homme pour ne pas être responsable de ses actes : et ce serait l'abandon total de

la vie sociale (1). Et dans ce sens on pourrait dire, en revenant en partie à Rousseau avec Renouvier et Fouillée,
suivis par M. De Greef, etc., que la responsabilité sociale
a quelque fondement dans l'acceptation consensuelle de la
vie en commun. Cet élément consensuel cependant, et là
réside l'exagération de la théorie de la société « organisme-
contractuel » est presqu'infinitésimal, car tout homme naît
dans telle ou telle société sans le vouloir, et ne peut pas
en sortir par cela seul qu'il le désire; de sorte que, tout
en faisant une certaine part à l'élément consensuel dans
la solution de tel ou tel problème social, on ne peut pas

(1) J'ai appliqué ce principe général aux cas d'aide au suicide et de
l'homicide avec le consentement de la victime dans *Omicidio-suicidio*, II*
edit., Torino 1834.

Et j'y ai soutenu le droit de l'homme, de même qu'à émigrer, à se suicider aussi (ce qui est admis aussi après bien d'oppositions séculaires, par
la théorie classique) et partant son droit à se faire aider au suicide ou bien
à se faire tuer (ce qui est nié par les classiques). La séparation des droits
dits inaliénables et innés de ceux qui seraient acquis et aliénables, est purement métaphysique. Et par conséquent j'ai soutenu l'impunité de celui
qui aide le suicide ou bien tue celui qui consent à mourir, *pourvu qu'il
soit déterminé par des motifs sociaux* (pitié, amour, etc.). Si au contraire
il est déterminé par des motifs antisociaux (haine, cupidité, fraude, etc.),
alors il n'est qu'un criminel vulgaire qui doit comme tel être puni. Les législations contemporaines, au contraire, prises entre la théorie classique de
la responsabilité morale et le sentiment public qui n'exige pas de peine pour
celui qui par pitié ou par amour aide le suicide (et le cas le plus fréquent
est celui des amoureux infortunés qui se suicident ensemble ou bien l'un
tue l'autre et essaie de se suicider après, mais a le malheur de survivre),
ont résolu la question d'une façon absurde. Le codes en effet ont établi une
moyenne entre l'impunité qui serait opportune dans certains cas et la peine
ordinaire qui est nécessaire dans d'autres cas, et ils ont donné *une peine
atténuée* pour tous ceux qui aident un suicide ou qui tuent une victime sur
ses prières, qu'ils soient des amis dévoués ou bien des assassins vulgaires!
Voilà l'effet de juger *le crime* au lieu de juger *le criminel*.
Voir à ce propos: Lessona, *Potestas in seipsum*, Bergamo 1883. — Garin,
Le suicide à deux. Responsabilité du survivant, (Annales d'hyg. publ.,
mars 1891). — Sighele, *Evoluzione dal suicidio all'omicidio (Archivio di
psich.*, 1891, XII fasc., 5).

cependant le substituer à la théorie positive de la société
« organisme naturel ».

En conclusion, la première partie de la théorie positive
de la responsabilité pénale se résume en ceci : que *tout
homme est toujours responsable de toute action antijuridique,
qu'il accomplit, seulement parce et aussi longtemps qu'il vit
en société.*

V.

Nous avons donc en face deux théories, radicalement diverses, sur le principe fondamental de la responsabilité.

D'une part la théorie classique qui place ce principe exclusivement dans l'individu agent, en exigeant, pour la responsabilité *pénale,* non seulement sa responsabilité *physique*
du crime commis, ce qui est évident, mais aussi sa responsabilité *morale* pour en avoir été « l'auteur *libre* et *intelligent »,* comme disait il y a un siècle Romagnosi (*Genesi,*
§ 1332) et comme ont répété depuis lors tous les criminalistes.

Romagnosi, le plus positif parmi les classiques, disait, il
est vrai, que la responsabilité *morale* est seulement la condition, mais non pas la *mesure,* de la responsabilé pénale
(§ 597, 600, 1333) car il sentait tout ce qu'il y avait d'instable dans ce fondement de la punibilité. Mais la théorie
classique n'a pas suivi en cela le grand maître, car le critérium mensurateur, proposé par lui, de l'impulsion criminelle *(spinta criminosa)* aurait fait moins facile et moins
schématique la solution des théorèmes juridico-criminels. De
sorte que doctrine, législation, jurisprudence ont suivi au
contraire ce que j'appellerai le critérium métrique de responsabilité, bien plus facile et par lequel, comme disait,
encore il y a un siècle, Mario Pagano (*Principii del codice
penale,* § 1), la responsabilité morale et pénale est entière
chez le criminel s'il a été complètement libre dans ses actes,

et si la liberté morale était diminuée d'un tiers, de la moitié, de trois quarts, sa responsabilité aussi est diminuée d'un tiers, de la moitié, de trois quarts !

Rien de plus arithmétiquement symétrique; mais rien aussi, comme nous l'avons vu, de plus absurde psychologiquement et de plus dangereux socialement. Comme on supposait autrefois que chez les monomaniaques, raison et folie pouvaient vivre, en bonnes co-locataires, dans deux appartements de l'intelligence; de même on suppose encore que nécessité et liberté peuvent vivre, en bonnes co-locataires, dans deux appartements de la volonté. Et avec cela toute diminution de responsabilité morale coïncidant avec une plus grande anormalité de volonté et d'intelligence, il en résulte que la répression, c'est-à-dire la défense diminue et même disparaît avec l'accroissement du danger et de l'offense.

D'autre part, il y a la théorie positive, radicalement opposée, sur le fondement des données de la biologie et de la statistique criminelle.

Suivant cette théorie, la punibilité, c'est-à-dire la défense sociale contre les criminels a encore sa racine dans l'individu, en tant qu'auteur matériel du crime, indice de sa personnalité physio-psychique. Et partant est peu sérieuse l'objection qui nous a été faite par quelque métaphysicien, qu'il est absurde de parler de responsabilité *sociale* « car la responsabilité n'est et ne peut être qu'*individuelle* »; comme si en disant responsabilité sociale on voulait entendre responsabilité « de la société » et non « de l'individu vers la société ».

Mais la raison de cette responsabilité pénale de l'individu ne dépend plus de sa responsabilité morale, mais seulement du fait qu'il vit en société : car la société naturellement, c'est-à-dire nécessairement, réagit toujours contre toute action individuelle qui intéresse l'ordre juridique, c'est-à-dire que l'individu subit les conséquences sociales de toutes ses actions, c'est-à-dire en est responsable. Et les conditions de *l'agent,* de *l'acte* et de la *société,* dans laquelle il l'accomplit, n'influent pas sur sa responsabilité ou irresponsabilité, mais sont seulement des critériums pour adapter à l'offense la défense.

Cette théorie positive est trop radicalement opposée aux habitudes mentales et sentimentales, pour qu'elle puisse être tout de suite acceptée par les juristes classiques. Mais d'autre part avec les progrès incessants de l'anthropologie criminelle, il était impossible pour les juristes mêmes de se borner à la répétition des formules traditionnelles, en se condamnant à un travail infécond de rumination scientifique sans aucune correspondance avec les réalités de la vie palpitante.

Il était donc naturel qu'entre l'une et l'autre théorie, on proposât, comme transition et transaction, différentes théories eclectiques, toutes d'accord dans l'exclusion, plus ou moins ouverte, du libre arbitre *absolu,* mais toutes d'accord cependant à dire que sans responsabilité morale il n'y a pas de responsabilité pénale, et que celle-ci doit être mesurée sur celle-là. Ces théories eclectiques, dont la poussée plus nombreuse est venue après la publication contemporaine (en 1884) de l'*Homme criminel,* de la *Criminologie* et des *Nouveaux horizons du droit pénal,* affirment que le criminel est moralement responsable parce qu'en lui, ou bien dans son acte, il y a:

LIBERTÉ RELATIVE DE LA VOLONTÉ

Limitée — Ellero, Pessina, Tolomei, Buccellati, Brusa, Canonico, Bovio, Prins, Rolin, Joly, Krafft-Ebing, Ziino, Riant, Garraud, Maus, etc.

Idéale — Fouillée, Siciliani, Wautrain-Cavagnari.

Par le *motif de contradiction* — Fulci.

Par le *facteur personnel* — Levy Bruhl, Magri.

LIBERTÉ DE L'INTELLIGENCE — Kleinschrod, Hälschner, Berner, Schütze, Holtzendorff, Liszt, Vida, Conti, Laurent.

VOLONTAIRETÉ — Code pénal d'Espagne, Hongrie, Italie, Projet de code pénal russe — Beaussire.

INTIMIDABILITÉ — Dubuisson, Impallomeni.

NORMALITÉ — Poletti.

IDENTITÉ PERSONNELLE ET SIMILITUDE SOCIALE — Tarde.

Comme on le voit, dans ces théories eclectiques il y a une progression de celles plus spontanées, en tant qu'adaptation et reduction des critériums classiques de « volonté libre et intelligence », jusqu'à celles plus recherchées, en tant qu'invention plus ou moins originale, de critériums de plus en plus éloignés de ces deux critériums classiques (1).

En effet, on commença, par reconnaître d'abord que les nouvelles observations de biologie et de sociologie criminelle rendaient impossible toute illusion d'une liberté et partant d'une responsabilité morale absolue et illimitée chez l'homme. Mais le préjugé que la responsabilité pénale est impossible sans responsabilité morale, empêcha de reconnaître que toute liberté morale était anéantie par les

---

(1) Je n'ai pas indiqué parmi ces théories ecléctiques celle de M. Siliò Cortes (La crisis del derecho penal, Madrid 1891, chap. i), par laquelle, en même temps qu'il accepte le principe de la défense sociale, comme raison de la punibilité, il fait cependant des réserves en faveur du libre arbitre.

Il ne s'agit donc pas d'une théorie ecléctique, car M. Siliò développe avec éloquence la méthode et les inductions de l'école positiviste, tout en laissant parmi ses idées et ses observations statistiques et psychologiques, comme une fausse membrane sins liens organiques avec le reste, l'affirmation du libre arbitre. Il y a peut-être là, de sa part, une concession, plus ou moins consciente, au spiritualisme dominant encore en Espagne; de même que « l'inconnaissable » de Spencer n'est peut-être qu'une concession au théisme dominant en Angleterre.

influences héréditaires unies à la pression du milieu. Cette liberté morale sera limitée, a-t-on dit; mais un brin de liberté nous est indispensable, car autrement on tombe dans le fatalisme et dans l'irresponsabilité pénale.

L'expédient est aussi facile qu'insoutenable; une fois que l'on se met sur le plan incliné des concessions au déterminisme naturel, on n'est plus maître de s'arrêter à un tiers, à moitié ou à deux tiers de la pente et il faut arriver jusqu'au bout, comme j'ai déjà dit. Il n'y a en effet aucune raison ni logique ni psychologique pour que les conditions physio-psychiques de l'individu et celles du milieu, si on admet qu'elles puissent éliminer et entamer en partie la puissance du libre arbitre, ne puissent cependant l'éliminer complètement.

Voilà pourquoi Carrara, talent très-logique et systématique, n'a jamais voulu faire de concessions aux inductions déterministes et il est mort tout renfermé dans la cuirasse adamantine de ses syllogismes absolus.

À cette idée plus facile d'une limitation quantitative de la liberté morale, a été substituée par d'autres eclecticiens une autre idée de liberté toujours relative. Ainsi M. Fouillée parle d'une « *liberté idéale* », qui viendrait en se faisant et se développant comme idée-force, et par laquelle seulement on aurait « la légitimation morale de la peine »; et M. Siciliani répétait que « l'homme n'est pas, mais devient libre (1) ».

Vraiment, les criminels, à les étudier sur le vivant et non pas fantastiquement, semblent n'avoir pas cette idée-force de leur liberté morale; car ils admettent presque toujours avoir été entraînés au crime par une impulsion irrésistible

---

(1) Fouillée, *La science sociale contemporaine*, Paris 1880 et *La liberté et le déterminisme*, ii edit., Paris 1884. — Siciliani, *Le questioni contemporanee e la libertà morale*, Bologna 1879 et 1889. — Wautrain-Cavagnari, *L'ideale del diritto*, Genova 1883.

de vengeance, de cupidité, de luxure, mais sans même penser à invoquer avec cela une excuse ou l'impunité. Chez eux la conscience de l'impuissance à résister à leurs instincts est aussi vive que la conscience du droit de la société à les punir. « J'ai mal fait, on m'a pris, il faut que je paie »; voilà la réponse que j'ai tant de fois entendue sortir de la bouche des détenus, qui cependant ajoutaient souvent, d'un air fourbe, que bien d'autres fois ils « avaient fait le coup sans être attrapés ».

Et si même cette idée d'une liberté idéale existait chez les criminels, comment pourrait-on en mesurer l'intensité, si cependant de celle-ci devrait dépendre leur responsabilité morale et pénale?

Cette « liberté idéale » ressemble beaucoup à cette liberté du « caractère intelligible » que Kant et Schopenhauer avaient inventée et transportée dans le champ métaphysique des noumènes et de la « raison pure », après avoir nié la liberté morale dans le « caractère empirique » des phénomènes et de la « raison pratique ». Idées trascendentales, qui témoignent d'une grande fantaisie philosophique, mais qui n'ont aucune réalité positive.

On peut dire la même chose de cette idée de la liberté relative, que M. Fulci appelle « le motif de contradiction » en interprétant inexactement une observation de Schopenhauer. M. Fulci n'admet pas le libre arbitre, en tant que liberté d'indifférence; mais il admet que notre volonté, quoique déterminée par des motifs, peut cependant prouver sa liberté, dont nous avons la conscience intime, justement en s'opposant aux motifs « qui du moins n'ont pas une force irrésistible ». « Cette opposition aux motifs, appelée par Schopenhauer « motif de contradiction », lorsqu'elle peut vaincre les autres motifs prouve le libre arbitre, car celui-ci n'est que notre pouvoir de démontrer notre liberté de volition... Le fondement de la responsabilité est ce motif de contradiction, par lequel on peut vaincre un autre motif qui se présente victorieux (1) ».

Cette théorie n'est qu'une représentation du vieux libre arbitre. D'abord, Schopenhauer parlait du motif de contradiction justement pour confirmer l'inexistence du libre arbitre et la détermination nécessaire de la volonté par le motif le plus fort dans le moment précis de la décision. C'est pour cela, comme j'ai remarqué dans mon livre sur la négation du libre arbitre, que l'argument du pari, sur lequel a tant insisté M. Jules Simon (*Le devoir*) en disant : — je défie qui que ce soit à parier avec moi qu'en ayant le bras élevé, je doive nécessairement le plier à gauche plutôt qu'à droite. — Mais, on répond, cela ne prouve en rien votre liberté volitive : car si vous le pliez à droite plutôt qu'à gauche, c'est justement que dans ce moment vous cedez au motif de contradiction, pour gagner le pari et enfoncer votre adversaire. Mais votre volonté ne peut que prendre la décision imposée par le motif le plus fort.

Il est donc impossible d'invoquer le motif de contradiction, comme preuve de liberté morale; d'autant plus que M. Fulci admet que les émotions et la folie (et même les tendances congénitales à la délinquance!) puissent vaincre ce motif de contradiction. De sorte que nous sommes toujours dans le cercle de cette liberté relative et limitable, avec toutes les absurdités psychologiques et les dangers sociaux, que j'ai déjà démontrés.

Une dernière façon de représenter cette liberté relative est la théorie de ce qu'on pourrait dire « le facteur personnel » qui concourt dans toute délibération volontaire à déterminer le conflit des motifs intérieurs et des circonstances externes.

(1) Fulci, *L'evoluzione del diritto penale*, Messina 1882, p. 48 et 228. — *L'intenzione nei reati*, Messina 1885 et 1889, i. 3, ii. 351.

M. Levy Bruhl, par exemple, après avoir remarqué que la responsabilité a un côté *objectif* (qui ressemble à notre idée de responsabilité sociale) et un côté *subjectif* (responsabilité morale) et après en avoir fait une analyse assez fine, reconnaît que pour la vie sociale suffit la responsabilité objective. Il exige, il est vrai, même pour celle-ci, que « l'homme soit capable de prévoir les conséquences de ses actions et exempt d'impulsions morbides (1) »; et avec cela il s'éloigne de notre théorie de la responsabilité sociale, car, avec tous les classiques et les eclecticiens, il confond le principe de la responsabilité avec ses formes et partant il s'oppose à l'idée, cependant si spontanée et quotidienne, que même les fous sont responsables de leurs actions, quoique sous une forme et avec des critériums différents de ceux pour les criminels non aliénés.

Cependant les observations de M. Levy Bruhl sur la responsabilité objective sont exactes et positives pour la plus grande partie. Seulement, celle-ci ne lui suffit pas et il ajoute la responsabilité subjective et morale, de même que Kant, dont il est partisan, au « caractère empirique » ajoutait le « caractère intelligible ». « L'homme est moralement responsable, conclut M. Levy Bruhl, parce qu'il est réellement l'origine première de son progrès ou de sa décadence au point de vue de la perfection. C'est à lui, considéré dans l'essence de sa personnalité, que les décisions doivent être rapportées... En un mot la notion de responsabilité morale suppose celle de liberté (p. 105) ».

Il avoue cependant que de cette responsabilité subjective « peut-être pouvons-nous nous en former une représentation symbolique, mais en aucun cas une notion proprement dite (p. 117) ». Et par conséquent sa théorie, quoiqu'il insiste sur la nécessité de dédoubler la notion de responsabilité, en admettant (sous certaines réserves) pour la légis-

---

(1) LEVY BRUHL, *L'idée de responsabilité*, Paris 1884, p. 43.

lation pénale la seule responsabilité objective (p. 215), rentre toujours dans l'idée plus ou moins symbolique d'une liberté morale, d'une personnalité, d'un facteur personnel, auquel appartiendrait la direction de l'activité individuelle et partant la responsabilité morale des actions.

Or cette nécessité supposée d'une responsabilité subjective comme précedent et condition de la responsabilité objective est, après tout, un équivoque.

De même qu'il est erroné de dire que la règle abstraite « le mal mérite le mal », précède la règle de droit positif que le délit doit être puni; car au contraire c'est de l'expérience et du souvenir de ces règles positives de coexistence sociale (défense et vengeance) que les hommes tirent et distillent l'idée abstraite de cette règle éthique absolue; ainsi c'est seulement de l'expérience de la responsabilité objective qu'on tire et distille l'idée abstraite, le symbole métaphysique de la responsabilité subjective. Ce n'est pas la morale qui précède la vie sociale, ni la responsabilité subjective qui précède la responsabilité objective; mais c'est justement l'inverse.

La réaction défensive et vindicative contre toute action contraire aux conditions d'existence individuelle ou sociale : voilà le fait primitif, irréducible de toute coexistence sociale, même chez les animaux (1). C'est donc lui le seul

_____

(1) « Cet instinct (de conservation) après avoir créé le système complexe des peines et récompenses sociales, s'est trouvé fortifié par l'existence même de ce système protecteur. Nous n'avons pas tardé à reconnaitre que, lorsque nous lésions autrui de telle façon ou de telle autre, nous devions nous attendre à une repression plus ou moins vive ; aussi s'est établie une asso o ciation naturelle et rationnelle (signalée déjà par l'école anglaise) entre telle conduite et un certain châtiment. Nous trouvons dans la _Revue philosophique_ un exemple curieux d'une association naissante de tel genre chez un animal. « Jusqu'à présent, dit M. Delbœuf, je n'a vu la rélation d'aucun fait d'une portée aussi significative. Le héros est un petit chien croisé de chien-loup et d'épagneul. Il était à cet âge où commence pour son espèce le serieux des devoirs de la vie sociale. Autorisé à élire domi-

fondement déterminant des règles de la moralité, lesquelles
n'ont besoin de recevoir aucune justification. La défense individuelle et sociale a continué même lorsque la science
pénale abandonna la règle absolue que le mal mérite le
mal; elle continuera aussi, plus humaine par ce que plus
positive, lorsque la science aura abandonné aussi la règle
que la responsabilité morale doit précéder la responsabilité pénale.

cile dans mon cabinet de travail, il s'y oubliait assez souvent. En tuteur
inflexible, je lui remontrais chaque fois l'horreur de sa conduite, le trans-
portais vivement dans la cour et le mettait debout dans un coin. Après une
attente qui variait suivant l'importance du délit, je le faisait revenir. Cette
éducation lui fit comprendre assez rapidement certains articles du code de
la civilité... canine, au point que je pus croire qu'il s'était enfin corrigé
de son penchant à l'oubli des convenances. O deception! un jour, entrant
dans une chambre, je me trouve en face d'un nouveau méfait. Je cherche
mon chien pour lui faire sentir toute l'indignité de sa rechute; il n'est pas
là. Je l'appelle, il ne vient pas. Je descends à la cour... il y était, debout,
dans le coin, les pattes de devant tombant piteusement sur la poitrine,
l'air contrit, honteux et repentant ». M. Romanes aussi rapporte des faits
plus ou moins analogues. (GUYAU, *Esquisse d'une morale etc.*, Paris 1885,
p. 167).

Ce fait, qui est psychologiquement caractéristique, et qui fera cependant
sourire, comme anecdocte insignifiante, tous ceux qui n'ont pas de sens
expérimental, est analogue à celui que M. Ardigò nous racontait aux belles
années du lycée Virgile à Mantoue. Je l'ai rapporté dans la « négation du
libre arbitre (p. 417) ». Il s'agissait d'un chien, qui ennuyait beaucoup son
maître en voulant rester dans la salle à manger pendant les repas. Son
maître alors ordonna que chaque fois qu'on portait la nappe pour mettre
les couverts, ou le fouettât en fermant les portes. Après quelques jours de
ce régime pénal, le chien à peine voyait-il qu'on portait la nappe, il fuyait
bien vite, en libérant de la sorte son maître ingénieux.

De même le léopard dont parle Bréhm *(La vie des animaux*, trad. it.,
I. 314, 354) qui rentrait dans sa cage seulement après qu'on l'inondait d'eau
froide. « Et la chose arriva à tel point, qu'il suffisait ensuite de lui montrer seulement la pompe à eau pour le faire rentrer dans la cage, quoique
avec la plus grande répugnance ».

V. (Chap. II) ce que j'ai dit sur la psychologie de la peine, efficace en tant
qu'elle est une sensation concrète d'un mal imminent et inévitable, bien
peu puissante en tant qu'idée abstraite d'un mal lointain.

M. Magri a exposé le concept de ce facteur personnel, comme pivot et raison de la responsabilité, avec une autre théorie. Il dit: tout homme reçoit du milieu social des éléments bons et des éléments mauvais, moraux et immoraux: de leur combinaison résulte la personnalité de tout homme; qui sera honnête ou criminel suivant la prédominance des éléments sociaux ou antisociaux. Or, si l'individu ne peut rien lorsque sa personnalité est déjà formée, il peut au contraire et il doit contribuer à sa formation en donnant la prévalence aux éléments moraux. S'il ne le fait pas et devient criminel il est moralement responsable (1).

Il est facile de répondre que ce pouvoir attribué à l'homme, de donner la prédominance à tels ou tels éléments du milieu, est purement fantastique: tout homme naît avec une somme de penchants héréditaires, qui déterminent déjà la formation de sa personnalité en concours avec les conditions du milieu, qui elles-aussi sont soustraites au pouvoir individuel. C'est dans ce sens que Gœthe disait que « tout homme devient ce qu'il est ». Et il n'est donc pas nécessaire d'insister sur les autres objections qu'on pourrait faire à cette théorie, pour demander à quelle époque la personnalité individuelle est déjà formée, et comment on pourra juger si un criminel était déjà psychiquement formé ou en formation encore à l'époque de son crime. Et on reviendrait aussi à la conclusion d'irresponsabilité pour ceux qui auraient été empêchés par des conditions pathologiques à cette œuvre d'auto-formation morale: et on reviendrait alors à la difficulté de faire la part de responsabilité personnelle et d'irresponsabilité pathologique dans les cas intermédiaires, de formation incomplète, qui sont les plus nombreux. Sans ajouter que, puisque la personnalité se forme pendant les premières années de la vie, l'homme

(1) MAGRI, *Studi sull'impulabilità penale*, Pisa 1889, p. 116-119.

adulte serait responsable ou non pour ce qu'il aurait fait dans son enfance ou jeunesse (1).

Tel est le groupe de théories éclectiques sur la responsabilité qui s'éloigne le moins de la théorie classique sur la liberté morale, condition et mesure de la responsabilité morale et penale.

Mais l'hommage inévitable aux données scientifiques de la physio-psychologie est allé plus loin, surtout chez les criminalistes allemands, qui ont cru eviter toute difficulté en abandonnant tout-à-fait l'élément de la liberté volitive, pour s'en tenir à l'autre élément classique, moins incertain, qui est l'intelligence.

C'est une théorie, qui elle aussi se présente assez spontanée; car il est naturel de dire : si l'homme est responsable par ce qu'il est « intelligent et libre », une fois qu'on conteste sa liberté, vous nous accorderez du moins qu'il est responsable par ce qu'il est intelligent. C'est la théorie, indiquée par Spinoza et Schopenhauer et que moi-même j'avais adoptée dans la deuxième partie de mon volume sur la théorie de l'imputabilité et la négation du libre arbitre, que j'ai abandonnée en suite, en conservant seulement le critérium des motifs déterminants à l'action, dont je parlerai au § VII.

Certes les conditions de l'intelligence, ou de la raison, ou de la conscience, par lesquelles l'homme connaît les rapports des choses et les conséquences physiques, sociales et légales de ses actes, ne peuvent pas être negligées par le législateur ni par le juge et le sociologue criminaliste. Mais l'équivoque de cette théorie est avant tout en cela que les

(1) M. Magri dans un volume plus récent (*Nuova teoria generale della criminalità*, Pisa 1891), abandonne cette théorie: et il lui substitue l'idée que l'homme est moralement responsable à cause de « son pouvoir de variation et de réalisation des règles juridiques » qui est tout à fait semblable à celle de l'intimidabilité, dont je m'occuperai tout à l'heure.

conditions intellectuelles, et psychiques en général, du criminel sont un des critériums de sa responsabilité pénale, mais non pas sa raison d'être. Que le criminel ait une intelligence à peu près normale, ou bien anormale, par des causes physiologiques (âge mineur, ivresse), ou pathologiques (folie, sonnambulisme, etc.), cela importe pour lui adapter la forme de la sanction sociale de défense et en cela même l'école positiviste arrive à des conclusions bien différentes de celles de l'école classique sur ces causes de prétendue irresponsabilité.

Mais ces conditions psychologiques n'ont rien à faire avec la raison même par laquelle l'homme est responsable, car il est toujours responsable de ses crimes, quelles que soient les conditions de son intelligence. Si, au contraire, de ces conditions on veut faire la condition *sine qua non* de la responsabilité morale et pénale, alors nous rentrons dans la théorie classique, avec les absurdes logiques et les dangers sociaux qui en sont inséparables.

Et en dehors de ce malentendu fondamental, caché dans cette théorie, il y en a d'autres.

En effet, qu'est-ce qu'on entend par « liberté de l'intelligence? ». Entend-on « liberté » dans le sens d'indépendance des causes internes et externes, comme a cru quelqu'éclectique italien, en copiant la théorie allemande? Mais alors évidemment on ne fait que transporter l'idée de « liberté morale », de la volonté à l'intelligence, et l'absurde augmente; car même les plus orthodoxes partisans du libre arbitre ont bien reconnu que l'intelligence ne peut pas être « libre » dans le sens anti-déterministe, car les lois de la logique sont nécessaires et inexorables.

Entend-on par liberté, comme je disais autrefois et comme disent les criminalistes allemands, la normalité et l'intégrité de l'intelligence ou de la conscience? Alors la notion serait plus positive, mais elle cache toujours un malentendu.

L'art. 51 du code pénal allemand dit: « Il n'y a pas d'action punissable lorsque l'agent au temps où il a commis l'action était dépourvu de connaissance, ou dans un état d'altération morbide des facultés mentales, *du quel était exclue la détermination libre de sa volonté* ». C'est-à-dire que alors le libre arbitre, chassé par la porte de la volonté, rentre par la fenêtre de l'intelligence: car la normalité de celle-ci serait exigée comme condition de « libre détermination de la volonté ».

En effet M. Berner, qui est un des plus illustres représentants de cette théorie éclectique, écrit justement que « pour qu'il y ait imputabilité, c'est-à-dire responsabilité pénale, on doit avoir la conscience de soi-même, la conscience du monde extérieur et la conscience développée du devoir. Dans ces moments de l'intelligence *est déjà comprise la liberté intime* et partant il n'est pas nécessaire de l'ajouter comme une des conditions de l'imputabilité ». Et parmi les plus récents criminalistes éclectiques, M. Liszt moins clairement déclare que « dans l'idée de la responsabilité pénale et par conséquent de l'imputabilité n'est pas présupposée et contenue celle d'une liberté de la volonté soustraite à la loi de causalité, mais seulement celle de la déterminabilité de la volonté en conformité avec la loi, en général par l'intermédiaire des idées et en particulier par l'intermédiaire des notions de la religion, de la morale, du droit, de la prudence. Seulement dans cette déterminabilité de la volonté le droit pénal trouve son fondement solide, soustrait aux luttes des philosophes (1) ».

C'est-à-dire que l'intelligence est toujours prise comme élément directif de la volonté et comme telle posée en condition fondamentale de toute responsabilité morale et pénale; ce que, du reste, faisait Kleinschrod et d'autres moins

(1) BERNER, *Lehrbuch des Strafrechts*, § 76. — LISZT, *Lehrbuch des deutschen Strafrechts*, IV edit., Berlin 1891, p. 160.

récents criminalistes allemands, suivis aussi par MM. Conti, Vida, Laurent, etc. (1).

Mais, outre ces deux équivoques (confusion entre liberté et normalité de l'intelligence — intelligence prise comme condition de libre détermination volitive) il y a d'autres difficultés dans cette théorie.

Avant tout, comme dit M. Poletti, l'idée du crime ou d'un crime donné est égale dans la conscience et l'intelligence d'un homme honnête, qui ne le commet pas, et dans celle d'un pervers, qui le commet. La différence réside en cela seul, que chez l'un cette idée répugne au sens moral et partant ne passe pas à son exécution musculaire et extérieure; chez l'autre cette répugnance n'existe pas et l'idée atteint son exécution. Il ne s'agit donc pas d'une différence d'intelligence entre celui qui commet et celui qui ne commet pas le crime.

En outre, chez un grand nombre de fous (non pas des fous furieux ou à grande orchestre, auxquels pensent toujours les juristes et qui cependant sont les plus rares), l'idée du délit est égale à celle qu'en a le criminel non aliéné. Et ils peuvent avoir la conscience de commettre une action prohibée et alors, suivant cette théorie, il devraient être responsables; ce qu'elle nie, absolument, comme toutes les théories classiques et éclectiques.

Et, en pratique, comment pourra-t-on mesurer la normalité de l'intelligence? Ce seront seulement le cinq ou six circonstances classiques qui élimineront toute responsabilité morale, par défaut d'intelligence? Et le manque d'instruction et d'éducation, cette *rusticitas* qui au sens pratique des jurisconsultes romains suffisait pour exclure la présomption, absurde en tant qu'absolue, que tous sont censés

---

(1) Conti, *Dell'imputabilità* dans le *Traité de droit pénal*, publié par M. Cogliolo, Milano 1890. — Vida, *De la imputabilidad* dans la *Revista de antropologia criminal*, Valladolid, févr. 1889, p. 82. — Laurent, *Les habitués des prisons*, Lyon 1890, p. 600.

connaître les cent mille lois qui nous régissent, comment
pourra-t-on les calculer dans le jugement metrique de la
responsabilité morale? Car dans ces cas les circonstances
atténuantes ne sont évidemment qu'un expédient pour atténuer justement le choc entre la théorie abstraite de la
responsabilité morale et les degrés concrets de l'intelligence
individuelle.

Et enfin, même en négligeant de remarquer que cette
théorie reste toujours dans la vieille psychologie cellulaire
qui séparait les facultés de l'esprit comme entités en soi,
il reste toujours que suivant cette théorie la responsabilité,
c'est-à-dire la défense sociale, diminue ou disparaît justement dans les cas où elle est plus nécessaire, c'est-à-dire dans
les cas d'intelligence anormale et partant plus dangereuse.

Laissant donc de côté les deux traditionnels éléments de
la responsabilité morale — liberté et intelligence — tels
qu'ils ont été réduits, accommodés, dilués par l'éclectisme,
nous trouvons maintenant d'autres théories qui cherchent
çà et là quelque fondement nouveau à cette responsabilité
morale, toujours censée nécessaire à la responsabilité pénale.

Ce fut surtout dans la rédaction des codes pénaux qu'on
trouva assez spontanément un autre expédient, pour éviter
les difficultés toujours croissantes du problème de la punibilité. Et on a dit : — soit, le libre arbitre, la liberté
morale, peuvent être contestés : mais la *volonté* en tout cas,
avec ou sens liberté, reste toujours, et c'est par elle que
l'homme est responsable des crimes commis, qui sont justement l'indice et l'effet de sa volonté, qui est ce qu'il y
a de plus intime et de plus personnel chez l'individu. —
Il y a cela de commode qu'en disant tout simplement « volonté », on ne mécontente ni les uns ni les autres; car ceux
qui nient le libre arbitre ne nient pas la volonté, quoique
déterminée; et ceux, au contraire, qui croient au libre ar-

bitre, disent que volonté et libre arbitre sont inséparables, comme matière et gravité.

C'est dans le premier projet de code pénal pour le royaume d'Italie (1806) que je trouve la responsabilité fondée seulement sur la volonté. L'art. 8 disait: « Pour que la violation de la loi pénale soit imputable il faut qu'elle soit accompagnée par la *volonté* de la violer ». La commission de révision (1808), dont faisait partie Romagnosi, rédigea cet article en disant: « Aucune action, aucune omission ne peut être imputée à crime, lorsqu'il n'y a pas dol ou culpa. Il y a dol lorsque on fait ou on ne fait pas *volontairement* ce que la loi pénale défend ou commande. Il y a culpa lorsque la violation de la loi est l'effet non prévu et qu'on devait prévoir, de l'action *voulue,* quoique licite ». Et le juge Luosi disait à ce propos que « *la seule volonté* donne le caractère de moralité aux actions humaines ».

Ce critérium, qu'on a ensuite appelé de la « volontairété », n'est donc pas une nouveauté du code pénal italien de 1889. Le rapport ministériel sur le projet de 1887 (I. XLIII) en expliquant la première partie de l'art. 46, ainsi conçue: « Personne ne peut être puni si non par une action ou omission *volontaire* » cite, comme précédents législatifs, le code pénal de Zurich et celui de l'Hongrie. Mais celui-ci seulement dit (§ 75) que « ne constitue crime que l'action commise *volontairement* », tandis que le § 32 du code de Zurich parle du dol, qui est bien différent de la volonté ou volontairété de l'action.

Parmi les codes contemporains, outre le code autrichien qui parle de « pravité d'intention pour constituer le crime » (§ 1), il y a le code espagnol qui dit précisément (art. 1) : « Sont délits ou contravventions les actions ou omissions *volontaires* punies par la loi. Les actions ou omissions sont toujours réputées *volontaires,* pourvu qu'on ne prouve pas le contraire. Qui commet *volontairement* un délit ou une contravvention sera responsable pénalement, même si le mal exécuté était différent de celui qu'il s'était proposé de commettre ».

Enfin le projet de code pénal russe (1883) au chapitre IV « des conditions de l'imputabilité et de la criminalité » qui contient la formule et les cas d'irresponsabilité, ajoute un chap. V « des formes de la culpabilité » (tentative et complicité) qui commence par le § 43: « L'infraction est réputée *volontaire*, si le coupable, en la commettant, ou voulait la commettre, ou admettait les résultats qui en sont provenus. L'infraction est réputée *involontaire*, si, en la commettant, le coupable, quoique prévoyant les résultats qui en sont provenus, croyait qu'il les empêcherait ou, quoique ne prévoyant pas le fait ou ses résultats, pouvait et devait les prévoir ».

Les autres codes, à ma connaissance, n'ont aucune disposition préliminaire sur l'imputabilité ou punibilité, car tous commencent par établir au contraire la condition générale d'irresponsabilité avec quelqu'une de ces fameuses formules de l' « infirmité de l'esprit » — « privation d'esprit » — « altération morbide des facultés mentales » — « inconscience » — « privation de conscience » des actes ou de commettre un crime — « privation de liberté » des actes ou d'élection — « force irrésistible » externe ou interne, etc. etc., qui à elles seules ont fatigué plusieurs générations de rédacteurs de codes pénaux, en les condamnant au travail stérile et pitoyable de logomachies formulistiques et prouvent à elles seules, dans leur variété kaléidoscopique, toute l'instabilité scientifique de la théorie de la responsabilité morale.

Le projet de code pénal italien (1887) faisait passer avant la formule de l'irresponsabilité, la condition générale de responsabilité, justement avec cette formule de la « volontaireté » des actes, qui n'existait, à propos des crimes et délits, dans aucun projet précédent et qui se trouvait seulement dans le règlement toscan de police punitive, à propos des contraventions. Et cette formule, M. Villa surtout, dans son rapport à la Chambre des députés, la présentait comme une troisième théorie entre celle qui affirme et celle qui nie la liberté morale ou de la volonté.

«Un des problèmes, qui fatiguèrent de plus les intelligences des juristes et des philosophes est celui de l'imputabilité du crime... Sans nous occuper des opinions isolées ou intermédiaires, nous devons remarquer qu'il y a *trois* doctrines qui aujourd'hui se partagent le champ de la discussion à ce propos. Une d'elles, la plus ancienne et la plus repandue, nous enseigne que l'homme ne peut être imputable d'un crime si le fait n'a pas été le produit de la libre détermination de sa volonté... Cependant les attaques à la théorie du libre arbitre sont très anciens dans la philosophie; mais aujourd'hui ils ont été renouvelés plus hardis et vivaces en passant de la thèse abstraite à la thèse spéciale et concrète de l'imputabilité du crime... On a nié le libre arbitre et partant on a nié que l'imputabilité et la responsabilité puissent être fondées sur lui. On a cru même pouvoir appeler responsable l'homme sur le fondement de l'idée pure et simple de la nécessité sociale qui veut qu'au délit succède la peine, comme sanction ou réaction correspondante... De sorte qu'il ne serait plus nécessaire de rechercher si un individu est *plus ou moins libre* dans ses volitions pour établir le fondement de sa responsabilité pénale, qui devrait être la conséquence de son existence en société... Il faut reconnaître que ces doctrines, soutenues aujourd'hui avec l'appui des sciences les plus modernes, telles que la sociologie et la statistique, la physiologie et l'anthropologie .... ont exercé un charme singulier; .... mais l'histoire, la tradition, la conscience humaine sont, elles aussi, des forces vivantes pour la science....

» La lutte ardente prépara un nouveau (?) postulat, qui *en se mettant entre les deux thèses opposées du libre arbitre et de sa négation,* est peut-être la solution vraie du problème.

» Cette *troisième doctrine* donne pour base de l'imputabilité la *volontaireté* du fait, indépendamment du libre arbitre, quoique elle soit cependant *bien loin d'en nier l'existence,* qui est suffisamment démontrée par le témoignage de la conscience intérieure .... Celui-ci est un sentiment dont l'homme ne peut répondre que devant le for de sa concience et qui exige tout le respect du juriste et du législateur; mais il ne peut et ne doit pas être mis en discussion devant le for extérieur de la société : à celle-ci importent surtout l'objectivité et l'extériorité des faits et l'on doit rechercher seulement si la *volonté* humaine les a déterminés ».

Voilà donc devoilé le mystère : « la volontaireté » est un terrain, qui n'est pas nouveau, tant s'en faut, mais qui est neutre entre la volonté avec libre arbitre et la volonté sans libre arbitre. Elle constitue donc une théorie éclectique de la responsabilité pénale, dont elle exige toujours, comme condition et mesure, la responsabilité *morale*.

Mais, outre les absurdités et les dangers qui sont toujours inséparables de la responsabilité morale, le critérium de la « volontaireté » est par lui-même erroné au point de vue psychologique et juridique de même qu'il est équivoque et incertain au point de vue pratique.

L'élément psychologique du crime, qui a sa valeur aussi dans la théorie positiviste pour établir les conditions de l'acte et de l'agent auxquelles doit s'adapter la réaction de la société, comme nous verrons tout à l'heure (§ vi et vii), n'est pas constitué seulement par la *volontaireté* du fait: car il y a aussi l'*intention* et le *but* de l'agent.

La *volontaireté* tient à l'acte en soi-même : l'explosion du fusil on l'a voulue ou bien elle fut accidentelle; le mot outrageux dans l'article du journal on l'a voulu, ou bien il fut une faute typographique, etc.

L'*intention* tient au motif, par lequel on a voulu accomplir l'acte; on tira le coup de fusil pour tuer ou bien pour épouvanter, pour plaisanter — on écrit le mot outrageux pour calomnier ou bien pour revéler la vérité.

Le *but* tient à l'effet, qu'en voulant cet acte avec telle intention, on chercha d'atteindre. On tira le coup de fusil pour tuer, mais dans le but de venger un outrage ou bien d'usurper un héritage, de voler ou de se défendre. On diffama pour révéler la vérité; mais dans le but égoïstique, par exemple, d'écarter un concourant ou de se faire de la réclame, ou bien dans le but social d'attirer le blâme publique sur les coquins qui escroquent le nom de gens honnêtes.

Pour qu'il y ait responsabilité pénale tous ces trois éléments sont nécessaires: il ne suffit pas d'avoir voulu le fait, il y faut de plus une intention offensive avec un but antisocial ou antijuridique.

C'est ce que les juristes et les législateurs expriment moins complètement en disant que l'élément psychologique du crime est constitué par le dol ou la malice, ou la mauvaise intention; ou bien en ajoutant qu'avec le dol général dans chaque crime ou délit, est nécessaire le dol spécifique (*animus diffamandi, animus occidendi,* etc.).

Dire donc que l'action est punissable par ce qu'elle est *volontaire* c'est une erreur psychologique. Deux homicides également volontaires peuvent être l'un punissable et l'autre non, suivant qu'il y a ou non une intention offensive et un but antisocial.

Et cette « volontaireté » est aussi une erreur juridique. Car, comme disait M. Pessina, dans son rapport au Sénat sur le projet de code pénal italien « il y a des actes qui sont bien punissables quoiqu'ils soient *involontaires*. Et on ne pourrait dire que, même dans l'homicide dit involontaire, l'acte initial est volontaire, quoique sa conséquence ne soit ni voulue ni prévue. En effet dans les faits d'omission il n'y a pas même un acte positif, initial, qui soit volontaire ».

Et moi j'ajoute que pas même dans les faits d'action positive on ne peut dire que la faute soit un défaut de volonté et non de l'intelligence.

On sait que l'école classique a toujours eu de la difficulté à justifier la punibilité des délits involontaires, une fois qu'elle fondait la punibilité en général sur la volonté intelligente et libre de l'individu. On a donné pour cela plusieurs théories, en disant que les délits involontaires étaient punis pour le soupçon du dol ou bien pour corriger les imprudents, etc.; mais aucune de ces théories n'était admissible. De sorte qu'il y a eu des juristes, comme Lampredi en Italie, Almendingen en Allemagne, qui soutinrent que la faute *(culpa)* n'est pas punissable, puisqu'elle est un défaut d'intelligence et non de volonté. La grande majorité des classiques dit cependant, pour se tirer d'embarras, que la faute est un défaut de volonté.

Nous disons au contraire que la raison pour laquelle les délits involontaires sont punis (dans telle ou telle forme, et nous croyons que la prison donnée à l'homicide involontaire de même qu'au meurtre volontaire est une absurdité) est toujours et seulement la nécessité de la défense sociale. Mais nous disons aussi que, psychologiquement, la faute n'est pas un défaut de volonté : elle n'est qu'un défaut d'intelligence, c'est-à-dire de prévoyance.

S'il était vrai, comme dit Carrara, qu'il y a faute lorsque l'individu « a volontairement omis de calculer les effets de son acte », on aurait alors le vrai dol. À la chasse, je tire un coup de fusil contre une haie : si *volontairement* j'omets de calculer que là derrière il pourrait y avoir un homme, alors il n'est plus question de négligence ou d'imprévoyance : il s'agit de dol vrai, quoique indéterminé. C'est seulement lorsque j'oublie *involontairement* de calculer les effets possibles de mon acte, qu'on peut me punir justement pour ma négligence et mon imprudence.

Et il ne suffirait pas de dire que dans ce cas « l'effet est involontaire, mais la cause est volontaire »; car on pourrait répondre d'abord que même dans les cas de délit casuel, l'acte initial est aussi volontaire, mais on ne le punit pas parce que son effet était *imprévoyable*. Et en second lieu ce qu'on punit dans les délits involontaires et le cas de faute, ce n'est pas l'acte initial volontaire, mais seulement l'effet final involontaire: et c'est celui-ci qui seul constitue le critérium exclusif de la punibilité ou de l'impunité.

Le chasseur tire un coup de fusil contre une haie, derrière laquelle il y a un homme. S'il tire pour le tuer dans un but antisocial, il y a dol et partant meurtre punissable. S'il tire sans penser qu'il peut y avoir un homme, l'acte est volontaire et non dolosif, quel que soit l'effet de l'explosion: si le coup manque l'homme caché derrière la haie, il n'y a pas de délit ni de peine: si le coup blesse seulement, le chasseur est puni pour blessure; si le coup tue, le chasseur est puni pour homicide.

C'est-à-dire que l'acte initial volontaire (coup de fusil) est le même dans tous les cas. S'il est accompli avec une intention offensive et un but antisocial (par ex. vengeance), l'effet qui en résulte, mort, blessure, ou même intégrité de la victime, est un meurtre dolosif, consommé, ou manqué, ou tenté. Si le même acte initial est exécuté avec une intention offensive, mais dans un but social (par exemple défense légitime), l'effet qui en résulte, mort, blessure ou intégrité de la victime, n'est pas punissable. Si le même acte initial et volontaire est accompli sans intention offensive et partant sans un but antisocial, s'il a pour effet involontaire l'intégrité de la victime il n'est pas punissable; mais s'il a pour effet, également involontaire, la mort ou la blessure, dès lors il constitue un homicide ou une blessure involontaire, punissables, à cause du devoir social de chaque individu à l'égard de ses concitoyens, ou bien du devoir spécial et professionel, que l'agent, sans le vouloir, a negligé.

La volontaireté de l'acte n'a donc rien à faire avec la responsabilité pénale de l'agent, car celle-ci existe ou n'existe pas, ou bien elle existe dans une mesure bien différente, tout en étant le même l'acte volontaire initial, suivant l'intention et le but qui le précèdent et l'effet qui le suit.

En effet l'art. 45 du nouveau code pénal italien a fini par dire que « personne ne peut être puni pour un délit, s'il n'a pas voulu le fait qui le constitue, *à moins que la loi ne le mette autrement à sa charge* »…. C'est-à-dire une exception qui mange la règle.

L'homme est punissable seulement s'il a voulu le fait… mais il est punissable aussi s'il ne l'a pas voulu, pourvu que la loi le punisse! Il aurait été plus machiavélique et monumental de dire tout de suite : « L'homme est punissable lorsque la loi le punit! »

De sorte que cette théorie éclectique de la « volontaireté » non seulement est une erreur psychologiqne et juridique, mais est aussi équivoque dans la pratique. Car tandis que d'une part il est inutile de dire dans le code pénal que tout homme répond de *ses* actions, qu'il a voulues, comme effet et indice de *sa* personnalité, il est d'autre part insuffisant de dire que la punibilité dépend de la volontaireté de l'acte, car avec la volonté il y faut aussi une intention offensive et un but antisocial pour que l'acte soit punissable.

Aucun terrain neutre entre libre arbitre et déterminisme n'est possible et il n'est pas suffisant de dire, avec M. Beaussire, qui cependant a donné beaucoup de valeur aux théories de l'école positiviste, qu'il faut exclure les discussions sur le libre arbitre. « Elles portent, non sur le fait de la volonté, mais sur un de ses caractères. Ceux qui rejettent comme ceux qui admettent le libre arbitre, sont d'accord pour distinguer, d'après les mêmes signes, les actes volontaires des actes involontaires. *Une telle distinction suffit,* pratiquement, au jugement moral; à plus forte raison suffit-elle au jugement pénal, qui n'embrasse pas tout le champ de la conscience et qui n'est pas obligé à y pénétrer si profondément (1) ».

Ce critérium, au contraire, de la volontaireté et involontaireté des actes, nous l'avons vu, ne suffit au jugement moral pas plus qu'au jugement pénal.

Une autre théorie éclectique, pour concilier les nouvelles données de la physio-psychologie avec la vieille responsabilité morale du criminel, a été développée par M. Dubuisson, qui a renouvelé en partie l'ancienne théorie de Feuerbach sur la « coaction psychologique ».

M. Dubuisson, qui est un médecin, dit : « L'homme est responsable de ses actes, quoiqu'il tienne de l'hérédité des dispositions intellectuelles et morales, qui le poussent *nécessairement* dans un sens déterminé, ... car l'homme né pervers, ou perverti par une éducation vicieuse, n'est pas, *par ce fait seul,* traîné au mal *sans résistance possible* et par conséquent il n'est pas irresponsable... Pour mal doué qu'il soit, il n'est qu'une variété plus ou moins malheureuse de l'espèce, mais dont les fonctions intellectuelles et morales s'accomplissent *normalement* (!).... Autre chose est distinguer le bien du mal, opération purement intellectuelle et autre chose est se sentir poussé vers le bien ou vers le mal, phénomène purement moral. Le même individu peut donc comprendre ce qui est bien et cependant faire le mal.... Nous voilà en présence d'un individu incapable de suffire à soi-même, au point de vue moral, d'un individu rebelle à toutes les suggestions d'ordre supérieur. Que reste-t-il pour contrebalancer les mauvaises tendances qui dominent dans ce cerveau? Rien, en dehors de ces

(1) BEAUSSIRE, *Les principes du droit,* Paris 1888, p. 145.

mêmes mauvaises tendances et ce serait bien peu de chose vraiment s'il n'y avait la répression pénale. C'est elle qui vient en aide au misérable. La cupidité, la sexualité, l'instinct destructeur veulent être satisfaits : mais l'intelligence montre à l'homme que le résultat de ces satisfactions sera de le frapper dans son patrimoine, dans sa liberté, dans sa vie, c'est-à-dire dans les instincts mêmes qu'il est prêt à assouvir et alors il arrive, *pourvu bien entendu que l'intimidation soit suffisante,* que les mauvaises tendances poussées dans un sens contraires font équilibre à soi-mêmes et se trouvent comme neutralisées.... L'homme, disent les fatalistes, ne doit pas être puni parce qu'il n'est pas capable de résister à ses tendances. Et nous disons au contraire : l'homme est capable de résister à ses tendances précisément parce qu'il peut être puni, parce qu'il existe une pénalité. Sans pénalité, c'est-à-dire sans intimidation, le pervers serait sans secours contre sa perversité et il ne pourrait obéir qu'à celle-ci... Pour cela j'ai établi au point de vue général, sans me préoccuper des exceptions (toutes comprises dans l'aliénation mentale) que *tous les hommes étant intimidables doivent être considérés comme responsables de leurs actes* (1) ».

Que la peine, comme disait Beccaria, soit « un motif sensible opposé au délit » et que partant, comme disait Feuerbach « la coaction psychologique » soit une des raisons et des buts de la peine, cela est évident et même suivant le déterminisme bien plus que dans l'hypothèse du libre arbitre. Comme disait Mad. Clémence Royer au ii congrès d'anthropologie criminelle « quelle que soit la forme qu'elle ait prise, sous l'influence des croyances erronées et des

---

(1) DUBUISSON, *Théorie de la responsabilité* dans les *Archives d'anthrop. crim.*, 15 janv. 1888. Et avant lui : BAIN, *L'esprit et le corps*, Paris 1873, p. 233. — POLETTI, *Il sentimento nella scienza penale*, Udine 1882, p. 57. — LEVY BRUHL, *L'idée de responsabilité*, Paris 1884, p. 43, 50, 198. — Et, après lui, IMPALLOMENI, *Il codice penale italiano*, Firenze 1890, I, 149.

égarements de l'imagination humaine, la peine juridique ne peut avoir eu d'autre but que de changer la résultante des motifs d'action : de sorte que, dans la plus grande partie des cas, si non toujours, la crainte de la peine modifie chez l'individu tenté de commettre un acte nuisible, le sens de cette résultante en lui attribuant un signe négatif au lieu d'un signe positif » (*Actes*, 1890, p. 300).

Mais dire qu'une des fonctions de la peine législative, judiciaire et administrative est la coaction psychologique, ou bien, comme disait Romagnosi, la contre-impulsion à l'impulsion du crime, est toute autre chose que de dire, avec M. Dubuisson, que l'intimidabilité de l'homme est le fondement de sa responsabilité morale et pénale.

Avant tout, si un homme commet un crime c'est justement parce qu'il n'a pas été intimidé et n'était pas intimidable par la peine. C'est-à-dire que la conséquence logique de cette théorie serait que les seuls hommes responsables sont ceux qui ne commettent pas de crimes!

Et tout en négligeant ce qu'il y a d'illogique à admettre que l'homme subit le déterminisme de l'hérédité et du milieu, et que cependant il peut résister à ce déterminisme même, lorsqu'il est sur le point de commettre un crime; tout en négligeant ce que j'ai dit sur la psychologie de la peine (chap. II); tout en négligeant que cette théorie vise un criminel abstrait en oubliant l'imprévoyance spécifique des criminels vrais; il y a toujours de la naïveté dans l'affirmation que « les mauvaises tendances poussées dans un sens contraire font équilibre à soi-mêmes, *pourvu que l'intimidation soit suffisante* ».

Mais c'est justement que l'intimidation est suffisante seulement .... pour ceux qui ne commettent pas de crimes!

La théorie de la coaction psychologique, en tant que raison du droit *social* de punir, peut bien répondre à cela avec Bauer, que « il n'y a pas de lois qui atteignent leur but avec une extension illimitée; et cependant on ne peut pas dire que la législation ne corresponde pas à son but. L'empêchement total des crimes est un idéal, qu'on ne peut pas réaliser. Toutefois la loi pénale, quoique imparfaite comme toutes choses humaines, est un moyen efficace dans le plus grand nombre des cas, et partant elle correspond à son but; de même que la médecine continue l'usage de certains remèdes généralement utiles, quoique inutiles dans quelques cas (1) ».

Mais lorsque l'intimidation est donnée comme fondement de la responsabilité *individuelle,* évidemment tous les cas individuels dans lesquels on commet un crime seraient des cas d'irresponsabilité. C'est comme lorsqu'on parle de l'instinct de conservation à propos du suicide, tandis que cet instinct existe justement chez ceux qui ne se suicident pas.

Et au contraire plusieurs individus, qui suivant cette théorie seraient irresponsables (aliénés) devraient être responsables. On sait en effet que le plus grand nombre des fous sont intimidables et dirigeables par les mêmes motifs psychologiques de la récompense et de la peine, qui déterminent les hommes sains d'esprit. Même parmi les aliénés, comme du reste parmi les non aliénés, il y a une petite minorité non intimidable, même en dehors des cas de délire furieux. Et ce sont justement les fous qui commettent des meurtres, des vols, des incendies, etc. Tous les aliénés n'ont pas la même possibilité de commettre des crimes : parmi les aliénés de même que parmi les non aliénés il y a les honnêtes et les criminels, et j'ai observé dans les asiles que par ex., les fous homicides ont les caractères de la physionomie homicide (mâchoires énormes, yeux vitreux, lèvres minces) comme les assassins non aliénés.

L'existence régulière, tranquille et laborieuse des asiles, sauf les exceptions de fous agités et furieux, est la preuve

(1) BAUER, *Réctification de la théorie de la coaction phychologique* dans les *Scritti germanici,* Napoli 1846, n. 9.

quotidienne que les aliénés sont intimidables par la menace d'un châtiment. Parmi les aliénistes, le remarquait très-bien M. De Mattos : « Lorsqu'un individu s'abstient, par la peur d'une peine, d'un acte auquel il serait disposé, ou bien, mû par le désir d'une récompense, accomplit un acte que sans cela il n'aurait pas fait, il est responsable. Dans ce sens les aliénés sont responsables, car l'expérience de tous les jours démontre qu'ils peuvent modifier leurs actes en vue des peines et des récompenses. Les blâmes plus ou moins sévères, la réclusion en cellule, la privation des heures de récréation et l'obligation au travail, d'une part; et de l'autre les éloges, les démonstrations affectueuses, l'augmentation de salaire, les concessions progressives de liberté, sont les moyens disciplinaires actuellement employés avec succès pour diriger certains aliénés. Dans quelques asiles on est arrivé, et avec avantage, jusqu'à donner un tant pour cent aux aliénés sur le produit de leurs travaux. Et une autre preuve est donnée par le fait bien connu que plusieurs aliénés cachent souvent leur délire (idée fixe) pour obtenir la liberté. En comprenant que l'expression d'idées délirantes est la cause de leur réclusion, il cachent avec soin et avec une sagacité rare toute manifestation pathologique. L'œil exercé qu'on doit avoir pour découvrir les simulateurs de la folie est aussi nécessaire pour découvrir les simulateurs de la raison (1) ».

De sorte que la conséquence logique de cette théorie éclectique ce serait que, puisque un grand nombre de fous est intimidable, ceux-ci devraient être responsables. C'est-à-dire le contraire de ce que soutient M. Dubuisson, qui donne cette théorie justement pour séparer les criminels responsables des aliénés irrésponsables.

(1) De Mattos, *La folie*, trad. ital., Torino 1890, p. 127. Et cependant il y a des critiques métaphysiciens qui, ne connaissant pas ces données de la psychiatrie, nous opposent encore : « Est-ce que la crainte d'un châtiment peut retenir un aliéné ». Proal, *Déterminisme et pénalité* in *Arch. d'anthrop. crim.*, juillet 1890, p. 377.

En dernier lieu, on peut demander à cette théorie comment est possible avec elle la punition des délits involontaires ou des délits commis par ignorance de la loi. Si la menace d'une peine « en tant qu'elle agit comme motif présent à la conscience de l'agent » est la raison de sa responsabilité, comment punir celui qui tue sans vouloir tuer, c'est-à-dire sans penser à l'homicide et partant à la peine qui est, ou pourrait être imminente ?

M. Poletti qui, tout en ayant compris, même avant l'école positiviste, la faiblesse scientifique des théories criminelles classiques, n'a pas cru cependant devoir aboutir aux conséquences logiques des théories nouvelles, et surtout à l'idée de la responsabilité sociale, essaie de donner un fondement à la responsabilité des criminels dans ce qu'il appelle « l'action normale ».

Dans un de ses essais précédents, il avait fait allusion à cette théorie, en donnant à une idée de M. Drill une portée qu'elle n'avait pas. M. Drill avait dit en effet qu'il est nécessaire « pour fixer un point de départ, d'établir le type de l'homme social normal; type, qui doit varier suivant la société à laquelle il appartient et qu'il est difficile à déterminer. Mais dans toute société il y a un *minimum*, au dessous duquel l'homme n'est plus apte à la vie en commun. Les enfants, les vieillards affaiblis d'intelligence, les *criminels*, les fous, n'atteignent pas ce minimum et ils sont la preuve que tous les hommes, à conditions extérieures égales, ne peuvent agir comme agirait l'homme type, à cause de leur constitution psycho-physique (1) ».

M. Drill, qui est un des plus illustres représentants de l'école criminelle positiviste en Russie, ne parlait pas ce-

_____

(1) Drill, *Les jeunes criminels* et *Les types psycho-physiques*, Moscou 1884 et 1888, resumé par Frenckel dans les *Archives d'anthrop. crimin.*, Janv. 1891.

pendant de ce minimum de normalité comme raison de la responsabilité; ce qu'a essayé au contraire M. Poletti. Celui-ci dit en effet « que l'auteur d'un crime, pour être responsable de son action, doit présenter un minimum de cet état, que la science établira comme nécessaire pour constituer l'homme normal (1) ». Et dans un essai plus récent sur « l'action normale comme base de la responsabilité des criminels » (1889) il développe justement l'idée que « l'homme *normal* peut seul devenir criminel et partant responsable d'un crime »; de sorte que non seulement les fous, mais aussi les criminels nés et les récidivistes « dont la réhabilitation n'est qu'une illusion sentimentale » n'étant pas des hommes normaux, ne sauraient être responsables.

Certes, même contre ceux-ci la société a le droit de défense; mais alors, dit M. Poletti avec tant d'autres, il s'agit de mesures politico-sociales de préservation et non pas de vraies peines.

La conséquence logique de l'irresponsabilité des criminels nés et récidivistes, suffit pour juger de la valeur de cette théorie éclectique.

Mais puisque, en dehors même de l'école classique, cette idée d'une séparation entre criminels normaux et anormaux est partagée aussi, parmi les plus récents écrivains, par MM. Gabelli, Fulci, Tarde, Joly, Dortel, Thierry, Riant, Liszt, Maus, etc., ainsi est-il utile d'en rappeler un précédent assez instructif.

Lorsque je commençai mes études d'anthropologie criminelle, l'idée qui me vint spontanément fut justement celle-ci: « Les théories anthropologico-criminelles sur « l'homme criminel » n'atteignent pas les fondements du droit pénal, car elles ont un champ d'action tout à fait séparé. C'est-à-dire que parmi le total des criminels il y a en a qui ne deviennent pas criminels par un défaut de leur organisme,

(1) POLETTI, *La persona giuridica nel diritto penale*, Udine 1886, p. 145.

qui en détermine inévitablement la vie anti-sociale; et il y en a au contraire qui sont tels seulement par une anormalité de développement organique et *qui ne peuvent être soumis aux règles communes* (1)». Cette *actio finium regundorum,* comme l'a appelée spirituellement M. Fioretti, je l'ai développée dans la monographie sur « les limites entre le droit pénal et l'anthropologie criminelle (2) », dans laquelle, en proposant pour la première fois ma classification anthropologique des criminels, je tirais « une conciliation entre l'anthropologie criminelle et le droit pénal, car la première se bornait à l'étude des criminels fous, nés et habituels, tandis qu'au droit pénal, quoique renouvelé par la méthode positive, appartenaient toujours les criminels d'occasion ».

C'était, on le voit bien, une idée incomplète, un passage inachevé de l'ancien au nouvel droit criminel; de même que je me tenais alors à l'idée de l'intelligence libre et normale, comme base de la responsabilité, au lieu de la volonté libre. Mais bientôt l'évolution de ma pensée arriva à la conséquence logique et seule positive de la responsabilité sociale, et partant à l'appartenance de toutes les cinq catégories de criminels à la science de la défense sociale, c'est-à-dire à la sociologie criminelle.

En effet dans une de mes prélections, en 1883, j'abandonnai cette idée, aussi spontanée qu'insoutenable. Et c'est donc quoique père de cette idée, que je crois tout-à-fait arbitraires ces limitations que M. Turati appelait justement « des barrières douanières scientifiques ».

Certes, si à la peine et au droit de punir on donne encore le sens éthico-religieux d'une rétribution de la faute par le châtiment, il est vraiment contradictoire de dire que

(1) *Teorica dell'imputabilità ecc.,* Firenze 1878, p. 477.
(2) *Archivio di psichiatria,* 1880, p. 444 et *Nuovi Orizzonti,* I ediz, 1881, p. 52.

même les criminels fous et instinctifs sont responsables
et punissables : et contraddictoire est l'expression même
de « criminel fou », qui cependant pour nous ne signifie
pas que le fou soit un criminel *moralement coupable,* mais
seulement que ce fou a commis un meurtre, un vol, un
incendie, etc.

Mais alors, si on veut momifier le vieux sens des mots,
nous pourrions contester même aux criminalistes classiques
le droit de parler de *peine,* car celle-ci, dans une phase
précédente, ne signifiait pas « rétribution de la faute par
le châtiment », mais seulement « compensation pécuniaire
et privée entre offensé et offenseur ».

Si donc, maintenant, en dépassant la phase éthico-réligieuse de la peine, comme l'école classique dépassa la phase
de la vengeance privée et publique, nous donnons à la
peine le sens positif, et seul juridique, d'une défense sociale contre les auteurs d'actions anti-sociales, il est évident alors que la raison par laquelle la société réagit, par
ex. contre l'homicide d'occasion, est identique à la raison
par laquelle la société réagit contre l'homicide fou et l'assassin instinctif; sauf, naturellement, à adapter les *formes*
de cette réaction défensive aux conditions spéciales de l'a-
gent et de l'acte, comme nous verrons aux §§ VI et VII.

L'idée, donc, de M. Poletti, que seul l'homme normal
soit responsable du crime commis est insoutenable, de même
que la prétendue séparation substantielle (et non seulement
de forme) entre la réclusion du criminel d'occasion dans
une prison et la réclusion du criminel fou dans un asile.

Mais, outre ces arguments indirects tirés de ses conséquences pratiques et de sa genèse psychologique, cette idée
rencontre des objections bien plus graves.

Comme disait Mad. Royer « l'être normal, constitué selon
le type moyen de l'espèce, n'est pas plus responsable moralement de ses actes que l'être anormal. Un être humain
n'est pas plus responsable de ses vertus que de ses vices.

Il ne dépend pas plus de lui d'être St. Vincent-de-Paul que Lacenaire, d'être Regulus que Catilina (1) ».

Ou l'on croit au libre arbitre et alors on pourra même admettre le phénomène curieux d'un homme qui aime mieux être un criminel persecuté qu'un héros glorifié; ou bien on admet le déterminisme naturel et alors pour quelle raison l'homme normal serait-il responsable? M. Poletti, pour éviter cette difficulté, parle d'une certaine « autonomie organique et psychique de l'homme »; mais il est évident que cela n'est que du vieux libre arbitre deguisé ou bien du déterminisme estropié : l'un et l'autre inconséquents et insoutenables, comme tous les compromis.

Mais ce qu'il suffit surtout d'opposer à cette théorie éclectique, c'est qu'il est absolument contredit par les données de la physio-psychologie criminelle qu'il y ait des criminels *normaux.*

L'homme vraiment normal ne commet pas de crimes. Et le crime représente toujours une anormalité congénitale ou acquise, permanente ou transitoire. Le criminel fou et le criminel né et le criminel d'habitude commettent le crime parce qu'ils manquent de sens moral ou dès la naissance ou bien par dégénérescence survenue. Le criminel d'occasion ne manque pas de sens moral, mais celui-ci est en lui faible et insuffisant pour résister aux impulsions antisociales, intérieures et externes. Le criminel par passion ne manque non plus de sens moral, mais celui-ci est en lui momentanément paralysé par l'incendie, lent ou subit, d'une passion, qui le rendra excusable si elle est sociale (honneur, amour, défense, etc.), et ne l'excusera pas si elle est antisociale (cupidité, vengeance, haine, luxure, etc.).

N'est pas fou qui veut : et n'est pas non plus criminel qui veut.

Dire donc criminel normal c'est dire une chose inexistante et même scientifiquement inconcevable.

(1) *Actes du II congrès d'anthr. crim.* Lyon 1890, p. 357.

Si à tout cela on ajoute l'impossibilité pratique, qu'il y aurait à établir dans les cas douteux et plus nombreux le point où finirait la normalité et où commencerait l'anormalité, on en aura assez pour conclure que cette théorie éclectique n'a pas plus de valeur scientifique et pratique que les précédentes.

La plus originale parmi les théories éclectiques de la responsabilité est certainement celle présentée par M. Tarde.

Déjà dans *La criminalité comparée* (Paris 1886, p. 144) il avait fait allusion, à propos des suggestions hypnotiques et de la responsabilité, à cette théorie, qu'il a développée ensuite dans son rapport « sur les anciens et les nouveaux fondements de la responsabilité morale » pour le IIe congrès d'anthropologie criminelle et plus complètement encore dans sa *Philosophie pénale* (chap. 3 et 4).

Cette théorie, ne pouvant ici reproduire les paroles mêmes de M. Tarde (car il s'abandonne volontiers à plusieurs détours et broderies idéales; intéressantes, mais secondaires) peut être résumée en ceci : la responsabilité morale, n'est pas nécessairement liée au libre arbitre (que M. Tarde n'admet pas), mais reste cependant la condition et la mesure indispensable de la responsabilité pénale, tout en se fondant sur d'autres éléments.

Ceux-ci sont l'*identité personnelle* du criminel avec soi-même, avant et après le crime; et sa *similitude sociale* avec ceux parmi lesquels il vit et desquels il doit être jugé, et, avant tout, avec sa victime. Lorsque l'une ou l'autre de ces deux identités manque, l'individu n'est pas moralement responsable des crimes commis, quoique la société puisse prendre contre lui des mesures administratives, mais non pénales. De sorte qu'à côté de la responsabilité morale on a les cas d'irresponsabilité, qui sont : la folie, l'ivresse, l'hypnotisme, la vieillesse, la conversion morale ou amendement, la souveraineté (des monarques).

D'abord, en répondant aux critiques très-efficaces qui, au nom du positivisme, lui ont été faites par M. Ciccarelli, M. Tarde nie que sa théorie soit un produit d'éclectisme « car elle tient à tout un système d'idées qui m'appartient et qui n'a rien de commun avec une amalgame d'idées incohérentes (1) ».

Je reconnais volontiers que cette théorie tient à un ordre général et systématique d'idées (l'imitation — dont M. Despine, entr'autres, parlait dans une monographie de 1871 et dont M. Tarde exagère, selon moi, l'importance); mais il faut reconnaître en même temps que cet ordre d'idées est bien éclectique, ou bien, comme dirait M. Fouillée, conciliatif.

En effet, d'une part cette théorie exclut le libre arbitre et d'autre part elle maintient le vieux concept de la responsabilité *morale,* qui cependant sans libre arbitre est un non-sens; et elle appuie la punibilité humaine d'une part, avec les théories classiques, sur l'élément individuel (identité personnelle) et d'autre part, avec les théories positivistes, sur l'élément social (similitude sociale).

Et même dans ses précédents cette théorie est vraiment éclectique. L'idée de l'identité personnelle comme condition de responsabilité était déjà contenue dans une partie de la théorie classique, qui est acceptée aussi par l'école positiviste, car il y a la une donnée vraiment positive. C'est-à-dire que pour punir un homme, il faut avant tout qu'il soit physiquement responsable du crime, qu'il en soit l'auteur, dans le sens que l'action lui appartienne comme indice et effet de sa personnalité, et partant de sa manière d'agir et de réagir sur le milieu social. De sorte que le mot « aliénation mentale » fait justement allusion à cette modification

---

(1) CICCARELLI, *Tarde e la responsabilità penale* dans *l'Anomalo,* oct. déc. 1889. TARDE, *Lettre au prof. Zuccarelli.* Ibidem, mars 1890.

M. FIORETTI a critiqué *Les lois de l'imitation* par M. TARDE, dans *La scuola positiva,* 15 août 1891. Et lui repondit M. TARDE dans le N. du 15 sept.

du caractère, par laquelle l'homme qui devient fou devient réellement un autre homme (1).

Et l'idée de la similitude sociale, entre celui qui commet le crime et ceux qui l'en punissent, avait été, suivant le remarque de M. Sighele *(Arch. di psich.,* 1890, xi, 567), déjà indiquée dans la iie édition de cet ouvrage (p. 98 et ici à p. 319) en disant que « l'âme du droit c'est l'égalité non seulement sous le rapport moral, mais aussi sous le rapport physique » et lorsque à propos de l'évolution naturelle de l'homicide *(Riv. di filos. scient.,* 1882) je disais que l'action anti-naturelle existe seulement lorsque entre le tueur et le tué il y a identité d'espèce zoologique; sans ajouter que M. Garofalo aussi disait que les criminels ne sont pas semblables à nous, et soutenait partant la peine de mort, car elle ne détermine pas la compassion lorsqu'elle est appliquée aux criminels « qui ont révélé leur complète *deshumanisation »,* « le sentiment de pitié, dérivé de la sympathie, n'existant pas pour des hommes qui ne nous *ressemblent* pas du tout ».

M. Tarde cependant a donné un développement original à ces idées pour en échafauder ingénieusement une théorie, qui toutefois ne résiste pas à la critique.

D'abord, tout en négligeant la contradiction intime entre la responsabilité *morale* et l'exclusion du libre arbitre, il faut demander; pour qu'un homme soit moralement responsable est-il nécessaire que concourent les deux « identités » ou bien suffira-t-il une seule? M. Tarde ne se propose pas ce problème. En parlant de la criminalité congénitale et de la folie morale, il dit que celle-ci est précisément l'in-

---

(1) Dans ce sens M. Binet, *La responsabilité morale (Rev. philos.,* sept. 1888), en remarquant que par liberté on ne peut scientifiquement entendre le libre arbitre, mais seulement une activité conforme au caractère individuel (liberté physique), disait que c'était là la partie vraie de la théorie de M. Tarde, mais il concluait en admettant la théorie de la responsabilité donnée par l'école positiviste italienne.

verse de la vraie folie. Celle-ci en effet est une *aliénation* de la personalité, de sorte que « l'identité personnelle n'existe pas, mais la similitude sociale subsiste »; au contraire la criminalité congénitale n'est que la manifestation d'une personnalité trop constante et identique; mais alors, le criminel « plus il se conforme à sa nature essentielle, plus il montre et accentue sa dissemblance profonde sur un point avec son milieu social ». De sorte que « dans le premier cas, non plus que dans le second, les deux conditions de la responsabilité ne se rencontrent pleinement à la fois; mais dans le premier cas, l'une d'elles, la principale (identité personnelle) manque absolument et, dans le second cas, l'*accessoire* (similitude sociale) seule manque et seulement en partie » *(Philosophie pénale*, 1890, p. 178 et 180).

Il paraît donc que l'identité personnelle soit, selon M. Tarde, la condition indispensable pour la responsabilité : et, en effet, il admet pas moins que la peine de mort pour les criminels-nés, quoique ils manquent de « similitude sociale ».

Mais cette différence d'importance entre les deux conditions reste toujours un point faible et obscur de la théorie; de sorte que M. Tarde est obligé à y mettre çà et là quelque remède, trop arbitraire pour être scientifique, comme il est facile de voir par quelques exemples. Ainsi, par exemple, pour ne pas trop blesser sa théorie, il dit (p. 180) que cependant on ne peut admettre chez le criminel-né « une dissemblance radicale » avec les autres hommes; tandis qu'il est évident que la tendance congénitale au crime constitue la dissemblance la plus profonde et radicale dans ce qui a la plus grande valeur sociale parmi les hommes, c'est-à-dire le sens moral.

De même, à propos de l'alcoolisme chronique et de sa responsabilité, M. Tarde dit : « Le fumeur habituel d'opium et le buveur habituel d'alcool ont été contraints, en ce sens, d'entrer dans leur voie fatale. Mais cette contrainte provenait d'une nécessité principalement interne, inhérente au fond de leur être, en quoi elle diffère de la nécessité essentiellement *extérieure,* c'est-à-dire pathologique, qui les contraint quand la folie, provoquée par leur funestes habitudes, a enfin éclaté (p. 187) ». Je ne sais vraiment pas quelle donnée scientifique peut justifier cette séparation purement verbale entre une coaction intérieure et une coaction extérieure, surtout lorsque, par une seule nécessité de symetrie syllogistique, on appelle extérieure la contrainte pathologique de la folie!

Et encore, M. Tarde soutient que le condamné ou le criminel, réellement repenti et amendé, ne doit plus être puni « car il est devenu un autre homme ». Mais la raison vraie et positive est que, dans ce cas, cet homme n'est plus dangereux, et lorsque le danger manque la défense sociale doit cesser, suivant le principe pratique de la ségrégation du condamné à temps indéterminé, que je développerai au chap. ɪᴠ. En effet si un assassin tout en se repentant sincèrement de ses crimes de sang devenait enclin aux viols ou bien aux faux, il serait bien « un autre homme », mais il serait toujours dangereux et partant on le devrait tenir en prison. Mais, outre ça, M. Tarde tombe dans une autre contradiction lorsqu'il dit qu'il y a une grande différence entre ce changement volontaire de personnalité et le changement pathologique, par folie, épilepsie, hypnotisme, et cependant il conclut que tous les deux doivent conduire à l'irresponsabilité. « Dans le cas de la folie etc., le nouveau moi non seulement n'est pas responsable des actes commis par l'ancien, mais encore n'est pas ou n'est *guère* responsable de ses propres actes, puisqu'il est étranger au monde social et *peu* identique à lui-même; au contraire dans le cas de la conversion morale, le nouveau moi (?) du converti, supérieur à l'ancien en sociabilité et en *persistance identique,* est encore plus responsable de ses actes que ne l'était celui-ci (p. 209) ». Or, même en dehors, de ce « nouveau moi » qui paraît entrer dans le corps du converti pour se substituer à l'« ancien moi », la plus grande « persistance identique » chez le criminel converti n'est que fantastique. Et qui sait si, malgré le repentir sincère, de nouvelles tentations ne le pousseront pas à d'autres crimes? M. Fonsegrive a justement remarqué, dans un argument analogue, que l'homogénéité du caractère humain (but de l'éducation) même lorsqu'on l'a obtenue avec l'aide de la pédagogie, n'est ni tenace ni solide. « C'est un état fragile, essentiellement instable. Il suffit d'un événement imprévu pour que le vieil homme se réveille et le naturel hétérogène remonte à la surface de l'être (1) ».

Mais dans cette théorie, outre les expédients arbitraires, ne manquent pas non plus les contradictions substantielles.

Passons sur l'étrange conséquence que les criminels-nés, quoique manquant de similitude sociale, seraient cependant responsables et punissables de la peine capitale; mais alors, dira-t-on, et les folies ou les anomalies utiles à la société enlèveront donc à l'halluciné bienfaisant ou héroïque tout droit aux récompenses, par cela seul qu'il n'y a plus d'identité personnelle au survenir de la folie hallucinatoire? M. Tarde lui-même rappelle les remarques très justes de M. Ball: « Pour avoir traversé une période de folie, Newton n'en a pas moins fondé le système du monde; pour avoir été séquestré dans une maison de santé, Auguste Comte n'en a pas moins été un des plus grands philosophes qui aient jamais existé. Pour avoir été profondément halluciné, Luther n'en a pas moins opéré l'une des révolutions les plus gigantesques des temps modernes. Les visions de Jeanne d'Arc ont elles empêché l'histoire impartiale de rendre justice à la noblesse de ses sentiments? (2) ».

___

(1) Fonsegrive, L'homogénéité morale, in Rev. philos., Juillet 1890, p. 20.
(2) Ball, De la responsabilité partielle des aliénés, Paris 1886.

Et bien! soit, dit M. Tarde, le génie, la folie, la criminalité sont des anomalies différentes, mais des anomalies
enfin; mais il n'y a pas de contradiction en affirmant dans
ces cas la responsabilité et le mérite des actions car « il
n'y a rien qui nous soit plus propre qu'une anomalie qui
nous caractérise et qui, d'ailleurs, nous laisse ressembler
à nos compatriotes par la plupart de nos autres caractères... Quant au fou il n'en est pas de même, si par folie
on entend non pas une exception individuelle à la règle
typique, mais une perturbation apportée au développement
propre de l'individu, une *désindividualisation* pour ainsi
dire (p. 186) ».

Cela peut être logique pour la folie *acquise,* quoique la
psychiatrie n'admette de folie acquise que dans un sens
très relatif et dans des cas très rares (folie par trauma-
tisme, par empoisonnement). Mais et la folie *héréditaire?*
Dans ces cas, et ils sont les plus nombreux, l'individu est
toujours identique à soi-même; de sorte qu'alors on devrait conclure à la responsabilité, malgré le défaut de similitude sociale, car le manque de celle-ci ne suffit pas
pour enlever la responsabilité, comme dans le cas des criminels-nés.

Et M. Tarde en effet répond que « s'il s'agit d'une extra-
vagance innée, persistante, logique, on doit appliquer à
cette aliénation prétendue (1) ce que j'ai dit du génie et
du crime (p. 186) ».

C'est-à-dire que le fou héréditaire serait donc responsable! Et la folie n'est que presque toujours héréditaire !

La vérité est que M. Tarde se fait de la folie une idée
très inexacte, en prenant trop à la lettre le sens du vieux
mot « aliénation », lorsqu'il dit que « la folie est le dédoublement de la personne, quelque chose comme l'équiva-
lent moral d'un monstre double (p. 166) ». Tandis qu'en
réalité ce dédoublement de personnalité chez les fous n'est
que l'exception très rare; dans la folie comme dans le dé-

veloppement normal tout homme, comme disait profondément Goethe « devient ce qu'il est », ne donnant à sa personnalité héritée que le relief de tel ou tel côté du po-
lyèdre physio-psychique suivant les circonstances du milieu.

Une autre contradiction de M. Tarde est dans la conclusion que « l'*impunité* fondée sur les causes d'irresponsabilité énumérées dans ce chapitre ne saurait avoir de conséquence préjudiciable à la société.... car n'est pas fou ou
épileptique qui veut, et si on pouvait l'être à volonté, on
se garderait de le vouloir (p. 211) ».

C'est vrai : mais n'est pas non plus criminel qui veut.
Lorsque Romagnosi dit que chacun de nous peut demain
subir les sanctions du code pénal, il dit une chose exacte
s'il fait allusion aux délits de nature contraventionnelle, ou
même par passion et par légitime défense; mais cela n'est
plus vrai si l'on affirme que chacun de nous, par exemple,
aurait la possibilité, physique et morale, de tuer un homme
pour lui voler le porte-monnaie, ou de tuer et de violer
une femme. C'est une remarque analogue à celle, par laquelle, en renversant l'argument du pari, je disais aux beaux
temps de l'Université à Bologne, en discutant sur le libre
arbitre avec un de mes camarades, aussi spiritualiste qu'a-
ristocrate : je croirai à ton libre arbitre si tu traverses,
maintenant, toute la ville en chemise et caleçons!

Et, vice-versa, comme je disais à propos de l'intimidabilité, la psychopathologie démontre que les fous aussi sont
déterminés par les mêmes motifs fondamentaux qui agissent sur les hommes normaux : et c'est donc une autre
erreur que de croire que l'impunité assurée aux fous ne
puisse avoir une influence contagieuse parmi les fous
mêmes.

Mais à cette théorie on peut faire, après tout, deux insurmontables objections de substance.

D'abord, quant à l'identité personnelle, comme on l'a déjà
dit à M. Tarde dans la *Revue scientifique* (14 mars 1891),

nul homme, fou ou non, n'est jamais identique à soi-même. L'idée d'une personnalité, toute d'une pièce, qui reste identique à soi-même chez l'homme normal et se dédouble ou s'aliène chez l'homme fou, est absolument antiscientifique.

Pour la personnalité, telle qu'elle se trouve à un moment donné de la vie individuelle, « l'observation vulgaire nous montre combien le moi normal a peu de cohésion et d'unité. A part les caractères tout d'une pièce (au sens rigoureux du mot, il ne s'en trouve pas) il y a en chacun de nous des tendances de toute sorte, tous les contraires possibles, et entre ces contraires toutes les nuances intermédiaires et entre ces tendances toutes les combinaisons. C'est que le moi n'est pas seulement une mémoire, un emmagasinement de souvenirs liés au présent, mais un ensemble d'instincts, tendances, désirs, qui ne sont que sa constitution innée et acquise, entrant en action (1) ».

Pour la personnalité dans sa formation évolutive, il est aussi indubitable qu'elle change de minute à minute, dans ses éléments constitutifs physio-psychiques et dans leurs combinaisons, quoiqu'elle conserve une certaine persistance; de même on dit qu'une rivière est toujours la même, quoiqu'à chaqu'instant soient diverses les eaux qui la forment et les dimensions de son lit.

C'est donc dans un sens trop inexact et relatif qu'on peut parler d' « identité personnelle »; tandis qu'il est évident que le criminel d'occasion, ou par passion, de même que le criminel-né, ne peut jamais être dit identique à soi-même avant et après le crime.

Ce premier élément de la responsabilité morale est donc non seulement dénué de toute valeur scientifique, mais est aussi si incertain et si ondoyant qu'il ne peut être le fondement d'une fonction sociale si quotidienne, et à laquelle sont nécessaires des critériums sûrs et objectifs, comme celle de la défense sociale contre le crime.

---

(1) Ribot, *Maladies de la personnalité*, Paris 1885, p. 77.

Et l'autre élément, de la similitude sociale, n'a pas plus de solidité scientifique.

Ce n'est, en effet, qu'une illusion, analogue à celle de M. Poletti qui parle de « criminels normaux », que de parler de criminels semblables ou dissemblables à leurs compatriotes. Les données de la biologie et de la psychologie criminelle prouvent que tous les criminels (surtout les auteurs de délits naturels) à quelque catégorie qu'ils appartiennent, sont plus ou moins anormaux, c'est-à-dire plus ou moins dissemblables à leurs compatriotes normaux. Sans ajouter, qu'il n'est pas possible d'établir le point où commencerait cette « moindre dissemblance » qui pouvait équivaloir à une ressemblance.

Et il n'est pas exact non plus de dire, avec M. Tarde, que la peine, pour être infligée, ait besoin d'une ressemblance sociale. Si demain un australien, ou bien un zoulu, venu parmi nous, commet un meurtre, qui voudra dire qu'il est irresponsable ? Et cependant il n'est que trop dissemblable à nous. « Un anthropophage, disait finement M. Manouvrier, qui viendrait chez nous manger un petit parisien aurait beau dire par l'organe de son avocat, qu'il n'appartient pas à la même société que ses accusateurs et que sa victime; je ne sais comment agiraient les hommes de loi, mais je suis certain que l'indignation publique serait vive et qu'elle se traduirait par des actes violents (1)».

Comm'on le voit, l'unique raison vraie et positive de la responsabilité humaine qui revient toujours, inexorable, est la nécessité de la défense sociale contre les auteurs de tout acte antisocial, soient-ils identiques ou non à soi-mêmes ou à leurs compatriotes.

Et, pour conclure, je ne sais pas comment M. Tarde a pût écrire que « entendre la responsabilité en un sens tout objectif et matérialiste, ce serait rétrograder aux temps

---

(1) *Actes du II congrès d'anthrop. crim* , Lyon 1890, p. 371.

primitifs où l'inceste inconscient d'Œdipe était jugé criminel comme s'il eût été conscient et voulu. Le chrétien ne
se repent pas d'avoir mangé de la viande un vendredi sans
le savoir et sans le vouloir; et, par la même raison, la société qui a le devoir de n'être pas un monstre collectif d'é-
goisme et grossièreté, quand l'individu est déjà depuis des
siècles pénétré de sentiments sympathiques et délicats, ne
saurait condamner un homme pour un préjudice, pour un
homicide même, *commis involontairement* (p. 183) ».

Et cependant, ...chaque jour la société punit justement
les homicides « commis involontairement »; et il est clair
qu'une fois exclu le libre arbitre, est aussi involontaire et
irrésistible, c'est-à-dire déterminé, l'homicide commis par
un fou, de même que l'homicide commis par un assassin,
ou par un mari trahi. Et d'autre part, comme j'ai dit plusieurs fois, autre chose est de dire que la raison de la responsabilité pénale de l'individu est toute dans le fait objectif de son existence en société, et bien autre chose est de
dire que la société en réagissant contre tout acte antisocial
n'ait pas à tenir compte des conditions psychologiques de
l'agent pour adapter à l'offense et à l'offenseur les moyens
défensifs.

Il ne reste qu'à ajouter, comme l'ont fait MM. Féré, Manouvrier et Coutagne au congrès de Paris (1889), que cette
théorie, en outre, serait trop incertaine et dangereuse en
pratique, pour que, même sous ce rapport, elle puisse être
acceptée.

En effet puisque M. Tarde lui-même admet qu' « il y a
une infinité de degrés entre l'identité absolue, soit de la
personne soit du milieu social, idéal toujours inaccessible,
et leur hétérogéneité absolue, non moins irréalisable (1) »,
il est évident que ces deux critériums de responsabilité
seraient, dans la pratique, trop insuffisants pour distinguer

---

(1) *Actes du II congrès d'anthr. crim.*, Lyon 1890, p. 351.

les hommes punissables des non punissables et, surtout
dans les inévitables zones mitoyennes entre la folie et le
crime, pour mesurer les degrés de responsabilité et d'irresponsabilité humaine.

Nous avons avec cela examiné les diverses théories sur
la responsabilité, qui champignonnent dans le terrain mou
de l'éclectisme entre la théorie classique et la théorie positiviste.

Et nous en pouvons conclure que, aussi que chacune
d'elles s'est démontrée isolément inacceptable, de même
toutes ensemble ont ce caractère commun de n'être, au
fond, que des variations verbales sur le vieux thème de la
responsabilité *morale,* qu'on essaie inutilement de faire survivre à cette exclusion du libre arbitre de la science et de
la législation pénale, que tous désormais reconnaissent inévitable, comme fondement trop contesté et incertain pour
une fonction aussi quotidienne et urgente que l'est la lutte
sociale contre le crime. Comme disait très-bien M. Lévy
Bruhl « l'ancienne et vague notion de responsabilité est
bien morte; la tâche du sociologue ce n'est pas de la galvaniser, mais de chercher ce qui prendra sa place dans la
conscience vive de l'humanité ».

Une fois tombée l'illusion géocentrique, que la terre soit
centre et raison de l'univers et l'illusion anthropocentrique
que l'homme soit « le roi de la création », avec le libre
arbitre, lui seul parmi tous les vivants, comment serait-il
possible, avec les données biologiques sur l'influence héréditaire et les données sociologiques sur l'influence du milieu, de parler encore d'une responsabilité *morale* de l'individu pour les actions qu'il accomplit ?

Car, enfin, un autre caractère commun à toutes les théories éclectiques et à la théorie classique, qui soumettent la
responsabilité pénale à la *condition* et à la *mesure* de la
responsabilité morale, est l'absurdité dangereuse qu'elles

renferment, puisque ce seraient et ce sont justement les criminels les plus redoutables qui sont déclarés irresponsables, tandis que l'epée de la justice frappe inexorable et plus sévère et moins équitable la foule presque inoffensive des petits délinquants.

Il est vrai que ces théories accordent, toujours éclectiquement, que la société peut prendre des mesures « administratives » ou « politico-sociales » contre ces criminels plus dangereux, déclarés irresponsables; mais cet expédient ne suffit pas, car on ne peut concilier dans la pratique la déclaration d'irresponsabilité avec la rigueur de ces mesures coercitives. De là les oppositions aux asiles pour les aliénés criminels et les défaillances pratiques de la défense sociale contre les criminels dits irresponsables, car on considère toujours ces mesures comme une simple concession bénigne de la théorie abstraite aux nécessités modestes de la vie quotidienne.

Non seulement donc par les arguments positifs, exposés auparavant, mais aussi par l'examen de la théorie classique et des théories éclectiques, en soi-mêmes et dans leurs conséquences, on confirme une fois de plus la vérité scientifique et l'utilité pratique de notre théorie positiviste de la responsabilité pénale.

VI.

Il ne suffit pas, cependant, pour les applications pratiques, d'avoir établi le principe général de la responsabilité pénale. Il faut ajouter maintenant les critériums scientifiques pour l'adaptation de cette même responsabilité aux crimes et aux criminels en particulier.

Si nous nous rappelons cette série de faits, que j'ai cités au § IV comme exemples des diverses sanctions physiques, biologiques et sociales, nous pouvons en tirer une autre conclusion positive, qui complète l'idée élémentaire de la responsabilité sociale.

Si en effet la sanction ou réaction est déterminée en tout cas par l'action, indépendamment de la volonté, de l'intention et de la prétendue culpabilité de l'agent, toutefois l'intensité et la qualité de cette réaction varient d'un cas à l'autre, aussi bien dans l'ordre social que dans l'ordre physique et biologique.

Celui qui s'avance trop en dehors d'une fenêtre en a le cou cassé et meurt; tandis que celui qui tombe en se promenant n'en a qu'une jambe cassée. Celui qni prend un poison meurt, tandis que celui qui ne fait qu'une indigestion n'en a qu'une maladie légère; et celui qui fatigue trop son cerveau pendant une journée n'a qu'une faiblesse transitoire, tandis que celui qui en abuse pendant des mois et des années peut aboutir à la démence.

De même, l'ignorant ou le maladroit rencontrent une réaction sociale bien différente de celle rencontrée par le commerçant failli ou par le fou scandaleux, ou bien par le cocher involontairement homicide. Et pour chacune de ces variétés de sanctions sociales varient le degré et l'intensité, suivant les conditions de l'acte, de l'agent et de la société.

C'est à dire que: la sanction sociale est toujours indépendante de la culpabilité de l'agent, mais *elle varie de qualité et d'intensité suivant les conditions spéciales de l'acte accompli, de l'individu qui agit et de la société qui réagit.*

Voilà, tout de suite, la réponse à une critique que M. Guyau faisait à l'idée de la responsabilité sociale, donnée par moi. Il admettait aussi que la justification unique de la peine fût la nécessité de la défense sociale et il approuvait partant les théories de l'école positiviste; mais il me reprochait l'exclusion de tout élément volitif et intentionnel de la pénalité. La sanction sociale, disait-il, ne peut pas être seulement mécanique comme la sanction naturelle, suivant la théorie de M. Ferri. « Le déterminisme intérieur de l'individu ne saurait échapper entièrement à l'appréciation légale, car on ne doit pas négliger d'examiner avec quelle dose d'*attention* et d'*intention*, enfin avec quel degré de volonté consciente cet acte a été accompli (1) ».

Il y a là, comme on le voit, deux objections: d'abord que la sanction sociale ne doit pas être invariable, mécanique — et en second lieu, que le critérium différentiel doit être, non seulement la qualité sociale ou antisociale des motifs déterminants, mais aussi la qualité et quantité de volonté qui a précédé l'acte.

De cette deuxième objection je m'en occuperai tout à l'heure, en parlant justement des motifs déterminants en tant que critérium positif de responsabilité sociale. Mais dès-à-présent il est difficile de voir une différence claire et précise entre les motifs déterminants dont nous parlons et « la volonté qui a précédé l'acte » dont parle M. Guyau; si ce n'est que M. Guyau, qui était un éclectique, n'abandonnait pas entièrement les anciennes idées tout en admettant une grande partie des nouvelles, et parlait encore d'une volonté, comme faculté existante par soi-même, que la psychologie scientifique n'admet pas.

Quant à la première objection, il est évident qu'elle est causée par une interprétation inexacte des théories positivistes. Car si j'ai dit que la sanction sociale doit être, comme celle physique et biologique, indépendante de toute prétendue liberté morale de l'agent, n'étant que l'effet de la dynamique naturelle entre action et réaction, je n'ai cependant jamais soutenu que la société devait réagir dans tous les cas de la même manière, et avec la même intensité contre différentes actions antisociales.

C'est au contraire une des tendances les plus caractéristiques de l'école positiviste d'ajouter, dans la sanction so-

---

(1) GUYAU, *Critique de l'idée de sanction* in *Rev. philos.*, mars 1883, et *Esquisse d'une morale sans obligation ni sanction*, Paris 1885, pag. 173.

ciale, les éléments subjectifs des motifs déterminants et
des caractères personnels bio-psychiques de l'agent, aux
éléments matériels, objectifs, de l'acte en lui-même, auxquels l'école classique a donné jusqu'ici une importance
presque exclusive, en matérialisant, elle vraiment, la justice pénale, malgré le spiritualisme de ses prémisses.

Autre chose est de dire que l'homicide fou et l'homicide
involontaire et l'homicide par cupidité ou vengeance doivent être tous responsables de l'acte accompli, en dehors de
toute prétendue liberté et culpabilité morale; et bien autre
chose est de dire que la société, en réagissant contre eux,
ne doit pas adapter la réaction défensive aux conditions physio-psychiques de l'agent, aux circonstances de l'acte et à
ses propres conditions d'existence. Nous sommes donc d'accord que l'homicide involontaire doit avoir une peine; c'est
à dire déterminer une réaction sociale, bien différente de
celle déterminée par l'homicide fou ou par l'assassin; et,
bien plus, l'école positiviste s'oppose dans ce cas à l'identité de la peine détentive maintenant donnée à l'homicide
involontaire de même que à l'assassin.

De sorte que, après avoir établi le principe fondamental
que toute action antisociale et offensive doit avoir une sanction sociale et défensive, le problème se réduit pratiquement à voir:

1° *quelles seront les formes différentes de cette sanction
sociale;*

2° *quel sera le critérium juridique, pour indiquer, dans
chaque cas spécial, la forme la mieux adaptée de sanction
sociale et son degré d'intensité.*

Car, comme dit M. Mouton « quand la question de la
responsabilité sera résolue dans le sens que demande l'é-
cole positiviste, celle du droit de punir restera entière (1) ».

Pour résoudre le premier problème, il faut avant tout

(1) Mouton, *Le devoir de punir*, Paris 1887, p. 12.

remarquer qu'il s'agit ici seulement des formes de sanction *légale*. Les formes de sanction *extra-légale* (opinion publique — conséquences économiques — sanction religieuse — sanction morale de la conscience), quoiqu'elles soient des auxiliaires très efficaces et spontanés de la conservation sociale, et malgré même la tendance de quelques unes d'entre elles à augmenter de plus en plus d'intensité et d'extension, elles n'entrent pas cependant dans le cadre d'une science juridique, tout en entrant dans ces considérations de sociologie pratique, qui ne devraient jamais être oubliées par le législateur. De cette sociologie pratique, que les Allemands appellent *kriminalpolitik*, je parlerai dans la conclusion de cet ouvrage, car plusieurs de nos critiques ont pensé que la sociologie criminelle, telle que nous la concevons, (c'est à dire l'étude du délit comme fait naturel et social et non comme entité juridique abstraite) ne soit autre chose que l'art pratique de la *kriminalpolitik*.

C'est au contraire, avant toute organisation administrative et pratique, dans l'indication systématique des différentes formes de réaction sociale contre les actions individuelles antisociales, qu'on a la tâche finale et conclusive de la sociologie criminelle, après l'étude des délits dans leurs causes anthropologiques, physiques et sociales.

Jusqu'ici l'école classique, en partant de l'idée fondamentale que le délit n'est que l'effet du *fiat* de la libre volonté humaine, n'avait concentré son attention que sur la peine, comme moyen presque exclusif de défense sociale, en tant que sanction rétablissant le droit offensé. De sorte que les criminalistes classiques, d'une part ont toujours exclu de la science criminelle les mesures préventives et d'autre part n'ont admis pour les criminels fous que des mesures administratives; car, disaient-ils, les moyens préventifs sont toujours dangereux et offensifs pour la liberté individuelle, et les mesures administratives sont indépendantes du critérium essentiel de la culpabilité morale.

Et après cela tous les criminalistes classiques ont à peine fait allusion aux mesures *de droit civil* ou réparatrices, en tant que formes de défense sociale contre les délits; car ils répètent toujours qu'entre le droit civil et le droit pénal il y a une différence substantielle (1). Le dédommagement n'est, au surplus, qu'une conséquence civile du crime, accessoire et d'ordre tout-à-fait privé; aussi bien que l'obligation qui naît d'un contrat honnête et légal!

L'école positiviste au contraire a toujours soutenu, d'abord, qu'il faut réunir et coordonner, soit dans la théorie soit dans la pratique, toutes les différentes catégories de moyens défensifs contre le délit; et que partant on ne doit plus séparer et isoler les unes des autres, les mesures préventives et les mesures répressives, les conséquences civiles et les conséquences pénales du crime; car toutes doivent concourir à la défense sociale contre le délit et toutes par conséquent sont d'intérêt et d'ordre public.

En effet, quant à l'affirmation de l'école classique qu'entre l'art de police ou de prévention et la science du ministère punitif il y a un abîme, je réponds que prévention et répression ne sont que deux moments d'une même fonction, exercée par le même appareil social, dans un même but. Le but unique et commun est la conservation de l'ordre social — le problème unique et commun est la recherche des moyens les plus utiles, pour la société comme pour l'individu, pour atteindre ce but. Certes, les critériums et les règles de la prévention et de la répression sont diverses, mais distinction n'est pas séparation. Et sur-

---

(1) M. BINDING, parmi les classiques, quoiqu'à un autre point de vue, soutient qu'il n'y a pas de différence absolue entre « la lésion d'un droit » (d'ordre civil) et « la violation d'un droit » (d'ordre pénal); de sorte que, pour lui aussi, il n'y a pas une différence substantielle entre dédommagement et peine.

BINDING, *Die Normen und ihre Uebertretung*, Leipzig 1872, I, 166 et II édit. 1889.

tout lorsque de la prévention on donne une idée moins
étroite et empirique que celle qu'on en a communément,
c'est à dire lorsque par prévention on entend non pas
seulement la prévention directe et répressive elle-même,
de la police; mais aussi et surtout la prévention indirecte
ou sociale, il est évident qu'elle entre de plein droit dans
le cadre de la sociologie criminelle (1). Et alors on évite
cette dangereuse et stérile routine législative, par laquelle
on ne voit que les peines comme panacée facile et universelle pour tous les phénomènes anormaux ou pathologiques de l'organisme social, et on oublie que les effets
ne peuvent être éliminés si on ne supprime pas les causes
qui les déterminent.

Il en est de même, quant à la prétendue séparation substantielle entre les moyens réparateurs (civils) et les mesures répressives (pénales). Droit civil et pénal ne sont que
deux branches d'un même arbre et ils ont une racine et
une nature commune; de sorte que c'est seulement depuis
hier que la peine a perdu ce caractère de dédommagement
et de réparation, qu'elle a toujours aux débuts de l'évolu-

---

(1) Voilà pourquoi l'école positiviste n'admet pas qu'entre *délit* et *contravention* il y ait cette différence absolue et substantielle, qu'on affirme
toujours. Tous les deux sont des actions antisociales et antijuridiques et il
n'y a entre l'un et l'autre qu'une différence de degré et de forme.

Il n'est pas vrai que le délit produise toujours une lésion de droit (par
ex. toutes les tentatives de délit). Et il n'est pas vrai non plus que le délit
soit intentionnel et que la contravvention ne soit pas dolosive. Il y a les
délits involontaires comme il y a des contravventions dolosives.

Et il n'est pas vrai non plus que les délits soit plus dangereux ou plus graves que les contravventions, car dans la vie moderne il y a des contravventions (par ex. sur les chemins de fer) bien plus graves que ces délits
minuscules, tels que les injures, les petits vols champêtres, etc.

En effet nous voyons que la jurisprudence est soumise à une torture quotidienne pour décider si telle ou telle action constitue un délit ou bien une
contravvention.

V. Frassi, *Volontarietà e contravvenzioni* dans *La Scuola positiva*, Naples, 15 mai 1891.

tion juridique de l'humanité. Nous en avons un exemple dans les fatigues inutiles, que les juristes se donnent, pour trouver la ligne de séparation absolue entre la fraude civile et la fraude pénale, qui n'existe pas.

Cette prétendue séparation n'est qu'une conséquence de la théorie, qui donne comme élément du délit la culpabilité morale, qui exige un châtiment proportionné; tandis que pour nous le tort, l'*injuria,* l'action antijuridique peut avoir des formes et des degrés infiniment différents, de la simple contestation d'une dette jusqu'à l'assassinat, pour lesquels seront nécessaires des formes bien différentes de sanctions, depuis la déclaration civile d'un droit contesté ou bien la nullité de l'acte illégal jusqu'au payement des dommages-intérêts, ou bien à la peine détentive et même capitale. Mais comme les formes différentes des actions antisociales ont le même fond commun, de même les formes différentes de sanctions sociales et légales ont une nature identique et doivent être toutes coordonnées en vue de la défense du droit.

Voilà pourquoi nous croyons qu'un grand nombre de menus délits ne devraient pas être frappés avec les mêmes peines, sauf la durée plus ou moins grande, par lesquelles on frappe les crimes les plus dangereux; et ils ne devraient que produire une obligation rigoureuse de dédommagement, qui selon nous n'est pas une question d'intérêt privé, mais doit être au contraire une conséquence du délit aussi sociale et publique que la peine, et partant au lieu d'être abandonnée aux difficultés coûteuses et lentes de la justice civile, doit être exercée par le ministère public, comme je dirai au chap. IV.

Et c'est justement par ce prétendu antagonisme entre droit civil et pénal (qui produit dans la science et dans la pratique une négligeance fâcheuse des mesures défensives d'ordre civil), que nous expliquons un fait historique et statistique, par lequel on observe que lorsque la justice civile est très développée et énergique on a moins nécessité de recourir à la justice pénale : exemple fameux le droit civil romain, si merveilleusement développé en comparaison du droit pénal romain. Et *vice versa* la statistique nous montre que les difficultés de la justice civile, par lesquelles les causes civiles sont devenues un objet de luxe téméraire, augmentent les délits de violence privée. C'est-à-dire que, suivant la remarque de Filangieri, développée par M. Bovio, l'évolution future de la justice sociale devra être de plus en plus dans le sens de rendre le droit civil mieux correspondant aux conditions sociales de la vie moderne et partant plus efficace comme fonction de protection juridique et sociale, avec la conséquence de restreindre de plus en plus le camp du droit pénal et répressif, proprement dit (1).

C'est par cette réunion et coordination de tous les moyens de défense sociale, préconisée par l'école positiviste, que celle-ci arrive à vivifier, en les organisant dans un système scientifique, ces moyens pratiques de défense sociale, qui jusqu'ici, en répugnant aux principes de l'école classique, sont restés négligés ou combattus, comme des bâtards. Tels sont par exemples les asiles pour aliénés criminels et les autres mesures, dites administratives et non pénales, qui forment justement une catégorie spéciale de moyens défensifs contre le crime.

Le système de défense sociale que nous concevons en correspondance avec les données de l'anthropologie et de la statistique criminelle et suivant le critérium de la responsabilité sociale, n'est en somme que le développement scientifique du raisonnement pratique, que tout homme de bon

(1) FILANGIERI, *Scienza della legislazione*, liv. III. — BOVIO, *Saggio critico sul diritto penale*, Napoli 1883. — DE CANDOLLE, *Sur la statistique des délits* dans la *Biblioth. univr.* de Genève, 1830. — ZINCONE, *Dell'aumento dei reati*, Caserta 1872.

sens peut faire et fait dans la vie quotidienne, pour en éviter les désagréments et les dangers.

Un homme prudent et prévoyant ne manque pas de penser et d'éxécuter une règle de conduite telle que celle-ci: — D'abord, j'éviterai de provoquer contre moi les gens auxquels j'aurai à faire et de leur donner des excitations à m'offenser dans ma personne ou dans mes propriétés. Si cependant quelqu'un m'offense, je tâcherai, si j'arrive à temps, de lui faire cesser son action aggressive ou dangereuse, et si j'arrive trop tard j'ôterai toute valeur juridique à l'acte accompli par mon adversaire. Et si cela ne m'est plus possible j'obligerai mon offenseur à me dédommager, tout en ajoutant à cela, si le dédommagement pur et simple ne me semble pas suffisant, des mesures précautionnelles, pour ôter à mon offenseur même l'intention de renouveler ses attaques et aux autres gens l'intention de les imiter. Que si mon expérience passée avec mon adversaire même, ou bien avec des individus qui lui ressemblent, me dit que tout cela ne sera pas suffisant pour sauvegarder ma personne ou mes propriétés, alors j'aurai recours à ces mesures extrèmes d'éloignement forcé plus ou moins prolongé, qui suffisent à me mettre à l'abri, autant que possible, de ces attaques injustes contre mes droits. —

Il n'est pas nécessaire d'être Cujacius ou Carmignani pour faire un raisonnement pareil. Et cependant le système défensif social contre la criminalité, suivant l'école positiviste, n'est que la répétition et l'exécution de ce raisonnement clair et pratique.

Certes, le rouage des institutions sociales qui mettra en exécution ce système, sera immensément plus compliqué; mais les principes fondamentaux et directeurs n'en seront pas moins identiques. Un bateau à vapeur est certainement plus compliqué qu'un bateau de pêche et qu'une pirogue polynésienne et cependant il n'est que l'application des mêmes lois hydrostatiques et hydrodynamiques. De même le

budjet de l'État n'est que la complication immense, et bien
souvent exagérée, du plus modeste budget familier; mais
il est soumis aux mêmes règles fondamentales et inexorables. C'est ainsi, par exemple, que l'acte reflèxe, simple et
rapide, de l'individu, qui réagit par défense légitime contre
l'aggression injuste et dangereuse d'autrui, se reproduit
dans le mécanisme tortueux d'un procès pénal fait par les
représentants de la justice sociale, sur la base du même
syllogisme, par lequel de la prémisse majeure (tu veux me
tuer ou bien tu as tué), à travers la prémisse mineure (cela
est contre mon droit ou bien contre la loi) on arrive à la
conclusion finale (donc je repousse avec la force ton attaque ou bien je te condamne à la prison).

Et alors voilà quel est le système des mesures défensives,
qui représente et comprend toutes les formes de réaction
sociale aux actions individuelles antisociales.

I. *Mesures préventives.* — Vraiment, au point de vue abstrait, on pourrait dire que les mesures préventives ne sont
pas une forme de réaction ou de sanction sociale, puisqu'elles précèdent les faits antisociaux, qu'on veut justement empêcher. Mais, si on songe que ces mesures préventives ne sont en somme qu'une série de restrictions à
l'activité individuelle ou collective, il est facile de voir
qu'elles ont le caractère d'une vraie sanction, quoique dans
une forme indirecte et moins grave.

De même les règles de l'hygiène privée et publique, auxquelles dans la sociologie criminelle correspondent les mesures préventives, vis-à-vis du traitement médical et chi-
rurgical, semblent n'avoir pas la nature de .vrais remèdes
thérapeutiques. Mais, puisque dans l'hygiène individuelle,
aussi bien que dans l'hygiène sociale, ces règles ne sont
en somme que des restrictions, ainsi les mesures hygiéniques et de médecine préventive ont le caractère de vrais
remèdes, dans le but commun d'une conservation de la
santé.

Et c'est justement par ce qu'ils sont des remèdes préventifs, c'est-à-dire qu'ils imposent une restriction avant que
le mal soit apparent ou développé, qu'ils ont été jusqu'ici
très negligés, dans l'hygiène biologique et sociologique,
soit par ce qu'il est plus facile d'attendre avec insouciance
le mal, sauf à le réprimer trop tard et avec impatience,
soit encore parce qu'aux individus la prévoyance ordinaire,
et bien faible, fait paraître trop grave toute privation et
restriction, lorsque le mal n'est pas encore imminent ni
certain.

Ces mesures préventives, il faut les distinguer en deux
grandes catégories. Les *mesures de police administrative* directes et rapprochées du crime, qui sont les moins utiles et
efficaces, car elles tendent seulement à empêcher ou à prévenir l'effet, lorsque les causes en sont déjà développées,
et cependant sont presque les seules auxquelles on ait recours jusqu'ici, dans la science aussi bien que dans la législation pratique. Et les *mesures de police sociale,* indirectes et éloignées, qui visent à éliminer ou du moins à
atténuer les causes mêmes du crime, et partant sont de
vrais *substitutifs de la peine,* car une fois ôté le crime on
ôte en même temps la peine, comme j'ai dit au chapitre
précédent.

II. *Mesures réparatrices.* — Cette forme de réaction ou
de sanction sociale, de même que les suivantes, n'arrive
que lorsque le fait antijuridique, l'*injuria* (tort civil —
contravention — crime) est déjà exécuté. De sorte que,
en comparaison des mesures préventives, elles ont une efficacité bien plus restreinte, et qui va en s'atténuant de plus
en plus au fur et à mesure que des moyens réparatoires
on passe aux moyens purement repressifs ou punitifs.

Les mesures réparatrices se distinguent à leur tour en
trois grandes catégories: suppression de la situation antijuridique — nullité des effets de l'acte antijuridique —
réparation des dommages causés par cet acte même.

Ces moyens réparatoires doivent donc être employés comme mesures principales, ou bien comme mesures accessoires et subsidiaires, suivant les conditions de l'acte et de l'agent, pour tous les actes antijuridiques, qu'ils soient ou non vraiment délictueux.

La société réagit contre tout acte qui a un caractère antisocial; mais les degrés de cette antisocialité sont très différents. On peut avoir un acte antisocial dans le sens le plus général du mot, en tant que offensif des *intérêts* des citoyens, pris individuellement ou collectivement, et alors les sanctions extra-légales suffisent. Ou bien on a un acte vraiment antijuridique, en tant que offensif des *droits* des citoyens, et alors sont nécessaires les sanctions légales, qui cependant peuvent se borner à la réparation civile si l'acte antijuridique n'a pas un caractère délictueux, c'est-à-dire s'il ne représente pas un vrai danger social par suite des conditions bio-psychologiques ou pathologiques de l'agent.

Voilà pourquoi, une fois éliminé le critérium de la culpabilité morale, entre contraventions et délits, de même qu'entre tort civil et tort pénal il n'y a pas de différence substantielle, absolue. Et voilà pourquoi l'école positiviste soutient la nécessité de soustraire aux sanctions pénales toute cette foule de menus délits et contraventions, dont maintenant les auteurs peu dangereux encombrent tribunaux et prisons, en obligeant la justice à une œuvre peu sérieuse de dosimétrie pénale presque mécanique et impersonnelle et voués eux-mêmes à la récidive, inséparable de ces peines de courte durée. Une réparation rigoureuse des dommages causés par ces actes, qui ne sont pas des délits naturels, ou bien sont des délits très-legers, doit être substituée, comme nous le verrons au chapitre suivant, à l'abus des peines détentives, en réalisant une réaction défensive bien plus efficace et utile pour les victimes et bien moins désastreuse pour les auteurs mêmes, vrais microbes du monde criminel.

III. *Mesures répressives.* — Ce sont quelques unes des peines temporaires, qui font partie des systèmes répressifs actuels et qui sont utiles à conserver, quoique réglées d'une façon bien différente: telles que l'emprisonnement, les colonies agricoles pour adultes et enfants, les amendes, l'interdiction d'une profession, etc. Mesures répressives, qui seront toujours temporaires et à temps indéterminé, au lieu de cette dosimetrie pénale, qui croit faire œuvre de justice en comptant *à priori* les semaines et les jours d'emprisonnement, avec des variations numériques aussi arbitraires que peu sérieuses.

IV. *Mesures éliminatives.* — Tandis que les mesures répressives visent à rendre seulement peu probable la récidive, lorsqu'il s'agit d'actes peu graves et d'agents peu redoutables; les mesures éliminatives au contraire tendent à rendre la récidive tout à fait impossible, et partant elles sont réservées aux criminels et aux crimes les plus dangereux. Les moyens par lesquels on élimine de l'organisme social les éléments antisociaux tout à fait inassimilables et dangereux, doivent naturellement s'adapter aux caractères physio-psychologiques des criminels et avoir partant des formes variées: telles que la peine de mort, l'asile des criminels aliénés, l'établissement des criminels incorrigibles, les colonies agricoles de defrîchement et la transportation.

Voilà donc quelles sont les formes différentes de sanction, dont les mesures préventives ont été discutées dans le chapitre précédent, tandis que les autres seront examinées dans le chapitre suivant, au point de vue des réformes pratiques; mais qui, dans leur expression générale, démontrent comment nous comprenons la science qui a pour but la défense sociale contre le crime, c'est-à-dire la sociologie criminelle: de la mesure lointaine et indirecte d'hygiène sociale jusqu'à l'élimination dernière et perpetuelle de l'individu absolument antisocial. C'est-à-dire, pour reprendre la comparaison avec la médecine biologique, que même dans la médecine sociologique les grandes catégories des mesures hygiéniques (moyens préventifs), des remèdes thérapeutiques (moyens réparatoires et repressifs) et des opérations chirurgicales (moyens éliminatifs) constituent tout le système défensif, par lequel la société civile peut pourvoir à la nécessité immanente de sa propre conservation.

VII.

Après avoir résolu ainsi le premier des deux problèmes, qui développent et achèvent la théorie positive de la responsabilité, il faut résoudre maintenant le deuxième, qui est ainsi conçu : — de ces formes de sanction sociale, dans lesquelles se réalise la responsabilité de l'individu, par quel critérium choisira-t-on celle qui sera la plus opportune dans tout cas pratique?

Comme on le voit, c'est là la partie technico-juridique de la sociologie criminelle, qui des idées générales établies jusqu'ici doit rendre possible l'application variée et précise aux nécessités multiformes de la vie quotidienne. Ici je n'indiquerai que brièvement ces critériums, car dans le chapitre suivant je développerai le côté pratique des reformes à introduire dans la procédure pénale et les systèmes repressifs ; et par ce que, aussi au point de vue théorique, ces critériums ont été très-bien exposés par d'autres positivistes et avant tous par M. Garofalo, dans un ouvrage (1), qui sans comprendre complètement tout le problème présent en a cependant établi la règle fondamentale.

_____

(1) GAROFALO, _Criterio positivo della penalità_, Naples 1880 : déjà publié dans le _Journal Napolitain de philosophie_ en 1878, tout de suite après la II édition de _L'Homme criminel_ de LOMBROSO et ma _Teoria dell'imputabilità e negazione del libero arbitrio_.

Aux critériums classiques du dommage causé, du dol, du devoir enfreint, de l'impulsion criminelle, etc., qui plus ou moins proches à la réalité, et plus ou moins logiquement suivis par les criminalistes et les législateurs, ont jusqu'ici régi l'attribution des peines aux délits, M. Garofalo opposait celui de la *perversité* (temibilità) *du criminel.*

La peine ne peut et ne doit pas être le châtiment d'une faute morale, mais seulement un moyen de défense sociale contre les délits, avec cette triple efficacité préventive, que les criminalistes allemands, Bentham et autres, appellent prévention *spéciale* (contre le renouvellement du délit par le condamné), prévention *générale* (contre l'imitation du délit par les prédisposés) et prévention *indirecte* (en tant que encouragement des honnêtes gens et ravivement de la répugnance au crime). Il est donc naturel de dire que la peine, c'est-à-dire la défense sociale, doit être mesurée au danger futur que le crime commis fait raisonnablement prévoir, par l'alarme suscité, par sa différente facilité de reproduction, par les conditions de personne, de temps, de lieu.

À ce critérium du danger probable *(temibilità)* M. Garofalo dans son ouvrage magistral sur la *Criminologie* (II éd., 1892) a adjoint celui de l'*adaptabilité du criminel* au milieu social, en établissant la règle que « le moyen répressif doit être déterminé par la possibilité d'adaptation du criminel, c'est-à-dire par l'examen des conditions d'existence dans lesquelles on peut présumer qu'il n'est plus redoutable ». Et il présentait en conséquence un système pratique de répression, dont je m'occuperai dans le chapitre suivant, et qui a besoin, selon moi, d'être complété, moins dans ses propositions particulières que dans ses principes directifs.

Le critérium de l'adaptabilité du criminel, tout en étant une règle positive et inébranlable, ne suffit pas cependant à lui seul pour résoudre le problème juridique, qui nous occupe.

Avant tout, ce critérium régit seulement les moyens de défense sociale contre le crime déjà commis et surtout les moyens répressifs et éliminatifs : de sorte qu'il ne comprend pas la grande catégorie des moyens *préventifs*.

En second lieu, ce critérium est toujours une règle générale, qui servira comme boussole au juriste, au legislateur, au magistrat, mais qui a besoin de données plus précises pour suivre les particularités des faits quotidiens.

En effet le problème à resoudre doit être décomposé dans deux recherches bien distinctes : I. quelle est la forme de sanction sociale, c'est-à-dire de moyens défensifs, qui est opportune et nécessaire dans chaque cas particulier? — II. pour chaque auteur d'un fait antijuridique ou criminel, déjà commis, une fois établi le moyen défensif correspondant, dans quel degré doit-on le lui appliquer?

Le critérium du danger et de l'adaptabilité du criminel ne répond, et d'une manière générale, qu'à cette deuxième question. La première, vraiment, surpasse les limites d'une théorie juridique de la responsabilité pour les crimes déjà commis, et rentre dans le champ de la défense sociale contre les crimes possibles, et partant c'est avec les inductions positives de la sociologie criminelle qu'elle peut être résolue. Ce sont en effet les données de l'anthropologie et de la statistique criminelle qui doivent nous dire la force spécifique, d'une part, des impulsions criminelles et d'autre part des moyens défensifs, dont la société peut disposer. Ainsi, la conclusion fondamentale de l'anthropologie criminelle que les criminels, au lieu d'être un type unique, presque algébrique, d'hommes comme tous les autres, tels qu'on les supposait d'après l'école classique, présentent au contraire des variétés anthropologiques bien différentes dans leurs caractères organiques et psychiques, et partant dans leur puissance d'activité antisociale ; cette conclusion donne la règle pour adapter aux différentes catégories anthropologiques de criminels les moyens différents de défense sociale. Tels que : les moyens éliminatifs aux plus dangereux parmi les criminels-nés et fous; les moyens répressifs temporaires et les moyens réparatoires aux criminels d'occasion et passionnés, etc. De même, la conclusion fondamentale de la statistique criminelle, que les peines sont un remède bien peu efficace contre les délits, donne la règle par laquelle le sociologue et le législateur doivent demander bien plus à la prévention qu'à la répression l'efficacité de la défense sociale contre le crime.

Après cela, pour la deuxième de ces deux recherches analytiques, je crois que le critérium du danger et de l'adaptabilité du criminel, doit être appliqué aux cas particuliers suivant la qualité plus ou moins antisociale de l'*acte* par rapport à la qualité plus ou moins antisociale de l'*agent*.

Comme le dit très-bien M. Blanchemanche: « l'acte délictueux ne doit entrer en ligne de compte que, comme un des moyens de détermination de l'anomalie du délinquant; c'est d'après celle-ci que l'étendue de la répression doit être mesurée (1) ».

L'antisocialité de l'acte résulte de deux éléments: *le droit lésé*, auquel l'école classique a donné son attention presque exclusive pour la classification des crimes (en oubliant celle des criminels) et pour. le degré de pénalité — et *les motifs déterminants* qui, selon moi, sont un des principes fondamentaux de la théorie positive de la responsabilité.

L'antisocialité de l'agent résulte en somme de la différente *catégorie anthropologique,* à laquelle appartient l'individu, qui doit répondre du crime commis: car, même avec l'identité du droit offensé et des motifs déterminants, il est évident que du criminel par passion jusqu'au criminel fou, on a une augmentation graduelle d'antisocialité.

---

(1) Blanchemanche, *Les principes de la responsabilité pénale*, dans *Le Palais*, Bruxelles 1889, p. 216.

Mais puisque, d'une part, des caractères principaux de chaque catégorie de criminels j'ai déjà parlé au chapitre ɪ, et que d'autre part la classification des droits, dont la lésion constitue la série des crimes et délits, est la partie la plus positive et partant la plus acceptable par nous des théories classiques; ainsi il n'est utile maintenant que de dire quelque chose des motifs déterminants, qui est la seule idée féconde donnée par moi dans la ɪɪᵉ partie de mon ouvrage, déjà ancien, sur « la négation du libre arbitre et la théorie de l'imputabilité ».

Si toute déliberation volitive et toute action humaine n'est que la résultante nécessaire des motifs, qui dans ce moment agissent sur l'individu, il est évident que le caractère et la valeur de toute action humaine seront donnés par les motifs, qui l'ont déterminée. Et l'expérience quotidienne nous rappelle justement que le jugement moral et social des actes individuels est toujours lié aux motifs déterminants, car nous jugeons d'une manière opposée deux actes, même identiques dans leurs formes et leurs conséquences, lorsque nous voyons que l'un et l'autre ont été déterminés par des motifs opposés. L'aumône faite par philanthropie, ou bien dans un but de réclame ou d'intérêt égoistique, aussi bien que l'homicide commis par légitime défense, ou bien par cupidité, sont des actes extérieurement identiques dans un cas et dans l'autre, et cependant il y a entr'eux une énorme différence morale et sociale, en raison des motifs déterminants.

Ce critérium des motifs déterminants, qui n'est donc pas une étrange nouveauté, mais qu'il s'agit seulement d'appliquer à la répression des crimes d'une façon systématique, a toutefois rencontré des objections, qu'il est utile d'examiner.

On a dit d'abord que la distinction entre motifs sociaux et antisociaux, légitimes et illégitimes, moraux et immoraux, juridiques et antijuridiques, est trop peu précise pour être donnée comme règle constante du jugement des actes humains.

M. Magri, en acceptant le critérium des motifs déterminants, que j'ai proposé, a répondu à cette objection en disant que les motifs antijuridiques sont ceux qui « tendent à empêcher ou bien à nier l'affirmation des unités sociales (1) ». Mais je crois plus exact d'appeler motifs antisociaux ceux qui sont contraires aux conditions d'existence sociale, dans chaque moment historique pour chaque groupe collectif. De sorte qu'un motif qui est antisocial chez un peuple civilisé peut ne pas l'être chez une peuplade sauvage : par exemple l'homicide des parents vieux ou d'un enfant né troisième du mariage, qui serait un crime brutal chez nous et qui est au contraire l'accomplissement d'un devoir, ou bien un acte permis à l'île de Sumatra ou chez les Australiens, car là la rareté des subsistances impose des règles de morale et droit tout à fait différentes, mais toujours correspondantes aux conditions d'existence sociale de chaque peuple.

De sorte qu'il est facile de voir comme les expressions différentes, employées pour distinguer les deux ordres de motifs déterminants, n'indiquent qu'un point de vue plus ou moins restreint, mais toujours compris dans la correspondance ou l'opposition des motifs mêmes avec les conditions d'existence sociale, c'est-à-dire nécessaires à l'existence des individus associés et de la société entière. La distinction la plus compréhensive et générale est donc celle de motifs sociaux et antisociaux : qu'on dira moraux et immoraux, nobles et ignobles, lorsqu'on visera surtout dans l'ordre social au point de vue moral; et qu'on dira légitimes et illégitimes, juridiques et antijuridiques, lorsque dans l'ordre social on visera plus spécialement au point de vue strictement juridique et légal.

---

(1) MAGRI, *Nuova teoria generale della criminalità*, Pise 1891, p. 283.

Une objection plus précise me fut opposée par M. Fioretti, qui soutient « l'impossibilité de regarder les motifs *conscients* de l'action comme critérium absolu de la responsabilité (1) ».

Mais cette objection, exacte par soi-même en tant que observation psychologique, n'a pas de valeur cependant contre le critérium juridique des motifs déterminants, d'abord par ce que M. Fioretti parle des « actions habituelles et quotidiennes », exécutées par nous sans motifs conscients, presque automatiquement.

Et cela est vrai pour les actions indifférentes et ordinaires: mais délibérer et commettre un crime ou un délit, pour léger qu'il soit, n'est pas une action non motivée, c'est-à-dire accomplie sans avoir conscience des motifs déterminants, pas même chez un criminel d'habitude. Car même celui-ci y pensera, au moins pour prendre les précautions nécessaires à n'être pas découvert. Un crime ne peut pas être commis inconsciemment que par un criminel fou, et c'est là justement le seul cas, dans lequel, j'ai toujours dit que le critérium des motifs déterminants n'est pas applicable, comme nous verrons tout-à-l'heure.

En second lieu, M. Fioretti donne à l'expression « motifs » une signification trop restreinte, en la prenant comme synonime de « raisonnement » ou d' « élément cogitatif » de l'action. Tandis que par « motifs » il faut entendre aussi les sentiments individuels, qui ont même plus d'importance que les idées, car tout homme agit bien plus suivant ce qu'il sent que suivant ce qu'il pense.

D'autre part, lors même qu'il y aurait des délits commis par des motifs, sentimentaux et intellectuels, non *conscients*, cela ne suffirait pas pour détruire la valeur de ce critérium psychologique de sanction sociale, car, si on n'a pas la preuve d'autres motifs extraordinaires, le délit peut être

(1) Fioretti, dans l'*Archivio di psich. e scienze penali*, 1886, p. 234.

jugé comme déterminé par les motifs qui l'accompagnent ordinairement, suivant l'expérience commune et suivant le caractère de l'agent, qui est l'autre critérium inséparable de celui des motifs.

Il ne faut jamais oublier, en effet, que celui des motifs déterminants n'est pas le critérium unique de la responsabilité : mais elle doit toujours être appliquée par rapport à la personnalité du criminel, suivant la catégorie anthropologique à laquelle il appartienne.

Il est vrai que si quelqu'un nous salue sur la route, nous répondons avec le salut, sans y penser, presque automatiquement ; mais cela ne signifie pas que notre acte ne doive pas être jugé comme déterminé par le motif social de la courtoisie. Tandis que si vous, en saluant quelqu'un, n'en recevez pas le salut de réponse, vous avez le droit de juger qu'il a été déterminé par le motif antisocial de la grossièreté .... à moins que vous n'ayez la preuve qu'au contraire le motif de son action négative a été la distraction inconsciente, ou bien l'intention consciente de vous offenser. En tout cas, on le voit bien, même pour les actions habituelles et quotidiennes, c'est toujours le motif déterminant qui est la règle principale du jugement sur les actions mêmes.

De même, si un voleur habituel, presque sans y penser, c'est-à-dire presque sans le motif *conscient* du gain injuste (qui peut être un cas très-exceptionnel), en passant devant un magasin, vole ce qui est à sa portée, son acte pourra être sûrement jugé comme déterminé par un motif antisocial ; .... à moins qu'il ne donne la preuve d'un motif social, par exemple la nécessité de secourir ses enfants affamés, ce qui donnerait un motif conscient et confirmerait la règle que j'ai posée.

Mais les objections les plus nombreuses au critérium des motifs déterminants ont été faites par M. Dorado Montero, dans son excellent résumé critique sur « l'anthropologie criminelle en Italie » (Madrid, 1890, p. 32 et suiv.).

M. Dorado Montero approuve le critérium du danger et de l'adaptabilité du criminel, mais il croit que la règle des motifs déterminants y contredit, par les raisons suivantes: I. par ce que l'*intention* est seulement un indice de ce que le criminel peut faire et fera probablement dans l'avenir, c'est-à-dire du danger qu'il présente; mais l'intention n'est pas la cause de ce danger même. — II. Le critérium de l'*intention* est un retour à ces principes de liberté morale ou d'intelligence normale, que l'école positiviste au contraire veut exclure. — III. Et partant il représente un résidu des anciennes théories, en transférant la culpabilité morale de la volonté à l'intelligence. — IV. Car les motifs peuvent être les mêmes et également forts chez un individu qui les ignore comme chez un individu qui les connait; par exemple chez un criminel fou et un criminel-né. — V. La qualité des motifs, en tant que jugement de l'acte, suppose que l'agent peut les dominer, et alors on revient au libre arbitre classique, ou bien, s'il est déterminé par eux, oblige à punir celui qui sait ce qu'il va faire plus que celui qui ne le sait pas, ce qui n'est pas juste. — VI. Car, s'il est injuste employer deux poids et deux mesures, il sera également injuste de tenir compte des motifs déterminants pour quelques criminels et non pour les autres (les fous), une fois que la réaction sociale défensive doit être identique pour tous. — VII. Ce critérium des motifs déterminants est aussi en contradiction avec les données de la psychologie criminelle et surtout avec celles que Ferri a étudiées « sur le moment délibératif chez les homicides fous » (*Arch. psich.*, 1886). — VIII. Et, après tout, les motifs déterminants peuvent quelque fois ne pas représenter le fond vrai, mais seulement une partie superficielle et transitoire, du caractère personnel du délinquant.

Ces critiques jaillissent toutes d'une appréciation incomplète et inexacte du critérium des motifs déterminants.

Il est évident, en effet et avant tout, que M. Dorado Montero, de même que M. Fioretti, entend par *motifs* la seule *intention,* c'est-à-dire les seuls éléments *intellectuels* de la délibération en oubliant que par « motifs » on doit entendre, suivant la psychologie positive, toutes les conditions physio-psychiques qui à chaque instant agissent chez l'individu délibérant, et entr'elles surtout les *sentiments,* qui, conscients ou inconscients, sont toujours les déterminants fondamentaux de l'activité humaine, et partant l'indice et l'effet le plus intime et le plus profond du caractère personnel.

En second lieu, on voit que toutes ces objections oublient que le critérium des motifs déterminants n'est pas une règle abstraite et isolée, mais doit au contraire être toujours appliqué en rapport avec le caractère du criminel, c'est-à-dire en fonction avec le critérium de la catégorie anthropologique, à laquelle l'agent est démontré appartenir avec son action et ses précédents, étudiés avec tous les moyens de la diagnose physio-psychologique.

Ce n'est donc pas que les motifs, intellectuels et sentimentaux, soient un indice et non pas la cause du danger et de l'adaptabilité du criminel; tandis qu'il est évident que l'acte extérieur, par soi-même, ne peut suffire pas non plus au jugement de la responsabilité individuelle. Celle-ci en effet se réalise lorsque la société sent la nécessité de réagir pour se défendre, c'est-à-dire lorsque la société se sent frappée par un acte qui porte atteinte à ses conditions d'existence. Or, pour juger si l'acte est ou n'est pas anti-social, ne suffisent, à eux-seuls, ni la matérialité de l'acte ni le caractère de l'agent, mais il faut y ajouter l'examen des motifs qui l'ont déterminé; car il est évident que par exemple un homicide par défense légitime accompli même par un individu, qui aurait été déjà condamné pour crimes

contre les personnes, ne devient pas pour ses effets matériels ni pour le caractère de l'agent, un homicide punissable, c'est-à-dire un acte antisocial et antijuridique, s'il
reste prouvé que la défense légitime contre un attaque
injuste et dangereuse a été le seul motif déterminant à
l'action.

De même, ce n'est pas du tout que ce critérium des motifs déterminants soit un retour aux théories de la liberté
morale dans la volonté ou dans l'intelligence; car autre
chose est dire que les conditions psychologiques de l'agent
sont la raison et la condition et la mesure de la respon-
sabité (morale) du criminel, et bien autre chose est dire
qu'elles sont au contraire un critérium pour adapter à
l'offense la défense, c'est-à-dire la forme la plus opportune
de sanction sociale, qui existe toujours, pour tout acte
antisocial, indépendamment de ces conditions mêmes. Ce
serait comme dire que le médecin, qui nie le libre arbitre,
ne doit pas tenir compte si le poison a été absorbé par
son client à cause d'un erreur ou bien d'une intention
suicide; certes ce qui est urgent, tout de suite, en tout cas,
est le contre-poison, sauf à adapter le traitement ultérieur
aux différentes conditions physio-psychiques du malade.
De même, lorsqu'un homme est tué par un autre homme,
ce qui est urgent, tout de suite, en tout cas, est l'affirmation de l'autorité sociale avec l'arrestation et l'interro-
gatoire de l'homicide; mais le traitement définitif sera
bien différent suivant que la mort a été donnée par erreur,
ou bien par vengeance, ou bien par défense légitime, etc.

Cependant ces éclaircissements de mon idée sur les motifs déterminants, il faut le reconnaître, n'éliminent pas
l'objection faite à mon affirmation que si le criminel est
fou, alors il est inutile de tenir compte des motifs déterminants et la folie suffit pour justifier la sanction sociale,
sous forme d'asile spécial pour les criminels aliénés.

Avant tout, dans la comparaison entre le criminel aliéné, c'est-à-dire atteint d'une forme *clinique* d'aliénation mentale, et les autres criminels, il ne s'agit pas, comme dit M. Dorado Montero, de voir si les motifs sont également forts ou conscients chez l'un et chez les autres, et il ne s'agit donc pas de voir s'il est injuste d'en tenir compte pour ceux-ci et non pour celui-là. Je répète que le critérium des motifs ne doit pas servir comme raison de responsabilité ou d'irresponsabilité; et alors seulement l'objection serait juste : il n'est au contraire qu'une règle d'adaptation de la forme de réaction sociale à l'action antisociale, et partant il est un critérium de diagnose psychologique et non pas de justice abstraite et de culpabilité morale.

Or, si l'auteur d'un meurtre, d'un vol, d'un incendie, etc., est reconnu atteint d'une forme clinique de folie, la diagnose psychologique, au point de vue de la défense sociale, est déjà faite et il n'y a pas nécessité d'autres critériums : malgré que les motifs déterminants puissent même servir comme symptômes psychopathologiques pour établir la forme de folie, lorsqu'ils dérivent par exemple d'une hallucination, d'une idée fixe, etc. Et c'est justement dans ce sens que j'ai étudié « le moment délibératif chez les homicides aliénés ».

La difficulté pourrait rester pour le cas seul dans lequel un fou agit réellement dans des conditions, par exemple, de défense légitime contre l'attaque injuste et dangereuse d'un criminel. Mais alors, si le motif déterminant pourra avoir influence sur le jugement pénal, puisque la folie de l'agent sera de même constatée, toute la différence sera que celui-ci, au lieu d'être envoyé à l'asile spécial des aliénés criminels, sera renfermé dans un asile commun d'aliénés. Ce cas très exceptionnel cependant ne suffit pas pour détruire la valeur positive de la qualité sociale ou antisociale des motifs déterminants, en tant que critérium concurrent

pour l'adaptation de la réaction sociale à l'action individuelle. De sorte qu'il est la seule raison vraie, même pour
les législations actuelles, de l'impunité justement assurée
au cas d'exécution d'un ordre, de légitime défense, d'état
de nécessité.

Pour ces cas, les criminalistes classiques, après avoir
inventé plusieurs formules, pour en justifier l'impunité,
telles que la collision des droits, la perturbation de l'esprit,
l'invincibilité des impulsions, s'arrêtèrent à l'habituel « manque de liberté d'élection ».

Mais, même dans ces cas, le manque de liberté n'est qu'un
expédient insoutenable, car il n'y a aucune impossibilité
psychologique pour qu'un individu, injustement attaqué ou
dans un état de nécessité, préfère le sacrifice de son propre
droit à la violation, quoique légitime, du droit d'autrui.
D'autre part on ne saurait dire pourquoi, par exemple, la
liberté morale, ou d'élection, serait supprimée par la crainte
d'une agression injuste et non pas par la fureur de la vengeance. Et enfin la légitime défense n'est pas une excuse
pour l'agent, comme l'a toujours dit l'école classique, mais
elle est au contraire l'exercice d'un droit, et partant un acte
juridique, en tant que déterminé par des motifs sociaux et
juridiques; et l'agent peut toujours répondre avec le juris-
consulte romain: *feci sed jure feci* (1).

---

(1) La théorie positiviste sur *la légitime défense* a été très-bien développée par M. FIORETTI (Turin 1886 et II édition 1892).

L'art. 8, n. 6 du code pénal d'Espagne dit justement: « Ne commet pas
de délit et est exempt de responsabilité pénale celui qui agit pour défense
de la personne ou des droits d'autrui, pourvu qu'il y ait aggression illégitime et nécessité rationnelle du moyen employé pour l'empêcher, ou pour
la repousser, et pourvu que *le défenseur ne soit pas mû par la vengeance,
le ressentiment, ou autre motif illégitime* ».

Une application juridique de la théorie des *motifs déterminants* a été
faite par moi au problème de la responsabilité dans les cas d'homicide-sui-
cide. Voir *L'omicidio-suicidio*, III édition, Turin 1892.

Une dernière objection au critérium des motifs déterminants a été faite en opposant la difficulté d'en donner la
preuve.

Mais il est facile de répondre, non seulement que la difficulté de la preuve ne démontrerait pas, en tout cas, l'erreur du principe, car dans l'ordre social et juridique, ce
qu'on ne prouve pas est comme s'il n'existait pas; mais
surtout que la preuve des motifs déterminants, saisie dans
les circonstances de l'acte et de l'agent, n'a pas de difficultés plus grandes que la preuve, aujourd'hui même exigée
par les théories classiques, de la prétendue liberté morale,
du dol, de la *culpa*, et même quelquefois des motifs déterminants; du but que se proposait le criminel et qu'on recherche
presque dans tous les procès, sauf à dire que l'homme peut
commettre un crime, « sans motifs » lorsque les motifs existent, car il n'y a pas d'effet sans cause, mais pour les découvrir ne suffit plus la psychologie ordinaire, et il faudrait
recourir aux données de la psychologie et de la psychopathologie criminelles. Au contraire c'est justement avec
les inductions du déterminisme psychologique, qui démontre
les liens indissolubles entre toute action et ses motifs déterminants, et c'est avec les données de l'anthropologie criminelle (biologie, psychologie, psychopathologie) que la recherche des motifs déterminants chez les auteurs d'une
action antisociale reçoit un fondement plus logique et plus
sûr, qu'avec les théories classiques du libre arbitre et de
la responsabilité morale (1).

De sorte que, pour donner un exemple de l'application
de ces critériums concurrents de responsabilité pénale (droit

_____

(1) M. PAULHAN, dans un remarquable article *(Revue philosophique,* avril-
mai 1892) a porté toute la finesse de son talent dans l'examen du problème
de la *responsabilité.* Mais il me semble qu'il n'a pas franchi les barrières
habituelles du vieux concept de la responsabilité dosimétrique et morale.
De même M. JOLY, *Le combat contre le crime,* Paris, 1892, chap. I.

lésé, motifs déterminants, catégorie anthropologique de l'agent), nous pouvons partir de ce fait: *un homme mort*. Fait, qui détermine toujours une commotion, plus ou moins intense et étendue, dans l'organisme social et y provoque une réaction correspondante.

Alors: cet homme est-il mort de maladie ou bien a-t-il été tué?

Dans le premier cas, le fait n'atteint pas l'ordre juridique et la réaction sociale reste dans le champ extra-légal des sentiments, de l'opinion publique, des conséquences économiques (1).

Dans l'autre cas, le fait peut au contraire intéresser l'ordre juridique, c'est-à-dire la tranquillité et la sûreté publique et privée, et alors la société réagit par des recherches ultérieures.

Par qui et comment a-t-il été tué cet homme? Par un accident, tout à fait indépendant de l'œuvre d'un autre homme, tel que la foudre, une bête féroce, etc., ou bien a-t-il été tué par suite de l'action d'un autre homme?

C'est seulement dans ce dernier cas que, après l'*acte*, il faut s'occuper de son *agent*.

L'agent, l'homicide, était-il avant tout dans des conditions psychiques normales ou pathologiques? Était-il sain d'esprit ou aliéné?

S'il était fou, cela suffit, comme j'ai expliqué tout-à-l'heure, pour déterminer une réaction sociale défensive sous forme de mesure éliminative, telle que nous en verrons l'arrangement pratique dans le chapitre suivant.

Mais si l'agent n'était pas atteint d'une forme clinique d'aliénation mentale, par quels motifs a-t-il été déterminé à l'homicide? Avant tout, ces motifs étaient-ils sociaux ou antisociaux, juridiques ou antijuridiques? Dans le premier

_____
(1) Même dans ce cas il y a des conséquences juridiques; mais elles sont *privées* et *civiles* (succession, testament, veuvage, etc.), sans entrer dans l'ordre publique de la défense sociale ou du droit pénal.

cas, le fait perd, encore une fois, la qualité antijuridique, malgré ses effets matériels, et il rentre encore dans le nombre des accidents, des *pauperies*; l'homicide exécutait la loi ou bien il agissait par défense légitime. Il y a le fait matériel, mais non le fait antijuridique; il y a la suppression mais non la violation d'un droit.

Si au contraire les motifs déterminants étaient antisociaux et si l'acte partant devient lui-même antisocial et criminel, alors il faut établir le degré d'antisocialité des motifs mêmes et la catégorie anthropologique de l'agent.

Les motifs étaient très antisociaux (vengeance brutale, haine, cupidité, etc.) et l'homicide est un criminel-né; alors devient inutile toute autre vétille sur la culpabilité morale; le moyen éliminatif est nécessaire, puisqu'il s'agit d'un assassinat et d'un assassin.

Ou bien les motifs de cet homicide étaient moins antisociaux (imprudence, honneur offensé, amour contrarié, etc.) et l'agent est un pseudo-criminel (par négligence ou imprudence), ou bien un criminel d'occasion ou par passion; et alors, avec tous les détails d'un procès, qui établissent mieux la physionomie de l'acte et de l'agent, pourront être suffisantes les mesures réparatrices (dans le cas d'homicide par négligence ou par passion honnête) ou bien les mesures réparatrices avec les mesures répressives (pour le meurtrier d'occasion).

Voilà donc comment les critériums positifs de la responsabilité pénale peuvent être appliqués dans le cas typique d'un homicide consommé et commis par un seul agent. Et le raisonnement vaut également pour tout autre crime ou délit: vol, viol, incendie, etc. suivant la classification juridique des crimes, délits et contravventions, qui est vraiment une des choses viables de l'école classique.

Cependant, même pour le cas de l'homicide, il y a deux variétés principales et différentes du cas typique examiné, c'est à dire: le crime non consommé et le crime commis par plusieurs individus.

Et alors on a les deux théories de la *tentative* et de la *complicité*, avec lesquelles l'école criminelle classique n'a donné qu'une preuve de plus de son incertitude et de son doctrinarisme.

Quant à la théorie de la tentative, je ne parlerai pas des discussions juridiques à propos du critérium objectif (le fait matériel résultant de l'action) et du critérium subjectif (l'intention de l'agent), qui, selon nous, est bien plus positif, surtout lorsqu'on le coordonne avec celui des catégories anthropologiques des criminels. Et je ne parlerai pas non plus des discussions inconcluantes, ni des formules proposées pour établir une séparation absolue entre les actes préparatoires non punissables, et les actes exécutifs et punissables du crime, séparation inexistante au point de vue classique et matériel des actes extérieurs, et qui ne peut être établie qu'avec le critérium toujours concurrent des catégories des criminels.

Je ne ferai que deux remarques.

Depuis que Romagnosi traça la figure juridique du « crime manqué », les criminalistes classiques, après s'être bien fatigués pour établir une séparation entre le crime tenté et manqué ...., sont arrivés à la conclusion, que les législateurs feront très-bien de n'en tenir pas compte!

M. Carrara en effet, dans une note au § 43 du code pénal allemand (1871), louait le législateur allemand « d'avoir *tout-à-fait abandonné* la figure du crime manqué, laquelle, vraie au point de vue scientifique, *est si difficile à comprendre pour les non juristes*, que dans la pratique il en jaillit trop de difficultés insurmontables et trop d'*injustices!* » Or une école juridique qui est obligée de louer un législateur d'avoir « tout-à-fait abandonné » un principe, qu'on dit « vrai au point de vue abstrait », mais qui dans la pratique cause « des difficultés insurmontables et des injustices » ne fait évidemment que démontrer encore une fois son doctrinarisme, non moins dangereux que stérile.

Et un autre classique pur, M. Buccellati, est allé plus loin, même « au point de vue abstrait (1) ». Car, en relevant les difficultés des théories sur les actes préparatoires et le crime manqué, il a conclu: « à quoi bon nous torturer l'intelligence pour spécifier une idée qui est et ne peut être que générique? »; et il proposait tout simplement de supprimer la théorie de la tentative, en soutenant que la tentative, *comme telle,* ne devait pas être punissable; mais qu'elle le pouvait seulement comme contravention de police(!), ou bien comme crime parfait dans les cas où l'acte accompli avait déjà une figure juridique: par exemple, la tentative de meurtre punie comme blessure!

Lorsqu'une école arrive, par son propre épuisement, à des conclusions aussi « nihilistes », il n'est pas nécessaire de s'acharner davantage contr'elle, car il n'est ni nécessaire ni généreux de tuer un homme mort.

L'école positiviste soutient l'égalité de répression, c'est à dire de défense sociale, pour le crime manqué aussi bien que pour le crime consommé. Dans le crime manqué l'agent a fait « tout ce qui était nécessaire » pour atteindre la violation du droit d'autrui et ce n'est qu'un accident imprévu qui a fait manquer la consommation du crime. Il n'y a donc aucune raison pour dire, que dans ce cas le hasard du fait matériel rend le criminel moralement moins pervers, socialement moins dangereux, juridiquement moins punissable. Le fait extérieur n'est que la condition pour qu'on puisse punir, car il n'y a pas de défense s'il n'y a pas d'attaque; mais, comme disait M. Carelli, la tentative au contraire est le vrai crime parfait, car le résultat matériel n'est qu'accessoire et accidentel vis à vis du danger social représenté par le criminel. Et moi, j'ajoute que comme l'école classique soutenait que, au point de vue ju-

---

(1) Buccellati, *Istituzioni di diritto e procedura penale,* Milano, 1884, § 366.

ridique et abstrait, l'*épuisement matériel* du crime (lorsque
le criminel atteint le but matériel de son acte, par ex.,
le vol ou l'héritage après l'assassinat), n'est pour la peine
qu'une circonstance accessoire vis-à-vis de la *consommation juridique* du crime (c'est-à-dire de la violation du droit
privé ou public); de même nous disons, au point de vue
social et pratique, que même la consommation juridique
du crime n'est qu'une circonstance accessoire, car le fait
extérieur (tentative) suffit à lui seul pour indiquer la puissance offensive du criminel, en dehors du hasard qui porte
l'action entreprise jusqu'à la consommation ou même jusqu'à l'épuisement.

Il est vrai cependant que la consommation manquée ou
l'exécution imparfaite du crime, en étant souvent l'effet d'une
action moins énergique et malfaisante du criminel, peut
être aussi un indice d'une puissance offensive moins grande.
Et puisque dans la vie quotidienne et dans le sentiment
commun l'impression est toujours moins grave, lorsque le
dommage matériel n'est pas arrivé; ainsi pour la théorie
de la tentative, l'école positiviste conclut, avec M. Fioretti (1)
que « même dans la tentative, pour qu'il y ait crime punissable, il faut que l'acte ait déterminé une réaction individuelle contre le criminel, comme précédent de la réaction sociale »: en ajoutant que l'acte doit toujours être jugé
par rapport aux deux critériums inséparables des motifs
déterminants et de la catégorie anthropologique du criminel. Il est évident en effet, qu'un acte soi-disant prépa-
ratoire, ou bien une tentative avec des moyens insuffisants,
peut être très dangereux et punissable s'il est accompli par
un criminel-né, ou aliéné, ou habituel; tandis qu'un acte
soi-disant exécutif, ou bien une tentative sérieuse peut ne

(1) Fioretti, *Sul tentativo*, (Arch. de psich.), 1890, p. 469. — Puglia, *Il
tentativo*, Messina, 1884, et *Desistenza dal reato*, (Arch. de psich.), 1887,
p. 466. — Garofalo, *Criminologie*, IIᵉ édition, 1892.

pas l'être s'il est accompli par un criminel passionné, ou bien par un pséudo-criminel en vertu de motifs excusables.

La théorie de la complicité, suivant l'école classique, a donné lieu au byzantinisme des différentes espèces de complices, nécessaires et non nécessaires, de coauteurs plus ou moins « correspectifs » etc., en arrivant, par ex., à la conclusion absurde (art. 63 code pénal italien) que la peine pour le mandant d'un crime doit être moindre, si le mandataire a lui aussi des motifs personnels pour commettre le crime, ou bien que le mandant doit être impuni si le mandataire n'exécute pas le crime. De même, dans la théorie du concours de plusieurs crimes commis par un seul criminel, on est arrivé à en faire une circonstance atténuante! En effet qui commet un vol, ou un viol seulement, a toute entière la peine dosée pour son crime ; mais s'il en commet plusieurs, alors on lui accorde ce que M. Majno disait très-bien « l'escompte d'un tant pour cent en faveur des criminels en gros!»

Suivant l'école positiviste, le principe général qui doit régir la théorie de la complicité (et pareillement du concours des crimes) doit être le suivant : puisque les criminels les moins dangereux (d'occasion et par passion) ont pour caractère psycho-sociologique constant (sauf le cas de la foule criminelle par excitation passionnée et momentanée) d'agir isolément, sans complices, tandis que le contraire arrive chez les criminels les plus dangereux (nés et habituels), ainsi la complicité doit être, à elle seule, une circonstance aggravante. C'est à dire, que la complicité ne doit pas être envisagée seulement sous le rapport de la participation plus ou moins efficace des associés dans une entreprise criminelle, mais doit avant-tout être mise, comme circonstance aggravante, en rapport avec les caractères des différentes catégories de criminels.

Mais puisque ce principe, que j'ai donné, va être développé avec un grand talent par mon élève, M. Sighele,
ainsi je me borne à l'avoir simplement rappelé (1).

Voilà donc, en dehors des développements plus détaillés
qui seraient inopportuns ici, voilà comme l'école positiviste au critérium, contesté et indéfini, de la responsabilité *morale,* comme raison et fondement du droit de punir,
substitue le critérium positif et précis de la responsabilité
sociale ou juridique, comme raison et fondement du droit
de défense sociale des honnêtes gens contre les criminels.
C'est avec ces principes qu'on arrive à faire de « la justice » une chose vraiment positive, en transformant la justice soi-disant éternelle, absolue et abstraite des juristes
classiques, trop éloignée toujours de la vie humaine, en
une justice sociale, relative et toute proche de l'existence
quotidienne, en tant que proportion et adaptation d'individu à individu et d'individu à société.
Car, en même temps que nous donnons à la responsabilité individuelle le seul fondement positif de la solidarité,
dans les droits aussi bien que dans les devoirs, dans les
avantages aussi bien que dans les désavantages, entre tous
les associés, par le seul fait de leur association et de l'organisme collectif qui en résulte; d'autre part nous imposons
à ce même organisme social des devoirs rigoureux et permanents en faveur des individus, en soutenant la supériorité de la prévention des causes sur la répression des effets.
De sorte que, tandis que le moyen-âge, dans l'homme criminel, ne voyait que le criminel en oubliant l'homme et,
par réaction, l'école classique ne voyait ensuite que l'homme
en oubliant le criminel, l'école positiviste vient rétablir
l'équilibre en étudiant « l'homme criminel » et en respec-

(1) SIGHELE, *La foule criminelle,* Paris, 1892 et *La complicité* in *Arch. de
psich.,* 1890, p. 262.

tant les droits de la personnalité humaine dans le criminel, aussi bien que les droits de la société dans les gens honnêtes.

Comme le disait M. le procureur général Le Gall, dans son discours de rentrée à Lyon : « nous devons reconnaître qu'il est possible d'avoir de la justice répressive une conception plus élevée; mais il faut aussi convenir, qu'il n'en est guère de plus ferme dans ses principes et de plus féconde dans les résultats (1) ».

Et nous avons avec cela démontré, que la négation du libre arbitre et les inductions de la philosophie positive, au lieu d'être cette oraison funèbre du droit pénal, qu'on disait par le seul effet des habitudes mentales et scolastiques, ne font au contraire que raviver et raffermir la théorie de la responsabilité humaine, qui était vraiment devenue une feuille sèche dans le grand arbre de la science criminelle, aussi bien qu'une difficulté toujours croissante dans l'administration pratique de la justice pénale.

-(1) Le Gall, *Le droit de punir d'après la science positive*, Lyon, 1885, page 19.

CHAPITRE QUATRIÈME

—

Les réformes pratiques.

Les données de l'anthropologie et de la statistique criminelle et la théorie positive de la responsabilité qui en découle, quoique systématisées seulement par l'école positiviste, sont cependant d'une évidence trop quotidienne, pour que leur influence n'ait pas déjà pénétré dans les tribunaux et les parlements.

De la jurisprudence pénale dans ses rapports avec la sociologie criminelle j'ai déjà parlé page 289. Il est opportun de rappeler maintenant quelques exemples de l'influence plus ou moins directe et avouée des nouvelles données sur la législation pénale.

Les législateurs contemporains, sous l'impression vague des données statistiques et biologiques, ethnographiques et anthropologiques, et toujours imbus du vieux préjugé de l'artificialisme social et politique, ont été d'abord poussés à une vraie manie légiferatrice, par laquelle à tout phénomène social nouvellement observé on croit indispensable de porter le prétendu remède d'une loi spéciale, d'un réglement ou, faute de mieux, d'un article de code pénal. De sorte que, suivant la remarque de Spencer, dans un de ses essais les plus brillants, le citoyen se trouve enveloppé dans un filet inextricable de lois, décrets, réglements, codes, qui l'entourent, le soutiennent, l'entravent et le lient même avant sa naissance et après sa mort. Car ceux que M. Bordier appellent les jardiniers et les bandagistes de la société, en oubliant la naturalité des phénomènes sociaux, se représentent la société comme une certaine quantité de pâte, à laquelle la cuisinière peut donner la forme qui lui plaît, celle d'une croûte de pâté, d'un chausson ou d'une tartelette (1).

Voilà pourquoi on voit partout, à côté du doctrinarisme dans les sciences classiques de droit, d'économie, de politique, l'empirisme dans les lois. Et voilà pourquoi, dans la justice pénale, les défauts pratiques et l'impuissance quotidienne de la répression sont les alliés les plus éloquents de l'école positiviste, laquelle au contraire avec les réformes pratiques proposées, répand et confirme ses inductions théoriques.

Un premier exemple de l'influence, plus directement exercée par les nouvelles idées sur la législation pénale, est fourni par la proposition, déjà réalisée dans les codes pénaux de Hollande, d'Italie, etc. de deux espèces « parallèles » de peines détentives : l'une pour les crimes les plus graves et dangereux, l'autre, dite « détention simple ou *custodia honesta* » pour les contraventions, les délits involontaires et les crimes non déterminés par des passions ignobles.

De même l'énumération faite par quelques codes (p. ex. d'Espagne) et par l'ancien projet Mancini de code pénal italien, des principales circonstances aggravantes et excusantes communes à tous les crimes et délits, telles que la vie précédente de l'accusé, la passion excusable ou honteuse, le repentir et la confession du délit, la gravité du dommage etc., n'est qu'une application embryonnaire et

(1) Spencer, *Essais de politique*, Paris, 1879; *Trop de lois*, p. 65 et suiv. — Bordier, *La vie des sociétés*, Paris, 1887, chap. xvii. — De Greef, *Introduction à la sociologie*, ii p., Bruxelles, 1889, p. 319. — Fuld, *Einfluss der Kriminalstatistik auf Strafgesetzgebung, etc.*, in Arch. f. Strafrecht, Berlin, 1885, p. 225.

empirique de la classification bio-psychologique des criminels.

Ainsi l'institution des asiles pour la réclusion des criminels aliénés, malgré leur acquittement au point de vue de la responsabilité morale; les mesures de plus en plus rigoureuses, quoique très-souvent trop empiriques, contre l'augmentation progressive de la récidive; la proposition de mesures répressives substituables aux peines détentives de courte durée; la réaction même contre les exagérations du système cellulaire, qui selon moi est une des aberrations du xix siècle : ce sont-là des preuves évidentes de l'influence, plus ou moins avouée et logique, des données de la biologie et de la sociologie criminelle sur les législations pénales contemporaines.

Ces réformes pratiques, qui, greffées sur le vieux tronc des théories classiques sur le délit et la peine, ne sont que des expédients empiriques et déplacés, logiquement coordonnées et complétées, représentent au contraire le nouveau système de défense sociale contre le crime, qui découle des données et des inductions scientifiques de l'école positiviste, et qu'il est donc nécessaire de tracer maintenant, dans ses lignes fondamentales.

I.

Avant tout, si les théories positivistes réduisent de beaucoup l'importance pratique du code pénal, d'autre part elles augmentent bien plus celle des lois de procédure pénale, destinées à faire descendre les menaces législatives contre les crimes, sur le terrain pratique et quotidien de la défense sociale contre les criminels. Car, comme je disais au Parlement italien, si le code pénal est le code pour les malfaiteurs, celui de procédure pénale est le code pour les honnêtes gens, qui sont soumis au jugement et ne sont pas encore reconnus malfaiteurs.

Et cela, d'autant plus, que si nous pouvons avoir des codes pénaux, qui fondent tout leur mécanisme de coaction psychologique sur l'échafaudage platonique de systèmes pénitentiaires écrits dans leurs articles symétriques ....., mais qui en réalité n'existent pas, comme par ex. en Italie (1); cela n'est pas possible pour la procédure pénale. Les dispositions du code d'instruction doivent nécessairement être appliquées par des rouages judiciaires. Le code pénal peut rester lettre morte lorsqu'il dit, par exemple, que toutes les peines détentives doivent être exécutées dans les prisons cellulaires, car (heureusement) les cellules nécessaires en Italie pour 50 à 60 mille détenus (ou en France pour 30 à 40 mille) coûtent trop cher pour qu'on obéisse à ces articles du code pénal, qui cependant ont coûté tant ..... de discussions académiques sur le meilleur système pénitentiaire, auburnien et philadelphien, irlandais ou progressif! Dans l'organisation judiciaire toute disposition législative reçoit au contraire une application immédiate et partant les réformes de procédure produisent des effets immédiats et visibles.

Ajoutons aussi, que si le peu d'efficacité défensive que la peine peut réellement avoir, dépend (avec son adaptation aux différents types de criminels) de la certitude et de la promptitude de son application, celles-ci dépendent justement et uniquement de l'organisation de la police judiciaire et de la procédure pénale.

En laissant de côté les réformes particulières et techniques, que même les criminalistes classiques demandent dans les systèmes de procédure, et très-souvent plus en faveur des criminels que de la société, nous pouvons rallier les innovations des théories positivistes dans l'organisation ju-

(1) On peut dire le même de la France, suivant M. JOLY, *Le combat contre le crime*, Paris, 1891, chap. II.

diciaire à ces deux principes généraux : I. Rétablissement
de l'équilibre des droits et des garanties entre l'individu
à juger et la société qui juge; II. Jugement pénal, ayant
pour but, non la constatation d'un insaisissable degré de
culpabilité morale dans le prévenu, ni l'application impersonnelle au crime d'un article de code pénal; mais l'adaptation de la forme de sanction sociale plus opportune à
l'auteur du crime, suivant les caractères physio-psychologiques de sa personnalité plus ou moins anti-sociale.

Comme le droit pénal depuis Beccaria se développa, par
une réaction contre l'excessive et empirique sévérité répressive du moyen-âge, dans le sens d'une diminution progressive des peines; de même la procédure pénale classique
n'a été et n'est au XIX siècle qu'une réaction pareille contre
les abus médiévaux du système inquisitorial, dans le sens
d'une augmentation progressive des garanties individuelles
contre le pouvoir social.

Et alors, comme dans le droit criminel, nous croyons nécessaire au nom de la défense sociale d'arrêter les exagérations individualistes de l'école classique; de même dans
la procédure pénale, tout en affirmant les garanties irré-
vocables de la liberté individuelle, conquises avec le système accusatoire, nous croyons nécessaire de réétablir entre
les droits individuels et sociaux un équilibre, enfreint par
les nombreuses exagérations des théories classiques, dont
il est opportun de rappeler ici quelques exemples (1).

La présomption d'innocence, et avec elle la règle plus générale — *in dubio pro reo*, — a certainement un fondement
de vérité positive, et elle est vraiment obligatoire pendant

(1) Voir, dans le même sens MAURY, *La législation criminelle sous l'ancien régime, Revue des Deux Mondes*, 1ᵉ sept.-15 oct. 1887. — GAROFALO
et CARELLI, *Riforma della procedura penale in Italia*, introd., Torino 1889.
— POGLIESE, *Le procès criminel au point de vue de la sociologie, Actes
du II congrès d'anthrop. crim.*, Lyon, 1890, p. 106.

l'instruction du procès. Les criminels (les non-découverts compris) sont heureusement une minorité très petite vis-à-vis du total des honnêtes gens : il faut donc regarder comme honnêt, *jusqu'à preuve contraire,* tout individu soumis à jugement.

Mais lorsque la preuve contraire est évidente, par ex. dans les cas de délit flagrant ou bien de confession, confirmée par d'autres éléments du procès, il semble que la présomption devrait céder à la réalité des choses. Et cela surtout lorsqu'on a à faire avec un criminel d'habitude.

Les criminels mêmes de cette catégorie, que j'ai interrogés, reconnaissent au contraire la présomption opposée : « On m'a condamné par la seule *capacité,* sans preuves — me disait un voleur habituel ; — et ils ont fait bien ; jamais on ne viendra à vous condamner, vous qui n'avez jamais volé ; et si une fois on n'est pas coupable, ça va pour les autres fois qu'on ne nous découvre pas ». Et le sourire ironique de plusieurs de ces détenus, condamnés sur des indices, me rappelait cette disposition, autrefois proposée pour le code pénal italien, par laquelle un individu surpris dans la tentative d'un crime ou délit, si l'on ne savait pas quel était précisément le fait qu'il voulait commettre, devait être censé avoir visé au crime moins grave. Ce qui peut être vrai pour un criminel d'occasion ou par passion ; mais qui serait naïf et dangereux pour les criminels d'habitude et récidivistes.

Les exagérations de cette présomption *in dubio pro reo* sont dues à un procès de momification et de dégénérescence des *regulae juris,* par lequel celles-ci, nées de l'observation et généralisation d'une réalité existante, continuent à vivre et à être mécaniquement appliquées, lors même que cette réalité a changé et n'existe plus (1).

---

(1) Salvioli, *Gli aforismi giuridici,* in *Scuola positiva,* 15 août 1891.

Ainsi, par exemple, quelle raison y-a-t-il pour confirmer la liberté provisoire, pendant l'appel et le recours en cassation, pour celui qui a été déjà déclaré auteur punissable d'un crime ou délit par une sentence de premier degré? Qu'on doive présumer innocent tout accusé pendant l'instruction du procès et pendant le débat du premier jugement, cela est rationnel : mais qu'après une première sentence de condamnation on doive persister dans une présomption démentie par la réalité, cela serait incomprensible, si on ne voyait là la conséquence exagérée des théories classiques et individualistes, qui ne voient dans tout accusé et même dans tout condamné qu'« une victime de l'autorité(1)! »

Une autre conséquence absurde de cette présomption obstinée d'innocence, est la disposition par laquelle tout bulletin blanc ou illisible dans le scrutin secret du jury doit être calculé en faveur de l'accusé, comme si les taches d'encre, ou les réticences craintives, étaient les éléments d'un jugement criminel! Et cependant il serait facile de voir, une fois soustraits à ce courant d'individualisme classique, que les bulletins blancs ou indéchiffrables devraient être nuls, en faisant le compte sur les autres.

De même pour l'absolution en cas de parité de votes : surtout lorsqu'il s'agit de criminels-nés et d'habitude. Je crois qu'il serait bien plus rationnel de rétablir, pour le jury, le verdict de « non prouvé » que les Romains admettaient avec la formule « *non liquet* » entre celles de *absolvo* et *condemno*, et que le jury en Écosse peut faire avec le verdict de « *not proven* ». Tout individu soumis à un jugement a le droit qu'on déclare son innocence, si réellement cette innocence est prouvée : si les preuves restent incomplètes, son seul droit est qu'on ne le condamne pas, puisque sa

(1) Garofalo, *Ciò che dovrebbe essere un giudizio penale*, in *Arch. di psich.*, iii, 1. — Cosenza, *Discorso inaugurale*, Napoli, 1884, p. 61 et *Arch. di psich.*, v, 2. — Albano, *Carcere preventivo e libertà provvisoria*, in *Scuola positiva*, 30 sept. 1891.

culpabilité n'a pas été prouvée. Mais la société n'a pas le devoir de le proclamer absolument innocent, lorsque il y a toujours des indices contre lui. Dans ce cas il n'y a de logique et de juste que la déclaration de *non prouvé*. Celle-ci d'une part effacerait cette ombre de doute qui reste sur les individus acquittés, à cause de l'identité de déclaration pour les cas d'innocence prouvée et les cas de preuves incomplètes, et d'autre part éviterait la disposition à cette transaction, par laquelle juges et jurés, au lieu d'acquitter, si les preuves sont incomplètes, préfèrent quelquefois de condamner, mais avec une atténuation de peine (1).

Un autre exemple de l'exagération de l'*in dubio pro reo* est donné par les dispositions sur les verdicts contradictoires ou irréguliers, dont on admet la correction seulement dans le cas de condamnation ; tandis que si l'erreur a porté à l'acquittement de l'accusé, cela ne peut plus être changé! L'influence de l'école individualiste et classique est ici évidente, car, comme dit M. Majno, « la justice des jugements résulte aussi bien des condamnations que des acquittements justes (2) ». Si l'individu a droit de n'être pas condamné par l'erreur ou l'ignorance des juges, la société a aussi le droit que ne soient pas acquittés ceux dont la déclaration d'innocence est de même le seul effet de l'erreur ou de l'ignorance.

Toujours à propos de cet équilibre entre les droits de l'individu et de la société, que l'école positiviste tend à rétablir, il faut rappeler les dispositions par lesquelles, si l'appel ou la demande en cassation contre une condamna-

(1) Ont approuvé cette réforme, entr'autres, Cosenza, *Discorso inaugurale*, Napoli, 1884, p. 58 et Tarde, *La philosophie pénale*, Lyon, 1890, p. 450. — V. aussi Carelli, *Lo stato d'imputazione*, in *Arch. di psich.*, 1888, p. 236.

(2) Majno, *Rettifica dei verdetti* in *Monitore dei Tribunali*, Milano, 1891, n. 190. — V. aussi Glaser, *Sulla correzione dei verdetti* in *Rivista penale*, juin 1885.

tion, ne sont présentés que par le seul accusé, la peine ne peut pas être augmentée. Et il y a aussi quelque classique, qui au ministère public ne voudrait pas même donner la faculté de se pourvoir en appel (1).

Or si l'appel est admis dans le but de corriger les erreurs possibles des premiers juges, pourquoi devra-t-on admettre cette correction dans l'atténuation et non pas dans l'augmentation de la peine ? Et à cette sûreté pratique, pour les condamnés, de n'avoir rien à perdre dans un deuxième jugement, qui paraît donnée aux condamnés justement pour les exciter à cet abus des appels et des demandes en cassation, qui ne sont trop souvent qu'un prétexte dilatoire, fait pendant la faculté platonique, laissée au ministère public, de se pourvoir en cassation, mais seulement.... « dans l'intérêt de la loi et sans préjudice pour l'individu acquitté ! »

Un dernier exemple du même ordre d'idées, et de dispositions protectrices pour les malfaiteurs, est donné par la révision des procès, admise seulement dans le cas de condamnation et suivant un formalisme empirique et superficiel. La plupart des procéduristes classiques ne supposent pas même la possibilité d'une révision dans le cas d'acquittement de l'accusé, et cependant, comme dit justement M. Majno, « même s'il a profité d'un faux témoignage, de documents falsifiés, de l'intimidation, ou de la corruption d'un juge, ou bien d'un autre crime, l'acquitté jouit tranquillement des effets de cette forfanterie et il peut même avouer impunément sa propre culpabilité sans crainte d'être soumis à un nouveau jugement (2) ». Les codes d'instruction autrichien et allemand admettent la révision dans les cas d'acquittement, et la règle positive à ce propos devrait être que le jugement, devenu définitif, doit être soumis à

---

(1) Brusa, *Sul positivismo nella giustizia penale*, Turin, 1887, p. 17.
(2) Majno, *Revisione dei processi penali* in *Arch. di psich.*, 1884, p. 261.

révision lorsque la sentence de condamnation ou d'acquittement est *évidemment* erronée (1).

C'est du même principe d'égalité, entre les garanties de l'individu criminel et de la société honnête, que nous déduisons la nécessité d'une plus grande rigueur dans le dédommagement aux victimes des délits. À l'obligation platonique du dédommagement, adjointe maintenant à toutes les sentences de condamnation, mais presque toujours inexécutée, nous croyons qu'il faut substituer une obligation rigoureuse, dont l'exécution soit exigée par le ministère public, de même qu'il l'exige pour l'autre conséquence du délit, qu'on appelle la peine. Et de cela je m'occuperai tout-à-l'heure en traçant le système positif de défense sociale contre les crimes et les criminels.

Du reste, l'école positiviste, justement par ce qu'elle vise à l'équilibre entre les droits individuels et sociaux, ne fait pas seulement la partie de la société contre l'individu; mais elle fait aussi la partie de l'individu contre la société.

D'abord, les réformes mêmes, que nous proposons pour le dédommagement aux victimes du délit, envisagé comme fonction sociale, de même que l'application de la peine, ont elles aussi un caractère individualiste. L'individualisme de l'école classique n'était pas même complet, en effet: car les garanties proposées se bornaient exclusivement à l'individu criminel, sans arriver à ses victimes, qui sont elles aussi des individus et bien plus dignes de sympathie et de protection.

Mais, outre cela, nous pouvons indiquer trois réformes, comme exemple des garanties positives et rationnelles de l'individu contre les abus ou les défaillances du pouvoir

(1) En France le député Boysset, présenta en décembre 1884 un projet de loi sur la révision, toujours pour les cas de condamnation, duquel on a dit qu'alors la *regula juris* devrait être que *res judicata pro errore habetur.*

social. De ces réformes, deux ont été prônées aussi par l'école classique, mais, comme les asiles pour criminels aliénés, les substitutifs des peines de courte durée, etc., elles sont restées presque toujours sans application, car elles ne sont pas en accord avec l'ensemble des théories traditionnelles et seulement dans un système positif elles ont des liens organiques, et partant plus efficaces avec les données de la sociologie criminelle. Je veux dire : l'action populaire — la réparation des erreurs judiciaires — l'exclusion de plusieurs faits du nombre des délits punissables, pour les considérer seulement comme délits civils.

L'institution du ministère public correspond aux exigences de la sociologie générale, qui veut la division de travail même dans les organismes collectifs, et à celles de la sociologie criminelle, qui veut un organe spécial et distinct pour la fonction sociale de défense contre le crime. Et partant il s'impose désormais, comme organe judiciaire nécessaire, même chez les peuples, qui ne l'ont pas encore institué régulièrement, comme en Angleterre. De sorte que, abandonnée l'idée peu heureuse de confondre le ministère public avec la magistrature, on sent au contraire la nécessité de lui donner un caractère plus élevé et une personnalité plus distincte, avec des plus grandes garanties d'indépendance du pouvoir exécutif.

Cependant l'action du ministère public, tel qu'il est organisé maintenant, peut être insuffisante pour la protection des victimes d'un crime ou délit; soit, indirectement, par suite de l'insuffisance numérique des fonctionnaires, soit, directement, pour ce défaut fonctionnel, sur lequel a tant insisté M. Gneist, c'est-à-dire « l'esprit de parti ou de faveur aux gouvernants ». Ceux-ci en effet, contre l'objection de M. Glaser, qui niait la possibilité de pressions gouvernementales, n'ont pas besoin d'instructions spéciales et plus ou moins compromettantes pour exercer une influence spéciale dans tel ou tel cas; il suffit pour cela, ou bien de l'esprit conservateur qui est naturel dans tout organe de l'État, ou bien du principe d'autorité, qui en est une forme spéciale, tout en laissant de côté les motifs moins respectables de servilité intéressée envers ceux qui ont le pouvoir et sont les arbitres de la carrière (1).

Voilà pourquoi il sera utile d'adjoindre (mais non de substituer) à l'action du ministère public l'action aussi des particuliers dans l'initiative de la réaction sociale défensive, exercée par le pouvoir judiciaire (2).

L'exercice de l'action pénale par les citoyens peut avoir deux formes, suivant qu'il est reconnu seulement à l'individu offensé par le délit ou bien à tout autre citoyen.

La première forme, déjà admise chez tous les peuples civilisés, a besoin de plusieures réformes, surtout en ce qui concerne la subordination de l'action pénale à la plainte de l'offensé, qui doit être restreinte et même abolie (3). En effet, tandis que ce droit a été jusqu'ici réglé par les lois seulement par rapport à la gravité juridique et matérielle du délit, il faut dorénavant qu'il soit mis en rapport avec la perversité du délinquant, car la société a bien plus intérêt à se défendre contre l'auteur d'un petit délit, s'il est un criminel-né ou aliéné, ou habituel, qu'à se défendre contre l'auteur d'un délit même plus grave, s'il est un criminel d'occasion ou par passion. Et la nécessité de la plainte pri-

---

(1) GNEIST, *Vier Fragen deutschen Strasprocessordnung*, Berlin, 1874, t. 16. — GLASER, *Motifs du code d'instruction autrichien*. — GAROFALO et CARELLI, *Riforma della procedura penale*, Turin, 1889, p. CLVIII.

(2) Le projet de code d'instruction hongrois (décembre 1889) outre une action privée *subsidiaire* (lorsque le Ministère Public abandonne ou néglige l'action pénale) et une action privée *accessoire* (c'est-à-dire ensemble au P. M.), admet aussi une action privée *principale* sans coopération nécessaire du P. M. pour les délits de calomnie, injure, blessures moins graves, violations de domicile, etc.

(3) SETTI, *L'azione penale privata e la scuola positiva* in *Riv. carceraria*, 1888, n. 5.

rée pour certains délits n'est qu'une source d'abus et de transactions démoralisantes entre offenseurs et offensés.

De l'autre côté, cette action du citoyen lésé par un crime ou délit doit avoir des garanties plus efficaces, soit pour l'exercice des droits de l'offensé, soit contre la négligence ou les abus possibles du Ministère public. Celui-ci en effet, s'il est obligé de recevoir toute dénonciation et plainte, est aussi (en Italie et en France, mais non par exemple en Autriche et Allemagne) le seul arbitre de l'action pénale et partant du jugement pénal.

En Italie, sur 264.038 affaires, dont le Ministère public s'occupa en 1880, 16.058 (6 %) ont été « envoyées à l'archive », c'est-à-dire sont restées sans suite; et en 1889 sur un total de 271.279 le chiffre des affaires laissées sans suite a été de 27.086 (10 %); c'est-à-dire qu'il est, en proportion du total, presque doublé dans dix ans.

En France, la moyenne annuelle des plaintes, dénonciations et procès-verbaux dont le Ministère public a eu à s'occuper fut de 114.181 en 1831-35, de 371.910 en 1876-80 et de 459.319 en 1887. Et les affaires laissées sans suite ont été de 34.643 (30 %) en 1831-35, de 181.511 (48 %) en 1876-80 et de 239.061 (52 %) en 1887 : c'est-à-dire que leur nombre absolu et proportionnel est aussi presque doublé, dans cinquante ans.

Est-il possible que dans dix ou cinquante ans, les conditions morales d'un peuple, et sa disposition à dénoncer des faits délictueux, se soient tant modifiées que le nombre des plaintes dénuées de fondement ait presque doublé? Que de peuple à peuple et même de province à province il y ait une facilité plus ou moins grande à dénoncer les délits plutôt qu'à s'en venger personnellement, cela est positif. Mais chez le même peuple cet esprit de vengeance et cette facilité aux dénonciations ne peuvent pas subir des variations si profondes et rapides (surtout dans une dizaine d'années, comme en Italie), car la ténacité presqu'immobile des sentiments populaires est justement un fait bien connu. C'est plutôt dans la disposition, elle bien plus variable, des fonctionnaires du ministère public, qu'il faut chercher la raison de ce fait, déterminé aussi par la tendance à diminuer les chiffres statistiques de la criminalité, surtout en Italie où les discussions sur l'augmentation des crimes et délits ont été et sont toujours vives, entre classiques et positivistes, comme j'ai déjà rappelé à pag. 165 et suivantes.

Or, pourquoi le citoyen, qui se plaint d'un fait qu'il croit être un crime ou un délit, devra-t-il subir la décision du ministère public qui a laissé son affaire sans suite? Voilà la raison de cette action pénale subsidiaire, déjà admise en Allemagne et Autriche et proposée dans les projets hongrois, belge et français de code d'instruction, qui constitue une vraie garantie de l'individu vis-à-vis du pouvoir social, sans cependant nous faire trop d'illusions sur son efficacité et la fréquence de son exercice, surtout chez les peuples latins, qui n'ont pas trop d'initiative individuelle (1).

La deuxième forme d'accusation privée est celle de l'action pénale populaire, qui existait déjà dans le droit pénal romain, lequel, soit dit en passant, n'est pas si négligeable que le veut l'école classique. Le verdict de M. Carrara, trop répété, que « les romains, géants dans le droit civil, sont des pygmées dans le droit pénal », n'est pas juste, selon moi. Le droit pénal romain n'était pas ordonné en système philosophique, c'est vrai : mais il donne à chaque moment la preuve du merveilleux sens pratique des jurisconsultes

---

(1) Le III Congrès juridique italien, tenu à Florence en septembre 1891, a discuté le thème « de la participation de l'offensé ou lesé par un délit à l'exercice de l'action pénale ». V. rapport de M. De Notter, Florence 1891 et Garofalo, *Accusa pubblica ed accusa sussidiaria* in *Scuola positiva*, 15 juillet 1891. — Lini, *Parte civile accusatrice* in *Arch. di psichiatria*, 1891, p. 53.

romains, dont d'autre part on ne sait pas pourquoi ils auraient dû perdre leur sens juridique, lorsqu'ils s'occupaient des délits et des peines. Je crois au contraire que du droit romain civil on a trop exagéré l'importance, et je crois que l'esprit du *corpus juris* est le fruit de conditions sociales et économiques trop différentes de celles d'aujourd'hui pour qu'on ait encore à en subir l'imposition tyrannique. Le droit romain pénal contient au contraire plusieurs règles, fruit d'un sens pratique incontestable, qui mériteraient d'être réhabilitées de l'oubli imposé par le doctrinarisme de l'école classique. Telles sont : l'action pénale populaire; la distinction entre *dolus bonus* et *dolus malus* (qui tient à la théorie des motifs déterminants); l'importance donnée à l'intention et non seulement à la matérialité de l'effet, dans la théorie de la tentative; le droit de l'*exceptio veritatis* dans le délit de diffamation, qui pour le pharisaïsme des théories classiques n'est le plus souvent qu'une protection donnée aux coquins; la peine du double ou du triple pour le vol, au lieu des quelques jours ou semaines de prison; la condamnation des criminels les plus pervers *ad metalla,* au lieu de leur donner des cellules aussi commodes que stupides sans ajouter que le *grisou* des mines ou la *malaria* des colonies pénales de défrichement seraient moins malfaisants s'ils avaient pour victimes les criminels plus dangereux au lieu de mineurs ou de paysans honnêtes.

Pour revenir à l'action pénale populaire, elle est assez prônée, même par les classiques, pour qu'il soit nécessaire d'y insister davantage (1).

M. Gneist, à son point de vue spécial, proposait l'introduction dans la procédure pénale de l'action pénale popu-

---

(1) Codacci Pisanelli, Rapport au III congrès juridique national (Florence 1891). L'*académie des sciences morales et politiques* de Paris a mis à concours, pour 1893, le thème : « Études de législation comparée sur la participation des particuliers à la poursuite des crimes et délits ».

laire contre les délits electoraux et de presse, les offenses
au droit de réunion et d'association, les abus des fonctionnaires publics; mais je crois que pour tous les crimes
et délits l'admission de l'action pénale populaire ne serait
qu'une garantie nécessaire pour l'équilibre rationnel et positif entre les droits de l'individu et de la société.

Une autre réforme, dans ce sens d'une garantie plus efficace des droits individuels, est la réparation des erreurs
judiciaires pour tous ceux qui sont injustement condamnés
on poursuivis. Cette réforme a été soutenue aussi par plusieurs partisans des théories classiques; mais avec celles-ci
elle n'avait que trop de chances pour rester un vœu platonique, car elle est réalisable seulement avec la restriction des peines détentives et l'application plus fréquente
et plus efficace des peines pécuniaires, proposées dans le
système positif de défense sociale contre le crime.

Allouée dans quelque cas spécial, comme mesure exceptionnelle, par exemple dans le siècle passé par le Parlement de Toulouse, et dans notre siècle par le Parlement
anglais, la réparation des erreurs judiciaires s'imposa, surtout en France à la fin du xviii⁰ siècle, à la suite d'une
série de condamnations injustes, même, à la peine de mort,
desquelles Beccaria et Voltaire prirent aussi occasion pour
réclamer l'abolition des peines capitales. En 1781 la Société
des arts et belles lettres de Chalons-sur-Marne mit à concours le thème de la réparation des erreurs judiciaires et
décerna le prix au mémoire de Brissot de Warville « *Le sang
innocent vengé* ». Dans les « cahiers pour la convocation
des États généraux » furent nombreux les vœux pour cette
réforme, que Louis XVI fit présenter l'8 mai 1788 aux États
Généraux. En 1790 Duport présenta un projet de loi à l'Assemblée constituante; mais celle-ci ne l'accueillit pas, après
une courte discussion en février 1791, dans laquelle on fit,
en somme, les mêmes objections, surtout pratiques, qu'on

répète depuis un siècle. La Convention décréta cependant des réparations spéciales, par ex., une de mille francs en 1793 à un certain Busset « arbitrairement détenu et poursuivi ». En 1823 la même Société de Châlons-sur-Marne remettait au concours le même thème, qui ensuite a été l'objet, en France, de plusieurs projets de loi, toujours rejetés, d'abord en 1867, pendant la discussion sur la révision des procès, avec amendement de Jules Favre, Richard et Ollivier; puis en 1883 par le député Pieyre et en juin 1890 par le député Reinach.

Parmi les écrivains cette réforme a été soutenue par Necker, dans son mémoire « sur l'administration des finances de la France » et par Pastoret, Voltaire, Bentham, Merlin, Legraverend, Hélie, Tissot, et surtout par M. Bonneville de Marsangy dans son livre *De l'amélioration de la loi criminelle*, (1864), qui proposait bien d'autres réformes pratiques, ressuscitées maintenant, pour les substituer aux malheureuses peines detentives de courte durée. Plus récemment ce thème a été repris, en France, par les magistrats Bernard, Pascaud, Nicolas, Giacobbi et par les procureurs généraux Molines, Jourdan, Houssard, Dupry, Bujard dans leurs discours de rentrée (1).

En Italie on a un précédent législatif très remarquable de cette réforme avec la « Caisse des amendes » instituée pour la Toscane en 1786 et pour le royaume des deux Siciles par le code pénal de 1819, justement pour constituer le fond nécessaire aux réparations des erreurs judi-

(1) Bernard, *Réparation des erreurs judiciaires* in *Revue critique de législ.*, 1870. — Pascaud, *De l'indemnité à allouer aux individus indûment condamnés ou poursuivis*, ibidem, 1888. — Nicolas, ibidem, 1888, p. 548. — Giacobbi, *Note sur la réparation etc.*, *Bull. Soc. Législ. comparée*, 1890, XXI, 614. — Molines, *Discours de rentrée* à Chambéry, 1885. — Jourdan, *Discours* à Toulouse, oct. 1890. — Houssard, *Révision des procès criminels*, Amiens 1890. — Dupry, *De la révision*, Agen 1890. — Bujard, *Révision et réparation*, 1890.

ciaires (1). En 1886 le député Pavesi présenta un projet
de loi, qui ne fut pas discuté, et la réparation des erreurs
judiciaires, déjà proposée en 1873 par le garde des sceaux
De Falco, dans son projet de code pénal italien, ne fut plus
reproduite dans les projets successifs, surtout pour les difficultés financiaires de son application. Parmi les criminalistes elle a été soutenue en Italie par Carrara, Pessina,
Brusa, en Allemagne par Geyer, Schwarze, en Belgique par
Prins, etc., et plus récemment par M. Garofalo dans son
rapport au III congrès juridique national, à Florence, en
septembre 1891.

Parmi les lois en vigueur, la réparation des erreurs judiciaires, limitée aux condamnés innocents, ou même étendue aux individus indûment poursuivis, est admise par les
codes pénaux de la Hongrie et du Méxique, et par des lois
spéciales en Portugal (1884), Suède (1886), Danemark (1888)
et surtout en Suisse, cantons de Fribourg, Vaud, Neuchâtel,
Genève, Basilée-ville et Berne (2).

Le principe juridique que l'État doit réparer le dommage
matériel et moral, causé par ses fonctionnaires par dol ou
négligence, à un citoyen qui n'a rien fait pour s'exposer
à un procès ou à une condamnation, ne peut pas être sérieusement contesté (3). Mais toute la difficulté se réduit

(1) Lucci, *Una pagina di legislazione criminale toscana del 1786* in
Rivista penale, XXVIII, pag. 5.

(2) On a présenté des projets de loi en Autriche par le député Roser en
1882 et par le Garde des sceaux en 1883: la Chambre des Députés approuva
le projet, mais celle des Seigneurs le rejéta; et il fut représenté en 1884 par
les députés Jacques et Roser. — En Allemagne ont présenté des projets en
1883-84 les députés Philipps et Lengmann; en 1885 Kayser et Lengmann.
— En Belgique le député Robert présenta un projet en 1884 et en Hollande
on en a présenté plusieurs, depuis 1864. — En Angleterre en 1864 et 1873
on alloua des réparations en faveur de deux condamnés innocents.

(3) Parmi les adversaires très rares, voir Voxns, *De l'État au regard des
erreurs judiciaires* in *Ext. des comptes-rendus de l'Académie des sc.
mor.*, Paris, 1884. — Et pour la réfutation voir la monographie très remarquable de M. Pascaud, *De l'indemnité etc.*, Paris, 1888.

d'abord a établir les cas dans lesquels le droit à la réparation doit être reconnu ; et en second lieu à voir avec quels moyens financiaires l'État peut s'acquitter de ce devoir.

Pour ces derniers, il faudrait tout simplement inscrire dans le budget de l'État une somme suffisante : cela a été fait par exemple en Bavière, en 1888, en inscrivant 5000 marks par an pour indemniser les victimes des erreurs judiciaires et le premier à profiter de cette disposition eut l'assignation de 300 marks *par an,* car il était devenu incapable de travail pendant 7 ans de réclusion, subis malgré son innocence. Mais si « la politique des économies » imposée aux États d'Europe par les folles dépenses militaires et par la guerre chronique, ne rend pas réalisable ce projet, il y a l'exemple italien de la « caisse des amendes », laquelle avec les amendes, que l'État se fait ou devrait se faire payer des condamnés et avec les produits du travail des détenus, pourrait fournir les fonds nécessaires pour les indemnités que l'État devrait payer aux innocents condamnés ou poursuivis, et aussi aux victimes des délits, comme je dirai tout à l'heure.

Pour les cas dans lesquels il faudrait reconnaître un droit à la réparation de l'erreur judiciaire, il me paraît d'abord évident qu'il faut y comprendre ceux des condamnés reconnus innocents par une révision du procès. Quant aux individus indûment poursuivis je crois qu'il faut donner une réparation à ceux qui ont été acquittés par ce que le fait ne constituait ni crime, ni délit, ou bien par ce qu'ils n'avaient pris aucune part au fait (d'où la nécessité, a cet égard aussi, des verdicts de *non prouvé* pour distinguer les acquittements pour innocence) et pourvu que les mêmes poursuivis n'aient pas par leur conduite et leurs précédents de récidive, ou de délit habituel, donné un fondement raisonnable à leur procès.

La troisième proposition, faite par l'école positiviste dans le sens des garanties individuelles, et qui fut avancée par

M. Puglia, se rallie aux réformes du code pénal et surtout
à l'indemnisation plus efficace des victimes du délit (1). Il
s'agit de débarrasser la liste trop longue et toujours croissante des crimes, délits, contraventions de tous les faits
qui ne produisent qu'un dommage peu grave et sont commis par des délinquants occasionnels, ou bien par des
« pseudo-criminels », c'est-à-dire par des hommes normaux
qui agissent seulement pour négligence ou imprudence.

Dans ces cas, en effet, le dommage privé et social n'est
pas causé avec malice et l'agent n'est pas redoutable, de
sorte que la peine détentive est alors plus que jamais inop-
portune, injuste et même dangereuse dans ses effets. Ces
faits devraient être éliminés du code pénal et devenir seulement des délits ou quasi-délits civils, comme était par
exemple le vol *simple* chez les Romains; car un dédommagement rigoureux sera pour les auteurs de ces faits une
sanction bien plus efficace et en même temps moins anti-
pathique et dangereuse que la condamnation grotesque à
quelques jours ou semaines de prison.

On comprend que la théorie classique de la justice absolue et éternelle ne peut pas s'inquiéter de ces minuties,
qui constituent cependant les deux tiers de la vie sociale
et judiciaire quotidienne : car pour cette théorie il y a toujours une faute rétribuable avec un châtiment proportionné
aussi bien dans un assassinat que dans un vol champêtre,
ou dans un mot injurieux. Mais pour l'école positiviste,
qui vise aux conditions réelles et pratiques de la justice
sociale et pénale, évidente au contraire est la nécessité de
débarrasser codes, tribunaux et prisons de ces microbes du
monde criminel, en excluant toute peine détentive pour ce
que MM. Venturi et Turati appellent heureusement « les
parcelles minimes de la délinquance », pour ralentir un

---

(1) Puglia, *La psicofisiologia e l'avvenire della scienza penale*, in *Arch.
di psich.*, 1882 et *Manuale di diritto penale*, Napoli, 1890, I, 132.

peu ce filet monstrueux de prohibitions et de peines, qui
est si inflexible pour les petits contrevenants et menus délinquants, mais si élastique pour les grands malfaiteurs (1).

II.

Les réformes, que nous proposons dans le jugement pénal,
se rattachent au principe fondamental établi dans le chapitre précédent sur les données de l'anthropologie et de la
statistique criminelle.

Une fois exclu de la fonction sociale répressive tout caractère éthique d'une rétribution de la faute par le châtiment, afin de lui donner seulement le caractère juridique
d'une dynamique défensive, le jugement pénal ne peut plus
s'engrener dans la recherche dosimétrique de la responsabilité ou culpabilité *morale* du criminel. Il ne peut avoir
d'autre but que de prouver d'abord que l'individu poursuivi
est l'auteur du crime et d'établir ensuite à quelle catégorie anthropologique appartient ce criminel, et partant quel
degré de perversité antisociale et de ré-adaptabilité sociale
présente sa personnalité physio-psychique.

Première et fondamentale recherche dans tout jugement
pénal ce sera toujours la constatation du fait dénoncé et
de son auteur.

Mais une fois établi le rapport de causalité entre l'acte et
l'agent, ou celui-ci prouve sa bonne foi ou la légitimité de
ses motifs déterminants, et alors, comme j'ai dit au chapitre
précédent, ce sera le seul cas dans lequel on pourra demander et discuter l'acquittement de l'accusé : ou bien on prouve,

---

(1) Venturi et Turati, *Le quote minime della delinquenza*, in *Critica
sociale*, Milano, 10 mars 1891. — Notovich, *La liberté de la volonté*, Paris
1888, p. 225.

au contraire, que ses motifs déterminants étaient antisociaux et antijuridiques et alors ce ne seront plus ces duels
fantasques et souvent peu sérieux entre l'accusation et la
défense pour empêcher ou arracher un acquittement, devenu impossible, quelles que soient les conditions psychologiques du criminel. Problème unique et seule discussion
possible entre accusation et défense : établir, par les caractères de la personne et du fait, la catégorie anthropologique
à laquelle appartient l'accusé, pour voir s'il est un criminel-
né, fou, habituel, d'occasion, ou par passion.

Et alors ce ne sera plus cette lutte de ruses, de manœu-
vres, de déclamations, d'expédients de procédure, qui font
de tout procès pénal un'expérience aléatoire, un vrai jeu de
hasard, qui enlève toute confiance publique à l'administration de la justice, en la représentant comme une araignée,
qui arrête les mouches et laisse passer les guêpes.

Le crime sera toujours l'objet du jugement pénal, même
dans le système positif de procédure : mais, au lieu d'être
la préoccupation exclusive du juge, il ne sera que la condition pour qu'on puisse procéder, et un symptôme, parmi
les autres, de la perversité et ré-adaptabilité du criminel,
qui, lui, sera vraiment le sujet vivant du jugement. Maintenant tout le jugement se développe autour du fait matériel; et toute la préoccupation du juge n'est que de lui
donner une définition juridique, de sorte que le criminel
reste toujours dans la pénombre, et n'est regardé que comme
le terme d'application d'une *regula juris,* numérotée dans
tel ou tel article du code pénal, sauf à en abandonner
l'exécution pratique aux hasards de mille circonstances,
ignorées par le juge, et toutes étrangères au crime et au
criminel même.

Recueil — discussion — décision de preuves.

Voilà, une fois exclue la prétention de mesurer la culpabilité morale de l'accusé, tout l'organisme d'un procès

pénal, qui pour l'école classique n'a été au contraire qu'une
série de garanties procédurales pour l'individu contre la
société et qui, par réaction contre le système des preuves légales, a été confié à la seule « conviction intime » presqu'à
l'intuition instinctive du juge populaire ou de robe.

Le procès pénal doit refaire à rebours le chemin du pro-
céssus criminel, en remontant du crime (violation d'un
droit) le courant causal dans le rapport physique pour découvrir le criminel, et dans le rapport psychologique pour
en établir les motifs déterminants et la catégorie anthropologique. D'où la nécessité, pour l'école positiviste, de
reprendre en examen l'argument des preuves en matière
criminelle pour lui donner toute son importance et le vivifier avec les données et les inductions non seulement de
la psychologie commune, comme on a toujours fait parmi
les classiques (Pagano, Bentham, Mittermaier, Ellero, etc.);
mais aussi et surtout avec les données et les inductions de
l'anthropologie et psychologie criminelle, qui font de la
« critique criminelle » une branche spéciale de la critique
probatoire commune.

Dans l'évolution du système probatoire nous pouvons en
effet, avec M. Tarde, marquer quatre phases caractéristiques : la phase religieuse, avec les ordalies et le duel judiciaire, — la phase légale, avec la torture — la phase
politique, avec la conviction intime et le jury — et la phase
scientifique, avec l'expertise sur les données expérimentales
méthodiquement recueillies et examinées, qui constitue la
tâche nouvelle d'une procédure positiviste (1).

Il faut en donner un aperçu pour chacun des trois moments du procès pénal : recueil des preuves (police judiciaire et instruction criminelle) — discussion des preuves
(accusation et défense) — décision des preuves (juges et
jurés).

(1) TARDE, *Philosophie pénale*, Lyon 1890, p. 424. — BERENINI, *Azione e
istruzione penale*, Parma 1888, p. 153.

Il est évident d'abord, suivant ma remarque dans la 1e édition de ce livre et les développements que lui ont donnés MM. Righini, Garofalo, Lombroso, Alongi, Rossi (1), que l'étude des facteurs anthropologiques du crime donne à la police judiciaire et à l'administration de la justice l'aide de nouveaux et plus sûrs moyens pour la recherche des coupables. Le tatouage, l'anthropométrie, la physionomie, les conditions physio-psychiques, les données sur la sensibilité, l'activité réflèxe, les réactions vaso-motrices, le champ visuel des criminels, les données de la statistique criminelle, etc., en rendant plus facile et complète la série des preuves, d'identité personnelle et des indices sur la capacité à commettre tel ou tel crime, suffiront très-souvent pour donner aux agents de police et aux juges d'instruction une direction scientifique dans leurs recherches, qui maintenant ne dépendent empiriquement que de leurs dispositions personnelles de flair et de sagacité psychologique.

Et lorsqu'on se rappelle le chiffre énorme de crimes et délits qui restent impunis pour manque ou insuffisance de preuves, et la fréquence des procès appuyés seulement sur des indices, il est facile de voir toute la fécondité pratique de cette première relation de la sociologie criminelle avec la procédure pénale.

L'application pratique de l'anthropométrie à l'identification personnelle et partant à la récidive des criminels, commencée pas M. Bertillon à Paris, et adoptée désormais presque par tous les États d'Europe et d'Amérique, n'a pas bésoin d'être décrite ici car elle est assez connue; il suffira de rappeler les modifications portées au système Ber-

(1) RIGHINI, *I procedimenti indiziari e l'antropologia criminale* in *Arch. di psich.*, II. 2. — GAROFALO, *Ciò che dovrebbe essere un giudizio penale* ibidem, III, 1. — LOMBROSO, *Polizia scientifica*, dans la II édition de *Pazzi e anomali*, Città di Castello, 1889. — ALONGI, *Polizia e delinquenza in Italia*, II édit., 1887. — ROSSI, *Polizia empirica e polizia scientifica* in *Rir. carceraria*, 1889, p. 10.

tillon par M. Anfosso, avec le relèvement contemporain des données anthropométriques et leur réunion avec le casier judiciaire commun (1).

Ainsi par exemple les données sphygmographiques sur la circulation du sang, en révélant les émotions internes, malgré l'apparence extérieure de calme ou d'insouciance, ont déjà servi pour découvrir qu'un individu accusé d'un vol n'en était pas l'auteur, et qu'il l'était au contraire d'un autre vol, dont on ne le soupçonnait pas du tout (2). De même qu'une autre fois elles ont confirmé l'innocence d'un condamné à vie en découvrant une grave erreur judiciaire (3). Ce qui sera bien plus éloquent et fréquent lorsque ces recherches seront devenues des instruments réguliers au service de la justice pénale.

Et le sphygmographe peut servir aussi pour le diagnostic des infirmités simulées, suivant l'exemple donné par M. Voisin sur un épileptique simulateur de Paris « dont les lignes sphygmographiques n'ont aucune ressemblance avec celles des vrais épileptiques pendant et après les accès,

---

(1) BERTILLON, *Une application pratique de l'anthropométrie* in *Annales de démographie*, 1881-82. — *De l'identification par les signalements anthropométriques*, conférence au I congrès d'anthrop. crim. (*Actes*, Rome 1886, p. 151). — *L'anthropométrie judiciaire à Paris* in *Archives d'anthrop. crim.*, sept. 1890. — *La photographie judiciaire*, Paris 1890.

FUROX, *The identification of criminals* in *Proceeding of the annual Congr. Nat. Prison Assoc.*, Chicago 1890, p. 46.

ANFOSSO, *Il segnalamento dei delinquenti e il nuovo antropometro* in *Arch. di psich.*, 1888, p. 363. — *De la possibilité de fair servir la méthode et les instructions de l'Anthr. crim. aux recherches de la police*, Rapport au II Congrès d'anthr. crim. *Actes*, Lyon 1890, p. 205. — COMPAGNONI, *Il casellario giudiziale e il metodo Bertillon*, Napoli 1888.

M. FRASER (cité par TALLACK, *Penalogical and preventive principles*, London 1889, p. 196), avait moins opportunément proposé d'établir l'identité personnelle des condamnés avec un tatouage fait exprès.

(2) LOMBROSO, *Applicazioni pratiche dell'antropologia criminale*, in *Scuola positiva*, mai 1892.

(3) ROSSI, *Una centuria di criminali*, Torino 1888, app. : *Contre-épreuve sur un condamné innocent*, p. LIII.

et ressemblent seulement à celles présentées par des individus normaux après une gesticulation violente (1) ».

Et les applications possibles de l'hypnotisme? Certes, il
faut aller avec des grandes précautions avant d'en tirer des
conclusions légales : mais il est incontestable qu'il y a là
une source très féconde d'applications scientifiques au recueil méthodique des preuves criminelles (2).

(1) Voisin, *De l'épilepsie simulée et de son diagnostic par les caractères
sphygmographiques du pouls*, in *Annales d'hyg. publ.*, avril 1868. —
Leçons cliniques sur les maladies mentales et nerveuses, Paris 1883, pag.
610. — Boisseau, *Des maladies simulées et moyens de les reconnaître*,
Paris 1880. — Gottardi, *Diagnosi differenziale tra epilessia vera e simu-
lata*, Roma 1879.

(2) Liégeois, *De la suggestion hypnotique dans ses rapports avec le droit
civil et criminel*, Paris 1884. — Campili, *Il grande ipnotismo nei rapporti
del diritto penale e civile*, Torino 1886. — Garnier, *L'automatisme som-
nambulique devant les tribunaux*, in *Ann. hyg. publ.*, avril 1889. —
Douliot, *L'hypnotisme et la médecine légale*, in *Revue internationale*,
Rome 1887. — Holtzendorff, *Eine experimentelle Studi aus den Gebiete
des Hipnotismus* in *Gerichtssaal*, 1888, 1. — Gilles de la Tourette, *L'hypnotisme et la médecine légale*, Paris 1887. — Lombroso, *L'ipnotismo applicato alla procedura penale*, in *Arch. di psich.*, 1887, p. 243, et *Nuovi
studi sull'ipnotismo*, Torino 1889, p. 51. — Alderi, *Alcuni casi di ipnotismo di criminali pazzi*, in *Arch. di psich.*, 1887, p. 603. — Leroi,
L'hypnotisme au point de vue juridique in *Revue gén. de droit*, mai
1888. — Belfiore, *L'ipnotismo*, Napoli 1888. — Liégeois, *Suggestion et som-
nambulisme dans leurs rapports avec la jurisprudence et la médecine
légale*, Paris 1889. — Tarde, *L'affaire Chambidge* in *Archives d'anthrop.
crim.*, janvier 1889. — Laurent, *La suggestion hypnotique chez les criminels*, Paris 1889, et *Suggestions criminelles* in *Arch. d'anthr. crim.*,
nov. 1890, et *Le rôle du medécin dans les prisons* in *Revue scientifique*,
2 juin 1891. — Forel, *Der hypnotismus und seine Strafrechtliche Bedeutung*, Berlin 1889. — Tarchini Bonfanti, *L'ipnotismo nelle indagini dei
processi penali*, in *Arch. ital. per mal. nerv.*, mars 1889. – *L'affaire
Gouffé et l'hypnotisme* in *Archives d'anthr. crim.*, mars 1891. — Kins-
buro, *Hipnotismus, Crime and the Doctors*, in *Nineteenth Century*, janvier 1891. — Bell, *Hypnotism and Law*, in *Med. Leg. Journ. New York*,
mars 1891. — Bernheim, *Hypnotisme, suggestion, psychothérapie*, Paris 1891,
leçon viii. — Liégeois, *Hypnotisme et criminalité* in *Revue philosophique*,
mars 1892.

Mais les applications les plus sûres et les plus fécondes qui dès à present peuvent être faites à la recherche des preuves, sont données par les caractères organiques et surtout psychiques des criminels. Dans mon étude sur l'homicide, j'ai enuméré un grand nombre de symptômes psychologiques et psychopathologiques, qui sont caractéristiques de l'assassin, de l'homicide fou et de l'homicide par passion (1). Et dans ma pratique professionnelle j'ai bien de fois pu expérimenter la grande efficacité suggestive de ces symptômes psychologiques sur la conduite du criminel avant, pendant et après le crime, qu'il s'agit donc de faire connaître scientifiquement aux agents de police judiciaire et aux juges avec cette instruction technique dont je parlerai tout à l'heure (2).

Et ces données ne sont pas applicables seulement aux accusés. Lorsqu'on songe à l'importance énorme du témoignage dans la série des preuves criminelles, et à l'empirisme traditionnel et grossier des critériums de crédibilité, que tous les jours dans tous les procès on applique indifféremment à tous les témoins, en les considérant, de même que les accusés, dans un type moyen et abstrait, avec la seule exclusion des circonstances taxatives d'incapacité à témoigner (fixées avec la même méthode que les circonstances taxatives d'irresponsabilité); alors la nécessité d'une application de la psychologie et de la psychopathologie scientifiques devient d'une évidence indéniable.

Par exemple, tout en laissant de côté la violation absurde de ces mêmes critériums traditionnels de crédibilité, lorsqu'on admet les agents de la force publique comme témoins (et le plus souvent témoins uniques) des délits de rébellion ou d'outrage, dans lesquels ils sont des parties dou-

(1) Resumés dans les *Actes du I Congrès d'anthr. crimin.*, Rome 1886, p. 116 et suiv.

(2) Frau, *Prorocazione e premeditazione* in *Scuola positiva*, 31 Juillet 1881.

blement intéressées, combien de fois dans nos tribunaux
songe-t-on aux phénomènes d'auto-suggestion et de crédu-
lité surtout chez les enfants, les femmes, les neurasthé-
niques, les hystériques, etc.? L'avocat ou l'accusateur, qui
voudraient savoir si tel témoin est hystérique ou non, feraient sourire le juge, peut-être très érudit dans le droit
romain ou l'histoire du droit, mais certainement très ignorant de physio-psychologie et psycho-pathologie. Et cependant la tendance à la calomnie dans l'hystérisme (dont
M. Ceneri fit une éloquente application dans un procès célèbre (1), ou bien la tendance au mensonge chez les enfants,
que M. Motet a eu le mérite de mettre en lumière (2), ne
sont que des exemples évidents et faciles de cette appli-
cabilité de la psychologie normale, criminelle et pathologique aux critériums de la crédibilité des témoins. Et combien d'air oxygéné de réalité humaine ne viendra-t-il alors
raviver les salles de la justice, trop isolées encore du monde
et de la vie, et d'où cependant viennent et où très-souvent
reviennent criminels et témoins, fantômes vivants que les
juges ne connaissent pas et ne voient confusément qu'à travers le brouillard épais des *regulæ juris* et des articles du
code pénal et d'instruction criminelle!

En dehors de ces exemples, qui prouvent l'importance
de ce que M. Sarrauté appelait justement « les applications
judiciaires de la sociologie criminelle (3) », la réforme fondamentale pour le recueil scientifique des preuves criminelles est l'institution des experts judiciaires, auprès de tout
cabinet d'instruction. Dans une question de faux en écriture,
ou d'empoisonnement, ou d'avortement, le juge a recours
à l'expert calligraphique, chimiste ou ostétricien, etc. : mais
en dehors de ces questions téchniques, spéciales et moins

(1) Cznzzi, *Foro penale*, Bologna 1891, p. 236 et suiv.
(2) Motzt, *Les faux témoignages des enfants*, Paris 1887. — Picard, *Introd. au* xxix *vol. des Pandectes Belges*, Bruxelles 1890.
(3) V. *Actes du II Congrès d'anthr. crim.*, Lyon 1890, p. 386 et suit.

fréquentes, dans tout procès pénal la base des recherches
est, ou devrait être, constituée par les données de la biologie, psychologie et psychopathologie criminelle. De sorte
que, outre la connaissance de ces sciences, nécessaire aux
juges définitifs, aussi bien qu'aux juges d'instruction et
aux officiers de police judiciaire, il est urgent qu'un expert
ou un collège d'experts anthropologues-criminalistes soit
adjoint à tout cabinet d'instruction.

Avec cela on aurait une classification anthropologique,
aussi sûre que prompte, de tout inculpé, à côté de la classification juridique du fait matériel, et on éviterait le dua-
lisme scandaleux des expertises dites d'accusation et de
défense (1). Tandis que le vœu devrait être unique, ou par
accord des experts, ou par décision d'une commission scientifique supérieure, suivant le système allemand, autrichien
et russe. Vœu, sur lequel les juges et les parties ne devraient avoir droit que de demander des éclaircissements
au président du collège des experts.

Et avec cela on éviterait aussi le scandale de juges tout-
à-fait ignorants des notions élémentairss de biologie, psychologie et psychopathologie criminelle, qui ressemblent
trop à ce président de cour d'assises que j'ai entendu dire
aux jurés qu'il ne comprenait pas, pourquoi l'expert avait
voulu « examiner les pieds de l'accusé pour en juger la
tête ». Ce président, excellent magistrat « juriste » d'ailleurs,
ignorait complètement les éléments des théories sur la dégénérescence et ressemblait à cet autre de ses collègues à qui,

(1) Lombroso, *Misdea e la nuova scuola penale*, Torino 1884, § IX. — Tamassia, *Le perizie medico-legali* in *Rivista penale*, juillet 1879. — Setti,
La forza irresistibile, Turin 1884, § 8. — Puglia, *Istituzioni di procedura
penale*, Napoli 1889, II édition. — Brouardel, *De la réforme des expertises
médico-légales* in *Ann. hyg. publ.*, février à mai 1884. — Tamassia et Lacassagne, *Rapports au I congrès d'anthr. crim.*, Roma 1886, p. 30 et 346. —
Coutagne, *L'exercice de la médecine judiciaire en France*, in *Archives
d'anthr. crim.*, 1886, I, 25. — Garofalo et Carelli, *Riforma della procédura
penale*, Torino 1889, p. ccxliii.

lorsque l'expert parlait de la forme anormale des oreilles d'un accusé, suivant les recherches de Morel et Lombroso j'ai entendu dire que « cela dépend de la manière de porter le chapeau! »

Car, par suite du préjugé, déjà soutenu par Kant, que le jugement sur « les maladies de l'esprit » appartient au philosophe bien plus qu'au médecin, et de l'idée aussi fantasque qu'incomplète que les profanes se font de l'homme aliéné, qu'on imagine toujours délirant, le juge ou le juré, qui se conforme au vœu de l'expert calligraphe, se croit supérieur à celui de l'expert aliéniste.

Il faut cependant reconnaître, que cette prétention absurde est aussi l'effet d'une préoccupation légitime pour la sûreté publique sous l'empire des théories classiques, qui admettent l'acquittement et la libération du criminel reconnu aliéné. De sorte qu'elle est destinée à disparaître, soit par la diffusion toujours croissante des notions élémentaires de psychopathologie, soit par l'application des théories positivistes, qui de la constatation de l'aliénation mentale chez un accusé ne déduisent pas, tant s'en faut, la conséquence dangereuse et absurde de son acquittement.

Au premier moment du recueil des preuves, pendant lequel on peut admettre aussi, surtout pour les reliefs objectifs, la participation légale de l'inculpé, sans arriver cependant aux exagérations individualistes de la publicité complète de l'instruction criminelle, succède le deuxième moment procédural, de la discussion publique des preuves.

Les acteurs de cette discussion sont les représentants de l'accusation (publique ou privée) et de la défense, et pour ceux-ci, ne pouvant pas entrer dans beaucoup de détails, je ne rappellerai qu'une réforme nécessaire. C'est l'institution d'une sorte de défense publique, par un magistrat tel qu'on avait dans quelques provinces d'Italie sous le nom d'« avocat des pauvres »; qui devrait être égal au ministère public et devrait substituer l'institution actuelle, tout-à-fait manquée, de la défense d'office.

Quant à la discussion même des preuves, une fois établies les règles scientifiques de la preuve et le fondement d'une expertise anthropologico-criminelle, éliminée toute logomachie sur la dosimétrie de la responsabilité *morale* du criminel, tout le débat se fera sur la critique des indices personnels et réels, sur les motifs déterminants et la catégorie anthropologique à laquelle appartient l'accusé, et sur la forme conséquente de défense sociale le mieux adaptée à sa personnalité physio-psychique (1).

La conclusion pratique du procès pénal est donnée par le troisième moment, de la décision des preuves.

Pour nous, le jugement pénal n'a que le caractère d'une recherche scientifique, subjective et objective, sur l'individu poursuivi en tant que criminel possible par rapport à l'acte antijuridique dont il serait l'auteur. Il est naturel dès lors que chez le juge aussi on doive exiger des connaissances scientifiques et non pas la seule intuition du sens commun. Et on comprend alors, tout de suite, comment le jury est contraire à ce principe fondamental du jugement pénal.

Mais puisque l'argument du jury, pour le côté politique qui en est inséparable, mérite d'être développé à part, ainsi il n'y a maintenant qu'à insister sur la réforme fondamentale dans l'organisation judiciaire, qui seule peut réaliser le principe scientifique du jugement pénal. C'est M. Garofalo qui, dès les débuts de l'école positiviste, développa l'idée que la carrière de juge devrait être séparée pour les juges civils et les juges criminels, en exigeant pour ceux-ci des études d'anthropologie, de statistique, de sociologie criminelle, au lieu du droit romain, de l'histoire du droit, etc., qui ne donnent aucune lumière dans le jugement de l'homme criminel.

(1) V. Abadane, *Le barreau français et la criminologie positive* in Archives d'anthr. crim., mars 1888.

Les juristes érudits, les *civilistes* profonds, sont les personnes les moins aptes à faire le juge pénal, habitués comme ils sont, par leurs études, à faire abstraction de l'homme pour viser seulement au rapport juridique, puisque le droit civil est presque toujours étranger à tout ce qui concerne le physique et le moral des individus. La perversité ou l'honnêteté du créancier n'a aucune influence pour ou contre la validité de son crédit.

De sorte que le juriste, dans le jugement pénal, perd complètement de vue les conditions personnelles de l'accusé et les conditions sociales de la collectivité, pour limiter toute son attention sur l'acte antijuridique et sur les *regulae* d'une prétendue justice rétributive.

Les hommes appelés à juger les criminels devraient donc avoir les notions nécessaires pour l'étude naturelle de l'homme criminel, et devraient partant constituer un ordre de magistrats tout-à-fait séparé de celui des juges civils (1).

Les moyens pratiques, pour obtenir cette réforme fondamentale dans la magistrature, doivent commencer dans l'organisation universitaire, car dans les cours des facultés de droit, il faudra porter un courant plus vif et moderne d'études sociales et anthropologiques, qui après tout doivent rajeunir aussi les vieilles règles du droit civil.

En second lieu, à l'Université même, les étudiants en droit devraient être admis à ce que M. Ellero appelait « une clinique criminelle », c'est-à-dire aux visites scientifiques

(1) GAROFALO, *Ciò che dovrebbe essere un giudizio penale* in *Arch. di psich.*, III, 1.

Cette distinction entre juges civils et criminels, qui existait autrefois en Italie et existe maintenant en Angleterre, (mais sans la distinction nécessaire des études juridiques de celles anthropologiques et sociologiques), a été soutenue aussi par MORTARA, *Lo Stato moderno e la giustizia*, Torino 1885. — TARDE, *La philosophie pénale*, Lyon 1890, p. 441. — CAVAGNARI, *Giudici civili e criminali* in *Anomalo*, oct. 1890. — CASTELLI, *La giustizia in Italia*, in *Archivio giuridico*, 1890, p. 610. — PUGLIESE, *Le procès criminel au point de vue de la sociologie criminelle* in *Actes du II congrès d'anthrop. crim.*, Lyon 1890, p. 106 et 299.

et aux observations méthodiques sur les détenus, suivant celte proposition de M. Tarde, que le premier congrès d'anthropologie criminelle approuvait avec l'ordre du jour Moleschot-Ferri : « Le congrès, cohéremment à la tendance scientifique de l'anthropologie criminelle, exprime le vœu que l'administration des prisons, en adoptant les précautions nécessaires pour la discipline intérieure et pour la liberté individuelle des prisonniers condamnés, admette à l'étude clinique des criminels les professeurs et les étudiants de droit pénal et de médecine légale, sous la direction et responsabilité de leurs professeurs, et préférablement sous forme de sociétés de patronage des prisonniers et des libérés des prisons (1) ».

On devrait enfin instituer une école spéciale pour les agents de police judiciaire, de même que pour les gardiens de prisons pour en avoir des agents (detectives) distingués non seulement pour leurs dispositions personnelles, mais aussi pour leurs connaissances de biologie et psychologie criminelle (2).

À côté de ces réformes, qui assurent chez le juge criminel la *capacité scientifique,* il faut ajouter les réformes qui en assurent l'*indépendance* complète du pouvoir exécutif, qui maintenant est le seul arbitre de la carrière et de la résidence des magistrats. Indépendance non exempte cependant de toute sorte de contrôle, soit de l'opinion publique, soit d'un pouvoir disciplinaire, étranger en partie à l'ordre judiciaire; car autrement le pouvoir judiciaire deviendrait bientôt une autre forme de tyrannie insupportable (3).

(1) *Actes du I congrès d'anthr. crim.,* Rome 1886, p. 398, et *Actes du II congrès,* Lyon 1890, p. 204.

(2) Lombroso, *Sur l'enseignement pénitentiaire et de l'anthropologie criminelle,* rapport au congrès pénit. de St. Petersbourg (1890) et App. au volume *L'anthropologie criminelle et ses récents progrès,* II edit, Paris 1891.

(3) De Noailles, *Le pouvoir judiciaire aux États-Unis* in *Revue Deux Mondes,* 1er août 1883. — Lombroso et Laschi, *Le crime politique,* Paris 1892.

Le moyen plus efficace de cette indépendance des magistrats est l'amélioration de leurs conditions économiques. Car, tout en songeant que la sûreté des appointements, tranquillement exigibles chaque mois, en compense le niveau moins haut, il est incontestable cependant qu'aujourd'hui, sauf d'honorables exceptions, on a pour la magistrature une sélection à l'envers, puisque les honoraires trop modestes n'attirent que ceux qui n'auraient pas la possibilité de gagner davantage avec la profession d'avocat ou quelqu'autre emploi.

Les qualités des personnes sont le secret et la condition vitale de toute administration; il importe très-peu d'avoir des codes très académiques et monumentaux, lorsqu'il n'y a pas de bons juges pour les appliquer : tandis que si ceux-ci ne manquent pas, peu importe que les codes ou les lois soient imparfaits.

Dans la justice pénale, l'application de la loi aux cas spéciaux n'est pas, ou ne devrait pas être seulement une fonction de logique juridique et abstraite, comme elle est dans la justice civile. Il s'agit au contraire de l'adaptation surtout psychologique d'une règle abstraite à un homme vif et palpitant, car le juge pénal ne peut pas s'isoler du milieu et de la vie sociale, pour être une *lex loquens* plus ou moins mécaniquement. Comme j'ai dit au chapitre précédent, les critériums vifs et humains de tout jugement pénal bien plus que dans la loi écrite, résident dans les conditions de l'acte, de l'agent et de la société qui réagit.

De sorte que nous avons ici le moyen de résoudre la vieille question de « l'arbitre du juge », dans laquelle on est aussi allé d'un excès à l'autre, de l'arbitre sans bornes, que les juges avaient au moyen-âge, à l'aphorisme baconien de la loi, excellente lorsqu'elle laisse le minimum d'arbitre au juge, et du juge excellent lorsqu'il laisse le moins d'arbitre à soi-même.

Certes, si la fonction judiciaire pénale devait toujours être, comme elle est maintenant, la recherche illusoire et dosimétrique de la culpabilité morale chez l'accusé, avec les règles aussi byzantines et dosimétriques sur la tentative, la complicité, le concours des crimes, etc.; c'est-à-dire si la loi doit être appliquée au crime et non au criminel, alors il est nécessaire que l'arbitre du juge soit retenu dans les barrières numériques des articles du code et des années, mois et jours d'emprisonnement à distribuer, de même que les lois chinoises établissent avec la plus grande rigueur les centimètres de longueur et de grosseur pour les verges de bambou, qui dans le système pénal de l'Empire jaune ont la même prédominance que les cellules pénitentiaires chez les États blancs.

Mais si le jugement pénal doit être au contraire un examen physio-psychologique du poursuivi, en mettant le crime en seconde ligne, en tant que condition de punibilité, et en première ligne le criminel; alors il est évident que le code pénal devra se borner à quelques règles générales sur les formes de défense et de sanction sociale, et sur les éléments constitutifs de chaque crime et délit, tandis que le juge devra avoir une plus grande liberté, contrôlée par les données scientifiques et positives du procès, pour juger avec sagesse humaine l'homme qui est devant lui.

Où l'arbitre du juge n'est pas admissible, c'est dans le respect à ces formes de procédure, qui sont réellement pour le citoyen poursuivi une garantie contre les erreurs et les surprises judiciaires, et qui sont cependant bien à distinguer de ce formalisme vide et fétichiste, duquel jaillissent des nullités le plus souvent grotesques, telles que l'erreur d'un mot dans la formule du serment des témoins ou des experts, ou la tache d'encre tombée sur la signature d'un greffier.

III.

Connaissance scientifique de l'homme criminel et du crime non seulement comme fait antijuridique, mais aussi comme phénomène naturel et social : voilà donc le principe fondamental de toute réforme dans l'ordre judiciaire et voilà, en même temps, la condamnation du jury. Tandis qu'un des classiques italiens les plus doctrinaires, M. Brusa, prévoyait pour la magistrature une diminution toujours croissante de « l'élément technique », et par conséquent une intervention populaire toujours plus grande dans l'administration de la justice; l'école positiviste au contraire, dès ses débuts, prévoyait le déclin inévitable du jury dans le jugement des crimes et délits communs (1).

(1) En 1880 j'ai écrit une monographie sur le jury, que je réproduis ici en résumé, et qui a été traduite dans la *Magyar Igaszagügy* de Budapest, lorsqu'en 1882 on proposa l'introduction du jury (non admise) en Hongrie.

V. contre le jury : Lombroso, *Incremento del delitto in Italia*, II édit., Turin 1879. — Puglia, *Istituzioni di procedura penale*, Napoli 1887, II éd. — Garofalo, *Criminologie*, III édit. française, Paris 1892 et *La competenza nei giudizi penali* in *Scuola positiva*, 1891, n. 1-3. — Garofalo et Carelli, *Riforma della procedura penale*, Turin 1889, p. xv et suiv. — Silvela, *Le jury criminel en Espagne*, Montpellier 1884. — De Novellis, *Il giuri*, Napoli 1886. — Tarde, *Philosophie pénale*, Lyon 1890, p. 427 et suiv. — Moutes, *Le devoir de punir*, Paris 1889, p. 230. — Loubet, *La justice criminelle en France*, Paris 1890, p. 64 et suiv.

Il est intéressant de remarquer que Carrara, malgré ses défenses publiques du jury, dans une lettre privée (publiée à l'occasion de son monument à Lucques) écrivait en 1870 : « Mon avis sur le jury, je l'ai dit en 1841 dans un article publié dans les *Annales de jurisprudence toscane*, c'est-à-dire que *la justice criminelle devenait une loterie*. On ôte la balance à la justice pour la remplacer avec l'urne. Voilà pour moi le défaut capital du jury. Tous les autres défauts on pourrait peut-être les éliminer avec une bonne loi; mais *ce vice est inséparable du jury*.... Même parmi les magistrats on trouve les féroces et les cléments; mais en somme ils jugent avec les calculs de la raison juridique et on pourra toujours plus ou moins prévoir l'issue du procès. Mais avec le jurés toute prévision est téméraire et fallacieuse. *Ils jugent avec le sentiment* : et qu'y a-t-il de plus vague et muable que le

Théodore Jouffroy, en écoutant à l'Université de Pise une leçon de Carmignani contre le jury, disait : « Vous sauvez la logique, mais vous tuez la liberté ».

Tout en laissant de côté la question, si la liberté est possible en dehors de la logique, il est un fait cependant que le jury se présente avec la prédominance de son caractère politique. Cela explique les défenses plus ou moins déclamatoires qu'on fait de cette institution judiciaire, qui pour le sociologue criminaliste n'est pas acceptable.

À la fin du XVIII siècle, lorsque le courant scientifique et législatif tendait à l'établissement d'un ordre indépendant de magistrats, la révolution française, portée à la défiance pour toute aristocratie et caste sociale, enthousiaste de l'omnipotence et de l'omniscience du peuple, s'opposait à ce courant et instituait le jury. Et tandis que dans l'ordre politique elle s'inspira de l'antiquité classique, dans l'ordre judiciaire elle porta en triomphe cette institution de la voisine Angleterre, non inconnue aux républiques d'Athènes et de Rome, mais developpée au moyen-âge chez « les barbares », comme un instrument très utile au peuple pour se soustraire à la tyrannie en administrant la justice. On disait que le jury réalisait la souveraineté populaire et substituait le bon sens et le bon cœur du peuple à la doctrine froide d'hommes de robe, tous imbûs des préjugés de classe. Et, sous cet aspect, le jury était trop d'accord avec le courant général des idées d'alors, pour qu'il ne fût pas adopté avec engouement : autre exemple du lien étroit entre les idées philosophiques, les institutions politiques et l'organisation judiciaire.

---

sentiment?.... Avec le jurés la ruse est plus utile à l'avocat que le savoir. Une fois j'avais à défendre un mari qui avait tué, au café, l'amant de sa femme. De la liste des jurés j'exclus les célibataires, en acceptant les mariés. J'étais sûr après cela de vaincre et j'ai vaincu.... Voilà le vrai vice essentiel du jury, qu'aucune mesure législative ne saurait éviter ».

Le jury, transporté sur le continent, malgré les per-
fectionnements affirmés par Bergasse dans son rapport à
l'Assemblée Constituante le 14 août 1789, ne fut qu'une
contrefaçon de ce qu'il était et est en Angleterre. Cependant son caractère politique est encore si séduisant, que
le nombre de ses partisans est encore très grand, malgré
les résultats bien peu heureux de son application dans tous
les pays.

Mais puisque le jury est une institution judiciaire, il faut
donc en examiner les avantages et les défauts, tant au point
de vue *politique* qu'au point de vue *juridique*, pour accepter la conclusion qui sera déterminée par la prédominance
des unes ou des autres.

Au point de vue politique, il est incontestable que le jury
est un hommage à la souveraineté populaire, car on reconnaît non seulement le pouvoir judiciaire, que émane du
peuple, mais que celui-ci peut l'exercer directement.

Le jury peut être aussi une garantie pour les libertés
civiques et politiques contre les abus du gouvernement,
bien plus faciles avec des magistrats peu nombreux, et plus
ou moins subordonnés au gouvernement même.

Le jury enfin peut être un moyen pour raffermir le sentiment d'égalité entre les citoyens, dont chacun peut devenir demain le juge de ses pairs; et pour répandre l'é-
ducation politique parmi le peuple, avec la connaissance
pratique des lois. Il est vrai qu'avec cette connaissance de
la loi les jurés apprennent aussi les détails de toute sorte
de crimes, sans le spectacle aussi quotidien d'actions vertueuses, et il y a là partant un danger de contagion morale du crime. Mais, au point de vue politique, il est certain que le jury peut servir à ranimer avec la connaissance
des lois la conscience des devoirs civiques, qui trop souvent ne sont subis que comme une contribution forcée et
ennuyeuse.

À ces avantages politiques du jury il faut faire cependant quelques remarques.

D'abord l'hommage à la souveraineté populaire se réduit à bien peu de chose par les limitations de personnes et de fonctions, que toutes les législations doivent nécessairement imposer au jury.

Le caractère essentiel qui distingue le juré du juge est donné surtout par l'origine de leur pouvoir : car le juré est juge par cela seul qu'il est un citoyen, tandis que le magistrat n'est juge que par l'élection populaire ou le decret du chef de l'Etat. De sorte que, quiconque a l'exercice de ses droits civils et politiques et l'âge nécessaire, devrait, suivant l'esprit de l'institution du jury, administrer la justice, dans toute question civile ou pénale, plus ou moins importante, et non seulement en rendant le jugement définitif, mais en faisant l'instruction du procès, etc. Au contraire, non seulement chez les grands États modernes le jugement classique par les comices populaires est impossible, mais la foi dans l'omniscience du peuple n'a pu empêcher que le principe du jury ne reçût dans ses applications des limitations de toute sorte. De sorte que le principe politique du jury est tel qu'il ne peut être réalisé sans être méconnu, limité, blessé.

En effet, même en Angleterre, où cependant le jury peut de sa propre initiative exprimer dans le verdict des vœux, des critiques, des propositions de réforme à propos du fait jugé (1), d'une part il est toujours soumis à la tutelle des magistrats, et d'autre part il est exclu du jugement des délits moins graves et plus nombreux, pour lesquels toute décision est confiée à ces magistrats, dont on semble se défier pour le jugement des crimes plus graves !

---

(1) V. des exemples en Mittermaier, *Traité de la procédure criminelle en Angleterre, Ecosse et Amérique du Nord*, Paris 1868, iii, § 4. — Sala, *Sull'istituto della giuria*, Modena 1875, p. 14. — Pessina, *Opuscoli di diritto penale*, Napoli 1874, p. 297.

Et quant aux autres avantages politiques du jury, l'expérience nous démontre au contraire que très-souvent le jury est plus nuisible qu'utile à la liberté.

D'abord, pour les États du continent, le jury n'est qu'une institution artificiellement greffée, par un trait de plume du législateur, sur l'organisme judiciaire, sans avoir avec celui-ci et avec tout l'organisme social ces rapports de vitalité, ces racines héréditaires qu'il a par exemple en Angleterre. Et les exemples de l'antiquité classique ne sont que contraires à l'institution du jury, imposée par engouement d'imitation et de symétrie politiques : car si chez les peuples du continent le jury avait disparu, cela signifie justement qu'il ne trouvait pas dans les caractères ethniques, les mœurs, les habitudes, le milieu physique et social de ces peuples, une source suffisante de vitalité, telle par exemple qu'il l'a conservée à travers tant de vicissitudes historiques chez les anglo-saxons.

Et si quelquefois le jury peut résister aux abus du gouvernement, trop de fois cependant il ne résiste pas à ses propres passions et aux suggestions des intérêts de la classe sociale, (aujourd'hui de la bourgeoisie) à laquelle appartiennent presque tous les jurés. Il est notoire en effet, que le jury est bien plus rigoureux pour les accusés de crimes contre la propriété que pour les accusés de crimes contre les personnes, surtout des crimes déterminés par des motifs personnels, tels que la haine, la vengeance, etc. : car tout juré pense que des exploits d'un voleur ou bien des attaques d'un assassin par cupidité il peut être, lui même, la victime ; tandis que d'un meurtre provoqué par vengeance, d'un viol, d'une soustraction de deniers publics, etc., il a, personnellement, bien peu à craindre ou à souffrir. Et, disait Machiavel, les hommes se laissent plus volontiers tirer le sang de leurs veines que l'argent de leurs poches.

En outre, le même jury qui résistera à la pression d'un gouvernement, ne résiste pas aux pressions populaires, directes ou indirectes, surtout avec le caractère anonyme de leur vœu. Il y a certes de nobles exceptions; mais la société n'est faite que de vertus moyennes et ne peut compter que sur elles (1).

Et lorsqu'on répète, avec Jouffroy, que le jury est l'avant-garde de la liberté, ou bien avec Carrara, qu'il en est le complément nécessaire, nous remarquons que cela serait exact si le jury était institué par un gouvernement despotique; mais lorsque les libertés populaires ont des garanties bien plus efficaces, dans l'organisation politique même de l'État, alors ce caractère du jury est bien plus apparent que réel.

En effet: ou bien le gouvernement est despotique et alors les jurés ne suffisent pas à sauvegarder la liberté, comme il est arrivé en Angleterre de Henri VIII à Jacques II, ou « le jury, lorsque le pouvoir est corrompu et le juge lâche ou intimidé, ne peut pas être un aide pour la défense de la liberté (Mittermayer) ». Ou bien le gouvernement est libéral et alors même les juges sont indépendants, sans qu'il y ait besoin de jurés, surtout lorsqu'on a les garanties de leur indépendance, que j'ai déjà indiquées.

Or l'histoire nous rappelle que le jury n'est jamais institué par les gouvernements despotiques : il fut refusé, en effet, par exemple, à la haute Italie par Napoléon I en 1815, à Naples par les Bourbons en 1820, à la Lombardie par l'Autriche en 1849, et de nos jours en Russie pour les crimes politiques, tandis qu'il y est admis pour les crimes communs.

De sorte que le jury, comme institution politique et libérale, a l'étrange destinée de n'être pas admis lorsqu'il serait utile et d'être inutile lorsqu'il est institué. Ce qui rappelle évidemment la destinée de la garde nationale.

(1) En 1883 à Dublin, pour le procès contre les assassins de Burcke et Cavendisch à Phoenix Park, la formation du jury a été très-difficile, car personne ne voulait s'exposer aux vengeances des fanatiques.

Mais, même en Angleterre, le jury est regardé surtout comme institution judiciaire : et les qualités principales qu'on lui attribue, à cet égard, sont : le jugement moral et la conviction intime.

La loi, dit-on, a toujours une certaine dureté et insuffisance, car elle doit pourvoir à l'avenir en se basant sur le passé et ne peut pas prévoir tous les cas possibles. Surtout dans la société moderne, les progrès sont si rapides et multiples, que les lois pénales ne peuvent pas les suivre, pas même lorsqu'elles sont réformées très-souvent, comme par exemple en Bavière, qui dans un siècle a changé trois codes pénaux, ni en France, où un cumul de lois spéciales vient presque tous les jours se surajouter à l'ancien texte du plus ancien code pénal de l'Europe.

Le jury, par son jugement moral, qui correspond en quelque sorte à l'*aequitas* des anciens, peut corriger les défauts du *summum jus* avec ses verdicts supérieurs à la loi écrite.

Et après cela le jury suit toujours la « conviction intime », « l'inspiration du sentiment », la « voix de la conscience », le « pur instinct », au lieu des règles artificieuses et dures du juge en robe.

Je ne nie pas la réalité de ces caractères du jury: mais je doute beaucoup qu'ils soient bien plus des vices redoutables et dangereux que des qualités utiles dans une institution judiciaire.

D'abord je crois que la distinction des pouvoirs, ou des fonctions sociales, qui correspond à la loi naturelle de la division de travail, ne doit pas être annulée par le jury. Le pouvoir judiciaire doit avant tout respecter et appliquer la loi écrite; car une fois admise la possibilité que le juge (populaire ou en robe), ait à « corriger » la loi, toute garantie de liberté serait perdue et l'arbitre individuel n'aurait plus de bornes. L'arbitre du juge, comme j'ai déjà dit, nous l'admettons seulement lorsqu'on a des garanties réelles de sa capacité et de son indépendance, et toujours dans les limites du précepte général de la loi et sous le contrôle d'un pouvoir disciplinaire supérieur.

Mais l'omnipotence du jury, soustraite à toute règle rationnelle, sans aucune motivation du verdict et sans aucun contrôle possible, est une arme à double tranchant, qui peut quelquefois corriger la loi, ou du moins peut utilement indiquer au législateur les tendances de l'opinion publique vis-à-vis de tel ou tel crime; mais elle peut aussi violer la loi et la liberté individuelle, et alors on paie trop cher le peu d'avantage que le jury peut donner et qui peut bien être remplacé par d'autres manifestations de l'opinion publique. En tout cas, comme disait Bentham, « il vaut mieux mettre le remède dans la loi que dans la subversion de la loi ».

Et quant à la conviction intime, nous admettons volontiers qu'aucun système de preuves légales n'est acceptable. Mais autre chose est substituer à la certitude légale et artificielle de la loi la certitude de l'homme qui juge, et bien autre chose est substituer à la conviction raisonnée et à l'examen critique des preuves recueillies dans le procès l'inspiration aveugle et naïve de l'instinct ou du sentiment.

Même en dehors des notions techniques, que nous croyons nécessaires pour le jugement physio-psychologique de tout accusé, ce n'est pas certainement avec des impressions momentanées et irréflechies du premier venu qu'on peut faire de la justice sociale. Si le jugement pénal devait consister dans la déclaration simple qu'un acte est bon ou mauvais, certes la conscience morale individuelle suffirait; mais puisque dans le jugement pénal il s'agit de la certitude des preuves et de l'examen de faits objectifs et subjectifs, le sentiment moral ne suffit pas et il faut tout soumettre au travail critique de l'intelligence.

Et à la cécité instinctive du jugement des jurés s'adjoint son irresponsabilité.

Certes, si le législateur ne demandait à tous les juges qu'un *oui* ou *non,* alors peut être le juré vaudrait le magistrat. Mais au verdict non motivé, que Carmignani appelait « le système du cadi », nous croyons qu'il faut substituer toujours la sentence motivée et contrôlable : surtout dans le système positif de procédure pénale, qui demande au juge les connaissances nécessaires d'anthropologie et de sociologie criminelle, et à sa sentence les éléments nécessaires pour le traitement successif du condamné, suivant les caractères de sa personnalité et de son crime.

Mais le jury, non seulement n'a pas les qualités qu'on lui attribue; il a au contraire un défaut capital, qui suffit à lui seul pour faire condamner cette institution judiciaire.

D'abord on ne comprend pas bien comment douze jurés, choisis au hasard, peuvent représenter réellement la conscience populaire; qui au contraire proteste bien souvent contre leurs décisions. Quoi qu'il en soit, le caractère fondamental du jury est que le seul fait d'appartenir au peuple donne le droit de juger : et puisque les comices classiques ne sont plus possibles, le fondement du jury est que le hasard seul doit décider de l'exercice pratique de cette prérogative populaire.

Or ces deux caractères du jury sont en contraddiction évidente avec la règle universelle de la vie publique et privée, que les fonctions sociales doivent être exercées par ceux qu'on choisit comme plus capables.

De sorte que, dans la vie quotidienne, chacun de nous demande à chaque ouvrier le travail dont il est plus spécialement capable, et personne ne songerait par exemple à faire raccomoder sa montre par un cordonnier; l'administration de la justice pénale nous la demandons au contraire au premier venu, épicier ou rentier, peintre ou pensionné, qui peut-être jamais de sa vie n'aura vu un procès pénal!

Et à l'incapacité des personnes correspond l'irrégularité des actes : car il est évident que ce n'est pas au premier venu qu'on peut imposer l'ordre rigoureux d'une certaine procédure : et la loi, par un comble d'humorisme, dit ouvertement que les jurés doivent juger sans réfléchir aux conséquences de leur verdict! « Les jurés manquent à leur premier devoir, lorsque, pensant aux dispositions des lois pénales, ils considèrent les suites que pourra avoir, par rapport à l'accusé, la déclaration qu'ils ont à faire » (art. 342 code français d'instruction criminelle).

C'est-à-dire que la justice pénale devrait avoir pour fondement l'oubli de la règle élémentaire de prudence, par laquelle tout homme doit toujours regarder aux conséquences possibles de ses actions. Et la loi pénale demande aux jurés cette preuve de cécité, qui heureusement n'est pas possible, par laquelle ils devraient juger les yeux bandés, sans regarder à l'accusé et aux conséquences qu'il subira de leur verdict !

Il était impossible que les partisans du jury ne vissent pas l'absurdité de ces principes, et ils se sont efforcés de l'atténuer, du moins dans les applications pratiques.

Pour l'incapacité des personnes on a établi des restrictions, avec les catégories de ceux qui peuvent être jurés, l'inscription dans les listes, le tirage au sort, l'exclusion non motivée d'un certain nombre de jurés par le ministère public et la défense, etc. Tous ces expédients, dont quelques uns sont vraiment imposés par la nécessité des choses, ne peuvent cependant assurer qu'une capacité générale et présumée, car ils ont seulement l'effet négatif de viser à l'exclusion des incapacités, morales ou intellectuelles, les plus évidentes. Mais la seule capacité, qui serait nécessaire chez le juge, c'est-à-dire la capacité spéciale et positive, n'est pas même assurée par ces restrictions, qui après tout ne sont que la négation du principe même du jury.

Et même, si le jury n'était composé chaque fois que par des individus d'une capacité suffisante, il serait toujours condamné par deux raisons inévitables de psychologie humaine.

D'abord la réunion de plusieurs individus d'une capacité générique, ne donne jamais la garantie d'une capacité collective, car en psychologie la réunion des individus n'est pas, tant s'en faut, la somme de leurs qualités. Comme, en chimie, de la combinaison de deux gaz on peut avoir un liquide; de même, en psychologie, l'aggrégation d'individus de bon sens peut donner une assemblée qui n'en ait pas. Il y a là un phénomène de fermentation psychologique, par laquelle les dispositions individuelles, celles moins bonnes et moins sages, c'est-à-dire plus nombreuses et plus profondes, prédominent sur les dispositions meilleures, comme la règle prédomine sur les exceptions. Voilà pourquoi les anciens disaient : *senatores boni viri, senatus autem mala bestia.*

Et ce fait d'infériorité et presque de dégénérescence collective arrive dans les réunions transitoires, telles que jurys, meetings, assemblées, etc., bien plus que dans les collèges organiques et permanents de juges, d'experts, etc. (1).

En second lieu, le jury, même composé d'individus d'une capacité moyenne, ne pourra jamais suivre dans sa fonction judiciaire que les règles inférieures de l'évolution intellectuelle.

En effet l'intelligence humaine, individuelle et collective, marque ces trois phases de développement progressif: le sens commun — le bon sens — la science; qui n'ont pas de différence essentielle entr'elles, mais qui diffèrent beau-

----

(1) Cette observation de ce que j'ai appelé « psychologie collective » a reçu une application bien heureuse par mon élève M. Sighelle, avec sa théorie psychologique et juridique de *La foule criminelle*, Turin 1891 et Paris 1892. — V. note 1, pag. 199.

coup dans le degré de leur complexité. Or il est évident,
qu'un collège, d'individus à capacité moyenne, mais non
technique, ne pourra suivre dans ses décisions que les règles du sens commun et tout au plus, par exception, du
bon sens, c'est-à-dire les habitudes mentales communes,
plus ou moins corrigées par une certaine capacité naturelle; mais toujours lui seront inconnues les règles supérieures de la science, qui sont toutefois indispensables
pour un jugement aussi difficile que celui qui porte sur les
crimes et les criminels.

Quant à l'irrégularité des actes accomplis par le jury,
on a cru y pourvoir avec la fameuse prétendue séparation
du jugement de fait et de droit, en suivant le conseil de
Montesquieu qu'« au jugement du peuple on doit soumettre
un seul objet, un fait, un seul fait ».

Mais, tout en laissant de côté la remarque de Hye-Glunek
qu'alors avec le jury on coupe en deux le problème judiciaire, qui devrait être indivisible comme le syllogisme qui
le constitue, il est désormais évident que Cambacérès avait
pleinement raison de dire, au Conseil d'État, que la séparation entre fait et droit est chimérique.

En effet : non seulement dans le système positif de procédure pénale, qui avec les notions juridiques sur le crime
exige chez le juge la connaissance anthropologique et sociologique du criminel, mais même aujourd'hui il est plus
exact de dire que le jury s'occupe du crime, c'est-à-dire,
comme le remarque M. Binding, d'un *fait juridique* et non
seulement d'un fait matériel; tandis que le juge s'occupe
de la peine. De sorte que dans la Cour d'assises la séparation des jugements est non pas entre le fait et le droit, mais
seulement entre le crime et la peine (1).

Et, même en admettant la possibilité de cette séparation
entre le fait et le droit, la logique et l'expérience ont déjà

---

(1) Hye Glunek, *Schwurgericht*, Leipzig 1864. — Binding, *Die drei Grund-
lagen der Organisation des Strafgerichts*, Leipzig 1876.

démenti l'affirmation de ceux qui répètent avec Beccaria, que « pour l'appréciation des faits l'intelligence ordinaire est préférable à la science, le sens commun aux plus hautes facultés mentales, l'instruction vulgaire à l'instruction scientifique ! (1) ».

Au contraire : dans le jugement pénal, il ne s'agit pas seulement de la perception immédiate des faits, mais aussi et surtout de leur reconstruction critique et de leur appréciation psychologique. Dans le droit civil le fait est vraiment accessoire et les deux parties peuvent même être d'accord dans sa définition, tout en disputant sur l'application de la loi à ce fait. Mais dans la justice pénale le fait est l'élément principal et il ne s'agit pas seulement d'en admettre et d'en juger tel ou tel détail, mais il faut au contraire en voir les causes et les effets, au point de vue individuel et social, sans parler de la difficulté si fréquente pour l'appréciation critique et probatoire d'un ensemble d'indices. De sorte que, comme disait M. Ellero, dans le procés pénal « le jugement de fait est bien plus difficile que celui de droit (2) ». Et désormais la pratique quotidienne a accumulé un si grand nombre de preuves plus ou moins scandaleuses de l'incapacité du jury même pour l'appréciation des faits, qu'il est inutile d'y insister davantage.

Pour achever ce sujet du jury, il me reste à parler de ses défauts, qui ne sont pas l'effet plus ou moins évitable d'une application plus ou moins heureuse, ce qui arrive pour toute institution sociale, mais sont au contraire la conséquence inévitable des lois mêmes de la psychologie et de la sociologie.

---

(1) Hélie, *Traité de l'instruction criminelle*, § 593. — Carrara, *Reminiscenze di cattedra e foro*, Lucca 1883, p. 361.

(2) Ellero, *Opuscoli criminali*, Bologna 1874, p. 371.

Pour la science le fait existe en tant qu'il se rattache à une loi générale : pour le sens commun au contraire la vivacité du fait présent est la seule préoccupation. De là la tendance inévitable chez le jury à se laisser dominer par les faits isolés, avec le seul guide du sentiment qui, surtout chez les peuples méridionaux, réserve toute sa pitié pour les criminels, lorsque le crime et ses victimes sont presque oubliés. La même vivacité de sentiment qui pousserait le peuple à faire « justice sommaire » du criminel, lorsqu'il est surpris sur le fait, se tourne toute en sa faveur lorsqu'il se présente à la Cour d'assises, l'air humble, plusieurs mois après le crime. De là une justice passionnée et myope.

Et cette prédominance du sentiment sur l'intelligence chez le jury se révèle dans la physionomie, irrémédiable désormais, des débats judiciaires. Aucun besoin et aucune utilité d'études juridiques et sociologiques et de connaissances techniques: il n'est besoin que de charme oratoire et de déclamations sentimentales. De sorte que nous avons entendu un avocat dire aux jurés que « les procès dans lesquels entre la passion, il faut les juger avec la passion! » De là aussi le malaise de la science dans les Cours d'assises et ses applications erronées et ses conséquences complétement faussées (1).

Le verdict du jury, en outre, ne peut pas représenter la somme de convictions spontanées et personnelles : non seulement dans les pays où les jurés sont exposés à toute sorte d'influences pendant les suspensions des débats, mais même en Angleterre, où on exige l'unanimité des vœux et on défend toute comunication du jury avec l'extérieur jusqu'à la fin du procès. Car, en tout cas, sont toujours inévitables les influences dans la chambre des délibérations par les jurés plus intriguants ou plus respectés. De sorte

(1) DESJARDINS, *Jury et avocats*, in *Revue des deux mondes*, 1836.

qu'on a fait même la proposition, assez platonique, de la publicité des délibérations du jury (1).

À ces défauts du jury ses partisans opposent une objection faite aux juges de robe : c'est-à-dire que l'habitude de juger crimes et délits incline irrésistiblement le juge à voir dans tout accusé un coupable et à effacer la présomption d'innocence même dans les cas où elle serait plus juste.

L'objection a réellement une base psychologique, car la conversion du conscient dans l'inconscient et la polarisation des facultés et des dispositions intellectuelles, sont un fait quotidien, imposé par la loi biologique de la moindre dépense des forces. Elle ne suffit pas cependant à rendre le jury préférable aux juges.

En effet, tout en laissant de côté que cette habitude mentale des juges peut être atténuée par un choix meilleur des magistrats suivant les réformes que j'ai déjà tracées, il faut remarquer aussi que cette présomption d'innocence, comme nous l'avons vu, n'est pas si absolue qu'on voudrait le faire croire, surtout lorsqu'il s'agit d'un jugement qui vient après une suite de recherches et de preuves, pendant l'instruction criminelle.

En second lieu, cette tendance des juges est retenue et corrigée par la publicité des débats. Et tous, ou presque tous, les exemples fameux et répétés d'erreurs judiciaires remontent à l'époque du procès inquisitorial et secret, à propos duquel se présente cependant un intéressant problème historique : c'est-à-dire la co-existence du procès inquisitorial, qui diminue toute garantie individuelle, avec les libertés politiques des républiques italiennes au moyen-âge.

Voilà pourquoi le chiffre des absolutions et de l'admission des circonstances atténuantes est toujours très-rémarquable même chez les tribunaux correctionnels, qui en

(1) Carrara, *Opuscoli di diritto criminale*, vol. iv, op. 3.

Italie donnent des proportions peu différentes de celles des Cours d'assises.

Et il faut se rappeler, enfin, qu'avec la procédure pénale moderne ce ne sont pas les garanties individuelles qui manquent, telles que la motivation de la sentence, l'abolition presque totale des peines irréparables, les appels, la cassation, la révision, qui seraient encore plus efficaces dans le système positif de procédure que nous proposons.

Du reste cette objection psychologique faite à la magistrature devrait avoir pour conséquence logique l'admission du jury même dans les tribunaux correctionnels. Mais la preuve qu'il fait tous les jours dans les Cours d'assises est trop peu encourageante, pour que les partisans platoniques du jury correctionnel ne se réduisent à un nombre presqu'invisible.

C'est au contraire au jury qu'on peut faire un objection décisive, fondée sur les données plus positives de la sociologie.

La loi d'évolution naturelle démontre qu'aucune variation n'est utile ni stable, dans l'organisme végétal et animal, si elle n'est pas l'effet d'une préparation lente et continuée des forces organiques et des conditions extérieures. De sorte que tout organe qui n'a plus de fonction à accomplir doit s'atrophier et nul organe nouveau n'est possible ni viable s'il n'est exigé par la nouveauté d'une fonction corrélative.

Ce qu'on dit des variations organiques vaut aussi pour les institutions sociales. Et alors le jury étudié à ce point de vue, nous le voyons artificiellement greffé par un trait de plume du législateur sur les institutions judiciaires de l'Europe continentale, sans avoir avec celles-ci ces rapports séculaires, spontanés, organiques qu'il a par exemple en Angleterre. Des pays du continent où il avait laissé quelques traces, le jury avait même disparu, car il n'avait pas trouvé dans les caractères ethniques des peuples, ni dans l'organisme social ce milieu favorable, qui en Angleterre est donné par « la base naturelle des institutions et des principes, qui forment le corrélatif nécessaire du jury (1) ».

Le jury, tel qu'il a été imposé par la mode politique à l'Europe continentale, est ce que Spencer appelle « une fausse membrane dans l'organisme social », sans aucune liaison physiologique avec le reste du corps collectif. De sorte que même en France, après un siècle d'application ininterrompue, il ne s'est pas encore acclimaté (2).

Quant à l'autre loi bio-sociologique de l'unité des organes pour des fonctions uniques, il me semble qui si en Angleterre se sont développés, parallèles et entrelacés, le jury et la magistrature, il n'y a là qu'un cas d'intégration organique. Mais dans le continent, puisque le jury a été artificiellement surajouté à la magistrature, il y a là au contraire un vrai phénomène de superfétation.

Et si l'on disait que le jury, en tant que passage ultérieur de l'homogène à l'hétérogène, marque un degré plus haut d'évolution sociale, il faudrait faire une distinction entre les différenciations qui constituent une évolution et celles qui marquent au contraire une dissolution. La di-

(1) Mittermayer, *Traité de la procéd. crim. en Angleterre*, Paris 1868, § 1.

Et cependant même en Angleterre augmente toujours le nombre des adversaires du jury, de Bentham et Brown jusqu'aux cités par Van Den Heuvel, *Apologia del giuri in Inghilterra*, in *Rivista penale*, juin 1883. — De même en Amérique (V. Roberts, *La justice aux États-Unis* in *Forting. Rev.*, 1892).

(2) Voilà l'état actuel de la législation européenne en fait de jury pour le jugement des crimes communs :

Angleterre, Ecosse, Irlande, Suisse ont le jury criminel et correctionnel.

France, Italie, Autriche cisléithane, Istrie, Dalmatie, Prusse Rhénane, Alsace-Lorraine, Bavière, Bohême, Gallicie, Belgique, Roumanie, Grèce, Portugal, Russie, Malte ont le jury criminel.

L'Espagne l'avait suspendu, mais l'a rétabli en 1888.

Prusse, Saxe, Baden, Wurtemberg ont le jury criminel et les echevins (citoyens en collège avec les juges) pour procès correctionnels et de police.

Danemarque, Suède, Finlandie ont les échevins.

Hollande, Norvège, Hongrie, Esclavonie, Pologne, Serbie et Turquie n'ont ni les jurés ni les échevins.

vision du travail, physiologique ou social, est réellement
une différenciation évolutive; tandis que les modifications
portées par une maladie dans l'organisme animal ou bien
par une révolte dans l'organisme social, ne sont que le
commencement de la dissolution plus ou moins profonde.

Or, le jury appartient bien plus à la pathologie sociale,
car il est essentiellement contraire à la loi de spécialisation
des fonctions, suivant laquelle tout organe qui devient plus
adapté à un travail donné, ne l'est plus pour tout autre
fonction. C'est seulement chez les organismes inférieurs
que le même tissu, ou organe, peut accomplir différentes
fonctions, tandis que chez les vertebrés l'estomac ne peut
servir qu'à la digestion, les poumons à l'oxigénation, etc.
De même chez les sociétés primitives, tout individu est soldat, chasseur, agriculteur, etc., tandis qu'avec le progrès
de l'évolution sociale tout homme accomplit sa fonction spéciale et devient incapable de tout autre travail. Avec le jury
nous avons un retour à la confusion primitive des fonctions sociales, en attribuant au premier venu, qui sera peut-
être un excellent industriel ou artiste, un travail judiciaire,
très délicat, et pour lequel il n'a aujourd'hui aucune capacité et n'aura demain aucune expérience utilisable.

À la vérité, il y a dans les sociétés modernes une autre
fonction qu'on attribue à tous les citoyens, en dehors de
leur capacité spéciale, et c'est l'électorat. Mais le cas est
bien différent: l'électorat n'exige pas un travail si difficile
et délicat que le jugement critique et la reconstruction des
conditions d'un acte et d'un agent; il n'a aucune influence
directe sur la fonction positive de l'élu et il est au contraire la sanction de l'incapacité spécifique de l'électeur à
faire ce qu'il confie à la capacité de l'élu. L'électorat n'est,
dans l'organisme social, qu'une fonction élémentaire d'assimilation des éléments physiologiques, qui dans l'organisme animal est accompli par toutes les cellules vivantes

et dans la société par tous les individus, pourvus d'un minimum de socialité, c'est-à-dire non idiots, non criminels, etc.

Bien autre chose est l'administration de la justice pénale, fonction technique et très élevée, qui n'a rien à faire avec la fonction élémentaire de l'électorat. De sorte que je ne saurais admettre l'affirmation de Carrara, qui jugeait contradictoire de « nier au peuple la participation à l'exercice de l'autorité judiciaire, lorsqu'on lui accorde la participation à l'exercice de l'autorité législative ». D'abord, le peuple ne concourt que très-indirectement à la fonction législative et là même où il y a le *referendum* populaire, que je crois très utile, le peuple n'a qu'une fonction simple et presque négative, par *oui* et par *non,* vis-à-vis d'une loi qu'il n'a pas faite, car il n'en aurait pas eu la capacité technique. L'argument de Carrara n'aurait donc d'autre conséquence logique, que de conduire à l'élection populaire des juges, comme il fait des législateurs, et au contrôle même du peuple sur la conduite administrative des juges élus; ce qui aurait certainement des avantages théoriques, tout en présentant, selon moi, des difficultés pratiques, surtout chez les peuples qui n'ont pas une conscience et une activité politique très-vives, par ce qu'elles leur ont été atrophiées pendant plusieurs siècles de despotisme, ou bien de tutelle et de centralisation politique et administrative.

Le jury est donc une institution régressive, suivant les données de l'histoire et de la sociologie, car il représente la phase mediévale et instinctive de la justice pénale. Certes il a aussi quelques avantages (à quelque chose malheur est bon), surtout lorsqu'il arrive naïvement aux dernières conséquences des théories classiques, en admettant par exemple la force irrésistible pour les vols continués, ou bien pour les meurtres commis par mandat d'autrui. Et d'autre part il a quelquefois marqué le besoin des réformes pénales, en acceptant quelques conclusions de l'école positiviste, telles que l'acquittement des criminels par passion et politiques, ou bien la sévérité pour les délinquants habituels, etc. (1).

Mais la seule conclusion possible des critiques précédentes ne peut être que l'abolition du jury pour le jugement des crimes communs et *après* avoir appliqué pour la magistrature ces réformes, qui en assurent la capacité et l'indépendance, dont j'ai parlé au § III.

Cependant, puisque il est bien plus facile d'établir une institution sociale que de l'abolir, il est utile d'indiquer les réformes principales et plus urgentes, qu'il faudrait introduire dans le jury, pour en éliminer les inconvénients les plus graves et fréquents.

---

(1) Dans le congrès des juristes suisses, les rapporteurs Fayet et Schneider ont présenté sur le jury les conclusions suivantes *(Verhandlungen Schweizerischen Juristenverein,* 1881):

I. Les mesures, prises par défiance contre le jury, ont faussé en Suisse cette institution : telles sont l'obligation pour le jury de déterminer les circonstances accessoires du crime et la faculté d'accorder les circonstances atténuantes. — II. Le jury a usurpé les fonctions des juges en se préoccupant des conséquences du verdict. — III. Le jury a usurpé les fonctions du législateur en s'attribuant le pouvoir de modifier la loi avec le verdict. — IV. Le jury subit facilement l'influence des opinions locales. — V. L'accusé n'a pas avec le jury plus de garanties d'impartialité qu'avec les tribunaux permanents. — VI. Malgré ces défauts le jury n'a pas eu en pratique une influence dangereuse sur la répression. (Et cependant les rapporteurs parlent d'acquittements et de condamnations injustes et scandaleuses). — VII. Au point de vue politique le jury n'est pas une condition essentielle de la démocratie. — VIII. Dans une démocratie le jury n'est pas une garantie contre le pouvoir exécutif. — IX. Le jury est inutile pour les peuples qui ont l'élection populaire des juges. — X. Dans une démocratie le jury est avant tout une école pour les citoyens, et ceci est son côté meilleur. (J'en doute : car comme disait la *Quaterly Review* — Le jury en Angleterre : — S'il y a école, on la paie trop cher, avec le danger et le dommage de la justice).

Le XVIII congrès juridique allemand (septembre 1886) se prononça *contre* les jurés, en proposant de les substituer avec les echevins, même à la Cour d'assises.

La distinction théorique de l'école classique entre crimes communs et politiques n'est pas bien exacte, car les crimes ·dits politiques, ou ne sont pas des crimes (lorsqu'ils se réduisent à la manifestation d'une idée), ou bien ils sont des crimes communs déterminés par une passion noble et sociale chez des individus, qui ont les caractères du criminel passionné, c'est-à-dire sont des pseudo-criminels, ou bien il sont des crimes communs commis par des malfaiteurs vulgaires, sous le prétexte d'une idée politique (1). Au lieu de distinguer les *crimes,* je crois qu'il faudrait distinguer les *criminels* communs des criminels politiques, suivant les motifs déterminants, les caractères sociaux et le moment historique de leurs actes. Toutefois, pendant que les lois pénales conservent cette distinction, je crois utile de maintenir le juge pour le jugement des crimes et délits politiques, de presse et de nature sociale; car si dans ces cas le jury peut céder à l'influence des intérêts et des préjugés de classe (par exemple dans le jugement des faits déterminés par le conflit entre travailleurs et capitalistes), le danger sera toujours moins grand qu'avec une magistrature, trop peu indépendante du pouvoir exécutif, qui n'est à son tour que le bras séculaire de la classe dominante, et qui partant unit les intérêts et les préjugés d'ordre politique à ceux d'ordre économique et moral, qui dominent le jury.

Pour les crimes communs il faudrait soustraire au jury le jugement des accusés qui avouent leur crime. Le procès accusatoire pur se fonde sur le principe que le débat pénal est une affaire privée et il n'a donc plus raison d'être lorsqu'un des intéressés rénonce au duel : d'où la méfiance anglaise pour l'aveu de l'accusé, qui est au contraire la reine des preuves, pour le procès inquisitorial. Cependant je crois que dans ces cas est préférable le système écossais à l'anglais. En Angleterre le juge demande avant tout à l'ac-

---

(1) LOMBROSO et LASCHI, *Le crime politique,* Paris 1892.

cusé s'il se présente *guilty or not guilty* (coupable ou non coupable) et en cas d'aveu il condamne sans le verdict du jury. En Ecosse au contraire le ministère public peut fournir les preuves, outre l'aveu de l'accusé et demander le verdict du jury. Avec cela on éviterait d'une part certains acquittements scandaleux d'accusés qui se déclarent coupables (ce qui arrive en Italie, en France, etc.) et d'autre part on éviterait le danger que l'aveu de l'accusé ne soit pas vrai et qu'on condamne un innocent (1).

Les jurés devraient, en outre, suivant la proposition de M. Ellero, spécifier les circonstances atténuantes, sur chacune desquelles on devrait mettre une question spéciale.

Le jury devrait aussi avoir le droit d'admettre de sa propre initiative l'existence d'un fait moins grave que celui affirmé dans l'acte d'accusation, lorsque même il n'y a pas une question rélative.

Il est indéniable cependant que ceux-ci ne seraient que des palliatifs plus ou moins efficaces.

La seule conclusion positive est que, en conservant le jury pour les crimes d'ordre politique et social, on en fasse succéder l'abolition pour les crimes communs aux réformes radicales pour l'indépendance et la capacité de la magistrature.

IV.

Que l'organisation pénale moderne, inspirée d'une part par la prétention de mesurer la culpabilité morale des criminels et d'autre part par l'illusion de leur amendement général, et réduite partant presqu'exclusivement aux peines détentives et au système cellulaire, ait complétement

---

(1) V. FERRI, LOMBROSO, GAROFALO, FIORETTI, *Polemica in difesa della scuola positiva*, Bologna 1886, p. 162. — GAROFALO, *Sulla confessione dei rei*, in *Arch. psich.*, 1886, p. 448. — ALBANO, *Carcere preventivo* in *Scuola positiva*, 30 sept. 1891.

manqué à la défense sociale contre le crime : voilà ce qui désormais n'a plus besoin d'être démontré (1).

Un des classiques les plus illustres, M. Holtzendorff, avouait franchement que « les systèmes pénitentiaires ont fait banqueroute »; de sorte qu'on a fait en Italie la diagnose « sur l'impuissance de la repression » et pour l'Allemagne on a conclu que « le droit pénal actuel est impuissant contre le crime (2) ». De sorte que devient chaque jour plus poignante la conscience de la nécessité d'y pourvoir, soit avec les réformes législatives plus ou moins efficaces, mais toutes dans un sens de réaction au classicisme pénitentiariste, soit avec la propagande scientifique. La manifestation la plus éloquente de celle-ci est l'« Union internationale de droit pénal » qui en 1891, deux années après sa fondation, comptait presque 600 membres de toutes nationalités et qui avec l'art. 2 de son Statut (que j'ai déjà reporté page 19) a donné, malgré les réserves plus ou moins eclectiques de quelques membres, le triomphe le plus éclatant aux théories positivistes.

Les défauts de l'organisation pénale, inspirée des principes théoriques de l'école classique de droit criminel et des règles pratiques de l'école classique pénitentiaire, peuvent être résumés dans les suivants : dosage chimérique de la responsabilité morale — ignorance et négligence absolue

---

(1) Une réquisitoire complète contre les systèmes pénaux modernes a été faite par ALXGELD, *Our penal Machinery and its victims*, Chicago 1886 et par SIRRZEWSKI, *Die heutige Strafrechtspflege mit ihrer Gefahr für die Allgemenheit*, Krefeld 1890.

Et parmi ceux qui en ont parlé par expérience personnelle, voir KROTKINE, *In Russian and French Prisons*, London 1887. — E. GAUTIER, *Le monde des prisons*, in *Archives anthrop. crim.*, 1888, III, 417.

Parmi les pénitentiairistes, TALLACK, *Penological and Prerentive principles*, London 1889, ch. 2.

(2) AGUGLIA, *L'impotenza dell'azione repressiva in Italia e sue cause*, Frascati 1884. — LISZT, *Kriminalpolitische Aufgabe*, in *Zeitsch. f. die ges. Strafrechtsw.*, 1889, IX, 482.

des caractères physio-psychologiques de l'homme criminel — séparation entre la loi et la sentence d'une part et entre la sentence et son exécution de l'autre, avec l'abus consécutif des grâces — effets pratiques désastreux, tels que la corruption et les associations criminelles dans les prisons; millions d'individus condamnés à des peines détentives de courte durée, stupides et risibles; augmentation continue, inexorable de la récidive.

De sorte que « les tribunaux d'Europe, comme dit M. Prins, avec la justice moderne toute impersonnelle, laissent tomber les condamnations sur les misérables, comme un robinet laisse tomber, goutte à goutte, l'eau sur la terre (1) ».

Sans tenir compte des peines pécuniaires ni de l'emprisonnement de police, dans les dernières dix années 1880-89, en Italie on a condamné à l'emprisonnement:

par les Préteurs . . . . . . 587.938 individus
par les Tribunaux correctionnels 465.130   »

C'est-à-dire *plus d'un million* de condamnés à l'emprisonnement dit correctionnel, dans dix ans!

Et le total des condamnés à toute sorte de peines, en Italie, par les préteurs, les tribunaux, et les cours d'assises, n'a pas été, de 1880 à 1889, moins de *3 millions et 230 mille individus* (2).

Quant à la récidive, sans répéter les chiffres bien connus sur son augmentation annuelle, il me suffit de rappeler le fait énorme, sur lequel j'ai appelé l'attention de la Commission centrale de statistique judiciaire *(Actes,* Rome 1890, p. 149). C'est-à-dire qu'en Italie parmi les condamnés en 1887 pour meurtre simple il y en avait 224 qui avaient été

---

(1) PRINS, *La loi sur la libération conditionnelle et les condamnations conditionnelles,* in *Revue de Belgique,* 15 août 1888.

(2) C'est-à-dire: —   2.605.379 par les Préteurs
                        572.975 par les Tribunaux
                        59.011 par les Assises
                        —————
                        3.237.365.

déjà condamnés, ou *pour le même crime* (63), ou bien pour un crime prévu par la même section du code pénal (181); et même des condamnés par meurtre qualifié, 78 avaient déjà subi une condamnation, ou *pour le même crime* (8), ou pour un crime pareil (70)!

En France nous trouvons des chiffres non moins éloquents, car ils tiennent non pas à l'effet de conditions exceptionnelles, ou particulières à tel ou tel pays, mais à la conséquence uniforme des théories classiques du droit criminel et des systèmes pénitentiaires (1).

Le total des condamnés à l'emprisonnement par les Tribunaux correctionnels et de simple police, pendant les dix années de 1879 à 1888, a été en France d'1 million et 675 mille; dont les condamnés par les Tribunaux correctionnels à un emprisonnement de *moins de 6 jours* ont été 113 mille!

Et le total des condamnés à toute sorte de peines, par les Cours d'assises, Tribunaux correctionnels et Tribunaux de simple police a atteint, pendant les mêmes dix années, le chiffre énorme de 6 millions et 440 mille individus!

C'est-à-dire que la justice pénale n'est à présent qu'une immense machine dévorant et vomissant une quantité énorme d'individus, qui à travers ses rouages ne font que laisser la vie, l'honneur, le sens moral, la santé pour n'en porter que des stigmates ineffaçables et s'enrôler, trop souvent irréparablement, dans l'armée, chaque jour grandissante, du crime professionnel et de la récidive.

Il est donc impossible de nier la nécessité urgente de substituer à l'organisation pénale actuelle, un système mieux correspondant aux conditions déterminantes du crime, plus efficace pour la défense sociale et en même temps

(1) Chiffres non moins épouvantables et éloquentes ont été donnés pour la Belgique par Prins (*Criminalité et repression*, 1886, p. 91), pour l'Allemagne par Liszt (*Zeitsch. f. ges. Strafr.*, ix, 482) et pour la Suisse par Gauthier (*A propos de la condamnation conditionnelle*, Berne 1890, p. 33).

moins inutilement désastreux pour les individus qui en sont frappés.

L'école positiviste, en dehors des réformes fragmentaires, proposées par Lombroso (1) et par moi dans la 11e édition de cet ouvrage, a donné dans la *Criminologie* de Garofalo un « système rationnel de pénalité » qu'il est opportun de résumer :

I. Assassins (insensibilité morale et cruauté instinctive) auteurs de

Meurtre par cupidité ou autre plaisir égoiste.
Meurtre sans provocation par la victime.
Meurtre avec sévices.
} *Asiles d'aliénés criminels* ou *Peine de mort.*

II. Violents ou impulsifs (défaut du sentiment de pitié avec préjugés sur l'honneur, sur le devoir de la vengeance, etc.).

Adultes, auteurs de
Meurtre, soudainement provoqué par une injure atroce.
Homicide par défense légitime.
} *Eloignement du délinquant* de l'endroit où vit la victime ou sa famille.

Adultes, auteurs de
Meurtre par vengeance de l'honneur (isolé ou endémique).
} *Rélégation* dans une île, colonie ou village, en liberté, sous surveillance.
(À temps indéterminé, avec période d'observation de 5 à 10 ans).

Adultes, auteurs de
Blessures en rixe, sévices non graves ni continuées, coups, menaces, calomnies, injures verbales.
} *Réparation du dommage* et amende :
Rigoureuse pour les solvables.
Substituable avec partie du salaire ou travail obligatoire et avec la prison en cas de refus.

---

(1) Lombroso, *L'incremento del delitto in Italia e i mezzi per arrestarlo,* 11 édit., Turin 1879.

Adultes, auteurs de
Sévices, blessures pour
défigurer, mutilations,
rapt ou viol avec vio-
lence, séquestration de
personne.

Asile d'aliénés criminels (s'ils
sont hystériques ou épileptiques) ou
Relégation indéterminée (avec
période d'observation de 5 à
10 ans).

Jeunes gens, auteurs de
Crimes de sang non excu-
sables ou de viols.

Asile d'aliénés criminels (pour
ceux à tendances congénitales). *Colonie pénale* en cas de
récidive. *Déportation avec a-
bandon.*

III. Criminels dépourvus du sentiment de probité.

Adultes, auteurs *habituels*
de
Vols, excrocqueries, in-
cendies, faux, extor-
sions.

Asile d'aliénés (s'ils sont fous
ou épileptiques).
Déportation.

Adultes, auteurs *occasionels* de
Vols, excroqueries, faux,
extorsion, incendie.

Compagnies d'ouvriers (à temps
indéterminé), ou *Interdiction
de l'exercice d'une profession*
jusqu'à complète *Réparation
du dommage* causé.

Adultes, auteurs de
Péculat, concussion, vente
de faveurs, abus de pou-
voir.

*Perte de la charge.
Interdiction des droits.
Amende.
Réparation du dommage.*

Adultes, auteurs de
Incendie, destruction par
vengeance (sans atten-
tats aux personnes).

Réparation du dommage (substituable avec la prison).
Asiles d'aliénés criminels (pour
les fous).
Déportation (pour les récidivistes).

Adultes, auteurs de
Banqueroute, insolvabi-
lité coupable.

*Réparation du dommage.
Exclusion du commerce* et des
charges publiques.

Adultes, auteurs de
Fausse monnaie, faux en
effets publics et certificats, usurpation de ti-
tres, faux témoignage,
etc.

Emprisonnement (à temps déterminé) et *amende,* outre la
perte de la charge et le dédommagement.

Adultes, auteurs de Bigamie, substitution et suppression d'enfant.	*Rélégation,* à temps indéterminé.
Jeunes gens, auteurs de Vols, excroqueries, etc.	*Colonie agricole,* (à temps indéterminé).

IV. AUTEURS DE

Rébellions, révoltes, désobéissance à l'autorité.	*Emprisonnement* (à temps déterminé).

C'est-à-dire que le système de repression proposé par M. Garofalo se résume en ceci :

Élimination absolue du criminel.	Peine de mort.
Élimination relative.	Asile d'aliénés criminels. Déportation avec abandon. Rélégation perpétuelle. Rélégation à temps indéterminé. Colonies agricoles. Eloignement de tel ou tel endroit.
Réparation du dommage Amende (à l'Etat). Indemnité aux victimes avec	Payement d'une somme. Cession d'une partie du salaire. Travail obligatoire sans emprisonnement.

Emprisonnement (à temps déterminé):
   pour des délits exceptionnels (faux et rébellions) et en substitution du dédommagement et du travail obligatoire.
Interdiction de certaines professions et charges publiques.

M. Liszt aussi, d'accord, malgré ses réserves éclectiques, avec l'école positiviste sur la nécessité d'une réforme radicale dans l'organisation pénale, a proposé un système, qui cependant, ne regardant pas assez aux différentes catégories de criminels, qu'il distingue seulement en criminels d'habitude et d'occasion, aurait besoin d'être complété; surtout en comparaison avec le système bien plus complet et rationnel proposé par M. Garofalo.

Le système proposé par M. Liszt (1) se résume dans ces mesures répressives :

Peines pécuniaires proportionnées au patrimoine du condamné non substituables avec la prison exécutables avec travail obligatoire sans emprisonnement	pour les *délits* (avec alternative de peine détentive). pour les *contraventions* (sans peine détentive).
Condamnation conditionnelle pour les condamnés la première fois à une peine détentive, avec ou sans caution, pour trois ans depuis la sentence.	pour les *délits* punis avec l'emprisonnement.

Peines détentives (non à terme préfixé, mais à temps indéterminé, entre un *maximum* et un *minimum*).

Prison (cellulaire) — de 6 semaines à 2 ans.

Maison centrale (cellulaire pour un an, en suite à système progressif)	de 2 à 15 ans (avec surveillance de la police et patronage des libérés) et à vie.

Réparation du dommage (toujours comme obligation civile) annexée aux autres peines.

Je crois toutefois, qu'avant de faire des propositions pratiques et détaillées, plus ou moins complètes, il est nécessaire d'établir quelques critériums généraux, qui, déduits des données sur les facteurs anthropologiques, physiques et sociaux de la criminalité, soient le fondement d'un système positif de défense sociale contre le crime.

Ces critériums fondamentaux peuvent être réduits selon moi aux trois suivants : I. temps indéterminé de la segrégation du criminel, — II. caractère social et public de la réparation des dommages, — III. adaptation des mesures défensives aux différentes catégories des criminels.

(1) Liszt, *Kriminalpolitische Aufgabe*, in *Zeitsch. f. ges. Strafr.*, 1890, x, 51.

Pour tout crime commis, le problème pénal ne doit plus consister dans la fixation de telle ou telle dose de peine, qu'on suppose proportionnée à la culpabilité morale du criminel; mais il doit se réduire à établir si, par les conditions réelles (droit lésé et dommage causé) et par les conditions personnelles (catégorie anthropologique du criminel), est nécessaire la séparation de l'individu du milieu social, pour toujours, ou pour une période plus ou moins longue, selon que le criminel est jugé ré-adaptable ou non à la vie sociale, ou bien à établir s'il ne doit point suffire d'imposer au délinquant la réparation rigoureuse du dommage causé.

Il y a donc, à ce propos, une opposition radicale. D'une part, les systèmes de pénalité actuels, différents dans leurs mécanismes exécutifs (étrangers à la sentence du juge et souvent même aux dispositions de la loi), mais tous fondés sur le principe de *la quantité fixe de peine*, graduable par centaines et par milliers de doses possibles, en rapport bien plus au crime qu'au criminel. D'autre part, le système pénal positif, fondé sur le principe de *la ségrégation indéterminée* du criminel, conséquence logique de la théorie que la peine, ne doit pas être la retribution d'une faute avec le châtiment, mais une défense de la société adaptée au danger personnifié dans le criminel (1).

Ce principe de la peine indéterminée n'est pas nouveau; mais il n'est systématisé et vivifié qu'avec les théories positivistes. L'idée d'une justice rétributive de la faute avec le châtiment, fixé en jours et en semaines, est trop opposée

---

(1) Un exemple caractéristique du travail complètement erroné et inconcluant de graduation de la peine est donné par l'essai arithmétique de ME-MM, *Das Problem der Strafzumessung* (in *Gerichtssaal*, 1888, XL. 3), dont a fait un excellent compte-rendu critique, au point de vue positiviste, M. OUVRAI, in *Archivio giuridico*, 1890, fasc. VI. Sont bien connus, à ce propos, les ouvrages de BENTHAM sur l'arithmétique morale et de GIOJA sur l'injure et le dédommagement.

à ce principe, pour qu'il ait pu recevoir des applications systématiques sous l'empire des théories classiques. Il y en a seulement quelqu'application isolée et exceptionnelle, comme la réclusion des criminels aliénés dans les asiles spéciaux, pour un temps indéterminé, en Angleterre, où cependant la liberté personnelle, qu'on dit violée par la réclusion indéterminée, est bien vivement respectée... chez les honnêtes gens.

Le principe fondamental du droit est celui d'un limitation imposée par les nécessités de la vie sociale : et il est donc évident, avant tout, que la réclusion indéterminée comme celle à vie n'a rien d'inconciliable avec ce principe fondamental du droit, lorsque la nécessité l'impose. De sorte qu'elle a été proposée même par des criminalistes classiques, comme mesure de compensation ou d'équilibre symétrique.

En effet, si on admet une aggravation de peine pour la première récidive, il est logique que cette aggravation soit proportionnée au nombre des récidives, pour arriver jusqu'à la réclusion ou déportation perpétuelle, et même à la mort, comme cela arrivait avec les lois médiévales. De sorte qu'il y a même des criminalistes classiques qui, pour être aussi logiques que peu pratiques, n'admettant pas l'aggravation progressive, nient de prime abord toute aggravation même pour la première récidive (1).

En outre, si les juristes sont d'accord pour admettre la libération conditionnelle, avant le terme préfixé de la peine, lorsque le condamné *semble* avoir donné des preuves d'amendement, la conséquence naturelle, même par seule logique abstraite, devrait être d'un prolongement de peine pour le condamné non corrigé et toujours dangereux.

---

(1) A. Matheus, *Ad lib.* xlvii-xlviii, *Dig.*, lib. i, chap. 3, § 8. — Carnevale, *Teoria delle leggi di sicurezza sociale*, iii, chap. xi, § 2. — Tissot, *Le droit pénal*, Paris 1880, i, 143, 155.

Cela est admis, entr'autres, par Ortolan, Davesies de Pontès, Roeder, qui citent, comme favorables à cette idée, mais seulement pour les récidivistes, parmi les criminalistes : Henke, Stelzer, Reichmann, Mohl, Groos, von Struve, von Lichtenberg, Götting, Krause, Ahrens, Lucas, Bonneville, Conforti, etc., et parmi les pénitentiaristes : Ducpetiaux, Ferrus, Thomson, Mooser, Diez, Valentini. D'Alinge.

Après cette première période, le principe de la ségrégation indéterminée, comme base du système pénal, a été indiqué par M. Despine (1) et développé par quelques écrivains allemands (2). Ceux-ci ont plus spécialement insisté sur les inconvénients des systèmes de pénalité inspirés des théories classiques, en arrivant même à quelque exagération, comme M. Mittelstädt qui proposait le rétablissement de la peine abrutissante de la bastonnade.

Certes, dans les peines corporelles, il y aurait une certaine efficacité à exploiter, surtout contre des hommes d'une trempe si dure que les criminels-nés : de sorte qu'il y a

(1) Despine, *Psychologie naturelle*, Paris 1868, i, 645 ; iii, 390.

(2) Mittelstädt, *Gegen die Freheitstrafen*, Leipzig 1879, et *Für und wider die Freheitstrafen*, in *Zeitsch. ges. Strafr.*, 1882, ii, 445. — Kraepelin, *Die Abschaffung des Strafmasses*, Stuttgart 1880. —.Villert, *Das Postulat der Abschaffung des Strafmasses und die dagegen erhobenen Einrendung*, in *Zeitsch. ges. Strafr.*, 1882, ii, 473, et *Arch. di psich.*, iii, 483. — Kirchenheim, *Mittelstädt et Kraepelin*, in *Arch. di psich.*, 1880, i, 503. — Garofalo, *Criterio positico della penalità*, Napoli 1880 et *Criminologie.* — Ferri, *Il diritto di punire*, in *Arch. di psich.*, iii, 1, et *Nuoci orizzonti del diritto penale*, i édit., Bologne 1881, p. 45 et 75. — Van Hamel, *Rapport au congrès pénit. de Rome*, in *Actes*, Rome 1887, i, 459. — Medem, *Das Problem der Strafzumessung* in *Gerichtssaal*, 1888, n. 3. — Smolden, *Die Freiheitstrafen und die Besserungstheorie*, in *Preuss. Jahrb.*, 1889, B. 48. — Liszt, *Kriminalpolitische Aufgase* in *Zeitsch. ges. Straf.*, 1889, ix, 490. — Rylands, *Crime and its causes and remedy*, London 1889, p. 190. — Sommer, *Zur Abschaffung des Strafmasses*, in *Centralbl. f. Psichiatrie*, avril 1890. — Aschrott, *Ersatz kurzeitigen Frehetsstrafen*, Hamburg 1890. — Von Liszt, *Einige criminalistische Zeit.-und Streitfragen* in *Gerichtssaal*, 1890, xxiv, 1. — Havelock Ellis, *The criminal*, London 1890, p. 258. — Fourtoul, *Filosofia penal*, Bruselas 1891, p. 146.

un mouvement de retour vers ces peines. M. Roncati, par exemple, en parlant de l'hygiène des prisons, dit que pour les criminels il voudrait « le régime *maternel* », qui a utilement recours même aux douleurs physiques lorsque l'enfant n'a pas encore de sens moral; et si la bastonnade est répugnante, on pourrait employer l'électricité, qui peut être douloureuse sans être dangereuse à la santé ni dégoutante. De même M. Bain dit que la théorie physiologique du plaisir et de la douleur est en liaison intime avec celle des récompenses et des peines, et que, puisque la peine doit être douloureuse, pour ne pas nuire à la santé du condamné (ce qu'on fait du reste également avec la détention), on pourrait se servir des secousses électriques, qui terrifient le patient avec leur puissance mistérieuse, sans être répugnantes. Et la « Commission anglaise d'enquête sur les effets de la loi de servitude pénale » affirmait dans son rapport: « Dans les prisons anglaises les peines corporelles disciplinaires (auparavant le fouet, ensuite le bâton) sont infligées seulement pour les fautes les plus graves. L'évidence a prouvé, que dans beaucoup de cas elles produisent de bons effets (1) ».

Cependant, les peines corporelles, comme répression principale, même exécutées avec des moyens moins barbares, blessent trop profondement le sentiment d'humanité pour être encore possibles dans un code pénal. Elles sont toutefois admissibles comme peines disciplinaires (sous forme de douches, secousses électriques etc.), d'autant plus que, admises ou non par la loi, elles sont inévitables dans les prisons et donnent lieu à une quantité d'abus, lorsqu'elles ne sont pas réglées par la loi, comme l'on a révélé au Congrès pénitentiaire de Stockholm, de 1878.

(1) Roncati, *Compendio d'igiene*, Naples 1876, chap. 37. — Bain, *L'esprit et le corps*, Paris 1878, p. 76, et *Science de l'éducation*. — Balfour Stewart et Tait, *L'univers invisible*, cités par M. Caro, *Revue des Deux Mondes*, 1er juin 1883, p. 547. — *Rapport de la Commission etc.*, in *Rivista carceraria*, 1880, p. 494.

Je crois donc, avec M. Kirchenheim, que bien plus pratiques et fécondes sont les propositions du docteur Kraepelin sur la réclusion à temps indéterminé, car, comme dit M. Villert, avec la mesure pénale préfixée « le juge ressemble à un médecin, qui, après avoir fait une diagnose superficielle, ordonne au malade une décoction quelconque en préfixant le jour dans lequel il devra être renvoyé de l'hopital, sans que sur ce terme aient aucune influence les conditions de sa santé ». S'il est guéri avant le terme préfixé, il devra rester tout de même à l'hopital : et il en devra sortir à l'échéance du terme, même s'il n'est pas encore guéri !

A la même conclusion arrivait M. Semal dans son rapport « sur la libération conditionnelle » au II Congrès d'anthropologie criminelle à Paris. (*Actes,* p. 79).

Et cette idée d'une ségrégation indéterminée, proposée en 1867 pour les criminels incorrigibles par l'*Association suisse de réforme pénitentiaire* et par M. Wilson, a déjà fait un grand chemin, surtout en Angleterre et en Amérique, depuis que le congrès pénitentiaire de Londres (1872) discuta justement le thème des « sentences illimitées », que le *Congrès pénitentiaire national de Cincinnati* avait déjà approuvées en 1871 (1).

En 1880, M. Garofalo et moi, nous avons parlé, mais seulement à propos des récidivistes incorrigibles, de la ségrégation indéterminée, qui a eu une affirmation très remarquable dans le rapport de M. Van Hamel au Congrès pénitentiaire de Rome (1885). L'éloquent criminaliste de Amsterdam, en répondant à la question, « sur la latitude attribuable au juge dans la détermination de la peine »,

---

(1) Wilson, *Sur l'imbécilité morale des criminels* in *Riv. carc.*, p. 144 et 229. — *Actes du congrès pénit. de Londres*, 1872, p. 513 et 623. — *The London police* in *Quaterly Review*, 1871.

distinguait avant tout les criminels habituels incorrigibles, les habituels corrigibles et les criminels d'occasion. « Pour le premier groupe, la détention perpétuelle devrait dépendre de certaines conditions formulées dans la loi et de la décision du juge, après un examen ultérieur. Pour le second groupe, l'application d'une peine indéterminée après l'expiation de la dernière condamnation, devra dépendre dans les cas plus graves seulement des conditions formulées dans la loi et dans les cas moins graves de ces conditions mêmes et de la décision du juge, qui, dans tout cas, devra décider périodiquement, après examen ultérieur, sur le prolongement de la détention. Pour le troisième groupe, le juge pour la détermination de la peine, devra être limité par la loi avec des *maximums* spéciaux et avec un *minimum* général (1) ».

Le congrès pénitentiaire de Rome naturellement n'admit pas le principe de la peine indéterminée; bien plus, en exagérant la tendance classique, il conclut que « la loi doit fixer le *maximum* de la peine, sans que le juge puisse *jamais* le surpasser; et le *minimum* aussi, mais *ceci pourra être surpassé* lorsque le juge croit que le crime fut accompagné par des circonstances atténuantes, non prévues par la loi! »

C'est dans ces dernières années, comme conséquence de la réaction contre les peines de courte durée, que le principe de la ségrégation indéterminée a été développé et accepté par plusieurs écrivains, malgré les faibles objections opposées par MM. Tallack, Wahlberg, Lamezan, von Jagemann, etc.

Et, même en dehors des discussions théoriques, ce principe a reçu une application très remarquable, dans l'Amérique du Nord, sous le nom de « *indeterminate sentence* ». La maison correctionnelle de Elmira (New-York) pour jeunes

---

(1) Van Hamel, *Rapport*, in *Actes du Congrès pénit.*, Rome 1837, i, 100.

criminels applique en effet, avec un régime spécial d'hygiène physique et morale, la détention indéterminée des jeunes réclus, qui, approuvée par les congrès pénitentiaires nationaux de Atalanta (1887), Buffalo (1888) et Nashville (1889) a été appliquée aussi aux prisons de New-York et dans les Etats de Massachussettes, Pensylvanie, Minnesoth, Ohio (1).

M. Liszt propose que l'indétermination de la peine soit seulement relative, c'est-à-dire limitée entre un *minimum* et un *maximum,* fixés dans la sentence du juge. Des commissions spéciales de surveillance pour l'exécution des peines, composées du directeur de la prison, du ministère public, du juge instructeur et de deux membres nommés par le gouvernement (au lieu du tribunal même, qui donna la sentence, proposé par MM. Villert et Van Hamel) devraient établir la durée définitive de la peine, après avoir examiné le condamné et ses attitudes. De sorte que ces commissions pourraient accorder la libération anticipée (avec ou sans condition) ou bien établir un prolongement de peine, surtout pour les malfaiteurs habituels.

À l'institution de ces commissions on pourrait rattacher cette clinique criminelle avec patronage des libérés, dont j'ai déjà parlé.

Mais je crois que cette proposition de M. Liszt est acceptable seulement pour l'institution des commissions de surveillance ou d'exécution pénale, qui fonctionnent déjà dans plusieurs pays, exclusivement dans un but péniten-

---

(1) WINTER, *The Elmira Reformatory,* London 1891. — BELTRAMI SCALIA, *La detenzione a tempo indeterminato e il Riformatorio di Elmira* in *Riv. carc.,* 1887, p. 303. — MAC CLAVGHRY, *Biennial Report of the Pennsylvania Industrial Reformatory at Hantingdon,* Harrisbury 1891. — TALLUCK, *Penological and preventive principles,* London 1889, p. 89 et 306. — *Proceedings of the Annual Congress of the National Prison Association of the United States, held at Nashville,* Chicago 1890, p. IV, 18, 76, 100, 107, 273.

tiaire et platonique, et desquelles devraient naturellement faire partie les experts anthropologues-criminalistes, dont j'ai proposé l'institution dans tout cabinet d'instruction criminelle. Quant à la détermination du *minimum* et du *maximum* dans la sentence, je crois qu'elle ne serait pas pratique, car les commissions exécutives pourraient trouver nécessaire de les surpasser et serait en opposition avec le principe même de la ségrégation indéterminée. La raison, donnée par M. Liszt, qu'avec cela on rendrait moins profond le contraste avec les systèmes pénaux actuels, ne me semble pas décisive : car le principe même, que nous soutenons, est si radicalement opposé aux théories traditionnelles et aux habitudes législatives et judiciaires, que cette transaction éclectique n'éviterait aucune difficulté, tout en éliminant les avantages caractéristiques du système nouveau.

C'est-à-dire que, lorsque les conditions de l'acte commis et de l'individu agent démontrent insuffisante, comme sanction défensive, la réparation du dommage causé, le juge devra seulement décréter, dans la sentence de condamnation, la ségrégation à temps indéterminé dans l'asile d'aliénés criminels, dans l'établissement pour incorrigibles ou bien dans les établissements pour criminels d'occasion (colonies pénales).

L'exécution de cette sentence sera précisée par des dispositions successives, qui ne seront plus détachées, comme à présent, de l'œuvre du magistrat et ignorées par lui, mais n'en seront au contraire que la continuation systématique. Des commissions permanentes d'exécution pénale, composées de fonctionnaires administratifs, d'experts anthropologues-criminalistes, de magistrats et des représentants aussi du ministère publique et de la défense, rendraient impossible cet abandon et oubli du condamné, qui arrive maintenant à peine prononcée la sentence, dont le juge ignore l'exécution, sauf à le voir se représenter au tribunal, après une grâce, une libération conditionnelle, ou une expiation de la peine préfixée, toutes laissées au hasard d'un rouage administratif aveugle et routinier. Ces commissions exécutives auraient donc une grande importance sociale, en représentant d'une part la protection de la société contre les libérations imprudentes et à terme fixe des criminels les plus dangereux, et d'autre part la protection des condamnés moins dangereux contre les dangers d'une détention reconnue excessive et inutile.

Au principe de la ségrégation indéterminée se rattache la libération conditionnelle, qui avec le système pénitentiaire progressif, ou irlandais, est admise désormais presque par tous les pays d'Europe (1). Mais la libération conditionnelle dans le système de la peine préfixée et sans distinction entre les catégories des criminels, non seulement est contradictoire en théorie, mais est inefficace aussi en pratique. Elle ne peut en effet avoir maintenant qu'une application mécanique et presqu'impersonnelle, avec le seul critérium bien illusoire, de la soidisant « bonne conduite » du condamné qui, comme le remarquait la Commission anglaise d'enquête en 1863, « ne peut avoir que la valeur négative de l'absence de graves infractions disciplinaires ».

On comprend au contraire comment la libération conditionnelle, telle qu'elle serait organisée dans le système positif de la ségrégation indéterminée, ne devrait être accordée qu'après un examen physio-psychologique du condamné, et non pas après l'examen bureaucratique des documents, comme on fait à présent (2). De sorte qu'elle sera refusée non plus en rapport presqu'exclusif avec la gravité du crime,

_____

(1) Pour l'application de la loi française 1885 sur la libération conditionnelle, voir les rapports de M. Herbette dans le *Journal Officiel*, 20 juin 1888 et 15 juin 1890.

(2) Le II Congrès d'anthr. crim. (*Actes*, Lyon 1890, p. 79, 380, 407) approuva la conclusion de M. Semal, sur la nécessité d'un examen physio-psychologique du détenu, pour lui accorder la libération conditionnelle.

comme elle l'est maintenant, mais en rapport avec la nature des criminels plus ou moins ré-adaptables à la vie
sociale, de telle sorte qu'il faudra l'exclure par conséquent
pour les criminels fous et nés, auteurs de crimes graves.

La libération conditionnelle est appliquée maintenant sous
la surveillance spéciale de la police : mais celle-ci n'est
qu'une mesure inefficace pour les criminels rusés et désastreuse pour les délinquants occasionnels, qui sont par la
surveillance entravés dans leur réadaptation à la vie normale. Le système de ségrégation indéterminée rend inutile
toute surveillance spéciale, qui en outre ne fait que distraire les agents de police, en les obligeant à garder quelques centaines de libérés pour négliger les milliers d'autres criminels, qui vont à grossir les chiffres des « auteurs
inconnus ».

On doit dire de même des sociétés de patronage pour les
adultes libérés des prisons, qui, malgré l'abondance des
déclamations sentimentales, et l'excellence des intentions,
sont toujours restées aussi platoniques que stériles (1). La
raison est toujours dans l'oublie de considérer les différentes catégories de criminels, et dans l'habitude d'accorder
le patronage indifféremment à tous les libérés, qu'ils soient
corrigibles ou non. Sans oublier non plus, qu'il ne faut pas

(1) Bonneville de Marsangy, *Institutions complémentaires du système pénitentiaire*, Paris 1860, p. 201 et suiv., et *De l'amélioration de la loi criminelle*, Paris 1864, I, 593, II, 28. — Föhring, *Le istituzioni di patronato*,
in *Actes du congrès intern. de bienfaisance*, Milan 1882. — Du Cane, *Punishement and prevention of crime*, London 1885, ch. 7. — Du Cane, *Patronage des libérés*, in *Revue Deux Mondes*, 15 avril 1887. — Fucus, *Le
patronage des détenus libérés*, in *Bull. Soc. des Prisons*, Paris, juin 1882.
— Tallar, *Penological and preventive Principles*, London 1889, ch. II. —
*Congrès intern. d'Anvers pour le patronage des détenus et la protec-
tion de l'enfance*, in *Archives d'anthrop. crim.*, janv. 1891. — *Congrès
pénitentiaire intern. de St. Petersbourg* (III section : Du patronage et des
moyens préventifs). — Thiry, *Le patronage et le délit*, in *Revue de Belgique*, 15 juin 1891.

exagérer cette bienfaisance pour les malfaiteurs, lorsque il y a des millions de travailleurs honnêtes plus malheureux que les libérés des prisons. Malgré tout le sentimentalisme des sociétés de patronage, je crois qu'un chef d'atelier fera toujours bien si pour occuper une place disponible dans son établissement il préfère un travailleur honnête à un libéré de la prison.

Toutefois, les sociétés de patronage peuvent être efficaces à condition qu'elles s'occupent seulement des criminels d'occasion et surtout des jeunes gens, en se complétant avec cette clinique criminelle des futurs magistrats et avocats, dont j'ai déjà parlé.

Le deuxième principe fondamental du système positif de défense sociale contre le crime, est la *réparation du dommage,* sur laquelle dès ses débuts, l'école positiviste a toujours appelé l'attention avec des réformes radicales, théoriques et pratiques.

La réparation du dommage souffert par les victimes du délit peut être regardé à trois différents points de vue :

I. Comme obligation du criminel à l'égard de l'offensé;

II. Comme sanction substituable à la peine détentive pour les petits délits commis par des criminels d'occasion;

III. Comme fonction sociale, qui appartient à l'État dans l'intérêt direct de l'offensé, mais aussi dans l'intérêt indirect et non moins important de la défense sociale.

C'est avec ces deux dernières réformes que l'école positiviste s'est affirmée sur cette question : la deuxième sur l'initiative de Garofalo et Puglia, et la troisième sur ma proposition, qui pour être plus radicale a été bien plus combattue par les classiques et les éclecticiens.

Dans ma brochure *Le droit de punir comme fonction sociale,* j'écrivais : « Et qu'on ne dise pas que la réparation *civile* n'est pas de la responsabilité *pénale,* car non seulement je ne sais voir aucune différence réelle entre le payement d'une somme à titre d'amende ou à titre de dédommagement; mais surtout par ce que je pense que jusqu'ici on a eu le tort de séparer trop absolument les moyens civils des moyens pénaux, qui cependant doivent concourir ensemble au but défensif d'empêcher certaines actions individuelles anti-sociales ». Et plus loin, en classifiant les moyens de défense sociale, que j'ai indiqués ici au § VI (Moyens préventifs-réparatoires-répressifs-éliminatifs) je disais à propos des mesures de réparation : « Notre innovation ne veut pas être seulement théorique, car enfin on pourrait dire, que même aujourd'hui cette obligation du dédommagement est sanctionnée dans le plus grand nombre des cas; mais elle doit être surtout une innovation pratique, dans le sens que, ne séparant pas les mesures civiles des mesures pénales, on en rendera plus sûre l'application et on exigera même des régles spéciales, en obligeant par exemple *les juges criminels à la liquidation des dommages* pour éviter les longueurs et les échappatoires d'un nouveau procès devant les juges civils et en obligeant *le ministère public à demander d'office,* à défaut même, par ignorance ou par crainte, de l'action des offensés, *la condamnation du criminel à la réparation des dommages causés.* On verra alors que la crainte de devoir payer inexorablement, éveillera la diligence des riches, dans les délits involontaires, et pour les pauvres, on pourra substituer à la réparation pécuniaire l'obligation du travail au bénéfice de l'offensé (1) ».

Tout de suite après, M. Garofalo écrivait : « Suivant notre école, pour beaucoup de délits, surtout pour ceux moins graves contre les personnes, on pourrait utilement substituer la peine de quelques jours d'emprisonnement avec une réparation efficace pour l'offensé. La réparation

---

(1) FERRI, *Leçon d'ouverture à l'Université de Bologne,* novembre 1881, publiée dans l'*Arch. psich.,* 1882, III, n. 1.

des dommages pourrait devenir un vrai substitutif pénal, lorsque au lieu d'être comme aujourd'hui une conséquence légale, un droit déclaré exigible d'après les règles de la procédure civile, elle deviendrait une obligation à laquelle le condamné ne pourrait se soustraire d'aucune façon (1) ».

Et c'est M. Garofalo, qui parmi les positivistes a ensuite insisté le plus sur ces idées, en les développant avec plusieurs propositions de réformes pratiques de procédure (2).

Et l'idée a fait son chemin, depuis le rapport de M. Fioretti au premier congrès d'anthropologie criminelle (Rome 1885) qui approuva l'ordre du jour Ferri-Fioretti-Venezian ; «Le Congrès — convaincu qu'il importe d'assurer la réparation civile des dommages, non seulement dans l'intérêt immédiat de la partie lésée, mais aussi dans l'intérêt immédiat de la défense sociale préventive et répressive du délit — exprime le vœu — que les législations positives puissent au plus tôt mettre en pratique dans les procès les moyens les plus convenables contre les auteurs du dommage, les complices et les recéleurs, en considérant la réalisation de la réparation comme une fonction d'ordre social confiée d'office : au ministère public pendant les débats, aux juges dans la condamnation, à l'administration des prisons dans la récompense éventuelle du travail pénitentiaire et dans les propositions de libération conditionnelle (3) ».

(1) Garofalo, *Ciò che dovrebb'essere un giudizio penale* in *Arch. psich.*, 1882, III, n. 1.

(2) Garofalo, *Criminologia*, 1 édit., Turin 1885. — *Discussion au Congrès pénit. de Rome*, séance 23 avril 1885. — *La riparazione alle vittime nel delitto*, Turin 1886. — *La riforma della procedura penale* (avec M. Carelli), Turin 1889. — *Rapport* à l'Union internationale de droit pénal sur la question : mesures pour restreindre le rôle de la prison dans la répression des infractions légères, in *Bull. Union Intern.*, mai 1891. — *Rapport* au III Congrès juridique national, Florence sept. 1891. — *Nuovi studi sulla riparazione alle vittime del reato*, in *Scuola positiva*, Naples 15 janvier 1892.

(3) *Actes*, Rome 1886, p. 349, 363 et suiv.

La même question fut proposée et discutée dans la première session de l'*Union internationale de droit pénal* à Bruxelles (août 1889); mais la dé-

Le principe classique que la réparation des dommages causés avec le délit est une obligation purement civile et privée du délinqnant (comme celle déterminée par l'inaccomplissement d'un contrat quelconque!...) et qu'elle doit partant être essentiellement séparée de la condamnation pénale, qui est une réparation publique, a causé nécessairement l'oubli complet du dédommagement dans la pratique judiciaire quotidienne. Car les victimes du délit, obligées à se constituer parties civiles, avec anticipation de dépenses, et à faire toujours un procès civil pour rendre pratique la condamnation platonique aux dommages et intérêts, ont dû abandonner l'espoir de voir réellement et promptement réparés les dommages soufferts. De là la nécessité de transactions mesquines, qu'il faut accepter presque comme une concession généreuse du criminel et le ravivement des vengeances privées et la confiance perdue dans l'œuvre réparatrice de la justice sociale.

Et dans la science même, il est arrivé que les criminalistes ont abandonné la question du dédommagement aux

libération sur le rapport de M. Garofalo a été renvoyée à une session successive (Berne 1890), qui à son tour la renvoya à la session de Christiania (sept. 1891), pour laquelle à présenté un rapport M. Prins (Bulletin, juillet 1891) en reproduisant les idées de l'école positiviste. (Prins, Note sur la théorie de la réparation dans le système répressif, Bruxelles 1891). L'Union dans ses délibérations, tout en affirmant le principe platonique que « la législation pénale doit, plus qu'elle ne l'a fait jusqu'à ce jour, tenir compte de la réparation due à la personne lésée » n'a proposé aucune réforme pratique, en dehors de la substitution du dédommagement à l'emprisonnement pour les infractions légères contre la propriété. (Bulletin, avril 1892, p. 223).

Le III Congrès juridique italien (Florence, sept. 1891) approuva les propositions de M. Garofalo en recommandant aussi l'institution d'une « caisse des amendes ».

Et à Milan en 1890 on institua un « comité d'assistance pour les familles des détenus sous procès et des victimes du délit ». V. Cavagnari, Fra i stitutici penali, in Anomalo, Naples Janv. 1891.

V. aussi le remarquable essai de M. Rinieri de' Rocchi, Il senso etico e l'antropologia criminale, Rome 1891, p. 124.

civilistes, et ceux-ci à leur tour l'ont presqu'oublié, car ils le considéraient toujours comme se rattachant aux questions de droit et de procédure pénale.

C'est seulement avec l'innovation radicale portée par l'école positiviste que cet institution juridique a reçu une flamme nouvelle de vitalité (1).

Cependant, je n'ai pas l'intention de m'occuper ici du dédommagement sous le premier point de vue, des réformes de procédure pour le rendre plus efficace et rigoureux, telles que requête et exécution d'office par le ministère public, même lorsqu'il n'y a pas constitution de partie civile; fixation du chiffre à payer dans toute sentence pénale; garanties immédiates d'hypothèque et de privilège sur les biens de l'accusé ou prévenu, pour éviter les simulations d'insolvabilité; le payement d'une somme, ou d'une partie du salaire, des appointements, etc. par les solvables; l'obligation du travail pour les insolvables; la distraction d'une partie du salaire pénitentiaire au béné-

---

(1) Outre les remarques de BENTHAM (*Principes du code pénal*, chap. IX) et les propositions arithmétiques très-remarquables de GIOJA (*Ingiurie, danni e risarcimento*), M. SPENCER s'occupa du dédommagement comme régulateur de la peine dans son essai sur « la morale de la prison » *(Essais de politique*, Paris 1879).

Et j'ai trouvé ensuite, dans mes recherches, que M. BONNEVILLE DE MARSANGY, avec son admirable sens pratique, dès 1847, en constatant que le dommage causé par le délit n'est presque jamais réparé, faisait les propositions pratiques très importantes : « Tout tribunal devra, d'office, fixer le chiffre du dommage. L'offensé aura un privilège spécial sur les biens du condamné. L'indemnité doit être exigée par l'État, comme les frais de justice. La grâce doit être accordée seulement quand le dommage aura été réparé (avec responsabilité solidaire de la famille du condamné). Sur le travail du détenu on devra retenir une partie à bénéfice des victimes du délit. La prescription doit être admise (comme fait l'art. 229 du code pénal autrichien) seulement si le dommage a été réparé et si le criminel n'a retenu aucune utilité, provenante du délit ».

BONNEVILLE, *Réparation civile en matière criminelle*, in *Revue pénitentiaire*, 1847, IV, 444. — Voir aussi, au point de vue positiviste, CASTELLI, *L'azione civile contro i delinquenti pazzi*, in *Arch. psich.*, 1889, X, n. 3.

fice des victimes du délit; le dédommagement, en totalité
ou en grande partie, mis comme condition nécessaire pour
obtenir la grâce ou la libération conditionnelle; l'institution d'une caisse des amendes pour anticipation aux familles des victimes etc.; l'obligation des héritiers du condamné à payer la réparation devenue exécutoire etc.

Toutes propositions qui font un contraste éloquent avec
l'art. 37 du nouveau code pénal italien, qui n'a pu donner
d'autre garantie aux victimes des délits que la déclaration
superflue, ou ironique ou immorale que « la condamnation
pénale *ne préjudicie pas* au droit de l'offensé pour les res-
titutions et le dédommagement!.... » comme si on en pouvait même douter!

Je veux seulement insister sur la question de principe,
c'est-à-dire sur la nature essentiellement publique et de
fonction sociale, que nous attribuons à la réparation des
dommages. Pour nous, assimiler l'obligation du criminel
à réparer les dommages causés par son délit à l'obligation
qui dérive de l'inaccomplissement d'un contrat quelconque, est tout simplement immoral.

Le crime, de même qu'il détermine une réaction sociale
sous forme de ségrégation indéterminée du criminel, lorsque l'acte est grave et l'agent dangereux, doit aussi déterminer une réaction sociale sous forme de dédommagement,
qui soit accessoire à la ségrégation lorsque celle-ci est nécessaire, ou bien qui suffise par elle-même à la défense
sociale lorsque l'acte n'est pas grave et l'agent n'est pas
dangereux. Pour les petits délits commis par des criminels d'occasion, le dédommagement rigoureux d'une part
évitera les désavantages des peines détentives de courte
durée, et d'autre part sera bien plus efficace et sensible que
le logement et la nourriture gratuitement assurés, pour quelques jours ou quelques semaines, dans les prisons de l'État.

Le dédommagement peut naturellement avoir deux formes, en tant qu'indemnité ou amende payable à l'État et
indemnité ou réparation payable à l'offensé.

On peut même ajouter que l'État devrait devenir, lui, cessionaire des droits des victimes, et donner à celles-ci une satisfaction immédiate, surtout pour les crimes de sang, sauf à se faire payer par l'offenseur, comme il fait, ou il devrait faire pour les frais de justice (1).

L'évolution de la peine, que j'ai rappelée au chapitre précédent, en est une preuve éloquente. D'abord la réaction contre le délit est une affaire exclusivement privée; ensuite elle s'atténue dans la composition pécuniaire, dont bientôt une partie va à l'État, qui ne tarde pas à retenir la totalité de la composition, en laissant à l'offensé la maigre consolation de demander « séparément » une réparation des dommages-intérêts. Rien donc de plus conforme à cette évolution de la peine, que la réforme proposée, par laquelle le dédommagement de simple affaire privée, qu'il est regardé dans une phase primitive de la justice pénale, devient une fonction publique, en tant que conséquence juridique et sociale du délit.

Les principes classiques sur ce sujet, et les conséquences pratiques qui en découlent, forment bien plus une scène humoristique qu'une institution de justice : et c'est seulement l'habitude quotidienne qui empêche d'en remarquer clairement toute la niaiserie.

En effet : les citoyens payent les impôts pour avoir en echange de l'État les services publics, parmi lesquels prédomine celui de la sûreté publique. Et l'Etat réellement dépense chaque année plusieurs dizaines de millions pour cette fonction sociale. Cependant, à chaque crime qu'on commet succède une scène vraiment grotesque : l'État, qui a le tort de n'avoir pas su prévenir le crime et mieux garantir les citoyens, arrête le criminel (lorsqu'il l'arrête...

---

(1) Lior, dans les *Actes du I Congrès intern. d'anthrop. crim.*, Rome 1886, p. 377, et *La nuova scuola penale*, Turin 1886, p. 43. — Fènt, *Dégénérescence et criminalité*, Paris 1888, chap. XIII.

et 70 sur 100 des crimes *découverts* restent impunis!). Alors, vis-à-vis du prévenu, l'État « qui doit se préoccuper des hauts intérêts de la justice éternelle », ne s'occupe point des victimes du crime, en abandonnant à leur prosaïque « intérêt privé » et au jugement séparé, les soins du dédommagement. Et alors... l'État au nom de la justice éternelle se fait donner par le criminel, sous forme d'amende, payable au trésor public, une récompense pour sa défense ... manquée, lors même que le crime n'est qu'un dommage causé par exemple à la propriété privée!

De sorte que l'État, qui ne sait pas prévenir les délits, ni ne sait les réprimer que dans un petit nombre de cas, et qui manque donc au premier office, pour lequel les citoyens lui payent les impôts, se fait même donner un prix pour tout cela! Et, ensuite, en condamnant à l'emprisonnement en dix ans un million et demi d'individus, l'État en charge les frais de logement et de nourriture sur le dos de ces mêmes citoyens, qu'il n'a su ni défendre, ni indemniser des dommages soufferts! Et tout cela au nom de la justice éternelle et rétributive.

Il faut que cette manière de « faire justice » soit radicalement changée. Il faut que l'État indemnise les particuliers des dommages causés par les crimes, qu'il n'a su prévenir (comme on le reconnaît, en partie, dans les cas de malheurs publics), sauf à l'État à se faire payer par les criminels.

Alors seulement on aura, d'une part l'application rigoureuse de la réparation des dommages, car l'État y appliquera son fiscalisme inexorable comme pour le recouvrement des impôts: et d'autre part sera réellement reconnu et appliqué le principe de solidarité sociale, non seulement *contre* l'individu, mais aussi *pour* lui; car, selon nous, si l'individu doit être toujours responsable des crimes qu'il commet, il doit être aussi toujours indemnisé des crimes dont il est la victime.

En tout cas, comme la ségrégation indéterminée du criminel est le principe fondamental du système positif de défense sociale contre le crime, en dehors des arrangements techniques des systèmes détentifs; de même la réparation des dommages, envisagée comme fonction sociale, en est un autre principe essentiel, en dehors des règles particulières de procédure pour son exécution.

Ces deux principes fondamentaux du système positif resteraient cependant incomplets, s'ils ne devenaient pratiquement applicables suivant une règle générale, qui conduit à l'organisation pratique de la défense sociale; c'est-à-dire *l'adaptation des mesures défensives aux différentes catégories de criminels.*

La tendance des théories classiques, criminelles et pénitentiaires, est tout à fait opposée, car elles ont pour idéal cette « unité de la peine », de laquelle se sont inspirés tous les codes pénaux les plus récents.

Si le criminel n'est pour les écoles classiques qu'un type moyen et abstrait, toute la différence se réduit nécessairement à graduer « la quantité du crime » et partant « la quantité de la peine ». Et il est naturel alors que cette dosimétrie pénale soit plus difficile lorsque les peines sont de différentes espèces et peu comparables dans leurs degrés de force afflictive et correctionaliste au même temps: l'idéal est donc une peine unique, graduée par le législateur et graduable davantage par le juge, dans un nombre indéfini de doses.

Quelque voix isolée qui, même parmi les classiques, s'opposait à cette tendance d'uniformité doctrinaire, n'a pas eu d'influence. Et la question proposée par M. D'Alinge au congrès pénitentiaire de Londres *(Actes*, 1872, p. 327), « si la classification morale des détenus doit être la base principale des systèmes pénitentiaires, soit en commun, soit cellulaires » et qu'il résolvait dans le sens affirmatif, n'a

été pas même discutée et elle n'a plus été représentée aux
congrès successifs de Stockholm (1878), Rome (1885) et
S. Pétersbourg (1889). Au contraire le congrès de Stockholm décida que « tout en réservant des peines inférieures et spéciales pour certaines infractions sans gravité,
ou qui n'indiquent pas la corruption de leurs auteurs, il
est opportun, pour tout système pénitentiaire, d'adopter
le plus possible l'assimilation légale des peines détentives,
sans autre différence entre elles que la durée et les conséquences accessoires après la libération (1) ».

Pour les positivistes « l'unité de la peine » même seulement de la peine détentive, est simplement absurde, car
elle oublie le fait capital des différentes catégories de criminels.

Entre le mal et le remède il faut qu'il y ait homogénéité;
car « le détenu est un malade, plus ou moins curable, de
l'ordre moral (et j'ajoute aussi de l'ordre physique) et partant il faut appliquer les grands principes de l'art médical : à la diversité des maux il faut opposer la diversité des
remèdes (2) ».

À ce propos il faut cependant éviter les deux excès, soit
de « l'unité de la peine », soit de la soidisant « individualisation de la peine », en vogue surtout chez les pénitentiaristes américains. Certes, appliquer à chaque condamné

(1) Actes du congrès pénitentiaire de Stockholm, 1878. — I. 138-170, 551-
557, 561-568.

Cependant quelque pénitentiairiste plus positif, par ex. M. Beltrani Scalia
(*La detenzione a tempo indeterminato e il riformatorio di Elmira*, in
Riv. Carc., 1887, p. 310), soutient toujours « l'utilité très grande, ou mieux
la nécessité scientifique de prendre comme base du système pénal et pénitentiaire la classification des criminels ».

Le principe, que j'avais indiqué dans la II édition de cet ouvrage (1884,
p. 504 et 512) a été accepté aussi par M. Prins, *Criminalité et répression*,
Bruxelles 1886, p. 161 et par M. Liszt, *Kriminalpolitische Aufgabe* in *Zeitsch.
f. ges. Strafr.*, 1890, p. 57.

(2) Du Mesnil, *Régime et systèmes pénitentiaires*, in *Annales d'hyg.
publ.*, 1871.

un régime particulier, après une étude physio-psychologique de sa personne et des conditions qui le déterminèrent au crime, serait une chose désirable : mais ce n'est pas une chose possible en réalité, lorsque le nombre des détenus est très grand et que le personnel directeur n'a pas des notions suffisantes de biologie et de psychologie criminelle. Comment le directeur d'un établissement peut-il « individualiser » le régime pénal de quatre ou cinq cents détenus? Et le système cellulaire qui réduit au *minimum* les manifestations caractéristiques de l'autonomie personnelle des détenus, en les nivelant tous sous l'uniforme de la routine et du silence, n'est-il pas en contradiction avec cette possibilité d'observer et de connaître le caractère spécial de chaque condamné et d'individualiser la discipline? Et où trouve-t-on le nombre nécessaire de directeurs et de gardiens qui *savent* remplir cette mission humaine si difficile? Le fait constant que certains établissements de correction ou de peine fleurissent lorsque leur directeur a l'intuition psychologique d'un De Metz, ou d'un Crofton, ou d'un Spagliardi, ou d'un Roukawichnikoff, et dépérissent et s'éteignent lorsque celui-ci n'y est plus, est la démonstration éloquente que tout le secret des succès pénitentiaires, plus que dans la vertu maigre d'une cellule, réside dans l'âme d'un directeur sage et psychologue.

De même qu'un code imparfait avec de bons juges réussit mieux qu'un code « monumental », mais avec des juges ineptes : ainsi un système pénitentiaire, pour ingénieux et symétrique qu'il soit, ne suffit à rien s'il n'a un personnel correspondant.

Et puisque la question du personnel est toujours très grave, surtout à raison des difficultés financières, ainsi je crois qu'au principe irréalisable de l'*individualisation* de la peine, on doit substituer celui de la *classification*, également efficace mais plus facilement applicable. A ce principe on ne saurait opposer que les anthropologues criminalistes ne sont pas tous d'accord sur une classification des criminels, car d'une part j'ai déjà démontré (chap. i), que les différences entre les classifications proposées ne sont que formelles et secondaires; et d'autre part on voit chaque jour augmenter le nombre de ceux qui s'accordent sur la classification que j'ai proposée (1).

Avant de voir comment, sur la base de cette classification anthropologique des criminels, on peut organiser pratiquement le système positif de défense sociale, il faut rappeler deux règles, communes à tous les arrangements techniques du système même.

D'abord, il faut éviter que la ségrégation, au lieu d'une privation, devienne ou reste, (comm'elle est trop souvent aujourd'hui) un asile commode d'oisiveté et de compagnie criminelle.

La réaction généreuse contre les conditions horribles des prisons jusqu'au siècle passé a porté les pénitentiaristes classiques à l'exagération opposée. De sorte que le congrès pénitentiaire de Rome (1885) approuva la proposition de distraire, chaque dimanche, les détenus avec de la musique! Et le prof. Lucchini, un des critiques les plus acharnés de l'école positiviste, proposait, pour empêcher les effets de l'onanisme parmi les détenus, de leur accorder, de temps à autre, le coït aux frais de l'État! (2).

(1) Parmi les plus récents, qui ont adopté ma classification des criminels, je citerai : HAVELOCK ELLIS, *The criminal*, London 1890, introd. — BARR, *Il delinquente*, in *Riv. carc.*, 1890. — LOMBROSO et LASCHI, *Le crime politique*, Paris 1892. — DE MATTOS, *La pazzia davanti ai tribunali* (trad. ital.), Turin 1890, p. 183. — SILIÒ, *La crisis del derecho penal*, Madrid 1891, ch. 4. — SPASOWICZ, *Rapport au nom de la société de jurisprudence de S. Pétersbourg* (sur les criminels incorrigibles), an *IV congrès pénit. intern.*, in *Bull. Commiss. Pénit. Intern.*, S. Pétersbourg 1890. — LILIENTHAL, *Discussion* (à Berne 1890) *sur les incorrigibles*, in *Bull. de l'Union intern. de droit pénal*, 1891, p. 210.

(2) V. FERRI, *Uno spiritista del diritto penale*, in *Arch. di psich.*, 1887, VIII, 28.

Il faut au contraire que les pénitenciers pour les condamnés (car les pénitentiaristes classiques ne font aucune différence dans l'arrangement des cellules pour les *prévenus* et de celles pour les *condamnés!*), soient quelque chose de moins confortable et de moins propre à faire envie, par une injustice et imprudence énormes, au paysan honnête qui végète mal nourri dans sa chaumière, ou à l'ouvrier qui souffre dans sa mansarde.

En second lieu, l'obligation du travail devra être inexorable pour tous les détenus, sauf les cas de maladie. Et les détenus devront avec leur travail payer à l'État, non pas, comme aujourd'hui, le tabac et le vin, mais le logement, le vêtement et la nourriture, en indemnisant avec le restant les victimes de leurs délits.

La théorie classique proclame que « l'État, devant employer la privation de liberté comme le moyen principal de répression et de *rétribution* pénale, contracte en vers ceux qui en sont frappés l'*obligation absolue* de pourvoir non seulement à leur existence physique, mais aussi de leur donner les moyens de satisfaire à leur vie intellectuelle et morale (1) ». De sorte que l'État maintient dans l'oisivité la majeure partie de ceux mêmes qu'on dit « condamnés aux travaux forcés » et le délit, après avoir été utile au criminel, lui assure aussi le logement et la nourriture gratuites, en en imposant les frais aux citoyens honnêtes (2).

Je ne sais voir, au contraire, par quelle raison morale ou juridique le crime devrait exempter le criminel de la nécessité quotidienne de pourvoir à son existence, qu'il avait avant de commettre le crime, et que tous les honnêtes gens supportent avec tant de sacrifices. L'ironie de ces conséquences des théories classiques ne pourrait en effet être

(1) PESSINA, *Cenno sulle prigioni irlandesi*, dans ses *Éléments de droit pénal*, Naples 1872, p. 431.

(2) SPENCER, *Essais de politique*, Paris 1879, p. 336.

plus sanglante. Tant que l'individu reste honnête, malgré une iliade de misère et de douleur, l'État ne se donne aucune pensée pour lui assurer par le travail les moyens d'existence : il anathématise même ceux qui ont l'audace de rappeler à la société humaine que tout homme, par cela seul qu'il vit, a droit de vivre, et que, puisque le travail est le seul moyen de pourvoir à l'existence, tout homme a le droit (comme tous devraient avoir le devoir) de travailler pour vivre.

Il suffit qu'un individu commette un crime, pour que l'État se croie en devoir d'en prendre tous les soins les plus délicats, en lui assurant un logement confortable, une nourriture suffisante, un travail modéré lorsqu'il ne lui concéde pas une oisivité béate ! Et tout cela au nom de la justice éternelle et rétributive....

Et ajoutons que celle-ci sera la seule manière de résoudre la question éternelle de la concurrence économique (pour le prix des produits) et morale (pour la sûreté du travail quotidien) que le travail pénitentiaire fait injustement au travail libre et honnête. En effet, puisque les détenus ne peuvent que rester oisifs ou bien travailler, il est évident qu'il faut les faire travailler. Seulement il faut, d'abord, les faire travailler (en excluant le système de l'*entreprise privée*) aux industries qui font moins de concurrence au travail libre, et surtout il faut donner aux détenus un salaire égal aux salaires libres, mais avec l'obligation correspondante, pour eux, de payer à l'État le logement, le vêtement et la nourriture, en indemnisant avec le restant les victimes de leurs crimes (1).

Car, sur la porte des prisons, je voudrais voir gravée la maxime, qui devrait être appliquée à tous les hommes : *qui ne travaille pas, ne mange pas.*

---

(1) Ferri, *Lavoro e celle dei condannati*, Rome 1886, traduit en espagnol par la *Nueva ciencia juridica*, Madrid, janvier et févr. 1892. — Et *Discours au Congrès pénit. de Rome (Actes, 1887, p. 422).*

V.

Pour les criminels aliénés, on sait que, après les propositions isolées faites, depuis 50 ans, entr'autres par les psychiatres Georget et Brierre de Boismont (1), on a désormais toute une bibliothèque en faveur des asiles spéciaux pour criminels aliénés (2), avec quelques voix isolés d'opposition

(1) GEORGET, *Nouvelle discussion médico-légale sur la folie.* 1828, p. 73, (cité par LEGRAND DU SAULLE, *La folie devant les tribunaux*, Paris 1864, p. 65). — BRIERRE DE BOISMONT, *De la nécessité de créer un etablissement spécial pour les aliénés vagabonds et criminels*, in *Annales hyg. publ.*, 1846, XIV, 396. — *Les fous criminels de l'Angleterre*, ibidem, avril 1869, p. 382.

(2) WHITE et NUGENT, *Rapport sur les asiles des aliénés en Irlande*, in *Journ. of psycholog. medic.* et *Ann. méd. psych.*, 1852, pag. 472. — HOOD, *Suggestions for the future Providence of criminal lunacy*, London 1854. — SIMON, *Die Behandlung geisteskranker Verbrecher*, Berlin 1865. — MANNING, *Report*, publié à Sidney, 1868, et annexé aux *Comptes rendus du congrès intern. ds med. mentale*, Paris 1880. — SOLBRIG, *Verbrechen und Wahnsinn (Ein Beitrag zur Diagnostic Zweifelhaften Seelenstörungen)*, München 1869. — LOMBROSO, *Sull'istituzione dei manicomi criminali in Italia*, nella *Riv. carc.*, 1872, pag. 105. — IDEM, *L'uomo delinquente*, II edizione, Torino 1878, pag. 441 e seg. — IDEM, *La nuova proposta di legge sui manicomi criminali*, nell'*Arch. di psich.*, 1881, II, pag. 184. — BIFFI, *Provvedimenti che occorrerebbero in Italia pei delinquenti divenuti pazzi*, nell'*Arch. ital. per le malattie nervose*, sett. 1872. — IDEM, LOMBROSO, BONACOSSA, *Sulla fondazione di un manicomio criminale in Italia*, nella *Riv. carc.*, 1872, II, pag. 425. — IDEM, *Nota sulla XXII relazione annuale del direttore del Manicomio criminale di Auburn*, nell'*Arch. ital. per le malattie nervose*, 1882. — MONTI, *Sulla sistemazione di un manicomio criminale*, Forlì 1873. — CAPPELLI, *Sulla necessità dei manicomi criminali*, Milano 1873. — TAMBURINI, *I manicomi criminali*, nella *Rivista carc.*, 1873, III, pag. 35. — IDEM, *Dei manicomi criminali e di una lacuna nella odierna legislazione*, ibidem, 1876, pag. 440. — IDEM, *I progetti di legge sugli alienati in Italia ed in Francia*, nella *Rivista sperim. di fren.*, 1883, fasc. I. — TAMASSIA, *La pazzia nei criminali in Italia*, Pavia 1874. — IDEM, *Prefazione* al MAUDSLEY, *La responsabilità nelle malattie mentali*, Milano 1875. — IDEM, *Il nuovo codice penale e la pazzia parziale*, nella *Riv. di fren.*, 1876, fasc. II. — ROGGERO, *Sui pazzi delinquenti in Italia*, nella *Riv. carc.*, 1875, pag. 311. — HILLEBRAND, *Sur la note de M. GUTSCH, Où doit-on mettre les condamnés aliénés?* in *Annales*

ou de réserve, qui ont même fini pour cesser presqu'entièrement, parmi les aliénistes (1) (*Voir pag. 519*).

méd. psych., juillet 1875. — Gray, *Responsability in lunatics criminals*,
in *American Journ. of Insanity*, april 1875. — Gallard, *Note sur les dispositions législatives qu'il conviendrait prendre à fin de protéger la
société contre les actes violents des aliénés et des épileptiques reconnus
dangereux*, in *Ann. d'hyg.*, mars 1876. — Limoncelli, *Necessità dei manicomi speciali pei delinquenti*, nel *Boll. del manicomio Fleurent*, Napoli
1876, pag. 83. — Semal, *De la situation et du placement des aliénés criminels
et dangereux*, Bruxelles 1876. — Idem, *Des prisons asiles pour aliénés criminels et instinctifs*, Bruxelles 1889. — Virgilio, *Sulla istituzione dei
manicomi criminali in Italia*, nell'*Arch. ital. per le mal. nerv.*, sett. 1877.
— Idem, *Del manicomio criminale*, nella *Riv. carc.*, 1884, fasc. i et iii. —
Sadun, *La freniatria in rapporto colla giurisprudenza*, Pisa 1877, pag. 85.
— Demange, *Rapport sur les aliénés dangereux.* in *Ann. d'hyg.*, nov.
1877. — Hurel, *Le quartier des condamnés aliénés*, in *Ann. méd. psych.*,
1877, pag. 203. — Beltrami-Scalia, *La riforma penitenziaria in Italia*,
Roma 1879, pag. 342. — Motet, *Des mesures à prendre à l'égard des
aliénés dits criminels*, in *Ann. d'hyg.*, mars 1879. — Idem, *Aliénés criminels*, ibidem, janvier 1874. — Idem, *Broadmoor, Criminal lunatic asylum*, in *Ann. méd. psych.*, nov. 1881. — Puglia, *Trattamento giuridico
dei monomani*, Palermo 1879. — Idem, *La psicofisiologia e l'avvenire della
scienza criminale*, nell'*Arch. di psich.*, 1881, ii, 1. — Knecht, *Nota sul
manicomio presso lo stabilimento penale di Waldheim*, settembre 1880,
dans la *Riv. carc.*, 1884, pag. 567. — Mörkno, *Les asiles de sûreté*, in
Comptes rendus du Congrès intern. de méd. ment., Paris 1880, pag. 99
et seg. — Zino, *La fisiopatologia del delitto*, Napoli 1881, pag. 463 e seg.
— Polcaro, *Relazione sulla sezione maniaci presso la casa penale invu-
lidi in Aversa*, nella *Riv. carc.*, 1881, pag. 37. — Ball, *L'aliéné devant
la société*, in *Ann. méd. psych.*, septembre 1882. — Billod, *D'une lacune
de la législation relativement aux aliénés dits criminels*, in *Bull. de
l'Acad. de méd.*, mai 1883. — Orange, *The lunatics criminals*, in *Journ.
of ment. science*, octobre 1883. — Setti, *La forza irresistibile*, Roma 1884,
§ 6. — Sander, *Sind besondere Anstalten für die geisteskranker Verbrecher
nothwendig?* in Sander e Richter, *Die Beziehungen zwischen Geistesstö-
rungen und Verbrechen*, Berlin 1886, pag. 327. — Knecht, *Die Irrestation
bei der Straafnstall Valdheim*, nella *Allgm. Zeitsch. f. Psich.*, B. 37, pag.
145. — Idem, *Die gegenwartige Fürsorge für irre Verbrecher in England*,
ibidem, Bull. 39, pag. 260. — Passe, *Les aliénés criminels aux Etats-Unis*,
in *Bull. Soc. Prisons*, Paris, avril 1888. — *Actes du congrès pénitentiaire
à Rome*, 1888, ii, i partie, pag. 728, et ii, ii partie, pag. 338 et seg. —
Lombroso, *L'uomo delinquente*, Torino 1889, vol. ii. — Benedikt, *Die Stat-*

Les asiles pour criminels aliénés, institués en Angleterre dès 1786 et en 1816 avec l'asile de Bedlam, à l'occasion de trois tentatives d'assassinat politique par des fous, et ensuite avec l'asile de Broadmoor (1863) existent aussi en Irlande (Dundrum, depuis 1850) et en Écosse (Perth, depuis 1858), de même qu'à New York (1874), au Canadà (1877) etc.

Sur le continent européen on n'a pas encore un vrai asile pour criminels aliénés, car la France, après l'expérience de réunir à Bicêtre les condamnés fous, institua pour ceux-ci en 1876 une section spéciale au pénitencier de Gaillon; la Hollande leur a destiné l'asile de Bosmalen (Brabant); l'Allemagne a des sections spéciales aux établissements de Waldheim, Bruchssaal, Halle et Hambourg; et l'Italie, après avoir institué, en 1876, une section spéciale, dans l'établissement pour détenus chroniques, à Aversa, a transformé l'établissement de l'Ambrogiana à Montelupo, en Toscane, en un asile pour aliénés condamnés et pour prévenus sous observation psychiatrique. Et puisque le nouveau code pénal italien, tout en n'ayant pas reconnu ouvertement l'institution des asiles pour criminels, acquittés à cause d'aliénation mentale, a cependant, avec son éclectisme, donné au juge la faculté de les consigner à l'autorité compétente

lichen Special-Irrenhäuser in Belgien, nei Iuristiche Blätter, xix, Wien 1890. — Laxorenter, Sequestrazione dei criminali alienati criminali, in Allgm. Zeit. et Anomalo, ottobre 1890, pag. 310. — Church, The proper disposition of the criminal insane, nel Medico légal Journal, New York, sett. 1890, pag. 101. — Giacchi, Manicomi criminali, dans l'Osserv. medico, Torino, ottobre 1890. — Falret, Les aliénés et les asiles d'aliénés, Paris 1890. — Guillot, Étude de psychologie judiciaire, in Ann. d'hyg. publ., juin 1891. — Thierry, De la responsabilité atténuée, Paris 1891.

(1) Wiedemeister, Specialasyle für verbrecherische Irre, in Allg. Zeitsch. f. Psych., 1871. — Mendel, De la sequestration des prisonniers aliénés, in Vierteljahrsch. f.ger. medic., xxv, fasc. 1. — Legrand du Saulle et Dagonet, Discussion sur les asiles d'aliénés criminels, in Ann. méd. psych., mai 1878, septembre 1882, janvier 1883. — Falret, Responsabilité, dans le Dict. encycl. des sciences médicales, Paris 1876, pag. 727. — Lelorrain, L'aliéné au point de vue de la responsabilité pénale, Paris, 1882, pag. 89.

lorsque leur libération serait dangereuse (art. 46); ainsi à l'asile de Montelupo on détient aussi les criminels acquittés pour aliénation mentale, d'abord sous observation, ensuite par ordonnance définitive du président du tribunal, qui peut la révoquer, sur demande de la famille ou d'office (1).

L'enquête sur la législation relative aux aliénés criminels, entreprise par la *Société générale des prisons de Paris*, a établi qu'en France, Allemagne, Autriche-Hongrie, Croatie, Belgique, Portugal et Suède, les auteurs de crimes ou délits acquittés pour aliénation mentale, sont soustraits à toute influence de l'autorité judiciaire, pour être remis aux soins, plus ou moins réguliers et efficaces, de l'autorité administrative. Au contraire en Angleterre, Hollande, Danemark, Espagne et Russie, l'autorité judiciaire a le droit et même le devoir d'ordonner la reclusion de ces individus dans un asile commun ou pour aliénés criminels (2).

Des objections faites à cette forme de défense sociale contre les criminels aliénés, je laisse de côté celle des dépenses assez graves, car même au point de vue financier je crois en somme bien plus coûteux pour l'administration, et à raison des dommages causés, le système actuel, qui

(1) *Il manicomio criminale dell'Ambrogiana*, in *Riv. carc.*, 1888, XIII, n. 1. — FERRI, *Manicomio criminale di Montelupo*, in *Arch. di psich.*, 1887, VIII, 523.

(2) *Bulletins de la Soc. gén. des prisons*, Paris, déc. 1878 à mars 1879. D'HAUSSONVILLE, *Sur la législation des aliénés dangereux*, in *Annales hyg. publ.*, mars 1883. — FAVILLE, *La législation relative aux aliénés en Angleterre et Ecosse*, Paris 1885. — Et le rapport très rémarquable de M. le sénateur TH. ROUSSEL, *Révision de la loi sur les aliénés*, Paris 1884, 2 vol.; reproduit en grande partie par le projet présenté en 1891 par le député Reinach.

En Belgique, le garde des sceaux Le Jeune, présenta aussi en 1891 un projet de loi sur les asiles d'aliénés criminels, et en 1888 en Espagne le garde des sceaux Martinez.

En Italie on a présenté par les ministres de l'intérieur, Crispi en 1890 et Nicotera en 1891, un projet de loi « pour les manicomes publiques, privés et judiciaires ».

ne donne aucune garantie de sûreté contre les aliénés à tendances criminelles. Et je laisse aussi l'autre objection tirée des scènes de sang qu'on dit inévitables par la réunion d'individus de telle sorte : car l'expérience a démenti ces prévisions là où existent les asiles pour criminels aliénés, avec classification des reclus suivant leurs tendances et sous la direction d'un personnel qui, connaissant mieux les tendances de ces individus, en sait mieux prévenir les excès ; tandis que dans les asiles communs il suffit qu'il y ait quelques aliénés criminels pour rendre très difficile le maintien de l'ordre et inévitables et fréquents leurs excès et leur contagion sur les autres malades.

Les difficultés plus sérieuses et plus répétées contre les manicomes criminels tiennent aux principes mêmes de la fonction sociale défensive.

On dit d'abord : l'auteur d'un acte dangereux ou est un fou ou bien est un criminel. S'il est un fou, disent MM. Falret, Mendel, etc., il n'a rien à faire avec la justice pénale ; son acte n'est pas un crime, car il n'était pas *compos sui* et il doit aller à l'asile commun, sauf à prendre des mesures disciplinaires spéciales, pour lui comme pour tout autre fou dangereux. Ou bien il est un criminel et alors il n'a rien à faire avec un asile d'aliénés : la prison seule doit le retenir.

Avant tout, ce dilemme est en défaut, car il ne comprend pas les cas et les types intermédiaires, où les mêmes individus sont à la fois et aliénés et criminels. Et même s'il s'agissait d'un aliéné seulement, la conséquence logique ne serait pas l'exclusion de l'asile spécial : car il me semble facile de dire, que si les aliénés communs (non criminels, c'est-à-dire non auteurs d'actes dangereux) doivent aller à l'asile commun, les aliénés criminels, c'est-à-dire les aliénés qui ont une tendance à commettre des actes dangereux ou criminels, et qui les ont commis, doivent aller à un asile spécial pour cette catégorie d'aliénés. Car, autrement, nous voyons tous les jours que les autorités administratives, suivant les mêmes règles pour la reclusion des fous communs et des aliénés criminels, n'arrivent jamais à empêcher la libération de ceux-ci, quelque temps après le crime commis, lorsque l'émotion et le souvenir même en sont presqu'effacés, et les aliénés criminels commettent d'autres excès sanglants ou scandaleux tout de suite après leur abandon à leurs tendances pathologiques (1).

On pourrait répondre, il est vrai, qu'alors il suffit de faire des sections spéciales dans les asiles communs, ce qui éviterait aussi la répugnance des familles à voir réunis leurs malades inoffensifs et tranquilles avec des meurtriers ou des violateurs aliénés. Mais l'expérience a déjà prouvé que ces sections spéciales ne fonctionnent pas bien, car sous la direction du même personnel il est trop difficile d'avoir l'application d'un régime et de règles disciplinaires aussi différentes que celles qui sont nécessaires pour les fous communs et pour les fous criminels.

M. Falret dit qu'« un individu dit criminel, lorsqu'il est reconnu aliéné, doit cesser d'être considéré comme criminel et doit rentrer *purement et simplement* dans le droit commun ».

Mais, d'abord, si un aliéné, par ce fait bien grave qu'il a tué, ou incendié, ou violé, se distingue de tous les autres fous, qui sont inoffensifs, il est évident qu'il ne peut pas « rentrer purement et simplement » dans l'ordre des mesures à prendre pour ces fous inoffensifs.

(1) M. LUNIER, en parlant *des épileptiques et des moyens de traitement et d'assistance qui leur sont applicables (Annales méd. psychol.*, 1881, 4, 217) dit, que sur 33.000 individus, reconnus épileptiques en France, 5.800 seulement sont reclus dans les asiles privés et publics : *28.000 restent chez leurs familles.*

On voit par ces chiffres la grande probabilité que ces 28.000 épileptiques en liberté commettent des crimes ou délits.

V. aussi BALL, *Les persécutés en liberté,* in *Revue scientif.*, 21 déc. 1889.

La vérité est, que ce raisonnement se rattache à tout un ensemble d'idées, que la science va éliminant chaque jour: c'est-à-dire que la folie est un malheur involontaire qu'il faut traiter et le crime une faute de la volonté libre, qu'il faut châtier. Il est évident au contraire que le crime, aussi bien que la folie, n'étant qu'un effet des conditions anormales de l'individu et du milieu physique et social, appartient toujours aux règles de la défense sociale, qu'il soit ou non accompagné, chez le criminel, d'une forme plus ou moins évidente et clinique de maladie mentale.

La même réponse vaut pour la deuxième objection opposée aux asiles d'aliénés criminels, lorsqu'on dit qu'un aliéné ne peut pas, par le seul fait qu'il a tué ou volé, être enfermé dans un établissement à temps indéterminé et peut-être à perpétuité.

M. Mancini, étant garde des sceaux, mais sans oublier d'être aussi un grand avocat pénaliste, exprimait très-nettement les idées de l'école classique, en répondant à l'interpellation du député Righi sur l'institution d'asiles pour aliénés criminels: « Je ne saurais comprendre comment cette même Cour, qui est obligée par la loi à prononcer l'acquittement par suite de la déclaration du jury que l'accusé est un aliéné, et partant *non responsable,* pourrait en même temps prononcer la reclusion forcée, pour un temps quelconque, du même accusé dans un asile .... *Peut-être par ce qu'il a commis un crime?* Mais cela n'est pas vrai, car n'a commis aucun crime celui qui ne savait pas ce qu'il faisait et qui partant a été déclaré *innocent* devant la loi et irresponsable. Il n'y a donc pas une raison juridique pour qu'il ait à perdre l'*exercice et la jouissance* de cette liberté, qu'on ne nie pas aux autres malheureux, qui sont malades comme lui (1) ».

(1) Mancini, *Discours parlementaire*, Rome, avril 1877, p. 14.

Les mêmes idées ont été soutenues par l'avocat général de cassation M. Hemar dans la discussion à la *Société médico-légale* de Paris sur la propo-

On ne pourrait être plus fidèle au purisme des théories classiques sur le délit et la pène; mais on ne pourrait non plus être moins soucieux de la défense sociale
contre les attaques criminels. Car il est certain que le meurtrier aliéné « n'a commis aucun crime » au point de vue
ethico-juridique de l'école classique; mais il est bien plus
vrai qu'il y a eu un homme tué et qu'il y a une famille, qui
par ce meurtre peut être ruinée, et il y a aussi le danger
très probable que cet « innocent devant la loi » renouvelle
la scène de sang ou d'incendie sur d'autres victimes, inno-
centes, elles vraiment.

Et quant au « temps quelconque » de réclusion dans un
asile, au point de vue des droits individuels, il est bon de
rappeler d'abord que la formule par laquelle on renferme
l'aliéné criminel « au bon gré de sa Majesté », est née en
Angleterre, c'est-à-dire dans la terre classique de l'*habeas
corpus* .... pour les citoyens normaux. Et en second lieu,
il est facile de voir que la ségrégation à temps indéterminé des criminels aliénés est imposée par les mêmes raisons qui en font la règle fondamentale pour les criminels
de toute catégorie. Il peut donc être question d'admettre, ou
de n'admettre pas, les principes généraux de l'école positiviste : mais il est indéniable qu'ils sont inattaquables au
point de vue théorique et pratique : le crime est un phénomène naturel aussi bien que la folie — la nécessité de
l'existence sociale impose à l'organisme collectif une réaction défensive contre tout acte individuel antisocial — et
il s'agit seulement d'adapter la forme et la durée de la
réaction à la forme et à l'intensité (motifs, conditions et
conséquences) de l'acte — pour le criminel aliéné il faut
donc que la segrégation indéterminée soit exécutée dans

sition de M. Gallard *(Ann. hyg. publ.*, 1876) et par le conseiller de cassation M. Barbier dans la discussion sur la même question à *la Société médico psychologique (Annales méd. psychol.*, 1879).

un établissement spécial, à cause des conditions spéciales de ces individus.

Et les raisons pratiques de la défense sociale sont si éloquentes, que désormais la grande majorité des criminalistes classiques acceptent les asiles pour criminels aliénés, malgré leur indéniable contradiction avec les théories pures de la responsabilité morale, par lesquelles justement ces asiles avaient été et sont encore combattus par les intransigeants du classicisme pénal. Voilà pourquoi le nouveau code pénal italien, malgré ses velléités de progrès, n'a pas eu en 1889 le courage de les adopter ouvertement et dans le texte définitif, plus encore que dans le projet ministériel, il s'est réfugié dans une disposition éclectique, qui dans ses applications a déjà rencontré une foule d'obstacles, dûs à l'incertitude des principes inspirateurs du code.

Ces asiles pour aliénés criminels devraient être de deux catégories avec discipline différente; pour les aliénés auteurs de crimes graves et dangereux (meurtre, incendie, viol, etc.) et pour les aliénés auteurs de délits moins graves (petits vols, injures, outrage à la pudeur publique, etc.). Pour ceux-ci la ségrégation pourrait être bien moins longue que pour les autres. Ainsi, en Angleterre, les condamnés plus graves (convicts) sont envoyés à l'asile d'État (Broadmoor), tandis que les délinquants mineurs sont envoyés à un asile privé (Fistherton House).

Les individus à renvoyer dans ces asiles, devraient être : I. les prévenus acquittés pour aliénation mentale, pendant l'instruction criminelle, ou avec la sentence définitive, — II. les condamnés, devenus fous pendant l'expiation de la peine, — III. les aliénés, qui commettent des excès criminels dans les asiles communs, — IV. pour l'observation psychiatrique, dans une section spéciale de l'asile, les individus soumis à jugement pénal et soupçonnés d'aliénation mentale.

À Broadmoor au 31 décembre 1867 étaient reclus 389 hommes et 126 femmes, et en 1883 les hommes étaient 381 et 132 les femmes, ainsi classifiés (1).

ALIÉNÉS CRIMINELS	HOMMES	FEMMES
Assassinat.	155	85
Tentative d'assassinat	111	18
Parricide	7	6
Vol	23	3
Incendie	24	1
Délits militaires	21	—
Tentative de suicide	3	—
Inceste	37	19

En Allemagne, la proportion des aliénés criminels avec la catégorie correspondante des détenus communs, dans le pénitencier de Waldheim était la suivante (2) :

CRIME COMMIS	Entrés dans le pénitencier	Aliénés
Meurtre, consommé et tenté . . .	74	17,6
Assassinat et blessures	51	9,8
Vol pour chemin public avec violence	64	12,5
Incendie	219	6,8
Viol	52	5,8
Attentats à la pudeur	299	5,7
Faux serment	220	2,7
Crimes militaires	23	21,7
Crimes contre la propriété . . .	5116	1,9
Autres délits	158	0,6
TOTAL .	6276	2,7 %

(1) MANNINO, Réport, in Comptes rendus du congrès intern. de médec. mentale, Paris 1880. — ORANGE, The lunatic criminals in England, in Journ. of ment. Sc., oct. 1883.

(2) Rivista carc., 1883, p. 574. V. aussi SEMAL, Coup d'œil sur les folies pénitentiaires, dans les Comptes rendus du congrès de méd. mentale à Paris 1889.

C'est-à-dire : I. une fréquence très remarquable et plus grande de criminels aliénés parmi les militaires; ce qui peut signifier l'effet de la vie militaire, ou bien un choix peu diligent pour la conscription, ou bien tous les deux ensemble, — II. la plus grande fréquence des criminels aliénés suivant la gravité plus grande des crimes commis, en partie, aussi, par ce que les auteurs des crimes de sang sont soumis à des observations psychiatriques plus fréquentes et plus rigoureuses.

En tout cas, ce fait, confirmé aussi par les chiffres de l'Angleterre, me semble la recommandation la plus éloquente pour les asiles de criminels aliénés.

Pour les criminels-nés, puisque, comme dit M. Maudsley « nous nous trouvons vis-à-vis, si non exactement d'une espèce dégénérée, au moins certes d'une variété dégénérée de l'espèce humaine et que le problème est d'en diminuir le nombre le plus possible », il se présente tout de suite une question préliminaire. C'est-à-dire si la peine de mort n'est pas la forme de défense sociale la plus opportune et efficace contre cette catégorie d'anti-sociaux, lorsqu'ils commettent des crimes très graves.

Question, qui depuis un siècle a fatigué et divisé les criminalistes et l'opinion publique, avec plus de déclamations sentimentales, à vrai dire, que d'observations positives; question ravivée par l'école positiviste, qui cependant l'a seulement représentée, sans la discuter, au premier congrès d'anthropologie criminelle à Rome; et qui a été récemment resolue par le nouveau code pénal italien, qui, le premier parmi les codes des grands États, a décrété au 1 janvier 1890 l'abolition législative de la peine de mort, après son abolition de fait en Italie, depuis 1876, excepté pour les militaires (1).

(1) *Actes du I congrès intern. d'anthrop. crim.*, Rome 1886, p. 339. Sur le fusillement du soldat Seghetti à Gênes, en juillet 1891, voir Lombroso, *Un autografo di Seghetti*, in *Arch. di psich.*, 1891, xii, 366.

Abolitionistes et conservateurs de la peine de mort, il y en a parmi les criminalistes classiques, comme parmi les positivistes : mais le désaccord sur cette question a une portée bien différente dans les deux champs. Car, tandis que les abolitionnistes classiques affirment presque tous l'illégittimité de la peine de mort, les positivistes au contraire sont unanimes pour la déclarer légitime et seulement plusieurs d'entr'eux en contestent l'efficacité pratique.

La peine de mort, selon moi, est écrite par la nature dans tout l'univers et à chaque instant de la vie universelle. Et quant au droit elle n'y répugne pas, car lorsque la mort d'autrui est absolument nécessaire elle est légitime, comme dans les cas de légitime défense directe, individuelle ou sociale : ce qui est admis aussi par des abolitionnistes classiques tels que Beccaria et Carrara (1).

La loi universelle d'évolution nous montre aussi que le progrès de toute espèce vivante est dû à une sélection continuelle, par la mort des individus moins aptes à la lutte pour l'existence : or cette sélection, dans l'humanité et même chez les animaux, peut se faire spontanément ou bien artificiellement. Ce serait donc en accord avec les lois naturelles une sélection artificielle, faite par la société humaine, par l'élimination des individus antisociaux et non assimilables (2).

Je crois cependant qu'il ne faut pas exagérer la portée de ces conclusions, car la relativité est inséparable de tout problème et, à l'inverse de la logique abstraite, l'observa-

---

(1) Beccaria, *Dei delitti e delle pene*, § 16. — Carrara, *Programma*, § 366. — V. aussi Romagnosi, *Memoria sulle pene capitali*, § 3.

(2) Lombroso, *L'incremento del delitto*, ii édit. Turin 1879, p. 79. — *Midea et la nouvelle école pénale*, Turin 1884. — *Troppo presto*, dans les *Appunti al nuovo codice penale italiano*, par Lombroso, Ferri, Garofalo, etc., ii édit., Turin 1889, p. 22. — Garofalo, *Criminologie*, iii édit., Paris 1892. — *Contro la corrente*, Napoli 1888. — Tarde, *La philosophie pénale*, Lyon 1890, ch. ix.

tion positive n'admet pas des solutions simples et monosyllabiques. Il faut remarquer que cette idée de la sélection artificielle, quoique vraie, conduirait à des conclusions excessives, une fois portée dans le champ sociologique sans réserves et sans l'équilibre nécessaire entre les intérêts et droits de la collectivité et ceux de l'individu. Avec cette idée, dans son sens absolu, on légitimerait en effet et on rendrait même obligatoire la tuerie, un peu trop spartiate, de tous les individus mal nés ou frappés de maladies incurables, ou antisociaux par leur idiotie, aliénation mentale etc.

D'autre part, reconnaître que la peine de mort peut être légitime, comme mesure extrême et exceptionnelle, ce n'est pas reconnaître qu'elle soit nécessaire dans les conditions normales de la vie sociale. Or que, dans ces conditions normales, la société puisse, autrement qu'avec la mort, pourvoir à sa conservation, ce n'est pas contestable, lorsqu'on songe à la ségrégation perpétuelle ou à la déportation, dont les défaillances, par évasion, sont trop rares pour être décisives (1).

Et l'efficacité préventive et intimidatrice de la peine de mort est très problématique, lorsqu'on l'examine, non pas suivant nos propres impressions de nous hommes normaux, dans le calme de l'esprit, mais suivant les données de la psychologie criminelle, qui est son seul terrain vrai d'observation. En effet, celui qui commet un crime, ou est transporté par une passion soudaine et alors il ne pense à rien; ou bien agit avec calme et préméditation et alors il est déterminé à agir, non pas par une comparaison hypothétique entre la peine de mort ou la réclusion à vie, mais seulement par l'espoir de l'impunité: surtout les criminels-nés,

---

(1) En Italie, malgré les conditions peu satisfaisantes des prisons, on compta une moyenne annuelle de 1870 à 1879 de 50 évasions des prisons judiciaires — 5 des bagnes — 1 des maisons centrales (réclusion).

dont le caractère psychologique fondamental, avec l'insensibilité morale, est justement l'imprévoyance excessive.

La réponse de quelque condamné, qui déclare d'avoir peur de la mort, signifie cela seulement qu'il subit l'impression du moment, sans que cette peur puisse le retenir du délit, car alors encore par sa même constitution psychique il subira seulement la tentation criminelle.

E s'il est certain que, *lorsque le criminel est déjà arrêté et condamné*, il craint plus la mort que la reclusion à vie (excepté toujours les condamnés suicides et ceux qui par leur insensibilité physique et morale bravent la mort jusque sur l'échafaud), il est certain aussi qu'avant tout les criminels il faut les arrêter.

En effet les statistiques démontrent que le mouvement périodique des crimes les plus graves est indépendant du nombre des condamnations et des exécutions capitales, car il est déterminé par bien d'autres facteurs. En Italie la Toscane, qui n'avait plus la peine de mort depuis un siècle, est une des provinces qui donnent le moins de crimes graves : et en France, malgré l'augmentation de la criminalité générale et de la population, les accusations, contradictoires et par contumace, d'assassinat, emprisonnement, parricide et meurtre de 560 en 1826, descendent à 430 en 1888, malgré que les exécutions capitales soient diminuées, dans les mêmes années, de 197 à 9.

La peine de mort, dans sa simplicité monosyllabique, n'est qu'une panacée facile et ne peut pas être, tant s'en faut, la solution d'un problème aussi complexe que celui de la haute criminalité. C'est une idée qui vient spontanément, celle de tuer les incorrigibles et criminels-nés, et Diderot (*Lettre à Landois*) la soutenait déjà, comme conséquence de la négation du libre arbitre, en disant : « Qu'est ce qui distingue les hommes ? Le bien et le mal faire. Le malfaiteur est un homme qu'il faut détruire, non punir ». Mais contre cette idée, trop facile, il faut demander à l'expérience et aux autres conditions matérielles et morales de la vie sociale l'équilibre et le complètement nécessaires.

Certes la peine de mort (que je ne discuterai pas davantage, car elle est désormais une question épuisée au point de vue intellectuel et passée dans le domaine du sentiment pour ou contre, et dans la détermination de ce sentiment entre peut-être plus la manière d'exécution plus ou moins répugnante, que la peine elle-même), la peine de mort a pour elle l'élimination absolue, irrévocable et instantanée de la société d'un individu qui s'est démontré absolument inadaptable et dangereux à la vie sociale. Mais je dis : si l'on veut tirer de la peine capitale la seule utilité positive qu'elle ait réellement, c'est-à-dire, la sélection artificielle, alors il faut avoir le courage de l'appliquer sérieusement dans tous les cas où elle serait nécessaire à ce point de vue, c'est-à-dire à tous les criminels-nés, auteurs des crimes de sang plus graves. C'est-à-dire qu'en Italie il faudrait exécuter au moins 1000 individus chaque année et en France à peu près 250 au lieu des 7 ou 8 qu'on exécute tous les ans (1).

Ou bien la peine de mort on la tient épouvantail inutile et inappliqué, écrite seulement dans les codes et alors il serait plus sérieux de l'abolir.

Elle rassemble trop, alors, à ces fantoches immobiles que les paysans mettent dans les champs semés avec l'illusion naïve d'épouvanter les oiseaux granivores. Ceux-ci en au-

---

(1) En Italie les Cours d'assises ont condamné en moyenne chaque année, de 1885 à 1889 :

pour homicide qualifié. . . .	483
pour vol avec meurtre . . .	83
pour meurtre	1545
	2111.

Dont, on peut calculer que 1000 à-peu-près étaient des homicides d'occasion.

En France la moyenne annuelle, de 1884 à 1888, des condamnés pour meurtre, assassinat, parricide et empoisonnement est de 386 : la moyenne des condamnations à mort est de 34 et des exécutions de 8.

ront peut-être une impression intimidatrice à la première vue; mais bientôt, en voyant que le fantoche est immobile et inoffensif, ils n'en ont plus peur et y volent même au dessus. Cela arrive aussi pour les criminels, lorsqu'ils voient que la peine de mort n'est jamais ou presque jamais appliquée : et les criminels, il faut se le persuader, jugent les lois non suivant leurs formules écrites dans les codes, mais suivant leurs applications pratiques et quotidiennes.

Puisque l'efficacité intimidatrice des peines en général, la peine capitale comprise, est tout-à-fait minime pour les criminels-nés (insensibles et imprévoyants), ce ne seront certainement pas les rares exécutions capitales qui pourront guérir la société malade (1). Seulement une « saignée » de quelques centaines d'assassins chaque année pourrait avoir un effet sensible de sélection artificielle; mais cela est plus facile à dire qu'à faire. Et je pense que, dans les temps normaux, dans aucun des Etats modernes et civilisés ne serait possible une série d'exécutions quotidiennes, et partant la seule logique, de la peine capitale. Le sentiment public ne la supporterait pas et la réaction ne tarderait pas à s'imposer (2).

(1) Une confirmation aussi sauvage qu'éloquente de cette observation a été donnée à Paris en mai 1892 par les dynamitards : qui ont fait sauter le restaurant Very, où avait été arrêté Ravachol, quelques jours après qu'on avait approuvé une loi exceptionnelle, panacée aussi facile qu'inefficace, qui décrétait la peine de mort justement pour les attentats avec la dynamite !... Voir ici, p. 249-250.

(2) Les exécutions *publiques* de la peine capitale sont aussi inutiles que stupides. J'en ai voulu faire l'observation directe, à Paris, en août 1889, en assistant au dernier réveil et à l'exécution de deux assassins (crime d'Auteuil) et j'ai publié mes impressions dans l'*Intermezzo*, 20 mars 1890.

L'un des deux assassins arriva à la guillotine plus mort que vif, ébété par la terreur; l'autre y alla avec un sourire cynique et ses derniers mots, lorsqu'on ouvrit la grande porte de la Roquette et il avait la guillotine à cinquante pas devant lui, en faisant allusion aux cordes qu'il avait aux pieds furent : « On sort de l'*hôtel des haricots* (prison) avec des drôles de chaussures ».

Dans un régistre manuscrit sur les exécutions capitales dans le duché de Ferrara de 970 à 1870, j'ai relevé qu'en laissant le xix siècle, en 800 ans on y exécuta 5627 indi-

Je crois qu'en tout cas la peine de mort devrait être exécutée dans la prison et par un poison donné au condamné lorsque la sentence devient définitive.

L'Amérique du Nord a essayé l'application de l'électricité, mais il semble que les exécutions capitales avec ce système sont aussi horribles et répugnantes qu'avec la guillotine, le garrot, l'échafaud, le fusillement, etc. Voir *Medico legal Journal* de New York, mars et septembre 1889.

De la *Summarised Information on Capital Punishement* publiée par la *Howard Association* en 1881, je prends les chiffres suivants sur les exécutions capitales en Europe et en Amérique :

ÉTAT	CONDAMNÉS à mort	EXÉCUTÉS
Autriche (1870-79)	806	16
France (1870-79)	198	93
Espagne (1868-77)	291	126
Suède (1869-78)	32	3
Danemarque (1868-77)	94	1
Bavière (1870-79)	249	7
Italie (1867-76)	392	34
Allemagne (du Nord) (1869-78) .	484	1
Angleterre (1860-79)	665	372
Irlande (1860-79)	66	36
Ecosse (1860-79)	40	15
Etats-Unis	environ 2500 assassinats par an.	environ 100 exécutions et 100 « lynchings » par an.
Australie et Nouvelle Zélande (1870-79)	453	123

En *Finlandie* de 1824 à 1880 aucune exécution capitale.

La peine de mort est abolie, de droit, en *Hollande, Portugal, Roumanie, Italie;* et de fait en *Belgique.*

La *Suisse* aussi l'a abolie, mais quelques cantons, sous l'impression de quelques crimes atroces et fréquents, l'ont réétablie dans leurs code, mais sans l'exécuter.

En Amérique du Nord la peine capitale est abolie dans les États de *Michigan, Wisconsin, Rhode Island* et *Maine.*

Un enquête sur la législation et la statistique relative aux meurtres en Europe et Amérique a été instituée par Lord Granville en juillet 1880 et publiée à Londres en 1881 : *Reports on the Laws of foreign Countries respecting homicidal crime* (Miscellanous, n. 3).

vidus (dont 3981 pour *vol* et 1009 pour *meurtre*); c'est-à-dire une moyenne de 700 exécutions chaque siècle, dans la seule ville de Ferrara. Et à Rome, suivant les régistres de la confrérie de St. Jean décollé, de 1500 à 1770 on exécuta 5280 individus, c'est-à-dire 1955 chaque siècle dans la seule ville de Rome. Or, si on fait la proportion avec la population de l'ancien duché de Ferrare et de la ville de Rome avec toute l'Italie, on arrive à une chiffre énorme d'exécutions capitales dans les siècles passés, que je ne crois pas inférieur à 400 exécutés par an.

Voilà des applications sérieuses de la peine de mort; auxquelles certainement nous devons, en partie, un assainissement de la société par l'élimination d'individus, qui autrement auraient multiplié leur race criminelle.

Or, en concluant : si on veut faire une chose sérieuse de la peine de mort, et en tirer la seule utilité dont elle soit capable, il faut alors l'appliquer dans ces proportions énormes; ou bien on veut la maintenir comme un épouvantail inutile, et alors il est plus sérieux de l'effacer du code pénal, après l'avoir effacée de la pratique quotidienne. Et puisque ce n'est pas moi certainement qui aurai le courage de demander le rétablissement de ces exterminations médiévales, ainsi je suis encore, par des considérations pratiques, un abolitionniste convaincu, surtout pour ces pays, comme l'Italie, où un courant plus ou moins artificiel et superficiel de l'opinion publique est vivement contraire à la peine capitale.

Exclue la peine de mort, comme moyen non nécessaire dans les temps normaux, et non applicable dans les seules proportions qui le rendraient efficace, pour les criminels-nés, auteurs des crimes les plus graves, il n'y a que l'alternative entre ces deux moyens éliminatifs : la déportation perpétuelle ou bien la réclusion à temps indéterminé.

Il n'y a, selon nous, que cette alternative, car on ne peut pas donner beaucoup d'importance à l'opinion de ces juristes allemands, Holtzendorff, Geyer, etc. (1), qui voudraient exclure toute peine détentive perpétuelle. Le professeur Lucchini répétait en Italie cette théorie, en disant que la liberté personnelle du condamné doit être limitée dans son *exercice*, mais non supprimée dans son *droit*, et que la détention perpétuelle détruit « la personnalité morale et juridique du criminel dans un des facteurs les plus importants de la nature humaine, l'instinct sociable.... », en ajoutant aussi, que « la peine ne doit pas s'user elle-même *avec la prolixité de sa durée!* ».

Dire, que le droit de l'individu ne peut être supprimé, si la nécessité l'impose, lorsque tous les jours on le voit dans les cas de légitime défense; et que la peine s'use elle-même avec « la prolixité de sa durée », lorsque c'est justement la durée de la ségrégation qui constitue la seule efficacité réelle de la peine; et parler de « l'instinct sociable » à propos des criminels les plus antisociaux, ce n'est vraiment pas sérieux.

Et c'est toujours par l'oubli des données élémentaires et les moins contestables de la bio-psychologie criminelle qu'on peut soutenir l'exclusion de toute peine perpétuelle par ce que cette perpétuité « est contraire au principe réformateur de la peine, au principe que la peine doit tendre non seulement à frapper le criminel, mais encore à réveiller, s'il est possible, le sens moral, ou à le fortifier, à ouvrir au criminel un chemin par lequel il puisse espérer de rentrer dans la société amendé et réhabilité. La perpétuité de la peine exclut cette possibilité (2) ».

---

(1) HOLTZENDORFF, *Mord und Todesstrafe*, Berlin 1875, p. 225. — *Die Kürzungsfähigkeit der Freiheitstrafen*, 1861. — GEYER, *Delle pene carcerarie*, in *Rivista penale*, sept. 1877. — Voir aussi TALLARX, *Penalogical and pretentive Principles*, London 1889, ch. IV.

(2) POLS, *Sur le projet de code pénal Hollandais*, Amsterdam 1876.

Les rédacteurs du code pénal hollandais répondaient à ces remarques du prof. Pols, d'abord au nom du sens pratique que « la peine n'est pas infligée dans l'intérêt du condamné, mais dans l'intérêt de la société » et en second lieu, avec un peu de raillerie, que « dans l'intérêt même de l'abolition de la peine de mort (supprimée en Hollande depuis 1870) *et pour prévenir une réaction favorable à cette peine,* il faut garder le droit de séquestrer à perpétuité les quelques malfaiteurs dont la libération serait dangereuse ».

Avant tout, il est parfaitement inutile d'opposer l'amendement des criminels à la perpétuité de leur détention, lorsqu'on sait que les criminels-nés, auteurs des crimes les plus graves et pour lesquels est réservée la ségrégation à perpétuité, sont justement ceux dont l'amendement n'est pas possible et le sens moral qu'on leur attribue n'est qu'une illusion psychologique du criminaliste classique, qui prête à la conscience du criminel ce qu'il sent dans sa conscience honnête et normale.

Mais surtout il est aisé de voir que cette opposition à la perpétuité de la peine, quoique restée sans écho parce qu'elle était vraiment trop doctrinaire et sentimentaliste, n'est qu'un symptôme de la tendance historique des écoles classiques, toute en faveur du criminel, avec une atténuation continuée des peines. En effet, en oubliant trop les intérêts sociaux, on voudrait arriver à l'abolition de la peine perpétuelle après avoir obtenu l'abolition de la peine capitale. De sorte que si ce mouvement ne s'arrête pas, on peut s'attendre à voir quelque classique demander l'abolition .... de toute peine pour ces pauvres criminels, doués d'un sens moral si exquis !...

Déportation, donc, ou réclusion indéterminée.

Pour et contre la déportation on a écrit beaucoup et en Italie on discuta très-vivement le problème, il y a une vingtaine d'années, entre l'ancien directeur général des prisons M. Beltrani Scalia et les partisans de cette forme d'élimination des criminels (1). Sans entrer dans les détails de la polémique, il est évident que l'expérience des pays, comme l'Angleterre, qui après avoir longtemps employé la déportation, avec dépense de plusieurs centaines de millions, l'ont abandonnée, est un exemple très-éloquent, par lui-même.

Cependant il n'est au vrai qu'une objection contre la déportation, telle qu'on l'a appliquée jusqu'ici, c'est-à-dire par la construction de pénitenciers monumentaux dans les pays d'outre-mer. Et alors, dit très-bien M. Beltrani Scalia, autant vaudrait les bâtir chez nous, car ils coûteront moins cher et ils serviront davantage. Et l'exemple de la France n'est pas encourageant, par ses applications pratiques.

Cependant dans la déportation (comme dans la peine de mort) il y a « une âme de vérité » incontestable : c'est-à-dire que lorsqu'elle est perpétuelle et partant avec des chances minimes de retour, elle est le meilleur moyen pour libérer la société des éléments les plus délétères sans obligation de les maintenir dans les pensionnats institués dans ces ruches humaines forcées, qu'on appelle des pénitenciers céllulaires.

Mais alors il s'agit de la déportation simple, appliquée d'abord par l'Angleterre, c'est-à-dire de l'abandon des déportés dans une île ou une continent désert (avec les moyens suffisants pour vivre en travaillant), ou bien de leur abandon dans un pays sauvage, où les déportés, qui dans les pays civilisés sont des demi-sauvages, représenteraient au contraire une demi-civilisation et de brigands et assassins pourraient devenir des chefs militaires dans des pays, où en tout cas la réviviscence de leurs tendances criminelles

---

(1) BELTRANI SCALIA, *La deportazione*, Roma 1874 et *La riforma penitensiaria*, Roma 1879.

DE FORESTA, *La deportazione*, Roma 1876 et *Nè carcere nè patibolo*, in *Riv. carc.*, 1880, p. 81.

trouverait une réaction immédiate et énergique, au lieu
des lenteurs de nos procès criminels.

Pour l'Italie, cependant, la question se présente d'une
façon particulière : car bien plus utile y serait une sorte de
déportation intérieure, dans les pays non cultivés à cause
de la *malaria*. Si celle-ci, pour être éliminée, exige une
hécatombe humaine, il est évident qu'il vaudrait bien mieux
sacrifier les criminels au lieu des paysans honnêtes (1). La
déportation outre-mer était pour l'Italie très-difficile, il y
a quelques années, surtout vu le manque de colonies; car
alors on rencontre toujours l'obstacle que Franklin exprimait, à propos des déportés anglais, par sa phrase fameuse:
« Que diriez-vous si nous déportions en Angleterre nos ser-
pents à sonnettes ? ». Mais depuis que l'Italie a sa colonie
Erithrée, l'idée de la déportation a été reprise et moi-même
en mai 1890 j'ai fait au Parlement la proposition incidente
d'un essai de colonisation pénale dans nos possessions afri-
caines. Cette proposition trouva beaucoup de fauteurs, malgré l'opposition du garde des sceaux, qui oubliait d'avoir
lui même écrit dans son rapport sur le projet de code pénal
que l'exécution des peines détentives aurait pu se faire
aussi dans notre colonie. Peu après la proposition fut représentée par le député De Zerbi et acceptée par M. Beltrani Scalia, directeur général des prisons (2).

De même M. Prins se déclare favorable à la déportation pour la Belgique, depuis la constitution de l'État du
Congo (3).

(1) Ferri, *Lavoro e celle dei condannati*, Rome 1886 et *Actes du congrès
pénit. Rome*, 1887, 1, 422.

(2) De Zerbi, *L'inchiesta sulla Colonia Eritrea*, Roma 1891. — Beltrani
Scalia, *La Colonia Eritrea e la deportazione*, in *Riv. carc.*, 30 avril 1891.
— Leti, *Colonie penali*, in *Scuola positiva*, nov. 1891. — Garofalo, *Crimi-
nologie*, III édit., Paris 1892.

(3) Prins, *Criminalité et répression*, Bruxelles 1886, p. 196.

Mais ma pensée définitive est que la déportation ne peut et ne doit pas être son propre but à elle-même. La colonie pénale, pour les adultes, doit être l'avant-garde de la libre colonie agricole. Le problème d'une colonie pénale dans nos possessions d'Afrique ne peut donc être résolu qu'après deux autres.

Avant tout, il faut voir si ces possessions offrent des terrains aptes à la colonisation agricole. En second lieu, il faut songer si les condamnés ne coûteraient pas moins à transporter dans nos terrains à défricher, ce qui éviterait aussi les danger de les voir passer aux ennemis, en se faisant chefs ou guides des tribus barbares en guerre avec nous.

En tout cas, même en admettant pour les criminels-nés et habituels, la déportation à l'intérieur, ou bien outre-mer, le problème est encore à résoudre quant à la forme de ségrégation des déportés.

C'est à ce propos que se présenta l'idée des « *établissements pour incorrigibles* » dans lesquels on devrait fermer à vie ou à temps indéterminé (ce, qui dans ce cas serait la même chose), les criminels-nés, auteurs de crimes graves et les criminels habituels, récidivistes plusieurs fois.

La nature congénitale et la transmission héréditaire des tendances criminelles dans ces individus justifient pleinement les mots de Quételet, que « les maladies morales sont comme les maladies physiques; il y en a de contagieuses, d'épidémiques et d'héréditaires. Le vice se transmet dans certaines familles de même que la scrofule ou la phtisie. La plupart des crimes partent de quelques familles, qui exigeraient une surveillance particulière, un isolement pareil à celui qu'on impose aux malades soupçonnés de porter des germes d'infection (1) ». De même Aristote parle d'un homme qui accusé d'avoir battu son père, répondait: « Mon

(1) QUÉTELET, *Du système social et des lois qui le régissent*, Bruxelles 1848, liv. ii, ser. 2, ch. 3.

père a battu mon grand-père, qui à son tour a battu son père de la façon la plus cruelle et vous voyez mon fils : il n'aura pas encore l'âge de l'adulte, qu'il ne m'épargnera pas les sévices et les coups ». Et Plutarque ajoutait : « Les fils des hommes vicieux et pervers sont une dérivation de la nature même de leurs parents (1) ».

C'est ainsi qu'on explique l'intuition de Platon, qui « tout en admettant le principe que les fils ne devaient pas souffrir pour les crimes de leurs parents, cependant en supposant le cas dans lequel le père, le grand-père et le bisaïeul étaient condamnés à mort, proposa que leurs descendants furent chassés de l'État, comme appartenant à une race incorrigible ». Pensée, que Carrara appelait erronée; mais qui nous semble au contraire substantiellement vraie (2). Nous rappelons, par exemple, que lorsque Demetz en 1839 institua la colonie agricole pénitentiaire de Mettraz, qui fut si célèbre et qui maintenant s'est éclipsée, (car tout le succès de ces institutions réside dans les qualités psychologiques exceptionnelles de tel ou tel directeur) sur 4454 enfants, 871 (20 %) étaient fils de condamnés; de sorte que nous trouvons justifiée la proposition de M. Crofton de mettre les fils des condamnés dans des écoles industrielles ou maisons de correction (3).

L'établissement spécial, à segrégation perpétuelle ou indéterminée, des criminels incorrigibles a été proposé ou approuvé en Italie par Lombroso, Curcio, Barini, Doria,

---

(1) Aristote, *Ethique*, vii. — Plutarque, *Œuvres*, chap. 19.

V. aussi Lucas, *Traité physiologique et philosophique de l'hérédité naturelle*, Paris 1847, i, 480 et 499. — Morel, *Traité des dégénérescences de l'espèce humaine*, Paris 1857. — Despine, *Psychologie naturelle*, Paris 1868, ii, 983. — Lombroso, *L'homme criminel*, Paris 1889. — Thomson, *The ereditary nature of crime*, in *Journ. of ment. Sc.*, 1870. — Ribot, *L'hérédité psychologique*, iii édit., Paris 1889.

(2) Carrara, *Programma*, § 647, note.

(3) *Riv. carc.*, i, 89. — V. aussi Garnier, *Le criminel instinctif et les droits de la défense sociale*, in *Ann. hyg. publ.*, 1890, xxiii, 5.

Tamassia, Garofalo, Carelli; en France par Despine, Labatiste, Tissot, Leveillé; en Russie par Minzloff; en Angleterre par May; en Allemagne par Kraepelin, Lilienthal; en Autriche par Wahlberg; en Suisse par Guillaume; en Amérique par Wines, Wayland; en Holland par Van Hamel; en Portugal par Lucas, etc. (1).

Je crois cependant que le nombre des récidives, pour établir l'incorrigibilité, devrait être différent suivant les criminels et les crimes, selon les données de la récidive spécifique que j'ai rappelées au chap. II. De sorte que, par exemple, pour les assassins le premier crime devrait suffire à en faire ordonner la ségrégation perpétuelle, lorsque il s'agit d'un criminel-né. Pour les crimes moins graves, tels que viol, vol, blessures, escroqueries, etc., devraient être nécessaires deux, trois, quatre récidives avant la condamnation du criminel d'habitude à l'établissement des incorrigibles.

Et ces idées ne sont pas très-loin d'être appliquées, dans les pays surtout qui, n'ayant pas un grand développement théorique des sciences criminelles, ont moins d'opposition doctrinaire pour les réformes pratiques.

---

(1) LOMBROSO, *Uomo delinquente*, II ediz., Turin 1884, p. 437. — BARINI, *Penitenziario per gl'incorreggibili*, in *Riv. carc.*, 1875, p. 454. — DORIA, ibidem, p. 523. — TAMASSIA, in *Riv. sperim. di freniatria*, III, 683. — GAROFALO, *Criterio positivo di penalità*, Napoli 1880. — GAROFALO e CARELLI, *Dei recidivi e della recidiva*, Milano 1891. — DESPINE, *Psychol. nat.*, III, 500. — LABATISTE, *Essais sur les institutions pénales des Romains*, Paris 1875. — TISSOT, *Introd. phil. à l'étude du dr. pén.*, IV, ch. 4, § 4 et *Le droit pénal*, I, 477. — MINZLOFF, *Études sur la criminalité*, dans la *Philosophie positive*, sept.-déc. 1881. — LEVEILLÉ, in *Bull. de l'Union intern. de dr. pén.*, 1891, p. 83. — MAY, *The treatment of habitual criminals*, London 1880. — KRAEPELIN, *La colpa e la pena*, in *Rivista di filos. scientif.*, 1883, p. 48. — LILIENTHAL, *Rapports*, dans les *Bull. de l'Union intern. de dr. pén.*, 1890, p. 64. — WAHLBERG, dans les *Comptes rendus du Congrès pénit. de Stockholm*, 1879. — GUILLAUME, ibidem, I, 450. — WINES, ibidem, I, 450. — WAYLAND, *The incorrigible*, res. in *Riv. carc.*, 1888, p. 538. — VAN HAMEL, *Rapport sur les moyens de combattre la récidive*, in *Bull. Union intern. dr. pén.*, 1889, p. 92. — LUCAS, ibidem, 1889, p. 104.

Ainsi nous voyons que la France, après les propositions de Michaux, Petit et Migneret, et surtout après la propagande de M. Reinach, suivie par plusieurs publications pareilles, a approuvé la loi 1885 sur la rélégation des récidivistes (1).

(1) Michaux, *Étude sur la question des peines*, Paris 1875. — Petit, *Rapport sur la repression de la récidive*, in *Bull. soc. gén. Prisons Paris*, févr. et mars 1878. — Migneret, *La surveillance légale en France*, in *Revue critique de législ.*, 1873. — Reinach, *Les récidivistes*, Paris 1882. — Nivelli, *De la récidivité au point de vue pénitentiaire*, Paris 1882. — Desportes, *La récidive*, Paris 1883 (avec abondante bibliographie). — Béranger, *Projet de loi rélative au moyens préventifs de combattre la récidive*, in *Bull. soc. gén. Prisons Paris*, avril 1884.

Pour les applications et les effets de la loi 1885 sur les récidivistes, qui ne semblent pas satisfaisantes à cause de l'organisation administrative, voir Bérard, *Premiers résultats de la loi 27 mai 1885*, in *Archives anthrop. crim.*, janv. 1890. — Jacquin, *Rapport*, in *Bull. soc. Prisons Paris*, 1890, p. 785. — Dislère, *Rapports annuels sur l'application de la loi pour la rélégation des récidivistes*. — Moncelon, *Le bagne et la colonisation pénale à la Nouvelle Calédonie*, Paris 1886. — Nicomède, *La rélégation collective à l'ile des Pins en 1887-89*, Rochefort 1889. — Nattan, *La transportation à la Nouvelle Calédonie*, dans la *Revue de l'évolution*, Paris, mai 1891. — Garraud, *Traité de droit pénal français*, Paris 1888, i, 473. ii. 335. — André, *La récidive*, Paris 1892. — Joly, *Le combat contre le crime*, Paris 1892, ch. xiii.

En mars 1888 le Sénat français approuva un projet Bérenger pour aggraver l'exécution de la peine des travaux forcés à vie, lorsqu'elle est substituée à la peine de mort par circonstances atténuantes, ou par commutation. À la Chambre des députés, le rapporteur Haussmann, en 1891, a élargi le projet en rélevant surtout les défauts du système de la transportation à la Nouvelle Calédonie.

Chaque déporté coûte 575 francs pour frais de transport et 1 franc et 70 cent. au jour pour son maintien à la colonie et en moyenne on transporte 1200 condamnés par an. Il faut ajouter les frais du personnel, toujours insuffisant; les salaires aux travailleurs qui atteignent jusque 5 francs par jour; les rations hygiéniques de nourriture supplémentaire; les frais de transport pour les familles des déportés; les concessions aux libérés qui obtiennent des terrains à la colonie, etc.

C'est-à-dire « un soin maternel » pour quelques milliers de criminels de la pire espèce, tandis que l'État se désintéresse des millions de travailleurs honnêtes, auxquels il fait même payer « la nourriture hygiénique et sup

De même, Murray Brown et Baker ont parlé au congrès pénitentiaire de Stockholm et à la *Société générale des prisons* à Paris, du système des « sentences cumulatives et progressives » adopté, quoique non généralement, en Angleterre contre les récidivistes endurcis. C'est-à-dire que la durée de la peine est augmentée, dans une progression presque géométrique, à chaque récidive nouvelle. Système, déjà indiqué par Field et Walton Pearson dans la session de la *Société anglaise pour le progrès des sciences sociales* en octobre 1871 et en suite par Cox et Call, chef de la police de Glasgow, dans la session de 1874, et que M. Mouat disait déjà appliqué dans le code pénal pour l'Inde et qui au Japon a été appliqué avec un decret qui établit la détention perpétuelle à la quatrième récidive (1).

Le représentant du Canada au Congrès pénitentiaire de Stockholm (*Comptes rendus*, I, 450) disait dans son rapport : « Les peines de courte durée augmentent le nombre des délits. Car après une première condamnation, beaucoup de délinquants de cette catégorie deviennent criminels de profession. Les voleurs de profession, les délinquants habituels, sauf de rares exceptions, devraient être condamnés à perpétuité, ou pour un temps équivalant à la période approximative qui leur reste de vie ». Le projet de code pénal russe (1883), à l'art. 56 dit : « S'il est reconnu que le prévenu est coupable de plusieurs infractions et qu'il les a commises par habitude de vie criminelle, ou pour en avoir fait son métier, le tribunal, en déterminant la peine

plémentaire » pour messieurs les assassins.... Et tout cela dans une colonie où les abus administratifs semblent énormes, et où l'on permet et on favorise même, dans l'ignorance complète des données de la biologie et de la psychologie criminelle, l'idylle criminel des mariages entre déportés et déportées!...

(1) MURRAY BROWN, *La récidive en Angleterre*, in *Bull. soc. Prisons Paris*, avril 1878. — BAKER, *La lutte contre le crime*, ibidem, mai 1878, *Le système cumulatif*, ibidem, juillet 1878 et *The War with Crime* (récueil de ses monographies), London 1889, p. 23 et suiv.

suivant les règles du concours des crimes, pourra l'augmenter, etc. ». Et le code pénal italien, malgré son éclectisme, et quoique très-timidement, à aussi établi une aggravation spéciale de peine pour les « récidivistes plusieurs fois » (art. 81).

Tout récemment le sénateur Bérenger a présenté en France un projet de loi « sur l'aggravation progressive des peines en cas de récidive », qui est devenu, avec la condamnation conditionnelle dont je parlerai tout à l'heure, la loi française du 26 mars 1891 « sur l'atténuation et l'aggravation des peines ».

Il est donc très-probable, que même les criminalistes classiques finiront par admettre la ségrégation indéterminée des incorrigibles, comme ils ont fini pour admettre les asiles pour criminels aliénés, qui contredisent tous les deux au purisme des théories classiques.

Cela est si vrai, qu'au Congrès pénitentiaire de St. Petersbourg en 1889, on proposa pour la première fois la question de savoir « si on peut admettre que certains criminels soient considérés comme incorrigibles et en cas affirmatif quels moyens pourraient être employés pour protéger la société contre cette catégorie de condamnés ». Et dans son rapport au nom de la Société juridique de St. Petersbourg, M. Spasowicz, reconnut que « cette question porte le cachet de son origine. De toutes les questions du programme, elle semble être la seule directement inspirée des principes de la nouvelle école positiviste d'anthropologie criminelle, dont les théories, propagées au delà de leur pays d'origine, l'Italie, tendent à réformer radicalement aussi bien la science que la législation, la loi pénale aussi bien que la procédure, l'idée de crime de même que les moyens de sa répression ».

Le Congrès, malgré quelques réserves, exprimées par Mad. Arenal avec la formule platonique que « criminel *non corrigé*, n'est pas synonime de criminel *incorrigible* » ap-

prouvait cette délibération : « Sans admettre qu'au point
de vue pénal et pénitentiaire il y ait des criminels absolument incorrigibles (*voilà du doctrinarisme pur.....*) puisque cependant l'expérience démontre, qu'en effet il y a des
individus rebelles à cette double action pénale et pénitentiaire (*ah!....*) et recommencent, par habitude et presque
par profession, à violer les lois de la société, la section
du congrès exprime (à l'unanimité) le vœu qu'il faudrait
prendre des *mesures spéciales* contre ces individus (1) ».

De même l'*Union internationale de droit pénal*, dans la
session de Berne (août 1890) approuvait les vœux suivants
de la majorité de la Commission : « Il y a des malfaiteurs,
pour lesquels, vu leur état physique et moral, la réaction
habituelle de la peine ordinaire est insuffisante. Dans cette
catégorie rentrent, en particulier, les récidivistes endurcis,
que l'on doit considérer comme des criminels dégénérés
ou des criminels de profession. — Les malfaiteurs doivent
être soumis, selon le dégré de leur dégénéréscence, ou du
danger qu'ils présentent, à des mesures spéciales, destinées à les mettre hors d'état de nuire et à les amender,
si possible ». Et dans la session de Kristiania (août 1891),
sur le remarquable rapport de M. Van Hamel, l'*Union* après
avoir écarté la proposition de M. Felisch, tendant à parler
d'*incorrigés* plutôt que d'*incorrigibles*, a approuvé à l'unanimité les conclusions de M. Van Hamel : « Dans l'intérêt
d'une étude plus complète du caractère et de la nocivité
des délinquants d'habitude, notamment des incorrigibles
(étude absolument indispensable à la législation) l'*Union*
charge son bureau de s'adresser aux différents gouvernements pour faire ressortir le haut intérêt que présente une

---

(1) *Resoconto del Congresso penit. di Pietroburgo*, in *Riv. carc.*, juillet
1890. — Joly, *Le IV Congrès pénit. intern.*, in *Archives anthrop. crim.*,
septembre 1890. — V. aussi les rapports présentés par Spasowicz, Brockway,
Arnal, Aloxoi, Ammitzböll, Gramantieri, Wahowitch, Dubois, Lattschow, Sichart.

statistique de la récidive détaillée, précise, uniforme et se prêtant à une étude comparative. — Pour les délinquants d'habitude incorrigibles il est absolument nécessaire que le jugement sur le dernier fait commis ne statue pas définitivement sur le traitement du délinquant, mais que cette décision soit abandonnée à une instruction ultérieure, *portant sur la personne du délinquant*, sur son passé, sur sa conduite pendant une période d'essai à déterminer (1) ».

Maintenant, il est question de voir quelle forme on doit donner à la ségrégation perpétuelle ou indéterminée des criminels.

Comme le remarque M. Tarde, « deux grandes inventions pénitentiaires sont nées, ou mieux se sont développées depuis un siècle et se disputent encore l'imitation des divers États : la *colonisation pénale*, dont la déportation n'est qu'une variété importante, et la *cellule* (2) ».

Et on peut même ajouter, que la cellule a pris une grande prédominance, depuis qu'elle a été rapportée de l'Amérique en Europe, où la prison cellulaire de St. Michel à Rome et celle de Gand l'avaient précédée.

Le système cellulaire, né de la réaction contre l'énorme putréfaction physique et morale des détenus dans les prisons et les bagnes en commun, peut avoir eu et a beaucoup de partisans, aussi pour l'esprit de piétisme et de pénitence religieuse qui l'accompagne toujours; mais il ne peut pas résister à une critique objective.

Déjà, parmi les mêmes pénitentiaristes on a eu une évolution de retour, quant à l'isolement. D'abord, en effet, on prêcha l'isolement absolu et continuel, diurne et nocturne *(solitary confinement)* en arrivant même aux inventions,

---

(1) *Bulletin de l'Union intern. de droit pénal*, Berlin 1891, p. 210 et 232, et 1892, p. 295 et 324.

(2) TARDE, *Philosophie pénale*, Lyon 1890, p. 507.

grotesques malgré la bonté des intentions, des capuces et des masques aux détenus, à-peu-près comme, pour résidu médiéval, les frères de la Miséricorde (secours aux blessés) dans quelques villes d'Italie. Ensuite on a vu que cela ne pouvait certainement pas aider l'amendement du coupable et alors on atténua l'isolement (tout en le maintenant diurne et nocturne), avec les visites aux détenus par l'aumônier, les directeurs, les commissions de vigilance, de patronage, etc. (*separate confinement*). Après on reconnut que réellement l'urgence de l'isolement était surtout pendant la nuit, et alors on arriva au système d'*Auburn* : isolement cellulaire nocturne, travail diurne en commun, mais avec l'obligation, du reste inapplicable, du silence. Enfin, voyant que malgré la triple panacée de tout système pénitentiaire (isolement — travail — et instruction, surtout religieuse), les récidives augmentaient toujours, on comprit que peut-être il n'était pas très utile de soumettre pour des mois et des années un homme à la vie monastique des « frères Trappistes » dans ces monstrueuses ruches humaines, que sous le nom de « panoptique » Bentham présentait à l'assemblée constituante française; pour le remettre, à l'échéance du terme, hors de la prison, aux prises avec toutes les tentations d'une atmosphère, à laquelle ses poumons n'étaient plus habitués. Et on inventa alors le *système progressif*, d'abord en Angleterre où il fut imaginé par Henderson et Du Cane, ensuite en Irlande, dont il a pris le nom (ou celui du colonnel Crofton), et qui est le mécanisme le plus symétriquement parfait, quoique un peu marionnettistique, et confirmation nouvelle de la loi haeckelienne que « l'ontogénie résume la philogénie », car il résume justement tous les systèmes précédents, dont chacun constitue une phase du système progressif. Il y a en effet d'abord une période philadelphienne, d'isolement absolu, « pour que le condamné se réplie sur sa conscience » ou bien « pour qu'il écoute et puisse entendre la voix du

remords » ou bien « pour qu'il ait une impression de re-
cueillement et de crainte ». Après vient une période au-
burnienne, d'isolement nocturne et travail (lorsqu'ils travaillent...) diurne, avec le fameux devoir du silence. Ensuite
une période « intermédiaire » d'établissement agricole ou
de travail diurne hors du pénitencier, comme période de
convalescence, pour ré-habituer ses poumons à l'air libre:
et c'est là la phase adjointe par le colonnel Crofton au système anglais. Enfin la période de la libération conditionnelle *(ticket of leave)*, par laquelle la dernière partie de la
peine est remise au condamné libéré, et sera comme ex-
piée, si pendant cette période de liberté et une autre successive il ne commet pas d'autre délit.

Et le passage, progressif ou régressif, d'une phase à
l'autre se fait par une sorte de régulateur automatique,
avec le nombre des marques gagnées ou perdues par le détenu selon sa bonne ou mauvaise conduite, à laquelle nous
savons déjà quelle valeur morale et psychologique on peut
donner; valeur purement négative.

Et ce système progressif, ou graduel, ou irlandais, est
allé désormais en conquérant l'Europe; de sorte que même
la Belgique, pays classique du système cellulaire, revient
sur son purisme cellulaire par effet de l'expérience quotidienne et a été même la première, sur le continent, à introduire la condamnation conditionnelle (en 1888), qui
est fille légitime de l'abus des peines de courte durée et
cellulaires.

Je ne nie pas que ce système progressif soit meilleur que
les autres : quoique il ne faille pas oublier, que les effets
presque miraculeux d'amendement et de diminution de la
récidive (qui du reste sont vantés pour tout système nouveau
qu'on applique, sauf à être démentis ensuite) étaient dûs,
pour l'Irlande, à la grande émigration en Amérique du
Nord des libérés sous condition : émigration qui atteignit
jusque à 46 % des libérés! Et il ne faut pas non plus ou-

blier que ce système, exigeant plus que tout autre un personnel adapté, peut être moins difficilement appliqué dans les pays, comme l'Irlande, qui ont quelques *centaines* de détenus seulement; mais il le sera bien plus difficilement en Italie ou en France, où les détenus se comptent par dizaines de milliers. De sorte que dans ces pays, le système ne sera point pratiquement organisable si on ne lui adjoint le principe de la classification bio-psychologique des détenus; car autrement dans ces pénitenciers se continue l'impersonnalité, qui est le vice de la justice pénale actuelle, et que même dans l'administration pénitentiaire on ne fait du détenu qu'un terme algébrique d'application des trois engins monastiques et pénitentiaires : cellule, travail, instruction.

Mais ce que je combat et que j'accepte seulement comme accessoire (même pour la segrégation des prévenus, une fois achevée l'instruction du procès) est l'isolement cellulaire par soi-même, qui a atteint le comble de l'absurde et de l'inhumain dans les condamnations à vie.

« La peine de l'*ergastolo* (perpétuelle), qui dans le projet est substituée à la peine de mort, diffère substantiellement (?) pour l'intensité de privations et de douleurs de toutes les autres peines détentives. Elle devra s'expier dans un ou deux établissements spéciaux qui seront bâtis (pauvres millions!...) dans le royaume. *Il serait ce que de plus lugubre et terrible l'imagination humaine pourrait concevoir :* TOMBEAUX D'ÊTRES VIVANTS, que la société a pour toujours éliminés de son sein; eux seuls, à différence des autres pénitenciers, soumettront les condamnés à la segrégation individuelle et cellulaire CONTINUE, *c'est-à-dire à une vie peut-être pire que la mort même....* Cet état très-misérable, auquel l'homme libre ne pourra penser sans terreur, durera DIX ANS; et qu'on efface même la faculté humaine de le faire cesser avant si le condamné, *brisé par les infirmités physiques ou menacé d'un désordre mental,* ne peut le tolérer pour un temps ultérieur (1) ».

Après cette description je ne regrette pas d'avoir dit que le système cellulaire est une des aberrations du XIX siècle.

Cet inutile, stupide, inhumain, coûteux « tombeau de vivants » n'est pas admissible, pas même sous la forme atténuée dans les expressions, établie par le nouveau code pénal italien, qui pour la détention perpétuelle (*ergastolo*) a, en acceptant en partie ma proposition au Parlement, réduit de dix à *sept ans* la période d'isolement absolu!

On comprend, par cette description de la détention cellulaire, comment les criminalistes et pénitentiaristes classiques sont arrivés, syllogistiquement, à la conclusion, que les peines perpétuelles doivent être abolies, ce qui rendrait possible même la récidive dans l'assassinat. Mais il est évident que ce qu'il faut abolir, ce n'est pas la segrégation perpétuelle, mais seulement la forme stupidement féroce de l'isolement cellulaire et non seulement dans les condamnations à vie, mais dans toutes les condamnations.

L'emprisonnement cellulaire est inhumain : car il efface ou il atrophie dans les criminels moins dégénérés le sens social, qui est déjà atrophié chez eux et parce qu'il rend inévitables parmi les détenus la folie ou la consomption (par onanisme, insuffisance de mouvement, d'air, etc.) et partant il pousse les pénitentiaristes, pour atténuer ces conséquences désastreuses, à la construction immorale de cellules bien confortables pour les assassins, qui sont un outrage à la misère honnête des chaumières et des mansardes. Et la psychiatrie a même distingué une forme spéciale d'aliénation mentale sous le nom de « folie pénitentiaire (2) ».

---

(1) Mancini, *Rapport sur le projet de code pénal italien* (1876), ch. I, § 7.
(2) V. bibliographie de *psychopathologie criminelle* à la fin du volume.

L'emprisonnement cellulaire, dans les condamnations temporaires ou indéterminées, ne peut pas être utile à l'amendement du coupable, par cela, surtout, que lorsqu'on n'a-
mende pas le milieu social il est bien inutile de prodiguer
les soins aux détenus, si à peine sortis de la prison ils
doivent rencontrer les mêmes conditions déterminantes au
crime, non éliminées ni atténuées par une efficace prévention sociale, qui ne peut pas être substituée, tant s'en
faut, par les hardes des sociétés de patronage pour adultes, plus ou moins arcadiques. Et l'erreur des pénitentiaristes a été justement de concentrer leur attention exclusivement sur la cellule et dans la cellule, en oubliant les
facteurs externes de la criminalité; de sorte que, par un
phénomène psychologique assez commun, la cellule pour
les pénitentiaristes est devenue ce que l'argent est pour
les avares : elle a cessé d'être un moyen, pour devenir but
à soi-même !

Le système cellulaire est aussi inefficace, car le même isolement moral, qui en était le but fondamental, n'est pas
réalisable. Les détenus trouvent mille moyens de communication entr'eux, ou pendant les heures de promenade, ou
en écrivant sur les livres qui leur sont donnés à lire, ou en
frappant sur les murs des cellules des coups à alphabet
conventionnel, ou bien en écrivant sur le sable des prome-
noirs, lorsque même ils ne se servent pas des égouts des
pénitenciers comme de réseaux téléphoniques, ce qui est
arrivé aux prisons cellulaires de Mazas, de Milan, etc. Il
suffit de lire « *Les palimpsestes des prisons* » de M. Lombroso,
pour en avoir les preuves les plus évidentes. « Le public
et même les savants croient de bonne foi, que la prison
cellulaire est un organisme muet et paralytique, c'est-à-
dire manquant de langue et de mains, par cela seul que
la loi lui a imposé de se taire et de rester immobile. Mais
puisque aucun decret, quoique soutenu par la force, ne
peut aller contre la nature des choses, ainsi cet organisme

parle, se meut et quelquefois même il blesse et il tue, malgré tous les décrets; seulement, comme il arrive toujours lorsque une nécessité humaine est en opposition avec une loi, il va par les routes moins connues et toujours souterraines et cachées (1) ».

Le système cellulaire est, en outre, inégal; car non seulement la différence de race influe beaucoup sur son application, et il est vraiment un malheureux mécanisme du nord, qui répugne aux peuples méridionaux, vivant d'air et de lumière. Mais surtout, dans un même peuple l'isolement est très-différemment senti selon les différentes habitudes professionnelles des condamnés, surtout des délinquants d'occasion. Et à ce propos, est bien juste la remarque de Faucher, Ferrus et Tarde, que dans l'organisation pénitentiaire il faut tenir compte de la distinction entre la population urbaine et rurale (2).

Enfin le système cellulaire est trop coûteux, pour être réalisable comme forme unique d'emprisonnement, ce qui cependant est ..... écrit dans le code pénal d'Italie, la loi française de 1875 etc.

Et c'est justement par suite des dépenses énormes pour les « pénitenciers monumentaux » qu'on a le contraste douloureux et dangereux entre les commodités assurées aux assassins et aux incendiaires dans leurs cellules, et les privations auxquelles sont condamnés les pauvres honnêtes dans

---

(1) Lombroso, *I palimsesti del carcere*, Turin 1891, préface.

(2) Et cependant la question si « le système cellulaire doit subir certaines modifications suivant la nationalité, l'état social, le sexe des criminels » non plus représentée depuis le Congrès pénitentiaire de Stockholm, par celui-ci a été résolue avec la délibération suivante : « Le système cellulaire, dans les pays où il fonctionne, peut être appliqué sans distinction de race, d'état social (paysans ou citoyens) ou de sexe, sauf à l'administration de tenir compte *dans les détails* de ces conditions particulières. Il n'y a à faire des réserves que pour les jeunes gens et si le régime cellulaire est appliqué même à ceux-ci, il doit s'appliquer de façon à ne pas nuire à leur développement physique et moral ». *Actes*, 1878, p. 303 et 617.

les hôpitaux, les asiles de mendicité, les mansardes urbaines, les chaumières rurales, et dans les casernes. Un des effets les plus éloquents que j'ai relevé de l'exposition des différents types de cellules, annexée au Congrès pénitentiaire de Rome en 1885, ce fut justement celui de montrer au public, comment avec le système cellulaire on est arrivé à l'exagération de traiter mieux les détenus (et sans même distinguer s'ils sont prévenus ou condamnés!) que les pauvres, qui restent honnêtes malgré leur misère (1).

En Allemagne, aussi bien qu'en France ou en Italie, les législateurs ont décrété, dans les codes ou les lois spéciales, l'application du système cellulaire pour toutes les peines détentives; mais, heureusement, celle-ci n'a pas encore été faite, à cause des dépenses énormes qu'elle imposerait. De sorte qu'on a cette autre absurdité d'avoir des codes tous fondés sur des systèmes pénitentiaires, qui en réalité n'existent pas ! Et puisque les criminels s'occupent non de la loi telle qu'elle est écrite, mais telle qu'elle est appliquée, ainsi il est naturel que les effets en soient désastreux.

De sorte que le système cellulaire vient à peser de nouveau sur les honnêtes gens, soit avec ces dépenses énormes, sous forme d'impôts, soit avec une concurrence aux travailleurs libres et honnêtes. Celle-ci est d'abord une concurrence morale, car le criminel a le travail quotidien et en tout cas le logement et la nourriture assurés; tandis que

---

(1) Les pénitentiaristes mêmes ont dû se préoccuper des dépenses énormes imposées par le système cellulaire et au Congrès de Rome proposèrent la question : « quelles seraient, d'après les expériences plus récentes, les modifications possibles dans la construction des prisons cellulaires, pour la rendre plus simple et moins coûteuse, sans nuire aux conditions nécessaires d'une application saine et intelligente du système ».

On vota des recommandations de détail, formulées par M. Herbette; mais le système, reste ce qu'il est, avec ses exigences qu'on peut réduire de bien peu. *Actes*, Rome 1837, 1, 249 et 277.

FERRI, *Lavoro e celle di condannati*, Roma 1886.

l'ouvrier honnête n'a d'assuré ni le travail quotidien, ni par conséquent sa subsistance. Et même la concurrence économique, si elle n'est pas très étendue pour le total des travailleurs libres et des travailleurs détenus, est cependant très intense dans tel ou tel endroit, pour telle ou telle industrie là où il y a une prison à travail industriel, sans que celui-ci arrive pas non plus à indemniser l'État des frais soutenus, car évidemment avec l'isolement cellulaire on ne peut pas organiser des industries importantes et avantageuses. Ce sont des petites industries (cordonnerie, menuiserie, etc.), qui tout à l'entour de la prison tuent, dans un rayon plus ou moins étendu, les mêmes industries libres, qui ne peuvent vaincre la concurrence artificielle faite par les salaires illusoires des pénitenciers (1).

Mais puisque, pour raisons morales et financières, les condamnés doivent travailler, ainsi il est évident que nous ne pouvons pas admettre, pour tous ces motifs, le système cellulaire comme type de l'organisation détentive.

Il suffit que dans les établissements de ségrégation des criminels on réalise l'isolement nocturne; pour lequel suffisent des constructions bien plus simples et moins coûteuses que les cellules pénitentiaires.

Le travail à l'air libre: voilà la seule organisation utile de la ségrégation des condamnés.

L'air, la lumière, le mouvement, le travail agricole, surtout dans les pays méridionaux et pour la majorité des détenus qui sont des paysans, voilà les seules désinfectants physiques et moraux possibles pour les criminels non complètement dégénérés, et qui pour les criminels non corrigibles empêcheront du moins leur abrutissement absolu, en leur imposant un travail hygiènique et plus rémunérateur.

(1) FERRI, *Lavoro e celle dei condannati*, Rome 1886. — PRINS, *Criminalité et répression*, Bruxelles 1886. — LOMBROSO, *Illusioni dei giuristi sulle carceri*, in *Arch. psich.*, 1886, p. 563.

La colonie pénale agricole, dans les terrains à défricher, pour les adultes : des plus malsaines aux plus salubres selon les catégories des criminels (nés, habituels, d'occasion) et selon la gravité des crimes commis ; à laquelle on pourrait ajouter, pour les criminels moins ré-adaptables à la vie sociale, le travail dans les mines, surtout lorsque celles-ci sont propriété de l'État. Ce que j'ai dit de la *malaria,* je le dis aussi du *grisou :* il vaut bien mieux qu'ils tuent des criminels au lieu de travailleurs honnêtes.

La colonie pénale agricole, dans les terrains déjà cultivés, pour les enfants et les jeunes gens.

Voilà l'idéal, la forme typique de la ségrégation des criminels, contre lesquels ne serait pas une défense suffisante la réparation rigoureuse des dommages causés, suivant les principes que j'ai exposés tout à l'heure.

Partout où il y a agglomération humaine, il y a fermentation et putréfaction humaine. Seul le travail à l'air libre satisfait à l'hygiène physique et morale. Et si pour les criminels urbains le travail agricole serait moins opportun, rien n'empêche que chaque colonie agricole, pour suffire à soi-même le plus possible, ait ses ateliers industriels, auxquels seraient destinés les condamnés selon le métier exercé en liberté. Tandis que pour les condamnés urbains sans profession ni métier (vagabonds, mendiants, etc.), malgré leur impuissance névrasthénique à tout travail grave et régulier, la colonie agricole est encore la forme la plus adaptée, car elle offre aussi des travaux légers et variés, comme le démontrent les colonies agricoles de Hollande, Belgique et Autriche, pour les vagabonds et les mendiants (1).

---

(1) Robin, *Colonies libres des travailleurs,* in *Bull. Soc. prisons Paris,* mai 1889. — Benedikt, *Sur le traitement des vagabonds,* rapport au Congrès de Anvers, 1889.

M. Joly dans son livre récent, *Le combat contre le crime* (Paris 1892), qui n'est cependant qu'une indication très incomplète du système, à peu près traditionnel, de défense sociale, insiste avec raison sur les soins à donner

Pour la ségrégation des criminels se fera la même évolution que pour celle des aliénés.

D'abord hôpitaux ou prisons, avec une horrible communion de corruption, pour les uns comme pour les autres. Ensuite le casernement sous forme d'asiles ou de pénitenciers, à édifice unique, monumental. Enfin, pour les aliénés, le système des asiles dits à village et même la colonie libre pour les fous inoffensifs et utilisables par le travail agricole et les petites industries, comme à Gheel en Belgique. Cela devra se faire aussi pour les criminels; au casernement infectant des grandes pénitenciers on substituira l'éparpillement oxygénant des colonies agricoles.

Quant aux criminels d'habitude, leurs caractères anthropologiques mêmes nous rappellent qu'il faut, pour cette catégorie, distinguer les deux moments de leur activité criminelle et partant les moyens pour s'en défendre. C'est-à-dire qu'il faut distinguer le moment initial, dans lequel ces individus commettent leur premier délit et la période successive, dans laquelle, pour les conditions que j'ai étudiées aux chapitre I et II, ils sont devenus des délinquants habituels, récidivistes et même incorrigibles.

Il est évident alors, que dans le moment initial de leur vie criminelle ils doivent être soumis aux mesures que j'indiquerai tout à l'heure pour les criminels d'occasion; tandis que lorsque de délinquants occasionnels ils sont devenus, grâce aussi à l'emprisonnement, des délinquants habituels, il faut alors les soumettre aux mesures que j'ai déjà indiquées pour les criminels-nés, car ceux-ci sont des incorrigibles par dégénérescence congénitale et ceux-là sont

à l'enfance abandonnée et criminelle, dont j'ai déjà parlé au chap. II. Et pour les adultes, tout en critiquant la transportation, conclue lui aussi pour « le bagne agricole » quoique avec beaucoup de doutes et de réserves. Il n'a une foi presqu'absolue que dans la cellule *pénitentiaire*, qui certes est l'engin mieux correspondant au spiritualisme religieux de M. Joly.

des incorrigibles par dégénéréscence acquise, mais ils aboutissent au même degré d'antisocialité et de deshumanisation. Avec cette différence, cependant, que les délinquants habituels sont presque toujours auteurs moins redoutables de délits moins graves (vols, escrocqueries, faux, attentats à la pudeur, etc.), et les criminels-nés, tout en pouvant être des petits voleurs ou escrocs peu dangereux, sont plus fréquemment des assassins, des voleurs sanguinaires (*escarpes*), des incendiaires, etc. De sorte que la discipline de leur ségrégation devra être différente pour l'une et pour l'autre catégorie.

Pour les criminels d'occasion, la défense sociale devra avoir un caractère de prévention bien plus que de répression, dans le but d'empêcher que ces individus, à cause d'une organisation pénale erronée, soient poussés à la récidive, en devenant avec cela des criminels d'habitude et incorrigibles.

Et c'est surtout pour cette catégorie qu'il importe de distinguer les jeunes gens des adultes, car pour ceux-là, bien plus que pour ceux-ci, la nature préventive des sanctions sociales pourra donner des effets sensibles pour la diminution de la criminalité. Pourvu, cependant, qu'aux graduations byzantines de la responsabilité dans l'âge mineur, auxquelles se bornent les codes pénaux, on substitue l'étude et le traitement physio-psychique des enfants et des jeunes gens criminels ou candidats du crime (1).

---

(1) LADAME, *De la nécessité d'un examem anthropologique et médico-psychologique des enfants mis à la charge de l'autorité publique*, in *Zeitsch. f. Schweiz. Strafr.*, 1890, III, 6. — RAUX, *Nos jeunes détenus*, Lyon 1890. — DE SARLO, *I piccoli candidati alla delinquenza*, in *Archivio psichiatria*, 1892.

L'*Union intern. de dr. pénal* a discuté aussi la question des criminels mineurs, mais en restant dans la vieille séparation entre les mesures préventives et répressives et dans la division chinoise des périodes de l'âge, délibérait (à Berne 1890) que « les enfants qui n'on pas encore 14 ans ne

En commençant par le traitement physique et moral de l'enfance abandonnée, que j'ai rappelé au chap. II, comme un des plus puissants substitutifs pénaux, pour arriver jusqu'à la correction forcée et à la condamnation pénale des jeunes criminels, il y a là tout un système à réformer radicalement, en excluant toujours pour les jeunes gens l'emprisonnement. Il faut donc abolir les soidisant maisons de correction, car (si on y évite même la confusion absurde et dangereuse des trois catégories d'enfants reclus pour correction paternelle, pour mendicité et vagabondage, et pour délits) rien de bon sera jamais possible d'en tirer, car le casernement et l'agglomération font sentir leurs effets de fermentation et de putréfaction humaine surtout chez les jeunes gens.

Pour ceux-ci il n'y a donc que la consignation isolée dans des familles d'honnêtes paysans et surtout les colonies agricoles, avec une discipline bien différente de celle des colonies pour criminels adultes, mais toujours inspirées de la règle de l'isolément nocturne, du travail à l'air libre et de la moindre agglomération possible.

Quant aux criminels d'occasion adultes, il est inutile désormais d'insister sur l'absurdité et le danger des peines de courte durée, avec ou sans isolément cellulaire, qui cependant en constituent maintenant la forme presqu'exclusive de répression. Quelques jours de prison et le plus des fois en communication avec des criminels d'habitude, ne peuvent exercer aucune intimidation, surtout avec les *mi-*

---

doivent pas être soumis à des mesures pénales ». *Bulletin*, 1889, p.57, 75, 81 et 1890, p. 223 et suiv.

Il est évident, au contraire, que le crime (surtout de sang) commis avant les 14 ans, ou en général par un enfant, n'est qu'un symptôme très grave qu'il s'agisse d'un criminel-né, sauf les cas d'enfants poussés à la mendicité et au vol par leurs parents, surtout dans les villes.

V. aussi ALTMANN, *Die Zwangerziehung jugendlicher Verbrecher in Preussen*, in *Zeitsch. ges. Strafr.*, 1891, n. 1, 2. — FULD, *Die Zwangerziehung in ihrer prophylactischen Bedeutung*, ibidem.

nimums grotesques d'un jour ou de 3 jours, admis par les codes de Hollande, d'Italie, etc. Mais ils ont au contraire des effets désastreux, soit en ôtant tout caractère sérieux à l'œuvre de la justice, soit en effaçant dans les condamnés toute crainte de la peine et en les poussant par conséquent à la récidive avec le déshonneur déjà subi, et les contacts corrupteurs et compromettants des criminels d'habitudes dans les prisons mêmes.

Et les effets de ces peines de courte durée, qui donnent la même limitation de liberté qu'une indigestion ou une neigée abondante, sont si évidents, que désormais on peut dire unanime la croisade contre ces peines, qui cependant constituent encore le fond des codes pénaux les plus récents.

Et alors, au problème de la substitution d'autres moyens répressifs dans les cas trop nombreux de condamnations pour délits légers, les théoriciens et les législateurs ont répondu par les propositions suivantes : arrêt à la maison — caution — avertissement judiciaire — travail obligatoire sans emprisonnement — suspension conditionnelle du jugement ou de la peine — exil particulier. Parmi ces moyens il y a maintenant un vrai engouement pour la « condamnation conditionnelle ».

Selon moi, cependant, aucune de ces mesures substituables aux peines détentives de courte durée ne peut avoir une application si utile et si large, telle qu'elle serait exigée par la nombreuse catégorie des délinquants occasionnels, auteurs de délits légers.

En effet, les arrêts à la maison, que le code pénal italien applique seulement aux femmes et aux mineurs, non récidivistes, condamnés pour contravvention de police avec moins d'un mois d'arrêts (art. 21), ne peuvent pas avoir une application efficace. Ils seraient inutiles, pour ceux qui soient déjà obligés à rester chez eux par leurs occupations, et pour les riches, qui pourraient se donner même chez eux toutes les distractions désirées; ou bien il serait nuisibles pour ceux au contraire qui doivent sortir de la maison pour se procurer dans les ateliers, les magasins, les bureaux, etc., la subsistance pour eux-mêmes et pour leurs familles. Sans ajouter que l'exécution des arrêts à la maison serait très difficile dans les grandes villes, en exigeant peut-être une sentinelle pour chaque condamné.

La caution *de bene vivendo* est trop inégale pour les pauvres et pour les riches et par conséquent trop rarement applicable en pratique pour qu'elle puisse devenir rien de plus qu'une mesure exceptionnelle et accessoire, ajoutable à la réparation des dommages; même si elle soit donnée sous forme de fidejussion par des tiers.

L'avertissement judiciaire (avec ou sans caution) que le nouveau code-pénal italien (art. 26-27) a voulu galvaniser, malgré l'expérience de beaucoup d'années sous les codes passés, n'a rien de sérieux. Ou le condamné est vraiment un délinquant d'occasion, ou par passion, sensible à l'honneur; et alors le jugement publique suffit à lui seul de leçon, sans besoin d'un petit sermon moral par le juge. Ou bien le condamné n'a pas cette sensibilité morale et alors l'avertissement n'est qu'un cérémonie inutile et ne peut avoir aucun effet sur le criminel, ni sur le public. Et cela est si vrai que l'avertissement judiciaire (bien différent de l'admonition de police, qui est un autre institut soi-disant préventif, mais réellement inefficace ou désastreux), n'est presque jamais appliqué par les magistrats.

Le travail obligatoire sans emprisonnement peut être admis, non comme peine principale, mais comme moyen exécutif de cette rigoureuse réparation des dommages, que je crois toujours la seule sanction opportune pour les délinquants d'occasion, auteurs de délits légers.

Il faut en dire autant de l'exil particulier (éloignement temporaire du lieu du délit), qui peut être adjoint comme mesure de prévention et de satisfaction aux offensés dans

les cas justement, où la sanction principale est la réparation des dommages causés.

Reste la condamnation conditionnelle, qui a désormais
une bibliographie spéciale (1).

(1) Prins, *La loi sur la libération conditionnelle et les condamnations
conditionnelles*, in *Revue de Belgique*, 15 août 1888 et *Bull. Soc. Prisons
Paris*, 1888. — Idem, *Rapport*, in *Bulletin de l'Un. intern. de dr. pén.*,
1889, pag. 28. — Alimena, *La riprensione giudiziale e la sospensione della
pena*, nella *Rivista penale*, 1888, xxvii, 557. — Tallack, *Penological and
preventive principles*, London 1889, ch. xiii. — Aschrott, *Aus den Strafen
und Gefängniswesen Nordamerikas*, Hamburg 1889. — Idem, *Ersatz kur-
zeitiger Freiheitstrafe*, Hamburg 1889. — Lammasch, *Rapport*, nel *Bulletin
Union Intern.*, 1889, pag. 34. — Garofalo, *Rapport*, ibidem, pag. 52. —
Loell, *Die bedingte Verurtheilung*, nel'*Archiv. f. Strafr.*, xxxviii, 20. —
Liszt, *Kriminalpolitische Aufbage*, nella *Zeitsch. f. die ges. Strafrechtsw.*
1889 et 1890. — Hippel, *Vorschläge zur Einführung der bedingten Verurtheilung in Deutschland*, in *Gerichtssaal*, 1889, xliii, 99. — Kirchenheim, *Bedingte Bestrafung*, ibidem, 1889, pag. 51. — Gillischewski, *Ueber
die bedingte Verurtheilung*, ibidem, pag. 272. — Setti, *La condanna
condizionale*, in *Rivista carceraria*, gennaio 1890. — Wach, *Die Reform
der Freiheitstrafe*, Leipzig 1890. — Appelius, *Die bedingte Verurtheilung*,
Cassel 1890 et *Die Reformbestrebungen auf dem Gebiete der Strafrechtspflege*, nella *Zeitsch. ges. Straf.*. 1892, xii, h. 1. — Schütze, *Die sogennante
bedingte Verurtheilung*, nell'*Allg. œsterr. Gerichtszeitung*, janvier 1890.
— Finger, *Zur Frage des Strafensystems*, ibidem, 1890, n. 24. — Gautier,
A propos de la condamnation conditionnelle, Berne 1890 (in *Revue pénale suisse)*. — Von Zucker, *Einige criminalistiche Zeit-und Streitfragen
der Gegenwart*, nel *Gerichtssaal*, 1890, xliv, 66. — Simonson, *Für die
bedingte Verurtheilung*, 1890. — Wahlberg, *Betrachtungen über die
Freiheitstrafen*, Wien 1890 (in *Juristichen Blätter)*. — *Rapports au Con-
grès pénitentiaire de S. Petersbourg*, 1890, par Pessina, Garofalo, Liszt,
Kirchenheim, Wuttert, Makarow et Sloutchewsky, Petit, Thalberg, Dreyfus,
Puibaraud. — Rosenfeld, *Welche Strafmittel Können an die Stelle der
Kurzeitigen Freiheilsstrafe gesetzt werden?* Berlin 1890. — Fayer, *Re-
forme du sisteme penal en Hongrie*, Buda Pest 1890. — Worms, *Con-
damnations conditionnelles*, in *Bull. Soc. Prisons Paris*, avril 1891.
— Parmentier, *Loi sur l'atténuation et l'aggravation des peines*, ibidem.
— Capitant, *La loi 26 mars 1891*, dans la *Revue critique de législation*,
juin 1891. — *Erste Landesversammlung der gruppe Deutsches Reich*
(Internationale Kriminalistische Vereinigung) extr. de la *Zeitsch. f. die ges.*

Aux auteurs de délits légers, non récidivistes, et qui lui semblent le mériter, le juge peut accorder la suspension du jugement ou de l'exécution de la condamnation pour une période fixée, passée laquelle sans que le délinquant ait tenu mauvaise conduite, ou commis un autre délit, le jugement est effacé et la condamnation est inexistante; tandis que dans le cas contraire, le jugement s'achève, ou la condamnation est exécutée avec celle pour le nouveau délit.

Cette suspension conditionnelle a reçu cependant deux formes bien différentes.

À Boston, depuis 1870 pour les mineurs et depuis 1878 pour les adultes (et dans tout l'État du Massachussettes depuis 1880), on suspend le jugement même sans regarder à la gravité du délit, ni aux précédents du délinquant: le juge ne fait que fixer (de 2 à 12 ans) la période dite de preuve (*probation systeme*). Et il y a un fonctionnaire spécial (*probation officer*) chargé de surveiller les individus soumis à cette preuve; avec des pouvoirs très-étendus, y-compris celui de les traduire en justice même seulement pour mauvaise conduite, sans nul besoin d'une vraie récidive, et les faire condamner.

Ce système a été introduit aussi à la Nouvelle Zelande et en Australie (1886).

En Angleterre, après la reclame faite par la *Howard Association*, depuis 1881, au *probation systeme* du Massachussettes, on approuva par l'initiative de M. Howard Vincent la loi 8 août 1887, qui a le titre officiel « *Act to permit the conditional Release of first Offenders in certain cases* ». Et

Strafrechtlsw, 1890 et *Zweite* ecc., 1891. — LOCART, *De la condamnation conditionnelle*, dans la *France judiciaire*, 1891, n. 7. — LABORDE, *Questions pratiques sur la loi 26 mars 1891*, in *Lois nouvelles*, 1891, p. 401. — NIOAR et GARY, *La loi Bérenger et ses applications*, Ibidem, pag. 35. — AXBAT, *La récidive*, Paris 1892, liv. i, titre i. — *La condamnation conditionnelle en Belgique, Autriche, Hongrie, etc.*, in *Bull. Union intern. dr. pén.*, 1892, p. 346 et suiv.

cette loi unit le système de la preuve avec la caution de bonne conduite. Le jugement est rendu, mais sans que la condamnation soit prononcée et le bénéfice du sursis est refusé à quiconque a déjà commis un autre délit, ou si le premier délit commis est passible d'une peine supérieure à deux ans de prison. Il n'y a pas de « *probation officer* » car la surveillance personnelle est remplacée par la caution ou par la fidéjussion de bonne conduite.

Dans l'Europe continentale on a institué une forme différente : il n'y a aucune surveillance de fonctionnaire spécial, ni aucune caution de bonne conduite; le jugement est rendu et la condamnation même est prononcée; et le bénéfice du sursis à l'exécution de la peine n'est pas perdu par une mauvaise conduite, mais seulement par une vraie récidive.

Tel est, en dehors des conditions différentes sur la limite de la peine qui rend possible la condamnation conditionnelle, sur le terme pour la récidive, et sur d'autres détails, le système proposé d'abord en France, en 1884, par le sénateur Bérenger, mais appliqué auparavant en Belgique avec la loi du 31 mai 1888 « sur la libération conditionnelle et les condamnations conditionnelles » et ensuite en France avec la loi du 26 mars 1891 « sur l'atténuation et l'aggravation des peines ».

Déjà, dans les congrès pénitentiaires de Londres (1872) et de Rome (1885) on avait discuté, mais sans prendre des délibérations, sur l'opportunité de substituer aux peines détentives pour délits légers une détention simple sans travail (Londres, *Actes*, p. 408), ou bien le travail obligatoire sans emprisonnement, l'exil local ou l'avertissement judiciaire (Rome, *Actes*, I, 179, 258, 660).

Mais, après la *Howard Association* en 1881, à propos du « probation systeme » c'est vraiment l'*Union internationale de droit pénal* qui a fait le plus de réclame à la condamnation conditionnelle, en décidant aussi à la session de

Berne (août 1889) « de recommander l'application de la condamnation conditionnelle » tout en insistant cependant,
après les remarques de M. Garofalo, « sur la nécessité d'en
déterminer les limites selon les conditions locales et le sentiment et l'état moral des peuples divers ».

De sorte que le Congrès pénitentiaire de S. Pétersbourg
(1890) discuta la substitution aux peines de courte durée
de l'avertissement judiciaire, ou bien de la condamnation
conditionnelle; mais il ne fut pas possible de s'y accorder
sur une résolution et la question a été renvoyée au prochain congrès pénitentiaire international (Paris 1895).

En Autriche et Allemagne on a aussi plusieurs projets de
loi sur la condamnation conditionnelle.

Quant à l'application de celle-ci, on a des données pour
la Belgique, où la loi de 1888 fait un devoir au garde des
sceaux de faire un rapport annuel au Parlement sur l'exécution de la loi même. Et on a justement deux rapports du
garde des sceaux Le Jeune, du 14 mai 1890 et du 7 juillet 1891.

Depuis le jour de l'application de la loi jusqu'au 31 décembre 1889, en Belgique

> sur 61.787 condamnations prononcées par les
> Tribunaux correctionnels,

> 8.696 ont été prononcées *conditionnellement*

et on a constaté 192 réchutes.

Et . . sur 222.492 condamnations prononcées par les
Tribunaux de simple police,

> 4.499 furent prononcées *conditionnellement*

et on constata 45 réchutes.

Les 13.195 condamnations conditionnelles ont été prononcées :

> 8.485 pour crimes et délits punis par le Code Pénal.

> 2.286 pour contravventions de police.

> 447 pour contravventions à réglements commu-
> naux et provinciaux.

> 1.977 pour contravventions à lois spéciales.

Les *crimes et délits* pour lesquels on les a le plus fréquemment prononcées sont :

COUPS ET BLESSURES VOLONTAIRES	*3.339* Tribun. correction.	
	491 Tribun. de police.	
VOLS ET APPROPRIATIONS . . .	*1.803* Trib. corr.	
	206 » de pol.	
RÉBELLIONS ET OUTRAGES . .	*961* Trib. corr.	
	67 » de pol.	
DESTRUCTION DE CLÔTURES ET OB- JETS MOBILES	*211* Trib. corr.	
	56 » de pol.	
ESCROQUERIES ET ABUS DE CON- FIANCE	*125* Trib. corr.	
	5 » de pol.	
CALOMNIES ET DIFFAMATIONS. .	*113* Trib. corr.	
	79 » de pol.	
ATTENTATS AUX MŒURS . . .	*112* Trib. corr.	
	10 » de pol.	

Et ainsi pour injures (99) — attentats à la pudeur (59)
— menaces (58) — faux divers (49) — adultère (48) —
adultération de comestibles (44) — blessures involontaires
(45) — appropriations d'objets trouvés (31) — port et vente
d'armes prohibées (30) — banqueroute (26) — homicide
involontaire (20).

Pendant l'année 1890 :

> sur 41.330 condamnations prononcées par les
> Trib. corr.

> (dont 36.660 ne surpassaient pas 6 mois de prison)

> 7.932 ont été prononcées *conditionnellement*

et on a constaté **223** rechutes.

Et . . sur 121.461 condamnations prononcées par les
Trib. de Pol.

> 6.377 ont été prononcées *conditionnellement*

en constatant **49** rechutes.

Pour la distribution des condamnations conditionnelles
selon les crimes, délits, contravventions, on a à-peu-près
les mêmes proportions que l'année précédente.

Ces chiffres ne sont vraiment pas très instructifs sur les
effets de la condamnation conditionnelle en Belgique et ils

ne le pouvaient pas être à cause de la brièveté de la période d'expérience : de sorte que la question reste encore sur le terrain théorique.

Et du reste ne semblent pas plus instructifs les chiffres sur l'application du « probation systeme » dans le Massachussettes.

Suivant un rapport décennal (1879-1888) de M. Savage « probation officer » de Boston, dans la comptée de Suffolk (dont Boston fait partie) la détention a été épargnée en 1879 à *322* individus et en 1888 à *880*.

Et en 1889 à *994* suivant le rapport officiel *« Probation Work in the county of Suffolk for the year ending 31 dec. 1889 »* (Boston 1890).

En dix ans le « probation officer » de Boston a examiné les cas de 27.052 individus, qui pouvaient être mis sous surveillance. On en a admis à la preuve *7.251*, dont 580 se montrèrent indignes du bénéfice.

Quant aux infractions pour lesquelles on a admis la preuve, il y a une différence très remarquable avec l'application de la loi belge.

En effet dans le « Probation district » de Boston, de 1879 à 1888, on appliqua le système à :

3.161 cas d'ivresse pour la première fois,
  222 » d'ivresse habituelle,
  211 » d'ivresse pour la troisième fois,
  958 » de vol,
  764 » de vagabondage nocturne des prostituées,
  470 » de lésions corporelles,
  274 » de « conduite irrégulière et oisiveté ».
  240 » de violation de domicile (surtout pour entrée dans les locaux destinés aux affaires).

De sorte que, même en dehors des différences de législation pénale et de vie sociale entre les deux pays, on voit qu'à Boston ce système est appliqué pour la plus grande partie aux ivrognes, qui ne sont pas, par cela seul, de vrais criminels.

Quant aux chiffres des rechutes constatées, qui à Boston en 1889 auraient été de 64 sur 1125 (6 %), je crois qu'il faut les mettre en quarantaine. À tout système ou engin pénitentiaire ou pénal nouveau n'ont jamais manqué les chiffres plus ou moins merveilleux sur les résultats obtenus; mais en suite la destinée commune à tous ces résultats magnifiques a été d'aller toujours en diminuant jusqu'à se convertir même en résultats opposés et à suggérer la nécessité d'autres engins plus pratiques et plus utiles. Et la raison en était et en sera toujours la même: c'est-à-dire la non-connaissance de l'homme criminel par les législateurs, juges et gardiens de prisons, et l'action des uns complètement étrangère à celle des autres. De là, au moins, la superficialité des mesures prises, toujours en vue bien plus du crime que du criminel, c'est-à-dire sans toucher aux racines vraies et profondes de la criminalité. Et de là aussi les désillusions inévitables de la réalité, à peine passée la lune de miel de toute invention pénale ou pénitentiaire.

Je suis bien loin d'admettre les deux objections principales de MM. Kirchenheim et Wach, que la condamnation conditionnelle offense le principe de la justice absolue, d'après lequel tout délit doit être frappé de la peine correspondante, et que les peines détentives de courte durée, si elles ont fait mauvaise expérience, ne doivent cependant pas être abolies, mais doivent seulement être appliquées d'une manière plus opportune et efficace.

La première objection n'a en effet aucune importance pour ceux qui suivent les principes et la méthode de l'école positiviste : et, comme dit M. Gautier, il est parfaitement inutile de discuter sur les conséquences lorsque on part de prémisses si opposées telles que la justice retributive, suivant laquelle toute faute exige un châtiment proportionné *(fiat justitia pereat mundus)* et la défense sociale, suivant laquelle une justice qui n'a pas d'utilité sociale est une justice injuste et frappée de dégénéréscence métaphysique.

Et la seconde objection ne me semble pas plus fondée, car les inconvénients des peines détentives de courte durée sont des défauts organiques et inévitables. Il n'est pas question de leur amélioration pratique, car on les a essayés toutes, du système en commun à l'isolement absolu, de la rigueur la plus inflexible aux systèmes les plus doucereux. L'amélioration pratique des peines de courte durée ne peut avoir qu'une influence secondaire, de palliatif: mais c'est la détention même, de courte durée, qui est une chose peu sérieuse et nullement utile.

Cependant, même en négligeant les autres objections de détail qu'on oppose surtout à la forme donnée à la condamnation conditionnelle dans l'Europe continentale, en comparaison du système américain, qui est certainement meilleur, car il n'abandonne pas le condamné à soi-même et ne se borne pas à la seule récidive légale; je ne suis pas enthousiaste de la condamnation conditionnelle. Et je ne le suis pas (malgré la première impression très favorable), par des raisons différentes de celles opposées jusqu'ici par les adversaires de cette réforme.

Dès la 1e édition de cet ouvrage j'ai soutenu que la répression doit être légère pour les criminels d'occasion et progressivement sévère pour les récidivistes et les malfaiteurs habituels, jusqu'à leur ségrégation perpétuelle. Le proverbe italien que « la première faute est pardonnée et la deuxième est bastonnée », n'est que la confirmation inconsciente de l'observation populaire. Et pour cela, de prime abord, la condamnation conditionnelle, surtout si elle est unie, comme dans la loi française, à une aggravation progressive de répression pour les récidivistes, se présente sous un aspect séduisant.

Mais la condamnation conditionnelle, à l'examiner un peu telle qu'elle a été proposée et appliquée jusqu'ici, a deux défauts organiques, qui se rattachent du reste au système pénal actuel et que ses partisans, qui sont en général des éclectiques entre l'école classique et l'école positiviste, n'éliminent pas du tout.

En effet, d'abord, tandis que l'école classique regardait le crime et que l'école positiviste vise le criminel, surtout selon ses catégories bio-psychologiques, les partisans de la condamnation conditionnelle (et les lois qui l'ont appliquée jusqu'ici) restent entre les deux points de vue, en ayant égard, il est vrai, plus au criminel qu'au crime, mais à un criminel moyen et abstrait, non vivant et palpitant, tel qu'on le voit dans ses différentes catégories. Pour le prouver il suffit de rappeler que l'art. 9 de la loi belge admet la condamnation conditionnelle, quant à l'entité de la peine, lorsquecelle-ci ne dépasse pas les 6 mois, *même si elle résulte du cumul de plusieurs peines!* C'est-à-dire qu'on admet la condamnation conditionnelle dans le cas aussi du concours de plusieurs délits commis par un même délinquant, ce qui en substance (sauf quelques cas de délits connexes commis avec la même action, ou sous l'influence unique de la même occasion), n'est qu'une vraie récidive et qui partant suffit, dans la plus grande partie des cas, à prouver qu'il ne s'agit pas de vrais délinquants occasionnels: car ceux-ci, comme ceux par passion, ne commettent en règle générale qu'un seul crime ou délit.

Les deux conditions fondamentales pour la condamnation conditionnelle en Europe (infraction légère et délinquant non récidiviste), ne constituent donc pas une garantie complète d'application utile.

Il est vrai que ce système essaie d'appeler l'attention du juge sur les conditions personnelles du prévenu, en lui donnant la faculté de décider si la condamnation conditionnelle est opportune, dans le cas spécial, selon les circonstances particulières du fait et de la personne, outre les limites légales du délit et de la peine.

Mais nous savons qu'à l'encombrement dans les prisons des condamnés aux peines de courte durée, fait un pendant douloureux l'encombrement dans les tribunaux des prévenus de délits légers et de contraventions. Il est donc inévitable que les juges, même en dehors de leur ignorance biologique et psychologique des délinquants, pour cette seule raison arithmétique, obligés à décider des dizaines et des vingtaines de procès chaque jour, ne peuvent pas fixer leur attention sur ce défilé de figures qui passent devant la lanterne magique de la justice correctionnelle ou de police, et n'en sortent qu'avec un écriteau portant le numéro de l'article qu'on a appliqué à …. l'infraction, qu'ils ont commise. De sorte que le juges finiront par appliquer presque mécaniquement la condamnation conditionnelle, de même qu'ils ont fini pour prendre l'habitude d'accorder le bénéfice des circonstances atténuantes, qui, elles aussi, ont été introduites, pour les crimes et délits, en France par la loi de 1832, dans le but « d'individualiser la peine », c'est-à-dire d'appeler le juge à la nécessité d'adapter la condamnation bien plus au criminel qu'au crime.

Aussi longtemps que la procédure pénale ne sera pas radicalement réformée, selon nos propositions, de sorte que la recherche, la discussion, la décision des preuves, qui seules doivent constituer le jugement pénal, ne visent et ne conduisent qu'à établir la catégorie bio-psychologique du prévenu, il sera humainement impossible que l'application pratique de ces engins judiciaires puisse vaincre l'impersonnalité mécanique de la peine, adaptée au crime bien plus qu'au criminel.

La condamnation conditionnelle, partant, quoique née de l'abus et des effets désastreux des peines détentives de courte durée et malgré son principe inspirateur que « la première est pardonnée et la deuxième bastonnée », ne représente aujourd'hui qu'un greffage éclectique sur le vieux tronc classique du droit et de la procédure pénale. Comme telle, malgré des apparences séduisantes (puisqu'elle marque un pas vers le système positif de défense sociale, qui veut l'adaptation de la défense collective à la puissance offensive de l'individu), elle me semble destinée, une fois passée la lune de miel de ses premières applications, à ne pas donner dans la pratique tous les effets heureux et bienfaisants, que ses partisans espèrent.

Et la condamnation conditionnelle, justement comme greffage sur le vieux tronc classique de la justice pénale, a un autre défaut très grave en cela, qu'elle oublie les victimes du délit.

Ses partisans, en effet, continuent à soutenir que la réparation des dommages est un intérêt privé, dont on recommande, platoniquement, l'application rigoureuse, mais que cependant ils laissent, en pratique, complètement oubliée.

Le condamné sous condition obtiendra donc la suspension de sa peine : ce que, du reste, et il est bien de ne l'oublier pas, il obtient aussi, très-souvent, soit par la prescription de la peine soit par la suspension qu'en Italie on accorde pour les peines inférieures à trois mois lorsqu'il y a, et il y a presque toujours (justement comme moyen suspensif pour les peines moindres) la demande de grâce (1).

Mais les victimes du délit, y a-t-il quelqu'un qui y pense?

À ce point de vue on peut même dire que la condamnation conditionnelle constitue un empirement de l'état actuel; car les victimes n'auront pas même la satisfaction, dans les cas de coups et blessures, de vol, d'escroquerie, etc., de voir exécutée la peine contre leurs offenseurs. Et il est inutile de dire platoniquement, avec M. Fayer, que la peine, quoique sous condition, est toujours une peine, qui implique le blâme de l'autorité publique et rend pos-

(1) En Italie, chaque année, on présente environ 35.000 demandes de grâce. En 1888 on en présenta 33.615, dont 2.656 ont été accueillies.

Pour la France les statistiques ne donnent pas les chiffres des demandes présentées. En 1888 ont bénéficié de grâces collectives 640 condamnés et on accorda en outre 3.838 grâces particulières.

sible la récidive, et qui en tout cas reste suspendue sur la
tête du condamné jusqu'à l'échéance du terme (1).

Toutes choses belles .... moins la récidive, qui suppose
une répétition peu consolante du délit par le condamné
sous condition, ce qui serait une maigre satisfaction pour
les victimes du premier délit. Mais toutes choses en l'air
et théoriques : l'essentiel est, pour les victimes, que l'offenseur reste impuni.

Il est vrai que les délinquants d'occasion méritent des
égards, au point de vue de la prévention spéciale : mais les
honnêtes gens, offensés par leurs délits, en méritent encore plus.

Je pense donc, non pas, comme le proposait M. Garofalo
à la session de Bruxelles, que la condamnation conditionnelle doit être subordonnée au consentement de la partie
lésée (2) : mais, bien plus, qu'elle ne devrait pas être accordée s'il n'y a pas eu de dédommagement aux victimes
du délit, ou s'il n'est pas garanti soit par le délinquant, soit
directement par l'État, suivant le système que j'ai proposé.

Car enfin, pour les criminels d'occasion qui commettent
un délit léger et dans des circonstances qui en révèlent le
caractère peu dangereux, je crois, comme j'ai déjà dit, que
la réparation des dommages causés devrait suffire comme
sanction défensive, sans nul besoin de condamnation conditionnelle à une peine détentive.

Quant aux criminels d'occasion auteurs de délits graves
et pour lesquels ne suffirait pas le seul dédommagement,
on devrait adjoindre dans les cas de gravité moyenne un
éloignement temporaire du lieu du délit, et dans les cas
les plus graves (par leurs conditions objectives et personnelles), la segrégation indéterminée dans une colonie agri-

---

(1) Fayer cité par Woaxs, *Condamnations conditionnelles*, in *Bull. Soc.
Prisons Paris*, 1891, p. 380.

(2) *Bulletin de l'Union intern. dr. pen.*, 1884, I, 149.

cole, avec travail et discipline moins graves que celles, que
on aurait dans des colonies agricoles pour les criminels-
nés et les récidivistes.

La dernière catégorie est celle des criminels par impulsion d'une passion non antisociale et excusable, telle que
l'amour, l'honneur, etc.

Pour ces individus toute peine est évidemment inutile,
en tant que contre-impulsion psychologique au crime, car
les circonstances mêmes d'orage psychologique, dans lesquelles ils le commettent, rendent impossible toute influence
intimidante de la menace législative.

Je crois partant que dans les cas typiques de criminels
passionnels, lorsqu'il n'y a pas une forme psychopathique
qui exige l'asile pour criminels aliénés, les peines détentives ne servent à rien. La réparation rigoureuse des dommages causés suffira à les punir, lorsqu'ils le sont déjà,
tout de suite après la détente criminelle de leur passion
légitime, par les remords vrais et sincères. Et on pourrait
adjoindre au dédommagement l'exil particulier et temporaire loin du lieu du délit et de la résidence de la famille
de la victime.

Pourvu toujours qu'on n'oublie pas, que je dis cela des
criminels, chez lesquels l'impulsion passionnée est vraiment exceptionnelle et qui présentent les caractères physio-
psychiques du vrai criminel passionné, dont j'ai parlé au
chap. I.

Différente est ma conclusion lorsqu'il s'agit de délinquants
seulement provoqués, qui ne présentent pas très complets
ces caractères typiques, qui sont déterminés par une passion sociale et excusable mêlée avec une passion antisociale (haine, vengeance, colère, ambition, etc.), par exemple : les meurtriers par emportement de colère juste, par
vengeance du sang, ou de l'honneur familial, par réparation d'honneur personnel, par soupçon serieux d'adul-

tère, etc.; les auteurs de coups et blessures, de défiguration
par motifs érotiques, etc.

Ces individus rentrent plutôt dans la catégorie des criminels d'occasion et doivent être traités comme tels (1).

Voilà donc, dans ses lignes générales, le système positif
de défense sociale, préventive et répressive, contre les crimes et les criminels, en accord avec les inductions de l'étude
scientifique du délit comme phénomène naturel et social.

Système défensif, qui par la seule force des choses devra
nécessairement se substituer aux systèmes classiques, criminels et pénitentiaires, lorsque l'expérience quotidienne
de tous les pays aura enraciné, avec l'évidence des résultats,
la conviction plus ou moins profonde, mais générale dès à
présent, que ces systèmes sont désormais incompatibles avec
les nécessités de la vie sociale par leur doctrinarisme naïf
aussi bien que par leurs effets de plus en plus desastreux.

(1) Pour les criminels politiques, suivant qu'ils appartiennent à l'une ou
à l'autre catégorie anthropologique des criminels, on doit naturellement
admettre les mesures et les sanctions proposées pour la catégorie correspondante.

Voir, dans le même sens, LOMBROSO et LASCHI, *Le crime politique*, Paris
1892, partie II, chap. 2.

CONCLUSION

L'avenir de la science et de la pratique pénale.

Si nous nous rappelons, maintenant, les conditions générales de la pensée scientifique moderne, d'où jaillit l'innovation de la méthode dans l'étude des délits et des peines et naquit la science nouvelle de l'anthropologie criminelle; et si nous nous rappelons aussi les données fondamentales de l'anthropologie et de la statistique criminelle, nous verrons se présenter spontanément une conclusion finale. C'est-à-dire, que dorénavant la science criminelle, tout en restant une science juridique dans les résultats et dans son but final, cependant dans sa base et dans ses moyens de recherche doit devenir une branche de la sociologie, qui aura pour sciences préliminaires l'anthropologie et la statistique, dans leur partie qui étudie l'homme criminel et son activité antisociale.

L'étude des faits sociaux, c'est-à-dire de l'activité humaine dans l'organisme social, constitue, par la création d'Auguste Comte, la sociologie générale, qui se distingue en plusieurs branches spéciales, suivant l'ordre particulier de faits sociaux pris à étudier.

La lutte pour l'existence peut être combattue par tout individu avec une activité normale, c'est-à-dire coordonnée aux conditions d'existence des autres individus et de la société, ou bien (sous l'influence perturbatrice des facteurs naturels relevés dans les chapitres précédents), elle peut être combattue avec une activité anormale, c'est-à-dire contraire à ces mêmes conditions d'existence individuelle et sociale. Par conséquent les sociologies spéciales se développent dans deux champs, distincts, mais non séparés, ayant en commun le fondement de la sociologie générale, suivant qu'elles étudient l'activité humaine normale, sociale, juridique, ou bien l'activité anormale, antisociale, antijuridique.

De sorte que, aussi bien que dans l'ordre organique, sur le fondement commun de la biologie générale (science de la vie individuelle) on distingue, pour l'étude des phénomènes biologiques normaux et anormaux, la physiologie et la pathologie; de même dans l'ordre superorganique (dirait H. Spencer, suivant une idée peut-être inexacte) sur le fondement commun de la sociologie (science de la vie sociale) on distingue, pour l'étude des phénomènes sociologiques normaux et anormaux, d'une part la sociologie économique, juridique, politique, et d'autre part la sociologie criminelle.

Voilà pourquoi je disais, dans l'introduction, que l'innovation de l'école positiviste ne se borne pas à une simple alliance entre le droit criminel et l'anthropologie et la statistique criminelle. Il s'agit au contraire d'une réforme radicale de méthode et d'organisme scientifique, qui s'épanouit dans la nouvelle science de la sociologie criminelle, dont ne sont que des chapitres particuliers d'un côté l'anthropologie (physio-psychologie) et la statistique criminelle et de l'autre côté le droit criminel et pénal.

Ces idées, que j'ai exposées depuis plusieurs années, en proposant alors le nom de sociologie criminelle (1) ont ren-

(1) Ferri, *Il diritto di punire come funzione sociale*, (novembre 1881), in *Arch. di psich.*, 1882, n. 1, p. 5. — *La scuola positiva di diritto criminale*, Prélection, Siena 1883, p. 31. — *Socialismo e criminalità*, Turin 1883, p. 16, 40, 42, 43.

contré, avec l'approbation des positivistes, les réserves et les atténuations éclectiques non seulement des criminalistes classiques, mais de ceux aussi qui, tout en suivant avec sympathie les conclusions de l'école positiviste, ne sont pas assez affranchis des vieilles habitudes mentales.

De sorte qu'il est nécessaire de dire quelque mot des rapports, d'une part, entre le droit et la sociologie criminelle et d'autre part entre la sociologie et la politique criminelle.

M. Puglia, le premier, quoique partisan de l'école positiviste, commença par déclarer que selon lui « la science criminelle, même *avec l'aide* des sciences naturelles et sociales, est sans doute une science sociologique aussi que toutes les sciences juridiques, mais elle conserve toujours *immuable* sa nature de science purement juridique ». Et il ajoutait ensuite : « Quelques doctrines qu'on veut incorporer à tout prix dans la science criminelle sont l'objet d'autres sciences analogues et très-intimement connexes à la science criminelle. Elles seraient : l'*anthropologie* criminelle, la *sociologie* criminelle, la *pénalogie,* la science du droit de *prévention,* la *statistique* criminelle. L'antropologie criminelle étudiera l'homme criminel au point de vue organique et psychique *et ne devra s'occuper d'autre chose.* La sociologie criminelle étudiera les facteurs physiques et sociaux de la criminalité et par conséquent elle relèvera aussi l'influence des peines sur le mouvement de la criminalité, *mais elle ne devra pas dépasser ces bornes.* La pénalogie étudiera, avec la méthode expérimentale, les différents systèmes pénitentiaires et cherchera les moyens répressifs les plus efficaces pour conserver l'ordre juridique, troublé par les criminels. La science du droit de prévention étudiera les réformes les plus opportunes pour modifier et neutraliser la force des facteurs de la criminalité. La statistique criminelle réduira en données numériques les phénomènes criminels et donnera au criminaliste et au sociologue des matériaux très importants pour la science des délits et des peines. Enfin la science criminelle développera le droit de répression, établira les principes scientifiques de la responsabilité des criminels, les critériums pour sa mesure, en indiquant les peines les plus opportunes pour la conservation de l'ordre juridique (1) ».

Tout en laissant de côté l'idée incomplète qu'il s'agit seulement d'une *aide* prêtée par les sciences naturelles et sociales, au lieu d'une innovation de méthode scientifique dans l'étude du délit; tout en laissant de côté l'*immutabilité* prophétisée, contre l'inévitable transformation évolutive de toute science, aussi bien que de toute forme de la vie; ce système cellulaire que M. Puglia voudrait appliquer aux différentes doctrines qui relèvent les données positives sur la genèse naturelle du crime et en déduisent les conclusions expérimentales pour la défense contre lui, est inexact par lui-même, dans son morcellement isolateur, et il est démenti par ses applications mêmes.

En effet, il est inexact: car, par exemple, l'étude des facteurs physiques et sociaux du crime ne constitue pas la sociologie criminelle, mais la statistique criminelle. Et il est dementi par sa même inapplicabilité, car l'étude de la peine, comme moyen de répression, appartiendrait, suivant M. Puglia, à la sociologie criminelle aussi bien qu'à la pénalogie et au droit de répression, tandis que le crime appartiendrait à l'anthropologie, à la sociologie criminelle et à la science du droit de prévention. C'est-à-dire que malgré la tentative d'isolement cellulaire entre l'une et l'autre doctrine, il est inévitable qu'une communion s'établisse et se continue entre les unes et les autres, et elle suffit, elle

(1) Puglia, *Il diritto di repressione*, Prélection à l'Université de Messina, 1882, p. 25. — *Risorgimento ed avvenire della scienza criminale*, Palerme 1886, p. 52.

V. aussi Fulci, *La scuola positiva criminale*, Rome 1885. — Restivo, *Sociologia e diritto penale*, dans l'*Antologia giuridica*, Catania 1890.

seule, à démontrer l'impossibilité de séparer, tout en les
distinguant, les branches particulières d'une même science
aussi bien que les organes spéciaux d'un même organisme.

L'anthropologie et la statistique criminelle, aussi bien
que le droit criminel et pénal, ne sont que les chapitres
d'une science unique qui a pour objet l'étude du délit
comme phénomène naturel et social et partant juridique,
et l'étude des moyens les plus efficaces pour la défense préventive et répressive contre le crime même.

Mais les idées de M. Puglia ont été répétées, entr'autres,
par MM. Gretener, Liszt, Garraud, Sergejewsky (1).

Pour eux, le droit pénal étudie le crime et la peine comme
« phénomènes *juridiques* », tandis que la sociologie criminelle les étudie comme « phénomènes *sociaux* ». Et celle-
ci a ces trois tâches à remplir : décrire la criminalité, dans
son histoire et dans son état actuel — déterminer ses facteurs individuels, physiques et sociaux — indiquer les moyens pour la combattre.

Au fond de cette prétendue séparation entre droit pénal
et sociologie criminelle il y a toujours cette idée incomplète et vieille des phénomènes juridiques, que nous avons
déjà rencontrée à propos de la théorie de la responsabilité dans la séparation faite par les classiques entre « défense juridique » et « défense sociale ». Mais lorsqu'on
admet, ce que de reste on ne pourrait pas nier, que le délit
considéré comme phénomène juridique c'est le même fait

(1) Gretener, *Ueber die italienische positive Schule des Strafrechts*, in
Zeitsch. der Bernischen Juristenverein, 1885, xx, 1. — Liszt, *Lehrbuch
des deutschen Strafrechts*, ii édition, Berlin 1884 et *De la répartition géographique des crimes dans l'empire allemand*, in *Archives anthrop. crim.*,
mars 1886. — Garraud, *Rapports du droit pénal et de la sociologie criminelle*, ibidem, 1886, n. 1. — Sergejewsky, *Das verbrechen und die Strafe
als Gegenstand der Rechtswissenschaft*, in *Zeitsch. f. ges. Strafrechtw.*
1882, p. 211 et dans son ouvrage examiné par Frassati, *Die neue positive
Schule in Russland*, ibidem, 1890, x, n. 5 et *La nuova scuola di diritto
penale in Italia e all'estero*, Turin 1892.

que le délit considéré comme phénomène social, dont il faut justement déterminer les facteurs naturels, il est évident alors que cette prétendue séparation est par trop artificielle. De même qu'il serait absurde de vouloir séparer l'étude des facteurs individuels de l'étude des facteurs physiques et sociaux du crime; il serait aussi bien absurde de vouloir séparer l'étude naturelle et sociale du crime de son étude juridique.

L'observation scientifique, avec la méthode expérimentale, du crime comme fait naturel, social, juridique et des moyens de défense préventive et répressive : voilà la sociologie criminelle, science unique et complexe. Ce qui n'empêche pas que cette science ait des chapitres distincts, mais concurrents·et inséparables, suivant les aspects spéciaux du phénomène criminel et de la défense contre lui, plus particulièrement étudiés.

Et il est bien étrange, par exemple, que M. Liszt, tandis qu'il veut séparer le droit pénal de la sociologie criminelle (qui, par lui comme par M. Puglia, est inexactement donnée comme synonime de statistique criminelle) s'oppose au contraire à l'existence de la pénalogie, comme science autonome, puisqu'il dit justement qu'elle n'est qu'un chapitre de la science des délits et des peines.

Cette prétendue séparation entre droit criminel et sociologie criminelle, qui pour les classiques purs serait un vrai « divorce », mais pour les éclectiques ne devrait être qu'une « séparation coniugale » à l'amiable, n'a pas seulement une importance théorique : elle a au contraire une grande portée de conséquences pratiques.

Si l'on croit, en effet, que le criminaliste doive s'occuper seulement du délit et de la peine comme entités juridiques, en laissant à la sociologie criminelle le soin de s'occuper du délit comme phénomène social dans sa genèse naturelle et aux doctrines de la prévention de s'occuper de sa prophylaxie et à la science pénitentiaire de s'occuper de la peine

comme exécution pratique d'une règle juridique abstraite,
il arrive, comme il est arrivé jusqu'ici avec l'école classique, que chacune de ces sciences et de leurs applications
s'en va pour son compte sans aucun accord et même très-
souvent avec opposition de méthodes et de buts. Et cependant qui en paie les frais, c'est toujours la société civile, qui
reste sans défense efficace contre les criminels, sans prévention des facteurs de la criminalité et avec une répression aussi inefficace pour la collectivité que désastreuse
pour les individus qui en sont frappés.

Un homme tue un autre homme, pour le voler.
Voilà un fait unique et qui, sous une forme ou l'autre,
se reproduit malheureusement tous les jours.
— Alors, voici, partageons-nous notre tâche. Vous, sociologue criminaliste, vous étudierez les causes qui ont déterminé cet homme à l'assassinat; jusqu'ici la science criminelle ne s'en était pas du tout occupée, en acceptant le
fait accompli; elle a fait mal, nous l'admettons; mais
voyons, pas de confusion; vous, sociologue criminaliste,
prenez bien avec vous l'anthropologie et la statistique criminelle, mais bornez-vous dans votre cellule fermée à étudier les facteurs naturels du crime. Vous nous direz ensuite
les résultats de vos études, qui seront certainement inté-
ressants : mais cependant nous ne pouvons pas nous confondre avec vous : il faut continuer à nous partager notre
sujet d'étude.
— Vous, criminaliste, vous étudierez cet assassinat comme
entité juridique, en examinant soigneusement s'il est tenté
ou manqué, ou consommé, s'il est prémédité ou *præter in-
tentionem,* s'il est un meurtre simple ou qualifié, etc.; mais
ne vous occupez d'autre chose! Tout-au-plus indiquez-nous
la qualité et la dose de peine, qui est proportionnée à la
culpabilité morale de l'assassin, dont vous pouvez même
ne pas faire la connaissance personnelle....: allez, fermez-

vous dans votre cellule et faites des bons syllogismes juridiques.

— Quant à vous, officier de police, vous n'avez malheureusement rien à faire dans ce cas : mais rappelez-vous,
une autre fois, de prévenir ces crimes monstrueux : sou-
mettez à une surveillance spéciale les personnes suspectes,
imposez un horaire aux débits de boissons, défendez le
port d'armes, etc. : et espérons bien que votre œuvre sera
efficace.

— Vous, professeur de procédure pénale, fermez-vous
dans une autre cellule et étudiez le moyen le meilleur pour
juger cet assassin, en vous rappelant qu'il est bien plus
une victime de l'autorité sociale, qu'il faut garantir surtout
contre les abus du pouvoir. Vous le ferez assister, *pro
forma,* aux débats de son procès; mais là le juge devra
regarder surtout au crime qu'il a commis et à l'article du
code pénal qui lui convient le plus exactement.

— Enfin, vous pénitentiariste, attendez que le juge ait
condamné cet assassin, par exemple, à 20 ans, 5 mois et
8 jours de réclusion : ne vous inquiétez pas, naturellement,
de ce que dans ce moment étudie le sociologue criminaliste dans sa cellule; fermez-vous dans une autre cellule
et efforcez-vous d'inventer un engin pénitentiaire, qui puisse
faire passer le moins mal possible, à ce pauvre condamné
les 20 ans, 5 mois et 8 jours de réclusion, et rappelez-vous
qu'à l'échéance du dernier jour, sans vous occuper de ce
que dans ce temps auront conclu vos collègues qui étudient
le crime et le criminel, vous devrez le mettre à la porte
de votre pénitencier..,. s'il n'y a été déjà mis quelques années auparavant, sans que le juge en sache rien, par un
décret de grâce « collective ou particulière », ou bien par
un décret de libération conditionnelle, qui récompense sa
« bonne conduite » au pénitencier. Et si, par hasard, cet assassin a été envoyé à la Nouvelle Calédonie, et si vous n'avez
plus de ses nouvelles.... eh bien, consolez-vous, justice a

été faite par le seul fait qu'il a été solennellement condamné à 20 ans, 5 mois et 8 jours de réclusion!...

Voilà ce qu'on a fait jusqu'ici, dans la théorie et dans la pratique, et voilà ce qu'on continuerait à faire, si aux autres « sciences auxiliaires du droit criminel » aussi traditionnelles que somnolentes, on ajoutait la sociologie criminelle. Et cela est si vrai, que dans les traités de droit pénal les plus récents, par ex. de M. Garraud ou de M. Liszt, la sociologie criminelle est rappelée au chapitre préliminaire avec les autres « sciences auxiliaires », mais tout de suite après le criminaliste continue le travail syllogistique habituel sur le délit et la peine « comme faits juridiques », sans s'inquiéter plus, le moins du monde, des conditions déterminantes, réelles et personnelles, du « fait juridique » soumis à une autopsie syllogistique si minutieuse et byzantine.

Et la criminalité, cependant, plante malfaisante, croît et approfondit chaque jour ses racines, entre les fêlures énormes qui sont en pratique entre la parole de la loi, la sentence du juge, l'organisation pénitentiaire et les mesures soi-disant préventives.

Nous pensons, au contraire, qu'aussi bien que l'ordre des phénomènes criminels est unique, de même unique en est la science qui en doit étudier les causes, les effets, les remèdes.

Certes, le sociologue criminaliste ne fera pas *ex-professo* ni l'anthropologue, ni le statisticien, ni le pénitentiariste, comme cela est arrivé jusqu'ici à plusieurs partisans de l'école positiviste, car on sait que dans les débuts de toute science la division du travail n'existe pas. Mais le sociologue criminaliste ne doit pas, par crainte du surmenage intellectuel, se borner à l'étude « juridique » du délit: il doit au contraire connaître et systématiser les données scientifiques de l'anthropologie et de la statistique criminelle aussi bien que de la science de prévention, de répression et de procédure.

Le sociologue économiste n'a pas le devoir scientifique de faire *ex-professo* de la chimie, ou de la physiologie, ou de la psychologie, mais il doit connaître les données fondamentales et plus récentes de ces sciences, s'il veut faire de l'économie sociale et non pas de l'économie *ad usum delphini.* De même, le criminaliste, s'il veut être un sociologue et non pas seulement un juriste, c'est-à-dire s'il veut coordonner ses études aux conditions d'existence de la société et des individus, et non pas s'isoler à faire des syllogismes plus ou moins avocassiers sur « le petit crime » commis par « le pauvre criminel » « bien excusable », doit connaître, suivre, organiser et appliquer les inductions fondamentales des sciences naturelles, sociales et juridiques qui ont pour objet l'étude du criminel et du crime, de leur prévention et de leur répression.

Plus récemment, la séparation conjugale entre droit pénal et sociologie criminelle a été présentée sous une forme moins naïve et ouverte; et on a dit que la sociologie criminelle, plutôt qu'une science auxiliaire du droit pénal, est la même chose que la « politique criminelle » *(Kriminalpolitik).*

Bien plus : M. Liszt, qui repète plusieurs conclusions de l'école positiviste sans citer ceux qui les avaient publiées avant lui, laisse comprendre que pour lui existe seulement la politique criminelle fondée sur la biologie criminelle (anthropologie) et sur la sociologie criminelle (statistique). En développant la notion qu'il en avait donnée dans la III édition de son traité scolastique de droit pénal, M. Liszt définit la politique criminelle : « l'ensemble systématique des principes fondés sur l'examen scientifique des origines du crime et des effets de la peine, suivant lesquels l'État doit combattre la criminalité avec les peines et les institutions analogues ». Et cette politique criminelle serait, naturellement, toujours séparée du « vrai droit pénal », qui étudie le crime et la peine au point de vue technico-juridique (1).

Tout en negligeant que M. Liszt, accepte les données de l'anthropologie criminelle, mais en faisant des réserves syllogistiques sur le criminel-né, je trouve que cette idée de la politique criminelle est équivoque ou inexacte.

Equivoque, si par politique criminelle on entend réellement la science du crime, étudié par la méthode positiviste comme phénomène naturel et social, et non seulement juridique; car alors cette politique criminelle ne serait que la sociologie criminelle. Cela paraît, lorsque M. Liszt, dit quelque part que sont incomplètes les nouvelles dénominations de *pénalogie* et de *criminologie,* qui plaisent tant au contraire à M. Topinard, lequel ne voudrait pas voir touché le patrimoine sacré de l'anthropologie .... par l'anthropologie criminelle.

M. Liszt remarque que la criminologie et la pénalogie, quoique inspirées de la méthode positive, ont seulement pour objet le crime et la peine et ne comprennent pas tout l'ensemble des sciences pénales, qu'il indique sous le titre de « *Gesamte Strafrechtswissenschaft* ».

Et alors, d'une part il est erroné de faire de la *sociologie* criminelle un synonime de la *statistique* criminelle, justement dans le but d'écarter ce titre, compréhensif et exact lui vraiment, de « sociologie criminelle »; et d'autre part on ne comprend pas comment et pourquoi doit se représenter la séparation du droit pénal comme étude technico-juridique du délit et de la peine, qui resterait en dehors de la soi-disant politique criminelle (dans ce sens large du mot), comme un pur exercice scolastique d'abstractions théoriques.

(1) Liszt, *Kriminalpolitische Aufgabe,* in *Zeitsch. f. ges. Strafr.,* 1889, ix, 453-454 et *Lehrbuch des deutschen Strafrechts,* iv édition, Berlin 1891, p. 2, 3.

Mais, surtout, cette idée de la politique criminelle est inexacte, car si réellement il peut exister une politique criminelle elle n'est et ne peut être que l'art pratique d'adapter les conclusions générales de la sociologie criminelle aux exigences et conditions particulières de chaque pays et de chaque moment historique.

Et c'est là précisément la signification que les vieux juristes allemands ont toujours donnée à l'expression « *Kriminalpolitik* », comme le prouvent les mots suivants écrits par Henke en 1829 et que M. Liszt rappelle : « Qui veut rechercher le fond de la politique criminelle, soit même au point de vue théorique, *et plus encore qui est obligé d'en faire application comme législateur,* doit rechercher avant tout le fond de la nature humaine et les lois de son développement dans le temps et l'espace. *L'anthropologie,* dans sa signification la plus large et l'histoire de l'*évolution* des peuples *(voilà des expressions bien remarquables chez un criminaliste d'il y a soixante-dix ans et qui attestent la profondeur de son talent),* sont donc les connaissances les plus indispensables pour l'étude de la politique criminelle. Et non moins importante est la recherche sur la manière dont les crimes naissent, car ils ont souvent leur origine moins dans une dégénération ou perversité morale du criminel que dans les règles ou institutions défectueuses de la société civile (1) ».

Il s'agit donc, pour Hencke, de l'art législatif *(Criminalpolitik)* d'adapter aux conditions particulières de chaque peuple les mesures de répression, que la science du droit pénal *(Criminalrecht)* établit en abstrait (2).

---

(1) Hencke, *Handbuch des criminalrechts und der criminalpolitik,* Berlin 1823, 1, § 31 et § 29.

(2) Telle est aussi l'idée d'un célèbre criminaliste allemand contemporain: Berner, *Lehrbuch des Strafrechts,* Trad. ital. Milano 1887, § 38.

Bien différente est celle que Carrara appelait « pratique législative » (Turin 1874, 1 vol.); car celle-ci n'était pour lui que l'art de *formuler pratique-*

C'est-à-dire que c'est une distinction pareille à celle qu'on pourrait faire, entre la sociologie criminelle *théorique* et la sociologie criminelle *pratique* ou *appliquée*. Sans oublier cependant que les sciences inspirées de la méthode positive regardent comme moins profonde cette distinction entre la théorie et la pratique, qui était au contraire inévitable et souvent même irrimédiable lorsque l'apriorisme éloignait les règles théoriques de la réalité de la vie quotidienne, ce qui est arrivé et arrive toujours à l'école classique criminelle.

De sorte que, en concluant, ou bien par politique criminelle, dans le sens théorique du mot, on entend l'étude scientifique de la criminalité et des moyens défensifs, et alors cela n'est qu'un équivoque, car cette étude inaugurée par l'école positiviste constitue justement la nouvelle science de la sociologie criminelle, avec les doctrines sur les données de fait (anthropologie et statistique criminelle) aussi bien qu'avec les doctrines sur les inductions de ces données (ou théorie de la défense préventive et répressive, criminologie et pénalogie ou droit criminel et pénal).

Ou bien par politique criminelle, dans le sens pratique et plus exact du mot, on entend l'art par lequel les législateurs font descendre les règles de la science criminelle du ciel des abstractions à la réalité de la terre, et alors on peut l'admettre, quoique la méthode positive appliquée à la science des délits et des peines rende moins grande et moins profonde la distance entre la théorie et la pratique. Car, pour les sciences sociales positives, la théorie n'est que

---

ment dans les lois les règles abstraites de la théorie criminelle. Il régardait en effet la capacité des juges et des jurés, la garantie des droits des prevenus, en recommandant et en exemplifiant la clarté des articles de loi, les limites des peines, la spécification des circonstances excusantes et aggravantes, etc. Mais Carrara ne s'occupait du tout des conditions naturelles de la société où naît le crime et qui doit s'en défendre en adaptant à ces conditions mêmes les inductions de la science suivant les temps et les lieux, ce que veut justement la sociologie criminelle pratique ou appliquée.

la vie pratique systématiquement observée et la pratique ne doit être que la théorie en action.

Ces remarques expliquent aussi pourquoi s'est pleinement vérifiée l'affirmation que je faisais dans la II édition de cet ouvrage (1884), que l'application de la méthode expérimentale aux sciences sociales et juridiques, de même qu'elle avait renouvelé la science des délits et des peines, aurait aussi renouvelé la science du droit civil. En effet, l'école positiviste, qui a déjà conquis le champ de l'économie politique en la transformant, de nos jours, en une sociologie économique bien éloignée de l'optimisme orthodoxe; a commencé à envahir aussi, surtout en Italie, le champ du droit civil classique, pour le délivrer des résidus théoriques du vieux droit romain, inspiré de conditions sociales et économiques trop différentes de celles du monde moderne, et poussé à un individualisme trop excessif, pour qu'il puisse encore représenter la réglementation juridique des faits économiques dans les sociétés contemporaines (1).

(1) BOLAFFIO, F. Laurent e il diritto civile, Venezia 1881. — COGLIOLO, la teoria dell'evoluzione darwinistica nel diritto privato, Camerino 1882. — VADALÀ PAPALE, Il codice civile e la scienza, Naples 1881 et La nuova tendenza del diritto civile in Italia, in Riv. di giurisprudenza. Trani 1883. — GIANTURCO, Gli studi del diritto civile e la questione del metodo, Naples 1881. — CIMBALI, Gli studi del diritto civile in Italia, 1882.
On eut ensuite une série de publications dans la même direction, telles que: COGLIOLO, Saggi sull'evoluzione del diritto privato, Torino 1885. — CHIRONI, Sociologia e diritto civile, Torino 1886. — PAOLUCCI, Il nuovo indirizzo nella scienza giuridica e nel diritto positivo, Salerno 1888. — SAINT MARC, Droit et sociologie, in Revue critique de législation, janvier 1888. — GIERKE, Die soziale Aufgabe der Privatrechts, Berlin 1889. — MAJORANA, L'evoluzione storica nei rapporti fra le legislazioni e la giurisdizione, in Archivio giuridico, 1889, n. 4. — FIORETTI, Sur l'application de l'anthropologie aux législations et aux questions de droit civil, dans les Actes du II congrès d'anthrop. crim. à Paris, Lyon 1890, p. 113 et suiv. — MENGER, Das bürgerliche Recht und die besitzlosen Volksklassen, Wien 1890. — PICCIONE, Evoluzione storica del diritto civile e della sanzione penale, in Riv. di giurepr., 1889, XIV, 511. — SALVIOLI, I difetti sociali

De sorte que dans la publication d'une nouvelle revue, nous avons pu lui donner pour programme justement la propagande pratique des théories positivistes dans la législation et la jurisprudence non seulement pénales, mais civiles aussi (1).

Le 12 novembre 1873, François Carrara, dans la prolusion à son cours célèbre à l'Université de Pise, en parlant « du droit criminel et de la procédure pénale » concluait en recommandant aux jeunes plutôt l'étude de la procédure que celle du droit criminel, car dans celle-ci « bien peu reste à ajouter à ce qu'ont fait nos pères (2) ».

L'urgence de donner à la procédure pénale cette attention, que jusqu'ici trop peu lui ont accordée surtout les criminalistes italiens, est indéniable. Puisque les principes de la procédure sont inspirés en grande partie des critériums fondamentaux du droit de punir, ainsi je crois qu'à l'étude et au développement de la science de la procédure pénale, il est d'autant plus urgent de donner un fondement positif et

del codice civile, Prélection, Palerme 1891. — GIANTURCO, Individualismo e socialismo nel diritto contrattuale, Prélection, Naples 1891. — VADALÀ PAPALE, Codificazione dell'economia politica per la costituzione del codice privato-sociale, in Scuola positiva, 30 juin 1891 et Per un codice privato-sociale, Rome 1891. — D'AGUANNO, Efficacia pratica della scuola positiva di filosofia giuridica, in Scuola positiva, 31 mai 1891.

Mais les ouvrages qui en Italie marquèrent l'affirmation la plus radicale et complète de cette application de la méthode positive au droit civil classique sont ceux de E. CIMBALI, La nuova fase del diritto civile nei rapporti economici e sociali, Turin 1885 (1 vol. de pag. 376). — D'AGUANNO, Genesi ed evoluzione del diritto civile secondo le scienze antropologiche e storico-sociali, Turin 1890 (1 vol. de pag. 594). — CAVAGNARI, Nuovi orizzonti del diritto civile in rapporto alle istituzioni pupillari, Milan 1891 (1 vol. de pag. 451).

(1) La scuola positiva nella giurisprudenza civile e penale, Naples depuis le 15 mai 1891 (1 numéro tous les 15 jours) — à Rome depuis le janvier 1893 — Directeurs: FERRI, FIORETTI, GAROFALO, LOMBROSO — Rédacteurs: NITTI, SIGHELE, ALBANO.

(2) CARRARA, Opuscoli di diritto criminale, v, 39.

inébranlable, qu'aujourd'hui la science du délit, de la peine, du jugement est sous l'influence des nouvelles données fournies par les sciences naturelles et sociales.

C'est tout un nouveau monde moral que le criminaliste trouve maintenant devant ses yeux. La science criminelle classique partait des idées éthico-religieuses, que l'homme « roi de la création » était le facteur et l'arbitre de sa propre destinée et que partant, même sur la terre, en devançant le jugement éternel d'outre-tombe (qui n'est à son tour qu'un reflet anthropomorphique des jugements d'ici bas), on devait juger chez l'homme sa faute morale et lui donner un châtiment proportionné.

Mais la philosophie naturaliste, dans la seconde moitié de notre siècle, sous l'impulsion des nouvelles données des sciences expérimentales, de l'astronomie à la géologie, de la zoologie à la sociologie, a complètement dissipé les brouillards, résidus du moyen âge moral et intellectuel. L'homme est descendu du piédestal superbe, sur lequel il s'était mis lui-même, et, devenu atome infinitésimal dans l'océan de la vie universelle, il a dû et il doit, tout en résistant, reconnaître sa soumission aux lois éternelles de la nature et de la vie.

Et alors, comment serait-il possible de persister dans la science criminelle avec les vieux syllogismes et sur la vieille base éthico-réligieuse de l'homme, arbitre de soi-même et moralement coupable ?

Cela a été et c'est, nous l'admettons, une crise grave pour la morale et pour le droit pénal, qui a des rapports si intimes avec la morale. Mais *ex morte vita.*

C'est nous, qui en changeant notre façon de concevoir et d'expliquer l'univers, nous persuadons que cela doit ruiner l'univers lui-même. Illusion ! Les lois naturelles sont les mêmes qu'elles ont été toujours, et l'univers évolue sur ses pivots éternels, quelles que soient les explications des philosophes et les découvertes des savants. Le génie de Galilée et de Newton n'a rien changé à l'ordre des phénomènes de gravité; le génie de Lavoisier et de Wurtz n'a en rien troublé les infinies combinaisons moléculaires de l'ordre chimique; le génie de Vesalio et de Darwin n'a rien changé aux dispositions anatomiques de l'organisme et à ses transformations héréditaires; le génie de Comte et de Spencer n'a en rien modifié l'ordre des phénomènes sociaux.

Leurs intuitions générales et leurs inexorables déterminations scientifiques n'ont que donné à l'homme une connaissance moins imparfaite du monde physique et moral qui l'entoure et dont il vit. De la mort des vieilles illusions anthropomorphiques on a vu naître la vie plus féconde de nouvelles connaissances expérimentales.

Pouvait-elle et pourrait-elle, la science du crime, s'isoler de ce renouvellement merveilleux de la méthode et des inductions dans les sciences naturelles et sociales, pour se momifier dans la répétition aprioristique des dogmes éthico-religieux, qui en étaient jusqu'ici le fondement et qui trouvèrent dans l'école classique leur détermination juridique, syllogistiquement parfaite, mais pratiquement illusoire?

Certes, si l'on voulait suivre la direction donnée par les grands maîtres de l'école classique, il faudrait se borner à la rumination de leurs traités célèbres. Mais la science ne peut s'arrêter, car le mouvement est la condition de la vie et toute science qui n'évolue pas est morte ou moribonde.

Cela ne signifie pas que nous croyons que tout ce qui a été fait par l'école classique soit complètement mort et doive être abandonné. D'abord l'école positiviste n'aurait pu naître si auparavant l'école classique n'avait atteint son développement complet, jusqu'aux exagérations de la dégénérescence scientifique (1). Et tout le travail sur l'anatomie juridique du crime et surtout de chaque crime et délit, individuelle-

_____

(1) Ferri, *Da Cesare Beccaria a Francesco Carrara*, Prélection au cours de droit criminel à l'Université de Pise, in *Archivio giuridico*, 1891.

ment examiné, est certes la partie la plus vivante encore des théories classiques et celle que la sociologie criminelle plus facilement organisera dans son système de défense sociale.

Seulement le but pratique et la direction générale, outre la méthode scientifique, sont tout-à-fait différents dans les deux écoles. L'école classique inspirée de la méthode aprioristique dominante jusqu'à la moitié du xix° siècle, avait pour but pratique et pour mission historique la diminution progressive des peines, par réaction contre les exagérations de la férocité médiévale. L'école positiviste, inspirée de la méthode expérimentale dominante dans la seconde moitié de notre siècle, a pour but pratique et mission historique la diminution des délits, avec une défense préventive et répressive éclairée par la connaissance de la génèse naturelle du crime, et marque une réaction contre les exagérations individualistes toutes en faveur du criminel.

Et l'expansion merveilleuse et triomphante de l'école positiviste, de l'Italie en Europe et en Amérique, n'est que la confirmation éloquente et indéniable de la correspondance de nos idées avec les nécessités de la vie sociale : car le positivisme, d'une part, à l'ancien onanisme intellectuel de « la science pour la science » a substitué la règle féconde de « la science pour la vie » et d'autre part nous a appris à demander la victoire définitive, avec la calme et la tolérance des forts, seulement à l'œuvre irrésistible du temps.

Dans mes études de philosophie, lorsque j'ai lu pour la première fois l'*Homme machine* de Lamettrie, j'ai dû m'étonner en me rappelant que ce livre avait pu en faire condamner l'auteur à la mort, en effigie et en réalité si l'on avait pu. Tandis qu'il n'est que l'exposition d'idées, qui *aujourd'hui* sont admises dans leur plus grande partie et très pacifiquement par les spiritualistes mêmes et par l'opinion publique. Je m'étonnai, mais avec la consolante conclusion que ce fait était la preuve évidente du progrès inexorable des idées.

Ce fait m'est revenu sous les yeux bien d'autres fois, à toute étude nouvelle. Les idées de Beccaria, qui aujourd'hui sont orthodoxes et classiques, soulevèrent de son temps les hostilités les plus acharnées, du juriste Muyart de Vouglans à l'abbé Fachinei. Dans les revues scientifiques d'il y a quarante ans, par exemple dans les *Annales médico-psychologiques,* j'ai lu des propositions et des idées, qui *alors* ont été anathématisées par la science officielle et académique et maintenant sont devenues des vérités banales.

Dans la science aussi bien que dans la vie, le conservateur d'aujourd'hui admet pacifiquement les idées que quelques années auparavant étaient soutenues seulement par les radicaux les plus hardis. Le progrès est inévitable car la vie est mouvement et surtout le progrès social, qui est un mouvement plus ou moins uniformément accéléré. On fait maintenant dans dix ans, pour les idées et les réformes sociales, le chemin, qui au moyen-âge exigeait un siècle de propagande et de martyre.

Mais j'ai vu aussi que le triomphe de toute innovation, théorique ou pratique, n'a jamais complétement effacé les idées ou les institutions et les habitudes préexistantes. À chaque distinction successive, dit mon maître Ardigò, reste l'indistinct précédent. La science comme la vie ne peut pas être une alternance stérile et artificielle de négations totales et d'affirmations absolues, ce qui arrivait et arrive à la métaphysique philosophique ou politique. La science comme la vie ne peut être qu'une évolution progressive de parties nouvelles sur le vieux tronc des vérités primordiales par un renouvellement continuel, mais graduel.

BIBLIOGRAPHIE

•————

Résumés des théories de l'école positiviste.

(V. texte, p. 17).

MAURY, *Sur l'homme criminel. (Journ. des Savants,* 1879).

MONNIER, *Les livres de M. Lombroso. (Biblioth. Univ. et Revue Suisse,* juillet 1879).

ESPINAS, *La philosophie expérimentale en Italie. (Revue philosophique,* févr. 1879 et Paris 1880).

FOVILLE, *Le criminel au point de vue anatom. et physiol. (Ann. hyg. publ.,* oct. nov. 1880).

PRINS, *Étude sur la criminalité d'après la science moderne (Revue de Belgique,* déc. 1880).

KOSATSCHKOW, *Psychiatrie et droit. (Messager juridique,* Moscou, juillet-août 1880).

SERGIEWSKI, *Verbrechen und Strafe als Gegenstand der Rechtsw. (Zeitsch. ges. Straf,,* 1881, p. 211).

TAMASSIA, *Gli ultimi studi sulla criminalità. (Riv. sperim. di Fren.,* 1881, VII, 3).

VALENTI Y VIVO, *La biologia en la legislacion,* Barcelona, 1881.

BORDIER. *La question des criminels. (Revue philos.,* mai 1881).

LACASSAGNE, *L'homme criminel comparé à l'homme primitif.* Conférence. Lyon 1882.

DRILL, *L'homme criminel.(Messager juridique,* Moscou 1882, fasc. 2).

SOURY, *Le crime et les criminels. (Nouv. Revue,* févr. 1882).

PUGLIA, *La nuova fase evolutiva del diritto penale,* Napoli 1882.

PUGLIESE, *Studi di diritto penale. (Riv. di giurisprudenza,* 1883, 1 et suiv.).

FERRI, *La scuola positiva di diritto criminale,* Siena 1883.

KIRCHENHEIN. *(Centralblatt für Rechtsw.,* oct. nov. 1883).

Perez Caballero, *Los nuevos horizontes del derecho penal.(Rev. gen. legisl.,* 1883, p. 92).

Tauffer, *Rückblicke auf die Fortschritte der Criminalistick in 1882. (Agramer Zeitung,* 1883).

Tamassia, *Aspirazioni della medicina legale moderna,* Padova 1883.

Puglia, *Il diritto di repressione.* Prolusione. Milano 1883.

Lichatschow, *Sur les ouvrages de E. Ferri,* Pétersbourg 1883.

Bonvecchiato, *Sulla III ediz., dell' « Uomo delinquente »* e sul metodo antropologico nel diritto penale. (Riv. Veneta di sc. mediche,* 1884).

Van Hamel, *Rapport. (Bulletins de la Comm. Pénitent. Inter.,* 1884, vol. i. 461).

Lombroso, *L'anthropologie et la criminalité. (Rev. scientif.,* 8 mars 1884).

Morote, *El derecho penal capitulo de las ciencias naturales. (Rev. gen. de legisl.,* Madrid 1884).

Warnots, *Résultats des recherches sur certaines catégories de délinquants. (Bull. Soc. Anthr.,* Bruxelles 1884, ii, 168).

Brissaud, *La statistique pénale et les criminalistes italiens. (Revue générale du droit,* janv. mars 1884).

Bournet, *Lettres médicales écrites d'Italie,* Paris 1884.

Idem, *L'anthropologie criminelle en Italie. (Lyon Médical,* 1884).

Perez Caballero, *Nueva escuela de derecho penal. (Rev. gen. de legislacion,* Madrid, nov. 1885).

A. L., *Le riforme proposte dalla nuova scuola penale.* Pétersbourg 1885.

Le Gall, *Le droit de punir d'après la science positive,* Lyon 1885.

Fioretti, *Le ultime pubblicazioni dei capiscuola della dottrina criminale positivista. (Rassegna critica,* Napoli 1885, n. 2 e 3).

Ferri, *La scuola criminale positiva,* Conférence, Naples 1885.

Heil, *Naturalismus a Buntetojogban,* Budapest 1885.

Ellero, *La psichiatria, la libertà morale e la responsabilità penale,* Padova 1885.

Tamburini et Benelli, *L'antropologia nelle carceri. (Riv. carc.* 1885, 4).

Kirchenheim, *Strafrecht und Anthropologie, Ueber die neueste Italienische Kriminalistenschule,* Rome 1885.

Ribot, *La psychologie nouvelle. (Revue polit. et litt.,* 19 déc. 1885).

De Kerallain, *Les nouveaux horizons du droit pénal. (Rev. gén. du droit,* déc. 1885).

DRILL, *La nouvelle école pénale positiviste et ses adversaires.* Réponse à M. Wulfert. *(Messager Juridique,* Moscou 1884).

METSCHINIKOW, *L'anthropologie criminelle,* Pétersbourg 1886.

PEREZ OLIVA, *Escuela positivista del derecho penal en Italia. (Revista de los tribunales,* déc. 1885 et suiv.).

MAJNO, *La scuola positiva di diritto penale,* Milano 1886.

LIOY, *La nuova scuola penale,* II ediz., Torino 1886.

PUGLIA, *Risorgimento ed avvenire della scienza criminale,* Palermo 1886.

FIORETTI, *I pregiudizi popolari sulla nuova scuola penale,* Napoli 1886.

ROCCHI, *Evoluzionismo e diritto penale,* Cassino 1886.

QUINTILI, *La scuola positiva di diritto criminale. (Rivista abruzzese,* 1886, I, 5).

SAVORINI, *Vexata quæstio. (Ibidem).*

BENEDIKT, *Biologie und Kriminalistik,* Conférence, Wien 1886.

RIZZUTI, *Delitto e delinquenti. (Rassegna Pugliese,* 1886, III, n. 4.

ZUCCARELLI, *I delinquenti a cospetto della scienza positiva,* Napoli 1886.

LOMBROSO, FERRI, GAROFALO, FIORETTI, *Polemica in difesa della scuola criminale positiva,* Bologna 1886.

FULD, *Der Realismus und das Strafrechts,* Hamburg 1886.

LICHINCHI, *Nuovo indirizzo della scienza del diritto di punire.* *(Mario Pagano,* 1886, n. 1).

PISA, *Benedikt e la nuova scuola di dir. pen. (Monit. dei trib.,* ott. 1886).

MOROTE, *Las anomalias en los criminales. (Rev. gen. de legislacion,* abril 1886).

TENCHINI, *I moderni studi sul cervello nelle scienze sociali.* Discorso inaug. Parma 1887.

LOMBROSO, *Le nuove conquiste della Psichiatria,* Discorso inaug. Torino 1887.

HECK, *Uber die gegenwärtigen Strafrechtsschulen und deren Methoden,* Maschan 1887.

DALLE MOLE, *Wagnerismo penale,* Vicenza 1887.

ARVÈDE BARINE, *Physiologie du criminel. (Revue bleue,* 13 août 1887).

DE KERALLAIN, *La question du libre arbitre et polémique criminaliste en Italie. (Rev. gén. du droit,* févr. 1887).

TARDE, *Positivisme et criminalité. (Archives d'anthropologie crim.* janv. 1887).

NANI, *Vecchi e nuovi problemi del diritto*, Discorso inaugurale. Torino 1887.

ZUCCARELLI, *L'evoluzione odierna della medicina legale e l'antropologia criminale. (Psichiatria*, Napoli 1887).

KIRCHENHEIM, Préface au *Verbrecher* de LOMBROSO, Berlin 1887.

LETOURNEAU, Préface à l'*Homme criminel*, Paris 1887.

TARDE, *La psychologie criminelle. (Revue philosophique*, 1887).

DESJARDINS, *La méthode expérimentale appliquée au droit criminel en Italie. (Bull. de la Soc. des prisons*, Paris 1886-87-88-89 et 1 vol. Paris 1892).

PAOLI, *Le droit criminel et ses nouveaux horizons. (France judiciaire*, 1887, n. 4).

ROSENBLATT et FLECK, *Le nuove scuole di diritto penale e loro metodi*, Lemberg 1887.

VIANNA, *L'homme primitif actuel. (Revue scient.*, 12 nov. 1887).

FREIRE, *Os degenerados*, Lisboa 1888.

IDEM, *Los criminales*, Lisboa 1889.

VIEIRA DE ARANJO, *A nova escola de direito criminal*, Pernambuco 1888.

IDEM, *Antropologia criminal. (Direito*, Rio de Janeiro, enero y marzo 1889).

VERA, *La escuela clasica y la escuela positivista en Derecho penal* dans le vol. *Jurisprudencia pratica*, Santiago de Chile, 1888.

D'AZEVEDO, *A escola penal positiva*, dans ses *Estudos penitenciaros y criminaes*, Lisboa 1888.

BONVECCHIATO, *Dalla galera al manicomio*. Confer., Venezia 1888.

RIZZONE NAVARRO, *Delinquenza e punibilitd*, Palermo 1888.

D'AGUANNO, *Recensioni di antropologia giuridica. (Circolo Giuridico*, Palermo 1888).

DE MARINIS, dans la *Rassegna critica*, Napoli, luglio 1888.

RIBOT, *La psychologie contemporaine. (Rev. scient.* 14 avr. 1888).

SLIOSBERG, *Nuovo indirizzo sociologico del diritto penale*, Pietroburgo 1888.

LOMBROSO, *Les dernières découvertes de l'anthropologie criminelle. (Nouvelle Revue*, 15 déc. 1888).

Mind, juil. 1888, sur l'*Homme criminel* de Lombroso et *La Criminalogie* de Garofalo.

Tagliche Rundschau, mars 1888, *Die neue antropologische kriminalistiche Schule in Italien*.

KURELLA, *Criminelle Anthropologie und positives Strafrecht. (Centralbl. f. Nervenheilkunde*, sept. oct. 1888).

KRAUSS, *Lombroso 's Werk in seinem Verhältniss zur Gegenwart und Zukunft der gerichtlicken Psychopathologie. (Friedreich's Blätter,* Nurnberg, 1888, n. 4 et 5. — Et *Goldhammer's Archiv für Strafrecht* et *Gerichtsaal,* 1888).

KNECHT. *(Biologische Centralblatt,* Erlangen 1888, n. 12).

POTONIE. *(Naturwissenschaft Wochenschrift,* juin 1888).

SALILLAS, *La antropologia en el derecho penal,* Madrid 1888.

STEVENSON, *Criminality. (Medico Legal Journ.,* New-York, sept. 1888).

PICAEVA, *Los nuevos aspectos de la criminalidad. (Rev. anthr. cr.,* avr. 1888).

MANDUCA, *Studi sociologici,* Napoli 1888.

JEANVROT, *La question de la criminalité. (Revue de la réf. judic.* juillet 1889, n. 4).

HANKE, *Sulle ricerche della nuova scuola penale italiana. (Memorie dell'Alta Scuola libera tedesca,* Berlin 1888).

HÖLDER, *Sui caratteri fisici e morali dei delinquenti. (Ober. Mediz. Zeitsch.,* Stuttgart 1888).

DRAGO, *Los hombres de presa,* II edic., Buenos-Aires 1888, et trad. ital. Turin 1890.

ZUCCARELLI, *Estudiamos los delinquentes. (Revista Anthr. Crim.* août 1888.

TARDE, *La crise de la morale et du droit pénal. (Rev. philos.,* oct. 1888).

VALENTI Y VIVO, *Tratado de antropologia medica y giuridica,* Partie I, Barcelona 1889.

TARDE, *La criminologie. (Revue d'anthrop.,* sept. 1888).

PUGLIA, *El derecho penal en Italia. (Rev. anthr. crim.,* julio 1888).

BIANCHI, *Gli orizzonti della psichiatria,* Palermo 1889.

TARDE, *Crime et épilepsie. (Rev. philos.,* avr. 1889).

DORADO MONTERO, *La ciencia penal en la Italia contemporanea, (Rev. gen. legisl.,* Madrid 1889, n. 3).

VERGA G. B., *Intorno alla nuova scuola crim. ital. (Gazz. del Manic. di Mombello,* marzo 1889).

BELMONDO, *L'antropologia crim. di fronte ad una recente critica. (Riv. sperim. fren.,* 1889).

SERGI, *L'anthrop. crim. et ses critiques. (Rev. internationale,* 10 novemb. 1889).

ZERBOGLIO, *Le cause dell'avversione all'antrop. crimin. (Gazz. letter.,* agosto 1889, n. 31).

KURELLA. *Anthropologie und Verbrechen (Humboldt,* 8 ag. 1889).

LOMBROSO, *Die neue Entdekungen auf den Gebiete der Krim. Anthr. (Arch. f. Strafr.,* Berlin 1889, xxxvii, 1).

MORRISON, *Reflections on the Theorie of criminality. (Journ. Ment. Sc.,* april 1889).

KIRN, *Degeneraz. psichica e somatica nei criminali. (Centralbl. f. Nervenh.* 1889).

SAINT RUBIN, *Le criminel et l'anthrop. crim.,* Grenoble 1889.

CORDEY, *Les principales découvertes de la nouv. école d'anthr. crim.,* Lausanne 1889.

HRZYMUSKIEGO, *Szkola posytywna* etc. Lwow (Ungh.) 1889.

MARILLIER, *Les criminels d'après les travaux récents. (Revue scient.,* 20 av. 1889).

PUGLIA, *L'antropologia criminale. (Riv. di filos. scient.,* dic. 1889).

ELLIS, *The Study of Criminal. (Journ. of Ment. Sc.,* janv. 1890.

BROUARDEL, *Le criminel. (Tribune medicale,* Paris, 17 avril 1890).

DONATI, *Società e delinquenti,* Padova 1890.

MAC DONALD, *Antropologie criminal. (The American Iourn. of psychol..* 1890.

LOMBROSO, *L'anthropologie criminelle et ses récents progrès,* Paris, 1890 et ii édit. 1891.

TAVAREZ DE MEDEIROS, *La ensenanza de la antrop. en relacion con el derecho. (Revista de los Tribunales,* sect. doctr., julio-oct. 1890).

LOMBROSO, *Prefazione* al DRAGO, *Delinquenti nati,* Torino 1890.

FRASSATI, *Die neue positive Schule in Russland. (Zeitsch. f. ges. Strafrw,* 1890, x, 5).

BARROZ MENDEZ, *La nueva escuela penal italiana. (Revista forenze chilena,* 1890, n. 4).

PENTA, *Positivismo e criminalità,* Ivrea 1890.

PELLACANI, *La medicina legale moderna nelle sc. biol. e sociali,* Milano 1890.

HAMILTON WEY, *Criminal anthropology, Elmira* (New York) 1890.

PRINS, *La criminalité et l'état social,* Bruxelles 1890.

FRAGOSO, *O genioide alitrico,* Rio Janeiro 1890.

CAVAGNARI, *Progressi della scuola crim. positiva. (Cuore e Critica,* Bergamo 1890, n. 18-19).

ZUCCARELLI, *La medicina legale, fondamento degli studi giuridici moderni. (Anomalo,* genn. 1891).

FORTOUL, *Filosofia penal,* Bruselas 1891.

IRELAND, *Is criminal anthropology a Science? (Medico-legal Journal*, New-York, june 1891).

MAYR, *Criminelle Anthropologie und gerichtliche Medizin (Friedrecch's Bl.,* 1891, p. 275).

FLETCHER, *The new School of.crim. anthropology,* Washington 1891.

VAN HAMEL, *De Regenwoordige beweging van net Strafrecht,* Amsterdam 1891.

ALBANO, *Libertà provvisoria e carcere preventivo. (Scuola positiva,* sett. 1891).

FILHO, *A nova eschola de dereito criminal. (Rev. acad. da facultade de direito do Recife,* 1891, n. 1).

GERMA, *Le criminel et l'anthrop. criminelle,* Toulouse 1891,

FRANK, *Les facteurs sociaux du délit.* Conférence. Bruxelles 1891.

LAURENT, *L'anthrop. crimin. et les nouvelles théories du crime,* Paris 1891.

LASCHI, *Mondo tenebroso,* Conférence. Milano 1891.

ZURCHER, *Die neuen horizonten im Strafrecht. (Revue pénale suisse,* 1891, v, 1).

DA CUNHA, *Professor Lombroso and criminal anthropology with reference to the population of Bombay,* Bombay 1891.

KURELLA, dans le *Centralblatt f.Nervenh. und Psychiatrie,*déc.1891.

MOREL, *Les nouvelles contributions à l'anthrop. crim. (Bull. Soc. Méd. Mentale de Belgique,* mars 1892).

PRACK, *El delito ante la nueva ciencia penal,* Buenos Aires 1892.

LOMBROSO, *Nouvelles recherches de psychiatrie et d'anthr. crim.,* Paris 1892.

IDEM, *Les applications de l'anthr. crim.,* Paris 1892.

TORRES CAMPOS, *Antropologia criminal. (Revista de legisl. y jurispr.,* Madrid, janv., févr., 1892).

Les plus complets résumés historiques et critiques des théories de l'école positiviste sont:

DORADO MONTERO, *L'antropologia criminal en Italia,* Madrid 1890.

FRASSATI, *La nuova scuola di diritto penale in Italia ed all'estero,* Torino 1892.

Critiques métaphysiques à l'école positiviste.

(V. texte, p. 17).

BUCCELLATI, *La razionalità del diritto penale di fronte agli attacchi di alcuni sperimentalisti. (Mem. dell'Istit. Lombardo,* Milano 1874).

CANONICO, *Il delitto e la libertà del volere*, Prolusione. Torino 1875.

PESSINA, *Il libero volere. (Giorn. nap. di filos. e lett.*, Napoli 1876).

REY, *La criminalità in rapporto all'antropologia e alla statistica. (Arch. di statist.*, Roma 1878).

PESSINA, *Il naturalismo e le scienze giuridiche,* Prolusione, Napoli 1879.

ZANCHI, *La dottrina della libertà umana, con un esame dell'opera di E. Ferri* etc., Verona 1879.

BRUSA, *La morale e il diritto criminale al limbo,* Prolusione. Torino 1880.

BUCCELLATI, *Gli studi sperimentali e la scienza del diritto penale,* giugno 1881.

CARRARA, *Libertà e spontaneità,* Prolusione, 1882. *(Reminiscenze di cattedra e foro,* Lucca 1883).

BUCCELLATI, *Il nihilismo e la ragione del diritto penale,* Milano 1882.

ORANO, *La criminalità in relazione col clima,* Roma 1882.

BRUSA, *Ausländische Rundschau (Italien). (Zeitschr. f. die ges. strafrechtsw,* 1882).

ZEI, *Ontologismo e psicologismo in materia penale in Italia,* Firenze 1882.

DE MAURO, *Sul moderno materialismo in diritto penale,* Catania 1883.

GRETENER, *Ueber die italienische positive schule des strafrechts. (Zeitsch. des Bernischen Juristenvereins,* Berna 1884).

CARNAZZA RAMETTA, *Il positivismo e le riforme nel dir. penale,* Messina 1884.

RICCO, *Il determinismo e la imputabilità morale. (Rivista di giurepr.,* Trani 1884).

IDEM, *Pro libertate. (Rassegna pugliese,* 1885).

WULFERT, *Les nouveaux positivistes du droit penal. (Rev. de droit civ. et pen.,* Pétersburg 1884.

CAMPOLONGO, *Studio sul rinnovamento della scienza criminale,* Genova 1885.

BARSANTI, *La condizione degli innocenti nella scuola classica del diritto criminale. (Riv. di sc. sociali,* Firenze, magg. 1885).

MECACCI, *Idea della giustizia punitiva,* Prolusione, Roma 1885.

DE MAURO, *La selezione nel principio organico del diritto penale,* Prolusione, Parma 1885.

BUCCELLATI, *I recenti avversari della scienza di diritto penale. (Rend. dell'Istituto Lombardo,* maggio e dicembre 1885).

GIL OSÁRIO, *Ferri y la escuela penal positivista*. (*Rev. gen. legisl.* 1885, pag. 49.

IDEM, *Pena segundo la moderna escuela antrop. crim.* (Ibidem, ott. nov. 1889).

GABELLI, *La nuova scuola di diritto penale.* (*Nuova Antologia*, 16 agosto 1885).

DE NOTTER, *Uccisione del consenziente secondo la scuola antropologico-criminale*, Prolusione, Firenze 1885.

IDEM, *Stranezze vecchie e stranezze nuove*, Conferenza, Firenze 1886.

PIPERNO, *La nuova scuola di diritto penale in Italia*, Roma 1886.

CONTI, *Le nuove dottrine in diritto penale*, Bologna 1886.

BENEVOLO, *La scuola classica e la nuova scuola positiva*, Torino 1886.

MICHETTI, *Arbitrio e imputabilità*, Pesaro 1886.

BUCCELLATI, *Il positivismo e le scienze giuridiche.* (*Riv. carc.*, 1886, n. 3).

IDEM, *Attuale condizione della scienza di diritto penale in Italia.* (*Rass. nazion.*, Firenze 1886).

CAPORALI, *Evoluzione recente del diritto penale.* (*Nuova Scienza*, Todi 1886).

IDEM, *Sul libero arbitrio.* (Ibidem).

GIANNELIA, *La nuova scuola penale in Italia.* (*Gazz. dei Tribun.*, Trieste, giugno 1886).

LUCCHINI, *I semplicisti (antropologi, psicologi e sociologi) del diritto penale*, Torino 1886 et trad. franç. Paris 1892.

GABELLI, *La scuola positiva di diritto penale.* (*Rivista Penale*, giugno 1886).

DE MAURO, *Marasmo sociale e diritto punitivo*, Foggia 1886.

CRISPOLTI, *Il prof. Lombroso e la psicologia.* (*Gazz. dei Tribun.*, Trieste 1886, n. 22 et 23).

TORRES CAMPOS, *La escuela antropologica criminal.* (*Rev. de los tribunales*, Madrid 1886).

DE ARAMBURU, *La nueva ciencia penal*, Madrid 1887 (auquel j'ai répondu dans ma *Préface* à la trad. espagnole des *N. Orizzonti*, Madrid 1887).

BRUSA, *Sul nuovo positivismo nella giustizia penale*, Torino 1887.

TOLOMEI, *I vecchi ed i nuovi orizzonti del diritto pen.*, Padova 1887.

INNAMORATI, *I nuovi orizzonti del diritto penale e l'antica scuola italiana*, Perugia 1887.

NULLI, *Maurizio Benedikt e la nuova scuola di diritto penale.* (*Studi Senesi*, 1887).

GAMBIRASIO, *Il libero arbitrio difeso contro le teorie di E. Ferri.*
(*Filangieri,* marzo 1887).

FOURNEZ, *La nouvelle école criminaliste italienne,* Discours, Montpellier 1887.

SEGRÉ, *La statistica e il libero arbitrio in rapporto alla nuova
scuola di diritto penale. (Rivista italiana di filos.,* Roma,
marzo 1888).

FALASCHI, *Crisi attuale nella scienza dei delitti e delle pene. (Studi
Senesi,* 1888).

TUOZZI, *Due saggi critici sulla nuova scuola penale,* Napoli 1888.

MAMBRILLA, *Polemica* in *Rev. de antr. crim.,* marzo 1889.

FRANCK, *Le crime. (Journ. des savants.,* nov. 1889).

LLANOS Y TORRIGLIA, *Ferri y su escuela.(Ateneo,* Madrid, mars 1889).

QUINTANA, *La antropologia en el derecho penal,* Madrid 1889.

LOZANO, *La escuela antrop. y sociol. criminal ante la sana filosofia,* La Plata, 1889.

BIDEZ, *Fous et criminels. (Rev. de Belgique,* avr. 1889).

ZINDORFER, *Die neue Kriminalistische Schule. (Frankfurt Zeitung,*
ag. 1889).

ROLIN, *L'Union intern. de dr. pén. et les novateurs du droit pénal.*
(*Rev. de dr. intern.,* 1890, n. 2-3).

PEREZ RUBIO, *La escuela de antrop. y sociol. crim. (Foro juridico,*
Manila, 15 genn. 1890).

SATURDAY REVIEW, april 1890, *Sull'antropologia criminale di
Lombroso.*

PROAL, *Les médecins positivistes et les théories modernes de la
criminalité. (Correspondant,* 10 oct. 1890).

IDEM, *Les reformes proposées par l'anthr. crim. (Bull. Soc. Prisons,* Paris 1890 juin).

Ferri y su escuela, Discuss. à l'Academia de Jurispr. y Legisl.
Madrid, Annuario 1890, p. 188.

GRETENER, *Lombroso 's Verbrecher* etc., Bern. 1890.

DUPREY, *Un aspect de la crise de la répression criminelle,* Montpellier 1890.

RESTANO, *I rei d'ingiuria e diffamaz. secondo la sc. positiva,* Catania 1890.

VIDAL, *Principes fondamentaux de la pénalité,* Paris 1890. (Monographie présentée à l'*Académie des sciences morales* pour le
concours, dont j'ai parlé à la pag. 26).

GUERRA, *La nuova scuola penale innanzi alla morale e al diritto,*
Milano 1891.

BOUILLIER, *Un complot contre la dignité humaine. (Correspondant,* janv. 1891).

DESJARDINS, *Crime et peine. (Rev. des deux mondes,* 1 janv. 1891.

PEDRO DORADO, *Opiniones recentes sobre el delincuente y el delito.* (*Rev. gen. legisl.,* enero, 1891).

FALCONE, *Esame critico del tipo criminale,* Palermo 1891.

PROAL, *Le crime et la peine,* Paris 1891. (De même que le volume de M. VIDAL, est un livre déclamatoire presenté au concours de l'*Académie des sciences morales*).

La Civiltà Cattolica, 15 juillet et 1" août 1892.

DE VENCE, *Erreurs et dangers de l'anthrop. crim. (Bull. Soc. Prisons Paris,* mars 1892).

Critiques scientifiques à l'école positiviste.

(V. texte, p. 17).

CALUCI, *Il jure penale e la freniatria,* Venezia 1877.

FULCI, *La evoluzione nel diritto penale,* Messina 1882.

POLETTI, *Il sentimento nella scienza del diritto penale,* Udine 1882.

PARAONE, *Basi positive della scienza penale,* Napoli 1882.

TURATI, *Il delitto e la questione sociale,* Milano 1883.

RUIZ DIAZ, *La ciencia frenopatica y sus relaciones con el derecho penal. (Rev. gen. legisl.,* enero, 1883).

COLAJANNI, *Socialismo e sociologia criminale,* vol. I, Catania 1884.

TURATI, *Socialismo e scienza,* Como 1884.

RUDINGER, *I caratteri fisici dei delinquenti,* Conferenza a Monaco, (riass. in *Arch. Psic. etc.,* 1884, 321).

FAVALLI, *La delinquenza in rapporto alla civiltà,* Napoli 1885.

FULCI, *La nuova scuola criminale,* Prolusione, Messina 1885.

GRASSI, *Progressi della teorica dell'evoluzione,* Prolusione, Catania 1885.

GIACCHI, *Pazzi e birbanti,* Milano 1885.

BAER, *Il delinquente considerato dal punto di vista antropologico e sociologico. (Riv. Carc.,* 1885, n. 10. 1886, n. 1, 5, 7).

HEGER, *La question de la criminalité au congrès de médecine mentale à Anvers,* Bruxelles 1885.

BATTAGLIA, *La dinamica del delitto,* Napoli 1886.

DU BLED, *Les aliénés à l'étranger et en France. (Revue des deux mondes,* 15 oct. et 1 nov. 1886).

TARDE, *La criminalité comparée*, Paris 1886 et ii' édit. 1891.

POLETTI, *La persona giuridica nella scienza del diritto penale*, Udine 1886.

TURATI, *Lo scisma della nuova scuola penale. (Cuore e Critica*, marzo 1887).

D'HAUSSONVILLE, *La criminalité. (Rev. des deux mondes*, 1 avril 1887).

TOPINARD, *L'anthropologie criminelle. (Rev. d'Anthr.*, 15 nov. 1887).

STADTFELD, *Sull'assimetria nei criminali e negli onesti. (Virchow's Archiv.*, 1887, Bd. 2).

COLAJANNI, *La question contemporaine de la criminalité. (Revue Socialiste*, janv. 1888).

BINSWANGER, *Pazzia e delitto*, in *Deutsche Rundschau*, 15 marzo 1888.

MANTEGAZZA, *Gli atavismi psichici. (Archivio per l'antrop.*, Firenze 1888).

MAUDSLEY, *Remarks on crime and criminals. (Journ. of ment. Science*, july 1888.

FÉRÉ, *Dégénérescence et criminalité*, Paris 1888.

MEYNERT, *Cerveau et sociabilité. (Rev. scient.*, 24 nov, 1888).

GARRAUD, *Le problème moderne de la pénalité*, Lyon 1888.

BAUDIN, *Lombroso et son type de criminel-né. (Bull. Soc. Prisons*, Paris 1889, pag. 404.

POLETTI, *L'azione normale come base della responsabilità dei delinquenti*, Udine 1889.

VACCARO. *Genesi e funzione delle leggi penali*, Roma 1889.

COLAJANNI, *Socialismo e sociologia criminale*, Catania 1889.

DORTEL, *L'anthrop. crim. et la respons. médico-légale*, Paris 1891.

LEGAY, *L'anthropologie criminelle (Revue de la science nouvelle*, 1er avril 1891).

MANOUVRIER, *L'atavisme et le crime. (Revue de l'école d'anthrop.*, Paris, août 1891).

Congrès d'anthropologie criminelle.

(V. texte, p. 18).

Actes du premier congrès international d'anthropologie criminelle, Rome 1886-87, rédacteur MAYOR.

MAYOR, *Le premier congrès d'anthropologie criminelle. (Revue internationale*, Florence 1886).

DE RENZIS, *L'Esposizione. ed il Congresso penitenziario ed antropologico. (Nuova Antologia*, dic. 1885).

PUGLIESE, *Sul Congresso di antropologia criminale (Riv. di giurispr.*, 1886).

MOROTE, *El primer Congreso internacional de antropologia criminal. (Rev. gen. de legislacion*, Madrid, marzo 1886).

PEREZ OLIVA, *El Congreso antropologico. (Rev. de los tribunales*, abril 1886).

CORREVON, *Lettres sur le IIIᵉ Congrès Pénitentiaire International.* Lett. IV sur le Congr. d'Anthr. crim. *(Journ. des Tribunaux* Lausanne 1886).

BENEDIKT, *Der Kongress für Kriminalanthropologie in Rom. (Wiener Mediz. Presse*, 1886).

FRIGERIO, *Resoconto sul Congresso e sull'Esposiz. d'antrop. crim.*, Alessandria 1886.

FERRI, *L'anthropologie criminelle en 1885. (Revue scientif.*, 9 janv. 1886 et *Arch. di psich.*, VII, 3).

MOTET, *L'Exposit. d'anthrop. crim. à Rome. (Archives d'anthrop. crim.*, 15 janv. 1886).

IDEM et ROUSSEL, *Rapport sur le Congrès d'anthr. crim. (Bull. Soc. gén. des prisons*, 1886).

SEVERI, *La prima Esposizione intern. di antrop. crim. in Roma. (Sperimentale*, Firenze 1885, et *Arch. di psich.*, VII, 17).

LACASSAGNE, *Le Congrès d'anthrop. crim. (Archives d'anthr. crim.* mars et mai 1886).

MANTEGAZZA et LOMBROSO, *Polemica sul Congresso di antropologia criminale. (Rivista Penale*, marzo 1886, p. 244) et LOMBROSO, *Polemica in difesa della scuola positiva*, Bologna 1886, p. 276.

NAPODANO, *Esposizione carceraria ed Esposizione antropologica. (Riv. Penale*, febb. 1886).

BRUSA, *Il III Congr. penitenz. e quello d'antrop. crim. a Roma. (Riv. penale*, agosto 1886).

Il Congresso penitenziario e antropologico di Roma. (Repert. di giurispr., Bellinzona 1886).

Resumé des Actes du Congrès d'antr. crim. (Journal of the Statistic. Society, London, sept. 1887).

TARDE, *Les actes du Congrès de Rome. (Archives d'anthr. crim.*, janv. 1888).

DESJARDINS. *(Bull. Soc. Gén. des prisons*, 1888, pag. 567).

TALADRIZ, *L'antrop. crim. in Europa y America*, Valladolid 1889.

LAURENT, *Le congrès d'anthrop. crimin. (Rev. de l'hypnotisme,* sept. 1889).

FERRI, *Il II congr. intern. d'antr. crim. (Arch. psich.,* 1889, x, 546).

D'AGUANNO, *Il II congr. d'antr. crim. (Tribuna giudiz.,* Napoli 23 ott. e 15 dic. 1889.

ZERBOGLIO, *Per il congr. d'antrop. crim. (Gazz. letter.,* Torino 3 agosto 1889.

Actes du deux. congrès intern. d'anthrop. crimin., Lyon 1890, rédacteur MAGITOT.

Deuxième congr. d'anthr. crim. (Archives anthr. cr., sept. 1889 et *Le progrès médical,* août 1889).

TARDE, *Le II congr. intern. d'anthrop. crim. (Revue scientif.,* 30 avril 1889).

BENEDIKT, *Aus der Pariser Kongresszeit,* Wien 1889.

IMPALLOMENI, *La nuova scuola penale al II congr. intern. d'antr. crim. (Rivista penale,* marzo-apr. 1890).

ANDRIES, *Der zweite intern. congr. f. crim. anthrop. (Naturwiss. Wochenschr,* Berlin 11 mai 1890).

Resoconto del II Congresso Antrop. crim. (Rivista economica di Atene, dic. 1889 e genn. 1890).

GAUCKLER, *Le congrès d'anthrop. crim. à Paris. (Revue critique de législ.,* 1890).

SIGHELE, *Benedikt e Tarde a proposito del II Congresso d'antrop. crim. (Archivio giuridico,* 1890).

Ouvrages généraux d'anthropologie criminelle.

(V. texte, p. 25).

LAUVERGNE, *Les forçats considérés sous le rapport physiologique, moral et intellectuel,* Paris 1841.

LOMBROSO, *L'uomo delinquente* (depuis 1872), I ediz., Milano 1876, IV ediz. Torino 1889, 2 vol. con *Atlante.* Traduit en français, allemand, russe.

VIRGILIO, *Saggio sulla natura morbosa del delitto. (Rivista Carc.,* 1874, n. 8 a 11).

BAER, *Il delinquente dal punto di vista antropologico e sociologico. (Riv. carc.,* 1885, n. 10 et suiv.).

MARRO, *I caratteri dei delinquenti,* Torino 1887.

CORRE, *Les criminels,* Paris 1888.

CORRE, *Crime et suicide*, Paris 1891.

RICCARDI, *Dati fondamentali di antropologia crimin.*, Milano 1889. *(Trattato di dir. pen.* de COGLIOLO).

FILIPPI, SEVERI, MONTALTI, *Manuale di medicina legale*, Milano 1890, vol. II, parte x.

HAVELOCK ELLIS, *The criminal*, Londra 1890.

LAURENT, *Les habitués des prisons*, Lyon 1890.

FRANCOTTE, *L'anthropologie criminelle*, Paris 1891.

MORRISON, *Crime and its causes*, London 1891.

DELLEPIANE, *Las causas del delito*, Buenos Aires 1892.

FERRAZ DE MACEDO, *Crime et criminel*, Lisbonne 1892.

FERRI, *L'omicidio*, Torino 1892, con *Atlante antropologico-statistico*.

Crâniologie criminelle.

DUMOUTURE, *Observations sur l'état pathol. du crâne*, Paris 1835.

BARKOW, *Crani d'assassini*, nell'Atlante delle *Anatom. Abhand.* 1860.

WEISBACH, *Beiträge zur Kentniss der Schädel formen oesterreivh. Völker. (Wiener med. Jahrb.* 1864).

DE LORENZI, *Crani del beato Valfrè e del brigante Artusio. (Giorn. Accad. Med. Torino*, 1871).

LOMBROSO, *Della fossetta cerebrale in un criminale.* (*Arch. per l'antr.*, Firenze 1872).

TAMASSIA, *Craniometria degli alienati e delinquenti*, ibidem, 1874.

CLAPHAM et CLARKE, *The cranial Outline of the insane and criminale.* (*Wess. Rid. lun. Asil. med. Reports* VI, 150, London 1876).

HUDLER, *Ueber Capacität und Gewicht der Schaedel in der anatom. Anstalt in München*, 1877.

ZUCKERKAND, *Morphol. des Gesichtsschädels*, 1877.

BADIK, *Studi craniologici sui delinquenti.* (*Orvosi Hetilap*, Budapesth 1878).

LENHOSSEK, *A messersegesen* etc. Budapesth 1878.

BORDIER, *Étude sur une sèrie de 36 crânes d'assassins.* (*Revue d'anthrop.*, 1879, p. 265).

ARDOUIN, *Sur les crânes des malfaiteurs.* (*Bull. Soc. Anthrop.*, Paris 1879, II, 530).

CHUDZINSKI, *Sur la voute du crâne et le moule intracrânien de Menesclou*, ibidem, 1880, III, 677.

BENEDIKT, *Fossetta occipitale mediana e vermis in 13 delinquenti.*
  (Arch. di psich. antrop. crim. etc., 1880).

LENHOSSEK, *Crani di delinq. rumeni, ungheresi e croati. (Orvosi
  Hetilap* et *Arch. psich. ecc.,* 1880). ·

DE PAOLI, *Quattro crani di delinquenti,* ibidem, 1880.

BONO, *Capacità orbitale e cranica nei normali pazzi e delinquenti,*
  ibidem, 1880.

MANUELLI e LOMBROSO, *Craniometria di 39 delinq.,* ibidem, 1881.

TEN KATE et PAVLOVSKI, *Sur quelques crânes de criminels. (Revue
  d'anthr.,* 1881).

CORRE, *Sur quelques crânes de criminels,* 1881, p. 638 et 1882, p. 28.

HEGER et DALLEMAGNE, *Étude sur les caractères craniologiques
  d'une série d'assassins exécutés en Belgique,* Bruxelles 1881.

ARDOUIN, *Sur la craniologie des criminels. (Bull. Soc. Anthrop.,*
  Paris 1881, IV. 709).

BENEDIKT, *Schädelmessung - Kranio und Kefalometrie,* Wien 1882.

DE PAOLI et COUGNET, *Studio di 26 crani di criminali. (Arch.
  psich. etc.,* 1882, p. 107).

MANOUVRIER, *Recherches d'anatomie comparée. (Bull. Soc. Zool.
  de France,* Melun 1882).

ORCHANSCKI, *Crânes d'assassins. (Bull. Soc. Anthr.,* Paris 1882, p. 764).

LOMBROSO, *Delitto e pazzia da trauma. (Arch. psich. etc.,* 1882,
  pag. 43).

HEGER, *Sur les caractères physiques des criminels. (Bull. Soc.
  Anthr.,* Bruxelles 1883, I, 113).

PATERI et LOMBROSO, *Indice cranio-mandibolare nei pazzi e delinq.
  (Arch. per l'antrop.,* 1883, XII, 3 et *Arch. psich. ecc.,* III, 4).

AMADEI, *Crani d'assassini. (Arch. psich.,* 1883).

RANCKE, *Beiträge zur physischen Anthr. in Bayern,* München 1883.

CORRE et ROUSSEL, *Sur 200 têtes de criminels. (Revue d'anthrop.,*
  1883).

MANOUVRIER, *Sur l'étude des crânes des assassins. (Bull. Soc.
  Anthr.,* Paris 1883).

DUMONT, *Sur la fossette occipitale. (Bull. Soc. Anthr.,* Bruxelles
  1884, II, 57).

MONTI, *Studio antropolog. sui cranii dei delinquenti,* Bologna 1884.

ALBRECHT, *Sulla fossetta occipitale mediana nei delinquenti.
  (Arch. psich. etc.,* 1884).

BAJENOFF, *Études céphalométriques sur 55 bustes d'assassins et 19
  personnages distingués. (Bull. Soc. Anthr. Paris,* 1884, p. 502).

HOSPITAL, *Lésion grave du crâne dans la tête d'un supplicié*, Paris 1885 et *(Arch. psich.,* VII, 212).

VARAGLIA et SILVA, *Sopra 60 crani e 42 encefali di donne criminali italiane.* (Ibidem, 1885, pag. 113, 459).

MANOUVRER, *Sur la capacité du crâne chez les assassins. (Actes du Congrès Anthr. Crim.,* Rome 1886, 115 et 147).

IDEM, *Les crânes des suppliciés. (Archives d'anthr. crim.,* 1886, pag. 119).

IDEM, *Sur le crâne d'un assassin. (Bull. Soc. Anthrop.,* Paris févr. 1886).

AMADEI, *Cranio di un ladro. (Riv. sperim. fren.,* 1886, XI, 4).

TENCHINI, *Sulla cresta frontale nei criminali,* Parma 1886.

VARAGLIA, *Sulla cresta frontale interna e sulla fossetta occipitale mediana. (Arch. psich. etc.,* 1886, p. 109).

SEVERI, *Capacità delle fosse temporosfenoidali ecc. nei pazzi, suicidi e delinquenti.* (Ibidem, 1886, p. 429).

MONTALTI, *Cranio di un ladro. (Sperimentale,* apr. 1887).

TENCHINI, *Sulla cresta frontale ne' normali, pazzi e criminali,* Parma 1887.

MARIMEI, *Contributo allo studio della fossetta occipitale in normali, pazzi, rei e razze inferiori. (Arch. per l'antr.,* 1887, pag. 543).

KOLLER, *Ueber Lombroso impression,* Munchen 1887, et *(Arch. psich.,* 1890, pag. 113).

BENEDIKT, *Kraniometrie und Kefalometrie,* Wien 1888, 112 et suiv.

MINGAZZINI, *Sopra 30 crani ed encefali di delinq. (Riv. sperim. fren.,* 1888).

OTTOLENGHI, *Lo scheletro e la forma del naso nei criminali pazzi, epilettici e cretini. (Arch. psich.,* 1888, p. 8).

TENCHINI, *La fossa olecranica nei criminali.* (Ibidem, 1888, pag. 88).

LOMBROSO, *Cranio criminale medio col metodo Galtoniano.* (Ibidem, 1888, pag. 416).

BENEDIKT, *Der Schädel des Raubmörders Schimatk,* Wien 1888.

PENTA, *Rare anomalie di un cranio di delinquente. (Riv. carc.,* 1889, pag. 5).

ZAMPA, *Teste d'assassini e teste di galantuomini. (Arch. psich.,* 1889, pag. 277).

FERRAZ DE MACEDO, *Anomalies dans 1000 crânes portugais. (Arch. psich.,* 1889, p. 392 et 527).

LOMBROSO, *Anomalie nel cranio di Carlotta Corday.* (Ibidem, 1890, pag. 96).

BIANCHI e MARIMÒ, *Ossa accessorie nel cranio degli alienati e delinquenti*, Parma 1890.

BENEDIKT, *Les grands criminels de Vienne. (Archives anthr. crim.*, mai 1891).

CLOUSTON, *Le palais des fous et criminels. (Jour. of Ment. Sc.*, 1891).

TALBOT et LYDSTON, *Études sur les dents et les crânes des criminels. (The Alienist Journ.*, oct. 1891).

VALENTI, *Ossa soprannumerarie nel naso di un ladro. (Arch. psich.*, 1892, p. 110).

RONCORONI e ARDÙ, *Cinquanta crani di criminali.* (Ibidem, 1892, pag. 439).

Anthropométrie criminelle.

LOMBROSO, *Antropometria di 400 delinquenti. (Mem. Istit. Lomb.*, 1872 et *Riv. Carc.*, 1872).

ZAVALDI, *Antropometria in 23 delinquenti. (Riv. Carc.*, 1874, p. 377).

ZONGA, *Studio antropologico su 25 delinquenti*, ibidem, 1876.

RASERI, *Antropometria di 120 minorenni detenuti alla Generala. (Ann. Min. Agric.*, Roma 1877).

SALINI, *Studio antropologico su alcuni delinq. (Riv. Carc.*, 1879, pag. 304).

FERRI, *Studi comparati di antropometria criminale e normale. (Arch. psich. etc.*, 1881).

FURLANI, PRAMPOLINI, CORRIDORI, DINI, VENEZIAN et FERRI, *Studi sui carcerati* (Scuola di dir. crim. a Bologna), ibidem, 1881.

SIFFREDI, *Studio su 80 minorenni criminali*, ibidem, 1882.

RICCARDI, *Note antropologiche su minorenni delinquenti*, ibid., 1882.

PASINI, *Studi su 122 delinquenti femmine*, ibidem, 1882.

FERRI, *Studi comparati di antropologia su 1711 delinquenti, pazzi e normali.* (Ibidem, 1882 et *Archives italiennes de biologie*, III, 3).

LACASSAGNE, *Rapporto fra la statura e la grande apertura delle braccia in 800 delinquenti. (Arch. psich.*, 1883, pag. 20).

KNECHT, *Ueber die Verbreitung physicher. Degeneration bei Verbrechen und die Beziehungen zwischen Degeneration-zeichen und Neuropathien. (Allgemeine Zeitsch. f. Psychiatrie*, Berlin 1883).

BELIAKOW, *Studi antropometrici sugli omicidi. (Arch. psich. nevrol. di Kowelewski*, 1884 et *Arch. psich. etc.*, 1885. 193, 490).

TROISKI, *Risultati di cefalometria nei delinquenti, in rapporto con alcuni caratteri di degenerazione fisica. (Arch. psich. nev., 1884 et Arch. psich. etc., 1885, pag. 536).*

FÉRÉ, *Variétés morphol. du pavillon de l'oreille humaine. (Revue d'anthr., 1886).*

BERTILLON, *Forme du nez.* (Ibidem, mars 1887).

LANNOIS, *L'oreille au point de vue anthrop. et méd.-lég. (Archives anthr. crim., 1887, p. 336 et 389).*

FRIGERIO, *L'oreille externe, Étude d'anthrop. crimin. (Archives d'anthr. crim., 1888).*

OTTOLENGHI, *Lo scheletro e la forma del naso nei criminali, pazzi, epilettici e cretini. (Arch. psich. etc., 1888).*

TARNOWSKI, *Misure antropometriche su 150 prostitute, 100 ladre e 100 contadine. (Arch. psich. etc., 1888, pag. 196).*

SALSOTTO, *Sulla donna delinquente. (Riv. carc., 1888, pag. 183).*

ROSSI, *Una centuria di criminali*, Torino 1888.

JULIA, *De l'oreille au point de vue anthropologique et médico-légal*, Lyon 1889.

ROSSI, *Il tachiantropometro Anfosso applicato ad una centuria di criminali. (Riv. carc., 1889, fasc. 10).*

GRADENIGO, *Das Ohr des Verbrechens*, Wien 1889.

IDEM, *Il padiglione dell'orecchio nei normali, alienati e delinquenti. (Giorn. Acc. Med., Torino 1889 et Arch. psich., 1890, p. 258).*

OTTOLENGHI, *Il mancinismo anatomico nei criminali (Arch. psich. 1889, pag. 619).*

TARNOWSKI, *Études anthropométriques sur les prostituées et les voleuses*, Paris 1889.

TENCHINI, *Varietà numeriche vertebro-costali nell'uomo*, Parma 1889.

ARNÒ, *Anomalie in 151 minorenni detenuti. (Arch. psich.).*

VENTURI et PELLEGRINI, *I piedi nei pazzi e nei delinquenti*, 1890, et (ibidem, pag. 565).

LOMBROSO, *Rughe anomale speciali ai criminali. (Arch. psich., 1890, pag. 96).*

FAUVELLE, *Mensuration des pouces chez les criminels. (Bull. Soc. Anthr.*, Paris 1891, n. 3).

GRADENIGO, *Significato antropologico delle anomalie nel padiglione dell'orecchio. (Arch. psich., 1891, pag. 475 et 1892, pag. 9).*

DE SARLO, *I piccoli candidati alla delinquenza.* (Ibid., 1892, p. 301).

ARDÙ, *Sul diametro triangolare della mandibola dell'uomo.* (Ibidem, 1892, p. 289).

OTTOLENGHI e CARRARA, *Il piede prensile negli alienati e nei criminali.* (Ibidem, 1892, p. 373).

Observations sur le cerveau des criminels.

BERGMANN, *Aderenze dei corni posteriori del cervello in un delinquente. (Virchow's Gesamm. Abhandl.,* Frankfurt 1856).

BROCA, *Sur l'assassin Lemaire et sur la criminalité. (Bull. soc. anthr.,* Paris 1867, II, 347) et *Mémoires sur le cerveau,* Paris 1888, pag. 180.

FOVILLE, *Crâne et cerveau de l'assassin Lemaire. (Ann. méd. psych.,* 1868, p. 127).

WILLIGK, *Studi sul cervello dell'assassino Freud. (Prager Viert. f. prakt. Heik,* 1876).

BENEDIKT, *Der Raubthiertypus am menschlichen Gehirne. (Centralbl. f. d. med. Wiss.,* 1877, n. 52).

MEYNERT, *Kritik ueber Nachrichten von Verbrecher Gehirnen. (Auz. der ger. Gesellsch.,* Wien 1876, p. 144).

BENEDIKT, *Anatomische Studien an Verbrecher-Gehirne,* Wien 1879.

IDEM, *Anomalies cérébrales des criminels. (Progrès médical,* 1879, n. 9).

LUSSANA, *Anomalie cerebrali nei delinq. (Arch. ital. mal. nerv.,* nov. 1879).

CHUDZINSKI, *Le cerveau de Menesclou. (Bull. soc. anthr.,* Paris 1880, fasc. III, pag. 578).

HANOT, *Cerveau de condamnés. (Progrès médical,* 1880, n. 1).

BROCA, *Le cerveau de l'assassin Prévost. (Bull. soc. anthrop.,* Paris 1880) et *Mémoires sur le cerveau,* Paris 1888, p. 234.

BENEDIKT, *Ueber den heutigen Stand der Anatomie der Verbrechergehirne. (Wiener mediz Presse,* 1880).

BISCHOFF, *Hirngenwicht des Menschen,* Bonn 1880.

GIACOMINI, *Varietà delle circonvoluzioni cerebrali dell'uomo,* Torino 1881 et *(Arch. psich. etc.,* II, 488).

AMADEI, *Anomalie delle circonvoluzioni frontali nei delinquenti. (Riv. sperim.. fren.,* 1881).

SCHWEKENDIEK, *Untersuchungen au zehn Gehirnen von Verbrechern und Selbstmörden,* Würzburg 1881.

RALL, *L'assassin Lefroy.* (*Encéphale*, 1881, p. 613).

FERRIER, *Cerveau d'une criminelle.* (*Brain* et *Archives névrologiques*, 1882).

FLESCH, *Su un cervelletto mediano in una criminale.* (*Arch. psich. etc.*, 1888). — IDEM, *Untersuchungen ueber Verbrecher Gehirne*, Vürzburg 1882.

NEIS, *Poids de 33 cerveaux pesés au pénitencier de Poulo Candore.* (*Bull. soc. anthr.*, Paris 1882, p. 471).

BARDELEBEN, *Ueber Verbrecher-Gehirne.* (*Deutsch. mediz. Wochenschr.*, 1882, p. 552).

BENEDIKT, *Zur Frage der Verbrecher Gehirn.* (*Wien mediz. Presse*, 1883 et *Riv. clinica*, 1883).

Istologia patologica del cervello di Guiteau. (*Revue scientifique*, 1883, n. 1).

GIACOMINI, *Sui cervelli delinquenti.* (*Gazz. delle cliniche*, 1883, fasc. XIX, pag. 9).

MARCHI, *Il cervello di Gasperone.* (*Arch. psich. etc.*, 1883).

ROMITI, *Crani e cervelli di delinquenti*, Siena 1883.

BENEDIKT, *Demonstration eines Verbrecher-Gehirnes*, Wien 1883.

FLESCH, *Zur Casuistic anomaler Befunde am Gehirnen von Verbrechern un Selbstmördern.* (*Arch. für. Psych.*, XVI, p. 689).

TENCHINI, *Cervelli di delinquenti*, Parma 1885 (1 vol. avec 22 fig.).

VARAGLIA et SILVA, *Sopra 60 crani e 42 encefali di donne criminali italiane.* (*Arch. psich. etc.*, 1885, 113, 274, 459).

CHIARUGI, *Sulla divisione delle circonvoluzioni frontali in sani, pazzi, delinquenti*, Siena 1885.

BONFIGLI, *Osservazioni sui cervelli dei malfattori.* (*Arch. ital. mal. nerv.*, 1887).

Le cerveau de l'assassin Pranzini. (*Revue d'anthr.*, 1887, 533).

BOUCHARD, *Études sur les circonvolutions frontales de trois cerveaux d'assassins.* (*Bull. soc. anthr.*, Bordeaux 1887, III).

BENEDIKT, *Beiträge zur Anatomie der Gehirne Oberfläche.* (*Mediz. Jahr.*, 1888).

MINGAZZINI, *Sopra 30 crani ed encefali di delinquenti italiani.* (*Rivista sperim. fren.*, 1888).

FERRAZ DE MACEDO, *L'encéphale humain, avec et sans commissure grise, en rapport avec la criminalité*, Genève 1889.

FALLOT, *Le cerveau des criminels.* (*Bull. soc. anthr.*, Paris 1888, pag. 594 et *Arch. anthr. crim.* mai 1889).

HOTZEN, *Befunde am Gehirn einer Muttermörder. (Viertj. f. ger. Med.*, 1889 et *Arch. psich..* 1889, f. 2).

MILLS, *Arrested and aberrant Development and Gyres in the Brain of Paranoies, Criminals, Idiots, Negroes,* Philadelphia 1889.

BENEDIKT, *Anthropologische Befunde bei dem mörder Schenk.* (Wien mediz. Blätter 1891, n. 1 et *Arch. anthr. crim.*, mai 1891).

TENCHINI, *Cervelli di delinquenti,* memoria III, Parma 1891.

BOUCHARD, *Note sur le cerveau de l'assassin Aurusse. (Journ. méd.,* Bordeaux, oct. 1891).

BENEDIKT, *Les grands criminels de Vienne* (R. Hackler). — *Archives d'anthr. crim.*, mai 1892.

Anatomie pathologique des criminels.

DEROLANDIS, *Necroscopia di un delinquente. (Repert. med. chir. del Piemonte,* 1835).

CORNELLI, *Anomalie nei canali infraorbitali negli alienati, delinquenti e sani. (Riv. clinica,* 1875).

LOMBROSO et FERRI, *Su A. Faella e sugli osteomi etc. (Archivio psich.*, 1882, pag. 118).

FLESCH, *Untersuchungen über Verbrecher Gehirne,* Würzburg 1882.

DE ALBERTIS, *Autopsia di Giona La Gala. (Arch. psich. etc.,* 1883).

FUBINI, *Osservazioni sopra un giustiziato con fucilazione.* (Ibidem, 1884, pag. 447).

FRIGERIO, *Omicida per paranoia allucinatoria* (autopsia). (Ibidem, 1884, pag. 410).

LABORDE, *Observations sur la tête et le corps d'un justicié. (Revue scientif.*, 21 juin 1884 et *Arch. psich.*, V, 495).

SALVIOLI, *Reperto necroscopico del cadavere di un delinquente. (Riforma medica,* 1885 et *Arch. psich.*, VI, 353).

TENCHINI, *Mancanza della XII vertebra dorsale in un omicida,* Parma 1887.

GUERRA, *Anomalie in cadaveri di delinquenti e normali. (Arch. per l'antr.,* 1887, XVII, 3).

TENCHINI, *Varietà numeriche delle vertebre e coste in normali e delinquenti,* Parma 1888.

OTTOLENGHI e RONCORONI, *Autopsie di 100 criminali. (Archiv. psich.*, 1892, p. 438).

CHUDSIUSKI, *Sacrum de l'assassin Kaps.* (Ibidem, 1892, p. 249).

LAURENT, *Anomalies de la verge chez les dégénérés criminels.* (*Archives d'anthr. crim.,* janv. 1892).

PENTA, *Le anomalie nei criminali.* (*Arch. psich.,* 1890, p. 327).

Physionomie criminelle.

CASPER, *Mörder-physiognomieen.* (*Viert. f. gerichl. Mediz.,* 1854).

CARMINATI, *Se i delinquenti abbiano una fisionomia speciale,* Salò 1875.

COUGNET, *Sulla fisonomia dei delinquenti.* (*Arch. psich. ecc.,* 1880).

BORDIER, *Photographies de criminels.* (*Bull. soc. anthr.,* Paris 1882, pag. 795).

MARRO et LOMBROSO, *Album di criminali tedeschi.* (*Arch. psich. etc.,* 1883, pag. 127).

MARRO et LOMBROSO, *Fisionomie delle donne criminali.* (Ibidem, 1883, pag. 370).

TEBALDI, *Sulla fisonomia ed espressione studiate nelle loro deviazioni,* con Atlante, Verona 1884.

MAYOR, *Notes pour servir à une iconographie des Césars au point de vue anthropologique,* Rome 1885 et (*Arch. psich.,* 1886, p. 34).

HÉMENT, *Les causes scientifiques de la physionomie.* (*Mém. Acad. Sc. morales et pol.,* Paris 1887).

LEFORT, *Le type criminel d'après les savants et les artistes,* Lyon 1892.

Biologie criminelle.

THOMSON, *The eredilary nature of crime.* (*Journ. of ment science,* 1870).

LOMBROSO, *Sul tatuaggio negli italiani.* (*Arch. per l'antr.,* 1874).

GRUY, *Results of censuses of the Population of Convict Prisons.* (*England,* 1862-73, résum. dans la *Riv. sperim. fren.,* 1876).

DUGDALE, *The Iukes; a Study in Crime, Pauperisme, Disease and Heredity,* N. York 1877.

ANDRONICO, *Studi clinici sul delitto.* (*Riv. carc.,* 1878).

DECAISNE, *Expériences physiologiques sur le cadavre du supplicié Prunier.* (*Ann. hyg. publ.,* juil 1889).

RASERI, *Condizioni sanitarie dei carcerati in Italia. (Annali di stat.,* 1881, vol. 22 et *Riv. carc.,* 1881, p. 465).

ZIINO, *La fisiopatologia del delitto,* Napoli 1881.

CLARK, *Eredity and Crime in epileptic Criminal,* Braunn 1880.

COUGNET et LOMBROSO, *Sfigmografia di delinquenti ed alienati. (Arch. psich. ecc.,* 1881).

MOSTER, *Salute fisica e criminalità. (Journ. of ment. Sc.,* 1882).

VERATTI, *Contributo agli studi di antropologia criminale. (Riv. carc.,* 1882, pag, 137).

LACASSAGNE, *Les tatouages,* Paris 1881 et *(Arch. psich.,* I, 4).

ANDRONICO, *Prostitute e delinquenti.* (Ibidem, 1882, p. 143).

LESTINGI, *Autografi di assassini,* ibidem, 1882.

BONO, *Il daltonismo nei delinquenti,* ibidem, 1883. — IDEM, *Sull'acutezza visiva e sul colore dell'iride nei criminali,* ibidem, 1883.

KNECHT, *Ueber die Verbrechern-Physische Degeneration. (Zeit. f. Psych.,* 1883, fasc. 4).

COUGNET et LOMBROSO, *La reazione vasale nei delinquenti e nei pazzi. (Arch. psich.,* 1884).

LOMBROSO, *Sul mancinismo nei sani, criminali, pazzi.* (Ibidem, 1884, pag. 187).

ANDRONICO, *Il mancinismo in rapporto alla delinquenza.* (Ibidem, 1884, pag. 480).

RAMLOT, *Quelques resultats de l'enquête de la prison de Louvain. (Bull. soc. anthr.,* Bruxelles 1885, III, 276).

WARNOTS, *La dynamométrie à la prison de Louvain.* (Ibidem, III, pag. 321).

DARESTE, *Droitiers et gauchers. (Bull. soc. anthr.,* Paris 1885, pag. 435).

JOBERT, *Les gauchers comparés aux droitiers,* Lyon 1885.

VENTURI, *Sull'uso del tabacco da naso nei sani, pazzi e delinquenti. (Manicomio,* Nocera Inf., 1885).

SALSOTTO, *Anomalie nella disposizione dei peli in donne criminali. (Arch. psich.,* 1885, pag. 292).

ALOBRI, *Gli eredi del delitto, della pazzia e dell'alcoolismo. (Riv. carc.,* 1886).

BENEDIKT, *La disvulnérabilité des criminels. (Arch. psich. etc.,* 1886, pag. 187).

OTTOLENGHI, *L'occhio nei delinquenti.* (Ibidem, 1886, p. 543).

LACASSAGNE et MAGITOT, *Tatouage* (ext. du *Dict. encycl. sc. méd.*, Paris 1886).

MENDEL, *Ueber die Vagabundenfrage vom gerichtsärtzlichen Standpunkt.* (Viert. f. gerich. Med., 1887, pag. 178).

BOSELLI et LOMBROSO, *Nuovi studi sul tatuaggio nei criminali.* (Giorn. accad. medico, Torino 1887 et Arch. psich., 1887, p. 1).

PERACCHIA, *Andatura dei criminali ed epilettici.* (Arch. psichiatria etc., 1887, pag. 240).

BRUNATI, *Autografi di un epilettico criminale.* (Arch. ital. mal. nerv., 1887 et Arch. psich., 1887, pag. 320).

ALGERI, *Epilessia e disturbi mentali*, (Trapanazione del cranio, Miglioramento). (Riv. sperim. fren., 1888).

LUCIO, *A tuberculose en la penitenciaria central de Lisbona*, Lisbona 1888.

PENTA, *Note cliniche sui delinquenti del bagno penale di S. Stefano.* (Riv. clinica e terap., 1888, n. 2).

OTTOLENGHI, *Il ricambio materiale nei delinquenti-nati.* (Giorn. accad. med., Torino et Arch. psich., 1888, pag. 375).

IDEM, *L'olfatto nei criminali.* (Ibidem, 1888, pag. 495).

CONTI, *I fanciulli delinquenti*, Bologna 1888.

VIRGILIO, *La patologia dei delinquenti.* (Riv. carc., 1888, p. 71).

OTTOLENGHI, *Nuove ricerche sui rei contro il buon costume.* (Arch. psich. ecc,, 1888, pag. 573).

LAURENT, *Les dégénérés dans les prisons.* (Archives anthr. crim., dec. 1888).

ROSSI, *Una centuria di criminali*, Torino 1888.

SALILLAS, *El tatuage en los delinquentes espanoles*, (Rev. de anthr. crim., 1888, pag. 95, 141, 241).

GRADENIGO, *L'udito nei delinquenti.* (Giorn. accad. med., Torino 1889).

KIRN, *Ueber die Degeneration in Verbrecher.* (Allg. Zeit. f. Psych., 1889, fasc. 1-6).

DRILL, *Les types psycho-physiologiques par rapport à la criminalité*, Moscou 1890.

MAGNAN, *L'enfance des criminels dans ses rapports avec la prédisposition naturelle au crime.* (Actes du II congrès d'anthr. crim., Lyon 1890, p. 53).

SAWIN, *Criminals*, New-York 1890.

NACKE, *Beiträge zur Anthropologie und Biologie geisteskranker Verbrecterinnen.* (Centralb. f. Nervenh., febbr. 1891).

OTTOLENGHI, *Anomalie del campo visivo nei psicopatici e criminali*, Torino 1891.

LOMBROSO et OTTONGHI, *Die Sinne der Verbrecter. (Zeitsch. f. Phychol.*, Leipzig 1891).

LOMBROSO, *Tatto e tipo generativo in donne normali, criminali e alienate. (Arch. psich.*, 1891, pag. 1).

GURRIERI, *Il tatuaggio fra i minorenni corrigendi.* (Ibidem, 1891, pag. 434).

MORAVCSIK, *Degenerationzeichen bei der verbrecherischen Neigungen. (Centrabl. f. Nerveuh.*, mars 1891).

SOLARI, *Degeneracion y crimen*, Buenos Aires 1891.

STRAHAM, *Instinctive Criminality*, London 1891.

GURRIERI e MORAGLIA, *Sul tatuaggio osceno nei delinquenti. (Arch. psich.* 1892, p. 145).

MARANDON DE MONTYEL, *Étude clinique des rapports de la criminalité et de la dégénéréscence. (Archives anthr. crim.*, mai 1892).

VIAZZI, *L'atavismo nella delinquenza. (Scuola positiva*, aprile 1892).

Psychologie criminelle.

SCHAUMANN, *Ideen zu einer Kriminalpsychologie*, Halle 1792.

HOFFBAUER, *Die psychologie in ihrer Hauptanwendung auf die Rechtspflege*, Halle 1808.

TOULMOUCHE, *Travail historique, statistique, médical, hygiénique et moral sur la maison centrale de Beaulieu. (Ann. d'hyg. publ.*, 1835, XIV, pag. 44).

APPERT, *Bagnes, prisons et criminels*, Paris 1836.

FREGIER, *Des classes dangereuses de la population dans les grandes villes*, Bruxelles 1840.

VINGTRINIER, *Des prisons et des prisonniers*, Paris 1840.

MOREAU-CRISTOPHE, *Le monde des coquins*, Paris 1841.

ALHOY, *Les bagnes*, Paris 1845.

FERRUS, *Des prisonniers, de l'emprisonnement et des prisons*, Paris 1850.

MARQUET DE VASSELOT, *Ethnographie des prisons*, Paris 1853.

WISLOW, in *Letsonian Lectures*, London 1854.

NŒLLNER, *Criminal-psycholog. Denkwürdigkeiten*, Stuttgart 1858.

MAYEW, *Criminal life*, London 1860.

IDEM, *Criminal Prisons of London*, London 1862.

Ave Lallemant, *Das deutsche Gaunerthum in soc. polit. liter. und linguist. Ausbildung,* Leipzig 1858-1862, 3 vol.

Legrand Du Saulle, *L'assassin Dumollard. (Ann. méd. psychologique,* 1862.

Boileau de Castelnau, *Les maladies du sens moral* (Observ. sur les détenus de Nimes). *(Ann. méd. psych.,* 1860, p. 349 et 515).

Carpenter, *Female Life in Prison,* London 1864.

Idem, *Our Convicts,* London 1864.

Chesterton, *Revelations of Prison Life,* London 1867.

Despine, *Psychologie naturelle. Essai sur les facultés intellectuelles et morales dans leur état normal et dans leurs manifestations anomales chez les aliénés et chez les criminels,* Paris 1868, 3 vol.

Moreau, *Souvenirs de la Petite et de la Grande Roquette,* Paris 1869.

Merchant, *Six Years in the Prisons of England,* London 1869.

Thomson, *The Psychology of criminals. (Journ. of ment science,* oct. 1870).

Wilson, *Sull'imbecillità morale dei delinquenti incorreggibili. (Riv. carc.,* 1871, pag. 144).

Despine, *État psychique des criminels. (Ann. méd. psych.,* 1872, fasc. ii, pag. 321).

Nicolson, *Feigned Attempts at Suicide. (Journ. of ment. science,* janv. 1872).

Riouffe, *Mémoires d'un détenu,* Paris 1872.

Krafft-Ebing, *Grundzüge der Criminal-psychologie,* I Aufl. Erlangen 1872, ii Aufl. Stuttgard 1882.

Brace, *The dangerous classes of New York,* 1873 et *(Revue scientif.* 13 juin 1874).

Majno, Bronzini, etc., *Studi su alcuni delinquenti. (Rivista penale,* 1874, i, 328).

Morselli, *Contributo alla psicologia dell'uomo delinquente. Note sui delinquenti suicidi. (Riv. sperim. frenet.,* 1875, 1-3 et *Arch. ital. mal. nerv.,* marzo-maggio 1877).

Hurel, *Coup d'œil psychologique sur la population de la maison centrale de Gaillon. (Ann. méd. psych.,* 1875, i. 161 et 374).

Holtzendorff, *La psicologia dell'omicidio. (Rivista penale,* 1875, fasc. iii. pag. 125).

Du Camp, *Paris, ses organes, ses fonctions et sa vie,* v édit., Paris 1875, iii, ch. 12 — iv, ch. 23.

Morselli, *Influenza della pena sui detenuti. (Rivista sperimentale freniatria,* 1877, 3).

WAHLBERG, *Criminal-psychologische Bemerkungen ueber der Raub-mörder Hackler*, Wien 1877.

LOCATELLI, *Sorveglianti e sorvegliati*, Milano 1878.

ANGELUCCI, *Gli omicidi di fronte all'esecuzione capitale*. *(Rivista sperim. fren.*, 1878, 3).

BOLIS, *La polizia e le classi pericolose*, Bologna 1879.

TAUFFER, *Relazione sulla casa penale di Lepoglava* (Ungb.), Zagabria 1880.

BATAILLE, *Causes criminelles et mondaines*, Paris 1880 et suiv.

BRISSAC, *Souvenirs de prison et de bagne*, Paris 1880.

Mad. DE GASPARIN, *Quatre ans de prisons par une détenue*, Paris 1880.

+MOREAU (Alf.), *L'état mental des criminels*, Bruxelles 1881.

DESMASEZ, *Le crime et la débauche à Paris*, Paris 1881.

LOMBROSO et DU CAMP, *Gli autografi di Troppmann*. *(Archivio psich.*, 1880).

LOMBROSO, *Delinquenti d'occasione*, ibidem, 1881.

VENEZIAN, *Vocaboli e frasi del gergo veneto*. (ibidem, 1881, p. 204).

MINZLOFF, *Caratteri delle classi criminali*. *(Messaggero giurid.*, Mosca 1881, fasc. x).

ARBOUX, *Les prisons de Paris*, Paris 1881.

MOREAU, *De l'état mental des criminels*, Bruxelles 1881.

PUCCI, *Schizzo monografico della camorra carceraria*, Matera 1882.

MOREAU (DE TOURS), *De l'homicide commis par les enfants*, Paris 1882.

MAYOR, *Nota sul gergo francese*. *(Arch. psich.*, 1883).

FOCACCI, *La medicina carceraria*, Genova 1883.

LINDAU, *Aus des Berliner Verbrecherwelt*. *(Nord und Sud*, 1883 et Arch. psich. etc., 1884, pag. 152).

KRAUSS, *Die Psychologie des Verbrechens*, Tubingen 1884.

LEWIS, *Les causes célèbres de l'Angleterre*, Paris 1884.

MARRO, *I carcerati, studi dal vero*, Torino 1885.

COLACINO, *La fratellanza, Associazione di malfattori*. *(Rivista carceraria*, 1885, pag. 179).

LASCHI, *I criminali nel delitto politico*. *(Archivio psich.*, 1885, pag. 469).

MAYOR, *Sur l'argot des criminels*. *(Actes du congrès anthr. crim.*, Rome 1886, pag. 147).

GAROFALO, *Contribution à l'étude du type criminel*. *(Bull. soc. psychol. physiol.*, Paris 1886).

ADEMOLLO, *Le annotazioni di Mastro Titta, carnefice romano*, Città di Castello 1886.

GRAZIADEI, *L'uomo di galera*, Caserta 1886.

DOSTOIEWSKY, *Souvenirs de la maison des morts* (trad.), Paris 1886.

IDEM, *Crime et châtiment*, Paris 1887.

E. O., *Les bas-fonds de Berlin.* (*Zeitsch. f. die ges. Strafrechtsw.*, 1886, VI, 2 et Paris 1889).

LATTES, *Sui lavori clandestini dei carcerati.* (*Archivio psich. ecc.*, 1886, pag. 554).

Mad. ARENAL, *Psychologie comparée du criminal.* (*Bull. soc. Prisons Paris*, 1886, p. 647).

IDEM, *Clinique criminelle*, ibidem, 857.

FERRIANI, *L'infanticida nel codice penale e nella vita sociale*, Bologna 1886.

IDEA, *L'amore in tribunale*, Bologna 1889.

CROZES, *Souvenirs de la petite et de la grande Roquette*, Paris 1886.

AUBRY, *La contagion du meurtre*, Paris 1887.

CARLIER, *Les deux prostitutions, Étude de pathologie sociale*, Paris 1887.

ALONGI, *La maffia, Studio sulle classi pericolose in Sicilia*, Torino 1887.

IDEM, *La camorra*, Torino 1890.

MOTET, *Les faux témoignages des enfants devant la justice*, Paris 1887.

CLARK, *Delinquenza e responsabilità.* (*Canada Med. and. Jur. Journ. et Riv. carc.*, 1887, p. 103).

GAROFALO, *L'anomalie du criminel.* (*Revue philos.*, mars 1887 et *Criminologie*, Paris 1888, pag. 59 et suiv.).

DALMEDICO, *Carceri e carcerati sotto S. Marco, Canzoni dei prigionieri.* (*Ateneo Veneto*, 1887, I, 1).

LOMBROSO, *Palimsesti del carcere.* (*Arch. psich. etc.*, 1887, p. 457, 568, 1888, p. 1, 125, 220, 341, 453 et Torino 1891, 1 vol.).

KERNOOR, *Chronique de Noumea.* (*Arch. anthr. crim.*, sept. 1887).

SETTI, *Agonie! Verbali raccolti da assistenti a 4 condannati a morte.* (*Riv. carc.*, 1887, p. 349).

LOMBROSO, *Gerghi nuovi.* (*Arch. psich.*, 1887, p. 125).

MIRN, *Die criminal Psychologie in ihrer Beziehung zum Gefängnisswesen.* (*Handbuch de Gefängnisswesen de* HOLTZENDORFF, 1888).

DRILL, *Les jeunes criminels* (psychologie générale de la criminalité),
     Moscou 1888.

IDEM. *Types psycho-physiques* (psychologie spéciale de la criminalité),
     Moscou 1890.

DESMAZE, *Les criminels et leurs grâces,* Paris 1888.

JOLY, *Le crime,* Paris 1888.

KRAPOTKINE, *Influence du régime des prisons sur l'état moral des
     prisonniers,* Paris 1888.

IDEM, *In French and Russian prisons,* London 1889.

MENDEL, *Les vagabonds. (Bull. soc. gen. Prisons,* Paris avr. 1888).

PITRÈ et LOMBROSO, *I gesti dei criminali. (Arch. psich. etc.,* 1888,
     pag. 565).

LOMBROSO, *L'arte nei delinquenti.* (Ibidem, pag. 609).

JOLY, *Les lectures dans les prisons de la Seine. (Archives anthr.
     crim.,* juill. 1888).

GAUTIER, *Le monde des prisons.* (Ibidem, sept.-déc. 1888).

WAYLAND, *I delinquenti incorreggibili. (Journ. of. ment. Science
     et Riv. carc.,* 1888, pag. 558).

DRAGO, *Los hombres de presa,* Buenos Ayres 1888, II edic. et (trad.
     ital.) *I delinquenti nati,* Torino 1890.

FLEISCHMANN, *Deutsches Vagabunden und Verbrecherthum in neun-
     zehnten Jahrhundert,* Barmen 1888.

SALILLAS, *La vida penal en Espana,* Madrid 1888.

FERREIRA, *Estudos sobre criminalidad e educaçao* Lisboa 1889.

FOREL, *Zwei Kriminalpsychologische Falle. (Zeit. f. schweiz. Straf.,*
     1889, fasc. 1).

BYRNES, *Professional criminals of America* (avec phot.) N. York
     1889.

DAVITT, *Leaves from a Prison Diary. (Blachvoods Magazine,* 1889).

LAURENT, *Influence de l'éducation et des milieux sur la crimina-
     lité. (Revue de l'hypnotisme,* déc. 1889).

IDEM, *Les dégénérés dans les prisons. (Arch. anth. crim.,* 1889, 266).

ALONGI, *Le domicile forcé en Italie.* (Ibidem, 1889, p. 1).

GIL MAESTRE, *Los malechores de Madrid,* Gerona 1889.

X MOREAU (DE TOURS), *Contagion du crime,* Paris 1889.

ROSENBLATT, *Skizzen aus der Verbrecherwelt,* Warsch. Gerichtszeit.
     1889.

LUCILDE Y HUERTA, *Morfologia del robo - O ladrones de Madrid,* 1889.

PITRÉ, *L'omertà. (Arch. psich.,* 1890, pag. 1).

CASTELLI, *A proposito della brutale malvagità. (Arch. giurid.,* 1890).

JOLY, *Jeunes criminels parisiens. (Archives anthr. crim.,* mars 1890).

HÉRICOURT, *La « bête humaine » de M. Zola et la psychologie du criminel. (Revue bleue,* 1 juin 1890).

†FERREIRA DEUSDADO, *Essai de psychologie criminelle,* quest. au congrès pénit. de S. Pétersbourg, 1890.

†RIGGENBACH, *Société, famille et criminalité,* Lausanne 1890.

GÁRNIER, *Le criminel instinctif et le droit de défense sociale. (Annales hyg. publ.,* mai 1890).

NICOLAY, *Les enfants mal élevés,* Paris 1890.

IGNOTUS (I. Platel), *L'armée du crime,* Paris 1890.

LAURENT, *L'année criminelle 1889-90,* Lyon 1891.

LOMBROSO, *I palimsesti del carcere,* Torino 1891.

RINIERI DE' ROCCHI, *Il senso etico e l'antrop. crim.,* Roma 1891.

DE RYCKERE, *La criminalité feminine. (Belgique judiciaire,* janvier-février 1891).

CLAIR, *Documents de criminologie et de médecine legale,* Paris 1891.

MACDONALD, *Criminal Aristocracy on the Maffia. (Medico-legal Journal,* New-York, june 1891).

AUBRY, *De l'homicide commis par la femme. (Archives anthrop. crim.,* mai et juillet 1891).

TARDE, *À propos de deux beaux crimes.* (Ibidem, sept. 1891).

LOMBROSO, *Un autografo di Seghetti. (Arch. psich.,* 1891, p. 366).

ROLLET et TOMEL, *Les enfants en prison,* Paris 1892.

SIGHELE, *L'evoluzione dal suicidio all'omicidio nei drammi d'amore,* ibidem, 1891, pag. 436 (et app. à la III édit. de l'*Omicidio-suicidio* de FERRI, Torino 1892).

IDEM, *La folla delinquente,* Torino 1892 et trad. franc., Paris 1892.

IDEM, *La coppia criminale. (Arch. di psich.,* Turin 1892).

VON, *Naturnothwendigkeit der Unterschiede menschlichen Handelus. (Ursachen der Verbrechen etc.),* Berlin 1892.

COOK, *The prisons of the World: Crime, Criminals, Convicts.* London, 1892.

ZUCCARELLI, *Un delinquente nato e il sentimento di vendetta nei degenerati. (Anomalo,* janv. 1892).

NUSSENS, *Anatomie du récidiviste. (Revue Universitaire,* Bruxelles, 15 févr. 1892).

†DESMETH, *Psychologie des criminels.* (Ibidem).

SALILLAS, *Los regicidos españoles. (La nueva ciencia juridica,* Madrid, julo 1892).

V. aussi les documents de psychologie criminelle dans les *Mémoires des* fonctionnaires de police et des bourreaux (Vidocq, Canler, Sanson, Gisquet, Macé, Claude, Andrieux, Carlier, Cappa, etc.), et dans les recueils de *Procès célèbres* depuis Pitaval, Fouquier, Feuerbach. etc.

Psychopathologie criminelle.

ESQUIROL, *Monomanie homicide,* (app. au *Traité des maladies mentales,* Paris 1838 et Firenze 1846).

CAZAUVIELH, *De la monomanie homicide. (Ann. hyg. publ.,* 1827, fasc. XVI, pag. 121). — IDEM, *Du suicide, de l'aliénation mentale et des crimes contre les personnes,* Paris 1840.

MARC, *De la folie dans ses rapports avec les questions médico-judiciaires,* Paris 1840.

BAILLARGER, *Note sur les causes de la fréquence de la folie chez les prisonniers. (Ann. méd. psych.,* 1844, IV, 74).

PRESSAT, *De la monomanie homicide et de l'homicide chez les aliénés.* (Ibidem, 1846, pag. 254).

BRIERRE DE BOISMONT, *Rapports de la folie suicide avec la folie homicide.* (Ibidem, 1851, pag. 626) et chap. VIII, *Du suicide,* II éd., Paris 1865. — IDEM, *Observations médico-légales sur la monomanie homicide,* Paris 1846.

BARBASTE, *De l'homicide et de l'anthropophagie,* Paris 1856.

PIETRASANTA, *La folie pénitentiaire,* Paris 1857 et *Annales méd. psych.,* 1857.

SAUZE, *Recherches sur la folie pénitentiaire. (Ann. méd. psych.,* 1857, pag. 26).

JESSEN, *Die Brandstifft in Affecten und Geistes-Kranken,* 1860.

DALLY, *Considérations sur les criminels et les aliénés criminels.* (*Ann. med. psych.,* 1863).

LEGRAND DU SAULLE, *La folie devant les tribunaux,* Paris 1864.

IDEM, *Étude médico légal sur les enfants et les vieillards. (Ann. hyg. publ.,* oct. 1868).

DELBRUCK, *Sur la folie criminelle* (rés. dans les *Ann. hyg. publ.,* janv. 1867).

SOLBRIG, *Verbrechen und Vahnsinn,* München 1867.

JAROIS, *Mania transitoria. (Amér. Jorn. of Insan.,* juillet 1869).

KRAFFT EBING, *Mania transitoriq. (Ann. med. psych.,* 1870).

DAGONET, *De la folie impulsive. (Ann. med. psych.*, 1870).

REICH, *Ueber Seelenstörungen in Gefangenschaft*, Berlin 1871.

TARDIEU, *Étude médico-légale sur la folie*, Paris 1872.

NICHOLSON, *The morbide psychology of criminals. (Journ. of ment. science*, juillet 1873 à juillet 1875).

MAUDSLEY, *Responsability in mental disease*, London 1873 *(Crime et folie*, Paris 1874 et *La responsabilità nelle malattie mentali*, Milano 1875).

TAMASSIA, *La pazzia nei criminali italiani. (Riv. carcer.*, 1874, pag. 305 et 373).

LOMBROSO, *Pazzi e delinquenti. (Riv. pen.*, 1874, I, 38).

FLEMMINO, *Sulla follia morale. (Irrenfreund*, 1874).

LACOUR, *Suicide et alienation ment. dans les prisons cellulaires*, Paris 1875.

BERGONZOLI, *Sui pazzi criminali in Italia.* (Ibidem, 1875, p. 278).

ROGGERO, *Sui pazzi delinquenti in Italia. (Riv. carc.*, 1875, p. 311).

GRAY, *Della responsabilità negli alienati criminali* (Études sur 58 homicides fous). *(Amer Journ. of Insan.*, avr. 1875).

KNAGG, *Unsoundness of Mind in Relation to the question of criminal Acts*, London 1874.

BERTI, *Pazzia e omicidio*, Venezia 1876.

WOCCKMANN, *On Crime and Insanity*, Montreal 1879.

PIPER, *Geislestörungen im Gefängnisse.(Allgemein Zeitsch. f. psych.*, 1877).

LASCIQUE, *Les exhibitionnistes. (Union méd.*, mai 1877).

LEGRAND DU SAULLE, *Étude médico-légale sur les épileptiques*, Paris 1887.

PAGLIANI, *Osservazioni su 15 pazzi delinquenti. (Rivista clinica*, 1877).

TAMASSIA, *Rivista critica sugli ultimi studi di psicopatologia forense. (Rivista penale*, 1877, p. 429).

BLANCHE, *Des homicides commis par les aliénés*, Paris 1878.

TAMASSIA, *Sull'inversione dell'istinto sessuale. (Riv. sperim. fren.*, 1878).

WESTPHAL et MENDEL, *Sulla follia morale*, Soc. med. di Berlino, 1878, n. 1.

TOMMASI, *Dell'impulso irresistibile al furto. (Morgagni*, 1879, n. 1).

GORRY, *Des aliénés-voleurs; non-existence de la Kléptomanie et des monomanies en général comme entités morbides*, Thèse, Paris 1879.

MOTET, *Suicide et folie dans les prisons cellulaires. (Annales hyg. publ.*, 1879, p. 219).

LASÉGUE, *Le vol aux étalages. (Arch. gén. de méd.*, févr. 1880 et *Discussion à soc. de méd.-lég.). (Ann. hyg. publ.*, août 1880).

REICH, *Mania transitoria*, in *Berlin. Klin. Wochens.*, août 1880.

TEED, *On Mind, Insanity and Criminality*, en *Journ. of nevr. and ment. Discase*, janv. 1880.

LOMBROSO, *I mattoidi grafomani e Mangione. (Arch. psich. etc.*, 1880).

BOGGIO e COLLINO, *Tipi di delinquenti mattoidi*, ibidem, 1881.

HUGHES, *Moral affective Insanity*, Sidonis 1881.

LOMBROSO, *La pazzia morale e il delinquente nato. (Arch. psich. etc.*, 1881).

KRAFFT-EBING, *Lehrbuch der gerichtliche Psychopathologie*, II Aufl., Stuttgart 1881.

KORNFELD et LOMBROSO, *Su Guiteau. (Arch. psich. etc.*, 1881).

ROUSSEAU, *De la monomanie incendiaire. (Ann. méd. psych.*, novembre 1881).

SAVAGE, *Moral insanity. (Journ. of Ment. Sc.*, 1881).

TAMASSIA, *Importanza medico-forensé della mania transitoria. (Rivista penale*, 1881, XIII, 465).

HOLLANDER, *Zur Lehre von der Moral Insanity. (Jahrb. f. psych.*, Wien 1882, n. 1).

GUASQUET, *Moral Insanity. (Journ. of. Ment. sc.*, avr. 1882).

KIRN, *Sulla psicosi penitenziaria*, (rés. dans les *Ann. méd. psych.*, novembre 1882).

TAMBURINI et SEPPILLI, *Studio di psicopatologia criminale. (Riv. sperim. fren.*, 1883 et 1887 et *Arch. psich.*, 1888, pag. 83).

TAMASSIA, *Guiteau*, ibidem, 1883.

BONVECCHIATO, *Il senso morale e la follia morale*, Venezia 1883.

LEGRAND DU SAULLE, *Les hystériques, actes insolites, délictueux et criminels*, Paris 1883.

KRAFFT-EBING, SCHLAGER, KIRN, EMMINGHAUS, GAUSSER, *Die gerichtliche Psychopathologie. (*MASCHKA'S, *Handbuch der gerichtlichen Medizin*, 1883. vol. IV et (trad. ital.), Napoli 1889).

SONMER, *Beitrage Zur Kentniss der Criminal Irren. (Allg. Zeitsch. f. Psych.*, 1883).

KNECHT, *Degeneraz. nei delinquenti in rapporto alla nevropatia. (Alleg. Zeit. f. Psych.*, 1883).

MARRO et LOMBROSO, *I germi della pazzia morale e del delitto nei fanciulli. (Arch. psich. etc.*, 1883, p. 7 e 153).

Moreau, *Des aberrations du sens génésique*, Paris 1883.

Lombroso, *Pazzia morale e delinquente nato. (Arch. psich.,* 1884, pag. 17).

Buchnett, *The relation Madness to Crime,* New York 1884.

Badich, *Irre Verbrecher,* Berlin 1884.

Bell, *Madness and Crime. (Medico-legal Journ.,* New York, sept. et oct. 1884).

Bonvecchiato, *A proposito di un processo scandaloso (Guiteau),* Venezia 1884.

Tanzi, *Pazzi morali e delinquenti nati. (Riv. sper. fren.,* 1884).

Marro, *Esami psicometrici di pazzi morali e di mattoidi. (Arch. di psich. etc.,* 1895, p, 356).

Sander et Richter, *Die Beziehungen Zwischen Geistestörungen und Verbrechen,* Berlin 1886.

Bell, *Shall we hang the insane who commit homicides. (Med. Leg. Journ.,* New York, apr. 1885.

Chevalier, *De l'inversion de l'instinct sexuel au point de vue médico-légal,* Paris 1885.

Butts, *Uccisioni di fanciulli commesse da genitori pazzi. (Med. Leg. Journ.,* New York, juin et sept. 1885).

Laschi, *La pazzia nel delitto politico. (Arch. psich.,* 1885, p. 296).

Benedikt, *Folie et criminalité,* Wien 1885.

Dinchow, *Delitto e pazzia. (Viestnik Psichiatrii,* 1885).

North, *Insanity and crime. (Journ. Ment. Sc.,* july 1886).

Savage, *Drunkeness and responsability.* (Ibidem, april 1886).

Max Simon, *Crimes et délits dans la folie,* Paris 1886.

Saury, *Études sur la folie héréditaire, Les dégénérés.* Paris 1886, ch. 2 et 3.

Liman, *I simulatori. (Gerichtsaal,* 1886).

Tamburini, *Imbecillità morale e delinquenza congenita. (Riv. sper. fren.,* 1886 et *Actes du congrès anthr. crim.,* Rome 1886, pag. 431). — Idem, *Observations sur 36 aliénés condamnés comme semi-responsables.* (Ibidem, p. 435).

Savage, *Moral insanity.* New York 1886.

Sergi, *Relazione tra la delinquenza e le malattie mentali. (Rivista carc.,* 1881, pag. 121).

Reuss, *Aberrations du sens génésique. (Ann. hyg. publ.,* 1886, XIV, 125, 239, 309).

Verga G. B., *Considerazioni sulla pazzia morale e discussione sulla pazzia morale e delinquenza congenita. (Atti del V Congresso Freniatrico a Siena,* Milano 1887, p. 34, 51, 223).

GRUNEWALD, *Zur Frage der Pyromanie. (Das Tribunal,* juin 1887).

BUSDRAGHI, *L'omicidio nei pazzi, (Arch. psich. etc.,* 1887, p. 475).

BALL, *Varie forme di psicopatie sessuali. (Giorn. di neuropatol.,* Napoli 1887).

DE MONTYEL, *La piromanie. (Arch. de neurol.,* 1887).

ROBINSON, *Simulated insanity in the criminal classe. (Journ. of nerv. and ment. dis.,* New York 1887).

LOMBROSO, *Note sur l'épilepsie criminelle. (Archives anthrop. crim.,* septembre 1887).

LAUGREUTER, *Uber die Unterbrinzung « geisteskranker Verbrecher » und « verbrecherischer Geisteskranken ». (Allg. Zeitsch. f. psich.,* 1887, n. 4 et 5).

BUSDRAGHI, *Gli alienati incendiari. (Arch. psich.,* 1887, p. 274).

IDEM, *Il furto nei pazzi.* (Ibidem, 1887, p. 379).

MOELI, *Ueber irre Verbrecher,* Berlin 1888.

VIRGILIO, *Passananle e la natura morbosa del delitto,* Roma 1888.

HAMMOND, *Madness and Murder. (North. Am. Review,* déc. 1888).

VOISIN, *L'emprisonnement cellulaire en Belgique.* — Étude sur l'état physique, intell. et moral des détenus. *(Bull. Soc. Prisons,* Paris 1888, p. 987 et 1889, p. 82).

TAMBURINI et GUICCIADI, *Ulteriori studi sopra un imbecille morale,* (Sbro...). *(Riv. sperim. fren.,* 1888, 3).

KIRN, *Die psychose in der Strafanstall. (Aetiologischen, Klinischen forensen Hinsicht. (Zeitschi f. Psychi,* 1888, B. 45).

SIGHICELLI et TAMBRONI, *Pazzia morale ed epilessia. (Riv. sperim. fren.,* 1888, n. 4).

VENTRA, *Le idee fisse impulsive. (Manicomio,* dic. 1888).

KIRN, *Le psicosi nelle case penali dal lato eziologico, clinico e giuridico. (Allegm. Zeitsch. f. Psych.,* 1888, XLX, 1-2).

BUSDRAGHI, *Delitti di libidine nei pazzi. (Arch. psich.,* 1888, p. 50).

VENTURI, *Le pazzie transitorie,* Napoli 1888.

RIANT, *Les irresponsables devant la justice,* Paris 1888.

LOMBROSO, *L'uomo di genio,* v ediz., Torino 1888.

LUCAS, *A locura perante a lei penal.* — *Estudo medico-legal-penal dos delinquentes,* Porto 1888.

LOMBROSO, *I pazzi criminali. (Arch. psich.,* 1888, p. 156).

PALOMBELLA, *Psicopatia omicida e suicida,* Giovinazzo 1889.

LANGLOIS, *Folie simulée et aliénés dits criminels,* Nancy 1889.

MAGNAN, *De l'enfance des criminels dans ses rapports avec la predisposition naturelle au crime.* (Rapport, *Actes du II congrès d'anthr. crim.,* Lyon 1890, p. 47).

KRAFFT-EBING et LOMBROSO, *Le psicopatie sessuali*, Torino (Biblioteca antropologica giuridica, III serie), 1889.

PENTA, *Passanante pazzo e gli errori giudiziari*, Napoli 1890.

IDEM, *Verzeni e le psicopatie sessuali. (Tribuna giudiz.*, 1890).

SEMAL, *Folies pénitentiaires*, Bruxelles 1890.

PULIDO Y FERNANDES, *Locos delinquentes*, Madrid 1890.

FOREL, *Forme di passaggio fra integrità e alterazioni della psiche. (Centrabbl. Nervenh*, sept. 1890).

DE MATTOS, *La pazzia* (III serie della Bibliot. antrop. giur.), Torino 1891.

SPRATLING, *Moral insanity. (Medico legal Journ.*, New York, déc. 1890).

LAURENT, *L'amour morbide*, Paris 1891.

IDEM, *Les suggestions criminelles*, Paris 1891.

OTTOLENGHI, *Epilessie psichiche nei criminali. (Arch. psich.*, 1891, pag. 6).

MARANDON, *Les aliénés criminels. (Annales méd. psych.*, mai 1891).

DUFAY, *Sonnambules criminels. (Revue philos.*, janv. 1891).

ALLAMAN, *Des aliénés criminels*, Paris 1891.

VENTURI, *Le degenerazioni psico-sessuali*, Torino 1892.

DE LIBESSART, *Étude sur les sévices envers les enfants*, Lyon 1892.

ZERBOGLIO, *L'alcoolismo*, Torino 1892.

LIÉGEOIS, *Influence de l'hypnotisme sur la criminalité. (Revue philos.*, mars 1892).

PACTET, *Aliénés méconnus et condamnés par les Tribunaux*, Paris 1892.

STEFANOWSKY, *Le passivisme. (Archives anthr. crim.*, mai 1892).

BIANCHI, *L'ipnotismo e la giustizia penale*, Napoli 1892.

PENTA, *I germi del delirio nei condannati. (Annali di nevrologia*, Napoli 1892).

Voir aussi les *Traités* sur les maladies mentales et les nombreuses expertises médico-légales publiées dans les *Revues*.

Statistique criminelle.

(V. texte, p. 151).

GUERRY, *Statistique comparée de l'état de l'instruction et du nombre des crimes*, Paris 1829 en collabor. avec M. BALBI.

IDEM, *Essai sur la statistique morale de la France*, Paris 1833.

IDEM, *Statistique morale de l'Angleterre, comparée avec la stat. mor. de la France*, Paris 1864 *Atlas*, Paris 1860.

ROMAGNOSI, *Osservazioni statistiche* sur le *Compte gén. de l'adm. de la just. crim. en France pour 1827*. (*Annali univ. di statistica*, 1829, XIX, pag. 1).

DE CANDOLLE, *Sur la statistique des délits*. (*Bibliot. univ. de Genève*, 1830).

COURNOT, *Applications du calcul des chances à la statistique judiciaire*, Paris 1833.

QUETELET, *Physique sociale*, Paris 1834, II édit. Bruxelles 1869 et (*Biblioteca dell'economista*, III serie, vol. II).

IDEM, *Le système social et les lois qui le régissent*, Paris 1848.

IDEM, *La statistique considérée sous le rapport du physique, du moral et de l'intelligence de l'homme*, Paris 1870.

IDEM, *Anthropométrie*, Bruxelles 1870 et (*Biblioteca dell'Economista*, ibidem).

DUCPÉTIAUX, *Statistique des tribunaux et des prisons de la Belgique*. (*Messager des sciences et arts*, 1834, p. 164).

IDEM, *Statistique comparée de la criminalité en France, en Belgique, en Angleterre et en Allemagne*, Bruxelles 1835.

REDGRAVE, *Abstract of criminal Table of England and Wales 1837*. (*Journ. of statistical society*, 1838, 231).

CLAY, *Criminal statistics of Preston House of Correction*. (*Journ. of Stat. soc.*, 1839, 84 et 1857, 22).

RAWSON, *An Inquiry into the Statistics of Crime in England and Wales*. (*Journ. of Stat. soc.*, 1839, 316).

DE CHÂTEAUNEUF, *Sur les résultats des comptes de l'admin. de la just. crimin. en France*. (*Séances de l'Acad. des sciences*, Paris 1842).

ULLOA, *Quadro stat. gen. sull'amministraz. della giust. penale*, Torino 1843.

IDEM, *Sulle statistiche penali del Regno di Napoli*, Napoli 1842.

FAYET, *Statistique intellectuelle des conscrits et des accusés.* (*Séances de l'Acad. des sciences*, 1843).

IDEM, *Essai sur la statistique intellectuelle et morale de la France*, ibidem 1847.

IDEM, *Sur le progrès de la criminalité en France*. (*Journ. des économistes*, janv. 1846).

FLETCHER, *Progress of crime in the United Kingdom*. (*Journ. of Stat. soc.*, 1843, 218).

IDEM, *Moral and Educational Statistics of England and Wales.* (Ibidem, 1847, 193 et 1849, 151, 189, 231 avec 12 cartogrammes).

SCHŒLCHER, *Éducation et crime.(Journ. des économistes,* avril 1844).

MOREAU DE JONNÉS, *La criminalité en Angleterre pendant 1842.*(Ibidem, janv. 1844).

IDEM, *La criminalité en Angleterre pendant 1849.*(Ibidem, août 1850).

NEISON, *Statistics of Crime in England and Wales. (Journ. of. Stat. soc.,* 1842, 223).

PORTER, *The Influence of Education shown by facts recorded in the criminal Tables.* (Ibidem, 1847, 316).

ALLARD, *De l'influence de l'instruction sur la moralité des populations. (Journ. des écon.,* oct. 1849).

FAUCHER, *Sur le caractère et le mouvement de la criminalité en Angleterre,* ibidem, janv. 1850.

SYMONS, *Tactic of the times,* London 1854. (Statistiques criminelles anglaises).

EVEREST, *Pauperism and crime in the United States of America. (Journ. of stat. soc.,* 1855, 233).

M. CALLUM *Juvenile delinquency.* (Ibidem 1855, 356).

KOLB, *Handbuch der vergleichenden statistik,* I Aufl. 1856, dern. édit., 1885.

FAUCHER, *Études pour l'Angleterre,* Paris 1856, vol. II. *(La crimin. en Angleterre).*

HUSSEY WALSH, *A Deduction from the Statistics of crime, Journ. of Stat. soc.,* 1857, 77.

BLOCK, *L'Europe politique et sociale,* Paris 1859.

IDEM, *Statistique de la France comparée avec les divers pays d'Europe,* Paris 1860. II édit. 1875.

MAURY, *Du mouvement moral de la Société. (Revue des deux mondes,* 1860).

MALARCE, *Criminalité et moralité en France. (Journ. soc. statist. Paris.* 1860, pag. 61).

TRIEST, *Beiträge zur Kriminal und Strafanstaltsstatistik Perussens.* *(Zeitsch. des Kön. preuss. stat. Bureau,* 1867, p. 277 et suiv. et 1863, p. 169 et suiv.).

GABELLI, *Sui resoconti della giustizia penale in Lombardia. (Monit. dei Trib.,* 1862, p. 433 et 1863, p. 337).

ENGEL, *Die Frequenz der Strafanstalten für Zuchthaus-Sträflinge in der preussischen Monarchie 1858-63. (Zeitsch. des preuss. statist. Bureau,* 1864, p. 278).

MICHELL, *Statistics of crime in Russia. (Journ. of Statist. soc.*, 1864, 369).

WESTGARTH, *The statistics of crime in Australia*, ibid., 1864, p. 505.

WAGNER, *Die Gesetzmässigkeit in der scheinbar willkürlichen menschlichen Handlungen*, Hamburg 1864.

NECLUDOFF, *Influenza dell'età sulla delinquenza*, S. Pétersbourg 1865.

HAUSNER, *Vergleichende Statistik von Europa*, 1865.

MESSEDAGLIA, *Relazione critica sull'opera di Guerry.* (*Atti dell'Istituto Veneto*, III serie, x vol.).

IDEM, *Le statistiche criminali dell'Impero Austriaco nel 1856-59*, Venezia 1866-67.

IDEM, *La statistica della criminalità*, Prolusion dans les *Arch. di statist.*, 1879, fasc. 4.

BERNARD, *De la criminalité en France depuis 1826 et de la repression pénale au point de vue de l'amendement des prisonniers.* (*Journ. des écon.*, juillet 1867). -

MAYR, *Statistik. (Deutsches Staat-Wörterbuch*, 1867).

DROBISCH, *Die moralische Statistik und die menschliche Willensfreiheit*, Leipzig 1867 et trad. ital. de TAMMEO, (*Ann. di statist.*, 1881, vol. 23).

MAYR, *Statistik der gerichtlichen Polizei in Königr. Bayern*, München 1867.

IDEM, *Ergebnisse der Strafrechtspflege ecc. (Beiträge zur Stat. des Königs. Bayern*, 1868, XIX).

IDEM, *Die Gesetzmässigkeit im Gesellschaftsleben*, München 1877 et trad. ital. de SALVIONI, *La statistica e la vita sociale*, Torino 1879 et II édit. 1886.

HAMMICK, *On the Judicial Statistics of England and Wales, Journ. of Stat. soc.*, 1867, 375.

CORNE, *Essai sur la criminalité. (Journ. des écon.*, janv. 1868).

OETTINGEN, *Die Moralstatistik in ihrer Bedeutung für eine Christliche socialetihk*, Erlangen 1868, III édit. 1882.

TEICHMANN, *Criminalstatistik Oesterreichs ecc. (Allg. Deut. Strafrechtszeitung*, v. HOLTZENDORFF'S, juin 1868).

ELLIOT, *The Increase of Material Prosperity and of Moral Agents compared with the State of Crime and Pauperism. (Journ. of Stat. soc.*, sept. 1868).

ORELLI, *Das schweiz. Gefängnisswesen. (Zeitsch. für Schweiz. Statistik*, Bern 1869).

Legoyt, *La France et l'Etranger*, Paris 1869.

Hilse, *Zur Statistik der Todestrafe. (Zeitsch. des Kön. preuss. Stat. Bureau,* 1869, p. 410 et suiv.

Valentini, *Das Verbrecherthum in Preussischen Staate*, Leipzig 1869.

  Influence de l'instruction publique sur la diminution de la criminalité en France. (Journ. soc. stat. Paris, 1870, pag. 363).

Curcio, *Le statistiche penali d'Italia e di Francia per il 1869. (Riv. carcer.*, I, 1871, fasc. 8, 10).

Idem, *La giustizia penale in Italia nel 1869-70. (Italia economica,* Roma 1873).

Idem, *Sulle statistiche penali d'Italia per l'anno 1869*, Firenze 1871.

Idem, *Gli omicidi in Italia. (Riv. carc.*, I, 349).

Giussanti, *Statistica criminale della provincia del Friuli dal 1863 al 1869*, Udine 1870.

Bertrand, *Essai sur la moralité comparative des diverses classes de la population. (Journ. de la Soc. statist. de Paris*, 1871-72).

Zincone, *Dell'aumento dei reati*, II édit., Caserta 1872.

Morpurgo. *La statistica e le scienze sociali*, Firenze 1872.

Idem, *Recenti studi statistici sulla pena di morte. (Arch. di stat.,* III, fasc. 2, 1878).

Mèlier, *Études sur les subsistances dans leurs rapports avec les maladies et la moralité* (et la criminalité). *(Mém. de l'Acad. de médecine*, X, 193).

Foinitzki, *Influenza delle stagioni sulla ripartizione dei delitti,* S. Pétersbourg 1873.

Dambach, *Die Kriminalstatistik der Postverwaltung. (Deutschen Postarchiv*, 1873, n. 9).

Von Baumhauer, *Crimes et délits contre la propriété par cupidité,* mémoire pour le IX Congr. intern. de Stat., La Haie 1874.

Gabelli, *Appunti di statistica penale*, Milano 1874.

Maneredini, *Rivista critica sulla statistica penale d'Italia pel 1870,* Padova 1874.

Aberdare, *La delinquenza e la pena in Inghilterra*, discours à Brighton 1875. *(Riv. carcer.*, VI, 3).

Ciccone, *Nota sulla criminalità delle diverse provincie e regioni d'Italia. (Atti del R. Istituto d'incoragg.*, Napoli 1875, série II, vol. 13).

  La criminalité d'après le degré de l'instruction. (Journ. soc. stat. Paris, 1876, pag. 58).

Boron, *De' reati contro la proprietà privata. Contributo per una statistica intern. della giustizia punitiva. (Ann. di stat.*, 1875, vol. 6).

D'Ippolito, *Tavole statist. proporz. della espiaz. ed impunità nei crimini e delitti in Italia*, Napoli 1875.

Heuschling, dans le *Journ. de la Soc. de Stat.*, Paris 1876.

Lombroso, *L'uomo delinqunete*, Torino 1876, iii édit. 1884.

Idem, *L'incremento del delitto in Italia*, ii édit. Torino 1879.

Matwbieff, *Die russiche Kriminalstatistik. (Zeitsch. des Kgl. preuss. statist. Bureau*, 1876, 243).

Guillaume, *Le cause principali dei reati ed il mezzo più efficace per prevenirli. (Riv. carcer.*, 1876, 46).

Idem, *Zur Statistik der schweiz. Kriminalstrafanstalten. (Zeitsch. für Schweiz. Stat.*, 1879).

Lefort, *Étude stat. sur la criminalité en France. (Atti dell'Assoc. franc. pour l'avanc. des sc.*, Congrès de Paris, 1878).

Rey, *La criminalità in rapporto coll'antropologia e colla statistica. (Arch. di stat.*, 1878, fasc. 2).

Schrade, *Das Verbrecherthnm in Hamburg*, Hamburg 1879.

Brattasieve, *Ergebnisse der Strafrechtspflege ecc. (Wiener stat. Monatschr.*, 1879, 154 et suiv.).

Stursberg, *Die Zunhame der Vergehen und Verbrechen und hire Ursachen*, Düsseldorf 1879, V Aufl.

Kirchenheim, *Kriminalstatistichen Notizen, (Gerichtssaal*, 1879, xxx, 515 et suiv. èt *Rivista penale*, déc. 1879, 256).

Böhmert, *Strafrechtspflege in Sachsen. (Zeitschc. des Sächs. stat. Bureaus*, 1879, 62 et suiv.).

Beltrami Scalia, *La riforma penitenziaria in Italia*, Roma 1879.

Idem, *Statistique pénitentiaire*, Rome 1872.

Idem, *Rivista di discipline carcerarie*, Roma 1871 et suite.

Bodio, *Profili di statistica carceraria internazionale. (Ann. di stat.*, 1879, vol. 9).

Idem, *Relazione sulla statistica degli omicidi in Italia in confronto cogli altri studi. (Ann. di stat.*, 1877, vol. 9).

Idem, *Note sur le mouvement de la criminalité en Italie. (Actes du premièr Congrès internat. d'anthrop. criminelle*, Rome 1887, pag. 475 et suiv.).

Idem, *De la statistique criminelle en Italie. (Archives d'anthrop. criminelle*, Lyon, sept. 1886).

Lacroix, *Sur la criminalité infantile*, Paris 1880.

Köhne, *La criminalità prussiana dal 1868 al 1877. (Gerichtssaal,* 1880, xxxi, 254 et *Rivista penale,* 1880, 219).

Garofalo, *I discorsi dei Procuratori del Re. (Arch. di psich. ecc.,* 1884, 273, 500).

Idem, *La criminalità in Italia negli anni 1878-80.* (Ibidem 1881, 123, 240, 369).

Minzloff, *Études sur la criminalité. (Revue de philosophie positive,* sept. déc. 1880).

Levi, *A Survey of indictable and summary jurisdiction offences in England and Wales. (Journ. of Stat. soc.,* sept. 1880, avec 6 cartogrammes).

Sterlich, *Statist. dei procedimenti penali per falsificazione e spendizione di biglietti di banca. (Ann. di stat.,* 1880, vol. 15).

Ferri, *Studi sulla criminalità in Francia dal 1826 al 1878,* avec 1 planche. *(Ann. di stat.,* 1881, vol. 21).

Idem, *Das Verbrechen in seiner Abhängigkeit von dem jährlichen Temperaturwechsel.* avec 2 planches. *(Zeitsch. f. d. gesam. Strafrechtsw,* Berlin 1882).

Idem, *Variations thérmométriques et criminalité. (Arch. d'anthrop. crim.,* janv. 1887).

Idem, *Relazione sui discorsi inaugurali dal P. M. pel 1884-85. (Atti della Comm. di stat. giudiz.,* Roma 1885).

Idem, *L'omicidio,* vol. 1, Torino 1892.

Lacassagne, *Marche de la criminalité en France de 1826 à 1880. (Revue scientifique,* 28 mai 1881).

Idem, *La criminalità nelle città e nelle campagne.* (Arch. psich., 1882, p. 311).

Idem, *Notes statistiques sur l'empoisonnement criminel en France de 1825 à 1880.* (Archives d'anthrop. crim., mai 1886).

Böckh, *Der Juden Anteil am Verbrechen,* Berlin 1881.

Fuld, *Der Einfluss der Lebensmittelpreise auf die Bewegung der Strafbareu Handlungen,* Mainz 1881.

Idem, *Das judische Verbrecherthum.* Leipzig 1885.

Idem, *Die deutsche kriminalstatistik für 1885. (Archiv. für strafrecht,* xxxv, pag. 275).

Chaussinand, *Étude sur la statistique criminelle de la France,* Lyon 1881.

Walford, *Number of Deaths from Accidents, Negligence, Violence and Misadventure in United Kingdom and other Countries. (Journ. of Stat. soc.,* 1881, pag. 444).

Lucchini, *I discorsi d'apertura del P. M. (Rivista penale,* 1882 et suiv.).

Poletti, *Di una legge empirica della criminalità,* Udine 1882.

Castriota, *L'istruzione e i reati in Italia,* Lecce 1882.

Robiquet, *La criminalité en France de 1826 à 1880. (Economiste Français,* 1882, ii, 703).

Pavia, *Studi sulla criminalità italiana nel 1881.(Archivio di psich.,* 1882, iii, 413 et iv, 63, 191).

Orano, *La criminalità nelle sue relazioni col clima,* Roma 1882.

Tammeo, *I delitti,* Essai de statistique morale. *(Riv. carc.,* 1881-82, fasc. 11 et 1, 2).

Thonissen, *La justice criminelle en France de 1826 à 1880. (Journ. de la Soc. de stat. de Paris,* avril 1883).

Lucas, *Sur la récidive.(Comptes rendus de l'Acad. des sciences mor. et pol.,* 1883, pag. 743).

Yvernès, *La statistique judiciaire. (Journ. de la Soc. de stat. de Paris,* oct. 1883).

Kocher, *La criminalité chez les Arabes,* Lyon 1884.

Brissaud, *La statistique pénale et les criminalistes italiens. (Revue gén. de droit,* janvier 1884).

Socquet, *Contribution à l'étude statistique de la criminalité en France,* Paris 1884.

Mittelstädt, *Kulturgeschichte und Kriminalstatistik. (Zeitsch. f. die ges. strafrechtsw.,* 1874, 391 et suiv.).

Bournet, *De la criminalité en France et en Italie,* Paris 1884.

Starke, *Verbrechen und Verbrecher in Preussen, 1854-1878,*Berlin 1884 et *Arch. psich.,* 1883, p. 107.

Pugliese, *Nota sulla criminalità nelle Puglie. (Archivio di psich.,* 1884, pag. 39).

Idem, *Nota sulla criminalità italiana nel 1880. (Riv. di giurispr.,* 1884, pag. 91).

Guidi, *Lo stato della criminalità in Italia. (Studi Senesi,* 1884).

Niccolini, *La criminalità in Italia dal 1875 al 1882. (Ateneo Veneto,* 1884, pag. 53).

Lucchini, *La criminalité en Italie en 1875-82. (Bull. soc. Prisons,* Paris 1884).

Filippi, *Precocità e recidività nella delinquenza,* Firenze 1884.

Illing, *Die Zahlen der Kriminalität in Preussen fur 1854 bis 1884. (Zeitsch. des König Preussischen Stat. Bureaus,* 1885, pag. 73).

MUHLEMANN, *Zar Statistik der Strafrechtspflege in den schweiz. Kantonen.* (*Zeitsch. für schweiz. stat.*, 1885, pag. 33).

TAMMEO, *Pensieri sulla criminalità in Italia.* (*Arch. psich.*, 1885, pag. 102).

ROSSI, *Influenza della temperatura e dell'alimentazione sulla criminalità italiana.* (*Arch. psich.*, 1885, pag. 501 et *Actes du Congrès d'anthr. crim.*, Rome 1886, pag. 295).

BERARD, *Les étrangers et la criminalité à Lyon.* (*Bull. soc. anthr. Lyon*, 1885, IV, 116).

LEFORT, *Etude statistique sur la moralité en France*, Paris 1885.

COLAJANNI, *La delinquenza della Sicilia e le sue cause*, Palermo 1885.

IDEM, *Oscillations thermométriques et délits contre les personnes.* (*Arch. d'anthr. crim.*, nov. 1886).

BODIO, *Relazioni sul movimento della delinquenza in Italia.* (*Atti della Commissione di statist. giudiz.*, Roma 1885 et suiv.).

COUETTE, *La criminalité dans le départ. du Rhône*, Lyon 1886.

AGIUS, *La criminalidad en Espana.* (*Revista de Espana*, oct. 1885, févr. 1886).

DENIS, *Influence de la crise economique sur la criminalité et le penchant au crime de Quetelet.* (*Bull. Soc. anthrop.*, Bruxelles 1886, IV, 220).

LISZT, *Die Reichskriminalstatistik des Jahres 1883.* (*Zeitsch. für die ges. Strafrechtsw*, 1886, pag. 372 et IBIDEM, 1884, pag. 319 et suiv., 1885, pag. 248 et suiv.

IDEM, *Répartition géographique des crimes et délits dans l'empire Allemand.* (*Archives d'anthrop. crim.*, mars 1886).

AMETI, *L'istruzione e la delinquenza in Italia dal 1871 al 1881.* (*Rendiconti dell'Istit. Lomb.*, 1886, XI).

DUBOIS, *Les données de la statistique criminelle en Prusse.* (*Bull. soc. Pris.*, Paris 1886, n. 7).

GIL MAESTRE, *La criminalidad en Barcelona y en las grandes poblaciones*, Barcelona 1886.

SETTI, *L'esercito e la sua criminalità*, Milano 1886.

ROSSI, *Alcune opinioni sulla statistica della criminalità.* (*Archivio psich.*, 1886, pag. 451).

BARZILAI, *La criminalità in Italia.* Roma 1886 (extrait de la *Riv. carc.*).

VAN ALLEYENNES, *Statistique criminelle de la Belgique de 1831 à 1885.* (*Belgique judiciaire*, 28 mars 1886).

GARRAUD et BERNARD, *Attentats à la pudeur et viols sur les enfants.* (*Archives anthr. crim.*, sept. 1886).

IDEM, *Viols et attentats à la pudeur sur adultes*, ibidem, nov. 1887.

PEREZ Y OLIVA, *Estadistica criminal. (Revista de los tribunales*, août 1889).

ANFOSSO, *Atlante geografico della criminalità*, Torino 1887.

ZUJOVIC, *Milente Prilogi za reforma Lazzenich Zawod* (Stat. crim. de la Serbie), Belgrade 1887.

TARDE, *Statistique criminelle pour 1885. (Archives anthr. crim.*, sept. 1887).

FULD, *Verbrechersbudget des Deutschen Reichs, (Viertlj, f. Volkwirtschaft*, Berlin 1887, p. 75).

SANCHEZ DE ORANA, *Estadistica criminal. (Revista gen. de legislation*, août-sept. 1887).

BERRAD, *La criminalité de Lyon comparée à la criminalité dans les départ. circonvisins. (Archives anthr. crim.*, mars 1887).

TARNOWSKI, *I delitti di sangue e contro le istituzioni sociali. (Iuridiceskj Viestnick*, Moscou, août 1887).

LINDENBERG, *Die Deutsche Kriminalstatistik für 1885. (Jahrb. f. Nationalök, und Stat.*, 1887, pag. 402).

BENNECKE, *Die wichtigsten Kriminaltstatistischen Publikationem der 1886. (Zeitschr. f. die ges. Strafrehtsw.*, 1887, p. 187 et suiv.).

VURZSBURGER, *La statistique criminelle de l'Empire Allemand. (Bull. de l'Inst. intern. de Stat.*, Rome 1888. III, 1).

SEEFELD, *Aus des österreitischen Verbrecherstatistik. (Gerichtssaal*, 1887, n. 3-4).

BEURLE, *Einige Ergebnisse des österreichen Kriminalstatistik. (Zeitsch. f. die ges. Strafrechtsw.*, 1887, VIII, 325).

YVERNÈS, *La criminalité et sa repression. (Journ. de la Société Stat.*, Paris, nov. 1887).

LORIOT, *De la criminalité et médecine légale en Cochinchine*, Lyon 1887.

HOLTZENDORFF, *Kriminalstatistik des deutschen Reichs für 1885. (Gerichtssaal*, 1888, n. 8).

COS GAYON, *Estadisticas de lo criminal. (Revista de Espana*, 15 mai 1888).

MENDEZ CASARIEGO, *La criminalità de Buenos Aires en 1887*, Buenos Aires 1888.

VINKLET, *Die Ergebnisse der Strafrechtspflege in 1885. (Statistiche Monatschrist*, Wien 1888, XIV, 2).

DU CANE, *Crime et criminels en Angleterre de 1837 à 1887. (Bull. Soc. Pris.*, Paris 1888, p. 708).

BELTRANI SCALIA, *La delinquenza e la statistica giudiziaria penale in Italia*, Roma 1888.

GENTINI, *La criminalità nel Messico. (Boll. Minist. Esteri,* mars 1888 et *Arch. psich.,* IX, 304).

LITRA, *Den Kriminelle Retspleie j 1881-85* (Just. crim. en Danemark 1881-85), 1888.

Goldhammer's Archiv f. Strafrecht, 1888. Note sur la statist. crim. allemande de 1885.

CORRE, *Le crime en pays créoles,* Paris 1889.

BOSCO, *Gli omicidi in alcuni stati d'Europa. (Bull. Instit. intern. de Stat.,* Rome 1889, IV, 1).

BERTHOLON, *La criminalité en Tunisie. (Archives anthrop. crim.,* juillet 1889).

ROSSI, *Le recenti statistiche giudiziarie penali italiane. (Archivio di psich.,* 1889, X, p. 285).

IDEM, *Sul regionalismo in Italia* (avec cartogrammes). (*Appunti al nuovo codice penale* par LOMBROSO et autres, Torino 1889, II édit.).

GORDON RYLANDS, *Crime, Its causes and remedy,* London 1889.

COLOMB, *Étude sur la criminalité de la Creuse,* Lyon 1889.

TARNOWSKY, *La modificazione della delinquenza secondo le varie classi sociali. (Juridicesky Wiestnik.* Moscou, mai 1889).

GAROFALO, *La criminalità in Napoli. (Arch. psich.,* 1889, p. 164).

CARDOSA, *Statistique des prisons d'Italie,* 1862-83. (*Actes du congrès pénit. intern.,* Rome 1889, III).

JOLY, *La France criminelle,* Paris 1889.

PASSEZ, *L'accroissement de la criminalité aux États Unis. (Bullet. Soc. Prisons,* 1889, p. 229).

LINDENBERG, *Bemerkungen zur deutschen Kriminalstatistik für 1887. (Jahrt. f. Nationalok und Stat.,* 1889, p. 5).

FALKNER, *Prison Statistics of the United States,* Philadelphia 1889.

FÖLDES BELA, *A bünügy Statisztikaj-Socioloidi,* Budapest 1889.

BÖHMERT, *Die sachsische Kriminalität auf dem Iahren 1882-87. (Zeit. des sächs. stat. Bureaus,* 1889, p. 131).

BOURNET, *La Corse criminelle en 1888,* Naples 1889.

KITTS, *Serious Crime. (A Indian Province,* London 1889).

MISCHLER, *Hauptergebnisse im moralischer Hinsicht. (Handbuch des gefanguissio* par HOLTZENDORFS et JAGEMANN, 1889, II).

WINES, *Le carceri americane al X censimento. (Riv. carcer.,* 1889, p. 192 et 281).

SICHART, *Ueber individuellen Faktorem des Verbrechens. (Zeitsch. ges. strafrw.*, 1890, p. 36).

LALLEMAND, *Études statistiques sur les prisons de la Grande Bretagne. (Bull. Soc. Prisons,* Paris 1890, n. 7).

BERARD, *La criminalité en France,* Grenoble 1890.

WILSON, *Sur la statistique du crime dans les États Unis de l'Amér. du Nord. (Actes du Cong. d'Antrop.,* Dyon 1890, p. 225).

BONELLI, *La statistica penale della repubblica di S. Marino. (Riv. pen.,* mars 1890).

BENNECKE, *Zur Kriminalstatistik der Grossherzog Hessen. (Zeitsch. f. die ges. Strafrw.,* 1890, x, 3).

LAFABGUE, *La criminalità in Francia dal 1840 al 1886. (Cuore e Critica,* Bergamo, mars 1890 et suiv.).

REVILLE, *La criminalité et l'instruction publique. (Revue bleue,* 26 avril 1890).

TURCAS, *Statistique criminelle et correctionnelle de l'empire de Allemagne. (Bull. Soc. gén. Prisons,* 190, n. 2).

CORRE, *Le délit et le suicide à Brest. (Arch. anthr. crim.,* mars 1890).

GUILLOT, *Statistique criminelle. (Revue bleue,* 14 juin 1890).

GROSVENOR, *Statistics of the Abatement in Crime in England and Wales during the Twenty Iears unded 1887-88. (Journ. of Stat. Soc.,* London, sept. 1890).

BODIO, *Statistique judiciaire pénale en Italie. (Bull. Instit. Inter. Stat.,* Rome 1890, ii, p. 165).

CUÉNOUD, *La criminalité à Genève au XIX siècle,* Genève 1891.

LE COURBE, *La criminalité en Prusse et en 'Allemagne de 1881 à 1887. (Bull. Soc. Prisons Paris,* janv. 1891).

VIRGILII, *La criminalità in Francia e in Italia. (Rass. sc. soc. e polit.,* Firenze, 15 avril 1891).

TARNOWSKI, *Le assoluzioni giudiziarie in Russia. (Messaggero Giuridico,* Moscou, avril 1891).

SCALVANTI, *Bodio e la statistica comparata della criminalità. (Archivio giuridico,* 1891).

FÖLDES, *Einige Ergebnisse der neueren Kriminalstatistik. (Zeits. ges. Strafr.,* 1891, p. 629).

SICHART, *Ein Beitrag zur Gefänguiss. Statistik. (Blätt. z. Gefängnissk,* 1891, p. 31).

CORRE, *Criminalité militaire en France. (Arch. anthrop. crimin.,* mars 1891).

TARDE, *Note sur la statistique criminelle de 1888.* (Ibidem, mai 1891).

ROSSI, *Il sesso negli avvelenatori condannati in Italia dal 1880 al 1888. (Arch. psich.,* 1891, p. 523).

Bosco, *La delinquenza in Italia. (Rass. scienze soo. e pol.,* Firenze, 15 dic. 1891).

MORRISON, *The Increase of crime. (Nineteenth Century,* 1892, p. 950).

JASPAR et HENNEBICQ, *La récrudescence de la criminalité au XIX siècle. (Revue Universitaire,* Bruxelles, 15 févr. 1892).

RONCORONI, *Il sesso e la criminalità in Italia. (Scuola positiva,* févr. 1892).

V. ROSSI, *L'emigrazione interna dei delinquenti in Italia. (L'anomalo,* Napoli, avril-mai 1892).

TABLE DES MATIÈRES

www.ingramcontent.com/pod-product-compliance
Lightning Source LLC
Chambersburg PA
CBHW071136270326
41929CB00012B/1765